图 2-20 毫米波点云在图像中的投影示意图

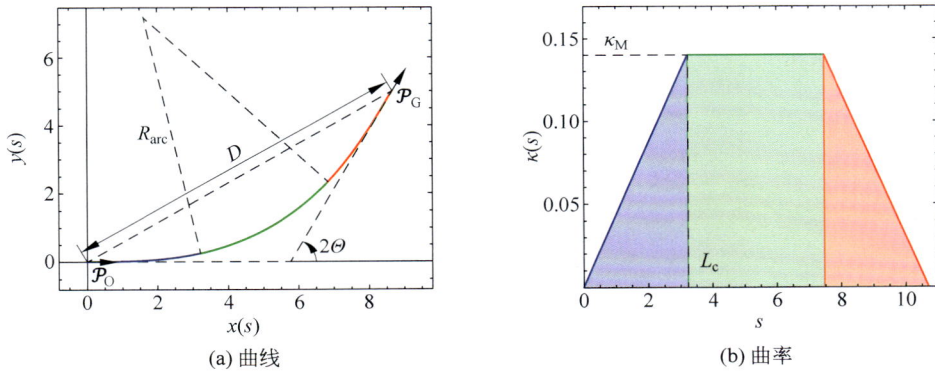

(a) 曲线

(b) 曲率

图 6-16 羊角螺线-圆弧-羊角螺线模型示意图

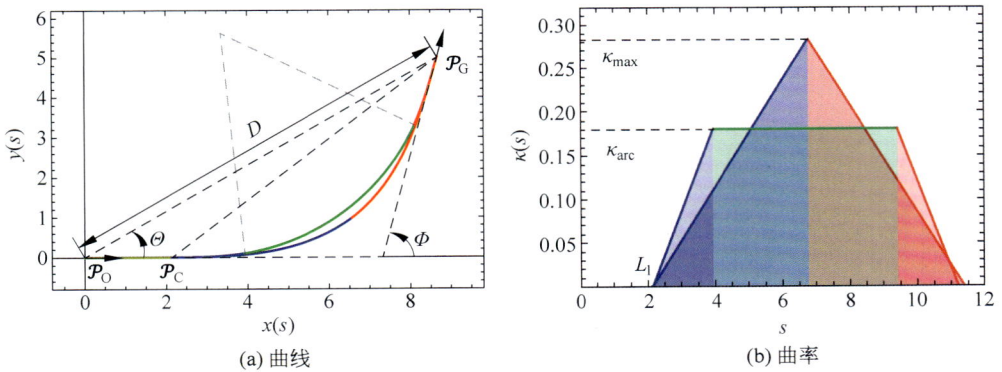

(a) 曲线

(b) 曲率

图 6-17 直线-螺线组模型示意图

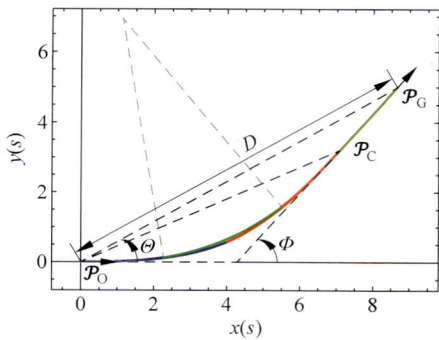
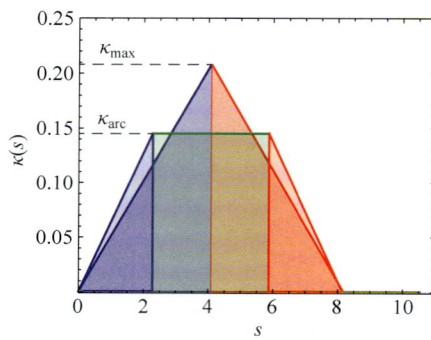

(a) 曲线   (b) 曲率

图 6-18   直线-螺线组模型示意图

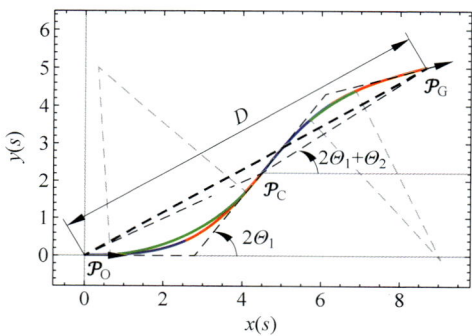
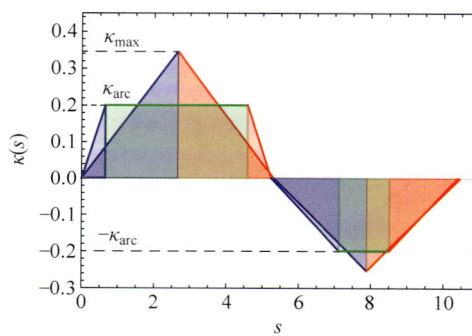

(a) 曲线   (b) 曲率

图 6-19   直线-螺线组换道模型示意图

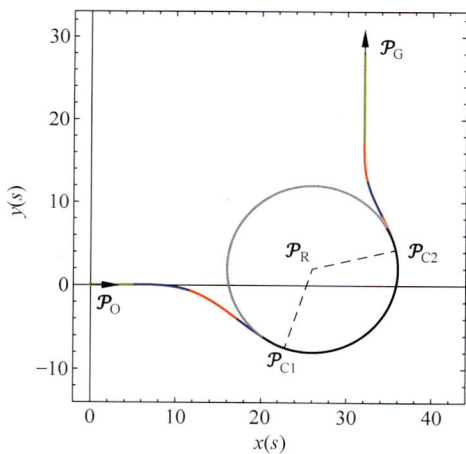
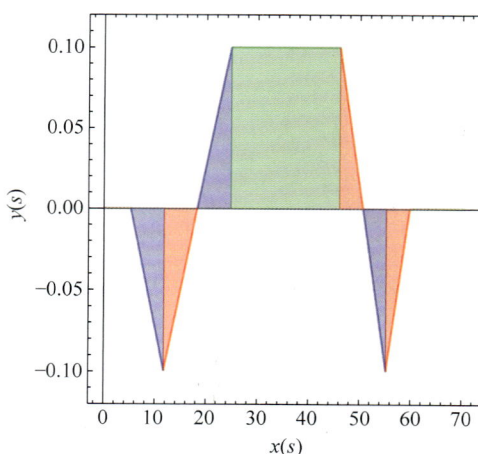

(a) 曲线   (b) 曲率

图 6-20   环岛参考轨迹

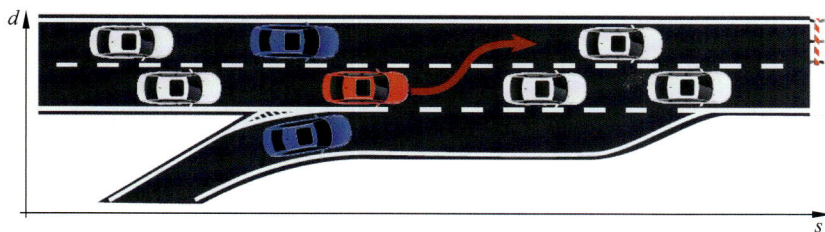

图 8-5　车辆交互过程

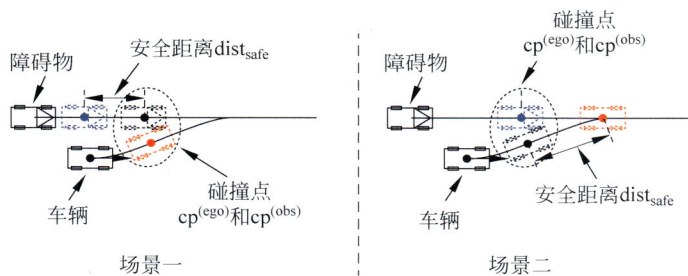

图 9-15　超越模式下，自身车辆与动态障碍物的交互

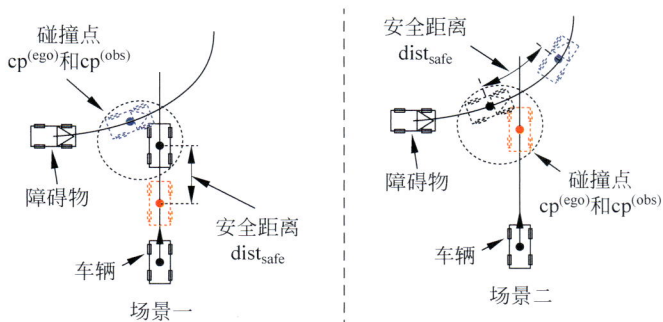

图 9-16　等待模式下，自身车辆与动态障碍物的交互

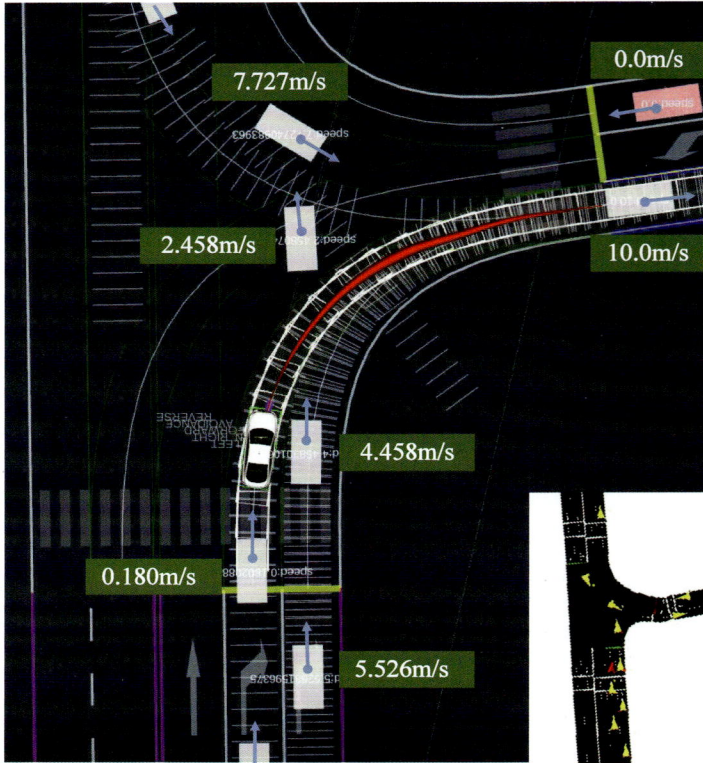

图 11-30 复杂交通场景下的融合层注入式仿真测试

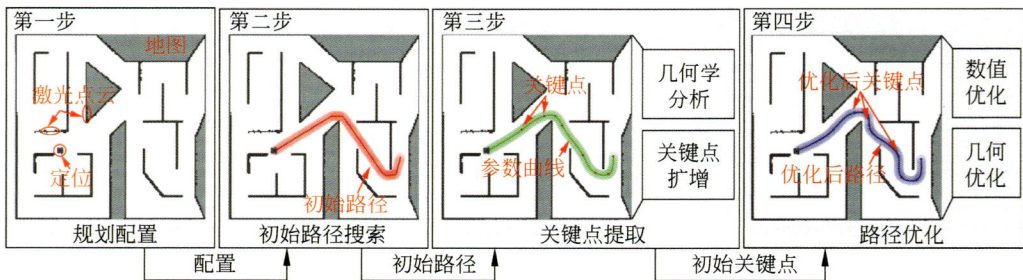

图 12-14 基于参数曲线优化的导航路径生成算法框架图

自动驾驶 理论、算法与实践

郑南宁 陈仕韬 杜少毅 康妙 张崧翌 沈艳晴 史佳敏 董金鹏 著

清华大学出版社

北京

内 容 简 介

本书是人工智能领域本科教育教学改革试点工作计划("101"计划)系列教材参考书之一。本书是在著者团队长达二十余年自动驾驶研究工作的实践基础上撰写而成的,全面、详细、系统地介绍了自动驾驶的相关理论、模型、算法和验证平台,包括自动驾驶的传感器系统、交通场景感知与理解、地图构建与定位、行为决策与规划、控制系统、仿真测试与验证系统、车路协同等关键技术及其算法实现,并分析了当前自动驾驶技术的局限性。

本书既是一本体系化的具有前沿性、可读性的关于自动驾驶的学术专著,可作为人工智能、自动控制、智能科学与技术、信息工程、车辆工程等相关理工科专业的本科高年级学生和研究生的教材,也可供从事自动驾驶技术研究与开发的工程技术人员参考,对自动驾驶商业化的决策者和运营管理者也具有指导意义。

图书在版编目(CIP)数据

自动驾驶:理论、算法与实践 / 郑南宁等著. --北京:清华大学出版社,2024.11.
ISBN 978-7-302-67627-0

Ⅰ. U463.61

中国国家版本馆 CIP 数据核字第 20247EQ180 号

责任编辑:王　芳　李　晔
封面设计:刘　键
责任校对:刘惠林
责任印制:沈　露

出版发行:清华大学出版社
　　网　　　址:https://www.tup.com.cn,https://www.wqxuetang.com
　　地　　　址:北京清华大学学研大厦 A 座　　　　邮　　编:100084
　　社 总 机:010-83470000　　　　　　　　　　邮　　购:010-62786544
　　投稿与读者服务:010-62776969,c-service@tup.tsinghua.edu.cn
　　质量反馈:010-62772015,zhiliang@tup.tsinghua.edu.cn
　　课件下载:https://www.tup.com.cn,010-83470236
印 装 者:涿州汇美亿浓印刷有限公司
经　　销:全国新华书店
开　　本:186mm×240mm　　印　张:33　　插 页:2　　字　　数:688 千字
版　　次:2024 年 12 月第 1 版　　　　　　　　　　印　次:2024 年 12 月第 1 次印刷
印　　数:1~1500
定　　价:99.00 元

产品编号:102023-01

出版说明

　　当前,人工智能已成为全球科技竞争的焦点,世界各主要发达国家纷纷将其上升为国家战略,而人工智能拔尖创新人才是其发展的关键支撑。近年来,党和国家高度重视人工智能技术的发展及其对国民经济的带动作用。2017 年,国务院发布的《新一代人工智能发展规划》明确指出,人工智能人才培养是我国能否抓住新一轮科技革命和产业变革机遇的战略性问题。2018 年,教育部印发《高等学校人工智能创新行动计划》,引导高校积极探索人工智能教育。至今,全国已有 500 余所高校获批设立人工智能专业。然而,由于我国人工智能教育起步较晚,依然面临师资力量不足、教育资源分配不均、课程体系与教材建设不完善等问题。这些问题亟需通过系统化改革与创新实践加以解决。

　　2024 年 6 月,教育部正式启动实施了人工智能领域本科教育教学改革试点工作(以下简称人工智能"101 计划")。人工智能"101 计划"旨在贯彻习近平总书记在 2024 年全国科技大会和 2024 年全国教育大会上的重要讲话精神,落实党中央关于基础学科人才培养的工作部署以及国家《新一代人工智能发展规划》的具体要求,锚定2035 年建成教育强国目标,充分发挥高等教育在科技强国建设中的引领作用。人工智能"101 计划"依托建有国家人工智能产教融合创新平台的 12 家高校,联合其他高校、中科院研究所及头部企业,共同推进人工智能"101 计划"建设,致力于实现人工智能领域一流的核心课程、一流的教材体系、一流的重点实践项目和高水平教学团队建设。

　　在教育部高等教育司的指导下,成立了由郑南宁院士担任主任、15 位两院院士组成的人工智能"101 计划"工作指导委员会,以及由国内优势高校、研究所和企业代表组成的课程建设委员会和教材编写组。经过多次研讨,我们确立了"基础性、前沿性、交叉性、融合性、系统性、实践性"的课程与教材建设原则,构建了由核心课程、参考课程和综合实验课程组成的多层次课程体系,这些课程与教材相互支撑,注重创新能力培养,同时满足不同类型高校组织具有特色教学的需求。

　　通过对国内外先进课程和教材建设资源与经验的充分调研,人工智能"101计划"核心课程建设及教材编写团队汇聚了来自18家高校（其中12家为国家人工智能产教融合创新平台高校）、3家中国科学院研究所、3家头部企业的优秀教师和研究人员。专业核心课程教材包括《人工智能概论》《数据科学基础》《机器学习方法与应用》《知识工程现代方法》《模式识别与数据挖掘》《自然语言处理》《计算机视觉》《生成式人工智能》《大模型原理与应用》《智能机器人与具身智能》《自主智能系统基础》和《人工智能安全导论》等12本。基础和系统应用前沿参考课程教材包括《计算机科学与人工智能的数学基础》（上、下册）《现代物理与人工智能》《强化学习》《认知机器人》《具身智能概论》《群智能导论》《混合增强智能导论》《计算机图形学与增强现实》《语言模型》《算法设计与分析》《智能计算的电路与架构基础》《自动驾驶：理论、算法与实践》《网联智能导论》《智能感知与移动计算》《人工智能伦理与社会治理》等15本。综合实验课程教材包括《深度学习工具与平台》和《工业机器视觉与应用》等2本。

在教材编写过程中，各课程负责人牵头组织教材调研与方向把控，团队成员协同编写课程内容、实践教学资源及教材体系，力求打造具有"中国特色、世界一流、101风格"的精品教材。本计划通过创新的教材建设和课程开发，旨在形成特色鲜明的人工智能核心课程群，出版一批高质量的优秀教材，建设一批契合产业需求的实践项目，并培养一批具有卓越教学能力和丰富产教融合经验的核心课程授课教师及教学团队，全面提升我国人工智能领域复合型人才培养能力与质量，加快以人工智能为驱动的新质生产力建设，推动人工智能产业高质量发展。

人工智能"101计划"系列教材的出版得益于教育部高等教育司的指导，由高等教育出版社和清华大学出版社共同承担出版任务。在实施过程中，人工智能"101计划"工作组与参与高校、教材编写组和出版社多次协商研讨，制定了教材出版规划与方案，并邀请22位院士和资深专家评审教材编写方案，12位院士和知名专家担任核心教材的主审，严格把控教材的质量。

我们衷心感谢教育部高等教育司领导的悉心指导，感谢西安交通大学卢建军书记、张立群校长及教务处等相关部门在人工智能"101计划"实施过程中的大力支持，也感谢各参与出版社在教材申报、立项、评审、撰写、试用环节中的倾力协作与付出，特别感谢所有课程建设负责人及教材编写教师的辛勤付出。

"101计划"是一个起点，未来我们将继续探索适合中国本科教育教学的新理念、新体系和新方法，推动人工智能专业核心课程群的持续建设，全面提升课堂教学效果，培养人工智能拔尖创新人才，为我国人工智能教育改革树立新标杆，为实现科技强国战略贡献力量。

人工智能"101计划"工作组

前　言

自从 1886 年德国人卡尔·本茨发明了人类历史上的第一辆汽车,汽车工业已经发展了将近一个半世纪。而自动驾驶的概念首次提出是在 20 世纪 20 年代,至今也已走过一个世纪。自 20 世纪 80年代开始,随着科学家们不懈的追求与产业界的不断创新,从汽车的辅助安全驾驶系统到限定场景中的自动驾驶系统,自动驾驶技术逐渐成熟。自动驾驶作为一种具有环境感知理解和自适应行为能力的具身智能(Embodied Intelligence),其技术的发展也带来了人工智能(Artificial Intelligence,AI)在智能交通、国防、工业、农业、物流等领域的深层次应用。

自动驾驶涉及诸多领域,包括人工智能、计算机视觉、模式识别、车辆工程、自动控制、交通工程、网络、通信等,它是一门理论与工程并重、多学科融合的新兴交叉学科。尽管当前自动驾驶技术已取得了巨大的进步,但要在各种路况和天气条件下实现真正意义上的完全自动驾驶(L5 级自动驾驶)仍面临着诸多挑战,包括确保安全性、处理复杂和不可预测的道路环境和变化的气候条件、实现乘员与车辆的自然交互等。为了应对这些挑战,自动驾驶汽车必须具备学习和预测的能力。此外,自动驾驶汽车的大规模商用还需要解决"车-车"与"车-路"协同交互与控制问题,同时要满足更加严格的网络安全要求,并进一步完善自动驾驶技术的标准体系和法律法规,以应对自动驾驶汽车大规模商用带来的一系列社会性问题,如产生的大量数据如何处理、事故责任划分、个人隐私保护和信息安全等。

近年来,已有一些关于自动驾驶技术导论性的专业图书出版,多是以自动驾驶某个专门技术方向展开讨论或对自动驾驶技术的一般性介绍。然而,对于从事自动驾驶教学与科研的教师,相关学科的高年级本科生、研究生,以及从事自动驾驶技术研究与开发的工程技术人员,仍需要一本从实际工程的角度出发,全面、系统地对自动驾驶理论、模型、人工智能算法、关键技术、仿真与验证平台。

本书基于著者团队长达二十余年自动驾驶研究与实践,全面、系统地讨论了自动驾驶的传感器系统、交通场景感知与理解、地图构建与定位、行为决策与规划、控制系统、仿真测试与验证系统等关键技术及其算法实现，并分析了当前自动驾驶技术的局限性。书中的许多章节内容是著者团队在自动驾驶领域取得的科研成果和实际系统研发的总结和提炼。本书是一本体系化、前沿性、可读性的关于自动驾驶的学术专著，适合作为人工智能、自动控制、智能科学与技术、信息工程、车辆工程等相关理工科专业的本科高年级学生和研究生的教材，也可供从事自动驾驶技术研究与开发的工程技术人员参考，对自动驾驶商业化的决策者和运营管理者也具有指导意义。

通过本书的学习，读者可以了解自动驾驶诸多经典和新的算法、核心关键技术和系统开发平台，从整体上认识自动驾驶的技术体系，从而找到适合自己的研究方向或有价值的参考内容。此外，本书的附录介绍了自动驾驶的基础架构与 Pioneer 集成开发平台、自动驾驶相关的数学预备知识，希望帮助一些没有学过相关数学基础的读者也能读懂本书。未来，随着人工智能技术的进步，自动驾驶技术一定会走向大规模应用，对专业性人才的需求将不断增加，需要学习和了解自动驾驶相关知识的教师、学生和工程师也会越来越多。如果本书对读者的学习和实际工作有所裨益，著者将不胜欣慰。

全书共 14 章，内容如下：

第 1 章介绍自动驾驶的发展历史和面临的挑战、自动驾驶的基本架构和技术分级，讨论实现完全自动驾驶需要解决的基本科学问题和大规模应用的支撑要素，重点介绍了国内外自动驾驶研究领域的一些重大事件和具有代表性的自动驾驶原型汽车。

第 2 章介绍自动驾驶传感器系统的构成和不同传感器的基本原理，包括相机的内外参数标定、全景相机与事件相机原理与应用、激光雷达数据采集与处理、毫米波雷达数据采集与处理、全球导航卫星系统（Global Navigation Satellite System，GNSS）与惯性测量传感器（Inertial Measurement Unit，IMU）的工作原理，以及多传感器的时间同步与联合标定方法。

第 3 章讨论交通场景感知与语义理解。交通场景感知与理解是自动驾驶汽车的核心技术之一，其目的是识别自动驾驶汽车所处交通场景中的各种物体、道路环境及交通标识等。在环境感知与识别的基础上，自动驾驶车辆需要进一步抽象和理解交通场景信息，形成对场景的三维空间描述、物体运动识别和预测及物体之间的拓扑关系的高级语义表征，进而为后续的定位、规划、决策、控制等模块提供有效输入信息。本章内容包括车道线检测、交通场景目标检测、交通场景语义分割等算法，重点介绍著者团队在交通场景层次化表征和基于分层注意力的视觉位置识别方面的研究成果。

第 4 章讨论弱势道路使用者（Vulnerable Road User，VRU）的行为识别和预测。弱势道路使用者是指在交通场景中由于缺乏安全保护而易受伤害的交通参与者，包括行人、道路施工者以及自行车、摩托车、轮椅、滑板、独轮车等交通工具的使用者。交通场景中道路使用者的自身安全是自动驾驶车辆普及应用的前提条件，VRU 作为主要的交通参与者,在道路使用过程中,需要与其他 VRU、车辆以及环境进行复杂的交互。因此,识别 VRU 的行为,理解其行为意图,提前预测其未来运动,为自动驾驶的运动规划和控制决策提供重要依据,对实现高级自动驾驶和道路安全至关重要。

第 5 章讨论自动驾驶周围车辆行为预测与驾驶风格识别。准确预测自动驾驶车辆周围其他车辆的行为是实现安全舒适自动驾驶的重要因素,车辆行为预测需要对交通场景中的环境因素、历史观测、社会交互等信息进行建模。相对弱势道路使用者运动预测,由于驾驶规则和环境条件(如道路几何形状)的约束,车辆行为随机性较小,但之间相互依赖性强,即周围车辆的行为相互具有因果关联。此外,交通规则和驾驶环境能够重塑车辆的行为,且车辆的行为是多样的,因此,车辆行为在本质上具有不确定性。另外,车辆行为与驾驶风格也密切相关。本章详细介绍当前基于统计建模和深度学习的具有代表性的车辆行为预测的方法,并介绍基于短期观测的周围车辆驾驶风格的识别方法。

第 6 章介绍自动驾驶的高精度地图。高精度地图(High Definition Map,HD MAP)提供了精确的、综合的道路几何与语义信息,是真实场景在数字世界中的抽象对应,为自动驾驶的定位、感知、预测和规划模块提供不可或缺的基础支撑。高精度地图通常由影像地图(Imagery Map)和语义地图(Semantic Map)两部分组成:影像地图包括 3D 雷达点云、反射率、高度、斜率等物理信息;而语义地图含有丰富的标注信息,如道路向量化表示、类型(车道、自行车道或公交车道)、速度限制、交通标识位置、车道线类型(虚线、实线、双实线)等。高精度地图中包含的道路信息、标识信息等,可以为自动驾驶和辅助驾驶提供大量的先验信息,从而降低定位、全局导航、局部路径规划等任务对传感器数据和算法性能的要求,使这些任务更容易实现。本章主要讨论高精度语义地图的构建和语义生成,介绍常用的地图编辑策略和高精度地图标准格式。

第 7 章讨论自动驾驶汽车的空间定位问题。自动驾驶的定位系统通过车载传感器,包括 GPS 接收机、IMU、轮速里程计、激光雷达、相机等,估计车辆在全局坐标系[如经纬度坐标系、UTM 坐标系(Universal Transverse Mercator Grid System)等]下的位置和姿态,并给出当前车辆位姿估计的置信度。由于信号遮挡、环境动态变化、传感器测量误差等因素,实现高准确度、强实时性、环境适应性好的车辆位姿估计算法是一项关键且具有挑战性的工作。本章首先介绍自动驾驶汽车空间定位常用的基本方法,包括里程计定位、组合惯性导航系统的融合定位和同时建图与定位(Simultaneous Localization and Mapping,SLAM),然后重点讨论著者团队提出的利用车载传感器的无依托定位方法,并阐述协同其他交通要素的有依托定位方法的基本原理。协同其他交通元素的定位是未来自动驾驶技术发展的一个重要研究方向。

第 8 章介绍自动驾驶的行为决策。行为决策是自动驾驶规划系统的重要组成部分,它根据感知算法给出的结构化感知信息、地图模块提供的语义地图信息以及车辆自身状态信息,生成合理、可行的行驶策略(行为)。行驶策略用于约束轨迹规划算法的规划空间,可大幅降低轨迹规划等相关算法的计算量及计算耗时,从而提升整个规划系统的实时性。本章总结了当前一些成熟的行为决策方法，并讨论了正在发展的基于学习的驾驶行为决策方法。

第9章讨论自动驾驶的运动规划。自动驾驶运动规划使自动驾驶汽车能够应对不同的道路情况，在满足预设约束条件下，产生符合自动驾驶汽车安全性的运动状态序列，进而生成安全有效的可行路径。在复杂的交通场景中，其他交通参与者的交互行为使自动驾驶运动规划算法在生成可行路径时，必须使车辆能始终与周围的交通参与者保持安全距离，并能及时响应突发状况。本章详细介绍基于优化、搜索和采样的3种自动驾驶运动规划方法，重点讨论多层混合 A* 路径规划方法和多模型的自动驾驶轨迹规划方法。

第10章阐述自动驾驶的控制算法。控制算法直接关系自动驾驶汽车的安全性和舒适性。此外，先进的控制系统还需要具备模拟不同人类驾驶员的驾驶风格和控制习惯的能力，为乘客提供个性化的乘坐体验。本章首先阐述乘用汽车的典型运动学模型和动力学模型，以及自动驾驶横向和纵向运动控制算法的基本原理；然后，讨论自动驾驶系统的路径跟踪控制和自适应巡航控制的算法实现，并介绍基于模仿学习和强化学习的车辆控制方法。

第11章讨论自动驾驶的仿真、测试与验证技术。自动驾驶汽车由大量的软件、硬件和零部件组成，包括用于不同检测目的的传感器、计算单元、操作系统、算法软件等。要保证自动驾驶汽车实际应用稳定性和安全性，需要对软件、硬件以及所有可能出现的意外情况进行全面反复测试。利用仿真方法对自动驾驶系统进行离线测试，不仅能减少研发过程中的时间和资金消耗，还可以帮助研究者和开发者对算法进行评估、改进和创新，为算法的验证提供充足的数据资源。本章介绍车辆动力学模型构建与表征、传感器仿真与建模、情景生成等关键技术方法，讨论自动驾驶注入式仿真、虚实融合仿真与平行仿真的基本原理及系统实现。

第12章介绍室内智能移动机器人。自动驾驶汽车本质上可看作一种应用阿克尔曼转向结构在室外开放环境中工作的轮式移动机器人系统。与之对应的是工作在室内环境的轮式机器人，如自动导引车（Automatic Guided Vehicle，AGV）、自主移动机器人（Autonomous Mobile Robot，AMD1 * 2）等，它们在技术原理上与自动驾驶汽车的实现框架有诸多相似之处。室内智能移动机器人是自动驾驶相关技术的重要应用方向之一。室内智能移动机器人的通用系统框架包含地图构建与定位、环境感知与理解、路径导航与运动规划等主要技术模块。此外，在室内工作的移动机器人系统所应对的环境通常有较多的人员，需要与人类进行安全的互动，因此，不同功能的室内移动机器人具有不同的人机交互方式。本章详细讨论室内智能移动机器人通用系统中各个模块的基本实现方法和专用算法，以及 SLAM 在室内场景中的实现与应用，并介绍3种常见的人机交互情景及其基本实现方法。

第13章探讨受脑认知和神经科学启发的自动驾驶系统。近年来，脑认知和神经科学家在探究大脑信息处理过程中所形成的分析方法与量化描述对完成自动驾驶任务有很大启发。本章介绍了受脑和神经科学启发的自动驾驶系统的基本框架,将人类驾驶员主观意识的安全性,与机器执行的一致性相结合,构建出更为健壮、安全、且具有可解释性的自动驾驶系统。讨论交通环境认知地图的构建和交通场景语义化表征,阐述基于认知构建的自动驾驶系统的基本原理和系统架构,讨论基于注意力机制和车辆历史行为序列的类人自动驾驶算法,以及一种受生物认知启发的自动驾驶神经控制器—神经电路策略。

第 14 章讨论数据驱动的学习型自动驾驶系统。传统的自动驾驶系统通常由"感知-规划-控制"三大模块组成,各个模块有各自独立的算法,这种架构具有较好的可解释性。随着对高级自动驾驶研究的深入,传统的自动驾驶计算框架凸显出运算效率低、环境适应性差、自学习能力不足等问题。数据驱动的学习型自动驾驶系统采用受生物神经系统启发得到的卷积神经网络进行"端到端"的计算,可以在一定程度上克服上述问题。这类数据驱动的学习方法直接将传感器获得的高维信息映射到车辆转弯、加速度等指令,大幅提高了系统的运算效率,并使自动驾驶计算模型具有较好的泛化能力和较强的环境适应性。本章介绍数据驱动的学习型自动驾驶的基本原理和不同类型的端到端自动驾驶方法,包括模仿学习、强化学习等新型学习方法。

截至目前,自动驾驶技术已取得显著进展,但尚未达到 L5 级自动驾驶(即无须人工干预,能够在所有条件下自动驾驶)。实现 L5 级完全自动驾驶(Full Self-Driving, FSD)是一个令人兴奋却又艰巨的挑战。只有了解自动驾驶技术的现状和所面临的困难,我们才能明确未来发展的方向。目前,部分自动驾驶(L2/3 级)已经得到大规模的应用,能够在特定条件下实现自动驾驶,但仍需驾驶员随时接管。国内外许多公司也已研制出接近 L4 级自动驾驶汽车,车辆可以在特定条件下和城市道路区域实现自动驾驶,并在某些城市进行测试或提供自动驾驶出租服务,但在复杂或突发情况下仍需要人工干预。

在本书付梓出版之际,处于自动驾驶技术领先地位的特斯拉公司在其中国网站主页介绍了新款 Tesla 车将配备能够在绝大多数情况下实现完全自动驾驶所需的硬件。然而,实现 L5 级完全自动驾驶所需的软件和法规环境仍在开发、测试中。总之,实现真正意义上的完全自动驾驶,必须完美地解决"感知—控制"的问题,而这仍是一段艰难的路程。要创造一个智慧城市的未来,自动驾驶只是一个开始。任何新技术的发展都不是一蹴而就的,面对实现 L5 级完全自动驾驶的挑战,我们要进一步加强完全自动驾驶基础理论研究和关键技术的突破,不注重基础方法的研究,就会使自动驾驶技术研究成为无源之水、无本之木,难以实现在真实物理世界中所有条件下的完全自动驾驶。

本书主要内容凝练和总结了郑南宁教授带领团队长达二十年自动驾驶的研究工作及成果。郑南宁教授指导制定全书章节内容大纲,并组织撰写和审定全稿,其他著者有陈仁韬、杜少毅、康妙、张崧翌、董金鹏、沈艳晴、史佳敏;参加章节撰写和后期内容校对的其他成员有简志强、黄宇豪、朱孔涛、杨珺晴、张晓彤、张皓霖、陈辉、陶乐嵩、海仁伟、严宇宸、庞金龙；此外，夏超、张唐一可、闫钰玺、朱子瑜、胡煜枫、常恩韬、邓晓东等参与了章节部分内容的撰写。研究团队的其他成员：陈雨、周卓礼、薛培鑫、霍勇博、郑振潭、王圣琦、侯倩、詹钧翔、肖同、张稼慧、闫欣蕊、宋星辰、王若彤、关鑫、王润生、符嘉玮、宗紫琪、林泽伟、刘伟、何千越、叶锞也对本书内容成稿做了贡献。

著者团队有关自动驾驶的研究工作曾先后得到国家"863"高技术发展计划、国家自然科学基金委员会、科技部重大科技攻关计划、科技部2030人工智能重大专项的支持，得到广汽、潍柴动力、舜宇光学等企业和常熟市、鄂尔多斯市、赤峰市等地方政府以及许多同行的大力支持和帮助，在此谨致以诚挚的感谢。另外，本书引用和参考了一些论文和资料，在此也对相关作者一并表示衷心的感谢。

由于自动驾驶技术正处在迅速发展的过程中，加之篇幅有限，本书的内容取材和组织一定会有不足之处。另外，书中介绍的一些算法和学术观点也是著者团队一家之言，不足之处在所难免，殷切希望广大读者批评指正。

著　者

2024 年 9 月

目　录

第 1 章

绪 论

1.1 自动驾驶的发展历程

自 20 世纪 20 年代出现自动驾驶概念以来,自动驾驶技术的研究已经历了一个世纪的漫长过程,纵观其发展历程可以分为以下 5 个关键阶段。

1. 早期探索(1920—1950 年)

最早的自动驾驶概念可以追溯到 20 世纪 20 年代,那时人们试图通过无线电信号控制汽车。1925 年,一款名为"Linrrican Wonder"的车在纽约进行了自动驾驶。然而,这款车并不是真正意义上的自动驾驶,其方向盘、刹车和鸣笛功能由紧随其后的车里的人通过敲击电报键遥控操作。1939 年,通用汽车公司在纽约世博会上展出了世界上第一辆自动驾驶概念车——Futurama,这是一种由无线电控制的电磁场引导的电动汽车,该电磁场由嵌入道路的磁化金属尖刺产生。1956 年,美国通用公司正式展出了 Firebird Ⅱ 概念车,这是世界上第一辆配备了汽车安全及自动导航系统的概念车,这种自动驾驶系统需要特殊道路上的电缆来进行导航。1958 年,第三代 Firebird 问世。这些早期的系统都是非常初级的尝试,处于概念上的自动驾驶。

2. 初级自动驾驶(1960—1980 年)

到了 20 世纪 60 年代,自动驾驶技术的研究开始引入电子和计算机技术。自动驾驶的实验主要集中在低速和受限的环境中进行,例如,1970 年,英国的 Road Research Laboratory 设计了一款自动驾驶汽车，它可以通过摄像头和计算机来识别道路标记。1977 年，日本筑波机械工程实验室开发出第一款基于摄像头来检测前方标记或者导航信息的自动驾驶汽车，它通过车身的两个摄像头和一台模拟计算机来解读道路两侧特别标记的白色标线来确定自己的位置，行驶速度达到 30 km/h。由于当时计算能力和传感技术的限制，这个时期自动驾驶研究的进展非常有限。

3. 电子和计算机的广泛应用（1980—2000 年）

随着计算机、人工智能、传感器技术和计算机视觉研究的进步，研究人员开始致力于开发能够根据预设路线和规则行驶的自动驾驶系统。1983 年，美国国防部高级计划研究局（Defense Advanced Research Projects Agency，DARPA）启动了"陆地自动巡航"（Autonomous Land Vehicle，ALV）项目计划，这个计划的研究目的是让汽车拥有充分的自主权，通过摄像头来检测地形，并用计算机系统计算出导航和行驶路线等。1986 年，美国卡内基·梅隆大学（Carnegie Mellon University，CMU）在该计划的资助下，研制出 NavLab-1 自动驾驶汽车，该车基于一辆雪佛兰厢式货车改装而成，由 3 台计算机通过以太网集成在一起，主要用于图像处理、传感器信息融合、路径规划和车体控制。NavLab-1 采用的传感器有云台彩色摄像机、陀螺仪、激光雷达测距仪、超声传感器、光电编码器和 GPS 接收机等，在 CMU 校园非结构化道路行驶速度为 12 km/h，在典型结构化道路行驶速度为 28 km/h。

20 世纪 80 年代末，研究人员开始着眼于更复杂的自动驾驶场景，开始使用全球定位系统、雷达和摄像头等传感器技术来获取环境信息和安全导航。在这个时期，真正意义上的自动驾驶开始取得重要进展。1987 年，欧盟启动了 Eureka 普罗米修斯项目[1]（The Eureka PROMETHEUS Project—PROgraMme for a European Traffic of Highest Efficiency and Unpreced Safety，1987—1995 年），这是一项由汽车行业和公共部门资助的重要欧洲研究计划，其目的是开发一系列提高道路安全性和效率的技术，它是驾驶员辅助系统领域有史以来最大的研发项目。它从欧盟委员会获得了超过 10 亿美元的资金，并定义了自动驾驶汽车的最新技术。Eureka 普罗米修斯项目标志着自动驾驶技术进入了一个新的阶段。

Eureka 普罗米修斯项目研发的具有代表性的车辆之一是 VaMP（Versuchsfahrzeug für autonome Mobilität und Perzeption），它是由梅赛德斯-奔驰和德国科隆大学联合开发的自动驾驶汽车，由梅赛德斯-奔驰面包车改装而成。这辆车搭载了多传感器和车载计算机，能够在高速公路中识别交通标志，实行换道、超越速度较慢的车辆等操作。VaMP 又称为自主移动和计算机视觉实验车辆。1995 年，VaMP 完成了从德国慕尼黑开到丹麦的欧登塞，然后返回的自动驾驶测试，全程 1758km，其中 95% 的部分为自动驾驶。同年 6 月，美国卡内基·梅隆大学的 Navlab-5 自动驾驶汽车，从匹兹堡开往圣地亚哥，在全程 4587km 的路程中，98% 的距离无须人类接管。

VaMP 和 Navlab-5 这两款自动驾驶先驱车由于其计算成本过于昂贵而无法量产。此外，其自动驾驶系统的算力、算法性能、环境感知和理解的能力也无法满足复杂交通场景中高度自动化驾驶的需求,但它们向世人展示了自动驾驶的可行性。Eureka 普罗米修斯项目和美国卡内基·梅隆大学的 Navlab 系列自动驾驶汽车在当时是开创性的,它们进行的研发仍在影响着当今自动驾驶汽车和高级驾驶辅助系统(Advanced Driver Assistance Systems,ADAS)的发展。

20 世纪 90 年代初至 21 世纪初,中国一些高校,如西安交通大学、国防科技大学、清华大学和南京理工大学等,也开始布局自动驾驶的研究。20 世纪 90 年代后期,清华大学团队研发了自动驾驶试验平台 THMR(TsingHua Mobile Robot)。此后,该团队又研制成功了 THMR-Ⅴ型自动驾驶车辆,但这辆车只能在有清晰车道线的结构化道路上完成巡线行驶。

4. 智能化和感知增强(2000—2012 年)

随着计算能力的提升和传感技术的进步,自动驾驶技术开始朝着智能化和感知增强的方向发展。研究人员开始使用更多的传感器(如激光雷达、摄像头和雷达)来获取环境信息,并使用机器学习算法进行数据分析和决策。

2000 年,西安交通大学人工智能与机器人研究所启动了自动驾驶智能车研究项目。至今,先后研制出思源 1 号、夸父号、挑战号、发现号、先锋号和奋进号等系列自动驾驶平台。"思源 1 号"由一辆城市越野车改装而成。它的环境感知系统由相机、激光雷达、毫米波雷达和惯性测量单元组成,计算系统则为两台工业控制计算机。"思源 1 号"可识别一般交通环境中的车道线、障碍物和基本交通标识。2005 年,课题组制订了"思源 1 号"从西安行驶到敦煌的"新丝绸之路"挑战计划,全程 1700km。制订该挑战计划的目的是在真实交通场景中验证"思源 1 号"自动驾驶的关键技术,并为进一步研究自动驾驶的关键技术采集更多的交通场景数据。然而,由于环境感知、路径规划与控制算法的局限性以及算力的约束,"思源 1 号"难以应对真实复杂的交通场景,在长达 1700km 不同交通环境的行驶过程中,几乎所有稍微复杂的路段以及自然车流中都需要人工干预。尽管"思源 1 号"的"新丝绸之路"挑战计划不是一次成功的尝试,但"思源 1 号"却是中国第一辆真正意义上的自动驾驶汽车。

2004 年,DARPA 开始举办自动驾驶汽车比赛,要求参赛车辆在没有人类干预的情况下完成长途自动驾驶。虽然参赛的 15 辆车都没能顺利完成全部路程的自动驾驶任务,第一次挑战赛以惨败告终,但此次比赛引发了新一轮关于自动驾驶汽车的研究热潮,并吸引了全球范围内的注意,从这个角度来说,这次比赛无疑是成功的。2005 年,斯坦福大学 Sebastian Thrun 领导的团队赢得了第二届 DARPA 自动驾驶汽车挑战赛。他们的车辆"Stanley"配备了 7 台车载计算机,用来解读 GPS、激光测距仪、雷达和视频数据,成功地完成了超过 130 英里的自动驾驶,这标志着自动驾驶技术的一个重要的突破。

2008 年,中国国家自然科学基金委员会启动了"视听觉信息的认知计算"重大研究计划①。为了使基础研究成果走向真实物理世界，通过真实的物理环境验证和应用理论研究成果，该重大研究计划将自动驾驶平台作为复杂环境认知理解和智能行为决策的实验验证的载体。2009 年，"视听觉信息的认知计算"重大研究计划创办了"中国智能车未来挑战赛"（Intelligent Vehicle Future Challenge，IVFC）②。"视听觉信息的认知计算"重大研究计划和 IVFC 赛事极大地推动了中国自动驾驶技术的跨越式创新发展。

2009 年，谷歌公司开始了其自动驾驶汽车项目（现为 Alphabet 公司旗下的 Waymo）。谷歌作为全球最大的互联网公司涉足自动驾驶领域，在业界产生了巨大影响。

2011 年，国防科技大学研发的红旗 HQ3 自动驾驶汽车，采用多传感器技术和 GPS 首次完成从长沙到武汉 286km 无人类干预的高速公路辅助安全自动驾驶实验，创造了中国自主研制的无人车在高速公路长距离自动驾驶的纪录。

5. 人工智能技术的快速发展（2012 年至今）

这一时期，自动驾驶技术进入重大突破的阶段，这主要得益于深度学习等人工智能技术的快速发展。深度学习算法在传感器数据处理方面取得了巨大的成功，使得自动驾驶车辆能够更准确地感知和理解周围环境。此外，云计算和大数据分析的进步也为自动驾驶提供了更强大的计算能力和决策支持。

在此期间，全球许多公司，包括 Waymo、特斯拉、Uber、Lyft、百度（2014 年开始布局自动驾驶的研究）、小马智行等科技公司，以及传统汽车制造商如通用汽车、福特、奔驰、宝马、丰田、广汽、比亚迪、上汽、一汽、长安汽车等都在积极研发自动驾驶技术。此外，滴滴出行、京东、阿里巴巴等公司也在自动驾驶领域投入了大量的研发资源。

2012 年，德国卡尔斯鲁厄理工学院（Karlsruhe Institute of Technology，KIT）和丰

---

① 视觉信息处理是自动驾驶环境感知系统中不可或缺的核心关键技术。1999 年，国家自然科学基金委员会开始"视听觉信息的认知计算"重大研究计划立项的前期思考和论证工作，由于科学家们最初没有形成基本的共识，历经长达 9 年的研究积累和艰辛的探讨，2008 年，国家自然科学基金委员会正式启动了"视听觉信息的认知计算"重大研究计划，并由西安交通大学郑南宁教授担任该计划的首席科学家。这个重大研究计划是我国在人工智能基础研究领域发展的里程碑之一，标志着中国人工智能领域研究的"国家队"正式组建。该重大研究计划围绕认知过程的"表达"与"计算"这一基本科学问题，重点开展了"感知特征的提取、表达与整合""感知数据的机器学习与理解"和"多模态信息协同计算"3 个核心科学问题的研究。

② 为了使基础研究成果走向真实物理世界，通过在真实的物理环境中验证和应用理论研究成果，该重大研究计划将自动驾驶平台作为复杂环境认知理解和智能行为决策的实验验证的载体，于 2009 年创办了"中国智能车未来挑战赛"，该赛事是中国规模最大、水平最高、影响深远的自动驾驶比赛。IVFC 为中国培养了一大批自动驾驶领域优秀的中青年科技骨干，是当之无愧的中国自动驾驶技术研发的"黄埔军校"。历年参赛的研究生、教师中许多人如今已历练成长为中国自动驾驶领域、国内各大车企、自动驾驶创业公司的中流砥柱。通过"中国智能车未来挑战赛"所形成的自动驾驶智能车集成验证平台及相关技术也已成为我国自动驾驶、智能交通、特别是当前人工智能研究的重要的综合性验证载体。同时，国家自然科学基金委员会"视听觉信息的认知计算"重大研究计划也有力地提升了我国在认知计算和视听觉信息处理领域的整体研究水平和国际学术影响力，引领和推动我国《新一代人工智能发展规划》国家战略的确立和发展。

田美国汽车技术研究所(Toyota Technological Institute at Chicago,TTIC)联合发布了 KITTI 数据集[2]。该数据集包含了大量真实场景的数据,如立体视觉、光流、视觉测距、物体识别和追踪等,用于自动驾驶和机器视觉的研究,并可对算法的性能进行测试和评估。随着 KITTI 数据集的发布,自动驾驶的视觉方案的经济性开始得到前所未有的重视,极大地推动了自动驾驶视觉深度学习的研发,使得自动驾驶技术进一步成熟,并不断取得新的突破。2015 年,特斯拉公司发布了"Autopilot"(自动驾驶助手)系统,这套系统使用摄像头、雷达和超声波传感器等技术,实现了车辆的自动加速、制动和转向,它能帮助驾驶员在高速公路上或简单的交通场景中进行自动驾驶。然而,值得注意的是,尽管被称为"Autopilot",但该系统处于 L2.5～L3 级自动驾驶(见 1.3 节),行驶过程中仍然需要驾驶员的监督和注意力,驾驶员应该时刻准备接管车辆的控制,并对周围的交通情况保持警惕。

2017 年,西安交通大学的"发现号"自动驾驶汽车在第九届中国智能车未来挑战赛的城乡道路测试、高架快速道路测试中均获第一名。同年,中国的百度公司推出全球首个自动驾驶开放平台 Apollo。该平台的目标是提供一个安全、完整、开放、可靠的自动驾驶解决方案。Apollo 平台包含了一套完整的硬件系统和软件系统,以及各种云服务,这些系统和服务共同为自动驾驶汽车提供了各种必要的功能,包括感知、定位、规划、控制等。这个平台通过开源的方式,加快了自动驾驶技术的发展,并推动了全球自动驾驶汽车行业的进步。目前,Apollo 平台还在进一步完善,以支持全面的自动驾驶场景,并适应各种复杂的道路和天气条件。

2018 年,中国智能车未来挑战赛进入新的阶段,开始参照国际汽车工程师学会《标准道路机动车驾驶自动化系统分类与定义》(SAE-J3016)的 L4(高度自动驾驶)级别的自动驾驶功能,在真实综合道路环境中着重测评自动驾驶车辆对复杂交通场景识别能力,以及不同道路环境的 4S 性能——安全性(Safety)、舒适性(Smoothness)、敏捷性(Sharpness)和智能性(Smartness);同时验证不依赖高精度地图和卫星导航的 L5(完全自动驾驶)级别初步能力,分别在高架快速道路环境和真实雨天条件下的简易城乡道路环境中设置了行人、非机动车、机动车等各类交通参与者和锥形标、水马、施工围栏等各种障碍物,并模拟隧道(GPS 信号缺失)等不同测试内容,要求参赛车辆在规定区域内完全自主地完成相应任务。此次比赛首次引入 30 余辆有人驾驶干扰车辆形成自然交通流,开展有人驾驶车辆与自动驾驶车辆的混行测试验证(多辆无人车与多辆有人驾驶车辆交互);首次引入语义拓扑地图,开展自动驾驶车辆多传感器信息与地图融合的自主导航应用测试,并以自动驾驶出行服务为背景,验证自动驾驶商业化应用的技术成熟度。

伴随着科研院所在自动驾驶关键技术上的不断探索,产业界也在逐步推进自动驾驶的商业化进程。在 21 世纪 10 年代末期,一些公司开始进行自动驾驶技术的商业化推广和路测,它们通过自主研发或收购创业公司等方式,加速了自动驾驶技术的发展,并进行了大规模的实地测试。2015 年,中国政府在"中国制造 2025"计划中明确提出了对智能汽车和自动驾驶技术的大力支持。此外,各地政府也对自动驾驶测试开放了公共道路。中国的自动驾驶发展已经进入了快速发展期。自动驾驶技术不仅在乘用车领域有广泛的应用,在物流、农业、矿业等领域也发挥了重要作用。

尽管自动驾驶技术在这一时期取得了巨大的进步,但在所有环境和条件下实现真正的完全自动驾驶(也被称为 L5 级别的自动驾驶)方面仍然面临着诸多挑战。这些挑战包括确保安全性,处理复杂和不可预测的道路情况,以及解决法规和责任问题。自动驾驶技术的大规模部署和应用仍需要一定的时间。

1.2　自动驾驶技术的分级

1.2.1　国际汽车工程师学会对自动驾驶技术的分级

在讨论自动驾驶时,大多数非专业人士的直观认识是"汽车完全自动驾驶,完全不需要人工干预"。事实上,自动驾驶技术需要逐步发展,完全做到无人工干预,在现阶段是非常困难的。国际汽车工程师协会(Society of Automotive Engineers,SAE)按照汽车自动驾驶的智能程度,将其划分为 5 个递增等级(如图 1-1 所示),即辅助驾驶(L1)、部分自动驾驶(L2)、有条件自动驾驶(L3)、高度自动驾驶(L4)和完全自动驾驶(L5)。L1 级辅助驾驶规定车辆具有有限自动控制的功能,主要通过警告等形式防止交通事故的发生。L2 级部分自动驾驶规定车辆具有至少两种控制功能融合在一起的控制系统,为多项操作提供驾驶支持,如紧急自动刹车系统(Automatic Emergency Braking,

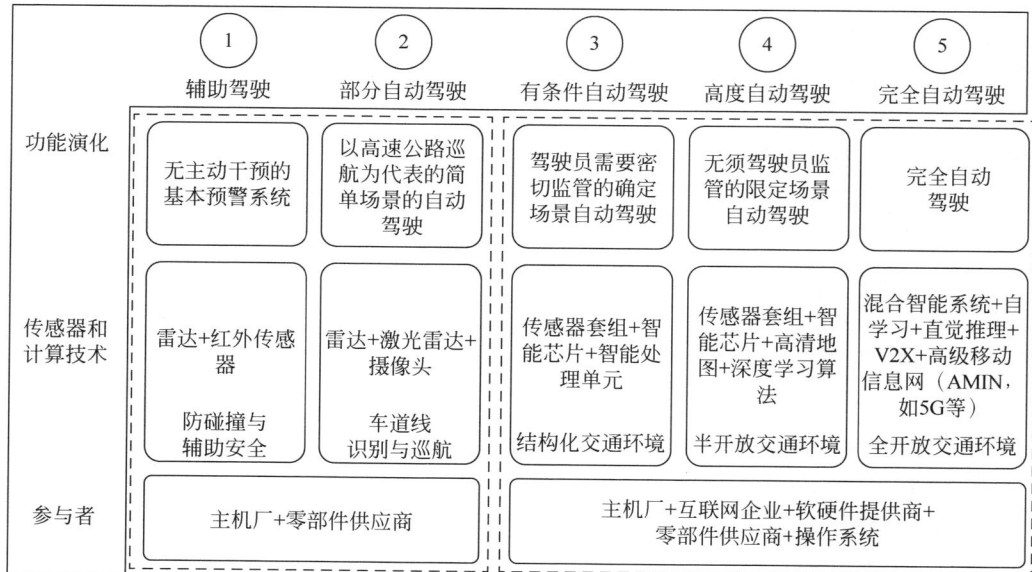

	① 辅助驾驶	② 部分自动驾驶	③ 有条件自动驾驶	④ 高度自动驾驶	⑤ 完全自动驾驶
功能演化	无主动干预的基本预警系统	以高速公路巡航为代表的简单场景的自动驾驶	驾驶员需要密切监管的确定场景自动驾驶	无须驾驶员监管的限定场景自动驾驶	完全自动驾驶
传感器和计算技术	雷达+红外传感器 防碰撞与辅助安全	雷达+激光雷达+摄像头 车道线识别与巡航	传感器套组+智能芯片+智能处理单元 结构化交通环境	传感器套组+智能芯片+高清地图+深度学习算法 半开放交通环境	混合智能系统+自学习+直觉推理+V2X+高级移动信息网(AMIN,如5G等) 全开放交通环境
参与者	主机厂+零部件供应商		主机厂+互联网企业+软硬件提供商+零部件供应商+操作系统		

图 1-1　国际汽车工程师学会(SAE)对自动驾驶技术的等级划分

AEB)和紧急车道辅助系统(Emergency Lan Assistance,ELA)等。L3 级有条件自动驾驶规定车辆能够在某个特定的交通环境下实现自动驾驶,并可以自动检测交通环境的变化以判断是否返回驾驶员驾驶模式。L4 级高度自动驾驶指驾驶操作和环境观察由系统完成,不需要对所有的系统要求进行应答,只有在某些复杂地形或者天气恶劣的情况时,才需要驾驶员对系统请求做出决策。L5 级完全自动驾驶指无须驾驶员和方向盘,在任何环境下都能完全自动控制车辆,只需提供目的地或者输入导航信息,就能够实现所有路况的自动驾驶,到达目的地。只有达到 L5 级全工况自动驾驶阶段的能力,才可称之为"完全自动驾驶阶段"或"自动驾驶阶段"。

1.2.2　中国的自动驾驶技术分级

中国工业和信息化部于 2020 年 3 月颁布了《汽车驾驶自动化分级》的推荐性国家标准,并于 2021 年 1 月起正式实施。如图 1-2 所示,对比中外两种不同的分级标准,可以看到,我国的等级划分共有 6 级,增加了组合驾驶辅助,是国际标准 L2 级的细化。其中,L3、L4、L5 级的区别可以分别对应:驾驶员可以眼睛离开、驾驶员可以走神、驾驶员可以放手不管。目前,以企业为主导的自动驾驶产业化工作主要集中在 L3 、L4 级自动驾驶。以华为、小鹏、理想、特斯拉为代表的一系列创新企业已经在 2024 年陆续在国内外主要城市开放"导航辅助驾驶"功能,基本达到 L3 级水平,能够在大部分道路中实现在驾驶员监管下的自动驾驶。而以百度、小马智行、Waymo 为代表的国内外从事 RoboTaxi 开发的科技公司,2023 年开始陆续在法规允许的区域内试验无安全员

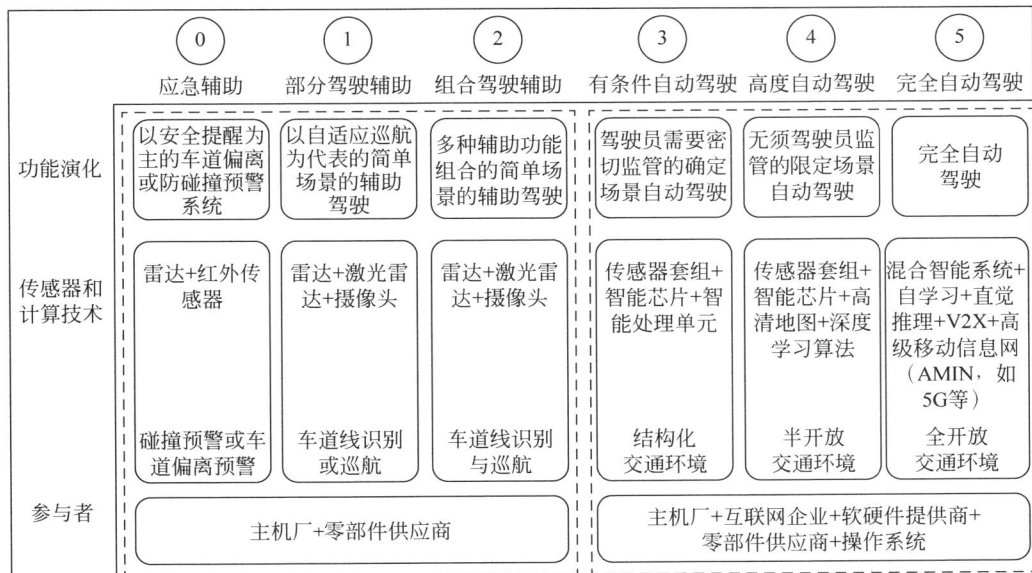

	0 应急辅助	1 部分驾驶辅助	2 组合驾驶辅助	3 有条件自动驾驶	4 高度自动驾驶	5 完全自动驾驶
功能演化	以安全提醒为主的车道偏离或防碰撞预警系统	以自适应巡航为代表的简单场景的辅助驾驶	多种辅助功能组合的简单场景的辅助驾驶	驾驶员需要密切监管的确定场景自动驾驶	无须驾驶员监管的限定场景自动驾驶	完全自动驾驶
传感器和计算技术	雷达+红外传感器	雷达+激光雷达+摄像头	雷达+激光雷达+摄像头	传感器套组+智能芯片+智能处理单元	传感器套组+智能芯片+高清地图+深度学习算法	混合智能系统+自学习+直觉推理+V2X+高级移动信息网(AMIN,如5G等)
	碰撞预警或车道偏离预警	车道线识别或巡航	车道线识别与巡航	结构化交通环境	半开放交通环境	全开放交通环境
参与者	主机厂+零部件供应商			主机厂+互联网企业+软硬件提供商+零部件供应商+操作系统		

图 1-2　中国的自动驾驶分级标准

的自动驾驶汽车并投入试运营,仅需要在特殊情况下通过云端互联的方式由远程驾驶员介入处理,基本达到 L4 级水平。然而,由 L4 级到 L5 级之间仍有漫长的发展道路,不是简单的自动驾驶技术发展的线性迭代,需要有创新的系统架构和计算模型,亟须解决众多科学难题和技术难题,需要更大的研发投入。当前,以特斯拉为代表的部分企业宣称已经在进行面向 L5 级完全自动驾驶的研究,并计划在未来几年内逐步进行商业化运营。相信通过高校、科研院所与企业的不懈努力,具备 L5 级自动驾驶能力的新型车辆也会很快出现在人们的生活中。

1.3 完全自动驾驶面临的五大难题

从对错误的容忍度来说,人工智能系统可以分成两大类:一类是容许犯错误或容忍错误的人工智能系统,即系统出错后可以在线调整或重新执行程序,不会导致严重后果;另一类是在统计意义上不能犯错误的人工智能系统,自动驾驶汽车就属于这类系统。实现高度安全的自动驾驶主要面临以下五大难题。

难题一:复杂交通场景的周密感知。自动驾驶"必须是一种不能犯错误的人工智能系统",它需要非常可靠地感知其周围的场景,无论是对变化的天气情况(白天、黑夜、大雨、暴雪、雾霾和沙尘等),还是对复杂的道路环境(城区道路、高速公路、分岔路口、路障阻碍、急转弯等),它都能做出安全响应。人类驾驶员在面对复杂交通场景时,往往依靠社会经验和驾驶经验来完成感知与决策,而对于自动驾驶系统,实现复杂交通场景的周密感知仍是目前的难题。

难题二:周边运动对象的"预行为"理解。自动驾驶"必须能够理解和判断其周边运动对象的预行为"。"预行为"理解要求系统对周围的车辆和行人做出准确的行为预判,比如判断前方车辆是否要超车、变道或者转弯、路边的行人是否会横穿马路等,从而保证自动驾驶汽车的安全行驶。人类驾驶员往往根据预行为判断意图,进而根据对象的意图采取安全合理的行驶策略,但是目前的自动驾驶技术很难察觉细微的"预行为"。因此,仅基于简单规则的自动驾驶技术不可能为所有场景或极端情况进行建模。

难题三:"意外遭遇"的应对。自动驾驶"必须能够对交通场景进行抽象"。交通场景中存在着大量的意外事件和抽象行为。例如,自动驾驶汽车行驶到一个正在进行交通管制的十字路口时,需要能够感知并理解当前的交通态势,忽略正在运行的交通灯系统,理解并遵循交警的手势指引。此外,基于简单规则的自动驾驶系统也难以为每个场景进行编码。人类驾驶员通常可以根据身体语言和其他语境线索来理解交通情境,并进行语义抽象化,而目前的自动驾驶技术却很难处理小概率的"意外遭遇"事件和异常情况,无法对类似的意外遭遇事先去编码,并写入自动驾驶的算法之中。

难题四:网络安全。自动驾驶"必须有安全可信的网络"。自动驾驶的大规模商用离不开通信网络的支撑,这带来了网络通信安全问题。通过云端获取和更新地图的自动驾驶系统将面临更大的风险。黑客入侵智能汽车系统进行敲诈等行为将有可能发生,从而给人们带来潜在的经济损失。同时,针对自动驾驶的网络攻击可能会切断车路通信或修改系统数据,干扰车辆的正常运行,产生危险的驾驶行为,严重影响人身安全和社会稳定。因此,必须有安全可信的网络来保障自动驾驶系统和车辆的正常运行。如何构建自动驾驶网络防御体系,保障自动驾驶的网络通信安全也是当前面临的重大挑战。

难题五:人-车自然交互。自动驾驶"必须以自然的方式与人类交流"。自动驾驶汽车必须与乘客之间实现无障碍交流,并通过交流使自动驾驶系统理解并回答乘客提出的相关问题、应答乘客的指令和需求。以实际场景为例,乘客坐上自动驾驶汽车,自动驾驶系统需要知晓乘客要去的目的地,理解并回答乘客所提问题,如"还有多少时间能到达目的地?""请播放一首歌"等。自然的人-车交互可以为乘客提供更加舒适、愉快、直观、人性化的出行体验,而不是一个简单的点到点的行驶过程。在未来几十年,人类驾驶员和自动驾驶软件将共同掌控道路,如乘客与汽车各自在何时、什么环境下分担什么责任,汽车如何通知乘客"现在需要接手驾驶任务"等。因此,人-车交互对于自动驾驶汽车的安全性和操作效率有着重要的作用。

1.4 自动驾驶的基本组成与基本科学问题

1.4.1 自动驾驶系统的基本组成

自动驾驶汽车是一个集环境感知、决策规划、网联协同等功能于一体的具身智能系统。自动驾驶汽车通过各种传感器来感知和理解外界的环境信息,计算出车辆的空间定位和可行驶区域,自主完成行驶路径规划,输出应对环境变化的决策指令,并通过执行器完成对车辆的方向盘、油门或刹车的控制。

自动驾驶系统的基本组成可分为三部分:基础硬件系统、感知与建模算法单元、规划与推理算法单元(见图 1-3)。基础硬件系统由传感器系统(包括可见光相机、红外传感器、激光雷达、毫米波雷达、超声波雷达、全球导航卫星系统、惯性测量传感器等,不同的传感器采集的数据具有不同的物理属性)和控制执行器(包括方向盘、油门踏板、刹车踏板等)组成;感知与建模算法单元包含感知处理算法和环境建模算法,感知处理算法完成对周边车辆和物体、车道线、道路、行人等交通参与者(物)的检测,在此基础上,环境建模算法对周边物体和可行驶区域进行识别,并给出车辆自身的空间定位。规划与推理算法单元根据感知与建模单元给出的信息结合全局地图规划行驶路径,并推理出一条局部路径,用于确定车辆行驶的短期行为(如转向、速度),同时发送指令到执行器完成车辆控制。图 1-4 给出了西安交通大学研发的"先锋号"自动驾驶汽车传感器装载示意图。

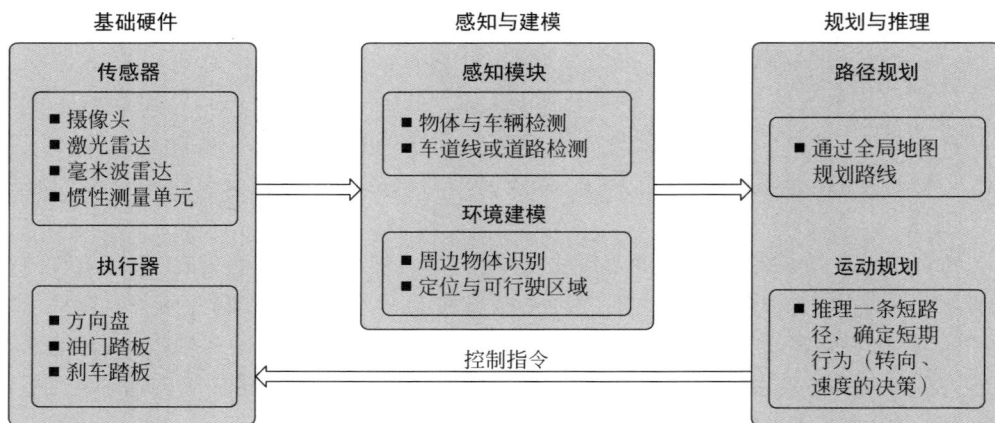

图 1-3　自动驾驶系统的基本组成

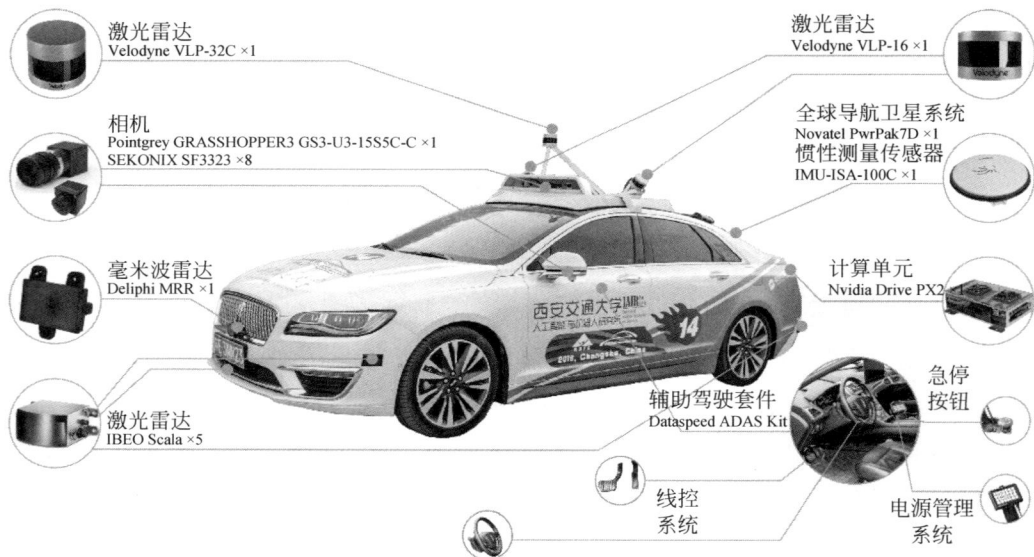

图 1-4　西安交通大学的"先锋号"自动驾驶汽车

1.4.2　实现完全自动驾驶需要解决的 3 个基本科学问题

　　完全自动驾驶的问题求解可以定义为一类具有不确定性、具有约束条件和先验知识的环境理解与推理。目前的自动驾驶技术框架存在着环境适应性差、自学习能力不足的问题。为了实现完全自动驾驶，自动驾驶需要向人类驾驶员学习。人类驾驶员开车是一个对交通情境认知理解的连续过程，因此，自动驾驶不能是一种简单的 AI 形式，需要探讨类人自动驾驶的新方法，也就是说，如何使自动驾驶汽车像人一样理解和记忆交通情境，使其具有记忆、推理和经验更新的机制，能够应对高动态和强随机性的交通场景变化；如何发展一种进化的、发展的自动驾驶学习系统，其学习的过程与人类驾驶员的训练类似，主要规律都是"熟能生巧"。发展一种具有自主学习能力的类人自动驾驶系统，需要解决以下 3 个基本科学问题：

（1）人类驾驶员如何注意并获取交通环境信息。人类驾驶员是利用注意力机制从动态的交通环境中获取显著信息，人类驾驶员开车的时候，不会将注意力平均分配到所有目标上，而是将注意力集中在某些重要的目标上。目标的重要性是其一种高级属性，包含目标的物理属性、运动属性、行为属性。在多数场合，显著性特征与目标的大小无关。自动驾驶系统需要具有人类驾驶员的这种信息处理机制。

（2）交通环境信息如何在大脑中存储和加工。人类驾驶员对交通场景信息的理解是在记忆和先验知识的基础上进行的模式匹配，自动驾驶算法需要在一定程度上引入人类对交通场景认知的加工机制。人类驾驶员在驾驶过程中，是将车窗外无穷状态空间约简为动态变化的"可行驶"和"不可行驶"的二域状态空间表征，并根据常识和交通规则产生相应的驾驶行为。

（3）产生驾驶行为的背后存在怎样的内部表征。实现认知构建的类人自主驾驶，需要对交通环境的推理计算进行分层表征，如图 1-5 所示。这样就可以从认知的层面，将复杂未知的"现实世界"变换成有限的知觉物体的语义"推理"。

图 1-5　自动驾驶对交通环境推理计算的分层表征

图 1-5 是一种基于度量-拓扑-语义混合的自动驾驶环境认知分层表示，它可看成是产生自动驾驶行为的表征模型。该模型由空间定位、行为规划、知识策略和任务驱动 4 个层次组成，分别完成对象感知、场景推理和运动控制。

1.5　自动驾驶大规模应用的支撑要素

1.5.1　基础设施与车路协同

自动驾驶技术的进步和产业化离不开聪明的车、智慧的路与强大的云三者的协同发展，车路协同和云端调度基础设施是自动驾驶汽车大规模应用的关键支撑（见图 1-6）。车路协同借助通信技术，实现自动驾驶汽车与其他车辆、行人、道路、服务平台之间的网络连接，提升自动驾驶汽车的智能水平，同时提高交通运行效率。"聪明的车"作为自动驾驶技术的主要载体，主动完成对于周边交通状况的感知、决策与控制。"智慧的路"则能够为自动驾驶车辆的交通场景理解以及在复杂车流环境中安全行驶提供技术支撑，并最大化利用交通场景信息以及最优化调度交通流运行。"强大的云"为自动驾驶系统的运行提供算力支撑和网联中心平台，进一步提高自动驾驶在恶劣天气和复杂场景下的安全性和通行效率。

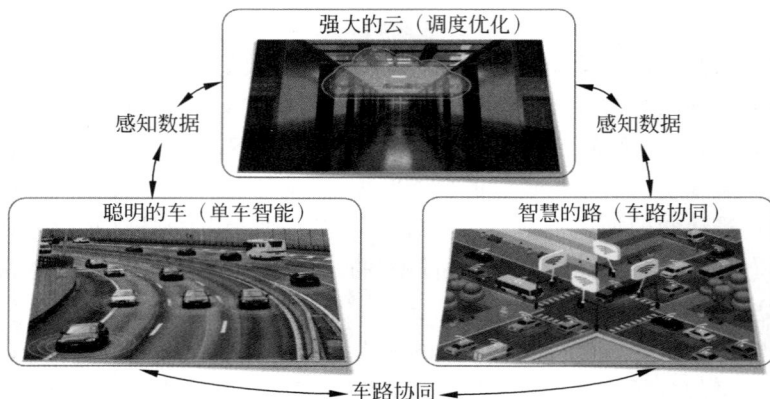

图 1-6　车-路-云协同支撑自动驾驶技术的应用与发展

1.5.2　法律法规与伦理道德

法律法规和标准体系制定也是自动驾驶大规模应用的关键支撑要素。无论自动驾驶技术发展到何种程度，机器对交通态势的感知与认知始终是有限的。因此，一方面需要车路协同和云端计算来进一步提高自动驾驶的安全性，构建一种高效、可信的智能交通系统。同时，也需要完善自动驾驶的标准体系和法律法规，应对自动驾驶大规模应用带来的一系列社会性问题，如产生的大量数据如何处理、如何保护个人隐私和信息安全。

当前自动驾驶技术已经进入一个新的发展阶段，需要在道路测试、商业应用、事故责任划分、交通事故保险理赔、隐私保护和信息安全等方面进一步加强法律法规的修订和完善。

自动驾驶汽车在道路交通中可能面临伦理和道德的挑战，以及如何设计公平、公正的自动驾驶系统的问题。自动驾驶的大规模应用将伴随类似"电车难题"（Trolley Problem）的伦理问题出现，即自动驾驶汽车也有可能出现被强迫从两个不道德行为（不可避免造成生命伤害）中选择的伦理问题。自动驾驶决策依赖算法，算法是专家根据规则确定的，程序员无法将伦理进行量化，把"道德代码"写入自动驾驶算法中，即"电车难题"不可能在专用人工智能系统中给出符合道德伦理的答案。在专用的人工智能系统中，自动驾驶应该是可信赖的，在技术上安全可靠，从而避免因为技术不足而造成的无意伤害，但如何面对自动驾驶技术所带来的伦理道德问题仍是一个开放性的社会问题。

第 2 章
自动驾驶的传感器系统

2.1 概述

　　自动驾驶的传感器系统是机器感知的物理基础，也是自动驾驶汽车获取内外部信息的重要媒介，主要可分为环境感知传感器与车辆位姿状态感知传感器。

　　环境感知传感器主要用来采集车辆周边的环境信息，为实现自动驾驶的复杂环境感知与运动预测提供数据源。在自动驾驶传感器系统中，最为常见的环境感知传感器有相机、激光雷达、毫米波雷达等。相机属于被动型传感器，通过感光元件记录光线信息，并将其转化为含有丰富语义信息的图像，但是相机对光照、遮挡和环境条件较为敏感。相比而言，激光雷达和毫米波雷达都属于主动型传感器。激光雷达使用激光束扫描周边环境，通过测量时间延迟获取目标的距离等信息，易受恶劣天气或镜面反射影响。毫米波雷达使用微波辐射发送信号，通过测量信号返回时间来获取目标的距离与速度等信息，适用于更为广泛的天气条件与环境。

　　车辆位姿状态感知传感器用于准确感知车辆系统的位姿状态，主要服务于自动驾驶的地图构建与定位导航。通过融合异构车载传感器，可以获得交通场景中不同物理属性的信息，形成多源信息的互补，从而构建安全、可靠的自动驾驶感知与定位系统，完成对交通场景的准确感知与描述，使自动驾驶汽车能有效应对现实世界中光照、天气与路况的变化。

　　本章将首先介绍相机，在阐述相机的成像原理与标定方法的基础上，引申介绍了全景相机、事件相机等新型视觉传感器，以及它们在自动驾驶

中的应用潜力。其次，本章将介绍激光雷达、毫米波雷达等雷达类传感器的数据采集
与处理方式，包括它们的基本工作原理与多传感器联合标定方法。对于车辆位姿状态
感知传感器，本章将以全球导航卫星系统与惯性测量传感器为典型范例，介绍它们的
工作原理，以及如何应用它们实现车载异构传感器的时间同步。

2.2　相机的原理与应用

相机是应用最为广泛的视觉类环境感知传感器，常见类型有单目相机（monocular
camera）、红外相机（infrared camera）、深度相机（又称 3D 相机、3D camera）等。一般的
相机通过逐帧曝光捕捉图像数据，而曝光是指将光投射到照相感光材料的感光面的过
程。利用计算机视觉技术，可以通过原始的视觉数据解析出丰富的语义信息，完成自
动驾驶中的场景认知与理解、弱势道路使用者与其他车辆的行为预测、高精度语义地
图的构建等任务。可见光相机极易受环境因素的影响，如强烈光照、高速运动等，造成
成像过曝或模糊，往往需要应用图像信号处理（Image Signal Processing，ISP）的相关
技术进行弥补与优化。

近年来，随着传感器硬件及相关技术的发展，全景相机与事件相机作为新型视觉
传感器，在自动驾驶领域引起了关注。这些新型相机的逐步普及与相继应用，有助于
提升自动驾驶传感器系统的多样性，进而提升自动驾驶系统的环境感知能力，推动自
动驾驶技术的发展与成果转化。

本节将首先讨论相机的基本原理与相关的空间变换，包括相机的投影模型与变换
关系、相机的内外参与标定方法。在理解这些概念的基础上，本节将进一步介绍具有
代表性的新型视觉传感器（全景相机与事件相机）的基本原理与它们在自动驾驶中的
应用。

2.2.1　相机的基本原理

1. 针孔相机模型

针孔相机模型是一种简化的相机模型，它假设光线自景物经过孔洞进入相机内
部，并在相机背面的图像平面上形成倒立的图像。该模型将景物到图像的投影变换
过程简化为直线投影，描述了光线从场景到相机的传播路径，是透视投影的基础，用
于解释相机的透视成像原理。如图 2-1 所示的针孔相机模型下的透视投影变换[3]可
以清楚地反映出成像过程中光线遵循的几何关系。图中投影中心 O 为相机的镜头位
置，以 O 为原点建立的 3D 坐标系被称为相机坐标系。光线经过 O 点投影在镜头后的
平面 H 上形成图像，镜头的光轴与图像平面 H 的交点记为 O'，以 O' 为原点建立在平
面 H 上的 2D 坐标系被定义为图像坐标系。

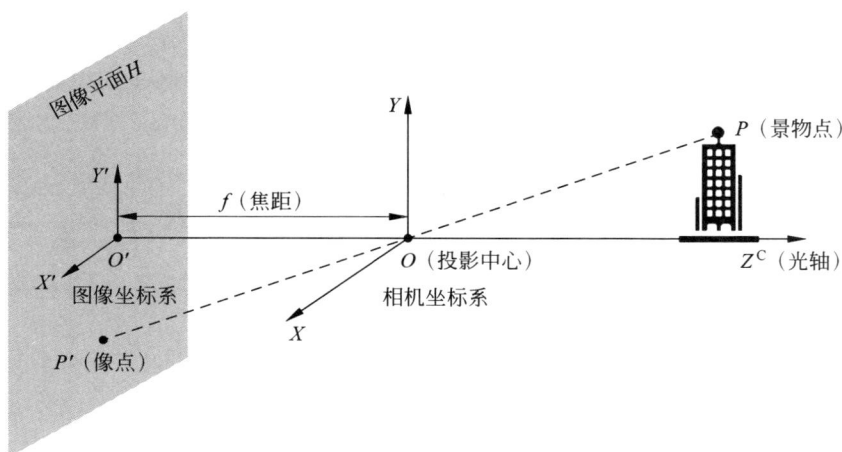

图 2-1　针孔相机模型与透视投影变换示意图

景物点 P 处的光线穿过 O 点投影在平面 H 上的 P' 点,图像平面 H 与投影中心 O 的距离 f 称为相机的焦距。根据 P 点、O 点、P' 点的共线关系可以得到

$$k \cdot \overrightarrow{P'O} = \overrightarrow{OP} \tag{2-1}$$

在相机坐标系下,设景物点 P 的坐标为 $\boldsymbol{p}=[x,y,z]^{\mathrm{T}}$,点 P' 的坐标为 $\boldsymbol{p}'=[x',y',-f]^{\mathrm{T}}$,则式(2-1)可以写成如下矩阵形式

$$k \begin{bmatrix} -x' \\ -y' \\ f \end{bmatrix} = \begin{bmatrix} x \\ y \\ z \end{bmatrix} \tag{2-2}$$

将式(2-2)展开,进而得到

$$\begin{cases} k = \dfrac{z}{f} \\[2mm] x' = -\dfrac{x}{k} = -f\,\dfrac{x}{z} \\[2mm] y' = -\dfrac{y}{k} = -f\,\dfrac{y}{z} \end{cases} \tag{2-3}$$

其中,$k = \dfrac{z}{f}$ 被称为伸缩比,通常 $k \gg 1$。式(2-3)表明,在透视投影下,对景物点的坐标除以伸缩比并乘以 (-1) 就可以变换为像点的坐标。

为了方便后续讨论,下面引入齐次坐标的基本概念。齐次坐标是一种用在投影几何中的坐标系统,可以统一地表达许多重要的几何变换。齐次坐标含有冗余信息:笛卡儿 n 维空间中的一点可以用齐次 $(n+1)$ 维空间中的一条直线表示,例如,3D 空间中景物点 $[x,y,z]^{\mathrm{T}}$ 的齐次坐标是一个 4 维向量 $[kx,ky,kz,k]^{\mathrm{T}}$。这里的 k 是一个非零的任意常数。为了将一个用 n 维向量表示的点从齐次坐标变换到 $(n-1)$ 维的笛卡儿坐标,需要将全部分量除以第 n 个元素,然后消去第 n 个分量,这样形成一个新的

$(n-1)$ 维向量。设 $\hat{p}'$ 和 $\hat{p}$ 分别是 p' 和 p 的齐次坐标表示，即

$$p' = \begin{bmatrix} x' \\ y' \\ z' \end{bmatrix} \Rightarrow \hat{p}_i = \begin{bmatrix} kx' \\ ky' \\ kz' \\ k \end{bmatrix} \tag{2-4}$$

$$p = \begin{bmatrix} x \\ y \\ z \end{bmatrix} \Rightarrow \hat{p} = \begin{bmatrix} kx \\ ky \\ kz \\ k \end{bmatrix} \tag{2-5}$$

其中，$k \neq 0$。于是，通过增加向量空间维数，可将透视投影中的式(2-3)表示为

$$\hat{p}' = M_1 \hat{p} \tag{2-6}$$

其中，

$$M_1 = \begin{bmatrix} f & 0 & 0 & 0 \\ 0 & f & 0 & 0 \\ 0 & 0 & f & 0 \\ 0 & 0 & -1 & 0 \end{bmatrix} \tag{2-7}$$

注意，式(2-7)中 M_1 的表示并不是唯一的，以上讨论是应用齐次坐标系表达的直接结果，用一个非零的标量系数与 M_1 相乘，式(2-6)的关系仍然成立。例如，可以有

$$M_2 = \begin{bmatrix} 1 & 0 & 0 & 0 \\ 0 & 1 & 0 & 0 \\ 0 & 0 & 1 & 0 \\ 0 & 0 & -\dfrac{1}{f} & 0 \end{bmatrix} \tag{2-8}$$

为了验证上述方法的正确性，在齐次坐标系中选择一景物点为 $\hat{p} = [x, y, z, 1]^{\mathrm{T}}$ 代入式(2-6)，然后消去 k，将用齐次坐标表示的像点 P' 变回到笛卡儿坐标，即

$$\hat{p}' = \begin{bmatrix} kx' \\ ky' \\ kz' \\ k \end{bmatrix} = \begin{bmatrix} f & 0 & 0 & 0 \\ 0 & f & 0 & 0 \\ 0 & 0 & f & 0 \\ 0 & 0 & -1 & 0 \end{bmatrix} \begin{bmatrix} x \\ y \\ z \\ 1 \end{bmatrix} = \begin{bmatrix} fx \\ fy \\ fz \\ -z \end{bmatrix} \tag{2-9}$$

因此，像点 P' 的笛卡儿坐标为

$$p' = \begin{bmatrix} x' \\ y' \\ z' \end{bmatrix} = \begin{bmatrix} -f\dfrac{x}{z} \\ -f\dfrac{y}{z} \\ -f \end{bmatrix} \tag{2-10}$$

显然，式(2-10)中的 x' 和 y' 实际上就是式(2-3)的表达式。对于图像上的点，Z 轴坐标

并没有实际意义。由于定义的图像坐标系与相机坐标系的 X 轴、Y 轴方向一致,因此只要消去 M_1 矩阵中的第三行,就可以得到像点 P' 在图像坐标系下的表示,此时矩阵 M_1 变成一个 3×4 的矩阵 M,即

$$M = \begin{bmatrix} f & 0 & 0 & 0 \\ 0 & f & 0 & 0 \\ 0 & 0 & -1 & 0 \end{bmatrix} \tag{2-11}$$

3D 景物点的位置可以根据像点与矩阵 M 进行推断,对式(2-3)进行适当整理,得

$$\frac{x}{x'} = \frac{y}{y'} = \frac{z}{-f} \tag{2-12}$$

若像点坐标中的 x' 和 y' 不变,则式(2-12)实际上是 3D 空间的一条直线方程,这条直线穿过相机坐标系的原点 $[0,0,0]^{\mathrm{T}}$。因此,虽然景物点-像点变换不可逆,但一个给定的像点约束了景物点在 3D 空间中并位于穿过投影中心的一条射线上。

上述推导均基于一个假设:景物点 P、像点 P' 与投影中心 O 三点共线。但是,在实际的相机中,由于镜片具有一定尺寸,入射光线并非严格穿过几何投影中心,也会从透镜的边缘位置射入,这就会对入射光线产生一定程度的影响,使得出射光线与入射光线不在同一条直线上,进而导致存在一定的成像变形,这种现象称为透镜的畸变,主要包括径向畸变和切向畸变两种类型。其中径向畸变又分为枕形畸变与桶形畸变两种,如图 2-2 所示。

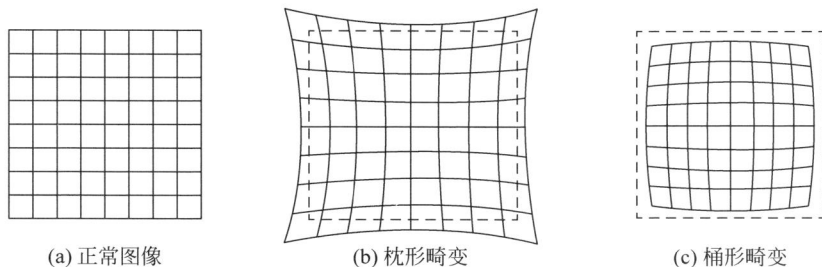

(a) 正常图像   (b) 枕形畸变   (c) 桶形畸变

图 2-2　正常图像与畸变图像的对比

径向畸变是由于透镜从中间向边缘厚度逐渐变化,从而将图 2-2(a)中的图案投影成图 2-2(b)或图 2-2(c)中图案的过程。由于这种畸变一般都是关于透镜中心呈中心对称状,因此,以像平面中心 O' 为坐标原点,设 x_u、y_u 为无畸变的图像坐标,$r = \sqrt{x_u^2 + y_u^2}$ 为该坐标点到 O' 的距离,用 $r=0$ 处的泰勒级数(一般取前 3 项)来描述径向畸变,即

$$\begin{cases} x_d = x_u(1 + k_1 r^2 + k_2 r^4 + k_3 r^6) \\ y_d = y_u(1 + k_1 r^2 + k_2 r^4 + k_3 r^6) \end{cases} \tag{2-13}$$

其中,x_d 与 y_d 为畸变后的图像坐标值,泰勒级数的前 3 项系数 k_1、k_2、k_3 被称为相机的径向畸变系数。当 $k_1 > 0$ 时,距离中心越远处,畸变后坐标值越大,形成如图 2-2(b)

所示的效果，被称为枕形畸变。当 $k_1 < 0$ 时，距离中心越远处，畸变后坐标值越小，形成如图 2-2(c) 所示的效果，被称为桶形畸变。

切向畸变是由于在装配过程中透镜与成像平面不严格平行，从而导致图像失真的过程。这种畸变过程可以用式 (2-14) 描述：

$$\begin{cases} x_d = x_u + 2p_1 x_u y_u + p_2 (r^2 + 2x_u^2) \\ y_d = y_u + p_1 (r^2 + 2y_u^2) + 2p_2 x_u y_u \end{cases} \tag{2-14}$$

其中，系数 p_1 和 p_2 被称为相机的切向畸变系数。

若同时考虑径向畸变、切向畸变，将式 (2-13) 与式 (2-14) 联立得到

$$\begin{cases} x_d = x_u (1 + k_1 r^2 + k_2 r^4 + k_3 r^6) + 2p_1 x_u y_u + p_2 (r^2 + 2x_u^2) \\ y_d = y_u (1 + k_1 r^2 + k_2 r^4 + k_3 r^6) + p_1 (r^2 + 2y_u^2) + 2p_2 x_u y_u \end{cases} \tag{2-15}$$

相机的畸变系数是相机的固有属性，当已知畸变系数时，可以对存在畸变的图像通过式 (2-15) 反向计算得到无畸变图像，这个过程称为图像的畸变校正。

2. 径向对称模型

上述针孔相机模型简化地表达了相机成像过程，可以帮助读者快速理解相机的成像原理。然而，针孔相机模型并不足以反映一些特殊镜头（如鱼眼镜头）存在的畸变情况，此时可以借助径向对称模型（如图 2-3 所示）进行更为通用的表达。

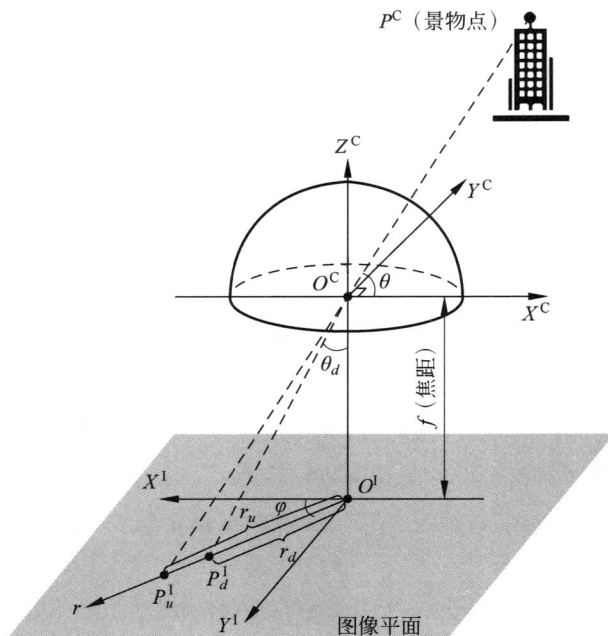

图 2-3　径向对称模型示意图

在径向对称模型中，相机镜头用球面来简化表示（实际上相机镜头并不是严格

标准的球面），定义 $O^C\text{-}X^CY^CZ^C$ 为相机坐标系，$O^I\text{-}X^IY^I$ 为图像坐标系。假设有相机坐标系中的一景物点 P^C，其坐标为 $[x^C, y^C, z^C]^T$，通过入射角为 θ 的光线穿过镜头后，投影在图像平面的极坐标系下。根据镜头的不同，投影过程可以用不同的投影变换模型表示，如下

$$\text{透视投影：} r(\theta) = f \cdot \tan\theta \tag{2-16}$$

$$\text{体视投影：} r(\theta) = 2f \cdot \tan\frac{\theta}{2} \tag{2-17}$$

$$\text{等距投影：} r(\theta) = f \cdot \theta \tag{2-18}$$

$$\text{等积投影：} r(\theta) = 2f \cdot \sin\frac{\theta}{2} \tag{2-19}$$

$$\text{正交投影：} r(\theta) = f \cdot \sin\theta \tag{2-20}$$

下面以鱼眼相机为例，讨论如何基于径向对称模型来描述特殊镜头的成像原理。鱼眼相机的镜头（简称鱼眼镜头）是一种广角镜头，一般可以简单地采用径向对称模型下的等距投影（见式（2-18））来描述它的投影变换。然而，在实际情况下，鱼眼镜头拥有多层的镜片结构与复杂的光学设计，光线进入不同镜头经过多次折射才可以完成 3D 景物点到 2D 图像平面点的投影变换。因为鱼眼镜头的折射缘故，成像效果伴随着畸变，其中影响最大的为径向畸变，这也导致了光线射出光心的角度未知。

为了考虑径向畸变的影响，在图 2-3 中，可以假定 θ_d 作为畸变后的等效折射角，实际投影的 2D 图像平面点记为 P_d^I，其在图像坐标系下的笛卡儿坐标为 $[x_d^I, y_d^I]^T$，极坐标为 $[r_d, \varphi]^T$。

同时，为了便于统一相机标定的参数形式，研究人员选择采用奇数次泰勒展开形式（一般取前 5 项）来近似鱼眼相机的实际投影函数[4]，如下

$$\begin{aligned} r(\theta) = f\theta &\approx k_1\theta + k_2\theta^3 + k_3\theta^5 + k_4\theta^7 + k_5\theta^9 + \cdots \\ &\approx k_1\theta + k_2\theta^3 + k_3\theta^5 + k_4\theta^7 + k_5\theta^9 \end{aligned} \tag{2-21}$$

为了描述鱼眼相机的投影畸变过程，定义 O^CP^C 与图像平面的交点为 P_u^I，其图像坐标系下的笛卡儿坐标为 $[x_u^I, y_u^I]^T$，记为无畸变条件下的虚拟像点，即符合经典可见光相机透视投影的图像平面成像点，设其极坐标为 $[r_u, \varphi]^T$。根据透视投影模型，可以求出与 P_u^I 相关的坐标信息如下

$$\begin{cases} x_u^I = f\dfrac{x^C}{z^C} \\[2mm] y_u^I = f\dfrac{y^C}{z^C} \\[2mm] r_u^2 = (x_u^I)^2 + (y_u^I)^2 \\[2mm] \theta = \arctan\dfrac{r_u}{f} \end{cases} \tag{2-22}$$

由此，可以通过相似三角形性质，进一步得到畸变尺度因子 S，如下

$$S = \frac{r_d}{r_u} = \frac{x_d^{\mathrm{I}}}{x_u^{\mathrm{I}}} = \frac{y_d^{\mathrm{I}}}{y_u^{\mathrm{I}}} \tag{2-23}$$

于是

$$\begin{cases} x_d^{\mathrm{I}} = S \cdot x_u^{\mathrm{I}} \\ y_d^{\mathrm{I}} = S \cdot y_u^{\mathrm{I}} \end{cases} \tag{2-24}$$

鱼眼相机的成像过程本质是已知入射角 θ 求出等效折射角 θ_d。由式(2-23)可知，畸变尺度 S 与相机焦距 f 无关，可以取等效焦距 $f=1$，并根据等距投影性质进一步得

$$\theta_d = \frac{r_d}{f} \approx r_d = \theta(k_0 + k_1\theta^2 + k_2\theta^4 + k_3\theta^6 + k_4\theta^8) \tag{2-25}$$

其中，k_0 通常取 1 来进一步简化表达。

鱼眼相机的畸变校正过程是根据已知畸变后的图像平面点 P_d^{I} 求出实际入射角 θ，并进一步求出无畸变条件下的像点 P_u^{I}。在已知相机参数条件下，可以根据点 P_d^{I} 的极坐标 $[r_d, \varphi]^{\mathrm{T}}$ 与相机焦距 f，结合等距投影模型求出 θ_d 的值。并在完成相机标定的前提下(已知式(2-25)中的 k_1、k_2、k_3 和 k_4)，建立如下方程

$$\begin{cases} f(\theta) = \theta(1 + k_1\theta^2 + k_2\theta^4 + k_3\theta^6 + k_4\theta^8) - \theta_d \\ \theta_{n+1} = \theta_n - \dfrac{f(\theta_n)}{f'(\theta_n)} \end{cases} \tag{2-26}$$

使用非线性优化的相关方法(参考附录 A.4)求解 θ，根据透视投影模型可进一步求得无畸变像点到像平面中心的距离为

$$r_u = f \cdot \tan\theta \tag{2-27}$$

联立式(2-23)与式(2-24)可以求出无畸变像点 P_u^{I} 的坐标为

$$\begin{cases} x_u^{\mathrm{I}} = \dfrac{r_u}{r_d} \cdot x_d^{\mathrm{I}} \\ y_u^{\mathrm{I}} = \dfrac{r_u}{r_d} \cdot y_d^{\mathrm{I}} \end{cases} \tag{2-28}$$

2.2.2 相机的内参与外参

为了描述相机的几何属性和位置姿态，本节引入相机内参与相机外参的概念，它们可以用来建立三维世界与二维图像的空间关系。相机内参的作用是将三维世界中的点映射到图像平面上，而相机外参可以用于将世界坐标系中的点转换到相机坐标系中。

对于计算机来说，图像就是一个由像素点集构成的矩阵，图像存储与读取时会从一个顶点处开始逐行进行，为了方便计算机对图像的后续处理，一般还会在图像平面上建立一个二维坐标系 $O^{\mathrm{I}}\text{-}UV$，如图 2-4 所示(为了便于理解，这里采用针孔相机模型

下的透视投影变换为例)，这个坐标系建立在图像的一角，且以像素为单位，因此称为像素坐标系[5]。

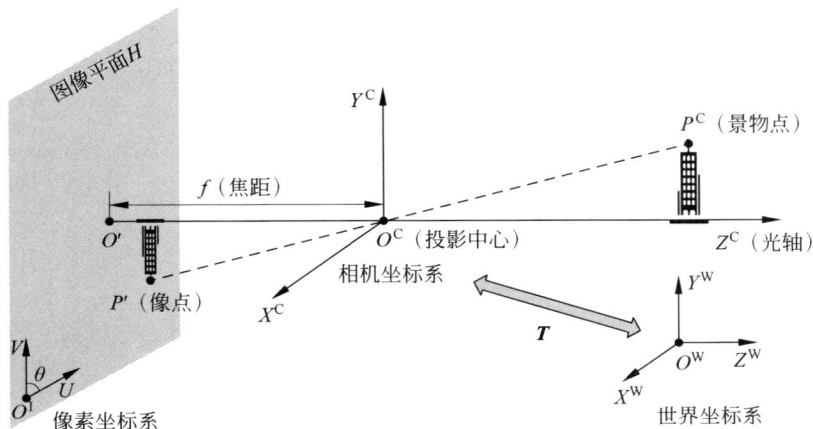

图 2-4　世界坐标系、相机坐标系与像素坐标系关系示意图

由于像素一般不是标准的正方形，而是矩形，设每个像素的长与宽分别为 $\mathrm{d}X$ 与 $\mathrm{d}Y$，则像点 P' 在像素坐标系下的坐标 $[u, v]^{\mathrm{T}}$ 满足

$$\begin{cases} u = \dfrac{x'}{\mathrm{d}X} + u_0 \\[2mm] v = \dfrac{y'}{\mathrm{d}Y} + v_0 \end{cases} \tag{2-29}$$

其中，u_0 与 v_0 分别表示图像坐标系原点 O' 到像素坐标系原点 O^{I} 的横纵坐标偏移量，也就是像素坐标系下 O' 的坐标。令 $N_x = \dfrac{1}{\mathrm{d}X}$，$N_y = \dfrac{1}{\mathrm{d}Y}$，代表图像平面上单位距离的像素点数。

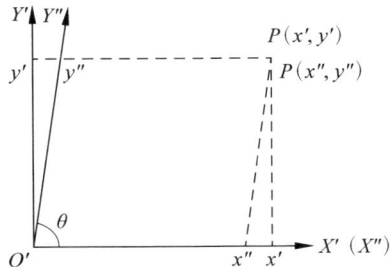

图 2-5　图像坐标系做工偏差示意图

然而，由于相机的加工误差，在实际的图像平面上，坐标系的横纵轴可能无法保证严格垂直，设其夹角为 θ，如图 2-5 所示。

图 2-5 中 X' 和 Y' 是理想的图像坐标轴，X'' 和 Y'' 是实际带有偏差的坐标轴。相应地，P 点的理想坐标和偏差坐标分别用 $[x', y']$ 和 $[x'', y'']$ 来表示，其坐标偏差满足

$$\begin{cases} x'' = x' - \cot\theta \cdot y' \\[2mm] y'' = \dfrac{y'}{\sin\theta} \end{cases} \tag{2-30}$$

将上述坐标偏差考虑在式(2-29)中，则实际的像素坐标满足

$$\begin{cases} u = \dfrac{x' - \cot\theta \cdot y'}{\mathrm{d}X} + u_0 \\[3mm] v = \dfrac{\frac{y'}{\sin\theta}}{\mathrm{d}Y} + v_0 \end{cases} \tag{2-31}$$

将式(2-3)代入式(2-31)，并写成矩阵形式，可以得到

$$\begin{bmatrix} u \\ v \\ 1 \end{bmatrix} = \frac{1}{z} \begin{bmatrix} -\dfrac{f}{\mathrm{d}X} & \dfrac{\cot\theta \cdot f}{\mathrm{d}X} & u_0 \\[3mm] 0 & -\dfrac{f}{\sin\theta \cdot \mathrm{d}Y} & v_0 \\[3mm] 0 & 0 & 1 \end{bmatrix} \begin{bmatrix} x \\ y \\ z \end{bmatrix} \tag{2-32}$$

其中，等式左边恰好是齐次坐标的形式，为了简化表达，令 $f_x = -\dfrac{f}{\mathrm{d}X}$，$f_y = -\dfrac{f}{\mathrm{d}Y}$，并将 z 乘在等式左边，表达为

$$z \begin{bmatrix} u \\ v \\ 1 \end{bmatrix} = \begin{bmatrix} f_x & -f_x \cot\theta & u_0 \\[3mm] 0 & \dfrac{f_y}{\sin\theta} & v_0 \\[3mm] 0 & 0 & 1 \end{bmatrix} \begin{bmatrix} x \\ y \\ z \end{bmatrix} \tag{2-33}$$

其中，将相机坐标系下的景物点坐标转换到像素坐标系下的像素点坐标的变换过程，只与相机的内部参数相关。因此，对应的变换矩阵被称为相机的内部参数矩阵，简称内参矩阵或内参，记为 K，即

$$K = \begin{bmatrix} f_x & -f_x \cot\theta & u_0 \\[3mm] 0 & \dfrac{f_y}{\sin\theta} & v_0 \\[3mm] 0 & 0 & 1 \end{bmatrix} \tag{2-34}$$

上面介绍了从相机坐标系到像素坐标系的转换过程。在真实世界中，并不会始终使用相机坐标系作为描述三维世界的基准坐标系。根据实际需求，可能也会采用其他三维坐标系进行描述，例如，在自动驾驶系统构建中，可以在车辆后轴中心处设立三维基准坐标系。不失一般性，这类基准坐标系可被称为世界坐标系。若要将世界坐标系中的坐标投影到像素坐标系中，还需要再获取这个世界坐标系到相机坐标系的变换关系，设变换过程如下

$$p^{\mathrm{C}} = T p^{\mathrm{W}} \tag{2-35}$$

其中，$p^{\mathrm{C}} = [x^{\mathrm{C}}, y^{\mathrm{C}}, z^{\mathrm{C}}]^{\mathrm{T}}$ 与 $p^{\mathrm{W}} = [x^{\mathrm{W}}, y^{\mathrm{W}}, z^{\mathrm{W}}]^{\mathrm{T}}$ 代表同一点分别在相机坐标系与世界坐标系中的齐次坐标。T 矩阵是一个 3×4 的矩阵，它反映了世界坐标系到相机坐标系的位姿变换关系，称为相机的外部参数矩阵，简称外参矩阵或外参。

外参矩阵 T 包含了一个 3×3 的旋转矩阵 R 和一个 3×1 的平移向量 t，即

$$T = \begin{bmatrix} \boldsymbol{R} & \boldsymbol{t} \end{bmatrix} = \begin{bmatrix} R_{11} & R_{12} & R_{13} & t_x \\ R_{21} & R_{22} & R_{23} & t_y \\ R_{31} & R_{32} & R_{33} & t_z \end{bmatrix} \tag{2-36}$$

其中,旋转矩阵 $\boldsymbol{R}$ 是一个正交矩阵,具有如下性质:

(1) 矩阵 $\boldsymbol{R}$ 的每一行或每一列都是单位向量,并且两两正交。

(2) 矩阵 $\boldsymbol{R}$ 的逆等于矩阵 $\boldsymbol{R}$ 的转置,即 $\boldsymbol{R}^{-1} = \boldsymbol{R}^{\mathrm{T}}$。

(3) 矩阵 $\boldsymbol{R}$ 的行列式等于 1。

(4) 记矩阵 $\boldsymbol{R}$ 的 3 行分别为 $\boldsymbol{R}_1$、$\boldsymbol{R}_2$ 和 $\boldsymbol{R}_3$,则有如下关系

$$\begin{cases} \boldsymbol{R}_1 \times \boldsymbol{R}_2 = \boldsymbol{R}_3 \\ \boldsymbol{R}_1 \times \boldsymbol{R}_3 = -\boldsymbol{R}_2 \\ \boldsymbol{R}_2 \times \boldsymbol{R}_3 = \boldsymbol{R}_1 \end{cases} \tag{2-37}$$

$$\boldsymbol{R}_1 \times \boldsymbol{R}_1 = \boldsymbol{R}_2 \times \boldsymbol{R}_2 = \boldsymbol{R}_3 \times \boldsymbol{R}_3 = \boldsymbol{0} \tag{2-38}$$

至此,从某一世界坐标系转换到像素坐标系的完整过程可以表达如下

$$z^{\mathrm{C}} \boldsymbol{p}^{\mathrm{I}} = \boldsymbol{K} \boldsymbol{T} \boldsymbol{p}^{\mathrm{W}} \tag{2-39}$$

其中,z^{C} 为相机坐标系下的第三维坐标值,也被称为深度值。式(2-39)展开得到

$$z^{\mathrm{C}} \begin{bmatrix} u \\ v \\ 1 \end{bmatrix} = \begin{bmatrix} f_x & 0 & u_0 \\ 0 & f_y & v_0 \\ 0 & 0 & 1 \end{bmatrix} \begin{bmatrix} R_{11} & R_{12} & R_{13} & t_x \\ R_{21} & R_{22} & R_{23} & t_y \\ R_{31} & R_{32} & R_{33} & t_z \end{bmatrix} \begin{bmatrix} x^{\mathrm{W}} \\ y^{\mathrm{W}} \\ z^{\mathrm{W}} \\ 1 \end{bmatrix} \tag{2-40}$$

其中的内参矩阵 $\boldsymbol{K}$ 忽略了相机制造时的误差。将外参矩阵 $\boldsymbol{T}$ 与内参矩阵 $\boldsymbol{K}$ 相乘得到的矩阵记为 $\boldsymbol{M}$,并称它为投影矩阵。基于投影矩阵,一个三维世界坐标系中的点可以被直接投影到像素坐标系中,即

$$z^{\mathrm{C}} \boldsymbol{p}^{\mathrm{I}} = \boldsymbol{M} \boldsymbol{p}^{\mathrm{W}} \tag{2-41}$$

2.2.3　相机的标定

从前两节可以看出,要通过图像对真实世界中的场景进行空间描述,必须已知相机的内参与外参。获取相机内外参的过程被称为相机的标定。

相机的标定一般采用两步法或多步法来计算参数,即利用成像几何中某些内在的性质或关系先求解一部分参数,然后利用已求得的参数再来求解其他参数,其中应用最广泛的是两步法,即先求解外部参数,然后再求解内部参数。为了简化标定求解过程,这里只考虑透镜的一阶径向畸变(如图 2-6 所示),即将式(2-13)化简为

$$\begin{cases} x_d = x_u(1 + kr^2) \\ y_d = y_u(1 + kr^2) \end{cases} \tag{2-42}$$

其中,$r^2 = x_u^2 + y_u^2$,k 为畸变系数。

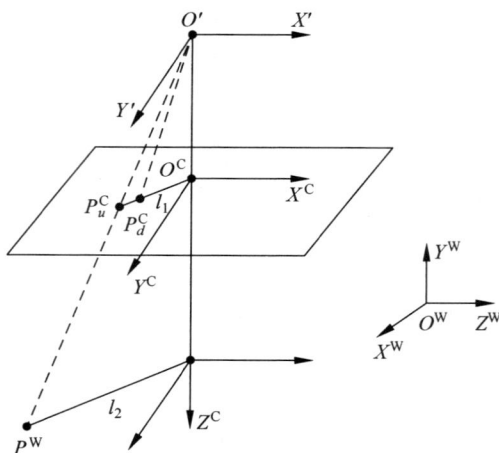

图 2-6 考虑透镜一阶径向畸变的针孔相机模型示意图

需要标定的参数包括外部参数 $\boldsymbol{R}$ 和 $\boldsymbol{t}$ 以及内部参数矩阵 $\boldsymbol{K}$，由前两节分析可知内部参数矩阵 $\boldsymbol{K}$ 可以通过焦距 f、畸变系数 k、图像平面上单位距离的像素点数 N_x 与 N_y、像素坐标系下图像中心点坐标 u_0 与 v_0 求解得到。

其中，N_x 与 N_y 一般由相机制造厂给出，图像中心点 $[u_0,v_0]^{\mathrm{T}}$ 通常假设为图像帧的几何中心。对于精度要求更高的计算机视觉系统，可以利用激光束照射相机的透镜系统，根据激光束的反射情况调节激光束使其精确地通过光学中心，此时图像中激光束的像点就是图像中心点，这是最为精确的直接确定图像中心点的方法。

下面介绍一种基于径向排列约束（Radial Alignment Constraint，RAC）的方法来实现相机其他参数的标定。基于 RAC 的标定方法第一步是利用最小二乘法求解超定线性方程，给出外部参数。第二步求解内部参数，如果相机无透镜畸变，那么可以由一个超定线性方程解出；如果存在径向畸变，那么可以通过优化搜索进行求解。

在图 2-6 中，RAC 可以表示为

$$\frac{\boldsymbol{l}_1}{\|\boldsymbol{l}_1\|} = \frac{\boldsymbol{l}_2}{\|\boldsymbol{l}_2\|} \tag{2-43}$$

径向透镜畸变不改变 $\boldsymbol{l}_1$ 的方向，因此无论有无透镜畸变都不影响以上等式。焦距 f 的变化也不影响这个等式，因为 f 的变化只会影响 $\boldsymbol{l}_1$ 的长度而不影响其方向。这就意味着由 RAC 导出的任何关系式均与 f 和透镜畸变系数 k 无关。下面推导 RAC 条件下各参数应满足的关系。由式（2-35）与式（2-36）可以得到

$$\begin{cases} x^{\mathrm{C}} = R_{11}x^{\mathrm{W}} + R_{12}y^{\mathrm{W}} + R_{13}z^{\mathrm{W}} + t_x \\ y^{\mathrm{C}} = R_{21}x^{\mathrm{W}} + R_{22}y^{\mathrm{W}} + R_{23}z^{\mathrm{W}} + t_y \\ z^{\mathrm{C}} = R_{31}x^{\mathrm{W}} + R_{32}y^{\mathrm{W}} + R_{33}z^{\mathrm{W}} + t_z \end{cases} \tag{2-44}$$

RAC 条件意味着存在

$$\frac{x^{\mathrm{C}}}{y^{\mathrm{C}}} = \frac{x_d}{y_d} = \frac{R_{11}x^{\mathrm{W}} + R_{12}y^{\mathrm{W}} + R_{13}z^{\mathrm{W}} + t_x}{R_{21}x^{\mathrm{W}} + R_{22}y^{\mathrm{W}} + R_{23}z^{\mathrm{W}} + t_y} \tag{2-45}$$

整理成向量形式可以得到

$$\begin{bmatrix} x^{\mathrm{W}}y_d & y^{\mathrm{W}}y_d & z^{\mathrm{W}}y_d & y_d & -x^{\mathrm{W}}x_d & -y^{\mathrm{W}}x_d & -z^{\mathrm{W}}x_d \end{bmatrix} \begin{bmatrix} R_{11}/t_y \\ R_{12}/t_y \\ R_{13}/t_y \\ t_x/t_y \\ R_{21}/t_y \\ R_{22}/t_y \\ R_{23}/t_y \end{bmatrix} = x_d$$

$$\tag{2-46}$$

其中，行向量 $\begin{bmatrix} x^{\mathrm{W}}y_d & y^{\mathrm{W}}y_d & z^{\mathrm{W}}y_d & y_d & -x^{\mathrm{W}}x_d & -y^{\mathrm{W}}x_d & -z^{\mathrm{W}}x_d \end{bmatrix}$ 是已知的，而列向量 $\begin{bmatrix} R_{11}/t_y & R_{12}/t_y & R_{13}/t_y & t_x/t_y & R_{21}/t_y & R_{22}/t_y & R_{23}/t_y \end{bmatrix}^{\mathrm{T}}$ 是待求参数。

对每一个物体点 P 都可以写出式(2-46)，选取合适的 7 个点(使系数阵满秩)就可以解出列向量中的 7 个分量。这里用同一平面上的空间点来标定，这种标定模板较易设计，不失一般性，可以在标定板上建立世界坐标系，并令 $z^{\mathrm{W}}=0$，这样式(2-46)中关于 R_{13}/t_y 和 R_{23}/t_y 的系数均恒为 0，于是该式可以表示为

$$\begin{bmatrix} x^{\mathrm{W}}y_d & y^{\mathrm{W}}y_d & y_d & -x^{\mathrm{W}}x_d & -y^{\mathrm{W}}x_d \end{bmatrix} \begin{bmatrix} R_{11}/t_y \\ R_{12}/t_y \\ t_x/t_y \\ R_{21}/t_y \\ R_{22}/t_y \end{bmatrix} = x_d \tag{2-47}$$

求解空间刚体变换的困难之一是其 3×3 的旋转矩阵 $\boldsymbol{R}$ 有 9 个参数，但其正交性规定了 $\boldsymbol{R}$ 仅有 3 个自由度，即仅 3 个变量是独立的，计算出的 $R_{11} \sim R_{23}$ 必须满足正交性。若按照式(2-46)解出 $R_{11} \sim R_{23}$ 这 6 个变量则未必能满足正交性。由式(2-47)可解出 R_{11}、R_{12}、R_{21} 和 R_{22} 共 4 个独立变量。而正交阵加上一个比例 $\dfrac{1}{t_y}$ 也正好有 4 个独立变量，故式(2-47)可以唯一地确定(当方程数>4 时)旋转阵 $\boldsymbol{R}$ 与平移分量 t_x、t_y。

上面利用 RAC 方法将外部参数分离出来，这样可以用求解线性方程的方法求解外部参数。RAC 两步法标定的计算过程如下。

第一步：

拍摄一幅含有若干共面特征点的标定板图像，确定 N 个特征点的图像坐标，图像坐标为 $[x_i^{\mathrm{C}}, y_i^{\mathrm{C}}]^{\mathrm{T}}$，$i=1,2,\cdots,N$，并设这些点相应的世界坐标为 $[x_i^{\mathrm{W}}, y_i^{\mathrm{W}}]^{\mathrm{T}}$，根据式(2-42)

可以得到

$$\begin{cases} x_{d_i} = (x_i^C - u_0)/N_x \\ y_{d_i} = (y_i^C - v_0)/N_y \end{cases} \tag{2-48}$$

对每个点 P_i 列出一个方程，联立可得

$$\begin{bmatrix} x_i^W y_{d_i} & y_i^W y_{d_i} & y_{d_i} & -x_i^W x_{d_i} & -y_i^W x_{d_i} \end{bmatrix} \begin{bmatrix} R_{11}/t_y \\ R_{12}/t_y \\ t_x/t_y \\ R_{21}/t_y \\ R_{22}/t_y \end{bmatrix} = x_{d_i} \tag{2-49}$$

其中，$i=1,2,\cdots,N$，利用最小二乘法求解这个超定方程组（$N>5$），可求得

$$\begin{cases} R'_{11} = R_{11}/t_y \\ R'_{12} = R_{12}/t_y \\ t'_x = t_x/t_y \\ R'_{21} = R_{21}/t_y \\ R'_{22} = R_{22}/t_y \end{cases} \tag{2-50}$$

利用 $\boldsymbol{R}$ 的正交性计算 t_y、R_{11}、R_{12}、R_{21}、R_{22}，得到

$$t_y^2 = \frac{S_R - \sqrt{S_R^2 - 4(R'_{11}R'_{22} - R'_{21}R'_{12})^2}}{2(R'_{11}R'_{22} - R'_{21}R'_{12})^2} \tag{2-51}$$

其中，$S_R = R'^2_{11} + R'^2_{12} + R'^2_{21} + R'^2_{22}$。

求得 $|t_y|$ 后，需要确定它的符号。由成像几何关系可知，x_d 与 x^C 应有相同的符号，y_d 与 y^C 也应有相同的符号，可以利用这一关系来确定 t_y 的符号，即在求得 t_y 后，任选一特征点 P_i，首先假设 t_y 为正，计算

$$\begin{cases} R_{11} = R'_{11} t_y \\ R_{12} = R'_{12} t_y \\ t_x = t'_x t_y \\ R_{21} = R'_{21} t_y \\ R_{22} = R'_{22} t_y \\ x^C = R_{11} x^W + R_{12} y^W + t_x \\ y^C = R_{21} x^W + R_{22} y^W + t_y \end{cases} \tag{2-52}$$

若此时 x^W 与 x_d，y^W 与 y_d 同号，则 t_y 符号就为正，否则 t_y 应为负。利用正交性和右手系特性（相应于世界坐标系为右手系）可计算 $\boldsymbol{R}$ 如下

$$\boldsymbol{R} = \begin{bmatrix} R_{11} & R_{12} & \sqrt{1-R_{11}^2-R_{12}^2} \\ R_{21} & R_{22} & S\sqrt{1-R_{21}^2-R_{22}^2} \\ R_{31} & R_{32} & R_{33} \end{bmatrix} \qquad (2\text{-}53)$$

其中，$S = -\mathrm{sgn}[R_{11}R_{21}+R_{12}R_{22}]$，$R_{31}$、$R_{32}$ 和 R_{33} 可由矩阵中的前两行叉乘得到。$\boldsymbol{R}$ 的另一个解为

$$\boldsymbol{R} = \begin{bmatrix} R_{11} & R_{12} & -\sqrt{1-R_{11}^2-R_{12}^2} \\ R_{21} & R_{22} & -S\sqrt{1-R_{21}^2-R_{22}^2} \\ -R_{31} & -R_{32} & R_{33} \end{bmatrix} \qquad (2\text{-}54)$$

开始时先任选一个 $\boldsymbol{R}$ 的解，若依此第二步计算出的 $f<0$，则选择另一个解；若 $f>0$ 则 $\boldsymbol{R}$ 的解选择正确。以上已经解出了 t_x 和 t_y，下面计算 f、t_z 与 k。

第二步：

对于每个特征点 P_i，有

$$\begin{cases} y_i^C = R_{21}x_i^W + R_{22}y_i^W + t_y \\ z_i^C = R_{31}x_i^W + R_{32}y_i^W + t_z \end{cases} \qquad (2\text{-}55)$$

若不计透镜畸变，则有 $\dfrac{y_u}{f} = -\dfrac{y_i^C}{z_i^C}$。设 $w_i = R_{31}x_i^W + R_{32}y_i^W$，考虑 $z_i^C = w_i + t_z$，则有

$$y_i^C f - y_u t_x = y_u w_i \qquad (2\text{-}56)$$

而 $y_u = (y^C - v_0)/N_y$，则有

$$y_i^C f - (y^C - v_0)\dfrac{t_x}{N_y} = (y^C - v_0)\dfrac{w_i}{N_y} \qquad (2\text{-}57)$$

用矩阵表示为

$$\begin{bmatrix} y_i^C & -\dfrac{y^C - v_0}{N_y} \end{bmatrix} \begin{bmatrix} f \\ t_z \end{bmatrix} = \dfrac{(y^C - v_0)w_i}{N_y} \qquad (2\text{-}58)$$

假设 $k=0$，求解此超定方程（$i=1,2,\cdots,N$）可分别求出 f 和 t_z，将其作为初始值，利用优化算法（参考附录 A.4）求解下列方程组

$$\begin{cases} y_d(1+kr^2) = f\dfrac{R_{21}x_i^W + R_{22}y_i^W + t_y}{R_{31}x_i^W + R_{32}y_i^W + t_z} \\ x_d(1+kr^2) = f\dfrac{R_{11}x_i^W + R_{12}y_i^W + t_x}{R_{31}x_i^W + R_{32}y_i^W + t_z} \end{cases} \qquad (2\text{-}59)$$

即可解得 f、t_z 和 k 的精确值。

这种方法简洁、快速、准确，适用于需要快速标定相机的场合，但也有一定的局限，如没有充分考虑到畸变与视角变换对相机内外参的影响。一些研究人员也为此做出了相应的

改进[6]，通过不断变换标定板的位姿，得到关于标定板的多视角图像，再运用图像处理算法自动检测标定板上的角点，最后在解算过程中更充分地考虑了透镜畸变的影响，从而使标定结果更加精准。

2.2.4　全景相机的原理与应用

1. 全景相机中的图像拼接技术

全景相机是一种可以输出全景图像的相机，它可以捕捉整个场景的视野，成像角度达到甚至超过 180°。全景相机一般由多个鱼眼镜头构成，通过对多视角鱼眼图像进行畸变校正（见 2.2.1 节中的径向对称模型），再进行图像拼接生成全景图像。

图像拼接是图像处理与计算机视觉中的一个关键技术，目的是将具有重叠区域的多视角图像融合拼接成一张完整的图像。基于特征点匹配的图像拼接是较为常用的方法，主要技术流程如图 2-7 所示。

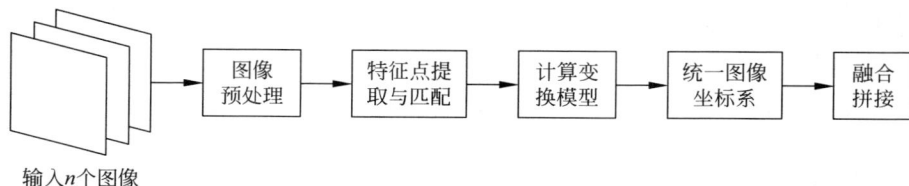

图 2-7　基于特征点匹配的图像拼接流程

对于全景相机而言，输入图像指全景相机系统中多个鱼眼镜头采集的图像，图像的预处理步骤主要包括鱼眼图像的畸变校正、灰度化、去噪、增强等，目的是增强图像质量或过滤无用信息，提高后续算法步骤的简易性和有效性。

特征点提取与匹配是为了建立多视图的约束关系，通过局部特征方法（如SIFT[7]）提取图像中的关键点与特征描述符，然后将含重叠区域的两幅图像通过距离度量方法（如欧氏距离）进行描述符最近邻匹配，进而确立关键点对匹配关系。通过必要的后处理，如随机采样一致性算法（RANdom SAmple Consensus，RANSAC）[8]，过滤错误的匹配点对。

如图 2-8 所示，正确的匹配点对反映了世界坐标系下的 3D 点 P^{Ω} 在不同视角的2D 成像位置 P 和 P'，通常使用单应性矩阵 $\boldsymbol{H}$ 来描述这种射影平面间的位置投影关系。

单应性矩阵 $\boldsymbol{H}$ 表示如下

$$\boldsymbol{H} = \begin{bmatrix} H_{11} & H_{12} & H_{13} \\ H_{21} & H_{22} & H_{23} \\ H_{31} & H_{32} & H_{33} \end{bmatrix} \tag{2-60}$$

通过 $\boldsymbol{H}$ 矩阵表达 P 和 P' 的变换关系称为单应性变换（Homography Transformation），如下

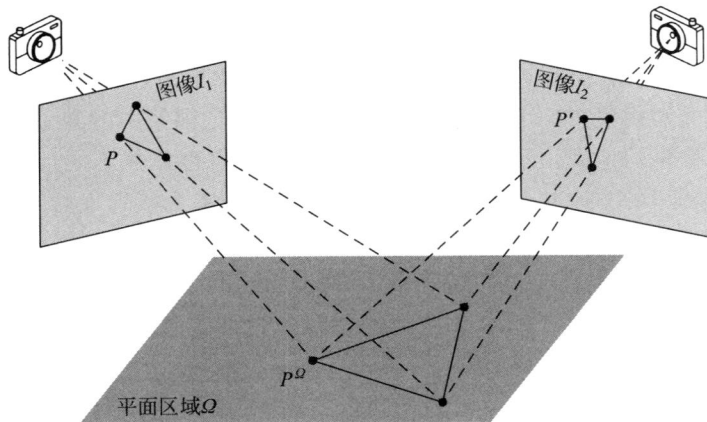

图 2-8　多视角变换关系示意图

$$\begin{bmatrix} u' \\ v' \\ 1 \end{bmatrix} = H \begin{bmatrix} u \\ v \\ 1 \end{bmatrix} = \begin{bmatrix} H_{11} & H_{12} & H_{13} \\ H_{21} & H_{22} & H_{23} \\ H_{31} & H_{32} & H_{33} \end{bmatrix} \begin{bmatrix} u \\ v \\ 1 \end{bmatrix} \tag{2-61}$$

其中，$[u,v,1]^{\mathrm{T}}$ 和 $[u',v',1]^{\mathrm{T}}$ 表示 P 和 P' 分别在图像 1 和图像 2 中像素坐标系下的齐次坐标。

因为 H 矩阵转换的是齐次坐标，与该矩阵自身的尺度（记为 λ）无关，所以，λH 与 H 所构成的投影约束作用相同。由此，可以对 H 矩阵进行归一化处理（令 $H_{33}=1$），让其转变为一个仅有 8 自由度的等效矩阵。

每一组匹配点对可以构建如式（2-62）所示的方程。利用至少 4 组关键点的点对匹配关系，可以构建至少 8 个这样的方程，组成线性方程组如式（2-63）所示，通过线性优化的相关方法（参考附录 A.5）可以求解出 H 矩阵，这个过程称为单应性估计。

$$\begin{cases} u' = \dfrac{H_{11}u + H_{12}v + H_{13}}{H_{31}u + H_{32}v + 1} \\[3mm] v' = \dfrac{H_{21}u + H_{22}v + H_{23}}{H_{31}u + H_{32}v + 1} \end{cases} \tag{2-62}$$

$$\begin{bmatrix} u_1 & v_1 & 1 & 0 & 0 & 0 & -u_1 u'_1 & -v_1 u'_1 \\ 0 & 0 & 0 & u_1 & v_1 & 1 & -u_1 v'_1 & -v_1 v'_1 \\ \vdots & \vdots & \vdots & \vdots & \vdots & \vdots & \vdots & \vdots \\ u_4 & v_4 & 1 & 0 & 0 & 0 & -u_4 u'_4 & -v_4 u'_4 \\ 0 & 0 & 0 & u_4 & v_4 & 1 & -u_4 v'_4 & -v_4 v'_4 \\ \vdots & \vdots & \vdots & \vdots & \vdots & \vdots & \vdots & \vdots \\ u_n & v_n & 1 & 0 & 0 & 0 & -u_n u'_n & -v_n u'_n \\ 0 & 0 & 0 & u_n & v_n & 1 & -u_n v'_n & -v_n v'_n \end{bmatrix} \begin{bmatrix} H_{11} \\ H_{12} \\ H_{13} \\ H_{21} \\ H_{22} \\ H_{23} \\ H_{31} \\ H_{32} \end{bmatrix} = \begin{bmatrix} u'_1 \\ v'_1 \\ \vdots \\ u'_4 \\ v'_4 \\ \vdots \\ u'_n \\ v'_n \end{bmatrix} \tag{2-63}$$

选定一个坐标系作为基准坐标系，基于单应性变换矩阵 $\boldsymbol{H}$，可以完成多幅图像的视角转换与图像的像素坐标系统一。然而，由于图像之间存在重叠区域，并且这些区域混合了不同光照因素影响下的成像数据，因此，基准坐标系中的某一像素位置，不仅对应了多幅图像中的像素位置，而且这些位置的像素值也往往不同。所以，需要在拼接过程中采取合适的图像融合方法，才能保证拼接的效果更接近人类的视觉观感。

加权平均融合是一种常用且高效的图像融合方法，该方法保留非重叠区域的原始像素值。对于重叠区域，该方法可以通过不同的融合权重系数对重叠位置的像素值进行加权求和。这样的融合可以有效地消除拼接边界的痕迹，提高拼接后图像的平滑度。加权平均融合的过程表示如下

$$I(u,v) = \begin{cases} I_1(u,v), & (u,v) \in I_1 \\ \alpha_1(u,v) \cdot I_1(u,v) + \alpha_2(u,v) \cdot I_2(u,v), & (u,v) \in (I_1 \bigcap I_2) \\ I_2(u,v), & (u,v) \in I_2 \end{cases}$$

$$\text{(2-64)}$$

其中，I_1 和 I_2 表示待拼接的两个图像；I 表示融合拼接后的图像；$[u,v]^{\mathrm{T}}$ 表示基准坐标系下的像素位置；α_1 与 α_2 分别表示重叠像素位置来自 I_1 与 I_2 的像素值的融合权重系数；融合权重系数 α 可以通过根据像素位置与融合区域边界的空间距离来定义，如下

$$\alpha = (u,v) = \frac{k}{w} \qquad \text{(2-65)}$$

其中，k 表示像素位置 $[u,v]^{\mathrm{T}}$ 到重叠区域边界的距离；w 表示重叠区域的边界宽度。

2. 全景相机在自动驾驶中的应用

全景相机主要用于近距感知，辅助智能车消除视野盲区、扩大感知范围，目前已应用在高级驾驶辅助系统与自动驾驶系统中。最为典型的应用是基于全景相机的车载环视系统。该系统是一种智能全景成像系统。驾驶员可以通过车载环视系统的 360°成像实时清晰地观察车身周围环境，减少因视野盲区所带来的安全隐患。同时，感知算法可以利用该系统的全景图像数据，实现 360°环境感知、三维场景重建等任务，并且在与决策、规划、控制等模块联合的条件下，进一步实现自动驾驶功能，如自主车道保持、自适应巡航、自主泊车等。

车载环视系统一般通过为车辆安装多个鱼眼镜头来构建。全景图像拼接技术保障了 360°全覆盖成像效果。以基于前后左右 4 个鱼眼镜头的车载环视系统为例，4 个鱼眼镜头的安装高度与镜头相对水平面夹角需要尽量保持一致，且必须保证相邻镜头捕捉的画面有重叠区域，这样可以防止多图融合拼接时产生错位或视野覆盖不完整。二维车载环视系统可以输出以车身为中心的二维鸟瞰图，该系统的构建过程如图 2-9 所示，主要分为鱼眼镜头的图像采集、成像畸变校正、多视图融合拼接三大步骤。为了融合拼接四路鱼眼图像（见图 2-9 中①②③④区域），首先需要统一地面坐标系，一般

取车身中心作为地面坐标系的原点,并且需要预先计算出每个鱼眼镜头相对于地面坐标系的投影关系,这个过程可以借助棋盘格等参照物进行相机内外参标定来完成。

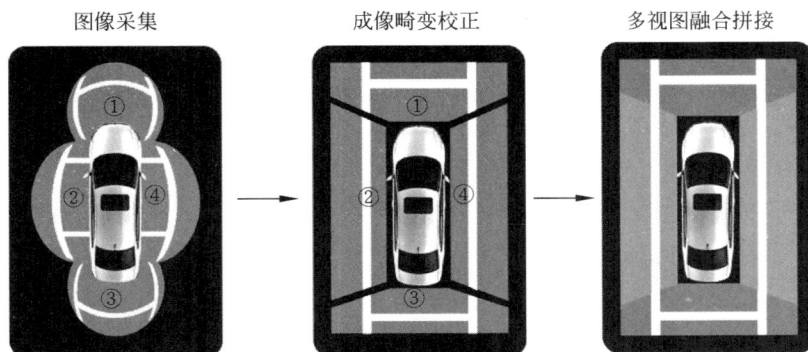

图 2-9　多视角全景图像变换示意图

构建三维车载环视系统的方式与构建二维车载环视系统类似,首先根据鱼眼相机成像原理,对图像进行畸变校正,通过相机标定获取相机内外参。但是,与二维车载环视系统的鸟瞰二维平面成像不同,三维车载环视系统要求将四路相机统一映射的成像结果拼接融合,将对应的像素纹理投影到对应的三维位置,得到投影模型视角下的三维全景图[9]。相较于二维系统,三维车载环视系统可以输出更为完整的车身周围画面,为驾驶员与自动驾驶系统提供三维视野。实际的全景车载环视系统成像效果如图 2-10 所示。

图 2-10　全景车载环视系统成像效果

2.2.5　事件相机的原理与应用

1. 事件相机的基本原理

事件相机一般指通过微秒级记录像素变化并输出"事件"数据的相机,它具备高速捕捉与处理能力,能够在极短的时间内记录快速运动的细节,提高了视觉类传感器应对强烈光照与高速运动的鲁棒性，同样在自动驾驶领域具有巨大的应用潜力。

传统相机在工作时需要经过固定时间的曝光，并在曝光时间内由所有感光元件（Active Pixel Sensor，APS）积累光子，从而生成一帧图像。与传统相机不同，事件相机作为一种仿生的新型视觉类传感器，可以异步且独立地感受每一个像素的变化，其原始输出不再具有"帧"的概念，这种像素的变化被称为"事件"。因物体运动或光照变化产生的一系列事件将会以"事件流"的形式输出，如图 2-11 所示。

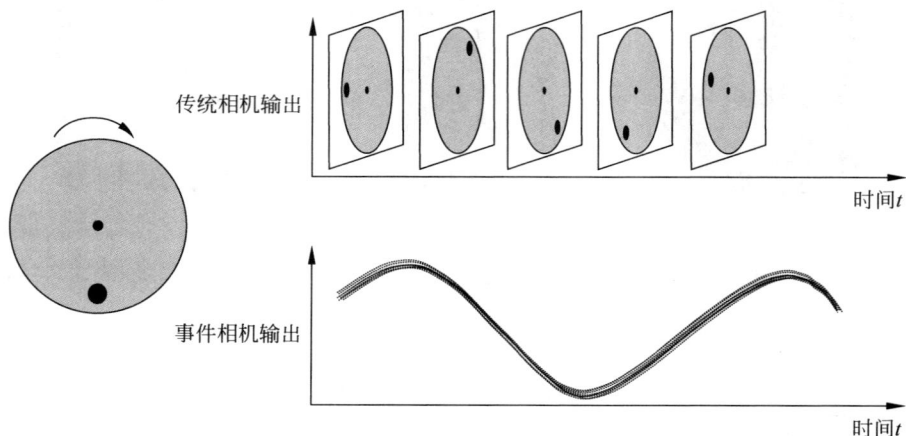

图 2-11   事件相机数据示意图

目前的事件相机广义上可分为以下几类：动态视觉传感器（Dynamic Vision Sensor，DVS）、异步时间图像传感器（Asynchronous Time-based Image Sensor，ATIS）、动态主动像素视觉传感器（Dynamic and Active-pixel Vision Sensor，DAVIS）。DVS 是只有事件流输出的事件相机。每个像素位置的光强变化会被独立检测并转换为电压值，同时使用一个差分电路，计算像素位置的亮度变化。当亮度变化到达一定阈值后，信号被触发并产生事件。相比 DVS，ATIS 不仅能输出事件的像素位置、极性与时间戳，还可以输出发生事件的灰度值。该相机的每个像素位置有两个触发单元：一个用于触发事件，另一个用于感知灰度。但与传统相机不同的是，该灰度感知单元采用一种基于时间的异步曝光方式，即当事件被触发后，对应像素的灰度感知单元被置为高电平，受到光照时电压下降，且电压下降时间越短，灰度值越高。DAVIS 是DVS 和传统可见光相机的结合体，能同时输出事件流与灰度信息，其硬件结构如图 2-12所示。DAVIS 相机的每个像素位置同样有两个触发单元，其灰度感知单元和传统相机一样，采用同步曝光方式，且两个触发单元共用一个感光器。

对比传统相机的应用缺陷，事件相机的传感器设计方式在硬件层面存在天然优势，主要体现在以下方面。

（1）高频特性。不同于传统相机通过曝光的方式获取图像帧，事件相机以微秒级的时间分辨率对场景中的像素变化进行异步采集，无须等待曝光时间，最高可以通过

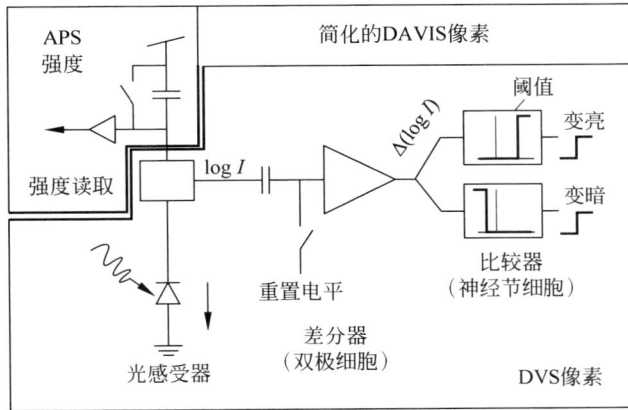

图 2-12　事件相机的硬件结构图

1MHz 帧率准确捕捉快速移动的物体信息,辅助消除图像模糊,适用于高速运动的场景。

（2）低功耗特性。由于事件相机只对像素变化的事件产生响应,而不会为静止或相对静止的状况输出信号,所以极大地降低了数据的传输量和相机的功耗,有助于配备该传感器的智能系统更大限度地发挥算力和存储能力。

（3）宽动态特性。即使在过亮或过暗等极端光照条件下,事件相机仍然可以准确记录场景中的事件信息,提供完整的运动变化细节,有利于提高复杂或极端环境下经典视觉方法的表现。

事件相机输出的事件一般通过四元组的形式表达,如 $e_k = (x_k, y_k, t_k, p_k)$,其中,$x_k$ 与 y_k 代表事件所在像素坐标系下的位置,t_k 代表事件产生的时间戳,p_k 代表事件的极性。事件产生的表达式如下

$$\log(I(\boldsymbol{x}_k, t_k)) - \log(I(\boldsymbol{x}_k, t_k - \Delta t)) = p_k C \tag{2-66}$$

其中,$I(\boldsymbol{x}_k, t_k)$ 代表 $\boldsymbol{x}_k = (x_k, y_k)$ 处的像素在 t_k 时刻的亮度;C 代表光强变化的阈值,它反映了事件相机的灵敏度。在一定的时间间隔 Δt 内,像素亮度的对数变化如果超过了光强变化阈值 C,则产生一个事件,其极性 $p_k = \{+1, -1\}$ 由像素亮度变化的趋势决定。图 2-13 展示了光强对数信号转化为事件信号的过程。

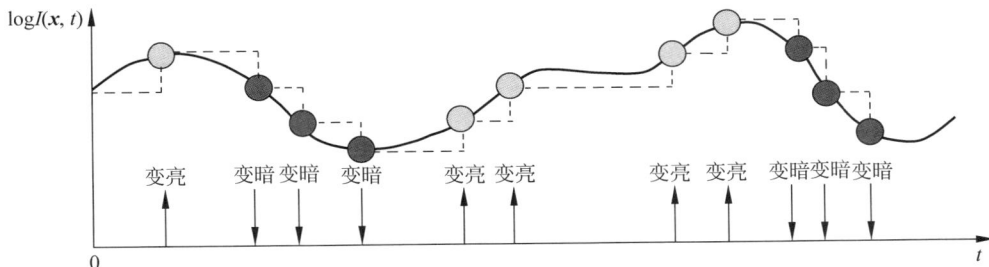

图 2-13　事件信号产生示意图

2. 事件相机的数据表征

数据的高效表征是实现计算机视觉任务的重要支撑。不同于传统相机的单帧曝光，事件相机输出时序事件数据，需要采取特殊的视觉表征方式。目前针对事件相机的原始输出有两种处理方式，分别是独立事件处理与批量事件处理。

独立事件处理是指针对每个事件 $e_k = (x_k, y_k, t_k, p_k)$ 进行独立表征。该方式能最大限度地利用事件相机的高频特点。但是，单个事件数据所蕴含的信息较少，只适用于处理简单的视觉任务。批量事件处理指将一定时间或一定长度积累的事件数据进行统一表征。一方面，批量事件处理可以有效提升数据的信噪比，减小噪声对事件流的影响。另一方面，该方式可以将事件数据表征为卷积神经网络兼容的输入信号格式，从而利用卷积神经网络更好地实现较为复杂的计算机视觉任务。事件帧法（Event Frame）、时间平面法（Time Surface）与体素网格法（Voxel Grid）是最为常见的 3 种批量事件处理方法[10-11]。

依据事件数据的坐标位置，事件帧法将一个时空域内的事件数据按照极性映射在一个图像中，表达如下

$$I_e(\Delta t) = \{e_k\}_{k=1}^{N_e} \tag{2-67}$$

式中，Δt 为事件帧的积累时间。由于事件相机对像素变化敏感，事件帧事件数据大多为物体边缘。这种数据表征方式与传统图像表征类似，因此可以适配经典计算机视觉技术，也适合与图像特征进行融合。事件帧法是一种直观的事件数据叠加表征方法，仅表达了每个像素点在事件流中的事件发生频率，忽略了事件流中的时间信息。

相较于事件帧法，时间平面法注重保留事件的时间信息。该方法将事件的时间信息表征为图像形式，这样的图像也被称为时间平面图。该图的像素值信息使用时间信息来表达，距离当前采样时间越近的事件对应的像素值越高。时间平面中的每个像素还保存了最近事件发生时间与当前采样时间的时间间隔，表达如下

$$\Gamma(\boldsymbol{x}, t) = \exp\left(-\frac{t - t_{\text{last}}(\boldsymbol{x})}{\eta}\right) \tag{2-68}$$

其中，$t \geqslant t_{\text{last}}$；$t$ 为当前采样时间点；t_{last} 为上一个在像素坐标 $\boldsymbol{x}$ 处事件发生的时间点；η 为归一化参数。

时间平面法可以用来表征引发事件的目标的运动轨迹。同时，由于时间平面图的每个像素值只与最新事件的发生时间和采样时间有关，因此，可以对像素值进行异步更新，减少时间平面图的计算代价，提高数据表征效率。该方法在一定程度上保留了事件流时间信息，但是，在大量事件发生的强纹理或强噪声场景，时间平面图会受大量噪声影响，需要通过其他方式进行噪声滤除处理。

体素网格法根据时间轴将事件展开，更好地发挥了事件数据的时序特性。在体素网格表示中，网格的长宽高分别对应图像的横轴 x、纵轴 y 和离散化时间 t。该方法对时间序列进行间隔划分，并且对事件数据的时间点进行归一化处理，表示如下

$$t_i^* = (B-1)\frac{t_i - t_0}{t_{N-1} - t_0} \tag{2-69}$$

式中，B 为时间 t_{N-1} 到 t_0 中网格的数量；t_{N-1} 与 t_0 分别代表一段时间间隔中的最近时间点与起始时间点。在体素网格中，通过计算离散时间 t_i 时刻下，坐标 $[x, y]^{\mathrm{T}}$ 附近事件的时间加权，来表示体素值，具体的计算过程如下

$$V(x, y, t) = \sum_{(x,y) \in [(x_i, y_i)]} \max\{0, 1 - |t - t_i^*|\} \tag{2-70}$$

由式(2-70)可见，体素网格的表达形式具有标准三维结构化特点，因此，可以通过三维卷积神经网络或时序建模方法进一步完成事件体素的特征提取，以及具体的计算机视觉任务。

3. 事件相机在自动驾驶中的应用

事件相机的高频、低功耗与宽动态等特性使得它在自动驾驶中具有广阔的应用前景，尤其是应用在自动驾驶高速行驶状态下的环境感知与自主定位等任务中。例如，在运动分割方面，因为事件相机对捕捉运动事件敏感，不易受光线变化和复杂颜色的影响，可以通过对交通场景中产生的事件数据建模，并采用聚类策略实现对运动交通参与者的分割。在目标检测与跟踪方面，可以对事件流信息进行特征提取，生成注意力特征图，通过融合事件流特征与图像特征，有望提高相关算法的准确性与泛化性。在同步定位与建图方面，通过引入事件数据，可以实现更加高频精准的定位建图效果，突破传统相机的固有缺陷限制[12]。

尽管如此，在自动驾驶系统中应用事件相机依然面临着诸多挑战。首先，作为一种全新的数据形式，事件相机的事件流输出与传统可见光相机的成像存在较大差异。因此，很多经典计算机视觉方法不能直接利用事件信息，需要设计合理的事件数据处理方式，并研究适合事件相机的计算机视觉技术。其次，事件相机所捕捉到的像素明暗变化，并不能严格地被定义为真实的"事件"，因为在实际工况下，事件数据也会受到各种环境噪声的影响，存在一定的数据失真，在应用中仍然需要对直接获取的事件数据进行必要的预处理或有效的特征提取。此外，考虑到事件相机与传统相机存在着一定的互补性，事件相机的优势也将可能是突破传统技术瓶颈的关键。如何更有效地将二者融合，研发出更加高效的计算机视觉技术，并应用在自动驾驶系统中，也是有待突破的关键性科学问题。

2.3　激光雷达数据采集与处理

2.3.1　激光雷达的基本原理

激光雷达是一种主动型环境感知传感器，通过发射激光并分析回波信号，实现对

周围空间环境的探测。激光是只有单一频率的电磁波，能量高、定向性好，在探测时可以达到厘米级别的精度。车载激光雷达发射出的电磁波波长一般为 905nm 或 1550nm。905nm 的激光可以使用硅作为接收器，成本较低，是目前主流车载激光雷达所选用的波长，但它与可见光谱仍然相距较近，对人眼存在损伤的风险。因此，其强度会受到一定限制。1550nm 的激光远离可见光谱，对人眼危害小，因此可以适当提高强度，增加探测的距离与分辨率，但由于需要使用特殊的铟镓砷材料为衬底的接收器，硬件成本相对较高。

车载激光雷达按照发射激光的方式可以分为 3 类：机械激光雷达、固态激光雷达与混合激光雷达。机械激光雷达是最早应用于自动驾驶研究的激光雷达，它采用机械结构，按照一定速度进行 360°旋转并向空间范围扫射出激光线束进行探测。由于存在机械旋转部件，因此可靠性差、寿命短，目前难以通过车规级标准，主要部署在自动驾驶的试验车上。在机械激光雷达的旋转结构上，只有单一发射源的称为单线激光雷达，只能探测到扫射平面的二维空间信息。要实现对三维空间的测量，可以在旋转结构上纵向排列多个激光发射源，发射出多个线束的激光，形成多种纵向分辨率，如 16 线、32 线、64 线等。为了充分利用它的水平视场，机械激光雷达一般会被放置在车顶等部位。

固态激光雷达没有机械活动部件，可靠性与寿命都得到了提升，符合车规级标准，但同时失去了 360°全向感知的能力。目前主要有 Flash 面阵式激光雷达和相控阵激光雷达两种方案，前者在一个面阵上同时发射激光，对前方场景进行覆盖式扫描；后者通过调整阵列中的不同激光源发射的时机与相位，产生朝着不同方向扫描的激光线束。

混合激光雷达也称半固态激光雷达，是一种折中方案。它的激光发射源一般是固定不动的，但增加了其他可以活动的装置，可以实现不同方向的扫描。这些装置包括转镜、振镜、棱镜等。转镜的方案是通过旋转的多面体反射镜将激光反射到不同的方向上；振镜的方案是通过"振动"镜面调整激光的反射角度；棱镜的方案则是利用两个旋转棱镜对激光进行折射，以调整探测方向。混合激光雷达同时兼具了可靠、性能、成本等多方面的优势，但由于旋转结构与光源分离，往往在接收与处理数据时具有更高的难度，为相关技术方法的研究带来了挑战。

车载激光雷达传感器得到的数据以点云的形式保存，相较于视觉数据，点云包含了空间中的三维信息，直接反映了真实世界中目标的尺寸，但由于缺少纹理信息、分辨率不足，因此语义表达能力较弱，只能更多地依赖其得到的三维几何信息进行场景理解。同时，激光雷达也会受到少数极端天气的影响，如雨、雪、雾、霾等。此外，相较于图像的有序稠密数据，激光雷达最大的不足在于点云数据的无序稀疏分布，这也导致点云处理需要更大的计算开销与更为精巧的算法设计。

2.3.2 激光雷达与相机的联合标定

激光雷达的点云信息能够获取场景中更为精确的深度值，而图像的纹理信息对于场景的语义理解具有一定优势,因此,图像信息的引入可以对利用点云数据检测到的目标附加语义信息。在自动驾驶的系统构建中,可以通过融合激光雷达与相机的原始数据、多模态特征或感知结果,实现多源传感器的优势互补。要实现激光雷达与相机的融合,需要对它们的数据进行统一描述。点云的坐标描述基于以激光雷达物理位置为原点所建立的激光雷达坐标系,图像采用的是像素坐标系。2.2 节已经讨论过三维世界中的物体如何通过相机内外参转换到像素坐标系上,其中,内参只取决于相机的自身属性,而外参与所选的世界坐标系相关联。这里以激光雷达坐标系作为世界坐标系,通过计算从激光雷达坐标系变换到相机坐标系的外参矩阵,构建两种数据源的统一坐标表达。获取这一外参矩阵的过程可以称为激光雷达与相机的联合标定。

对于点云与图像中相互匹配的任意一对坐标点$(\boldsymbol{p}_i^{\mathrm{L}}, \boldsymbol{p}_i^{\mathrm{I}})$都满足式(2-40)的约束,即

$$z^{\mathrm{C}} \boldsymbol{p}_i^{\mathrm{I}} = z^{\mathrm{C}} \begin{bmatrix} u_i \\ v_i \\ 1 \end{bmatrix} = \boldsymbol{K}\boldsymbol{T} \begin{bmatrix} x_i^{\mathrm{L}} \\ y_i^{\mathrm{L}} \\ z_i^{\mathrm{L}} \\ 1 \end{bmatrix} = \boldsymbol{K}\boldsymbol{T}\boldsymbol{p}_i^{\mathrm{L}} \tag{2-71}$$

为简化表达,给等式两边同时乘以$\boldsymbol{K}^{-1}$,并令

$$\begin{bmatrix} u_i' \\ v_i' \\ 1 \end{bmatrix} = \boldsymbol{K}^{-1} \begin{bmatrix} u_i \\ v_i \\ 1 \end{bmatrix} \tag{2-72}$$

得到

$$z^{\mathrm{C}} \begin{bmatrix} u_i' \\ v_i' \\ 1 \end{bmatrix} = \begin{bmatrix} \boldsymbol{T}_1 \\ \boldsymbol{T}_2 \\ \boldsymbol{T}_3 \end{bmatrix} \boldsymbol{p}_i^{\mathrm{L}} \tag{2-73}$$

其中,$\boldsymbol{T}_i$ 代表矩阵 $\boldsymbol{T}$ 的第 i 行,则有

$$\begin{cases} u_i' = \dfrac{\boldsymbol{T}_1 \boldsymbol{p}_i^{\mathrm{L}}}{z^{\mathrm{C}}} = \dfrac{\boldsymbol{T}_1 \boldsymbol{p}_i^{\mathrm{L}}}{\boldsymbol{T}_3 \boldsymbol{p}_i^{\mathrm{L}}} \\[3mm] v_i' = \dfrac{\boldsymbol{T}_2 \boldsymbol{p}_i^{\mathrm{L}}}{z^{\mathrm{C}}} = \dfrac{\boldsymbol{T}_2 \boldsymbol{p}_i^{\mathrm{L}}}{\boldsymbol{T}_3 \boldsymbol{p}_i^{\mathrm{L}}} \end{cases} \tag{2-74}$$

进而可以得到线性方程如下

$$\begin{cases} \boldsymbol{T}_1 \boldsymbol{p}_i^{\mathrm{L}} - u_i' \boldsymbol{T}_3 \boldsymbol{p}_i^{\mathrm{L}} = 0 \\ \boldsymbol{T}_2 \boldsymbol{p}_i^{\mathrm{L}} - u_i' \boldsymbol{T}_3 \boldsymbol{p}_i^{\mathrm{L}} = 0 \end{cases} \tag{2-75}$$

若取 n 组匹配点对,可以得到一个 $2n$ 维的线性方程组,如下

$$\begin{bmatrix} (\boldsymbol{p}_1^{\mathrm{L}})^{\mathrm{T}} & \boldsymbol{0} & -u'_1(\boldsymbol{p}_1^{\mathrm{L}})^{\mathrm{T}} \\ \boldsymbol{0} & (\boldsymbol{p}_1^{\mathrm{L}})^{\mathrm{T}} & -v'_1(\boldsymbol{p}_1^{\mathrm{L}})^{\mathrm{T}} \\ \cdots & \cdots & \cdots \\ (\boldsymbol{p}_n^{\mathrm{L}})^{\mathrm{T}} & \boldsymbol{0} & -u'_n(\boldsymbol{p}_n^{\mathrm{L}})^{\mathrm{T}} \\ \boldsymbol{0} & (\boldsymbol{p}_n^{\mathrm{L}})^{\mathrm{T}} & -v'_n(\boldsymbol{p}_n^{\mathrm{L}})^{\mathrm{T}} \end{bmatrix} \begin{bmatrix} \boldsymbol{T}_1^{\mathrm{T}} \\ \boldsymbol{T}_2^{\mathrm{T}} \\ \boldsymbol{T}_3^{\mathrm{T}} \end{bmatrix} = \boldsymbol{0} \qquad (2\text{-}76)$$

由于 $\boldsymbol{T}_i$ 是一个 1×4 的向量，因此待求解的未知数共有 12 个，当 $n\geqslant6$ 时，可以采用线性优化的相关方法（参考附录 A.5）进行求解，获得激光雷达到相机的外参矩阵 $\boldsymbol{T}$。

基于以上原理推导，下面给出一种切实可行的激光雷达与相机联合标定方式：

（1）使用如图 2-14 所示的方形标定板，在相机和激光雷达的共视区域内不断调整标定板的位置与姿态；

（2）同时录制连续帧的相机图像与激光雷达点云数据；

（3）在每帧数据中分别标出图像和点云中标定板对应的 4 个角点位置；

（4）通过 N 帧数据，共获得 $n=4N$ 组匹配点对与相应坐标；

（5）构建如式（2-76）所示的线性方程组，求解激光雷达和相机的外参矩阵。

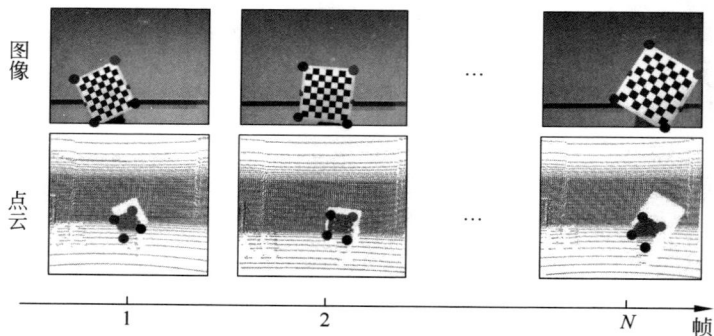

图 2-14   激光雷达与相机标定过程示意图

上述介绍的方法需要使用特定的标定参照物，可以被归类为依托目标参照物的联合标定方法。这类方法适用于离线的外参标定，通过人工反复观察与参数微调，确保标定的准确性。当自动驾驶系统开始运行并脱离人工干预后，使用自动化的标定方法可以在传感器位置发生偏移的情况下进行在线标定与外参校准，有助于传感器系统自检。自动化的联合标定方法一般不依托特制的目标参照物，主要依赖场景中点云和图像的公共特征与关联关系。例如，根据图像和点云中的梯度不连续性，获取场景的边缘轮廓信息，然后进行公共特征匹配与空间关系求解[13]。又如，从信息论的角度，构建点云与图像的信息相似度度量指标，利用最大化似然函数求解外参[14]。近年来，随着深度学习技术的发展，也出现了一些基于深度学习的联合标定方法。例如，使用卷积神经网络提取图像和点云的语义分割信息，构建约束求解外参[15]。又如，利用预先标定的原始数据训练模型，通过最小化点云和图像的误差函数，实现端到端的激光雷达与相机的联合标定[16]。视觉基础大模型也在该任务中展现出一定优势,如基于 SAM(Segment Anything Model)的标定方法[17-18]可在无须进行额外训练的情况下,通过初始估计,最大化点云与图像的特征关联度来求解外参,适用于大多数常见场景,具有较强的通用性。

2.3.3　多激光雷达联合标定

在真实场景下,受传感器自身或安装位置的限制,激光雷达获取的点云数据难免存在一定的测量盲区,一般可以通过安装多个激光雷达并融合多组点云数据来弥补。如图 2-15 所示为一种典型自动驾驶汽车的多激光雷达安装方案。为扩大视场范围,确保足够的探测精度,主激光雷达一般安装在距离车顶一定高度的位置上,并在左右侧倾斜安装两颗补盲激光雷达。

图 2-15　自动驾驶汽车的多激光雷达安装示意图

多激光雷达的安装方案并不唯一,主要取决于车辆实际的形状、参数以及自动驾驶任务的需求。对于单激光雷达的点云数据,一般以该激光雷达自身坐标系为基准进行坐标描述。为了实现多激光雷达点云数据的拼接融合与统一描述,需要对多个激光雷达坐标系进行相互转换。寻找多个激光雷达坐标系之间变换关系的过程可以称为多激光雷达的联合标定。

如图 2-16 所示,以任意两个激光雷达(记为激光雷达 A 与激光雷达 B)为例,雷达扫描的范围用圆形区域表示。假定以激光雷达 B 的坐标系 O^B-$X^B Y^B Z^B$ 为基准坐标系,存在一个 3D 空间变换关系,可以将仅被激光雷达 A 扫描的 3D 景物点从 O^A-$X^A Y^A Z^A$ 投影变换到 O^B-$X^B Y^B Z^B$ 中,完成点云的融合拼接。

假定存在某点 P 为激光雷达 A 与激光雷达 B 同时观测的共视 3D 景物点。$\boldsymbol{p}^A$ 与 $\boldsymbol{p}^B$ 分别为该点在 O^A-$X^A Y^A Z^A$ 与 O^B-$X^B Y^B Z^B$ 的坐标位置。上文所提的 3D 空间变换关系可以被拆解为旋转变换与平移变换,统一用矩阵 $\boldsymbol{T}$ 来表示。将 $\boldsymbol{p}^A$ 变换到 $\boldsymbol{p}^B$ 的投影过程表达如下

$$\boldsymbol{p}^B = \begin{bmatrix} x^B \\ y^B \\ z^B \end{bmatrix} = \begin{bmatrix} R_{11} & R_{12} & R_{13} & t_x \\ R_{21} & R_{22} & R_{23} & t_y \\ R_{31} & R_{32} & R_{33} & t_z \end{bmatrix} \begin{bmatrix} x^A \\ y^A \\ z^A \\ 1 \end{bmatrix} = \boldsymbol{T} \boldsymbol{p}^A \tag{2-77}$$

参考 2.3.2 节中的标定方法,可以选取 $n(n \geqslant 6)$ 个共视 3D 景物点,组成 n 组匹配点对,构建线性方程组,通过线性优化的相关方法(参考附录 A.5)求解出变换矩阵 $\boldsymbol{T}$。图 2-17 展示了将一个主激光雷达与两侧补盲雷达,通过它们之间的变换矩阵统一到同

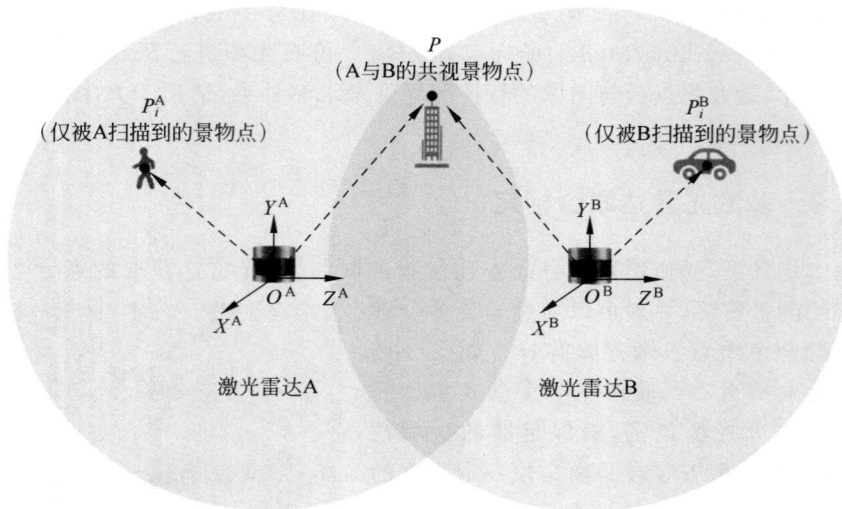

图 2-16　多激光雷达点云扫描空间关系示意图

一坐标系（主激光雷达坐标系）下的点云可视化示意图。可见，多源激光雷达点云的数据融合可以提高数据分辨率与点云稠密程度，弥补单激光雷达对于目标测量的缺失（如路灯与障碍物车辆），提升三维感知的完整性。

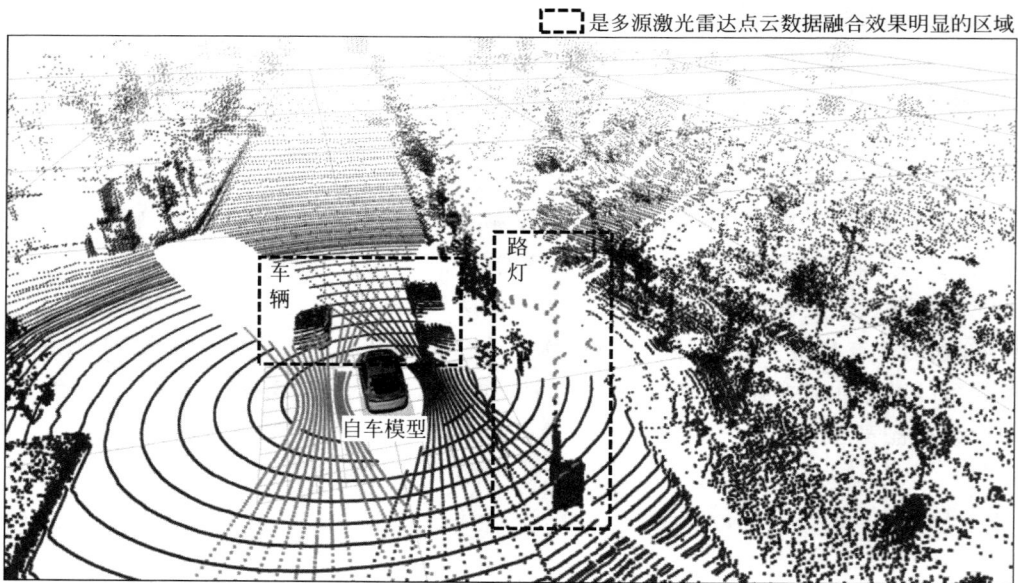

图 2-17　同一坐标系下的多激光雷达点云可视化示意图

为了减少手工操作，提高标定结果的精度，可以使用点云配准（Point Cloud Registration）的方法辅助多激光雷达的联合标定。点云配准是指：已知两幅点云中的

3D 点集合,记为 $\boldsymbol{P}^{A} = \{P_1^A, P_2^A, \cdots, P_n^A\}$ 与 $\boldsymbol{P}^{B} = \{P_1^B, P_2^B, \cdots, P_m^B\}$,寻求一个从 $\boldsymbol{P}^A$ 到 $\boldsymbol{P}^B$ 的变换关系,使得两副具有重叠部分的点云统一变换到 $O^B\text{-}X^BY^BZ^B$ 下。

可以看出,点云配准与多激光雷达联合标定本质上都是解决点云的空间一致性问题,寻找一个变换矩阵 $\boldsymbol{T}$,使得 3D 变换后的结果尽可能符合理论结果,实现不同坐标系下的点集的统一坐标描述。当两个激光雷达的坐标系位置变换关系复杂或相隔距离较远时,直接使用点云配准方法效果不佳,或需要进行大量的迭代,增加了系统的计算复杂度。因此,基于点云配准实现多激光雷达标定一般需要先进行粗标定,即在初始相对位置完全未知的情况下,快速估算出变换矩阵 $\boldsymbol{T}$ 的粗略值,再通过细标定步骤,迭代出更为精确的参数值。

1. 多激光雷达的粗标定

多激光雷达的粗标定可以基于几何约束,提取两幅点云中的几何特征,快速确定二者之间的对应关系,进而估计刚性变换矩阵。通常可以利用 3 个相互垂直的墙角平面来实现快速粗标定。

为了方便描述,这里引入欧拉角的定义。欧拉角是一组用来描述刚体转动的 3 个独立角参量,由数学家欧拉提出,在机器人、自动驾驶领域中有着广泛的应用。欧拉角有多种定义方式,在没有特殊说明的前提下,本书统一采用以下定义:

(1) 旋转方式——绕刚体初始的坐标系进行旋转,也称"外旋"。

(2) 旋转顺序——先绕 X 轴旋转,再绕 Y 轴旋转,最后绕 Z 轴旋转。

(3) 旋转角名称——绕 X 轴的旋转角称为横滚角(roll),绕 Y 轴的旋转角称为俯仰角(pitch),绕 Z 轴的旋转角称为偏航角(yaw)。

欧拉角与旋转矩阵可以相互转换,设横滚角、俯仰角与偏航角的角度分别为 α、β 与 γ,从欧拉角到旋转矩阵的变换如下

$$
\begin{aligned}
\boldsymbol{R} &= \begin{bmatrix} R_{11} & R_{12} & R_{13} \\ R_{21} & R_{22} & R_{23} \\ R_{31} & R_{32} & R_{33} \end{bmatrix} = \boldsymbol{R}_z \cdot \boldsymbol{R}_y \cdot \boldsymbol{R}_x \\
&= \begin{bmatrix} \cos\gamma & -\sin\gamma & 0 \\ \sin\gamma & \cos\gamma & 0 \\ 0 & 0 & 1 \end{bmatrix} \cdot \begin{bmatrix} \cos\beta & 0 & \sin\beta \\ 0 & 1 & 0 \\ -\sin\beta & 0 & \cos\beta \end{bmatrix} \cdot \begin{bmatrix} 1 & 0 & 0 \\ 0 & \cos\alpha & -\sin\alpha \\ 0 & \sin\alpha & \cos\alpha \end{bmatrix} \\
&= \begin{bmatrix} \cos\beta\cos\gamma & \sin\alpha\sin\beta\cos\gamma - \cos\alpha\sin\gamma & \cos\alpha\sin\beta\cos\gamma + \sin\alpha\sin\gamma \\ \cos\beta\sin\gamma & \sin\alpha\sin\beta\sin\gamma + \cos\alpha\cos\gamma & \cos\alpha\sin\beta\sin\gamma - \sin\alpha\cos\gamma \\ -\sin\beta & \sin\alpha\cos\beta & \cos\alpha\cos\beta \end{bmatrix}
\end{aligned} \tag{2-78}
$$

反之,从旋转矩阵到欧拉角的变换为

$$
\begin{cases}
\alpha = \arctan(R_{32}, R_{33}) \\
\beta = \arctan(-R_{32}, \sqrt{R_{32}^2 + R_{33}^2}) \\
\gamma = \arctan(R_{21}, R_{11})
\end{cases} \tag{2-79}
$$

这里将激光雷达 A 坐标系 O^A-$X^A Y^A Z^A$ 相较于激光雷达 B 坐标系 O^B-$X^B Y^B Z^B$ 的各轴偏移以及横滚角、俯仰角和偏航角也分别用 t_x、t_y、t_z、α、β、γ 来描述。

第一步，通过地平面确定横滚角与俯仰角。

将两幅点云统一在同一个坐标系下后，点云中的地面应该相互重叠，根据这一约束，可以求得它们之间变换的横滚角 α 和俯仰角 β。具体地，可以分别选取激光雷达 A 点云和激光雷达 B 点云中的地面区域，使用 RANSAC 算法进行地平面拟合，由此可以得到两个坐标系下地平面的单位法向量 $\boldsymbol{n}_A$ 和 $\boldsymbol{n}_B$，由于它们模长均为 1，因此有

$$|\boldsymbol{n}_A \times \boldsymbol{n}_B| = |\boldsymbol{n}_A| \, |\boldsymbol{n}_B| \sin\theta = \sin\theta \tag{2-80}$$

从而可以计算出旋转角 θ

$$\theta = \arcsin |\boldsymbol{n}_A \times \boldsymbol{n}_B| \tag{2-81}$$

这两个法向量外积得到的向量就是旋转轴，记为 $\boldsymbol{n}$，式 (2-81) 中 θ 为旋转角。$\mathrm{Skew}(\boldsymbol{x})$ 表示由一个三维向量 $\boldsymbol{x} = [x_1, x_2, x_3]^T$ 构成的反对称矩阵，形式如下

$$\mathrm{Skew}(\boldsymbol{x}) = \begin{bmatrix} 0 & -x_3 & x_2 \\ x_3 & 0 & -x_1 \\ -x_2 & x_1 & 0 \end{bmatrix} \tag{2-82}$$

可以使用如式 (2-83) 所示的罗德里格斯 (Rodrigues) 公式，用旋转轴和旋转角求解旋转矩阵 $\boldsymbol{R}$。

$$\boldsymbol{R} = \cos\theta \cdot \boldsymbol{I} + (1 - \cos\theta)\boldsymbol{n}\boldsymbol{n}^T + \sin\theta \cdot \mathrm{Skew}(\boldsymbol{n}) \tag{2-83}$$

其中，$\boldsymbol{n}$ 的 3 个分量分别是 n_x、n_y 和 n_z。进一步解析转换求得横滚角 α 和俯仰角 β

$$\begin{cases} \alpha = \arctan \dfrac{R_{32}}{R_{33}} \\[2mm] \beta = \arctan \dfrac{-R_{31}}{\sqrt{R_{32}^2 + R_{33}^2}} \end{cases} \tag{2-84}$$

第二步，通过第二参考面确定偏航角。

通过地面约束可以确定两个坐标系变换的横滚角与俯仰角，但要确定偏航角，仍然需要寻找一个与地面不平行的第二参考面来增加约束。与地面垂直的墙面就可以作为第二参考面，它不仅增加了额外的约束条件，且因为垂直于地面，不会对上一步求解的 α 与 β 产生冲突与影响。具体地，先利用已求解的 α 与 β 对坐标系 O^A-$X^A Y^A Z^A$ 进行旋转，使两个坐标系的 z 轴平行。然后，与求解 α 和 β 类似，分别选取激光雷达 A 点云与激光雷达 B 点云中的第二参考面，使用 RANSAC 算法进行平面拟合，由此可以得到两个坐标系下第二参考面的单位法向量，进而求得偏航角。

第三步，通过地面和第二参考面确定坐标轴偏移。

经过前两步，O^A-$X^A Y^A Z^A$ 和 O^B-$X^B Y^B Z^B$ 的所有旋转关系已确立。最后，只需根据旋转对齐后的激光雷达 A 点云与激光雷达 B 点云中的地平面、第二参考面距离，就可以求出两个坐标系之间的偏移量 t_x、t_y 和 t_z，完成粗标定，得到粗粒度外参。

2. 多激光雷达的细标定

在多激光雷达粗标定的基础上,使用合适的点云配准算法对不同激光雷达坐标系之间的外参进行细粒度优化,称为多激光雷达细标定,可以采用基于正态分布变换(Normal Distribution Transform,NDT)[19]的点云配准方法来实现。该方法将激光雷达点云体素化,使用连续可微的概率分布函数表示点云数据,通过非线性优化方法求得两个点云之间的最优匹配,再对变换参数进行求解估计。具体计算步骤如下:

第一步,点云体素化与分布计算。

将激光雷达 B 点云体素化为固定大小的单元格,并计算每个单元格中多维正态分布函数 $\mathcal{N}(\boldsymbol{p})$:

$$\mathcal{N}(\boldsymbol{p}) = \frac{1}{(2\pi)^{\frac{3}{2}}\sqrt{|\Sigma|}}\exp\left(-\frac{(\boldsymbol{p}-\boldsymbol{\mu})^{\mathrm{T}}\Sigma^{-1}(\boldsymbol{p}-\boldsymbol{\mu})}{2}\right)$$

$$\boldsymbol{\mu} = \frac{1}{n}\sum_{i=1}^{n}\boldsymbol{p}_i, \quad \Sigma = \frac{1}{n-1}\sum_{i=1}^{n}(\boldsymbol{p}_i-\boldsymbol{\mu})(\boldsymbol{p}_i-\boldsymbol{\mu})^{\mathrm{T}}$$

$$(2\text{-}85)$$

其中,$\boldsymbol{p}_i(i=1,2,\cdots,m)$ 为每个单元格中的点云数据。

第二步,参数初始化。

设激光雷达 A 到激光雷达 B 的坐标系变换过程表示为 T,其中涉及的 t_x、t_y、t_z、roll、pitch、yaw 等参数变量统一记为 $\boldsymbol{q}$,激光雷达 A 在自身坐标系下的点云数据为 $\boldsymbol{p}_k^{\mathrm{A}}$ ($k=1,2,\cdots,n$),则变换后点云可以表示为 $T(\boldsymbol{p}_k^{\mathrm{A}};\boldsymbol{q})$。其中,$\boldsymbol{q}$ 可以使用粗标定的结果来进行初始化。

第三步,迭代优化。

根据变换后激光雷达 A 点云的单元格分布情况,确定每个变换点对应的正态分布函数。计算每个变换点的概率分布函数并求和,即求出 NDT 配准得分 Ψ,如下

$$\Psi = \prod_{k=1}^{n}\mathcal{N}(T(\boldsymbol{p}_k^{\mathrm{A}};\boldsymbol{q}))$$

$$(2\text{-}86)$$

要从该式中寻找使目标函数 Ψ 最大化的变换参数 $\boldsymbol{q}$,可以通过非线性优化的相关方法(参考附录 A.4)进行求解。

上述介绍的多激光雷达联合标定方法,综合了几何特征约束和点云配准的思路,能够方便准确地获取激光雷达之间的外参。但一般的点云配准方法容易受到异常值干扰,或者被分布较多的噪声影响,而忽略了一些关键的局部信息。为了获得准确性和鲁棒性更高的点云配准结果,可以通过一种最大化团(MAximal Cliques,MAC)的假设生成方法[20],挖掘出更多局部信息。即使在严重异常值的影响下,该方法也能达到较高的配准准确性。在激光雷达之间共视范围较小的情况下(如分别安装在车身前后的固态激光雷达),基于点云配准的标定方法可能会面临偏差或误匹配的问题。为了应对这种情况,可以采用基于运动的标定方法[21],通过对不同激光雷达计算得到的运动轨迹进行特征匹配与优化求解,从而得到它们之间的外参转换关系。此外,不同

类型的激光雷达在点云数据的分布与结构上存在着较大差异，这为它们之间的标定带来了更大的挑战。借助深度学习的相关技术，一些方法[22-23]可以在一定程度上克服这些差异所带来的精度损失，保障标定结果的准确与可靠。

2.4 毫米波雷达数据采集与处理

2.4.1 毫米波雷达的基本原理

毫米波雷达是通过发射毫米波、分析回波信号，实现场景探测的主动型环境感知传感器。图 2-18 是电磁波谱分段示意图，其中毫米波是微波的一部分，波长为 1～10mm。相较于车载激光雷达，毫米波雷达主要有以下 3 个优势：

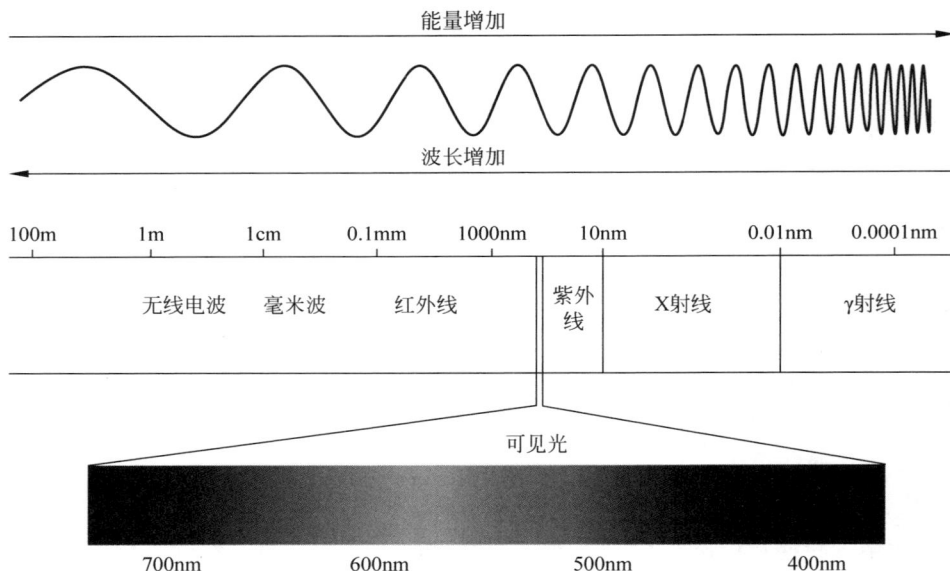

图 2-18 电磁波谱

（1）探测距离远、全天候工作。车载激光雷达一般发出的电磁波波长为 905nm，远小于毫米波雷达。毫米波更大的波长使其更容易绕过传播路径上的微小颗粒，因此这种雷达可以探测更远的距离，也不容易受到雨雪、雾霾等天气的影响，可以实现自动驾驶的全天候工作。

（2）可以精确测量目标的径向速度。根据多普勒效应，目标在电磁波传播方向的运动速度会影响反射回波的频率，通过精确测量发出与接收电磁波的频率，可以计算出目标的径向运动速度。毫米波的频率较低，更容易被精准测量，也因此被广泛地应用于自适应巡航、后方来车预警、前向碰撞预警等高速辅助驾驶系统中。

（3）生产与应用成本低。与激光雷达相比，毫米波雷达在生产技术上更为简单，因此具有更低的生产成本。此外，由于毫米波雷达采集的点云较为稀疏，车载计算设备在处理数据时负担更小，设备运行时所产生的功耗也更低。

毫米波雷达在自动驾驶应用中也存在一些劣势。例如，毫米波雷达分辨率低，点云数据稀疏，虽然能够测量目标的信号反射强度，但严重缺乏目标的细节特征与纹理信息，难以满足稠密地图构建与精准目标识别等自动驾驶任务需求。低分辨率在低速场景下的影响尤为明显，大量的杂波信号与有效信号难以被区分，对环境感知的过程带来了极大干扰。因此，车载毫米波雷达一般在处理回波信号时会增加自车运动的补偿，从而过滤掉静止目标。这样虽然大幅降低了噪声影响，但同时也进一步减少了本就稀疏的毫米波点云信息。如何高效地利用毫米波雷达数据，并与其他传感器数据进行合理融合，是一个值得探索的研究方向。

近年来，毫米波雷达技术有了长足的发展，也诞生出一种新型的 4D 毫米波雷达。传统的车载毫米波雷达只能获得目标的距离、角度和速度这 3 个维度的信息，而 4D 毫米波雷达在此基础上增加了目标的俯仰角信息，可以更为全面地描述场景与空间中的目标。同时，4D 毫米波雷达的角分辨率也提高至 1°，初步具备了成像的能力，更有利于毫米波雷达感知方法的技术突破与研究拓展。

2.4.2　毫米波雷达与相机的联合标定

在目前的自动驾驶传感器系统中，毫米波雷达一般不会被独立应用，而是通常作为相机或激光雷达的辅助传感器，作为多传感器数据融合的一员。以大陆 ARS408 毫米波雷达为例，其探测范围覆盖远近两个扇形区域，可以同时适应不同距离的探测需求。图 2-19 是这款雷达的坐标系和探测范围示意图，坐标系的原点就是毫米波雷达的中心，X 轴指向雷达正前方，Y 轴指向雷达左方。在近距离感知范围内，它的探测角度较广，而在远距离感知时，它的探测角度就相对较小。该雷达配备有中央处理单元，可以对回波信号和自车运动进行分析，最终直接输出目标在传感器坐标系下的距离 r、角度 θ 以及相对速度 v 等信息。

要实现将毫米波探测到的点云和其他传感器的数据融合，需要将它们纳入到统一的空间坐标系中进行描述。应用本章前几节介绍的方法，可以完成相机、激光雷达等传感器之间的空间标定，现在只需要获取毫米波雷达与其中任意传感器的外参矩阵，就可以将其纳入到已经标定好的传感器系统中。

本节以毫米波雷达与相机为例，介绍它们之间的联合标定方法。毫米波雷达-相机联合标定与激光雷达-相机联合标定的总体思路一致，都可以通过关联特征点来建立空间约束关系，使得投影的理论位置与观测位置尽可能接近。但不同的是，毫米波雷达得到的点云数据的空间信息只有距离 r、角度 θ 两个维度，缺少了高度信息，使用极坐标而不是笛卡儿坐标来表示。

为了便于后续的标定，将坐标表示统一为笛卡儿坐标。设一个毫米波雷达视野中

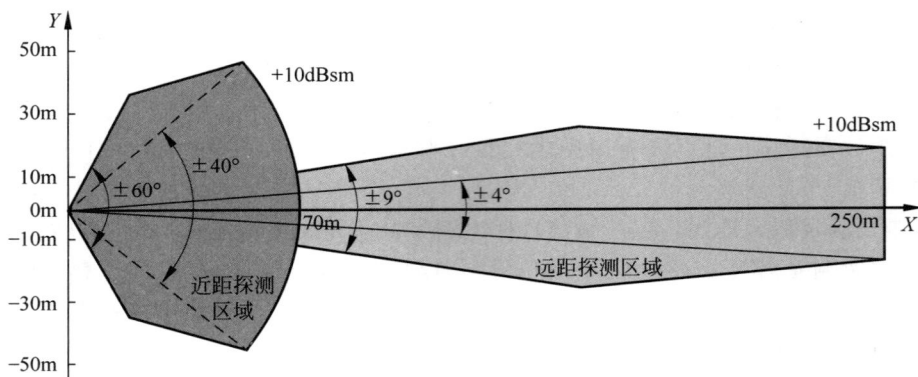

图 2-19   毫米波雷达的坐标系与探测范围示意图

的目标点 P_i^R 与原点距离为 r_i，与 X^R 轴夹角为 θ_i，则该点用笛卡儿坐标可以表示为 $\boldsymbol{p}_i^R = [x_i^R, y_i^R]^T$，其中

$$\begin{cases} x_i^R = r_i \cdot \cos\theta_i \\ y_i^R = r_i \cdot \sin\theta_i \end{cases} \tag{2-87}$$

要将该点投影到图像的像素坐标系中，按照 2.2 节的透视投影过程，有

$$z_i^C \boldsymbol{p}_i^I = \boldsymbol{K} [\boldsymbol{R} \mid \boldsymbol{t}] \boldsymbol{p}_i^R \tag{2-88}$$

由于毫米波雷达探测到的目标均在同一个平面内，为了补齐坐标维度，不妨令 $z_i^R = 0$，展开得到

$$z_i^C \begin{bmatrix} u_i \\ v_i \\ 1 \end{bmatrix} = \boldsymbol{K} \begin{bmatrix} R_{11} & R_{12} & R_{13} & t_1 \\ R_{21} & R_{22} & R_{23} & t_2 \\ R_{31} & R_{32} & R_{33} & t_3 \end{bmatrix} \begin{bmatrix} x_i^R \\ y_i^R \\ 0 \\ 1 \end{bmatrix} \tag{2-89}$$

其中，

$$z_i^C = R_{31} \cdot x_i^R + R_{32} \cdot y_i^R + t_3 \tag{2-90}$$

对于式(2-89)，相机内参 $\boldsymbol{K}$ 是预先通过相机标定得到的相机内参，旋转矩阵 $\boldsymbol{R}$ 与平移向量 $\boldsymbol{t}$ 是需要求解的毫米波雷达到相机的外参。由于毫米波雷达中该点的第三维坐标(高度信息)没有实际意义，因此可以把旋转矩阵简化为

$$\boldsymbol{R}' = \begin{bmatrix} R_{11} & R_{12} & t_1 \\ R_{21} & R_{22} & t_2 \\ R_{31} & R_{32} & t_3 \end{bmatrix} \tag{2-91}$$

因此，式(2-89)可以简化为

$$z_i^C \begin{bmatrix} u_i \\ v_i \\ 1 \end{bmatrix} = \boldsymbol{K} \begin{bmatrix} R_{11} & R_{12} & t_1 \\ R_{21} & R_{22} & t_2 \\ R_{31} & R_{32} & t_3 \end{bmatrix} \begin{bmatrix} x_i^R \\ y_i^R \\ 1 \end{bmatrix} \tag{2-92}$$

令投影矩阵 $\boldsymbol{M} = \boldsymbol{K}\boldsymbol{R}'$，它的 3 行分别用 $\boldsymbol{M}_1$、$\boldsymbol{M}_2$ 和 $\boldsymbol{M}_3$ 表示，可以得到

$$
\begin{cases}
u_i = \dfrac{\boldsymbol{M}_1 \cdot \boldsymbol{p}_i^{\mathrm{R}}}{\boldsymbol{M}_3 \cdot \boldsymbol{p}_i^{\mathrm{R}}} \\[3mm]
v_i = \dfrac{\boldsymbol{M}_2 \cdot \boldsymbol{p}_i^{\mathrm{R}}}{\boldsymbol{M}_3 \cdot \boldsymbol{p}_i^{\mathrm{R}}}
\end{cases}
\tag{2-93}
$$

进一步整理可得

$$
\begin{cases}
(\boldsymbol{M}_1 - u_i \boldsymbol{M}_3)\, \boldsymbol{p}_i^{\mathrm{R}} = 0 \\
(\boldsymbol{M}_2 - v_i \boldsymbol{M}_3)\, \boldsymbol{p}_i^{\mathrm{R}} = 0
\end{cases}
\tag{2-94}
$$

通过在图像与毫米波点云中对应选取 n 组目标点对，可以得到一个 $2n$ 维的线性方程组如下

$$
\begin{bmatrix}
(\boldsymbol{p}_1^{\mathrm{R}})^{\mathrm{T}} & \mathbf{0}^{\mathrm{T}} & -u_1 (\boldsymbol{p}_1^{\mathrm{R}})^{\mathrm{T}} \\
\mathbf{0}^{\mathrm{T}} & (\boldsymbol{p}_1^{\mathrm{R}})^{\mathrm{T}} & -v_1 (\boldsymbol{p}_1^{\mathrm{R}})^{\mathrm{T}} \\
\cdots & \cdots & \cdots \\
(\boldsymbol{p}_n^{\mathrm{R}})^{\mathrm{T}} & \mathbf{0}^{\mathrm{T}} & -u_n (\boldsymbol{p}_n^{\mathrm{R}})^{\mathrm{T}} \\
\mathbf{0}^{\mathrm{T}} & (\boldsymbol{p}_n^{\mathrm{R}})^{\mathrm{T}} & -v_n (\boldsymbol{p}_n^{\mathrm{R}})^{\mathrm{T}}
\end{bmatrix}
\begin{bmatrix}
\boldsymbol{M}_1^{\mathrm{T}} \\
\boldsymbol{M}_2^{\mathrm{T}} \\
\boldsymbol{M}_3^{\mathrm{T}}
\end{bmatrix}
= \mathbf{0}
\tag{2-95}
$$

由于 $\boldsymbol{M}_1$、$\boldsymbol{M}_2$ 和 $\boldsymbol{M}_3$ 都是 1×3 的向量，因此共有 9 个未知数，当 $n > 4$ 时，可以采用线性优化的相关方法（参考附录 A.5）求解投影矩阵 $\boldsymbol{M}$，进而得到外参 $\boldsymbol{R}'$。图 2-20 是毫米波点云在图像中的投影示意图，图中红色圆点代表毫米波雷达接收到的回波信号位置（检测到的目标点）在像素坐标系中的投影位置。

图 2-20　毫米波点云在图像中的投影示意图

实际应用中，利用毫米波雷达对于金属物体探测效果好的特点，标定时，一般通过放置若干金属角反射器作为参照物，更加准确便捷地选取探测目标点对。毫米波雷达

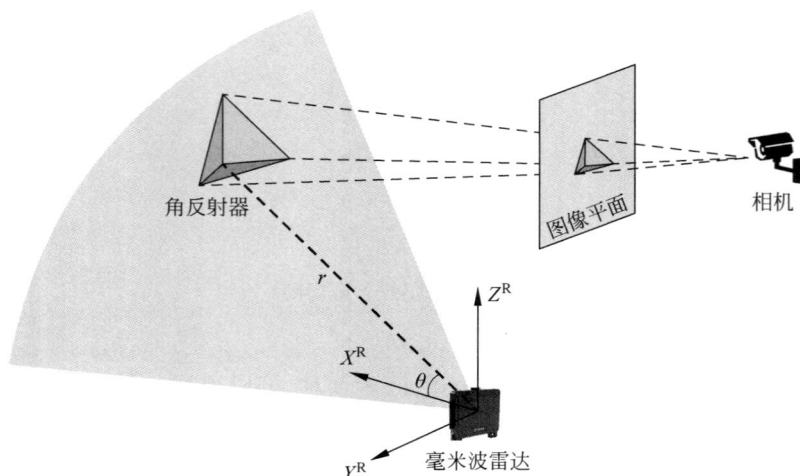

图 2-21　毫米波雷达与相机标定示意图

与相机联合标定的步骤可以总结为：

（1）放置 $n(n>4)$ 个角反射器如图 2-21 所示；

（2）同时录制包含金属角反射器的相机图像与毫米波雷达点云数据；

（3）在图像中选取每个角反射器的落地点位置，得到像素坐标系下的坐标，同时，在点云中选取相应的角反射器位置点，得到毫米波雷达坐标系下的坐标；

（4）构建式（2-95）的线性方程组，求解毫米波雷达与相机的外参矩阵。

　　需要注意的是，从式（2-89）到式（2-92）的简化过程依赖所有目标点均处于同一个平面的假设，且该平面与毫米波雷达的探测平面平行。在自动驾驶汽车中，毫米波雷达的探测平面通常与地面平行，因此，在图像中选取对应毫米波点云的目标点时，可以统一选择图像中角反射器的落地点位置，以尽可能地保证选取的点对符合上述的平行假设。

　　除了上述方法外，还可以通过最小化"重投影误差"来估计传感器间的变换[24]。重投影误差指两个传感器共视的场景中结构或目标的投影对齐误差。然而，这种方法往往也需要特制的标定参照物。为了摆脱对特制参照物的依赖，一些方法[25-26]利用深度学习预测或运动目标轨迹对齐来解算旋转参数，但是这些方法都依赖人工测量的平移参数。

2.5　车辆位姿状态感知传感器

　　车辆位姿状态感知传感器种类多样、功能各异，主要以被动型传感器为主。传统汽车通过配备车辆位姿状态感知传感器（如轮速传感器、方向盘转角传感器、压力传感器、温度传感器等)监测车辆的工况信息(如轮胎转速、方向盘转角、刹车压力、车身温度等),同时实现部分电子控制功能(如防抱死制动、动力控制等)。相较于传统汽车,自动驾驶汽车为了感知自身更精确的位姿信息,通常还需要配备 GNSS 接收机、IMU 等传感器获取当前车辆的位置、速度、加速度与航向角等信息。它们的相关技术较为成熟,例如,可以通过融合 GNSS 与 IMU 构建组合导航系统(Integrated Navigation System,INS),用于提高自动驾驶定位导航的可靠性。

本节将着重介绍全球导航卫星系统与惯性测量传感器的基本工作原理、惯性测量传感器与激光雷达的联合标定方法,并且以全球导航卫星系统中具有代表性的 GPS 为例,讨论如何基于 GPS 完成自动驾驶传感器系统的时间同步。

2.5.1　全球导航卫星系统

1. 全球导航卫星系统的工作原理

全球导航卫星系统是能在地球表面或近地空间的任何地点为用户提供全天候的三维位置、速度、时间等信息的空基无线电导航定位系统,目前包括中国的北斗导航卫星系统(Beidou Navigation Satellite System,BDS)、美国的全球定位系统(Global Positioning System,GPS)、俄罗斯的格洛纳斯卫星导航系统(GLONASS)与欧盟的伽利略卫星导航系统(Galileo Satellite Navigation System,GALILEO)。其中,GPS 是世界上第一个建立的全球导航卫星系统,目前已广泛应用于自动驾驶系统。

GPS 卫星在空中会连续发送无线电信号,主要采用三角定位法原理,如图 2-22 所示,卫星扫描测量位置过程用圆形表示,P 点代表真实位置。可见,如果只用一颗卫星进行扫描,其搜索范围包括以卫星中心到 P 的距离为半径的圆形区域内所有位置,而

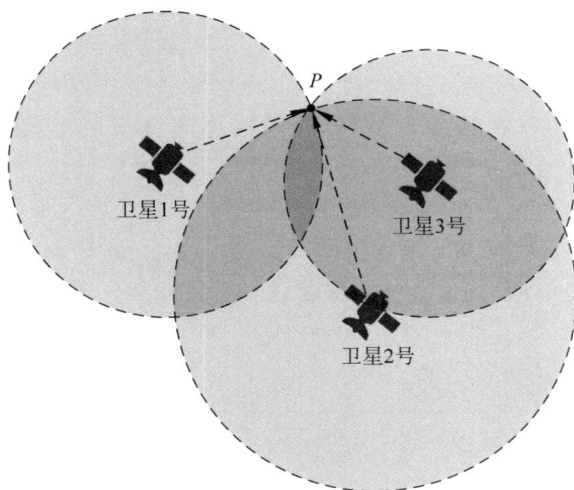

图 2-22　GPS 三角定位示意图

即使采用两颗卫星，两个扫描圆形区域则相交于两点，依然无法确立准确的 P 点位置。只有当至少 3 颗卫星同时扫描时，才可以锁定 P 点位置。

车载 GPS 接收机通过接收 GPS 导航卫星系统的导航、定位与授时服务，获取车辆准确的位置、速度与时间信息，并进一步实现车辆定位。

简单来说，可以依靠伪距测量法估计 GPS 接收机与单卫星之间的距离。根据传输距离的差异，GPS 接收机收到信号的时刻与不同卫星发送信号的时刻也存在差异，这种信号传播的时间差被称为时延。卫星与 GPS 接收机会同时产生伪随机码，利用随机码的同步可以估计时延 Δt。如图 2-23(a)所示，由于在轨卫星的位置固定不变，只要通过信号时延就可以计算 GPS 接收机与卫星 i 号之间的距离 d_i，过程如下

$$d_i = v_c \cdot \Delta t = v_c \cdot (t_{ego} - t_i) \tag{2-96}$$

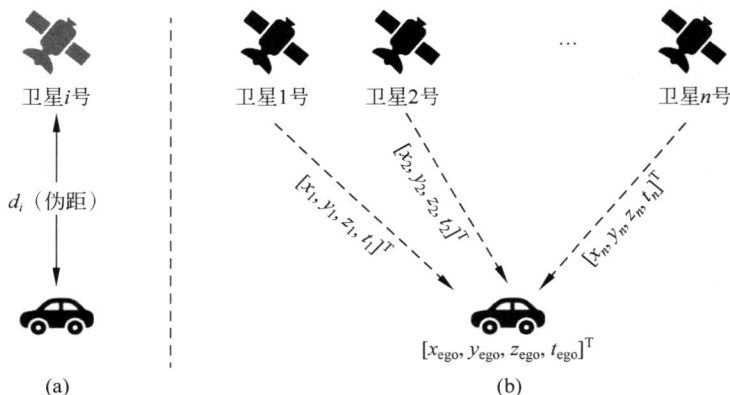

图 2-23   基于 GPS 的车辆定位示意图

其中，v_c 代表光速；t_{ego} 代表 GPS 接收机接收信号的时间点；t_i 代表卫星 i 号发送信号的时间点。

实际情况下，仅计算出 GPS 接收机与卫星之间的距离依然不够。还要考虑到卫星时钟与接收机之间存在钟差，以及传输中存在的大气层等其他因素的干扰。因此，简单的时延估计与伪距测量都不足以满足自动驾驶系统的高精度定位需求。综合多颗卫星的数据，基于伪距测量法的原理，添加更多计算约束，可以进一步解析出更为精确的 GPS 接收机三维空间位置，即车身位置。如图 2-23(b)所示，设共有 n 颗卫星，且每颗卫星都向 GPS 接收机发送该卫星所在的三维位置（空间信息）与时间点（时间信息），记为 $[x_i, y_i, z_i, t_i]^T (i=1,2,\cdots,n)$。因此，每颗卫星与车身位置 $[x_{ego}, y_{ego}, z_{ego}]^T$ 的距离可以表示为

$$d_i = \sqrt{(x_{ego} - x_i)^2 + (y_{ego} - y_i)^2 + (z_{ego} - z_i)^2} \tag{2-97}$$

为了求解出车身的三维位置 $[x_{ego}, y_{ego}, z_{ego}]^T$ 与时间点 t_{ego}，可以根据式(2-96)与式(2-97)联合 n 颗卫星相较于车身的距离表达式，组成非线性方程组如下

$$\begin{cases} \sqrt{(x_{ego}-x_1)^2+(y_{ego}-y_1)^2+(z_{ego}-z_1)^2}=v_c \cdot (t_{ego}-t_1) \\ \sqrt{(x_{ego}-x_2)^2+(y_{ego}-y_2)^2+(z_{ego}-z_2)^2}=v_c \cdot (t_{ego}-t_2) \\ \qquad\qquad\qquad\vdots \\ \sqrt{(x_{ego}-x_n)^2+(y_{ego}-y_n)^2+(z_{ego}-z_n)^2}=v_c \cdot (t_{ego}-t_n) \end{cases} \quad (2\text{-}98)$$

当 $n\geqslant 4$ 时,可以通过非线性优化的相关方法(参考附录 A.4)进行求解。可见,至少需要 4 颗卫星组成的导航卫星系统才可以完成相对准确的车身定位,在实际应用中,解析输出的车身位置坐标一般是经度、纬度与海拔(大地坐标系)的形式。

GPS 也存在一些不足和限制,需要在应用中针对性地解决或优化。一方面,由于 GPS 信号更新频率较低,对于行驶速度较快的自动驾驶汽车,仍然需要结合其他技术或其他传感器来保障车辆定位的实时性与精确性。另一方面,峡谷、隧道和密集的植被等环境可能会影响 GPS 信号的接收。解决这些问题的第一种方式是通过采用多源数据融合技术,将多种传感器(如毫米波雷达、激光雷达与相机)的数据进行综合分析,并利用多源数据融合提供额外的定位信息,增加定位系统的可靠性。另一种方式是尝试直接解耦或摆脱对于 GPS 的依赖,从根本上解除卫星信号丢失的风险,如提出并应用无依托的自动驾驶定位方法(详见本书第 7 章)。

2. 基于全球定位系统的多传感器时间同步

本章在介绍自动驾驶传感器系统构建与多传感器空间变换时,均默认多传感器已处在同一时间状态下。在实际情况下,不同传感器之间存在时延误差,在为自动驾驶汽车安装传感器时,需要对传感器系统进行时间同步操作,常用的时间同步方法有全球定位系统同步(Global Positioning System synchronization)、硬件同步(hardware synchronization)、网络时间协议同步(Network Time Protocol synchronization,NTP)、时序协议同步(Precision Time Protocol synchronization,PTP)与时间标签同步(timestamp synchronization)等。表 2-1 展示了这些方法的基本原理与性能对比。

表 2-1　自动驾驶传感器系统中的常用时间同步方法对比

方　　法	工　作　原　理	精度	系统复杂度	可　用　性
全球定位系统同步	使用 GPS 接收机接收卫星发出的时间信号,作为时间基准	高	低	一般为室外,需要良好的 GPS 信号
硬件同步	通过使用共享的时钟信号或触发信号来实现时间同步	高	中	需要硬件设备、物理连接与触发信号源
网络时间协议同步	通过连接到互联网,并与 NTP 服务器进行通信,获取精确的时间信息	较高	低	需要连接互联网
时序协议同步	使用主从架构,其中一个传感器作为主节点,其他传感器作为从节点,通过交换时间戳和时钟校准信息来实现时间同步	高	较高	需要网络连接与支持时序协议的设备

方　　法	工 作 原 理	精度	系统复杂度	可　用　性
时间标签同步	在传感器数据中嵌入时间戳，以确保数据在后续处理中以正确的时间顺序进行排序和同步	中	低	无特殊要求，但需要后处理对时间标签进行解析

基于全球定位系统同步的方法是一种常用且可靠的选择，本节介绍的 GPS 可以利用卫星信号来构建统一的时间基准，充当多传感器时间同步的重要媒介。同时，该方法还具有以下优势：

（1）高精度。GPS 系统具有很高的时间精度，通常在纳秒级别。通过使用 GPS 作为时间基准，传感器可以获得高度准确的时间信息，从而实现精确的数据同步。

（2）全球覆盖。GPS 系统是全球性的，可以在任何地方获得 GPS 信号。这使得基于 GPS 的时间同步方法适用于各种不同的地理位置和环境条件。

（3）稳定性。GPS 信号受到卫星系统的精确控制，因此提供了稳定的时间基准。传感器可以依赖 GPS 系统的稳定性，确保时间同步的连续性。

基于 GPS 实现多传感器时间同步的步骤如下：

（1）配置 GPS 接收机。对 GPS 接收机进行配置与初始化，包括设置接收机的参数、选择适当的卫星信号和频率。

（2）安装 GPS 接收机。将 GPS 接收机安装到智能车系统中，为了确保良好的信号接收，一般可以安装在车辆顶部或挡风玻璃上。再通过接线保证 GPS 接收机与车辆电源和通信系统连接。

（3）启动 GPS 接收机。开启 GPS 接收机，使它开始正常接收和解码 GPS 卫星信号，并确保它能够获取准确连续的时间信息。

（4）校准传感器系统时间。将 GPS 接收机获取的时间信息作为基准时间，通过进行自动驾驶传感器系统与 GPS 接收机之间的通信，对自动驾驶传感器系统的本地时钟进行校准。

（5）定期更新系统时间。为防止 GPS 接收机的信号中断或误差积累，定期需要更新 GPS 接收机获取的时间信息，以保证时间同步的连续性与准确性。可以设置一个固定的时间间隔，在系统中进行自动的时间基准更新。

（6）监测时间同步状态。在完成时间同步操作后，需要监测自动驾驶传感器系统中各个传感器的时间同步状态，可以通过检查各传感器记录的数据与时间戳情况，来确保它们与已有 GPS 时间保持一致。

需要注意的是，实施过程中应遵循 GPS 接收机和设备制造商的指南与建议。此外，还要考虑 GPS 接收机的安装位置与外部环境条件 GPS 信号质量的影响。

尽管基于 GPS 的传感器时间同步方法在大多数情况下是可行且有效的，但也需要认识到它始终具有一些局限性，如前文提到的更新频率与信号干扰问题。对于精度要求更高的自动驾驶系统，也可以通过组合多种时间同步方法来弥补这些缺陷，提高自动驾驶传感器系统时间同步的稳定性。

2.5.2 惯性测量传感器

1. 惯性测量传感器的工作原理

现代的惯性测量传感器主要由微机电系统（Micro-Electro-Mechanical System，MEMS)构成,这是一种先进的制造技术平台,采用微米级别的机械器件与系统。以一个基于 MEMS 的六轴 IMU 为例,它是由 3 个相互正交的单轴陀螺仪（Gyroscope）与 3 个相互正交的单轴加速度计（Accelerometer）构成的,如图 2-24 所示。

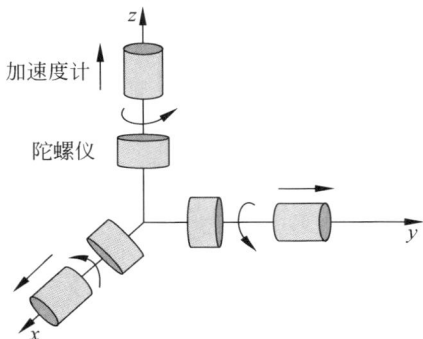

图 2-24 惯性测量单元结构示意图

陀螺仪负责获取系统相较于惯性坐标系的角速度,因此也被称为角速度计。它的基本原理是利用角动量守恒定律,通过记录旋转变化测量角速度变化。角速度的测量模型如下

$$\tilde{\omega} = \omega + b + \eta, \quad \eta \sim (0, \sigma_{\mathrm{gyro}}^2) \tag{2-99}$$

式中,$\tilde{\omega}$ 代表陀螺仪输出的角速度测量值；ω 表示角速度真值；b 为零偏项,通常表示传感器设备本身的制造差异或环境干扰所导致的误差；$\eta \sim (0, \sigma_{\mathrm{gyro}}^2)$ 为噪声项,通常采用高斯白噪声模拟,σ_{gyro} 为该高斯分布的标准差。

加速度计可以输出系统相较于惯性空间的绝对加速度和重力加速度之和。它主要依靠 MEMS 中可移动部分的惯性,通过记录电容板的变化测量加速度变化。加速度的测量模型如下

$$\tilde{a} = a_g + a_l + \eta, \quad \eta \sim (0, \sigma_{\mathrm{acc}}^2) \tag{2-100}$$

其中,$\tilde{a}$ 表示加速度计输出的加速度测量值；$a_g + \eta$ 表示不考虑运动状态条件下,重力加速度与噪声组成的加速度分量；a_l 表示在考虑运动状态条件下,自身运动的惯性力所带来的加速度分量；$\eta \sim (0, \sigma_{\mathrm{acc}}^2)$ 为噪声项,通常采用高斯白噪声模拟,σ_{acc} 为该高斯分布的标准差。

对自动驾驶汽车而言,一般会使用更新频率较高的 IMU 来保证输出的实时性。同时,IMU 相互正交的传感器元件结构保证了车身状态的三维感知。应用航迹递推算法可以进一步解算姿态、位置与速度等车身状态信息,这些信息对于自动驾驶系统来说至关重要,可以帮助自动驾驶汽车准确定位,从而完成实时精确的姿态控制,保障车辆的稳定性。

IMU 还可以与环境感知传感器进行融合应用。例如,将惯性测量单元测量的运动信息与视觉类传感器的数据融合,可以综合提高车身运动估计的准确性。此外,

IMU 的角速度测量也可以辅助动态环境感知。例如，通过分析 IMU 提供的角速度信息，系统可以监测车身的旋转、转向等行为，并据此辅助判断周边车辆、行人等动态障碍物的运动状态，为车辆的避障决策与路径规划提供额外的参考信息，可以应用于高级驾驶辅助系统的车道偏离预警等功能中。

2. 惯性测量传感器与激光雷达的联合标定

要将 IMU 与车身其他传感器进行集成，需要通过标定来统一坐标系。标定 IMU 常用手眼标定的方法来实现。下面以 IMU 与激光雷达的标定为例介绍这一方法。

首先进行如下定义：$\boldsymbol{T}_{\mathrm{IMU}_{(t-\Delta t)}}^{\mathrm{IMU}_{(t)}}$ 是 IMU 从 $t-\Delta t$ 到 t 两个时刻之间的位姿变换矩阵，$\boldsymbol{T}_{\mathrm{L}_{(t-\Delta t)}}^{\mathrm{L}_{(t)}}$ 是激光雷达从 $t-\Delta t$ 到 t 两个时刻之间的位姿变换矩阵，$\boldsymbol{T}_{\mathrm{lidar}}^{\mathrm{imu}}$ 表示从激光雷达到 IMU 的变换矩阵，也就是需要求解的外参。如图 2-25 所示是激光雷达与 IMU 手眼标定过程示意图。

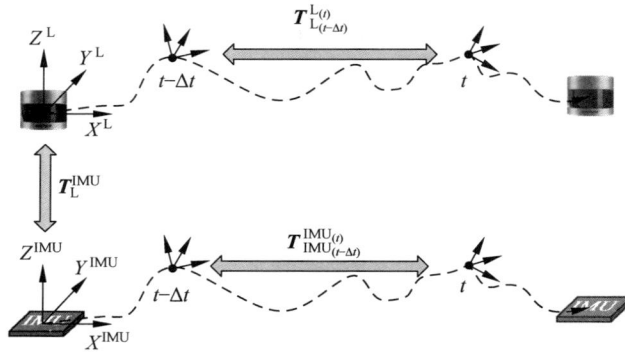

图 2-25　激光雷达与 IMU 手眼标定过程示意图

由于 IMU 和激光雷达之间属于刚性连接，因此有下式成立

$$\boldsymbol{T}_{\mathrm{L}_{(t-\Delta t)}}^{\mathrm{L}_{(t)}} \cdot \boldsymbol{T}_{\mathrm{L}}^{\mathrm{IMU}} = \boldsymbol{T}_{\mathrm{L}}^{\mathrm{IMU}} \cdot \boldsymbol{T}_{\mathrm{IMU}_{(t-\Delta t)}}^{\mathrm{IMU}_{(t)}} \tag{2-101}$$

对该方程分解可以得到

$$\begin{cases} \boldsymbol{R}_{\mathrm{L}_{(t-\Delta t)}}^{\mathrm{L}_{(t)}} \cdot \boldsymbol{R}_{\mathrm{L}}^{\mathrm{IMU}} = \boldsymbol{R}_{\mathrm{L}}^{\mathrm{IMU}} \cdot \boldsymbol{R}_{\mathrm{IMU}_{(t-\Delta t)}}^{\mathrm{IMU}_{(t)}} \\ \boldsymbol{R}_{\mathrm{L}_{(t-\Delta t)}}^{\mathrm{L}_{(t)}} \cdot \boldsymbol{t}_{\mathrm{L}}^{\mathrm{IMU}} + \boldsymbol{t}_{\mathrm{L}_{(t-\Delta t)}}^{\mathrm{L}_{(t)}} = \boldsymbol{R}_{\mathrm{L}}^{\mathrm{IMU}} \cdot \boldsymbol{t}_{\mathrm{IMU}_{(t-\Delta t)}}^{\mathrm{IMU}_{(t)}} + \boldsymbol{t}_{\mathrm{L}}^{\mathrm{IMU}} \end{cases} \tag{2-102}$$

其中，$\boldsymbol{R}_{\mathrm{L}_{(t-\Delta t)}}^{\mathrm{L}_{(t)}}$ 和 $\boldsymbol{R}_{\mathrm{IMU}_{(t-\Delta t)}}^{\mathrm{IMU}_{(t)}}$ 分别是激光雷达和 IMU 在两个时刻之间的旋转变换矩阵；$\boldsymbol{t}_{\mathrm{L}_{(t-\Delta t)}}^{\mathrm{L}_{(t)}}$ 是激光雷达在两个时刻之间的平移向量；$\boldsymbol{R}_{\mathrm{L}}^{\mathrm{IMU}}$ 和 $\boldsymbol{t}_{\mathrm{L}}^{\mathrm{IMU}}$ 分别是从激光雷达到 IMU 的旋转矩阵和平移向量。设 $\boldsymbol{n}_{\mathrm{L}_{(t-\Delta t)}}^{\mathrm{L}_{(t)}}$ 是 $\boldsymbol{R}_{\mathrm{L}_{(t-\Delta t)}}^{\mathrm{L}_{(t)}}$ 对应的旋转轴，$\boldsymbol{n}_{\mathrm{L}}^{\mathrm{IMU}}$ 是 $\boldsymbol{R}_{\mathrm{L}}^{\mathrm{IMU}}$ 对应的旋转轴，$\boldsymbol{n}_{\mathrm{IMU}_{(t-\Delta t)}}^{\mathrm{IMU}_{(t)}}$ 是 $\boldsymbol{R}_{\mathrm{IMU}_{(t-\Delta t)}}^{\mathrm{IMU}_{(t)}}$ 对应的旋转轴。

首先需要求解旋转矩阵 $\boldsymbol{R}_{\mathrm{L}}^{\mathrm{IMU}}$，由式（2-82）与式（2-102）可以推导出

$$\mathrm{Skew}(\boldsymbol{n}_{\mathrm{L}_{(t-\Delta t)}}^{\mathrm{L}_{(t)}} + \boldsymbol{n}_{\mathrm{IMU}_{(t-\Delta t)}}^{\mathrm{IMU}_{(t)}}) \boldsymbol{n}_{\mathrm{L}}^{\mathrm{IMU}\prime} = \boldsymbol{n}_{\mathrm{IMU}_{(t-\Delta t)}}^{\mathrm{IMU}_{(t)}} - \boldsymbol{n}_{\mathrm{L}_{(t-\Delta t)}}^{\mathrm{L}_{(t)}} \tag{2-103}$$

其中，$n_{\mathrm{L}}^{\mathrm{IMU}} = \dfrac{2n_{\mathrm{L}}^{\mathrm{IMU}'}}{\sqrt{1+|n_{\mathrm{L}}^{\mathrm{IMU}'}|^2}}$。由于矩阵 $\mathrm{Skew}(n_{\mathrm{L}_{(t-\Delta t)}}^{\mathrm{L}_{(t)}} + n_{\mathrm{IMU}_{(t-\Delta t)}}^{\mathrm{IMU}_{(t)}})$ 不满秩，因此要求解

上述方程，则需要两组非共线运动方可完成。得到 $n_{\mathrm{L}}^{\mathrm{IMU}}$ 后，通过罗德里格斯公式（参考式(2-83)）可以求解旋转矩阵，如下

$$\boldsymbol{R}_{\mathrm{L}}^{\mathrm{IMU}} = \left(1 - \frac{|n_{\mathrm{L}}^{\mathrm{IMU}}|^2}{2}\right)\boldsymbol{I} + \frac{1}{2}\left(n_{\mathrm{L}}^{\mathrm{IMU}}(n_{\mathrm{L}}^{\mathrm{IMU}})^{\mathrm{T}} + \sqrt{4 - |n_{\mathrm{L}}^{\mathrm{IMU}}|^2}\cdot\mathrm{Skew}(n_{\mathrm{L}}^{\mathrm{IMU}})\right)$$

$$(2\text{-}104)$$

将得到的旋转矩阵 $\boldsymbol{R}_{\mathrm{L}}^{\mathrm{IMU}}$ 代入式(2-105)，就可以进一步求解平移向量 $t_{\mathrm{L}}^{\mathrm{IMU}}$。

$$(\boldsymbol{R}_{\mathrm{L}_{(t-\Delta t)}}^{\mathrm{L}_{(t)}} - \boldsymbol{I})t_{\mathrm{L}}^{\mathrm{IMU}} = \boldsymbol{R}_{\mathrm{L}}^{\mathrm{IMU}}t_{\mathrm{IMU}_{(t-\Delta t)}}^{\mathrm{IMU}_{(t)}} - t_{\mathrm{L}_{(t-\Delta t)}}^{\mathrm{L}_{(t)}} \qquad (2\text{-}105)$$

通过上述方法可以快速求解出从激光雷达到惯性测量传感器的外参矩阵，然而上述方法也存在一定的局限性。一是由于该求解方法分为两步，如果在第一步求解 $\boldsymbol{R}_{\mathrm{L}}^{\mathrm{IMU}}$ 时存在误差，则会导致求解 $t_{\mathrm{L}}^{\mathrm{IMU}}$ 时误差被再次放大。二是必须要保证两次旋转的旋转轴不平行，否则会令方程组的约束退化，使得解不唯一，进而可能导致较大的结果误差。

第 3 章

交通场景感知与理解

3.1 概述

　　交通场景感知与理解是自动驾驶汽车的核心技术之一。场景感知是对自动驾驶汽车所处交通场景中的动静态物体、道路环境及道路标识等进行检测与分割，而场景理解则是对交通场景感知信息进行进一步的理解和抽象，形成对场景的 3D 描述、运动信息识别、拓扑关系建立等高级别的语义表征并推理因果关系，进而为后续的定位、决策、规划等模块提供有效的参考信息。

　　交通场景感知需要对静态的车道线、交通标识、动态的车辆/行人等交通参与者进行精准的检测。结构化道路中的车道线为车辆行驶提供了基本的依据，鲁棒的车道线检测将为自动驾驶汽车的安全行驶提供最基础的保障。同时，道路中的车辆/行人等目标以及交通标识会影响自动驾驶汽车的运动行为，2D 和 3D 物体检测将为自动驾驶汽车的安全行驶提供更高级的保障。2D 检测旨在通过相机等传感器获取目标物体在传感器坐标系中的位置。而 3D 检测是通过图像、点云等多模态数据，获取目标物体在真实物理坐标系中的 3D 位置和尺寸，提供更为准确的目标物体信息。此外，图像和点云的分割技术则为非结构化道路下的可行驶区域检测以及场景语义的理解提供更为可靠的信源。

　　交通场景的理解一般可以分为 3 个主要层级。第一个层级获得场景的 3D 信息和运动信息。第二个层级需要形成对场景的拓扑结构化表征，它包含当前车辆周围障碍物、所在车道、道路边界等多种实体。第三个层级需要进行场景推理,为下游的规划、决策提供依据。总的来说,场景理解就是实现从一般感知任务中的几何度量到推理决策的转变。

本章在机器感知部分主要介绍以车道线检测、交通标识和交通参与者检测、场景语义分割为代表的一系列基本算法。在场景理解部分,将以交通场景层次化表征和基于分层注意力的视觉位置识别为例,介绍这些算法在自动驾驶场景理解中的具体应用。

3.2　车道线检测

作为自动驾驶感知模块中重要的一环,车道线检测可以帮助自动驾驶车辆理解道路环境,并通过车道线来确定车辆的位置和运动方向。现有的定位技术高度依赖GPS,当 GPS 信号被遮挡,例如在隧道内或者高楼旁时,无人车定位就会出现较大偏差,影响行车安全。通过使用图像车道线检测技术,能够校正车辆的横向定位,从而提高无人车的可靠性和安全性。

目前车道线检测的相关工作主要分为两种。一种是以传统方法为基础的车道线检测,另一种是以深度学习方法为基础的车道线检测(又可以分为基于分割的方法和基于回归的方法)。

3.2.1　传统车道线检测

传统车道线检测方法主要利用车道线的颜色、纹理、形状、边缘或梯度变化等特征信息,将车道线从路面区域中提取出来,然后通过聚类算法以及车道线拟合实现车道线检测。其中,特征提取和车道线建模对于获得车道线的数学描述至关重要。特征提取可采用 Sobel 算子、Canny 算子和霍夫变换在内的许多算法。车道线建模可采用直线或曲线,对于曲线建模,抛物线、Catmull-Rom 样条、三次 B 样条和回旋曲线等是常用方法。

传统车道线检测方法具体可分为以下几种:基于霍夫变换的车道线检测、基于俯视图变换的车道线检测以及基于拟合的车道线检测。其中,基于霍夫变换的车道线检测先将图像灰度化,然后利用 Sobel 或 Canny 算子进行边缘检测,最后利用霍夫变换获得车道线结果。基于俯视图变换的车道线检测先将前视摄像头采集到的路面图像通过仿射变换为俯视图,然后在俯视图中完成车道线检测。基于拟合的车道线检测利用车道线与路面的颜色灰度值梯度变化来获得车道线边缘点,但提取到的边缘点并不在车道线的中间,而是在一个区域内,因此需要采用拟合函数进行拟合获得最终的车道线。这几种方法各有优缺点:霍夫变换的优点是对直线检测比较准确、简单,缺点是不能检测弯道;俯视图变换的优点是可以进行多条车道线检测,缺点是车道线容易被前方车辆或者其他物体遮挡,检测结果受干扰严重;拟合方法的优点是可以完成弯道检测,缺点是结果不稳定。

基于霍夫变换的车道线检测的详细流程如下。

（1）彩色图像灰度化：即将三通道彩色图像 RGB 转为单通道图像增强图像对比度，可根据不同情况采用不同的单通道提取方法，如最大值法（RGB 图像亮度的最大值作为灰度值）、平均法和加权平均法。

（2）滤波处理：滤波处理可以减少灰度图像中的噪声，常用的滤波操作有高斯滤波和中值滤波。

（3）边缘特征提取：边缘是指图像特征不连续的分割点组成的线，这里说的图像特征的不连续包含有图像灰度级的突变、纹理结构的突变、颜色的突变等。常用的边缘检测的方法有 Sobel 算子和 Canny 算子。

（4）基于霍夫变换获取车道线：它所实现的是一种从图像空间到参数空间的映射关系，实质是将图像空间内具有一定关系的像元进行聚类，寻找能把这些像元用某一解析形式联系起来的参数空间累积对应点。在参数空间不超过二维的情况下，这种变换有着理想的效果。通俗地说，是先通过极坐标系的参数空间将平面的散点集一一映射到其中，然后在极坐标系参数空间中找出曲线相交较多的点，则其即为原散点集中被检测出的直线。空间映射简单示例如图 3-1 所示。

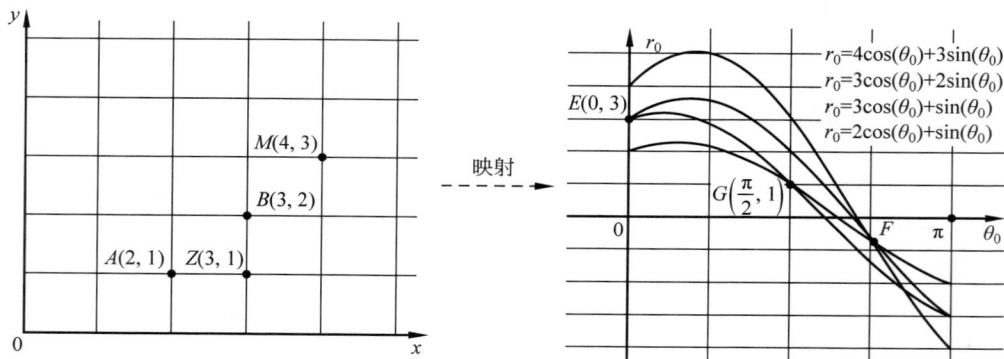

图 3-1   霍夫变换空间映射

（5）后处理：采用平均法将霍夫变换提取到的多段短线段处理为一条长直线。基于霍夫变换的车道线检测的可视化过程如图 3-2 所示。

Li 等[27]提出了一种自适应的随机霍夫变换，通过从图像中提取线段来实现车道线检测。为了处理复杂的场景并在噪声图像中检测到车道线边缘，在原始的霍夫变换方法的基础上，该方法采用非常小阈值的灰度边缘图作为图像的表示。此外，通过降低输入图像尺寸，以及采用由粗到精的迭代搜索策略，该方法大幅降低了内存消耗和计算成本，从而实现精准、快速的检测。

传统车道线检测方法相较于深度学习方法计算复杂度低，且不需要复杂的训练及大量的标签数据，在一些简单的场景下能取得理想的结果。然而，随着研究的深入，车道线检测任务所需应对的场景变得越来越多样化，更多的方法开始关注在语义层面上的车道

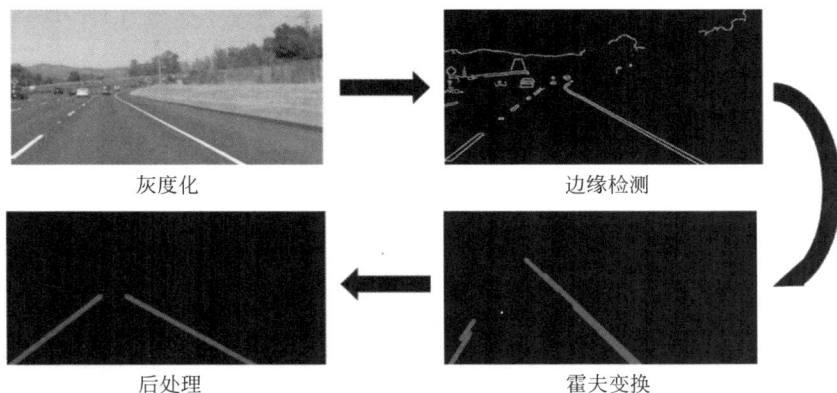

图 3-2　基于霍夫变换的车道线检测的可视化过程

线检测,对于车道线的认知也不再局限于白、黄色线条,传统方法难以在多样化的场景获得很好的性能。

3.2.2　深度学习车道线检测

当前的自动驾驶技术对于车道线的检测有更高的要求,除了基本的检测准确性,对在多种复杂环境下车道线的检测鲁棒性和实时性都有更高的标准。3.2.1 节介绍的传统方法难以在多样化的场景(如拥挤的城市道路或夜间环境)中定位车道线信息。相比而言,深度学习车道线检测方法具有更强的鲁棒性,在一些复杂环境条件下仍能够得到车道线检测结果。

1. 基于分割的车道线检测

将车道线检测视为分割任务,对整个图像进行逐像素的分类,得到像素级的车道线检测结果。例如,LaneNet[28] 通过将车道线建模为实例分割问题来实现端到端车道线检测,整个框架包含 LaneNet 和 H-Net 两个子网络,如图 3-3 所示。其中,LaneNet 完成车道线实例分割,H-Net 学习透视投影矩阵,从而更好地拟合实例分割结果,具体介绍如下。

LaneNet 首先利用骨干网络提取图像特征,然后将提取的特征分别送入车道线分割分支与车道线嵌入分支,最后联合两个分支的输出再通过聚类处理获得车道线实例分割结果。车道线分割分支输出各个车道线的密集像素点集合来区分前景和背景,而车道线嵌入分支则将得到的车道线像素进一步分离成不同的车道实例。车道线分割分支通过交叉熵损失完成前景与背景的判断。车道线嵌入分支通过方差损失和距离损失使得属于同一条车道线的像素向量距离小,属于不同车道线的像素向量距离大,进而完成了不同车道线实例的分离。

LaneNet 输出的车道线实例是每条车道线的像素集合,还需要根据这些像素点结合透视投影矩阵回归出一条车道线。常规做法中所有图片使用的都是相同的透视投

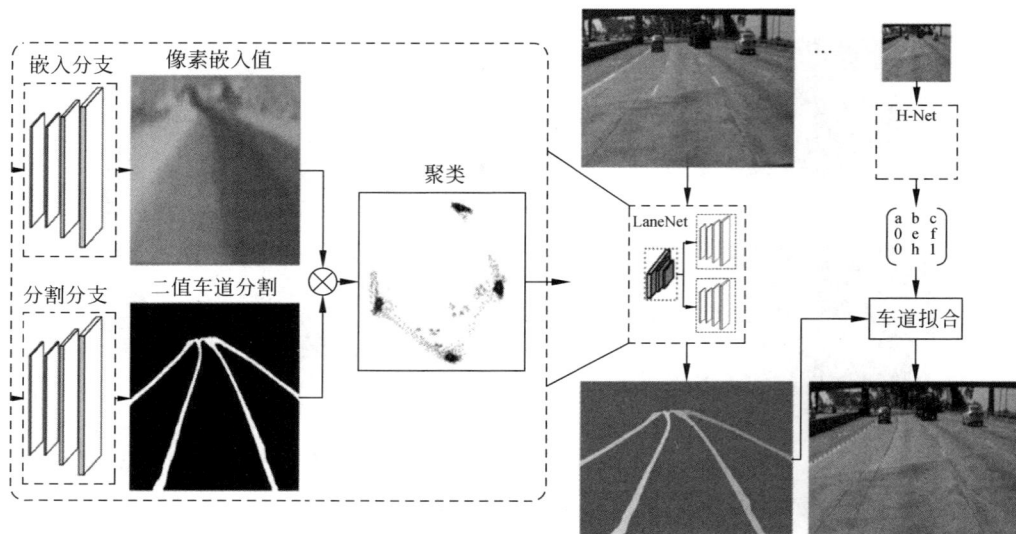

图 3-3　LaneNet 网络结构[28]

影矩阵，不利于场景多变的环境。因此，该工作提出 H-Net 子网络，其可以根据输入图片输出投影矩阵（6 维向量）。H-Net 由 6 层普通卷积网络和一层全连接网络构成。根据学习出的路面透视投影矩阵，将前视图转换到鸟瞰图视角，然后进行车道线拟合，最后逆变换回原视图获得最终车道线检测结果。

由于车道线多为细长结构，而卷积操作的感受野有限，会影响整体的车道线检测。因此，一些方法通过特殊的信息传递结构或额外的场景标注以获取更丰富的信息。SCNN[29] 提出的 Spatial CNN 的结构，将传统的层接层卷积（layer-by-layer）的连接形式转为片连片卷积（slice-by-slice）的形式，使得像素行和列之间能够传递信息，从而更适合分割车道线、灯柱等长距离连续形状的目标。同时，这种结构能够更有效地学习空间关系，增加特征图中行和列的信息流通，间接增大感受野并聚合全局信息，提升在车道线特征缺失或被遮挡情况下的检测效果。

基于分割的深度学习车道线检测方法，由于其需要对图像中的每个像素都进行分类，计算复杂度较高且速度较慢。此外，由于每个像素的感受野有限，在有遮挡或复杂的天气环境条件下，这类方法很难检测车道线这类具有细长形状先验的物体，车道线检测效果不够理想。

2. 基于回归的车道线检测

除基于分割的深度学习车道线检测方法之外，基于回归的深度学习车道线检测方法网络结构更为简单，在多种环境下检测的鲁棒性更强，具有良好的工程应用性。

1）多尺度关键点回归的车道线检测

MPR-Net[30] 是一种多尺度关键点回归的车道线检测方法，其网络结构如图 3-4 所示。该方法利用轻量级骨干网络提取图像特征，并通过多尺度融合网络将不同尺寸的特征图融合，从而获取不同感受野下的车道线特征。其原理是将特征图中每个特征

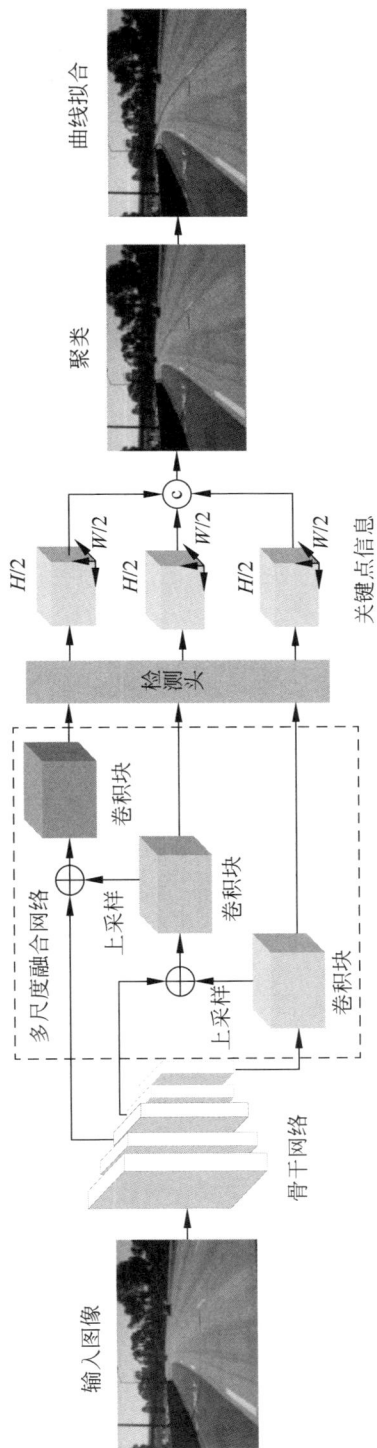

图 3-4　多尺度关键点回归的车道线检测网络结构[30]

点对应原图区域中心线与车道线的交点视为关键点,对其进行位置回归和分类。利用输出的特征点,采用共享参数的聚类和二次反比例曲线拟合的方法来获得最终的车道线参数。由于车道线的平行特性,所以同一图像中多条车道线的拟合参数包含部分共享参数,这些参数能够提高曲线拟合的精度。

2）锚框回归的车道线检测

在严重遮挡和极端光照条件下的车道线检测主要依靠上下文和全局信息进行。受此启发,Qin 等[31]提出将车道线检测视为使用全局特征的序数分类问题。首先,在图像上定义一系列行和列锚框,用于表示具有稀疏坐标的车道线。然后,根据每一个特定的锚框的序数分类预测结果,便可以获得车道线与锚框交点（关键点）的坐标。该方法通过锚框表示可以显著降低计算成本并保持全局感受野,因此能够快速地（300fps）进行车道线检测。LaneATT[32]也是一种利用锚框的车道线检测模型,与行、列锚框不同的是,它在图像上定义了不同起点与角度的线形锚框,并沿锚框通过特征池化以获取大感受野的上下文信息,然后利用注意力机制进行不同车道锚框的特征交互,最终回归车道线与线形锚框之间的形状偏差量（长度和横向偏移）。该方法在复杂场景下具有很高的鲁棒性,比如遮挡、车道线标记缺失等。

3）曲线参数回归的车道线检测

参数曲线作为车道线的整体表示,自然地避免了车道线遮挡、模糊的问题,并且这类方法不需要后续拟合处理,提高了计算效率。Van 等[33]采取这种思路,提出了一种两阶段的架构。该方法首先为每条车道线预测一个类似分割的权重图,然后利用一个可微的最小二乘拟合模块,用多项式曲线拟合车道线,返回最优拟合曲线的参数。PolyLaneNet[34]采用了一种端到端的网络架构,直接输出表示图像中每个车道线的多项式参数以及置信度分数。但是,在网络训练过程中,抽象的多项式系数往往难以优化。因此,BezierLaneNet[35]提出使用贝塞尔曲线作为车道线的参数化表示。另外,该方法还提出了可变形卷积的特征翻转融合,利用了驾驶场景中车道线的对称性来提高检测的召回率。

基于回归的深度学习车道线检测方法有效地降低了模型的复杂度,减少了计算开销,提升了检测速度。因此,相较于基于分割的方法具有更好的工程应用性。

3.3   交通场景检测

3.3.1   图像 2D 目标检测

图像目标检测要求给出输入图像中感兴趣物体的类别和位置,即同时完成分类和定位两个任务。目标检测在自动驾驶中起到至关重要的作用,通过计算机视觉技术对道路目标进行检测,并将结果反馈给驾驶员或者自动驾驶系统,对车辆的速度和方向进行控制,从而最大限度地避免交通事故的发生。以交通标识和交通灯为例：禁止类标识可以帮助车辆进行危险预判；警告类标识可以帮助车辆在某些情况下提前进行避障处理。目标检测可以分为传统通用目标检测和深度学习通用目标检测。

1. 传统通用目标检测

传统通用目标检测算法的主要流程为图像输入、候选框获取、特征提取、分类、后处理输出，其中目标的定位通过候选框中包含的位置信息来实现，目标的类别通过特征提取和分类阶段来获取。算法详细步骤如下。

（1）候选框获取：此阶段直接影响到定位结果的准确性，生成候选框的质量越好定位结果越准确。滑动窗口是获取候选框的经典方法，为追求更好的结果，通常设置大量不同尺寸和长宽比的窗口，但窗口数量越多，计算量越大。为消除大量冗余的候选框和减少计算负担，一些经典方法被提出，例如，选择性搜索[36]（Selective Search，SS）通过相似性合并冗余框；Edges Boxes[37]根据边缘信息消除冗余框。

（2）特征提取：此阶段作为分类的前处理，进行候选框图像区域的特征提取。主要通过人工设计的特征描述子来提取图像特征。常用的特征描述方法主要有尺度不变特征变换[38]（Scale Invariant Feature Transform，SIFT），具有很好的旋转和尺度适应性；类哈尔特征变换[39]（Haar-like Feature），具有边缘、线段特征敏感性；梯度直方图[40]（Histogram of Gradient，HOG），使用梯度统计信息作为特征描述。

（3）分类：此阶段根据提取到的特征进行目标类别判断。主要采用 Adaboost 和支持向量机（Support Vector Machine，SVM）等算法进行分类，前者将弱分类器通过投票机制组合为强分类器，后者寻找样本特征间的分割超平面使样本特征间隔最大化来达到分类的目的。

（4）后处理输出：此阶段消除输出结果中的冗余框，主要有非极大值抑制（Non-Maximum Suppression，NMS）算法。

2. 深度学习通用目标检测

按照是否需要预设锚框，深度学习通用目标检测可分为两种：Anchor-based（需要预设锚框）和 Anchor-free（不需要预设锚框）；也可以依据是否需要生成候选区域，分为两阶段检测算法和单阶段检测算法。两阶段 Anchor-based 算法有 Faster R-CNN[41]、Cascade R-CNN[42] 和 FPN[43] 等。单阶段 Anchor-based 检测算法有 YOLO[44]、SSD[45] 和 RetinaNet[46] 等。单阶段 Anchor-free 检测算法有 CornerNet[47]、CenterNet[48] 和 FCOS[49] 等。此外，Transformer-based 目标检测算法 DETR[50] 在 2020 年提出后也发展迅速。本节重点介绍 Faster R-CNN、RetinaNet、YOLO 和 DETR 目标检测算法的原理。

1）Faster R-CNN 原理

Faster R-CNN 作为基于深度学习的经典目标检测算法，在目标检测领域影响深远。Faster R-CNN 包括特征提取、候选框生成和预测头 3 个主要模块，其框架如图 3-5 所示。其检测流程如下：

（1）特征提取模块。利用骨干网络从输入图像提取高维特征得到一组特征图，该特征图被候选框生成模块和预测头模块共享使用。

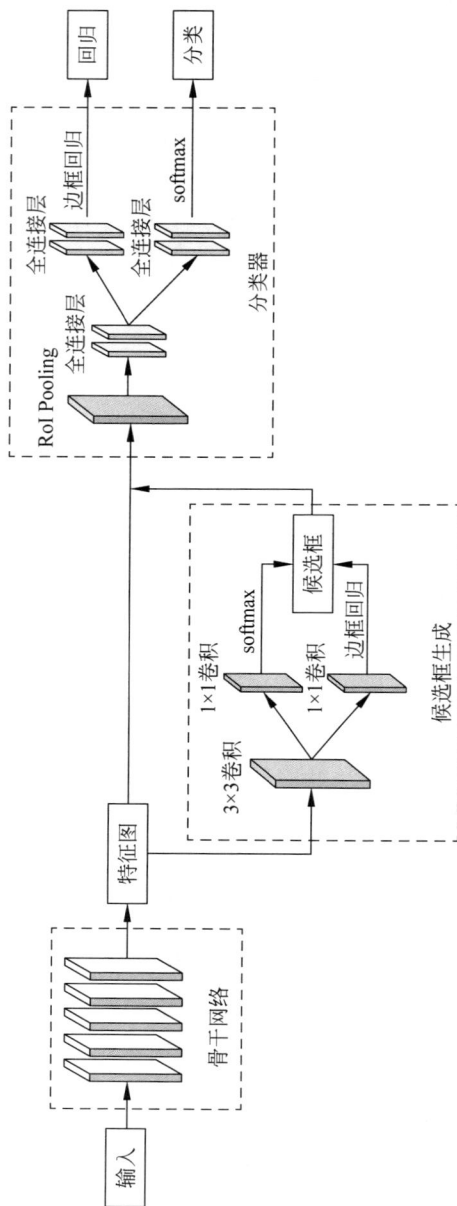

图 3-5　Faster R-CNN 网络结构

（2）候选框生成模块。该阶段首先对特征图每个位置预设不同大小和纵横比的锚框（通常 3 种大小、3 种纵横比），然后完成对特征图上预设锚框的分类（区分前景、背景）和回归以生成候选框，最后利用得分和 NMS 操作获得 1000 个候选框给下一阶段。由于完成训练需要同时有正负样本，因此该阶段根据锚框与真实目标框的交并比即 IoU（Intersection over Union）值划分正负样本，其中 IoU 在 0.7 以上的锚框为正，0.3 以下的为负，位于中间取值的锚框直接忽略。这样就完成对正负样本的划分，但正负样本数量非常多，不利于训练，因此使用随机采样的方法各选取 128 个正负样本进行训练，正样本不足的用负样本补充。在训练损失函数的选择上，分类采用了交叉熵损失，回归采用了 Smooth L1 损失。

（3）预测头模块。利用候选框生成模块产生的候选框在共享特征图上采样，由于候选框大小各异，直接进行采样并不能送入统一的全连接层进行分类和回归。所以需要先对采样后的候选框或称感兴趣区域（Region of Interest, RoI）利用 RoI Pooling 统一池化为 7×7×256 大小的特征图，再将其送入全连接层得到最后的检测结果。在预测头训练时需要进行正负样本划分，此阶段的划分规则为候选框与真实目标框的 IoU 值大于 0.5 的为正，小于 0.5 的为负。完成划分后随机采样 512 个候选框，为保证正负样本均衡和避免极端采样结果，设置正样本占比为 0.25，若正样本占比不足 0.25 的，以负样本补足训练。训练损失与候选框生成模块的训练损失相同。

2）YOLO 原理

YOLO 是单阶段目标检测的开山之作，它只需要用神经网络处理一次图片，就可以同时预测得到物体的位置和类别，提升了计算速度。YOLO 的工作流程如下：首先将图片缩放成统一的尺寸，并在图片上划分出若干网格。随后使用卷积神经网络提取图片特征，并使用全连接层在每个网格上进行回归预测，每个网格预测 K 个 box，每个 box 预测 5 个回归值。其中的 4 个回归值代表 box 的位置，第 5 个回归值代表 box 中含有物体的概率和位置的准确程度。随后使用全连接层预测每个网格物体在各个类别的概率。因此，卷积网络共输出的预测值个数为 $N \times (K \times 5 + C)$，其中，$N$ 为网格数，K 为每个网格生成 box 个数，C 为类别数。

3）RetinaNet 原理

RetinaNet 针对一阶段方法 SSD 与 YOLO 速度快但精度低的问题，提出了一个新的一阶段目标检测算法，其框架如图 3-6 所示。

RetinaNet 以骨干网络加特征金字塔的网络结构进行特征提取，并将金字塔每层特征输出送到分类分支和回归分支完成预测。RetinaNet 所用的金字塔结构与 FPN[41] 网络提出的结构略有差异。第一点不同是 FPN 构建的金字塔结构完整使用了 ResNet 网络 4 个阶段的特征输出，而 RetinaNet 认为 ResNet 最底层特征图较大会带来很大的计算量，故舍弃了这一层，用剩下的 3 层特征图构建特征金字塔。第二点不同是其在最高层之后用两个步长为 2 的 3×3 卷积生成了两个新的特征图用来提升对更大目标的检测性能。分类和回归子网络如图 3-6 所示，特征图都先经过 4 个 3×3 卷积再分别利用一层卷积进行最后的分类（通道数为 KA，其中 K 表示类别数，A 表示

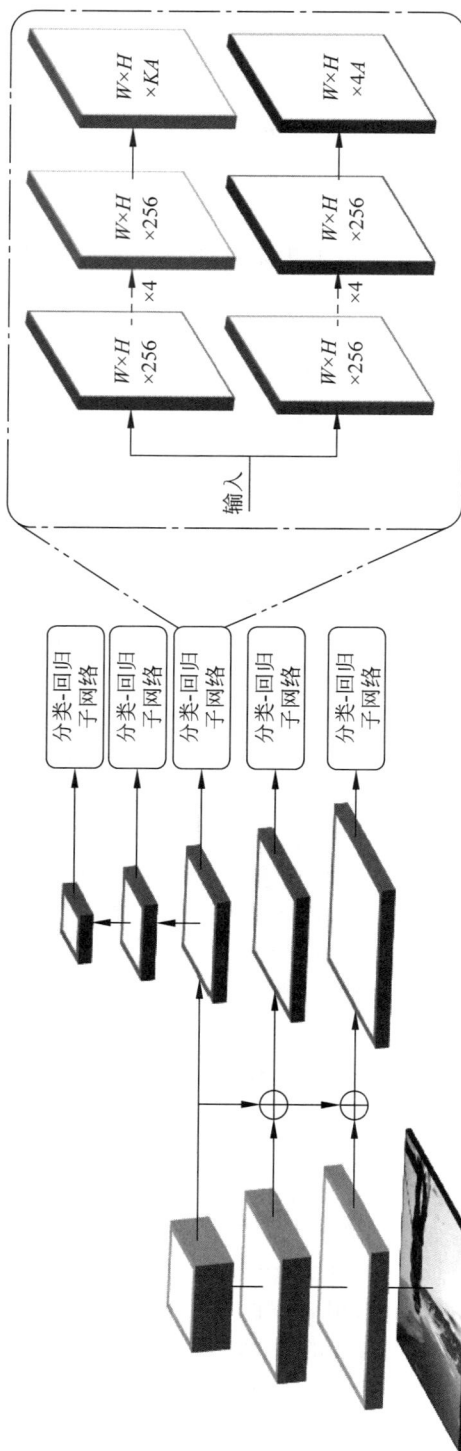

图 3-6 **RetinaNet 网络结构**[46]

(a) ResNet50 Backbone (b) 特征金字塔 (c) 分类子网络（上） (d) 回归子网络（下）

锚框数)和回归(通道数为 4A)。在正负样本划分时,锚框与真实目标框 IoU 大于 0.5
的为正,小于 0.4 的为负。此外,针对一阶段网络正负样本严重不平衡问题提出了
Focal Loss 进行分类,回归则采用 Smooth L1 Loss。在 RetinaNet 基础上又扩展了
Anchor-free 的 FCOS 目标检测算法,FCOS 没有引入锚框,而是直接对每个像素点进
行分类和回归,具体回归的是当前像素点位置到目标框上下左右 4 条边的距离。
FCOS 的正负样本划分方式是:某个位置只要落在真实目标框内就是正样本,否则为
负样本。然后根据落在真实目标框内每个位置预测结果的重要性不同,提出了中心度
(centerness)分支来预测距离中心的远近,推理时根据中心度输出值直接与分类得分
相乘来增强靠近中心位置的结果。

4) DETR 原理

给定一张图片,首先经过 CNN 骨干网络提取特征,然后转为特征序列输入
Transformer 进行编码与解码,其详细流程如图 3-7 所示:首先利用 CNN 提取图片特
征,输出的结果是一个 $H \times W \times C$ 的张量;然后将特征图变成$(H \times W) \times C$ 的二维矩
阵利用 Transformer 编码-解码结构进行结果输出,结果直接输出指定长度为 N 的无
序的预测集合,集合中每个元素包含预测物体的类别和坐标。模型输出的结果是固定
的,也就是说,最多检测一张图片中的 N 个目标。

DETR 作为目标检测的新范式,输入一个图像,网络的输出就是最终的预测的集
合,也不需要任何后处理。在训练阶段,对于每一个预测,需通过匈牙利匹配算法找到
对应的 GT 进行损失计算。

传统检测方法相较于深度学习方法计算复杂度低,且不需要复杂的训练及大量的
标签数据,然而其难以处理复杂场景。伴随着计算能力与数据量的提升,深度学习目
标检测方法取得了很好的性能,成为了当今的主流。其中 DETR 方法是目前最受关注
的范式,由于深度学习目标检测算法发展非常迅速,未来或许会出现更好的范式。

图 3-7　DETR 算法流程

3. 交通标识检测

交通标识通常有固定的颜色(红、黄、蓝)和形状(三角形、圆形、矩形、多边形),因
此传统交通标识检测方法根据使用特征可分为颜色和形状两类。基于颜色的交通标
识检测通常将图像划分为若干颜色相似的子集,然后进行颜色阈值分割进而提取出交
通标识。由于颜色空间表征的多样性(RGB、HSV、HSI),所以相应的检测方法也多种
多样,但是这些方法对天气和光照的影响比较敏感。基于形状的交通标识检测方法通
常是利用一些形状检测的算子来寻找交通标识的轮廓,常见的算子有霍夫变换、边缘
检测特征和类哈尔特征等方法。然而,这类方法对标识的遮挡比较敏感。

随着卷积神经网络检测方法的发展，交通标识检测逐渐采用卷积神经网络的方法。除了可以采用前面提到的通用目标检测器外，还要一些方法针对交通标识检测的难点设计了独特的检测器。交通标识检测的难点在于交通标识实例在图像中所占的像素较少和遮挡等，使用常规检测器可能会导致漏检较多。因此，交通标识检测的研究侧重于小目标增强、多尺度特征的有效融合、注意力机制和上下文信息利用等方面。Perceptual GAN[51]利用生成式对抗网络（Generative Adversarial Network，GAN）的思想增强小目标。VSSA-NET[52]引入多尺度融合和垂直方向的注意力机制来考虑上下文信息。Perceptual GAN 和 VSSA-NET 的原理具体如下。

1）Perceptual GAN 原理

Perceptual GAN 利用生成对抗网络的思想进行交通标识目标检测，该方法利用大小目标之间的结构相关性来生成小目标的超分表达（Super-resolved Representation）从而增强模型对小目标的表达，使其与对应大目标的表达相似。Perceptual GAN 分为生成器和感知判别器两个子网络。原始 GAN 的判别器用于判别生成器生成的图片真或假，而该工作修改了判别器部分，使判别器通过生成的超分图像中的检测增益量来计算损失值。其网络结构如图 3-8 所示。

该方法在生成网络中提出的结构以具有良好细节的浅层特征为输入，并与主体卷积网络一起构成残差连接。浅层特征首先通过 3×3 与 1×1 卷积扩展其维度使其能与 Conv5 层输出对齐；接着使用由一系列卷积层、BN 层和 ReLU 激活函数组成的 B 个残差块通过残差表征的方式进一步增强 RoI 特征使其具有超分的表征能力；最后残差块输出的特征与 Conv5 层输出的特征进行逐点加和获得超分特征。

判别器网络由对抗分支与感知分支组成，以大物体的特征与生成网络获得的超分特征为输入。对抗分支由全连接网络与 Sigmoid 激活函数组成，用来估计当前输入的超分表征属于大物体的概率。感知分支由全连接网络组成，利用生成的超分表征完成分类与回归任务。

模型的整个训练流程为：先用大物体训练网络和感知分支，然后用小物体训练生成网络获得超分特征，最后用超分特征与大物体特征对判别器网络进行训练。

2）VSSA-NET 原理

VSSA-NET 引入垂直方向的注意力机制来考虑上下文信息，该方法提出一种多分辨率特征融合的网络架构，首先利用跳跃密集连接的反卷积层，帮助小尺度物体学习更有效的特征；然后将交通标识检测构建为空间序列分类和回归任务，并提出垂直空间序列注意模块以获得更多的上下文信息。详细过程如下：

首先，VSSA-NET 为了得到更快的推理速度，采用了轻量级网络作为骨干网络来提取特征。其次，提出了多尺度特征学习模块，该模块通过反卷积操作利用来自不同尺度层的特征获得多尺度特征图。最后，提出了垂直空间序列注意力模块，该模块通过显式编码垂直方向上下文来获得更准确的分类结果，其具体流程为：首先通过 LSTM 编码网络来编码多尺度特征的每一列；然后通过具有注意力的解码 LSTM 网络，对编码特征解码获得分类与检测结果。该方法的详细过程如图 3-9 所示。

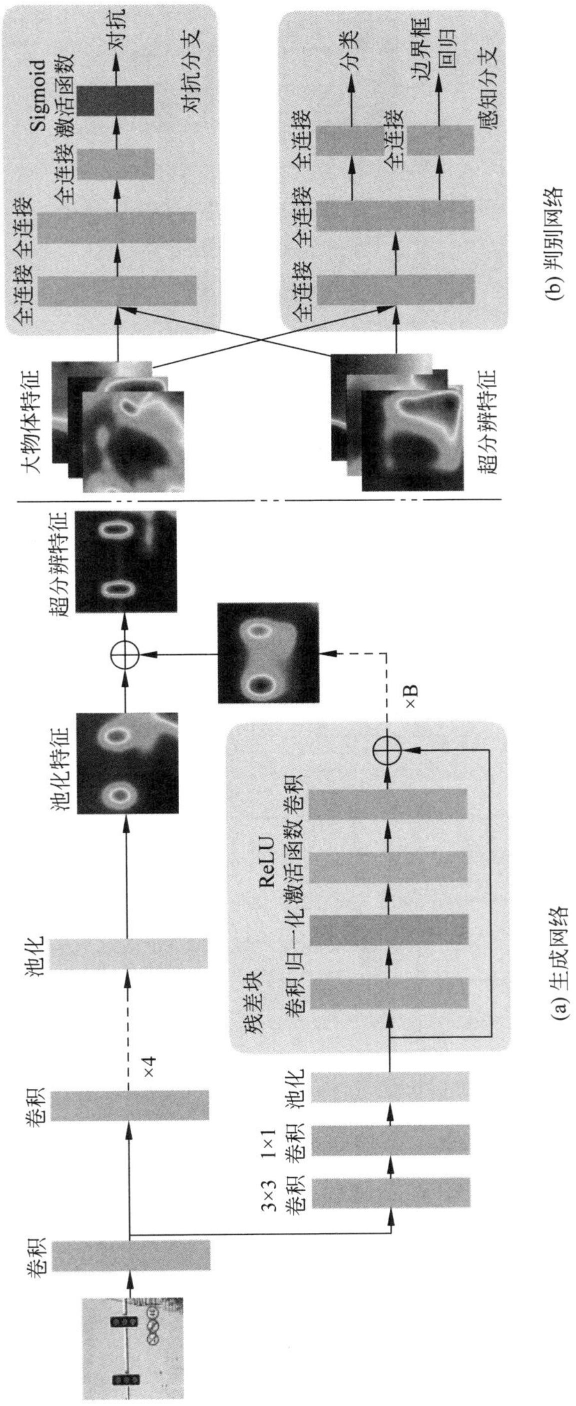

图 3-8 Perceptual GAN 网络结构[51]

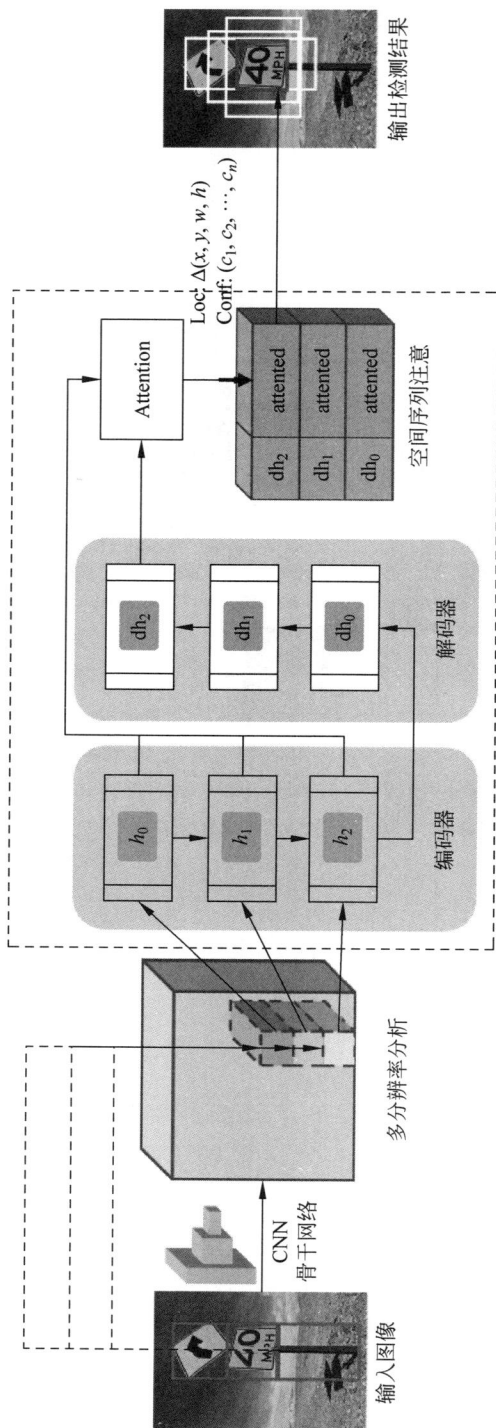

图 3-9 垂直空间序列注意力模块网络结构[52]

尽管这些方法提高了交通标识检测的性能，但相应地也增加了大量计算负担，如何在少资源情况下完成鲁棒交通标识检测仍然需要探索。此外，伴随着车联网技术的发展，交通标识信息的获取也变得越来越简单。

3.3.2　图像 3D 目标检测

2D 目标检测仅能提供图像中 2D 目标物体的位置和对应类别的置信度，并不能提供自动驾驶环境感知所需的全部信息。在真实环境下，大部分的应用需要获取目标物体的实际空间信息。例如，在自动驾驶场景下，需要从图像中获取目标物体的坐标、3D 大小及旋转角等信息，进而用于后续无人车的路径规划和控制等过程。因此，3D 目标检测受到越来越多研究者的重视。根据任务输入数据类型的不同，3D 目标检测主要分为图像和点云两大类。本节将介绍图像 3D 目标检测方法。

图像 3D 目标检测方法仅使用相机采集到的图像作为输入，结合相机标定得到物体的 3D 信息。仅使用图像来估计物体的 3D 信息难度较大，但成本较低，便于推广使用。因此，图像 3D 目标检测算法近些年发展迅速，可分为鸟瞰图 3D 感知与前视图 3D 感知。鸟瞰图 3D 感知与前视图 3D 感知的算法原理如下。

1. 鸟瞰图 3D 目标检测

鸟瞰图 3D 感知算法的代表工作有 BEVDet[53]、BEVformer[54]、PETR[55] 等。基于鸟瞰图(Bird's Eye View, BEV)的视觉感知系统通常包含以下模块：用于提取图像特征与辅助信息的图像骨干神经网络，用于将特征从图像空间到鸟瞰图空间转换的空间转换读取器，用于进一步提取鸟瞰图特征的 BEV 骨干神经网络以及最终用于 3D 目标输出的检测头。其框架如图 3-10 所示。

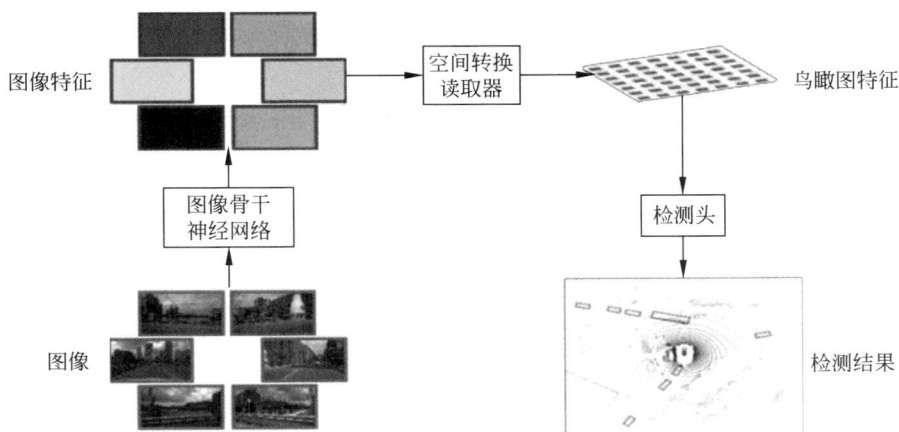

图 3-10　BEV 感知算法网络结构

该类方法的核心是将图像特征从图像坐标系转换到空间坐标系，可分为两种类型，即从相机系向鸟瞰图系转换与从鸟瞰图系向相机系采样，两种方式均能获得统一的鸟瞰图下的空间表达，具体实现细节如下。

1）相机系到鸟瞰图系

通常将从图像坐标系到鸟瞰图系的映射称作提升（lift）操作，对于每个视角的图像首先需要使用图像骨干网络分别提取特征图及特征图上每个像素对应的深度分布。根据相机外参及内参，可以将每个特征通过估计的深度加权关联到自车坐标系，同时通过空间池化操作对鸟瞰图空间下分布到每个柱体的特征进行加权求和，从而获得平面鸟瞰图特征图，以便于后续的检测头在平面鸟瞰图特征图上进行物体检测。

2）鸟瞰图系到相机系

从鸟瞰图系到相机系则是首先在鸟瞰图系中对每个柱体（pillar）预设锚点，然后将每个柱体的锚点根据相机内外参投影到图像特征图上进行双线性插值采样，从而获得该锚点对应的特征。但是单纯的锚点投影缺少深度信息，因此，无法剔除假阳性的锚点。当前有两种方案解决这一问题：一种是根据锚点所在的自车坐标系的坐标进行位置编码，并根据位置编码同采样的特征进行注意力网络的学习，从而实现重加权；另一种是类似提升操作，同时采样对应投影点的深度分布，并根据深度和锚点到相机的距离对特征进行重加权，从而实现从相机空间到鸟瞰图空间的有效转换。

2. 前视图 3D 目标检测

前视图感知算法的代表性工作有 FCOS3D[56]、M3d-rpn[57]、MonoDLE[58] 等。前视图感知算法不利用特征变换操作转换到其他空间完成 3D 检测，其多为在 2D 检测器基础上增加 3D 任务头实现。以前面介绍过的 2D 检测器 FCOS 为例，其 3D 检测框架 FCOS3D 如图 3-11 所示。

如图 3-11 所示，C3～C5 表示不同尺度的骨干网络特征，P3～P7 表示不同尺度的金字塔特征，$H \times W \times 256$ 表示特征图的长、宽、通道数。×4 表示 4 层卷积。由于特征图坐标为具有固定间隔的整数，因此，需要额外预测偏移完成中心位置（非整型）的输出（x、y 两个方向，故输出通道为 2）。深度值输出为一个数，故输出通道数为 1；3 维尺度输出长、宽、高，故输出通道为 3；朝向预测分解为两个任务完成，其中一个完成朝向分类即朝向大致落在哪个区间，另一个是回归这个区间的具体度数。速度为两个方向上的速度，故维度为 2。

与 FCOS 对比可知，FCOS3D 在 FCOS 基础上增加了深度、物体尺寸、朝向、速度的任务头来完成 3D 检测。值得注意的是，标准 3D 检测任务并不需要速度的估计，是否进行速度预测需根据具体数据集和评估指标需求。由于任务头数量更多，因此，需要对不同的任务损失函数进行不同的设计。首先，不同任务输出的范围有很大差异，例如，深度以米为单位，范围从几米到几十米，甚至上百米；物体 3D 尺度一般是几米到十几米；朝向以度为单位。其次，多任务需进行联合优化。即如何平衡训练过程中不同任务间的损失，例如，FCOS3D 设定朝向、速度任务损失权重为 0.2，其他任务损失权重为 1。此外，单目深度预测是视觉 3D 检测的最大难点，很多方法在探究如何在缺乏深度线索条件下让深度预测的更准。

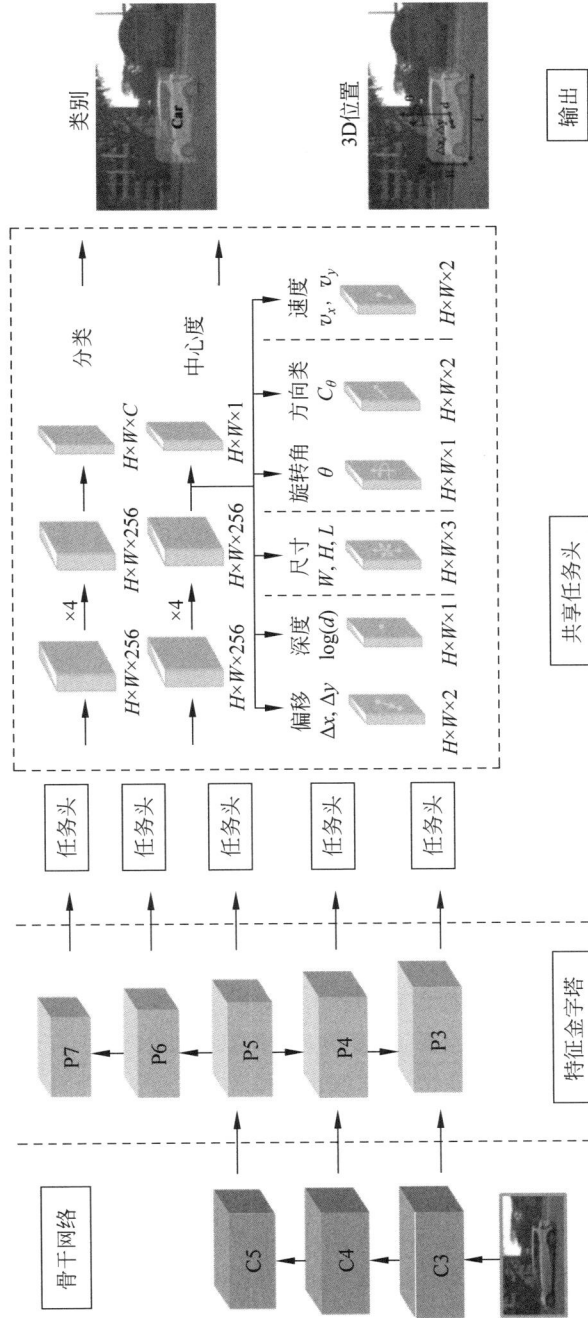

图 3-11　FCOS3D 网络结构[56]

鸟瞰图 3D 感知通过显式建模 BEV 特征便于与规划控制模块利用,而前视图 3D 感知不需要 BEV 中间特征,计算简单。

3.3.3　点云 3D 目标检测

在自动驾驶场景中,点云 3D 目标检测一般以车载激光雷达实时获取的点云作为输入,输出目标的 3D 检测框参数及其对应类别。单帧点云一般被转化为一组点集,单点信息包含其 3D 坐标 $[x, y, z]$ 和反射率 r。根据 3D 坐标可视化点云,可观察出场景的基本形状结构,不同目标因其材质不同,所对应点云的反射率不同。目标的 3D 检测框是刚好能够包含目标的立方体,通常假设 3D 检测框与地面平行,而忽略其俯仰角和横滚角,则 3D 检测框具备 7 个自由度,一般被参数化为 $[x_c, y_c, z_c, l, w, h, \theta]$,其中, $[x_c, y_c, z_c]$ 表示 3D 检测框中心坐标, $[l, w, h]$ 表示 3D 检测框的长宽高, θ 表示 3D 检测框的航向角。激光雷达点云包含丰富的深度信息,这使得其相较于其他传感数据更适合 3D 目标检测任务,而利用激光雷达点云的 3D 目标检测任务也是当前的研究热点,这种方法在很多交通相关的公开数据集的基准测试榜单中通常能达到较高的 3D 目标检测精度。

1. 点云特性

本节从点云和点云上的目标实例两个角度介绍点云的特性,并以结构化的图像与之对比说明,其中点云具备非结构性、分布稀疏性,点云上的目标实例具备尺度不变性和分布分离性,本节还将进一步介绍以上特性对 3D 目标检测任务的影响。

1) 点云的非结构性

点云中各点彼此独立且排列无序。原始点云是一组点集,除单点信息外,未知点与点之间的相互关系,而图像中内嵌了各像素点之间的排列顺序,通过索引可以方便获取任意像素点的邻居点,但若要获取点云中任意点的邻居点,则需要筛选遍历完整的点云,其计算复杂度和所消耗的计算资源相比图像会更高一些。由于点云中各点的排列是无序的,如改变点云排列顺序,其 3D 坐标和反射率反映的场景信息是不变的,而若改变图像中各像素点的排列顺序,其像素值所反映的场景信息完全不同,因此两种数据的处理方式存在差异。原始点云的处理需要保证其刚体不变性,而图像的处理需要更多地关注各像素点之间的近邻关系。

2) 点云的分布稀疏性

空间中点云的分布比较稀疏,无法反映完整的场景信息。根据一般车载点云的采集原理,稀疏分布的点云是不均匀的。首先,点云稀疏性在整个场景中是不均匀的,点云分布存在近密远疏的现象,即对于同一个目标,当目标距离传感器越近时目标对应点数越多,信息越完整,越有利于 3D 目标检测任务;反之目标对应点数越少,信息损失越多,越不利于 3D 目标检测。其次,点云稀疏性在单个目标上分布也是不均匀的,同一空间位置的目标,点云集中在传感器的可视角度下,而在被遮挡的角度则存在更多信息损失。

3）目标的尺度不变性

图像存在透视效果，同一目标距离相机越近则在图像上尺度越大，反之在图像上尺度越小，对于同一目标学习不同尺度实例之间的相似性具有挑战性。而点云能够保持与场景相同比例的形状结构，因此，不论分布在哪个位置，同一目标反映在点云上的尺度是完全一致的，与图像相比更有利于提取鲁棒的目标特征。

4）目标的分布分离性

图像由于维度损失容易出现目标前后遮挡问题，区分图像上互相重叠的实例是相对困难的。在实际的交通场景中，由于主要的检测目标，例如车辆、行人、骑行者等，一般都分散在同一平面且不存在重叠，而点云能够等比例地反映场景形状结构，理论上目标对应点云互相之间完全分离，更有利于区分不同的目标实例。

2. 点云特征的编码与解码

点云 3D 目标检测的一般流程如图 3-12 所示，可分为单阶段和两阶段两类。单阶段方案以场景对应的完整点云作为输入，通过编码点云特征预测候选框及其对应类别。两阶段方法在一阶段输出的候选框基础上筛选 RoI，再以 RoI 对应点云或特征作为输入，输出对一阶段候选框的修正参数和置信度分数。不论单阶段还是双阶段都可分为点云特征编码与特征解码两部分。

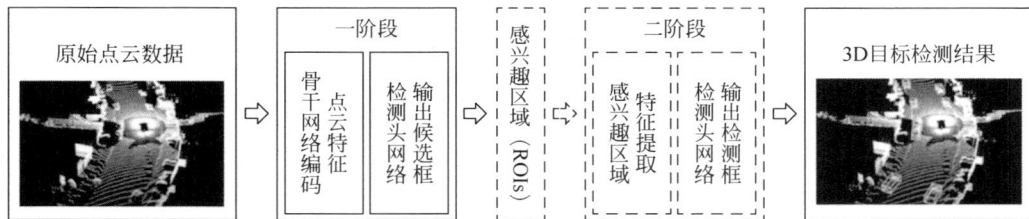

图 3-12　点云 3D 目标检测的一般流程

1）点云特征编码

由于点云的非结构性，在点云 3D 目标检测中，点云编码是一项重要挑战。最初的方法对点云做规整化处理，通过人工编码将点集转化为体素栅格特征，再以 3D 卷积编码规整化的点云。上述方法的缺陷在于：一是不能直接处理点云，人工编码并不可靠，且点云规整化处理后一定会有信息损失；二是 3D 卷积计算量大，并且由于点云的稀疏性，大多数体素栅格为空，存在大量不必要的对零的计算。针对以上问题，当前有两种主流的点云特征编码方案：PointNet 和 3D 稀疏卷积。此外，其他结构的方法如下。

（1）PointNet 编码。

PointNet[59] 是一种能够直接处理点云的网络结构，以原始点集作为网络输入，输出全局特征或单点特征，结构如图 3-13 所示。PointNet 的设计从点云特性出发，由于排列顺序不影响点云的信息表征，所以 PointNet 采用对称函数处理点云，以参数共享的多层感知机提取单点特征，以最大池化层整合完整点云的信息。其大致流程为：输入的数据先和一个空间变换矩阵预测网络 T-Net 学习到的转换矩阵(3×3)相乘来实现对齐,保证了模型的对特定空间转换的不变性;对齐后的各点云通过共享参数的多层感知机进行特征提取,再利用一个 T-Net 学习到的转换矩阵(64×64)进行特征层面的对齐;对齐后的特征继续利用多层感知机进行特征提取,然后执行最大池化操作来得到最终的全局特征;对分类任务,将全局特征直接通过多层感知机来预测最后的分类分数;对分割任务,将全局特征和之前学习到的各点云的局部特征进行拼接,再通过多层感知机得到各点云的分类结果。

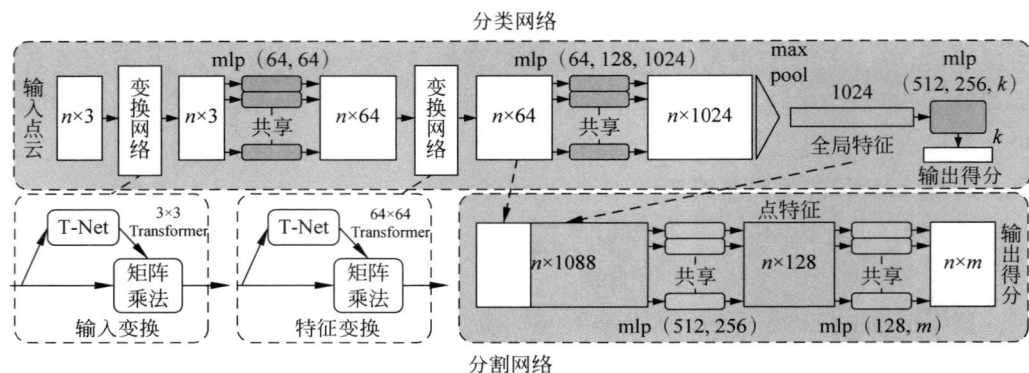

图 3-13　PointNet 网络结构[59]

PointNet++[60]在上述结构的基础上构建了以原始点云为输入的编解码层级结构。编码部分以 PointNet 的 Set Abstraction(SA)结构为基础,解码部分以插值的 Feature Propagation(FP)结构为基础。PointNet++的编码部分通过点云最远点采样(Furthest Point Sampling,FPS)实现特征降采样,构建 SA 的层级结构,每个层级的 SA 结构以 FPS 采样前的点集为输入,以采样后的点集为特征聚合中心。这里可将 SA 结构类比为对点集的卷积,SA 结构在固定半径的球形邻域内,以小型 PointNet 建立局部连接,挖掘局部结构,各层 SA 结构参数共享。PointNet++的解码部分通过特征插值实现上采样,构建和编码部分对称的层级结构。各层 FP 结构采用最近邻插值,插值权重和距离成反比,并在对称编解码层之间建立层间连接,充分融合不同层特征的信息。

(2) 3D 稀疏卷积编码。

3D 稀疏卷积处理规整化后的点云,输出规整化的稀疏特征。普通卷积能够高效处理规整化数据,但点云经规整化处理后存在大量空体素,采用普通卷积计算效率低且会改变点云的疏密结构。3D 稀疏卷积的骨干网络解决了这一问题,其主要利用两类稀疏卷积操作,即普通稀疏卷积和子流形稀疏卷积,一方面保持卷积操作的优良特性,另一方面提高计算效率并保持点云结构疏密性不变。3D 稀疏卷积骨干网络的编解码结构和普通卷积类似,通过设置大于 1 的步长完成降采样。编码器记录编码层的稀疏结构,解码时保证编解码层特征图结构对称。

（3）其他结构编码。

Point-GNN[61]首次提出用图卷积网络编码点云，将所有激光雷达点作为顶点集合，对任意点设置半径限定邻域范围，建立与邻居点之间的连接作为边集合。Point-GNN 中提到其建图的优势在于确立点特征传递通路和点云局部邻接结构，图卷积骨干网络能够沿着邻接边整合点特征，经过多次迭代，在原始稠密点云上生成高层语义特征。

PointFormer[62]将 Transformer 结构用于 3D 目标检测，提出 Transformer 结构的骨干网络 PointFormer。Transformer 非常适合于处理非结构化的点云，而高昂的计算消耗是采用 Transformer 处理点云的主要挑战。PointFormer 将 Transformer 嵌入编码点云的一般骨干网络，在局部和全局两个方面充分利用 Transformer 特征编码的优势。

2）点云特征解码

主流的点云 3D 目标检测解码可以分为体素化方案和基于点的方案。体素化方案首先对点云做规整化处理，将排列不规则的激光雷达点划分到均匀的 3D 体素栅格内或鸟瞰视角的 2D 栅格内，统一编码单个栅格内的点云，得到规整化的点云特征，使之更适合于采用 3D 或 2D 卷积的骨干网络来编码场景信息。基于点的方案采用 PointNet 系列网络来直接处理点云，免去了复杂的规整化预处理，实现 3D 目标检测。

（1）SECOND。

SECOND[63]是较早采用体素化方案的一种方法。SECOND 在规整化时采用 PointNet 的体素特征编码层（Voxel Feature Encoding，VFE）整合栅格内的信息，采用 3D 稀疏卷积的骨干网络编码场景点云特征，后接 2D 卷积的区域候选网络预测候选框。后期的研究方法往往采用更细粒度的栅格划分，以简单的平均编码代替复杂的体素特征编码层，提出不限制栅格内点云数量的动态编码，进一步减少量化损失。SECOND 中骨干网络的结构设计在后来的方法中仍然被广泛使用。

体素化方案的优势在于，规整化的点云特征能够方便地移植 2D 目标检测的处理思路，尤其能方便地应用卷积神经网络构建检测器。但体素化方案需要谨慎选择规整化栅格的尺寸，若尺寸较大则会加大量化损失，若尺寸较小则会加大计算资源的消耗。

（2）PointRCNN。

PointRCNN[64]是首个采用 PointNet 实现完全端到端的 3D 目标检测方法。PointRCNN 采样原始点云到固定数量后，以 PointNet 骨干网络编码场景点云。一阶段由骨干网络输出的单点特征预测候选框；二阶段提取感兴趣区域特征，输入检测头预测最终的检测框参数。PointRCNN 在一阶段预测点的语义并以检测框标签确定点类别标签的做法，在后来的方法中被广泛应用。

但此类方案在交通场景下的应用效果目前不如体素化方案，而在室内更高密度的点云场景下应用更为广泛。该方案的优势在于保留原始点云准确的位置信息，不经过规整化处理，没有量化损失。但该方案需要谨慎选择输入 PointNet 骨干网络的激光雷达点数，若采样较少的点参与计算，则会进一步加大点云的稀疏性，造成信息损失；若保留较多的点参与计算，则会增大计算资源的消耗。

此外，将以多感受野体素 3D 目标检测与候选稀疏框 3D 目标自适应检测为代表介绍本书作者团队在 3D 目标检测方面取得的研究进展。

（3）多感受野体素的 3D 目标检测。

多感受野体素的 3D 目标检测框架 MuRF-Net[65] 利用所提的多感受野体素化机制在特征编码阶段捕获上下文和局部信息。具体来说，除直接使用来自空间体素化的正常大小的体素之外，膨胀体素和显著体素也被用于获取更大或更小的感受野，它们分别设计用于对上下文和局部信息进行建模。为融合具有不同感受野的特征，提出通道特征重构模块来互补地进行特征组合。最终，检测器使用横向增强融合网络处理特征图。此外，该方法利用点云的稀疏性来处理多感受野体素化带来的内存和计算成本的增加。

MuRF-Net 算法的框架如图 3-14 所示。以点云作为输入，首先，通过一个动态多感受野（MuRF）编码器，生成具有不同感受野的稠密特征图（即伪图像）。其次，为更好地利用来自特征编码器的多路输入特征（伪图像），提出由通道特征重构模块和横向增强融合网络组成的多流融合网络，以精练和融合特征。最后，使用 3D 边界框检测器来获得最终预测。每个功能模块介绍如下。

① 动态多感受野特征编码器模块。MuRF-Net 以 PointPillars[66] 作为算法基线，在 PointPillars 算法中，点云被划分为体素形体素，在高度这一维度不进行体素划分，这样得到的伪图像为二维图像。体素形体素的划分是单一的，即只有一种尺寸。这种划分导致了两个问题：一是体素间上下文信息缺乏，没有建立体素间的关系；二是物体的局部结构和体素尺寸不匹配，从而导致物体局部结构信息被模糊化。

MuRF-Net 使用多感受野体素来处理上述问题。与 PointPillars 相同，首先将点云进行体素化，划分成分辨率为 (W, H) 的体素，称为基本体素。接下来，提出另外两种体素，分别是膨胀体素和显著体素。每个基本体素对应一个膨胀体素和一个显著体素，使得不同体素构成的特征图大小相同，能够进行像素级别的融合。受膨胀卷积启发，膨胀体素旨在捕获大感受野的上下文信息，这种体素是针对目标中的大尺寸局部结构，当结构的尺寸超过体素大小，即可通过膨胀体素间建立的上下文信息和更大的感受野来进行特征编码。如图 3-15 所示，膨胀体素覆盖在基本体素上，其中心与基本体素重合。

膨胀体素与基本体素相结合，可以在体素化阶段捕获上下文信息。尽管如此，由于较大的体素尺寸划分，局部目标结构信息的模糊仍然会限制编码器性能。因此引入显著体素，用于获取每个体素中的显著性特征。与图像不同的是，在点云中，密度最高的地方是点云特征的显著区域。因此，显著体素以每个基本体素的重心为中心，即显著体素所编码的区域为点云密度最高、信息最丰富的区域，并且为显著体素设置相对较小的体素尺寸。

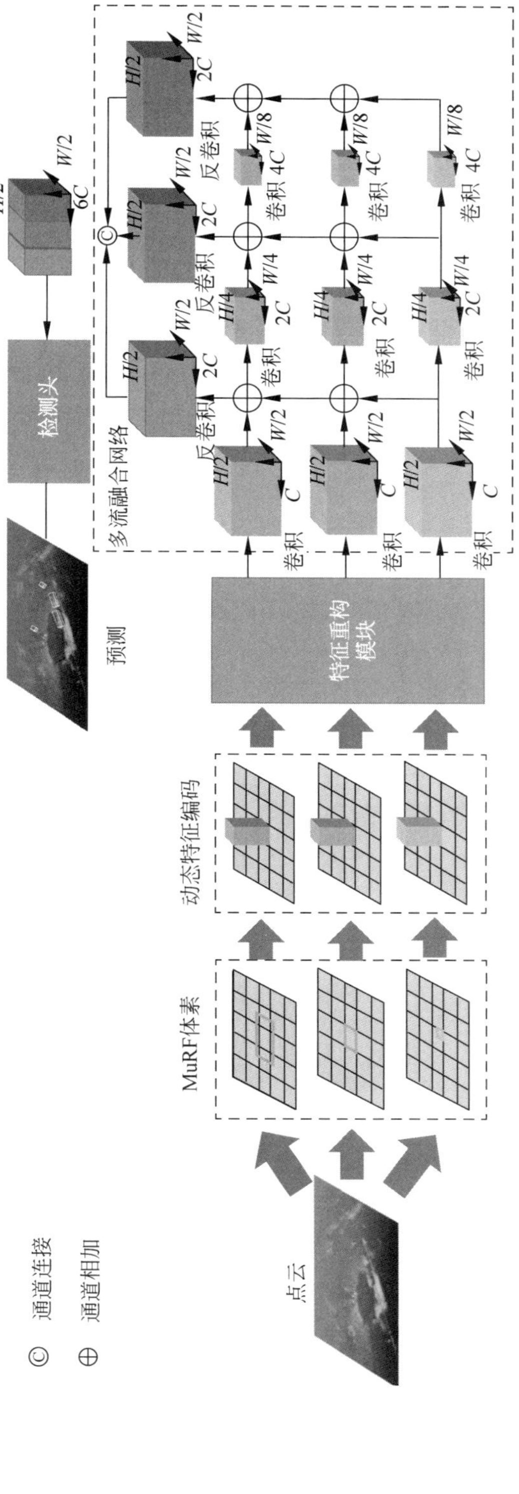

图 3-14　多感受野体素的 3D 目标检测框架[65]

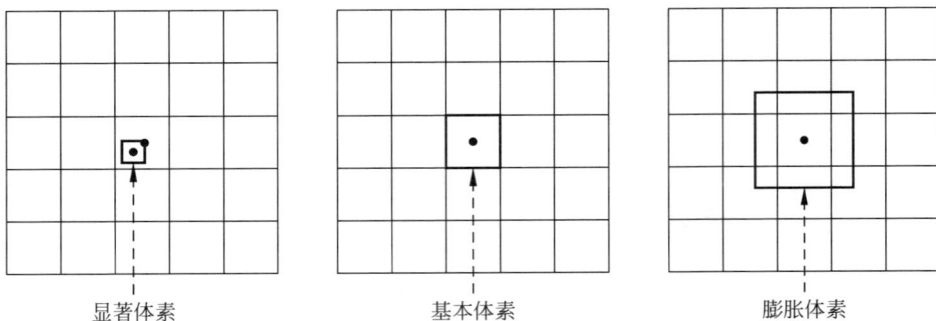

显著体素　　　　　基本体素　　　　　膨胀体素

图 3-15　多感受野体素

由于基本体素和膨胀/显著体素的一一对应关系,将基本/膨胀/显著体素输入特征编码器后可以获得 3 个相同尺寸的伪图像,用于后续的特征融合阶段。在特征编码过程中,为了进行密集并行计算,常用的方式是固定体素内点云的个数,对点数少于固定数量的体素进行补零,对点数超出的体素进行随机采样。该过程引入了大量无效计算和显存占用,同时随机采样也造成了一定的信息损失。

针对这个问题,本方法提出了动态体素特征编码器,以提高计算效率,确保高效的训练和推理过程。该编码器如图 3-16 所示,首先,在对点云进行划分后,由所有的非空体素可以构成一个非空体素矩阵。其次,对每一个非空体素建立索引表,以建立每一个非零点云和体素的索引关系。由所有非零点云和索引表构成的稀疏点云集合被称为动态体素。然后通过稀疏卷积构建稀疏特征编码器,以动态体素作为输入,即可得到体素特征,由于稀疏卷积无全连接层,通过使用 1×1 卷积替代全连接层。最终,根据体素特征和索引,构成体素特征伪图像。

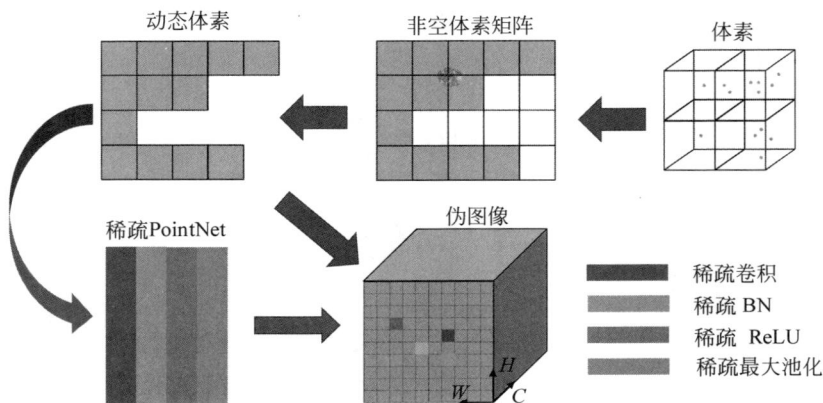

图 3-16　动态体素编码器

② 多流融合检测器模块。对基本体素、膨胀体素和显著体素分别编码,获得了 3 个具有不同感受野的体素特征伪图像。受到 SENet[67] 的启发,本方法使用通道级的特征重构模块对多感受野伪图像进行特征加权重构。

如图 3-17 所示,3 个伪图像将分别从基本体素、膨胀体素和显著体素中编码出来,进行通道联结,Squeeze-and-Excitation(SE)模块产生通道权重并获取通道间的全局分布。SE 模块提供通道级特征注意力,增强有贡献性的特征并抑制无关紧要的特征。将通道中的每个元素与通道权重相乘,从而得到一个重加权的特征。为保证算法的鲁棒性,引入残差结构,将重构特征与原特征进行加和。

通过对 PointPillars 的特征提取网络进行扩展,形成横向增强的融合网络,来对不同感受野的特征进行融合。经过特征重构后的三路特征图进行分别的特征提取,在每一组卷积块结束后,进行横向的特征元素级加和,并进行上采样,最终由 3 个来自不同卷积层的多感受野融合特征联结,得到用于检测器的特征进行最终 3D 边界框和类别的输出。

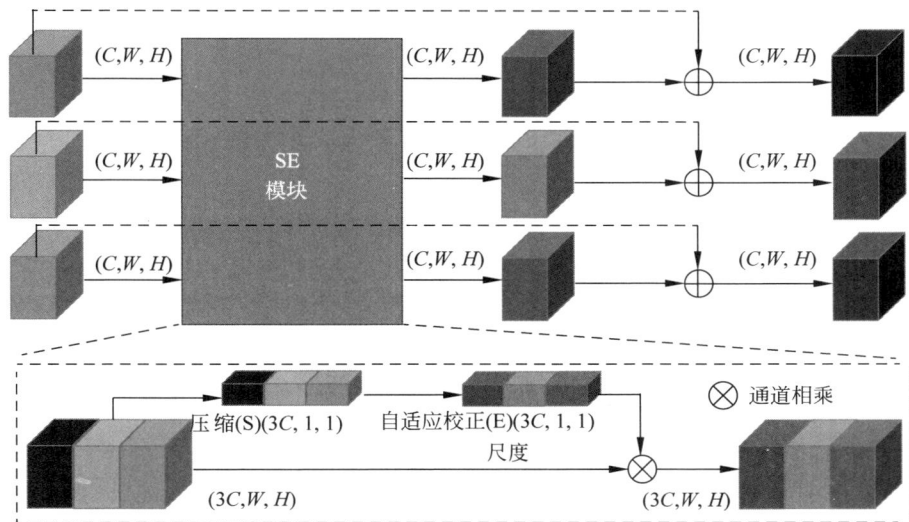

图 3-17　通道级特征重构模块

(4) 稀疏候选框 3D 目标自适应检测。

现有的点云目标检测方法按候选框生成机制可以分为两种:一种为通过俯视图的像素中心生成稠密候选框,另一种为通过原始点云采样的稀疏点生成候选框。候选点被定义为用于生成候选框的特征对应的 3D 位置。稠密候选框的检测器会生成冗余候选框,且这种方式没有利用点云属性。相比之下,稀疏候选框方法避免了冗余候选框的生成,并且在生成过程中,利用目标的空间属性信息。

稀疏候选框的方法则存在语义信息和上下文信息不足以及候选点与目标的错位问题。为此,设计了一种稠密到稀疏的候选框生成方法 DSP-Net[68],利用 3D 稀疏卷积骨干网络输出稠密特征,作为原始稀疏点特征的补充,用于生成候选框。此外,设计了一个目标自适应特征池化模块来解决稀疏点和相应对象之间的错位问题。

如图 3-18 所示,以原始点云为输入,两阶段检测框架的第一阶段从整个场景中提取特征以生成候选框。第二阶段则提取 RoI 特征用于边界框的精练。先针对一阶段候选框生成方式进行修改，设计了一个从稠密到稀疏的生成方法。

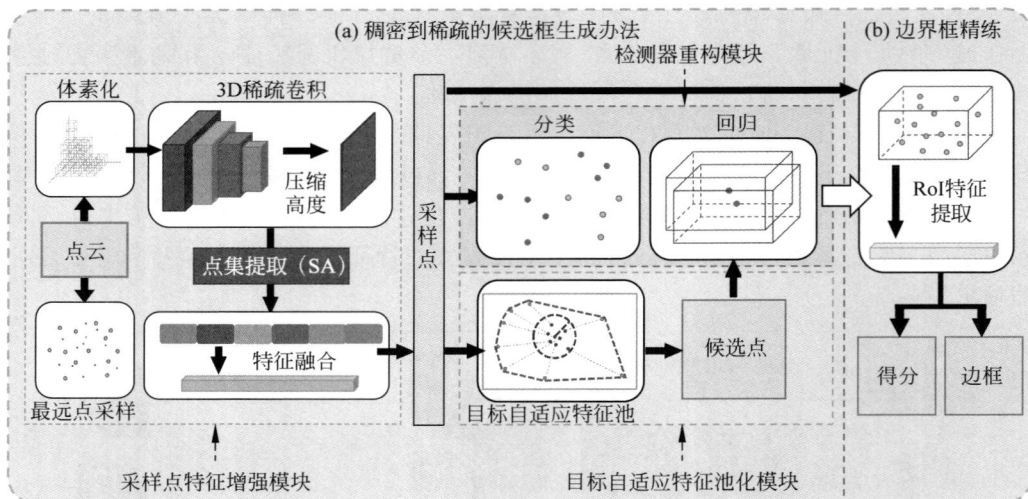

图 3-18 稀疏候选框 3D 目标检测器[68]

其中的候选框生成方法由采样点生成、候选点生成和稀疏检测器组成。首先，使用最远点采样从原始点云中获取采样点，并使用稀疏卷积 3D 骨干网络生成稠密特征图。其次，利用 SA 模块从不同特征层级提取更丰富的特征信息。然后，对采样点坐标进行向目标中心的偏移，以解决采样点和目标不匹配的问题。同时在特征层面，提出目标自适应特征池化模块，从而获取与目标对应的上下文特征。最后，通过对稀疏候选框的检测器进行重构，用于接收采样点和候选点的两种不同特征。

① 采样点特征增强模块。不同于一般稀疏候选框的方法，本方法通过 3D 骨干网络；提取稠密特征并使用中间层的特征为采样点提供高层和底层的语义信息。首先，使用最远点采样从原始点云中选择采样点；然后，利用 SA 模块将所有稠密特征聚合到样本点。SA 模块具有灵活的结构，能够进行高、低级别以及点或体素的特征融合。包含丰富上下文信息的点特征缓解了点的稀疏性造成的难以提取有效特征的问题。

② 目标自适应特征池化模块。分布在目标表面上的原始点云反映了目标的空间结构，同时也造成了采样点远离目标中心的问题。因此，在定位时，直接选取采样点作为候选点会造成定位回归困难、精度不足的问题。此外，采样点特征反映了以该点为中心的语义信息，但与目标中心存在偏移。

针对这一问题，使用一个新的分支进行坐标偏移的学习。该分支以样本点特征作为输入，使用全连接层进行偏移量预测。采样点坐标经过偏移后被定义为候选点坐标，这两个坐标之间存在如下的转换关系：

$$p_i^c = \phi(p_i^s) = p_i^s + d_i \tag{3-1}$$

$$p_i^s = \phi^{-1}(p_i^c) = p_i^c - d_i \tag{3-2}$$

其中，p_i^c、p_i^s、d_i 分别表示候选点坐标、采样点坐标和偏移量。

为生成对齐的候选点特征，利用与相应目标相关的样本点特征。如图 3-19 所示，在进行候选点特征聚合时，同一目标候选点均向目标中心偏移，因此，相较于一般的采样点聚合难以决定采样半径，而提出的基于候选点的特征聚合能够容易地选取采样半径，并且由候选点采样的球形区域能够自适应地映射到目标邻域，生成包含更明确目标结构的聚合特征。

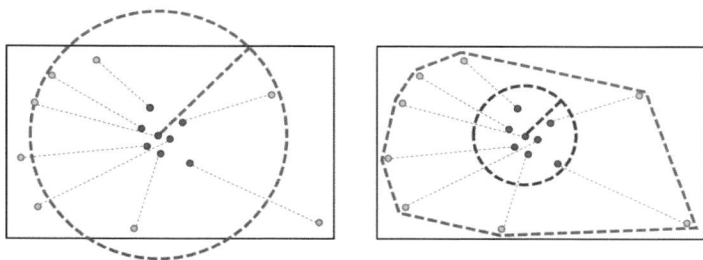

图 3-19 目标自适应特征池模块

③ 检测器重构模块。针对生成的两种特征即候选点特征和采样点特征进行了检测器重建。如图 3-20 所示，利用采样点特征作为分类分支输入，而聚合候选点特征作为回归分支输入。这是因为分类分支输出为点云的分割结果，该结果与原始位置具有较强的耦合关系。

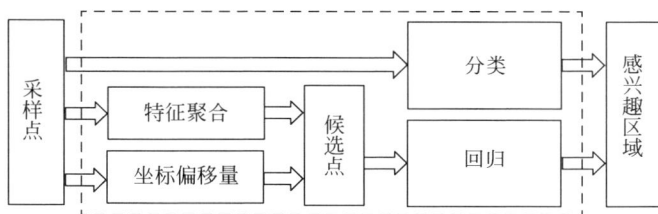

图 3-20 重构的检测器

在前面的过程中生成了丰富的样本点特征和聚合的候选点特征。通常，对于候选框生成，候选点特征被输入到分类分支和回归分支。然而，在两阶段稀疏候选框方法中，第一阶段的分类任务通常是前景和背景候选点分割。考虑到嵌入在两个给定特征中的有偏见的信息，需要讨论分类分支的合适输入。

因此，本方法重建第一阶段的检测头，利用丰富的样本点特征作为分类分支，而聚合候选点特征作为回归分支。样本点特征比候选点特征更适合分类是违反直觉的。由于分类分支应该输出点分割结果，因此，该发现可能归因于嵌入在样本点特征中的准确原始位置线索。而在候选点特征中，它们通过聚合而发生衰减。

3.3.4　多传感信息融合的 3D 目标检测

　　多传感信息融合是指对多种传感器在同一场景中的观测数据进行综合分析，实现信息的互补，从而得到对场景的更加周密而可靠的感知结果。虽然单一传感器的感知技术已经得到了巨大的发展和成功的应用，但是单一的传感器难以全面地采集场景信息，导致感知的精度受限。自动驾驶车辆作为一种不能犯错的人工智能系统，必须保证感知的可靠性，才能保障道路交通参与者的生命财产安全。因此，通过多传感信息融合来提升感知的冗余度与精确度，是非常有必要的。

　　多传感信息融合的实现存在较大挑战。一方面，不同的传感器数据在维度、结构、排列方式和分辨率上存在着较大的差异，如何进行多传感器数据的对齐，并有效地实现数据的融合是一个非常困难的问题。另一方面，为实现融合，现有的方法往往需要设计结构复杂的模型分别对多种传感器数据进行处理，因此需要较长的推理时间和较多的存储空间，不利于实车部署。

　　多传感信息融合方法可以分为 3 类，如图 3-21 所示，即前融合、中融合和后融合。前融合属于数据层次的融合，是指对原始数据进行简单预处理后直接进行融合，再将融合后的数据作为感知模型的输入。中融合属于特征层次的融合，是指对不同传感器的数据分别进行特征提取，再融合提取的特征，然后利用融合后的特征进行推理，从而得到感知结果。后融合属于决策层次的融合，是指用不同的感知模型分别对不同的传感器数据进行处理，然后对感知结果进行融合。对比 3 种融合方案，前融合和后融合的优点在于融合方法简单、容易实现，具有较好的通用性；缺点在于难以实现多传感器数据之间的充分交互。中融合的优点在于能够学习不同模态中信息量丰富的特征，实现充分的信息交互；缺点是需要精心设计结构复杂的融合模块，并且模型容易过拟合。

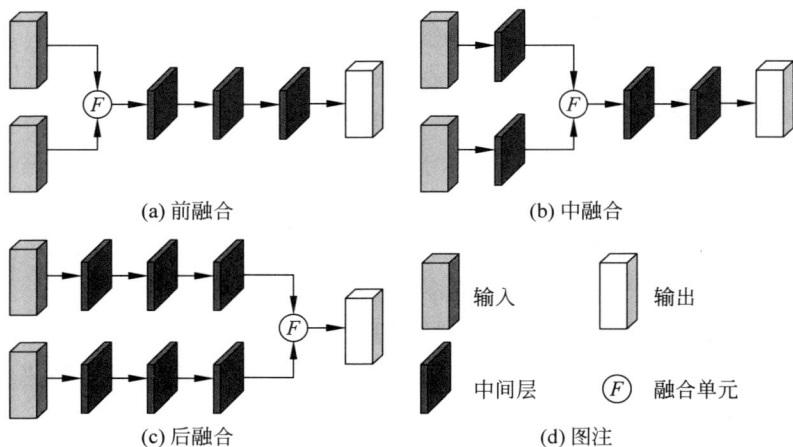

(a) 前融合　　　　　　　　　　　　　(b) 中融合

(c) 后融合　　　　　　　　　　　　　(d) 图注

输入　　输出　　中间层　　F 融合单元

图 3-21　融合方式分类

目前,学术界研究较多的是中融合的方式。下面将以激光雷达与相机融合、毫米波雷达与相机融合为例具体介绍多种融合的方法。

1. 激光雷达与相机融合

激光雷达生成的点云,既能提供场景的深度信息和几何结构信息,同时也具有反射强度等属性信息,有助于 3D 场景的理解。然而点云通常是稀疏、无序和不均匀分布的,这使得点云的场景理解精确度受到限制。另外,相机生成的图像虽然缺少深度信息,但包含了丰富的语义信息,包括颜色、纹理等。因此,图像和点云两种模态数据的融合可以弥补单模态数据存在的不足,提高对场景的感知精度。

激光雷达与相机融合方法中有两个关键技术:数据对齐和数据增强。

(1)数据对齐。图像的像素位于二维的像素坐标系中,而点云位于 3D 的激光坐标系中,只有实现数据的对齐,才能进行融合。一种常见的对齐方法是利用激光坐标系到像素坐标系的投影矩阵 $\boldsymbol{T}_{\mathrm{LiDAR}\to\mathrm{Image}}$,将点云投影至图像上。一般情况下,投影点的坐标不会是整数,因此还需要进一步用双线性插值等插值方法获得投影点对应的像素值或图像特征。另一种对齐方法是通过某些方式得到图像中像素点对应的深度信息,然后利用像素坐标系到激光坐标系的转换矩阵 $\boldsymbol{T}_{\mathrm{Image}\to\mathrm{LiDAR}}$,将图像的像素反投影至激光坐标系中。

(2)数据增强。在深度学习中,数据增强是指在训练神经网络时,对原始的输入数据进行随机扰动,从而增加数据的多样性,减缓网络的过拟合现象。在缺乏训练样本时,数据增强是一个非常重要的正则化策略。由于数据增强具有随机性,而多传感数据融合则要求数据之间具有一致性,导致多传感数据融合的数据增强比较困难。研究工作[69]提出了多模态转换流以保证点云和图像的一致性,如图 3-22 所示。该方法在数据增强时记录了相关参数,比如点云的旋转角度和缩放因子,然后在获取点云对应的图像时,对点云进行数据增强的逆变换,投影后再进行图像增强的前向变换,使得点云与图像能够一一对应。

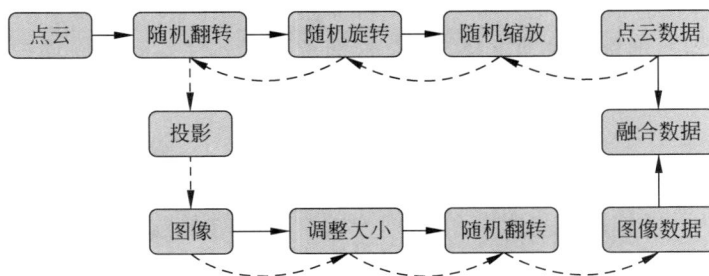

图 3-22　多模态转换流

激光雷达与相机融合方法发展比较成熟,具体方法介绍如下。

(1)前融合。PointPainting[70]首先将图像输入语义分割网络中,得到每个像素属于各个类别的得分 $\boldsymbol{S}\in\mathbb{R}^{W\times H\times C}$,$W$ 与 H 为图像的宽度与高度,C 为类别个数。原始

的点云表示为 $\boldsymbol{P} \in \mathbb{R}^{N \times D}$，$N$ 为点的个数，D 为点的维度，将点云投影到图像上，获取投影点对应的各个类别的得分。接着将对应的得分与原始点云的坐标相拼接，得到经过语义信息增强的点云 $\boldsymbol{P}' \in \mathbb{R}^{N \times (D+C)}$。最后将点云 $\boldsymbol{P}'$ 输入任意的 3D 检测器中，输出检测结果。

（2）中融合。MV3D[71] 将点云编码为俯视图和前视图，连同 RGB 图像作为网络的 3 个输入视图；然后利用 3D RPN 生成候选框；接着将候选框投影到不同视图的特征图上，通过 RoI Pooling 得到对应的特征；再利用提出的深度融合方案，将多视图特征融合在一起，该过程可以表示为

$$f_0 = f_{\text{BV}} \oplus f_{\text{FV}} \oplus f_{\text{RGB}} \tag{3-3}$$

$$f_l = H_l^{\text{BV}}(f_{l-1}) \oplus H_l^{\text{FV}}(f_{l-1}) \oplus H_l^{\text{RGB}}(f_{l-1}), \quad \forall\, l = 1, 2, \cdots, L \tag{3-4}$$

其中，f_{BV}、f_{FV}、f_{RGB} 分别为点云俯视图、前视图和 RBG 图像中的 RoI 特征，H_l^{BV}、H_l^{FV}、H_l^{RGB} 为对应的第 l 层的特征转换函数。

（3）后融合。CLOCs[72] 在第二阶段对 3D 候选框和 2D 候选框进行融合，从而对 3D 候选框的置信度进行修正。它首先根据几何一致性与语义一致性，将 3D 候选框和 2D 候选框编码为一个稀疏张量，张量中的每一个元素可以表示为

$$T_{i,j} = \{\text{IoU}_{i,j}, s_i^{\text{2D}}, s_j^{\text{3D}}, d_j\} \tag{3-5}$$

其中，$\text{IoU}_{i,j}$ 为第 i 个 2D 候选框与第 j 个投影后的 3D 候选框的交并比，s_i^{2D} 和 s_j^{3D} 分别为第 i 个 2D 候选框的置信度和第 j 个 3D 候选框的置信度，d_j 为第 j 个 3D 候选框到激光雷达的经过归一化的距离；接着用 2D 卷积神经网络处理稀疏张量中的非空元素；最后将网络的输出映射回稀疏张量中，并通过最大池化输出更加准确的 3D 候选框的置信度。

2. 毫米波雷达与相机融合

虽然激光雷达与相机的融合感知技术已经得到广泛研究，但目前还存在两个不足：一是这两种传感器都对恶劣的天气条件非常敏感，在雪、雨和雾等天气中，它们的感受范围和感知精度都极大地下降；二是这两种传感器在不利用时序信息的前提下，都不能检测出场景中运动物体的速度，而速度是判断是否会发生碰撞的一个重要依据。

相较于激光雷达与相机，毫米波雷达对天气变化有很强的鲁棒性。此外，由于多普勒效应，毫米波雷达能够准确地探测出运动物体的速度，而不需要依赖时序信息。而且，相比激光雷达，毫米波雷达的价格更低。因此，用毫米波雷达替代激光雷达与相机进行融合，也是一种常用的多传感信息融合方案。

由于相关的数据集很少，学术界对毫米波雷达与相机融合的 3D 目标检测算法的研究比较少。这里主要介绍一个中融合算法 CenterFusion[73]，该模型旨在用毫米波雷达帮助图像更好地预测目标的深度与速度。首先使用 CenterNet 在图像上预测出精确的 2D 框和初始的 3D 框。为了把毫米波雷达点云与检测框相关联，CenterFusion

提出平截头体关联算法,如图 3-23 所示。利用 2D 框在 3D 空间中构造出一个平截头体,再用 3D 框在平截头体内确定一个 3D 感兴趣区域,然后选取 3D 感兴趣区域内离中心最近的毫米波雷达点作为关联点。完成关联后,点云的深度与速度被编码为一张三通道的特征图,即

$$F_{x,y,i}^{j} = \frac{1}{M_i} \begin{cases} f_i, & |x - c_x^j| \leqslant \alpha w^j \quad \text{且} \quad |y - c_y^j| \leqslant \alpha h^j \\ 0, & \text{其他} \end{cases} \tag{3-6}$$

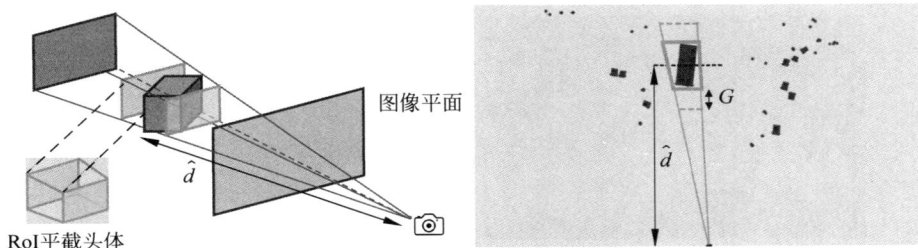

图 3-23　平截头体关联算法示意图

其中,$i \in \{1,2,3\}$ 为通道索引,M_i 为归一化系数,$f_i \in \{d, v_x, v_y\}$,d 为深度,v_x 和 v_y 为 x 轴和 y 轴方向的速度,c_x^j 和 c_y^j 是目标的中心点坐标,w^j 和 h^j 是目标 2D 框的宽度与高度。然后,点云的特征图与图像的特征图相拼接,并作为第二阶段的输入,以重新估计目标的深度、角度、速度和属性。

此外,FUTR3D[74] 提出了一个统一的多传感器融合框架,适用于不同的传感器组合,包括高分辨率或低分辨率的激光雷达、毫米波雷达、相机等。

3.4　交通场景语义分割

交通场景语义分割旨在对输入的图像或点云进行像素级(图像)或点级(点云)的密集预测,从而为无人车在复杂场景中的行驶提供更加细腻的环境感知结果。相较于目标检测,这个任务的本质是对像素点或点云进行分类,需要考虑点与点之间的语义结构关系,同时减少物体之间相互遮挡带来的不利影响。

3.4.1　图像交通场景语义分割

图像分割将图像划分成几个互不重叠、性质不同的区域,是一种像素级的图像分类。图像分割可以分为语义分割、实例分割和全景分割等具体任务,具体区别如图 3-24 所示,其中语义分割侧重于区分图像中像素的语义类别,实例分割侧重于区分前景中不同的实例对象,而全景分割则是两者的结合。深度学习图像分割算法可以对图像中的浅层和深层语义特征进行有效提取,实现较高的分割精度。

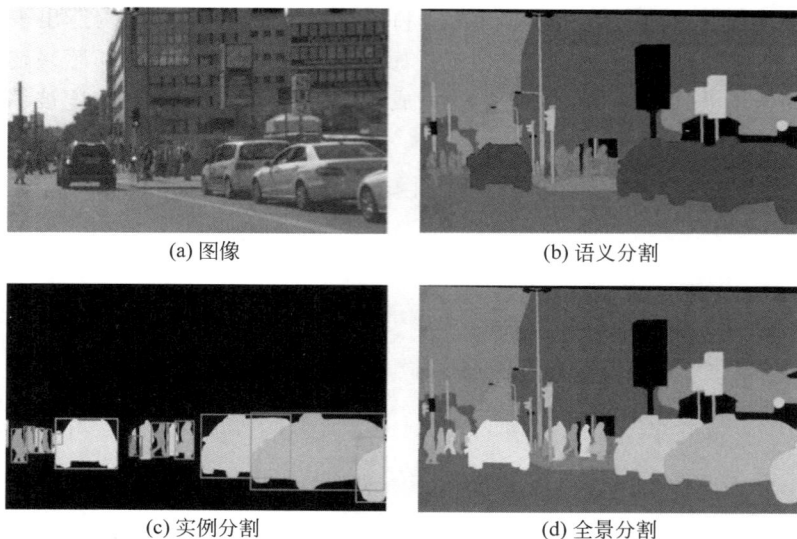

(a) 图像　　　　　　　　　　　　(b) 语义分割

(c) 实例分割　　　　　　　　　　(d) 全景分割

图 3-24　不同的图像分割算法示意图

1. 语义分割

FCN[75]（Fully Convolutional Networks）是深度学习语义分割算法的先驱。FCN
的基本思想是微调分类网络，使得分类任务可以拓展至语义分割任务。常见的分类网
络一般采用卷积层和全连接层的网络结构设计，要求输入图像的尺寸必须是固定的。
FCN 则完全由卷积层构成，因而能够接受任意尺寸的输入图像进行高效地端到端推
理。FCN 采用编码器-解码器的网络结构，编码器使用堆叠的卷积层对图像进行特征
提取，并用池化层不断进行下采样，以增加模型的感受野，提升模型对图像平移变换的
鲁棒性。解码器使用堆叠的反卷积层不断地对特征图进行上采样，从而使其恢复至原
图的大小。该模型的输出为每个像素点属于各类别的概率，取最大概率对应的类别作
为预测类别，得到最终的分割图像。由于编码器在下采样过程中丢失了很多图像中的
细节信息，因此直接对编码器输出的特征进行上采样，难以使模型预测出较为精细的
分割图像。为了强化特征，FCN 采用了跳跃连接的策略，将编码器输出的特征图与解
码器中对应的特征图融合。这使得模型输出的分割图像更加精细，区域边界更加
准确。

由谷歌团队提出的 DeepLab 系列模型（包括 DeepLab v1，DeepLab v2，DeepLab
v3，DeepLab v3+）也是经典的语义分割模型。DeepLab v1[76] 将深度神经网络与概率
图模型相结合，解决了语义分割中的两个问题。一是图像在下采样过程中存在信息丢
失，解决方法是将空洞卷积（Atrous Convolution）用于骨干网络的后几层。空洞卷积
相当于将几个空洞均匀地插入普通卷积的卷积核中，其参数量和计算量与普通卷积相
同，能够在不对图像进行下采样的前提下增大感受野，从而保留细节信息。二是深度
卷积网络预测的分割图像不够精细，解决方法是在后处理中引入全连接条件随机场

（Fully-connected Conditional Random Fields），恢复分割图像中细致的局部结构。

DeepLab v2[77] 提出的空洞空间金字塔池化（Atrous Spatial Pyramid Pooling，ASPP），使得图像中的不同尺度目标都有较好的分割效果。ASPP 将具有不同膨胀率的空洞卷积并行地使用在同一张特征图上，并融合这些空洞卷积输出的特征图。由于不同膨胀率的空洞卷积有不同大小的感受野，因此模型能够同时捕获不同尺度物体的信息。相较于对特征进行多次采样的方法，ASPP 的实现效率更高。此外，DeepLab v2 还将 DeepLab v1 使用的 VGG 骨干网络替换为层数更深、特征提取能力更强的 ResNet，使得模型的分割效果得到进一步提升。

DeepLab v3[78] 对 DeepLab v2 的 ASPP 进行了改进。在不断增大空洞卷积的采样率的同时，卷积核的有效权重数量却在减少。为解决这个问题，DeepLab v3 在 ASPP 之后增加了全局平均池化（Global Average Pooling，GAP）以融合全局的环境信息。DeepLab v3 还在 ASPP 中加入批量归一化（Batch Normalization，BN），使模型能够更快地收敛。此外，DeepLab v3 还将原来的 ResNet 中最后的一个残差块进行复制并级联，通过加深骨干网络的深度以提取语义信息更加丰富的特征。由于改进后的深度卷积网络已经具备了出色的分割性能，因此 DeepLab v3 并没有采用全连接条件随机场进行后处理。DeepLab v3+[79] 在 DeepLab v3 的基础上增加了一个简单有效的解码器，增强了对物体边界的分割效果，并在 ASPP 和解码器模块中应用了深度可分离卷积，加快了模型推理速度，提升了分割性能，其网络结构如图 3-25 所示。

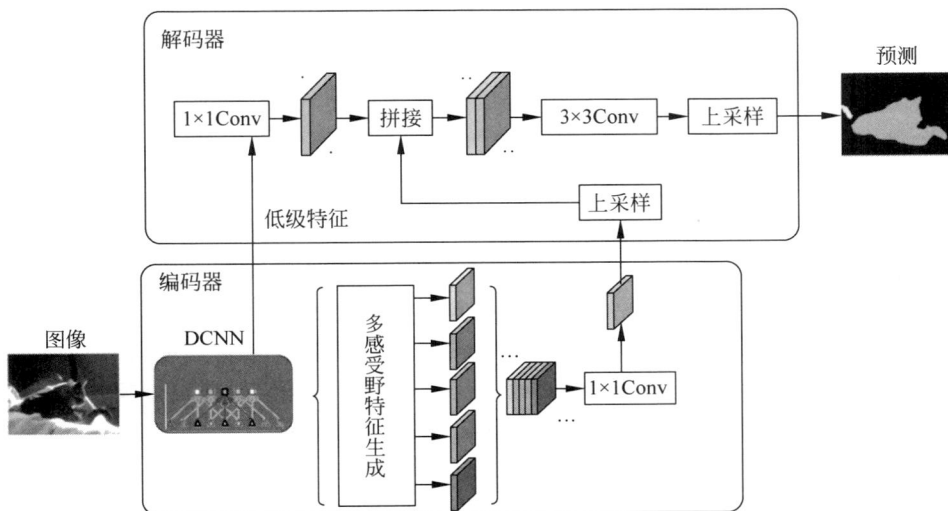

图 3-25　**DeepLab v3＋网络结构**[79]

2. 实例分割

实例分割中最有影响力的工作是 Mask R-CNN[80]。Mask R-CNN 的模型设计简单而有效。它在 Faster R-CNN 的第二阶段增加了一个掩膜分支，使得模型在输出目标类别和边界框的同时，输出框中目标的前景掩膜，完成分割任务。Mask R-CNN 的核心贡献有以下两点。一个贡献是掩膜分支的设计。前景掩膜的预测依赖目标的空间布局，掩膜分支采用了全卷积的网络结构，以更好地提取目标的空间结构信息。对于每个 RoI，掩膜分支的输出为 K 个 $m \times m$ 大小的掩膜，其中 K 为类别数。然而，Mask R-CNN 在训练掩膜分支时，所采用的损失函数是二分类交叉熵损失函数，这意味着只有目标所属类别的掩膜参与损失的计算，而类别的预测完全依赖类别分支。实验表明，这种训练方式使得不同类别之间不会相互竞争，能够降低掩膜分支的训练难度，大幅提升实例分割的性能。另一个贡献是 RoI Align 操作的设计。Faster R-CNN 使用 RoI Pooling 从 RoI 中提取出固定大小的特征图，但 RoI Pooling 中包含量化操作，使得提取出的特征图不能严格地与 RoI 对齐，对图像分割这种密集预测任务有较大的影响。为了解决这个问题，Mask R-CNN 提出了 RoI Align 操作。RoI Align 不包含任何量化运算，并以双线性插值准确地计算各位置的特征值，使得 RoI 中精确的空间位置得以保留。由于其出色的性能，后续的目标检测算法也大量使用了 RoI Align 操作。

3. 联合检测的语义分割

目标检测和语义分割是自动驾驶汽车和高级辅助驾驶系统的两个基本感知技术。下面将介绍交通场景中目标检测和语义分割的联合模型。最近的研究表明，目标检测和语义分割是两个高度相关的任务，同时解决能相互提高。一方面，语义分割为目标检测提供了全局和局部的语义信息。例如，语义分割可以判断一个像素是属于前景还是背景；汽车和行人应该在路上，而不是在天上。另一方面，目标检测可以作为语义分割的先验知识。例如，骑手、汽车下方的像素往往是道路区域；行人下方的像素点往往是道路或人行道区域。从优化的角度来看，联合目标检测和语义分割是具有不同训练目标的多任务学习范式，可以作为正则化器来训练一个鲁棒的、通用的感知模型。因此，进一步深入研究联合目标检测和语义分割是十分必要和有意义的。

联合目标检测和语义分割的目标是同时识别和定位图像中的目标，并将图像分割成像素级语义区域，如图 3-26 所示。近年来，许多研究工作推动着该领域的发展。MultiNet[81] 是一个用于联合目标检测和语义分割的编码器网络，该算法将编码器网络的输出作为特征，构建两个并行分支用于目标检测和语义分割。BlitzNet[82] 以编解码器结构作为骨干网络。解码器网络每一层的特征图用于目标检测，而级联得到的特征图则用于语义分割。TripleNet[83] 也采用了类似的编解码器结构。与前者不同的是，TripleNet 在解码器网络的每一层特征图上都增加了内部关联模块，这有助于进一步提高整体性能。此外，也有研究工作[84] 通过多尺度的空洞卷积来扩大网络的感受野，并提出目标候选初始化机制，以提高目标检测的性能。

目前的主流模型普遍采用编解码器结构的骨干网络。编码器网络使用卷积提取特征图，其中更深层的特征图包含了丰富的语义信息，而缺少低层次细粒度空间细节，这种现象对检测或分割是不友好的。而解码器网络的引入能够恢复细粒度的空间细

图 3-26　联合目标检测与语义分割示意图

节,使模型能够同时利用高级和低级特征进行联合目标检测和语义分割。因此,编解码器网络结构很适合联合目标检测和语义分割的任务。然而,现有的方法也存在缺陷,这里称之为非充分联合。联合目标检测和语义分割的核心是建立一种联合机制,充分利用目标检测分支和语义分割分支之间的相关性,使这两项任务从本质上相互受益。非充分联合是指现有方法中的联合机制实际上是指目标检测分支和语义分割分支共享同一个骨干网络,但两个细分分支之间不存在交互连接。

针对上述问题,一种思路是构建目标检测和语义分割的交叉注意力机制模型[85]。如图 3-27 所示该模型采用编解码器架构的骨干网络,并引入交叉注意力机制,建立检测分支和分割分支之间的内在关联。模型首先利用编解码器网络提取输入图像的一组初始特征图。然后,在初始特征图上,通过内部注意力进行特征增强,并将增强后的浅层特征图和深层特征图进行级联,计算融合语义特征。融合特征聚合了全局上下文信息以及局部细节信息,被用于语义分割。此外,该模型利用交叉注意力机制建立检测与分割的相关性。交叉注意力模块以初始特征和融合语义特征作为输入,得到在融合语义特征指导下生成的目标检测特征图,并通过检测器网络得到最终的目标检测结果。

3.4.2　点云交通场景语义分割

随着近年来深度学习理论和硬件的发展以及众多交通场景数据集的发布,深度学习点云语义分割算法在过去的几年有很大的突破,在精度和速度上均超过了传统的方法,且鲁棒性更强。目前主流的技术路线主要有以下两种。

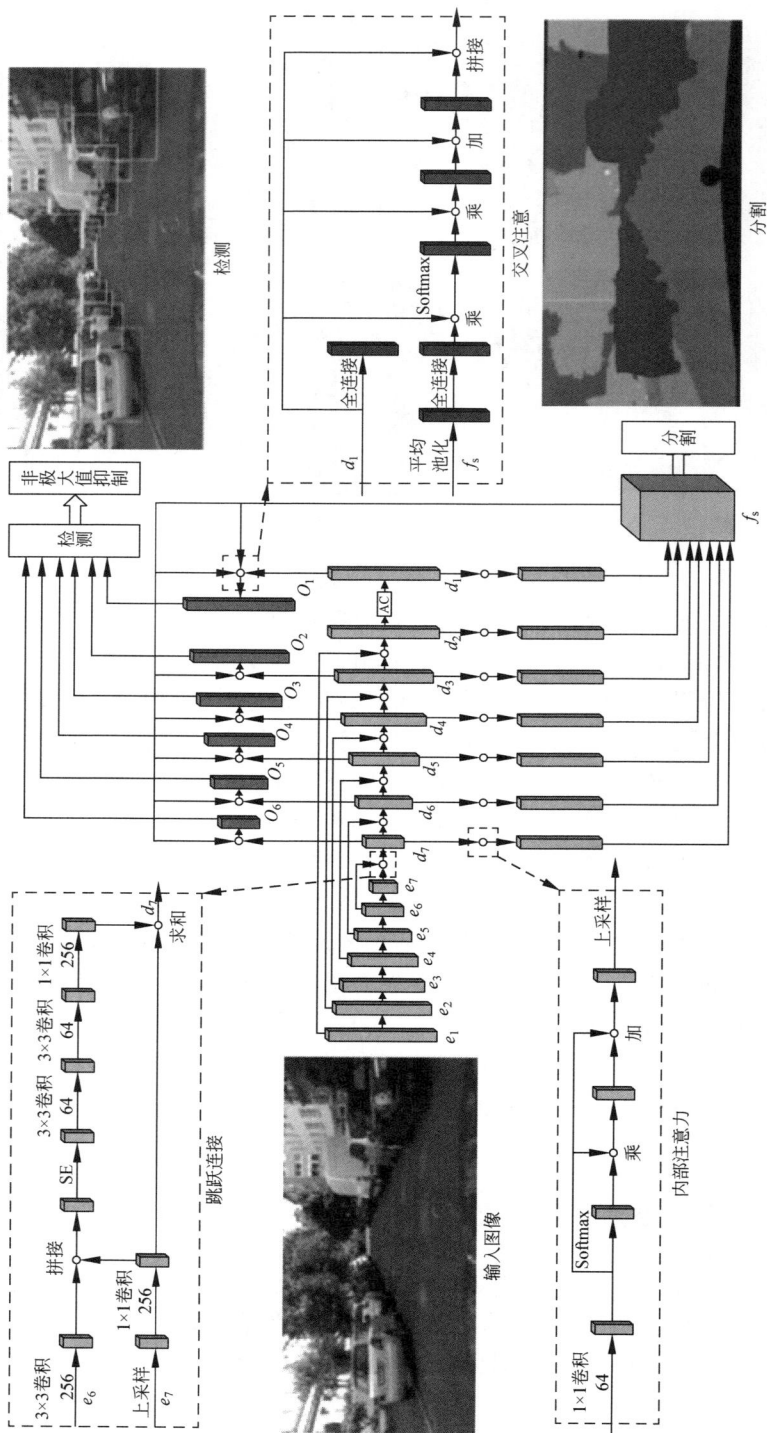

图 3-27　联合检测与分割模型[85]

1. 基于体素的方法

卷积神经网络适合处理规则密集的二维或更高维的矩阵,因此,在图像中应用十分广泛。体素方法将空间栅格化,在空间上生成一个个小格子,把点云投影至其中,称之为体素,对每个体素中的点集经过简单处理就可提取体素特征。这种体素的排列是密集而规则的,因此可以把投影后的体素集合看成一个伪图像,通道则对应体素特征。通过这样的处理之后,就可以对伪图像使用 CNN 完成检测分割等感知任务。

为加快计算速度,通常通过投影的方式对三维空间进行降维。对于交通场景来说,地面坐标要比高度信息更重要。所以,一种降维方法是只在地面坐标上进行体素划分,而高度不划分,这种划分方式生成的二维俯视图伪图像被称为鸟瞰图。考虑到点云的分布不均匀,对于语义分割任务来说,使用角度-深度坐标系比使用直角坐标系更为合适,研究工作[86]使用这种方法取得了较好的分割效果。

对于语义分割来说,为预测每个点的类别信息,需要在网络末端使用从体素到点云的反投影过程。鸟瞰图投影方式存在着大量若干个点投影到同一个体素的问题,因此,语义分割中更常见的是使用球面投影的方式,把点云按角度投影,生成二维的前视图伪图像,称为深度图。这种前视图和图像相似,容易利用已有的分割网络进行学习。研究工作[87-88]使用经典分割网络 SqueezeNet[89]作为骨干网络,并且使用条件随机场(Conditional Random Field,CRF)[90]后处理方式来恢复反投影的点云。

Cylinder3d[91]是一个基于体素的点云分割语义模型。虽然将点云投影到二维空间的方法能够便于使用二维卷积,但这无疑丢失了点云在三维空间中的几何结构信息。因此,相较于投影到二维空间的方法,三维体素和三维卷积的方法在理论上有更好的分割效果。然而,Cylinder3d 的作者发现,对于交通场景中的点云而言,三维体素和三维卷积的方法的提升非常微弱。其原因在于,室外场景中点云的分布是近密远疏的,用同等大小的方格体素对点云进行划分使得体素中点的数量不均衡,即近处的体素中的点数远多于远处的体素中的点数。为了解决这个问题,Cylinder3d 对点云进行了圆柱形体素划分。原始的方形体素划分与圆柱形体素划分的对比如图 3-28 所示。圆柱形的体素划分使得体素的体积随着距离的增大而增大,从而使体素中的点数更加均衡。

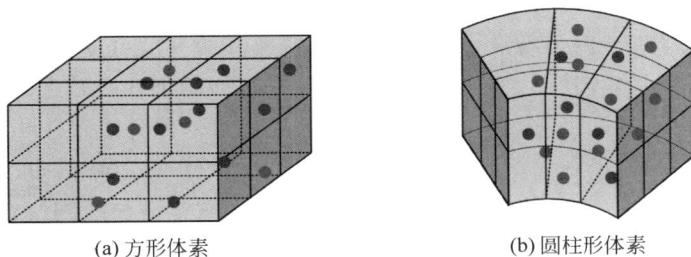

(a) 方形体素　　　　　　　(b) 圆柱形体素

图 3-28　方形体素与圆柱形体素对比图

为了加强三维卷积的表征能力，Cylinder3d 使用了非对称三维卷积网络（Asymmetrical 3D Convolution Network），由 1×3、3×1 两个卷积核分支组成。非对称三维卷积提高了卷积核的中心交叉位置（即水平与垂直方向的核）的权重，从而更加匹配物体在室外场景中的点云分布，加强对稀疏点云的鲁棒性。利用非对称三维卷积网络，Cylinder3d 构建编码器-解码器的网络结构，对体素进行特征提取。此外，由于不同类别的点云可能被划分到同一个体素中而导致信息损失，Cylinder3d 还在解码器之后接上一个多层感知机，用于对体素进行逐点的类别调整。

2．基于点云学习的方法

无论何种投影方式，从点云到体素都存在一定的信息损失。特别是在语义分割任务中，这种信息损失对结果影响较大。因此，另外一种思路是直接使用多层感知机等方式对点云进行学习，通过池化等方式学习点与点之间的联系。最早这种思路的方法是 PointNet[59]，完成对少量点云的分类和分割，并在此基础上，加入最远点采样与球形分组等思想，提出了一个较为成熟的大规模点云学习方法 PointNet++[60]。由于这两种模型已在 3.3.3 节中详细介绍，故此处不再赘述。

总体来说，点云学习的方法由于普遍需要耗费大量时间用于搜索邻域点，因此速度较慢。但是，由于无须投影而不存在信息损失，因此直接对点的空间结构进行学习在理论上有着更高的分割精度。

3.4.3　图像—点云共点映射的可行驶区域检测

可行驶区域检测是自动驾驶感知领域的关键技术，吸引了广大研究者的关注。迄今为止，可行驶区域检测取得了显著进展。然而，仅通过可行驶区域检测的自动驾驶决策可能仍无法处理一些紧急情况，比如检测到的道路因为车辆或行人的突然转向而变得不可行。事实上，人类驾驶员在驾驶汽车时，理解场景的方式是将障碍物与非障碍物进行分类，而不仅是识别道路。因此，在紧急情况下，出于安全考虑，人类驾驶员可以选择在通常不被视为道路的平坦区域上行驶。对于无人车而言，检测这种可行驶区域，可以为决策过程提供更全面的知识，使无人车的决策更类人化。

虽然大多数现有的可行驶区域检测方法通过在标签清晰的道路数据集上训练而实现了不错的效果，但由于场景布局、光照和天气条件的高度可变性，在城市和乡村环境等道路标识不明确场景下，如何对可行驶区域进行检测仍存在较大难度。这个问题到目前为止还没有一个可靠的解决方案，迫切需要提出一种鲁棒而有效的解决方法。

物体的边界通常出现在深度不连续处。因此，图像分割应该与深度不连续性检测相融合。在投影几何中，类似形是指投影空间的同构，它是一种线到线的双射关系，即所谓的共线。在此，引入一个共点映射的新概念。共点映射是一种点到点的双射，它将来自激光传感器的点映射到图像分割边缘的点上。在给定空间域下，将投影空间用一组点的法向量表示。由于光照变化，道路的不平坦以及二维图像中的阴影，会导致一些共点不是类似形。为了克服这些问题,通过使用点云的法向量而不是原始点云,来清楚地表征像素深度数据的融合,并将像素深度的类似形定义为共点映射。

本节展示了一种自适应的可行驶区域检测方法[92],该方法利用共点映射将单目相机获得的像素信息与激光传感器获得的空间信息融合,如图 3-29 所示。首先,通过将每个激光点的空间位置与图像像素的坐标结合,建立 Delaunay 三角剖分图,以此得到激光点之间的空间关系,并利用三角剖分三角形的法向量完成激光点的障碍分类;其次,通过自学习模型将障碍物分类结果与图像超像素融合来定位初始可行驶区域;再次,在不同特征空间中计算候选可行驶区域,这些特征包括可行驶程度特征、法向量特征、颜色特征和强度特征;最后,利用贝叶斯框架融合候选区域以获得最终的可行驶区域。

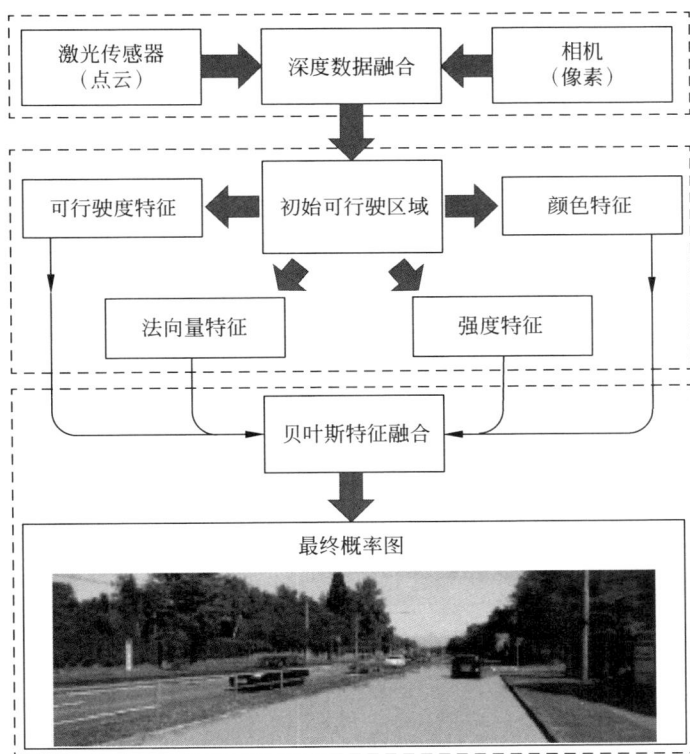

图 3-29 基于共点映射的可行驶区域检测

3.5 交通场景的层次化表征与视觉位置识别

作为一种广泛应用于机器学习和深度学习模型中的特殊结构,注意力(attention)机制源于人类的生物视觉系统。人类在观察外界事物、进行场景理解时,往往会根据自身需要，选择性地关注被观察事物的重要部分，同时忽略其他的可见信息。比如在判断当前所处的位置是否是目标地点时，往往会根据一些地标性的建筑物来辅助判断，而不会注意道路上正在行驶的车辆。注意力机制在本质上实现了信息高效处理。此外，人类还会通过递归的方式构建出具有视觉语法规则的层次树，从而在大脑中建立起对复杂场景的层次化认知。

视觉位置识别（Visual Place Recognition，VPR）任务通过相机数据识别车辆当前所处的位置，本质是通过图像寻找当前场景和场景数据库之间的对应关系，通常被视为一项图像检索任务。与视觉 SLAM 系统中的回环检测（Loop Closure Detection，LCD）相比，视觉位置识别所对应的时间跨度更长、更具挑战性，如季节、天气等变化会带来巨大的场景外观变化。

本节将首先介绍视觉位置识别中的层级结构表征及注意力机制，再分别介绍基于词袋模型、卷积神经网络及 Transformer 的视觉位置识别算法。

3.5.1　交通场景视觉信息的层级结构表征及注意力机制

1. 层级结构表征

人类驾驶员对场景的视觉感知过程可以用"层级树"的形式来表示。在层级树的结构中，层次越高，对应表征的抽象程度越高。其中，层级树的根节点代表整个场景最高层次的抽象感知，叶节点代表边缘、颜色等基本特征，两者之间的中间层级表征物体组件、物体、物体群、前景背景等。人类通过递归的方式将有限的组件层层组装，构建出具有视觉语法规则的层次树，从而在大脑中建立起对复杂场景的层次化认知。视觉信息的层次表征是在自底向上和自顶向下这两种认知过程的相互作用下建立的。以场景图像分割为例，分割的边界信息是由底层像素变化自下而上确定的，而分割的结构偏好和粒度则会受到人类先验的影响。

根据具体的情境，人类会选择最合适的层级的表征来处理场景理解任务。例如，驾驶员在识别车道线时，会用到颜色、形状等较低层级的信息；而在识别车辆、行人时，则会利用物体语义级别的表征。此外，在更高级的场景理解任务中，还需要建立起对各目标之间语义关系的认知。因此，在计算机视觉的交通场景感知与理解中，建立场景的层次化表征，并根据具体任务进行多层次表征的选择和融合是提升模型能力和可解释性的关键。

显著性目标检测是利用视觉信息分层表征的一项典型任务。显著性目标检测是自动驾驶感知的基础，其目的是检测出图像中的目标区域并对目标区域进行分割。随着深度学习在计算机视觉领域中的广泛应用，有学者通过融合卷积神经网络的多个语义层级的表征来提升显著性目标检测的精度。

DHSNet[93]将显著性目标检测分为从粗到细的两步：全局预测和细节细化。粗略的全局预测利用全局结构化线索，包括全局对比度、对象性、紧凑性等。细节细化采用一种分层递归卷积神经网络来整合局部上下文信息,从而进一步分层并逐步细化显著图的细节。Amulet[94]提出了一个通用的显著性目标检测框架,该框架聚合了多级卷积特征,即粗略的语义信息和精细的细节信息,并自适应地学习不同分辨率下的特征聚合策略。HUAN[95]提出了一种分层 U 形注意力网络,通过网络内和网络间的层次连接结构,桥接不同注意力网络的低级特征和高级特征,实现对显著性目标的逐步探索。HIRN[96]提出了一种分层交互式细化网络,在融合全局信息的同时能够保留局部边缘结构。该方法利用一种多级双路网络结构分别从低级特征图和高级特征图中估计显著边缘和区域,并通过增强边缘处的弱响应提升检测边缘的语义级别,从而得到更加准确的显著图。

　　注意力机制是深度学习领域中的一个重要概念,近年来在计算机视觉领域、自然语言处理等领域得到了广泛的应用。在认知科学中,人类大脑为了应对处理信息的瓶颈导致的信息超载问题,会选择输入信息中的关键部分并为其分配更多的计算资源,同时忽略其他不重要的信号或噪声信号。注意力的分配通常会随具体任务的变化而变化,例如,人在开车的时候会关注道路上的其他交通参与者,而在辨认自身位置的时候则会关注周围标志性的建筑物。

　　复杂的室外交通场景中往往存在大量动态且具有干扰性的元素和区域。动态的交通目标,例如车辆、行人等,它们不但会随时间发生变化,而且会对场景造成遮挡,因此对识别位置产生了严重的干扰。此外,天空和地面区域十分容易受到环境的天气、季节变化影响,无法为识别位置提供有效的参考。因此,本节将介绍结合注意力机制的视觉位置识别算法。

2. 注意力机制

　　在深度学习中,注意力机制模仿人类处理信息的方式,以数据驱动的形式学习需要关注的内容从而为信息分配权重。下面将介绍注意力机制的理论基础。

　　注意力机制通常被分为软注意力机制和硬注意力机制两种。软注意力机制对所有特征向量加权求和计算输出,其过程可导,能够通过反向传播梯度来优化参数。而硬注意力机制则在特征向量中选取概率最大的一个输出,不具有可导性,因此通常需要借助强化学习来进行训练。在计算视觉领域中,应用较多的是软注意力机制,它往往被用在卷积网络的空间域或者通道域。

　　软注意力机制的数学表达如下:给定包含 N 个元素的输入序列 $\boldsymbol{X} = [\boldsymbol{x}_1, \boldsymbol{x}_2, \cdots, \boldsymbol{x}_N]$,其中,$\boldsymbol{x}_i \in \mathbb{R}^D$。引入一个与任务相关的查询向量 $\boldsymbol{q}$,该向量通常从数据中学习得到。通过一个输入元素与查询向量之间的相关性可以计算注意力的分布:

$$\alpha_i = \mathrm{Softmax}(s(\boldsymbol{x}_i, \boldsymbol{q})) = \frac{\exp(s(\boldsymbol{x}_i, \boldsymbol{q}))}{\sum\limits_{j=1}^{N} \exp(s(\boldsymbol{x}_j, \boldsymbol{q}))} \tag{3-7}$$

其中,α_i 为第 i 个元素的注意力得分;$s(\boldsymbol{x}, \boldsymbol{q})$ 为相关性函数,通常用缩放点积来表示:

$$s(\boldsymbol{x},\boldsymbol{q})=\frac{\boldsymbol{x}^{\mathrm{T}}\boldsymbol{q}}{\sqrt{D}} \tag{3-8}$$

最后，用加权求和的方式对整个输入序列进行汇总：

$$\mathrm{attention}(\boldsymbol{X},\boldsymbol{q})=\sum_{i=1}^{N}\alpha_{i}\boldsymbol{x}_{i} \tag{3-9}$$

自注意力机制是软性注意力机制的一种特殊变体，用于建立输入序列元素间的长程依赖关系。对于输入序列 $\boldsymbol{X}=[\boldsymbol{x}_1,\boldsymbol{x}_2,\cdots,\boldsymbol{x}_N]\in\mathbb{R}^{D\times N}$，先通过 3 个线性映射分别得到查询向量 $\boldsymbol{Q}$、键向量 $\boldsymbol{K}$ 和值向量 $\boldsymbol{V}$：

$$\begin{cases} \boldsymbol{Q}=\boldsymbol{W}_q\boldsymbol{X}\in\mathbb{R}^{D_k\times N} \\ \boldsymbol{K}=\boldsymbol{W}_k\boldsymbol{X}\in\mathbb{R}^{D_k\times N} \\ \boldsymbol{V}=\boldsymbol{W}_v\boldsymbol{X}\in\mathbb{R}^{D\times N} \end{cases} \tag{3-10}$$

其中，$\boldsymbol{W}_q$、$\boldsymbol{W}_k$ 和 $\boldsymbol{W}_v$ 均为可学习的参数矩阵。

然后通过以缩放点积为相关性函数的注意力机制计算输出向量序列：

$$\boldsymbol{X}'=\boldsymbol{V}\mathrm{Softmax}\left(\frac{\boldsymbol{K}^{\mathrm{T}}\boldsymbol{Q}}{\sqrt{D_k}}\right) \tag{3-11}$$

在实际使用中，为了增加模型的表达能力，一般会使用多组不同的参数矩阵 $\boldsymbol{W}_q$、$\boldsymbol{W}_k$ 和 $\boldsymbol{W}_v$ 来进行自注意力计算，再将最终的结果沿通道方向拼接在一起作为输出，形成多头自注意力模型。

3. 注意力机制在视觉位置识别中的应用

与对象级别的图像检索问题不同，视觉位置识别任务中的视觉元素较为复杂且分布分散。一方面，在不同的时间、视角下，同一场景会产生差异。室外道路场景中的车辆、行人等动态物体可能会对场景造成遮挡，进而干扰算法对位置的判断。室内场景中墙面、地面等无纹理的区域则不能为位置识别提供信息。另一方面，两个不同的地方也可能出现相同的结构。比如自然环境中往往存在相似的树木和植被，这些相似模式也会干扰算法对位置的判断。为了应对以上问题，算法需要选择性地关注图像中对视觉位置识别任务有益的区域，并自动忽略那些无益甚至有干扰的部分。因此，将注意力机制引入视觉位置识别框架中可以显著提升位置识别的精度和鲁棒性。

如前所述，场景图像表征可以分为全局表征和局部表征两类。在表征提取过程中，引入注意力机制可以提升特征的表示能力。对于全局特征，空间域或通道域的注意力可以选择性地融合图像中关键位置和关键模式的信息。对于局部特征，注意力机制可以代替传统方法中的关键点检测。

CroW[124] 描述符采用了自底向上的注意力机制，并同时结合了空间域和通道域的注意力，有效地融合并增强了不同通道处于激活状态位置的响应。对于响应频繁且没有判别性的通道采用较低的权重，从而起到正则化的作用。这种启发式的自底向上的注意力机制可以在一定程度上增强图像的表征能力,但是缺乏高层信息的指导,对视觉位置识别效果的提升有限。因此,有学者[125]进一步提出了端到端的方法,使用三元损失的弱监督训练学习空间注意力分布,从而筛选图像中的关键区域。

4. 层次化注意力在视觉位置识别中的应用

在视觉注意力的计算过程中,利用层次化表征可以细化表示不同语义层级的视觉线索,从而用更丰富的信息来引导注意力的学习。在视觉位置识别任务中,高语义层级的注意力根据场景的整体结构信息筛选具有高度概况性的场景轮廓区域。中语义层级的注意力主要负责筛选场景中的关键性物体,着重关注路灯、指示牌等帮助确定位置的标志物,而忽略车辆、行人等具有干扰性的物体。而底层的注意力则会关注场景中的细节信息,例如,建筑物表面的样式等。

CFN[126]网络提出了一个多尺度的动态上下文注意力网络。对于单尺度 CNN 特征图,网络首先通过自注意力机制为局部特征动态融合全局上下文信息,再通过全局空间注意力来筛选关键区域,最后融合不同尺度特征图对应的注意力,得到最终的注意力区域。与 CFN 网络类似,MSCAN[127]利用 CNN 中多层级的上下文信息来指导注意力的生成。该方法首先在不同尺度的多个特征图上计算空间注意力,再利用跨不同层的 LSTM 网络对多尺度的上下文信息进行建模。

3.5.2　应用词袋模型的视觉位置识别

视觉位置识别和视觉回环检测所对应的实际应用场景存在区别,两者也面临着不同的挑战。作为 SLAM 的子模块,回环检测算法专门用于车辆连续运动的场景,即获取到的图像中不存在显著的外观变化,但是需要具备较高的实时性。相反,视觉位置识别任务处理的数据不一定是在车辆连续运动中采集得到的,甚至大多是在离散地点跟踪拍摄数年之久获取到的,这就使得视觉位置识别任务面临的场景更加复杂多样。尽管如此,两个任务的本质都是通过图像寻找当前场景和曾经到达场景组成的数据库之间的匹配关系。广泛用于两个任务中的词袋模型进行介绍如下。

词袋模型(Bag of Words,BoW[97])最早是为了处理文字相关的问题而被提出,广泛应用于自然语言处理和信息检索领域。该模型忽略了文本的语法、语序等要素,将文档视为独立词汇的集合,即每篇文档被看作一个词汇的袋子,词袋的说法也因此而来。因此,词袋模型的本质思想是通过统计文本中"单词"的分布情况将文本信息转变为向量模型,从而将两个文本间的相似度转化为向量的余弦距离。

在后续发展过程中,BoW 逐渐被泛化到计算机视觉领域中,首先用于解决视频场景的搜索问题。文献[98]提出了 BoW 关键点投影方法来表征图像信息。后续更多的研究者将此方法归结为 Bag-of-Features,并用于图像分类、目标识别和图像检索等任务。Bag-of-Features 模型仿照文本检索领域的 BoW 方法,把局部区域特征或关键点特征看作独立的单词,把图像看作特征的无序集合。

　　针对视觉位置识别任务和视觉回环检测任务，结合局部特征点描述子和 BoW 的应用较为广泛。处理流程包括 4 个步骤：

　　（1）提取训练集所有图像的局部特征。

　　（2）对所有图像的所有局部特征进行汉明距离聚类，得到聚类中心（视觉单词），视觉单词的集合被称为视觉词典。

　　（3）针对图像中的每个特征，在视觉词典中选取与其距离最近的视觉单词来代表该特征。

　　（4）统计单个图像中视觉单词的词频矩阵或直方图向量，完成图像到向量的编码。

　　由于视觉单词过多，查找效率是视觉 BoW 的一个非常重要的问题，所以一般采用 K 叉树的结构来存储视觉词典。深度为 D 的 K 叉树，一共可以构造 $K \times D$ 个视觉单词。如图 3-30 所示，首先将特征空间划分为 K 类，再分别对每个子空间聚类划分。

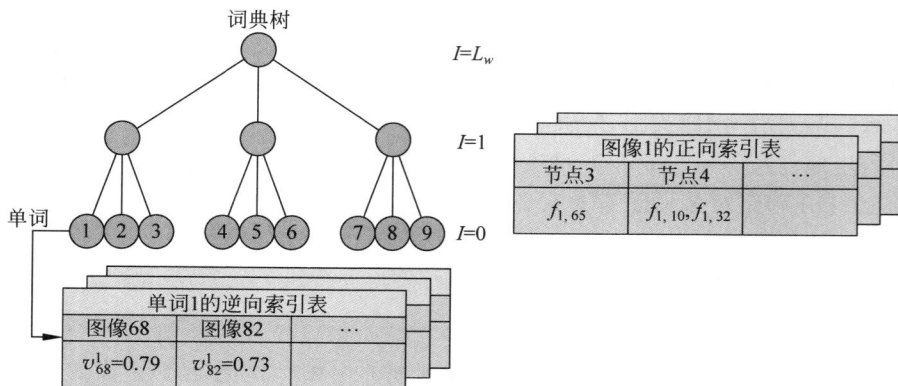

图 3-30　BoW 词典树形结构展示意图

　　在得到每个图像的编码后，通过倒排索引的方法，检索出与当前图像拥有相同视觉单词的关键帧，并计算词袋向量之间的相似度。在剔除相似度不够高的图像帧后，根据"间距"由小到大对剩余图像帧进行排序，得到视觉位置识别的最终结果。

3.5.3　应用卷积神经网络的视觉位置识别

　　非连续运动场景下的视觉位置识别也被称为 im2im（image-to-image），此时输入只能是单个图像。针对连续运动场景下的视觉位置识别，大多数方法会使用连续几帧作为整体进行查找，以扩充对场景的认知信息，从而提升检索的准确率，即 seq2seq（sequence-to-sequence）。考虑到 seq2seq 的方法往往基于 im2im 的方法，本节后续将先从 im2im 的方法开始介绍，再对处理 seq2seq 的方法进行说明。

1. 图像特征提取

　　进行场景识别的第一步是提取图像特征。提取的单个图像特征可以分为两大类：检测关键点或区域并生成对应的局部特征和全局特征。两类特征各有利弊。局部特征存在视角不变性,但是特征编码和匹配的过程往往需要耗费大量的时间和计算资源;相比之下,全局特征具有外观不变性,但容易受到视角变化的影响。

1)局部特征提取

传统的局部特征提取方法包括 SIFT[99]、SURF[100]、ORB[101],被广泛应用于早期的 VPR 系统[102-104]。然而这些手工特征不能鲁棒地应对严重的外观变化。目前越来越多的深度神经网络的方法在局部关键点检测和描述方面取得了优异性能,如 LIFT[105]、SuperPoint[106] 和 D2-net[107]。在得到图像局部特征后,几何验证、RANSAC 等算法可以被用于计算两个图像之间的空间匹配关系。

2)全局特征提取

计算单个图像的全局特征有两种方案:在局部特征的基础上构造全局特征,或者直接对整个图像提取全局特征。前者将局部特征进行聚类,再用局部特征在各个聚类中的分布构造全局特征。常用的局部特征聚类方法包括 BoW、局部聚集描述子向量方法(Vector of Locally Aggregated Descriptors,VLAD[108])、聚合选择性匹配核方法(Aggregated Selective Matching Kernel,ASMK[109])和费舍尔向量方法(Fisher Vector,FV[110])等。后者主要基于深度学习算法,通过数据驱动的方式使深度网络学到场景图像的特征表达。

2. 图像特征检索

特征提取完成后,位置识别过程中的检索方式可以被分为 3 类:单个图像全局特征的检索、单个图像全局-局部特征的层级检索和序列图像特征的检索。以下是对这 3 类方法的简要介绍。

1)基于全局特征的方法

DenseVLAD[111] 通过聚合 SIFT 局部描述子构造全局特征。首先以两个像素间隔的网格模式进行采样并提取 SIFT 描述子,再用 k-means 算法生成 128 个视觉单词,进而构造 VLAD 向量。归一化后的 VLAD 向量经过降维,形成 4096 维的 DenseVLAD 向量。

考虑到 BoW、VLAD 等传统的聚合方式与深度学习网络不兼容,很多工作[112-113]在深度学习的架构中嵌入传统的聚合方法。最具代表性的是 NetVLAD[113],该方法用 Softmax 代替最近邻的二值函数,实现了全流程的可导性,完成了 VLAD 方法在深度学习领域的扩展。用 Softmax 代替最近邻的二值函数,实现了全流程的可导性。同时,聚类中心作为待训练的网络参数,将更能体现特征分布的语义中心,从而取得比传统聚类方法更好的效果。

针对大规模图像定位中的弱监督训练问题,SFRS[114] 借助自监督学习领域的经典方法,试图挖掘表征学习中的难样本,并进一步将图像级的监督损失转化为区域级监督损失,从而更好地对 VPR 任务中图像与区域之间的复杂关系建模。

2)基于全局-局部特征的方法

全局特征和局部特征的互补性使层级检索结构被广泛用于位置识别。针对某个

query 图像，首先根据全局特征相似度对数据库进行一次粗略排序，并选择前 N 个相似度高的图像作为候选图像，再使用局部特征对候选图像进行重排序，最终得到检索结果。很多工作[115-116]已经证明了重排序可以帮助提升最终效果。

Patch-NetVLAD[117]借助 NetVLAD 全局检索获得与查询图像最为相似的 K 个候选图像，随后通过穷举匹配查询图像与候选图像的局部特征，获得空间得分，从而对候选图像进行重排序。SuperGlue[118]提出了一种能够同时进行特征匹配和过滤外点的网络，并结合注意力机制提出了一种内容聚合机制，进而在感知潜在 3D 场景的同时进行特征匹配。该方法能够在 GPU 上达到实时性能，预期能够集成到 SLAM 算法中。

然而，大多数层级检索算法独立处理全局特征和局部特征，导致重排序的效果受到全局检索结果的限制，甚至会损害全局检索性能。TCL[119]提出了一种面向三元组的弱监督学习策略，从样本挖掘和损失函数两个层面将全局描述符和局部描述符在训练中紧密耦合，在提高全局感知能力的同时丰富局部细节。

3）基于图像序列的方法

针对连续运动的场景，特别是在感知混叠非常高的情况下，先验的顺序信息可以提升 VPR 性能。典型方法有 SeqSLAM[120]和 SMART[121]等。在 VPR 的背景下，还有一些方法[122]尝试开发稳健的序列表征。SeqNet[123]使用图像序列作为输入，通过时间卷积同时学习单张图像描述符和序列描述符，构建端到端的训练框架。在测试过程中，首先使用序列描述符对图像序列进行排序筛选，再利用序列匹配算法，选择最高分数的图像序列作为最终识别结果。

3.5.4 基于 Transformer 的视觉位置识别

除 3.3.1 节中介绍的 CNN 金字塔结构融合多分辨率特征图的方法外，Transformer 中的自注意力机制将多层次注意力的计算天然地融入了特征提取的过程中，因此近年来也有方法探索视觉 Transformer 的层次化表征。本节将对 Transformer 自注意力机制的视觉位置识别算法 TransVPR[128]进行展开介绍。

1. Transformer 模型

基于自注意力机制的深度神经网络 Transformer 模型如下所述。

在介绍 Transformer 之前，先简单介绍在深度神经网络中广泛使用的残差网络 ResNet，因为残差思想也被广泛使用在 Transformer 模型中。残差网络主要解决在设计高层数（更深）网络时面临的梯度消失/梯度爆炸以及过拟合的问题。残差网络的设计核心是从输入直接引入一个短连接到非线形层的输出（也称作恒等映射），如图 3-31 所示。

Transformer 模型最早被提出用于解决自然

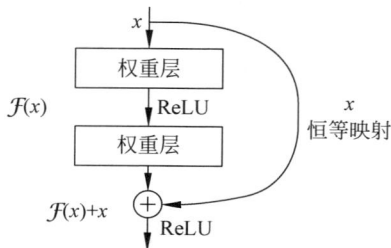

图 3-31 残差网络示意图

语言处理任务,随后被应用于图像识别、目标检测等视觉任务中并取得了优异的成果。原始的 Transformer 是 seq2seq 模型,由编码器和解码器两部分组成,整个网络全部由注意力结构搭建而成。为了在图像中应用 Transformer,需要首先把图像看作文本数据一样获得 token。获得 token 的方法多种多样,可以将每个像素特征作为 token,也可以将一部分窗格内的像素特征看作整体作为 token,因此,token 设计也是应用视觉 Transformer 的关键。在本节中,Transformer 被用作图像特征和语义结构特征提取网络,因此,只需关注其中的编码器部分。编码器中的注意力机制在 3.5.1 节进行了详细介绍,因此这里不过多描述。

Transformer 编码器结构如图 3-32 所示,它由多个完全相同的编码模块串联而成,每个编码模块的输入输出均为维度相同的特征序列。一个编码模块包括一个自注意力层和一个前馈神经网络,其中,自注意力层的结构为前面提到的缩放点积的多头自注意力模型,前馈神经网络由两个全连接层和 ReLU 激活函数构成。每个自注意力层和前馈网络均使用了残差连接和层归一化进行处理。

由于自注意力机制的计算本身与序列元素之间的相对顺序无关,为了不损失元素位置的这一信息,需要对于序列进行位置编码,即对每个输入向量加入一个由其相对或绝对位置决定的位置编码向量。该向量可以预先定义,也可以作为可学习的参数,最常用的方法是采用不同频率的正弦余弦函数来生成,计算过程如下:

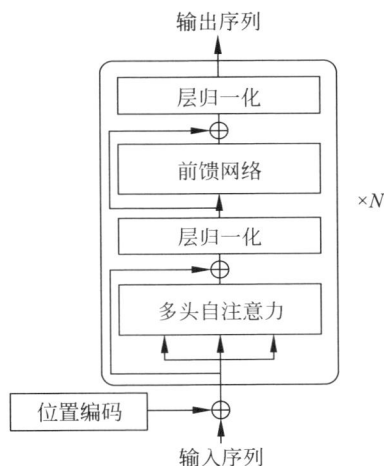

图 3-32　Transformer 编码器结构

$$\mathbf{PE}_{\text{pos},2i} = \sin(\text{pos}/10000^{2i/d_{\text{model}}})$$
$$\mathbf{PE}_{\text{pos},2i+1} = \cos(\text{pos}/10000^{2i/d_{\text{model}}})$$

(3-12)

其中,pos 为向量在序列中的位置;i 为当前维度;d_{model} 为特征总维度。

2. TransVPR

TransVPR 提出了一种视觉 Transformer 的多层次注意力融合框架,选择性地关注图像中对识别位置有辨识度的区域,联合提取图像的全局和局部表征。该方法首先利用一个浅层 CNN 网络提取图像的局部特征,再利用视觉 Transformer 来融合全局上下文信息并计算多层次注意力。选取低、中、高 3 种层次的注意力,通过线性降维得到对应的权重图,表示对不同区域的关注度。最后将多层次注意力融合,生成图像的全局表征以及关键区域局部表征。整体流程如图 3-33 所示。

输入图像先经过一个 4 层的卷积神经网络提取原始的区块描述子。记第 i 层的卷积特征图为 $\boldsymbol{F}_i \in \mathbb{R}^{H_i \times W_i \times C_i}$(原始图像对应 $i=0$),则第 $i+1$ 层的特征图表示为

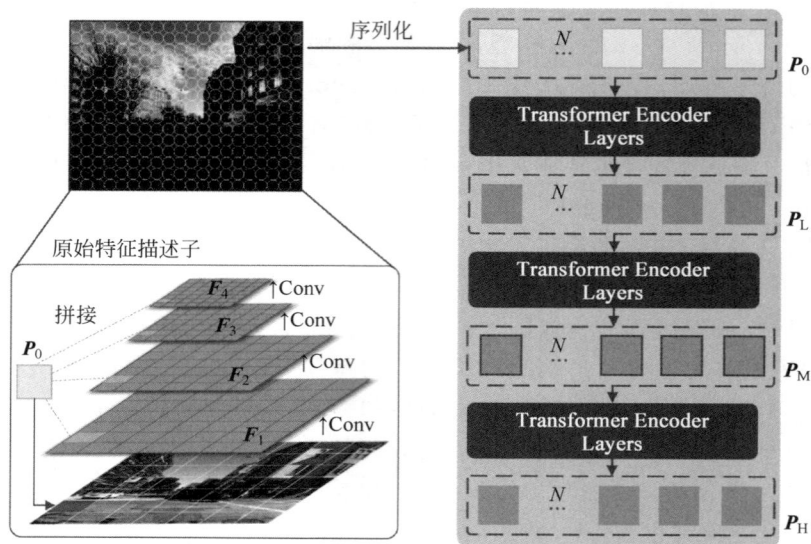

图 3-33　TransVPR 特征提取示意图

$$\boldsymbol{F}_{i+1} = \text{MaxPool}(\text{ReLU}(\text{BN}(\text{Conv}(\boldsymbol{F}_i)))) \tag{3-13}$$

其中，$\boldsymbol{F}_{i+1} \in \mathbb{R}^{\frac{H_i}{2} \times \frac{W_i}{2} \times C_{i+1}}$。

然后，将每个特征图以网格形式分割成一系列区块的序列 $\boldsymbol{F}_i' \in \mathbb{R}^{N \times (R_i^2 \cdot C_i)}$，其中 (R_i, R_i) 是一个区块在特征图上的分辨率。随后，每个特征图区块经过一个全连接层编码，并将不同特征图上对应相同位置的区块向量进行拼接，即得到原始的区块描述子，记为 $\boldsymbol{P}_0 \in \mathbb{R}^{N \times D}$。一个区块描述子的位置坐标可以近似为其对应原始图像区块的中心点坐标。

接着，为了融合图像的全局上下文信息，将原始区块描述子序列作为输入送入到一个 Transformer 编码器中。由于此前提取原始区块描述子的卷积神经网络可以隐式地编码空间位置信息，标准 Transformer 模型中的位置编码在此处则被去掉，因此模型对不同尺寸的输入图像具有更好的灵活性。

即使 Transformer 中的自注意力操作具有全局感受野，但是其注意力传播的距离会随网络深度的增加而增加。也就是说，不同 Transformer 层关注的语义结构尺度是存在差异的。因此，为了结合不同语义层级的信息，从 Transformer 的浅层、中层、深层分别选取一组输出的区块描述子，记为 $\{\boldsymbol{P}_L, \boldsymbol{P}_M, \boldsymbol{P}_H\}$，将其拼接得到多层级的区块描述子 $\boldsymbol{P}$，具体流程如图 3-34 所示。

从多层级区块描述子 $\boldsymbol{P}$ 出发，对每个层级分别计算一个空间域的注意力图 $\boldsymbol{a}_i$，注意力图上的得分表示各区块描述子对识别位置的贡献程度。将 3 个的注意力图融合即可得到最终的图像注意力分布 $\boldsymbol{A}$：

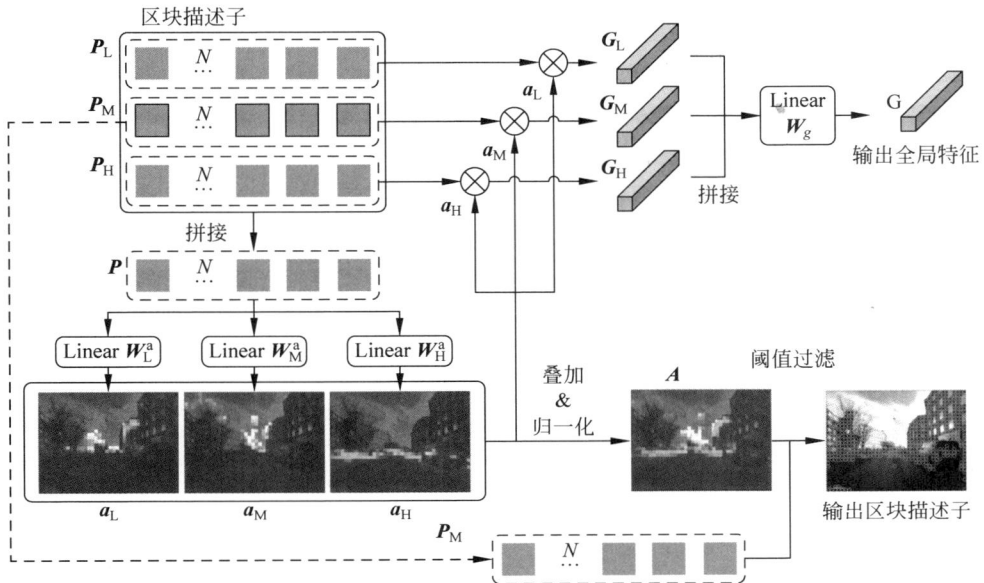

图 3-34　TransVPR 流程图

$$a_i = \text{Softmax}(PW_i^a) \in \mathbb{R}^{N \times 1} \tag{3-14}$$

$$A = \text{MinMaxNorm}(\Sigma_i \text{MinMaxNorm}(a_i)) \tag{3-15}$$

模型最终输出的图像表征包括区块描述子和全局表征两部分。理论上，Transformer 任意一层的输出特征序列均可作为区块描述子来进行几何校验。在实际实验中，中层级的区块描述子 P_M 效果最稳定。整体注意力图 A 中得分超过阈值 τ 的区块被定义为关键区块，它们对应的描述子会被用于最终重排名阶段的几何校验。单层级的全局特征 G_i 由用对应层级的区块描述子经过该层的注意力图加权聚合，多层全局特征组合输出最终的全局特征：

$$G_i = a_i^T P_i \in \mathbb{R}^D \tag{3-16}$$

$$G = \text{L2Norm}(\text{L2Norm}(\text{Concat}([G_L, G_M, G_H]))W_g) \tag{3-17}$$

第 4 章

弱势道路使用者的
行为识别与预测

4.1 概述

人类驾驶员在驾驶汽车的过程中,会根据对周边车辆或者移动物体的观测信息来预判未来时刻场景可能发生的变化,并通过对场景中动、静态目标互动关系的分析以规划出安全快捷的行车路线,从而完成合理的交互行为并避免与其他车辆或行人发生碰撞。自动驾驶汽车要达到人类的驾驶水平,除了具备周密的场景感知能力外,还需要像人类一样理解和记忆交通情境,具有记忆、推理和经验更新的机制。与第 3 章的场景感知和理解不同,本章介绍的道路使用者的行为识别和运动预测更侧重于情境认知,需要理解场景中各个对象的相互关系。本章在感知场景动态变化的基础上,对场景中的复杂因素及其相互之间的关系进行推理,预判未来时刻场景各实体的行为,以便自动驾驶车辆能够应对具有高动态性和强随机性的交通场景变化。

弱势道路使用者(Vulnerable Road User,VRU)是指在交通场景中由于缺乏安全保护而易受伤害的交通参与者,主要包括行人、道路施工者以及自行车、摩托车、轮椅、滑板、独轮车等交通工具使用者。保证交通场景中道路使用者的自身安全是自动驾驶车辆被普及应用的前提条件,VRU作为主要的交通参与者,在道路使用过程中,需要与周围的 VRU、车辆以及环境进行复杂的交互。因此,检测 VRU 的位置、识别 VRU 的行为、理解

VRU 的行为意图,提前预测 VRU 的未来运动,能为自动驾驶的决策、规划和控制提供重要参考,对于提高自动驾驶和道路安全至关重要。本章基于感知模块提供的 VRU 历史信息以及周围环境信息,介绍了交通场景下的 VRU 的检测与行为识别方法,探索了影响 VRU 意图及未来运动的基本因素,并进一步叙述了 VRU 的意图预测与运动预测的典型方法。

4.2　弱势道路使用者的检测与行为识别

弱势道路使用者的行为具有较高的不确定性,因此,在自动驾驶系统中,准确检测 VRU 的位置并理解其相关行为模式是 VRU 意图预测以及运动预测的基础。本节详述了 VRU 的检测与行为识别技术,主要包括 VRU 的检测、姿态识别以及动作行为识别。其中 VRU 的检测在第 3 章的通用目标检测中虽有所涉及,但本节着重介绍两种针对 VRU 的检测方法。此外,本节将 VRU 的行为识别分为 VRU 的姿态识别和动作行为识别两个任务,其中姿态识别是对 VRU 在单一时间节点的静态肢体动作的描述,如关节、骨架等;而 VRU 的动作行为识别是对行人动态状态的区分,描述了 VRU 个体从过去一段时间到当前时间节点的具体行为,例如奔跑、跳跃等。

4.2.1　弱势道路使用者的检测

VRU 检测是 VRU 姿态识别以及行为识别的基础,其任务是在输入图像或视频帧中对 VRU 进行定位及分类。在动态交通环境中,光照变化、视角变换、运动模糊以及遮挡等问题为 VRU 检测带来了困难和挑战。本节具体介绍两种经典的 VRU 检测方法:HOG-SVM 和积分特征通道。

1. HOG-SVM

方向梯度直方图(Histogram of Oriented Gradient,HOG)是目前广泛使用的行人特征描述子,通过计算和统计图像局部区域的梯度方向直方图来构成特征。HOG 能刻画图像的局部的形状信息,对光照变化和少量的偏移并不敏感,能有效地表征人体的边缘特征。支持向量机(SVM)是经典的有监督学习模型,在行人检测中常作为行人分类器。

HOG-SVM[129] 是一种利用 HOG 和 SVM 的经典 VRU 检测方法,其算法流程如图 4-1 所示,下面对每个步骤进行详细介绍。

(1) 图像预处理。对于给定的输入图像,首先进行颜色和幅值归一化,以调节图像对比度,减少光照对图像的影响。

(2) 梯度计算。图像梯度是指图像某像素 $I(x,y)$ 在水平和垂直两个方向上的变化率(与相邻像素比较),反映图像在 x 轴与 y 轴两个方向上的变化。其中,图像在

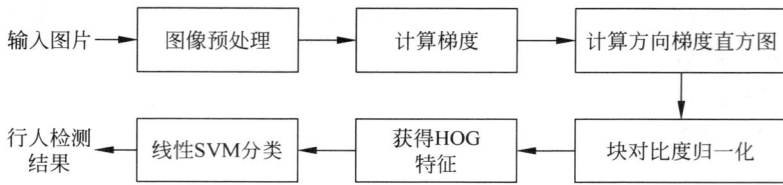

图 4-1　基于方向梯度直方图（HOG）的 VRU 检测

(x,y) 处水平方向的梯度为 $G_x(x,y)=I(x+1,y)-I(x-1,y)$，垂直方向的梯度为
$G_y(x,y)=I(x,y+1)-I(x,y-1)$，由此可计算图像在 (x,y) 处的梯度幅值 μ 和梯
度方向 θ 方向分别为

$$\mu=\sqrt{G_x(x,y)^2+G_y(x,y)^2} \tag{4-1}$$

$$\theta=\frac{180}{\pi}\arctan\left(\frac{G_y(x,y)}{G_x(x,y)}\right) \tag{4-2}$$

为了得到梯度直方图，首先分别计算图像每个像素点水平和垂直两个方向的梯
度，进而得到图像每个像素点的梯度幅值和方向。

（3）计算方向梯度直方图。将图像划分成若干个 $N\times N$（通常 $N=8$）大小的单元
（cell），为了减小噪声对梯度图的干扰，利用直方图统计每个单元中的每个像素点的梯
度幅值和方向。在直方图中，x 轴的每个区间称为一个 bin，根据每个输入数据的数值
范围将其统计进对应的 bin，得到每个 bin 对应的 y 轴的值。对于像素梯度方向 θ，将
梯度角度 $0\sim180°$ 分成 K 等份，称为 K 个 bin，再根据梯度幅值和方向对每个 bin 进行
梯度幅值加权统计。以 $K=9$ 为例，则每个区间的宽度为 $w=\dfrac{180°}{K}=20°$。把每个 bin
从 $0\sim K-1$ 进行编号。第 i 个 bin 的范围是 $[w\times i,w\times(i+1)]$，其中心角度为 $c_i=$
$w\left(i+\dfrac{1}{2}\right)$。除了像素点的梯度方向，该方法根据梯度方向的大小，把对应的梯度幅值
μ 按一定比例放进相邻的两个 bin 中。因此一个像素点对一个 bin 的贡献不仅取决于
梯度的幅值 μ，还取决于梯度方向 θ 与该 bin 的中心的距离。具体地说，对于一个梯度
幅值为 μ、梯度方向为 θ 的像素点，θ 两侧分别对应编号为 j 的 bin 和编号为 $j+1$ 的
bin，则该像素点对编号为 j 的 bin 的贡献值为 $v_j=\mu\,\dfrac{\theta-c_j}{w}$，对编号为 $j+1$ 的 bin 的
贡献值为 $v_{j+1}=\mu\,\dfrac{c_{j+1}-\theta}{w}$。

将每个单元的像素点对相应 bin 的贡献值进行加权统计后，每个单元可得到一个
梯度直方图，如图 4-2 所示，该直方图的 K 个值组成了该单元的梯度直方图特征。

（4）块对比度归一化。为了减少光照对图像的影响，在单元的基础上，利用滑动窗
口的方式，以 $M\times M$ 个单元划分成一个块（block），则每个块有 $M\times M$ 个梯度直方图
特征。将这 $M\times M$ 个直方图拼接成长度为 $M\times M\times K$ 的向量后，再对这个向量进行

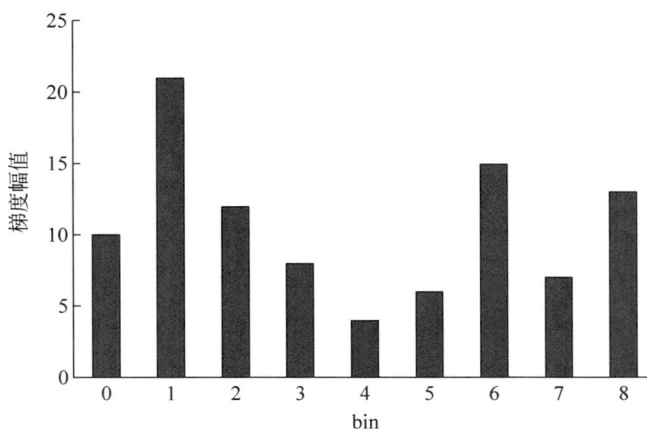

图 4-2　梯度直方图

归一化。

（5）获得 HOG 特征。滑动窗口以单元为单位在整个图像上进行重复地归一化，得到所有块归一化后的向量。再将上述归一化向量拼接后，得到图像的 HOG 特征。

（6）线性 SVM 分类。利用上述步骤提取正负样本的 HOG 特征，再用正负样本训练一个初始的分类器，然后用初始分类器在负样本原图上进行行人检测，检测出来的矩形区域都是分类错误的负样本，得到难样本。进一步提取难样本的 HOG 特征并结合第一步中的特征，重新训练 SVM 分类器，生成最终的行人检测器。

2. 积分通道特征

行人检测系统的性能主要由学习算法和特征表示决定，之前大部分方法集中于学习和特征设计，很少致力于分析或优化特征本身。积分通道特征（integral channel features，ChnFtrs）[130]则将注意力集中在特征选择上，通过对输入图像进行线性或非线性变换，使得一系列的图像表征能够在积分图上进行高效计算。该方法能够利用较少的参数集成异构信息源，从而实现快速准确的行人检测。

基于 ChnFtrs 的 VRU 检测主要步骤如下：对于给定的一个图像，ChnFtrs 首先对图像进行线性和非线性变换，得到一系列图像表征，称为积分图像通道，再从积分图像通道中提取特征，得到积分通道特征，最后对 Boosting 分类器进行训练，将得到的分类器用于行人检测。下面对各个步骤进行详细介绍。

（1）积分图像通道生成。给定输入图像 I，最简单的通道是 $C=I$，即将图像中的色彩通道直接作为特征通道使用。其他的通道可以从图像 I 经过线性或非线性变换得到。使用 Ω 代表某通道的生成函数，则有通道 $C=\Omega(I)$。若通道具有变换不变性，则对于图像 I 的变换 I' 而言，有 $C'=\Omega(I')$，这使得 Ω 这个操作只需在图像上计算一次，避免了变换之后的重复计算。

图 4-3 中的(a)～(h)展示了部分积分图像通道类型的可视化实例，包括灰度化的

图像(见图 4-3(a))、彩色图像的 3 个 CIE-LUV 色彩通道(见图 4-3(b))、Gabor 滤波器得到的图像(见图 4-3(c))、高斯函数差分滤波器进行卷积捕获不同尺度图像(见图 4-3(d))以及梯度图(见图 4-3(e))、基于梯度得到的边缘图像(见图 4-3(f))、梯度直方图(见图 4-3(g))、梯度幅值图(见图 4-3(h))等。为避免引入伪影,对各通道图像的边缘进行了裁剪,因此所有通道图像都略小于原始图像。

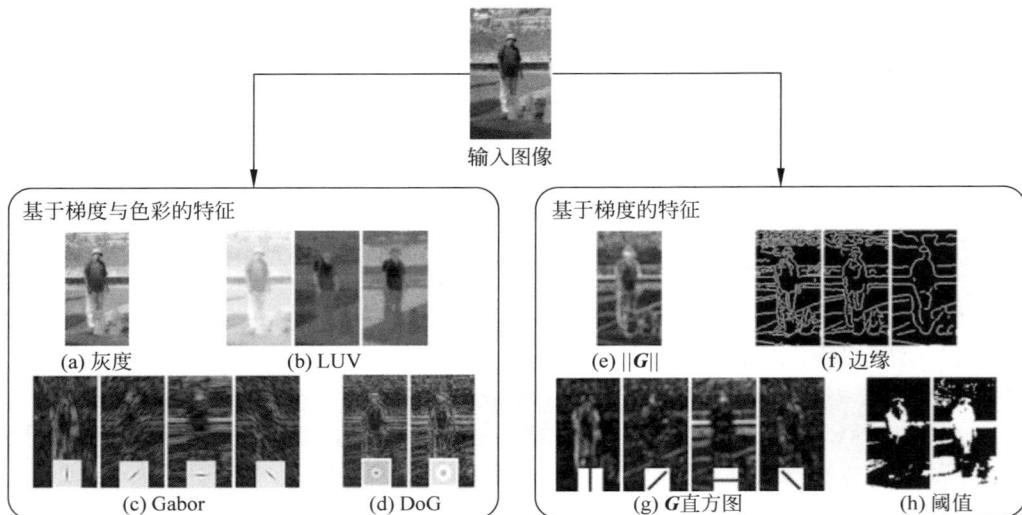

图 4-3　积分通道特征

(2) 积分通道特征提取。如图 4-4 所示,ChnFtrs 选择了 3 种类型的通道进行组合,分别为梯度直方图、颜色(包括灰度、RGB、HSV 和 LUV)和梯度幅值,并利用这些候选通道随机生成海量的一阶或者高阶的通道特征。其中一阶通道特征是通过随机选择通道索引和固定矩形区域,计算矩形区域内的像素作为候选特征,而高阶通道特征则是随机生成的一阶特征的加权和,每个特征可以跨越多个通道。对于高阶特征而言,特征数目会快速增长,但特征的随机采样通常会产生良好的结果。

图 4-4　示例图像和计算通道可视化

(3) Boosting 分类器。对于上述给定的大量候选特征,Boosting 提供了一种方便、快速的方法来学习。ChnFrts 使用了软级联的变体,将一个单独的分类器在整个数据集上进行训练,训练后再使用简单的启发式方法设置阈值,而不是多个不同的级联层,从而大大简化了训练过程。

(4) 全图检测。ChnFrts 方法使用多尺度滑动窗口进行全图检测。滑动窗口的步长为 4 像素,尺度步长为 $2^{1/10}$。采用非极大抑制(Non-Maximal Suppression,NMS)抑制多个相近的检测框,得到最终的 VRU 检测结果。

4.2.2　弱势道路使用者的姿态识别

VRU 的姿态识别任务是 VRU 行为识别的基础,旨在从图像中估计出人体关节点的空间位置,通过获取连续图像中的人体关键点运动过程,进一步推理出对象所做的动作。目前的大多数姿态识别的方法通常都是对人体的重要关节点位置进行估计,再根据各关节相对位置的几何约束对人体姿态进行分类识别。上述方法忽略了连接两个相邻关节区域的局部外观,而人体关节间关系的建模是人体姿态估计的重要组成部分,因此本节介绍一种基于肢体的人体姿态估计图模型[131],利用肢体的形状来提高人体关节定位的准确性。

如图 4-5 模型主要由两个模块组成:肢体和关节检测模块和基于肢体的图模型模块。检测模块的骨干网络为 VGG16,专注于对每个关节或肢体的独立检测。受网络感受野大小的限制,检测器无法捕捉其他关节或肢体的整个结构,因此该方法进一步利用图模型捕获所有关节和肢体的全局关系。与检测模块的卷积核大小相比,图模型采用大卷积核的卷积层(Gra Conv1),构建了基于其他关节和肢体在任意坐标上定位关节或肢体的可能性。再使用设计的特定关节层来捕捉一对相邻关节和中间肢体之间的关系。为简单起见,图 4-5 的虚线框中只展示了右手腕的一个示例。通过这个两步模型,肢体与关节的关系以从粗到细的方式被捕获。上述两个模块都输出对应的热力图,并用欧氏距离损失进行训练。下面介绍该模型的具体细节。

(1)肢体表征。考虑到人体整个肢体的外形变化很大,该方法将整个肢体在肘部或膝关节处分割成两个短而直的肢体,即用小臂、大臂、小腿和大腿进行全身检测。与整个肢体相比,该定义中的短肢形状始终类似于圆柱体,使得短肢检测比整个肢体检测更加简单。然而,目前大多数用于人体姿势估计的数据集中都没有这样的肢体标注。为简化标注流程,该方法根据关节的标注位置来生成人体肢体的粗略标注。如图 4-6 所示,对于每个肢体,从一个零矩阵开始,它的大小等于原始图像的大小。首先,使用一条直线连接位于肢体末端的两个关节。然后,根据零矩阵中各元素坐标到该直线的距离的反比为矩阵的每个元素赋值。最后,对该矩阵进行高斯滤波,将所得到的矩阵视为这一肢体的标注。

(2)人体关节和肢体检测。由于肢体和关节位置邻近,它们共享相似的上下文信息,如相似的颜色和纹理,这构成了肢体和关节的定位约束。考虑到这种密切的相关性,本节方法将关节和肢体的检测集成到一个卷积神经网络中。其中主干网络由 VGG16 组成,共享多个层来提取这两个任务的共同特征。在获得相同的特征后,再利用几个单独的层来捕捉其独特的属性,以区分肢体和关节。最后通过最小化所有关节和肢体的预测热图和生成的真实热图之间的均方误差(Mean Squared Error,MSE)距离来训练检测网络。

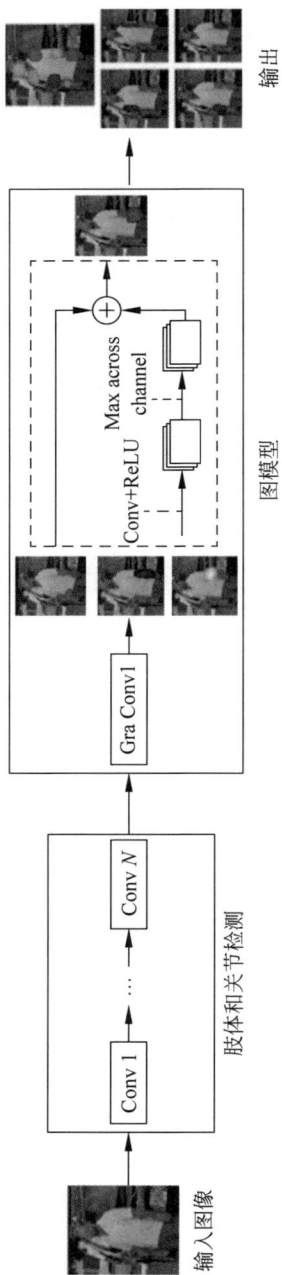

图 4-5　基于肢体的人体姿态估计图模型

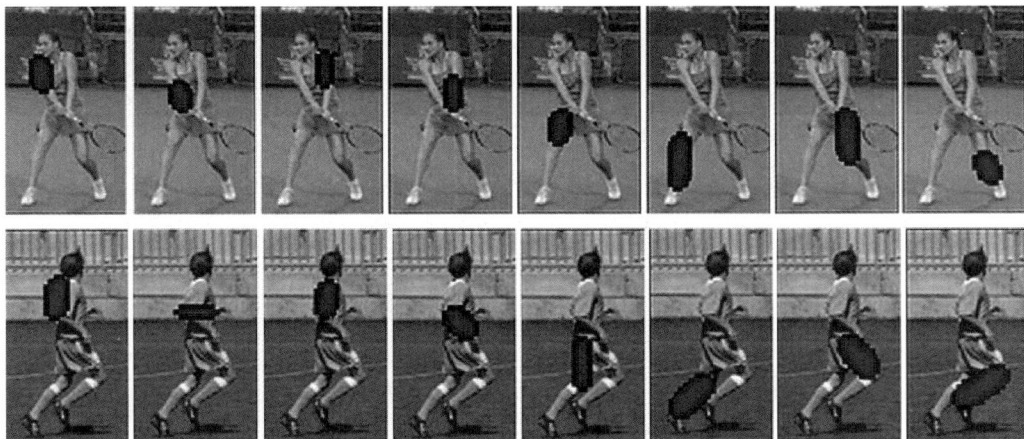

图 4-6　肢体表征

（3）基于肢体的图模型。利用卷积网络完成了对人体关节和肢体的检测后，预测的热图仍然包含一些不合理的姿势，特别是具有更高灵活性的手腕和肘部的热图，违反了肢体和关节之间的物理约束，这意味着卷积检测网络并没有完全学会关节和肢体的关系。因此，该方法进一步利用图模型显式的捕捉关节和肢体之间的空间约束。图模型包括两个步骤，首先，对于每个关节或肢体，利用人体所有关节及四肢的检测结果来去除偏离真实位置的假阳性检测；其次，使用相邻的关节和中间的肢体来进一步细化关节的位置。以手腕为例，具体网络实现如图 4-5 中图模型部分所示，经过大卷积核的卷积层之后，肘部、手腕和手臂的独立分布被输入模型中，模型输出右手腕的滤波分布。右肘和右下臂的两个热图首先通过卷积层，生成 T 种卷积结果。对于这一卷积层，由于相邻关节之间的位移较小，模型使用了较小的卷积核。调整该卷积核的大小，使得卷积窗口可以覆盖给定肘部位置的腕部的波动范围。通过跨通道的最大池化运算，从热图每个坐标的 T 个卷积结果中选择最大的卷积结果。再将新的热图和初始的独立热图通过元素相加进行融合，得到最终结果。模型通过固定检测器的参数来最小化预测热图和真实热图之间的均方误差距离来训练两步图模型。

（4）网络训练。该方法将检测网络和图模型结合成一个端到端的卷积网络。整个网络是逐步训练的。首先，训练检测网络，并存储训练图像的输出热图。其次，利用这些热图来训练图模型。最后，结合这两个卷积网络并微调所有的卷积权值，使得性能得到极大提升。

4.2.3　弱势道路使用者的行为识别

VRU 行为识别是根据序列图像中人体的姿态动作对行人的运动状态进行区分。通过对行人过去已有动作的识别，可以进一步有效预测 VRU 未来的动作或意图，因此 VRU 的行为识别是意图预测的基础。

4.2.2 节介绍了基于人体关节的 VRU 姿态识别，本节介绍语义引导下基于骨架的动作识别方法，该方法提出了一个简单有效的语义引导的图神经网络（Semantics-Guided Neural network，SGN）[132]，如图 4-7 所示。该方法首先利用关节级别模块建立同一帧关节点的关联，再通过帧级别模块建模前后帧之间得出依赖关系，以此提取关节点的高阶语义信息并引入网络来提高特征的表达能力。

对于一个骨架序列，所有序列中的不同时间节点的关节可定义为集合 $S = \{X_t^k \mid t = 1, 2, \cdots, T; k = 1, 2, \cdots, J\}$，其中，$X_t^k$ 代表了类型 k 关节在时间 t 的特征，T 代表骨架序列的关键帧的总数，J 表示一帧中一个人的关节点数目。

（1）动态特征的表征。对于一个给定的关节点 X_t^k，利用其 3D 坐标系中的坐标向量 $\boldsymbol{p}_{t,k} = (x_{t,k}, y_{t,k}, z_{t,k})^{\mathrm{T}} \in \mathbb{R}^3$ 以及速度向量 $\boldsymbol{v}_{t,k} = \boldsymbol{p}_{t,k} - \boldsymbol{p}_{t-1,k}$ 共同表达其动态信息。坐标与速度信息被分别编码到同一大小的高维空间 $\widetilde{\boldsymbol{p}_{t,k}}$ 和 $\widetilde{\boldsymbol{v}_{t,k}}$，并且通过求和操作融合为 $\boldsymbol{z}_{t,k}$，即 $\boldsymbol{z}_{t,k} = \widetilde{\boldsymbol{p}_{t,k}} + \widetilde{\boldsymbol{v}_{t,k}} \in \mathbb{R}^{C_1}$，其中，$C_1$ 是关节表征的维度。以坐标特征为例，其利用两个全连接（Fully Connected，FC）层进行编码，可得到

$$\widetilde{\boldsymbol{p}_{t,k}} = \sigma(\boldsymbol{W}_2(\sigma(\boldsymbol{W}_1 \boldsymbol{p}_{t,k} + \boldsymbol{b}_1)) + \boldsymbol{b}_2) \tag{4-3}$$

其中，$\boldsymbol{W}_1 \in \mathbb{R}^{C_1 \times 3}$，$\boldsymbol{W}_2 \in \mathbb{R}^{C_1 \times C_1}$ 是权重矩阵，$\boldsymbol{b}_1$ 与 $\boldsymbol{b}_2$ 是偏置向量，σ 代表 ReLU 激活函数。速度特征也能用类似的方法得到。

（2）关节级别的模块。关节级别的模块被用于提取同一帧中关节间的信息。该方法使用图卷积网络（Graph Convolution Network，GCN）来探索结构化骨架数据间的关联性。为了提升 GCN 的语义表征能力，该方法利用关节类型的语义和运动特征来学习一帧图像内各个关节点之间的图连接，其中关节类型信息有助于学习一个相邻矩阵来表示关节之间的连接权重关系。同时，作为一个关节点的一部分，关节点类型的语义信息也会参与图卷积神经网络的信息传递过程，相当于为每个关节提供了独特的表征，有助于目的节点对传递信息的理解。

为了方便神经网络对类型的理解，类型为 k 的关系使用 one-hot 向量进行编码，$\boldsymbol{j}_k \in \mathbb{R}^{C_1}$，其中，第 k 维为 1，其他维为 0。给定 J 个同一时间帧中的关节，可以构建得到 J 个节点的图，定义在时间 t 关节类型 k 的动态与语义信息共同表达为 $\boldsymbol{z}_{t,k} = [\boldsymbol{z}_{t,k}, \widetilde{\boldsymbol{J}_k}] \in \mathbb{R}^{2C_1}$。一帧中的所有关节被表达为 $\boldsymbol{Z}_t = (\boldsymbol{z}_{t,1}, \boldsymbol{z}_{t,2}, \cdots, \boldsymbol{z}_{t,j}) \in \mathbb{R}^{J \times 2C_1}$。

在时间 t 的帧中，从第 i 关节到第 j 关节的权值对应的特征空间相似度如下：

$$\boldsymbol{S}_t(i, j) = \theta(\boldsymbol{z}_{t,i})^{\mathrm{T}} \phi(\boldsymbol{z}_{t,j}) \tag{4-4}$$

其中，θ 与 ϕ 定义了两个转换函数，每个都是由一个全连接层实现，如 $\theta(\boldsymbol{x}) = \boldsymbol{W}_3 \boldsymbol{x} + \boldsymbol{b}_3 \in \mathbb{R}^{C_2}$ 和 $\phi(\boldsymbol{x}) = \boldsymbol{W}_4 \boldsymbol{x} + \boldsymbol{b}_4 \in \mathbb{R}^{C_2}$。

通过计算节点间的相似性，得到邻接矩阵 $\boldsymbol{S}_t$，并使用 Softmax 对每一行进行正则化，以保证所有指向一个节点的边权值和为 1。此外定义正则邻接矩阵为 $\boldsymbol{G}_t$，再利用一个带残差的图卷积层实现网络节点间的信息传递过程：

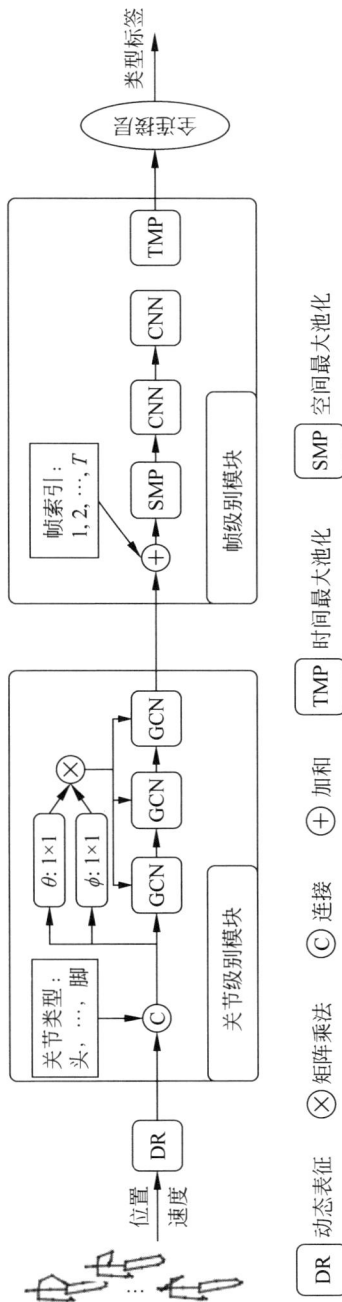

图 4-7　语义引导的图卷积神经网络框图

$$Y_t = G_t Z_t W_y \tag{4-5}$$

$$Z'_t = Y_t + Z_t W_z \tag{4-6}$$

其中，W_y 与 W_z 是转换矩阵，权重矩阵在不同帧之间共享，Z'_t 是最终的输出。此外，可以将多个残差图卷积层堆叠起来，从而实现具有相同邻接矩阵 G_t 的节点之间的信息传递。

（3）帧级别模块。SGN 设计了一个帧级别的模块用于提取帧间的相关关系，引入了帧索引的语义信息来增强每帧的表征能力，以向网络提供帧间的顺序。

与关节类型编码类似，该方法使用 one-hot 向量 $f_t \in \mathbb{R}^{d_f}$ 表达帧索引，并使用和位置编码相似的方式，通过多层深度网络结构获得嵌入后的帧索引特征 $\widetilde{f_t} \in \mathbb{R}^{C_3}$。为了进一步融合所有已经得到的特征，SGN 将帧 t 中类型为 k 的关节点的联合特征同帧索引语义信息关联，即 $z'_{t,k} = z'_{t,k} + \widetilde{f_t} \in \mathbb{R}^{C_3}$，其中，$z'_{t,k} = Z'_t(k,:)$。

为了融合一帧中的所有关节点信息，同时确保网络的置换不变性，模型使用空间最大池化层（Spatial Max Pooling Layer，SMP）来聚合不同关节间的特征。序列特征的维度为 $T \times 1 \times C_3$，特征提取用两个 CNN 层实现，第一个特征是时空卷积层用于建模帧间的依赖，第二个 CNN 层是通过卷积核为 1 的卷积映射特征到高维空间，以增强学到的特征的表征能力。在两个 CNN 层后，SGN 利用一个时间维度上的最大池化层（Temporal Max Pooling Layer，TMP）来聚合所有帧间的信息以获得 C_4 维的序列层面的特征表达 x_i，最后使用一个全连接层与一个 Softmax 层以实现 VRU 行为分类。

$$\hat{y}_1 = \underset{x_i}{\mathrm{argmax}}(\mathrm{Softmax}(\mathrm{MLP}(x_i))) \tag{4-7}$$

4.3   弱势道路使用者意图预测

VRU 的意图预测是指通过给定的观测帧序列来预测未来的某一时间段内 VRU 是否会做出穿越马路的意图。作为 VRU 行为识别的一个特殊的子问题，VRU 的意图预测侧重于理解 VRU 在交叉路口附近的高度复杂的运动趋势以及感知到的周围环境信息，从而判断未来时刻目标 VRU 是否会做出穿越的动作。实际上 VRU 的意图是其主观能动性的体现，但是通过深度学习模型，可以根据采集到的数据来推断 VRU 的意图，这些数据包括 VRU 的历史运动轨迹、VRU 所处场景信息、VRU 周围行人信息、VRU 本身的视觉信息、道路结构以及周围车的车速等，因此客观地推断 VRU 的决策是一个多模态信息联合判断的结果。

早期大多数 VRU 的意图预测方法都是基于轨迹的，即通过观测到的 VRU 的历史运动信息去预测行人的未来意图，这些方法在 VRU 已经或即将穿越马路时是有效的，然而当 VRU 在交叉路口站立或在交叉路口沿着道路行走时可能会面临一定的挑战。得益于人体姿态估计的发展，很多方法利用人体关节点作为行人行为的辅助来完成意图预测。由于 VRU 行为的不确定性和场景的多样性给 VRU 意图的预测带来了巨大的挑战,因此现阶段越来越多的方法将目标转移至建模 VRU 与 VRU 以及 VRU 与场景之间的交互上,利用场景中目标之间的相互依赖关系来完成意图的预测。

4.3.1　基于运动特征的意图预测

基于运动特征的 VRU 意图预测直接使用 VRU 运动信息进行意图预测。主要包括如下几种类型的运动信息。

1. 行人边界框

在 2D 图像平面中进行意图的预测,除了估计未来轨迹外,定位 VRU 边界也很重要。预测边界框坐标,而不是中心坐标,可以改进意图预测,因为边界框坐标隐式地捕获了自动驾驶车辆和 VRU 之间的相对距离的变化以及相机的运动。因此,可以使用由左上角和右下角点 $[(x_1, y_1), (x_2, y_2)]$ 定义的 VRU 周围边界框的空间坐标来编码 VRU 位置的变化。

2. 网格位置

除了直接使用 VRU 轨迹,还可以将 VRU 的位置信息转换为网格类。为了实现这一点,图像平面被划分为 $N \times M$ 个网格单元,每个网格单元都分配有一个唯一的类。可以通过 $g^t = \mathrm{argmin}_{i \in \mathrm{cls}}(|\mathrm{center}_{g_i} - \mathrm{center}_{l_i^t}|)$ 或中心最接近行人边界框中心的单元格来识别 t 时刻 VRUi 的相应网格,其中 center_{g_i} 表示网格中心位置,$\mathrm{center}_{l_i^t}$ 表示 VRUi 在 t 时刻的位置,cls 表示与网格位置相关的类。

3. 车辆运动

车速反映了自动驾驶车辆的状态随时间的变化,表示为 $v^t = [s^t, v_x^t, v_z^t]$,其中,$s^t$ 是 t 时刻车辆的速度,v_x^t 和 v_z^t 是 t 时刻车辆沿 x 轴和 z 轴的速度。

上述运动信息中包含 VRU 自身运动及周围环境信息,因此既可以直接拼接作为特征使用,即利用简单的分类器(如 SVM 或贝叶斯网络[133]等)进行 VRU 意图预测;同时也可以利用神经网络,如 LSTM 或 CNN,对上述运动信息进行特征提取得到更有效的运动特征表达,再进一步得到意图预测的结果。意图预测的方式中涉及的 SVM 在 4.2 节有相关介绍,而贝叶斯网络则在 5.2 节有相关介绍,因此,本节不展开叙述。

4.3.2　应用姿态估计的意图预测

由于 VRU 特定的细节动作或肢体间的位置关系在一定程度上也会揭示其未来时刻的意图,所以基于姿态估计的 VRU 意图预测方法首先通过姿态估计模型得到行人的 2D 姿态或 3D 姿态信息,进而根据得到的姿态信息作为辅助特征,完成 VRU 意图的预测。

一种最简单且直接的使用人体姿态信息辅助意图预测的方式是将已获取的姿态

信息直接输入深度学习模型中，而不需要进行任何基于关节点的后处理或统计特征的构建。这一方法还结合了 VRU 的历史轨迹信息以及所处场景的视觉信息。通过这种方法，网络在预测 VRU 意图时可以捕捉到关节点的细微变化[134]。在复杂的城市道路上，当 VRU 穿过车辆前方时，其脸部或手臂存在部分或完全遮挡，所以在这种情况下姿态的修剪显得尤为重要。为解决这个问题，可以将得到的完整姿态先进行预先修剪，筛选出最稳定的 9 个关节点的信息（左肩、右肩、脖子、左胯、右胯、左膝、右膝、左脚踝、右脚踝），图 4-8 显示了这些点在人体上的对应位置。

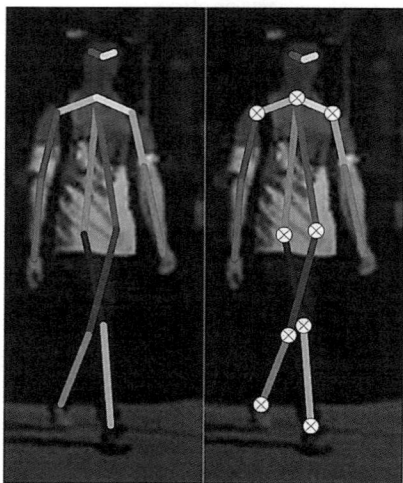

图 4-8　9 个最稳定关节点示意图

　　这些关节点对应于肩部和腿部，可以表征一些重要的动作信息（比如开始行走、继续行走、停止行走、站立）和运动方向。为了消除不同姿态尺度造成的负面影响，需要对关节点进行进一步的转换和归一化。首先，将整个姿态的中心设置在颈部位置，将颈部关节点定义为 $(0,0)$，再计算出每个关节点相对颈部节点的坐标；其次，对于每一个姿态分别计算归一化因子 h，然后归一化节点的坐标 (x,y)，其中，$h = \max(\text{pose}.y) - \min(\text{pose}.y)$，$\text{pose}.y$ 表示该姿态的所有节点的纵坐标。在得到预处理的节点后同样可以使用神经网络来预测 VRU 的意图[135]。

　　除了筛选重要的关节点外，还可以预先构建关节点之间的几何特征（比如彼此之间的角度和距离），并分别针对不同的几何特征建立单独的模型来表征 VRU 当前不同的运动特性（比如步态、头部朝向、是否被干扰等），然后根据得到的运动特性预测 VRU 意图[136]，整个结构示意图如图 4-9 所示。

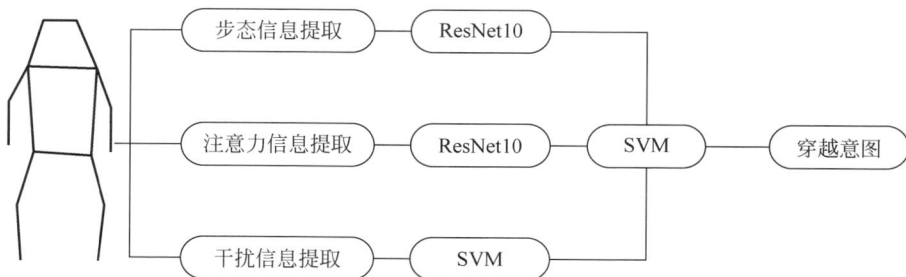

图 4-9　基于关节点几何特征的 VRU 意图预测

　　（1）步态信息建模与提取。为了描述 VRU 的步态，可以使用腿部的关键点（膝盖和脚踝）来构造步态向量：$\boldsymbol{G} = (d_1, d_2, \theta_1, \theta_2, x_{\text{hip}}, y_{\text{hip}})$，其中，$d_1$ 和 d_2 分别是左右

脚踝和左右膝盖之间的距离，θ_1 和 θ_2 是左侧以及右侧的大腿和小腿之间的角度，$(x_{\mathrm{hip}}, y_{\mathrm{hip}})$ 是行人的胯部的中心位置。然后将所有时间戳的步态向量进行拼接，输入 ResNet10 模型进行特征提取，得到步态特征。

（2）注意力信息建模与提取。在提取行人的注意力以及头部朝向特征时，因为只需关注上半身的关键点，所以只使用眼睛、鼻子、耳朵和肩膀共 7 个关节点，将每一个时刻的关节点进行拼接，输入 ResNet10 模型进行训练，输出 VRU 的注意力（看或不看）和方向（左、右、前或后）特征。

（3）干扰信息建模与提取。干扰信息可以用于确定行人是否在打电话，对应的向量构建为 $\boldsymbol{D} = (\theta_1, \theta_{\mathrm{r}}, \theta_{\mathrm{lr,hands}}, \theta_{\mathrm{lr,upper}})$，其中，$\theta_1$ 和 θ_{r} 是每只手的下臂和二头肌之间的角度，$\theta_{\mathrm{lr,hands}}$ 和 $\theta_{\mathrm{lr,upper}}$ 分别是左右手和二头肌之间的角度。这些预先计算的向量按时间维度进行叠加，得到干扰特征。

将上述人体姿态特征输入支持向量分类器（SVM）中进行训练，最后可得到 VRU 意图预测的结果。

4.3.3　基于环境或他人交互的意图预测

1. VRU 与环境交互的意图预测

为了明确 VRU 在所处场景的位置，可以进一步引入场景信息，在场景信息的选择上既可以使用场景的语义分割图来显式表征 VRU 和场景的关系，也可以通过构造统计特征来描述 VRU 在所处场景中的位置。

语义分割可以将与对象相关联的所有像素标记为不同标签值来对图像中的不同类别对象进行分类和定位，如图 4-10 所示，这提供了道路和道路使用者之间或道路使用者之间的多重交互的视觉特征。

图 4-10　多重交互的视觉特征

为了强调学习目标 VRU 与场景中其他对象之间的关系，目标行人被一个唯一的标签遮掩。除了使用整个语义图，还可以从左右脚趾关节的附近像素中进行采样，占主导地位的语义标签便成为 VRU 的位置语义[137]。

除了语义分割图，还可以通过计算 VRU 与人行横道之间的角度和距离来描述 VRU 在场景中的特定位置。给定人行横道中心 $(x_{\text{cross}}, y_{\text{cross}})$ 以及 VRU 位置 $(x_{\text{p}}, y_{\text{p}})$，二者的距离可表示为

$$\sqrt{(x_{\text{cross}} - x_{\text{p}})^2 + (y_{\text{cross}} - y_{\text{p}})^2} \tag{4-8}$$

二者的角度可表示为

$$\angle(\text{cp}) = 1 - \cos\alpha = 1 - \frac{\vec{v}_{\text{c}} \cdot \vec{v}_{\text{p}}}{|\vec{v}_{\text{c}}| \cdot |\vec{v}_{\text{p}}|} \tag{4-9}$$

其中，$\vec{v}_{\text{c}}$ 定义为人行横道入口方向的切线方向，$\vec{v}_{\text{p}}$ 定义为行人朝向。

基于场景的语义分割图不仅可以建模 VRU 与场景的交互，还可以依靠场景的语义解析来隐式模拟目标 VRU 和不同交通元素组之间的交互[138]。首先将语义分割图按不同的目标类别进行新的分类，具体分为目标行人（p）、行人周围的人（pl）、摩托车手/自行车手（b）、车辆（v）（汽车、公共汽车、卡车）和静态上下文（st）（标志、道路、信号），然后将每个类别中的图都使用卷积层进行处理，之后通过循环神经网络（Recurrent Neural Network，RNN）以生成时空表征，这些表征被连接并馈送到交互注意单元以产生加权的融合交互表征，具体如图 4-11 所示。

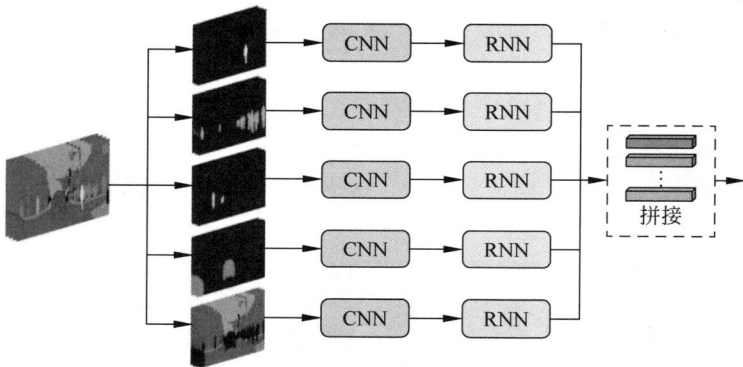

图 4-11   基于场景的语义分割的融合交互

图 4-11 中 RNN 的隐藏状态被连接起来形成一个共享的分类表示：

$$\text{cat}_{\text{rep}} = h_{\text{p}}^o \oplus h_{\text{pl}}^o \oplus h_{\text{b}}^o \oplus h_{\text{v}}^o \oplus h_{\text{st}}^o \in \mathbb{R}^{m \times f} \tag{4-10}$$

其中，观测序列 o 的长度为 m，RNN 的隐状态单元数为 f，最终的交互表征通过拼接完成，再利用注意力机制来为不同的类别分配不同的权重，进而进行特征的加权融合，计算注意力权重的方法会在 4.3.4 节中介绍。

2. VRU 与他人交互的意图预测

同 VRU 与环境的交互一样，对于 VRU 与他人的交互也可以通过构造统计特征来实现。以行人为例，由于目标行人的邻居行人的数量会影响目标行人的决策，因此

可以通过统计目标行人一定范围内的行人数量作为人群特征。在建模车辆与目标行人间的关系时,可以将车辆分为两组:接近或非接近。目标行人与接近车辆之间的距离随着时间的推移而减小,而与非接近车辆之间的距离会增加,所以在这种情况下只考虑接近的车辆与行人的交互。给定行人位置 $(x_\mathrm{p}, y_\mathrm{p})$ 以及车辆位置 $(x_\mathrm{v}, y_\mathrm{v})$,二者的距离可以表示为

$$\sqrt{(x_\mathrm{v} - x_\mathrm{p})^2 + (y_\mathrm{v} - y_\mathrm{p})^2} \tag{4-11}$$

在表征二者间的角度时,通过计算行人身体方向(行人运动的实际方向)与车辆方向向量之间夹角来完成,表示为

$$\angle(\mathrm{vp}) = 1 - \cos\alpha = 1 - \frac{\vec{v}_\mathrm{v} \cdot \vec{v}_\mathrm{p}}{|\vec{v}_\mathrm{v}| \cdot |\vec{v}_\mathrm{p}|} \tag{4-12}$$

其中, $\vec{v}_\mathrm{v} = \vec{v}_{\mathrm{v}, t+\Delta t} - \vec{v}_\mathrm{v}$ 为车辆朝向[137], $\vec{v}_\mathrm{p}$ 为行人朝向。

　　除了上述方法外,还可以通过构建场景图的方法来建模行人与特定交通场景以及其他行人之间的交互,如图 4-12 所示。

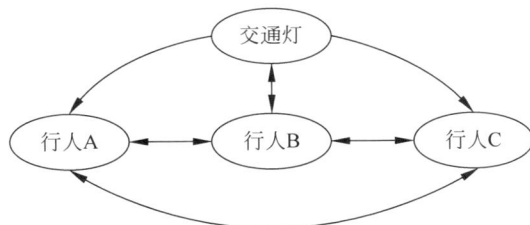

图 4-12　场景图构建

　　首先为行人所在的场景序列逐帧构建有向图(每个对象代表一个节点,两个节点之间的成对关系代表一条边)。然后,根据图中节点之间的关系,对每个行人完成交互特征的提取,包括周围行人交互特征和交通要素交互特征。

4.3.4　应用特征融合的意图预测

　　得到上述多源特征后,如何对特征进行有效融合是意图预测的关键,下面介绍不

同特征融合的方式。

1. 直接融合

一种最直接且有效的融合方式就是直接将不同模态的特征合并起来，然后使用注意力机制，为不同的种类的特征提供一个权重，然后根据权重进行特征的加权，如图 4-13 所示[139]。

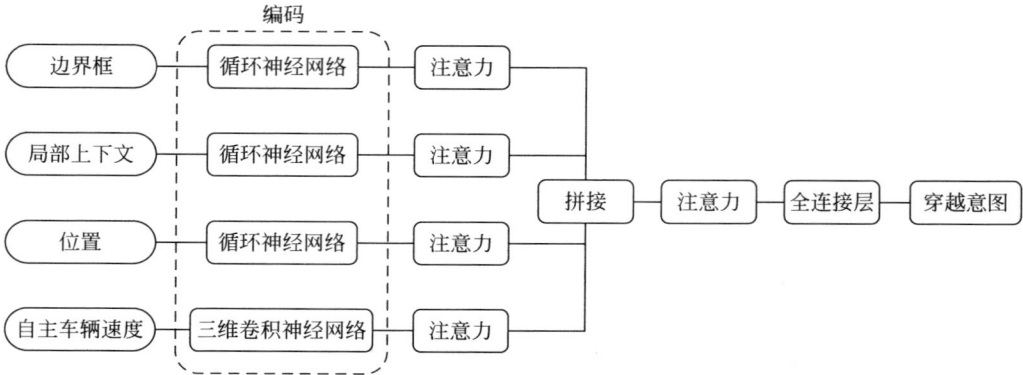

图 4-13　直接融合

假设轨迹分支、姿态分支、速度分支、局部上下文分支提取到的特征分别为 $\bar{h}_b$、$\bar{h}_p$、$\bar{h}_s$、$\bar{h}_l$，根据这些特征可以进而计算出权重分数，以姿态分支为例，其权重可以计算为

$$\alpha_p = \frac{\exp(s(\bar{h}_l, \bar{h}_p))}{\sum_{i \in \{b,p,s,l\}} \exp(s(\bar{h}_l, \bar{h}_i))} \tag{4-13}$$

其中，$s(\bar{h}_l, \bar{h}_i) = \bar{h}_l^T W \bar{h}_i$ 是分数函数，W 是可训练的权重矩阵。所以最后的融合向量是所有注意力加权后的特征的合并，即 $c = \sum_{i \in \{b,p,s,l\}} \alpha_i \bar{h}_i$。

2. 渐进融合

相较于直接根据不同特征完成加权融合，渐进融合考虑到不同信息的复杂程度，采取一种逐渐融合策略在网络的不同阶段层级中融入不同类别的信息[140]，如图 4-14 所示。

从底层到顶层特征融合顺序如下：行人外观（$c_p^{1:m}$），行人所处场景上下文信息（$c_s^{1:m}$），行人姿态（$p^{1:m}$），行人边界框（$b^{1:m}$），车速（$s^{1:m}$）。第 j 层的运算如下：

$$\begin{cases} r_j^t = \sigma(W_j^{xr} x_j^t + W_j^{hr} h_j^{t-1}) \\ z_j^t = \sigma(W_j^{xz} x_j^t + W_j^{hz} h_j^{t-1}) \\ \tilde{h}_j^t = \tanh(W_j^{xh} x_j^t + W_j^{hh}(r_j^t \odot h_j^{t-1})) \\ h_j^t = (1 - z_j^t) \odot h_j^{t-1} + z_j^t \odot \tilde{h}_j^t \end{cases} \tag{4-14}$$

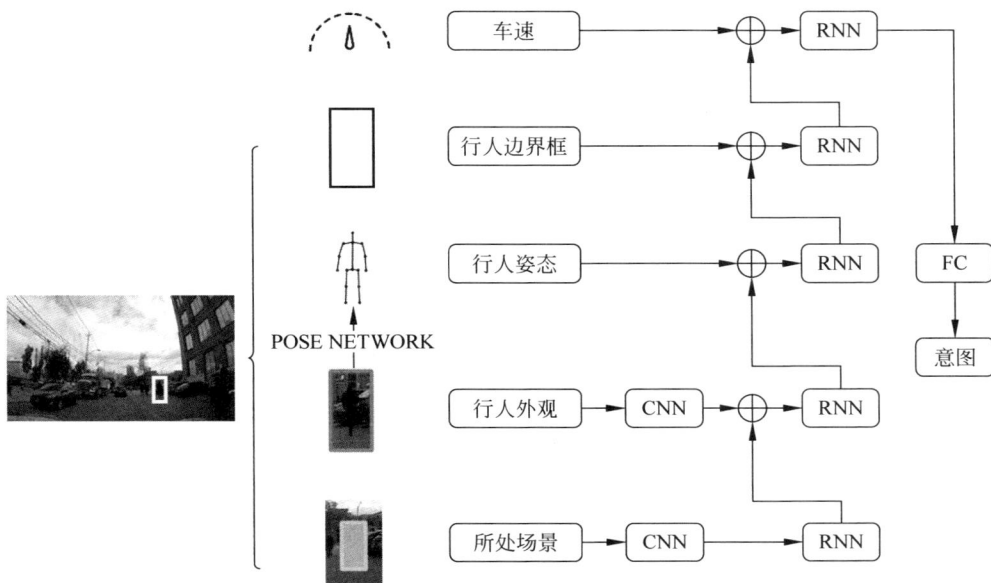

图 4-14　渐进融合

其中，$\sigma(\cdot)$ 是 Sigmoid 激活函数，r_j^t 和 z_j^t 是门控循环单元（Gated Recurrent Unit，GRU）单元的重置和更新门，矩阵 $\boldsymbol{W}$ 是两个单元之间的权重。当 $j=0$ 时代表最底层网络，其输入为 $x_0^t=vc_p^t$，v 代表输入向量，当 $j>0$ 时的输入为 $x_j^t=h_{j-1}^t+vy_{j-1}^t$，其中，$y^t=\{vc_s^t,vp^t,vb^t,vs^t\}$，即在编码下一层信息时，会把上一层编码后的向量和下一层的输入相结合。最后利用全连接层输出特征的线性变换，实现最终的意图预测。

这种渐进融合编码网络在底层输入了相对复杂的视觉特征，这些特征经过多层处理，从更深层次的空间分析中获益更多，而更简单的特征（如轨迹坐标）在较高层输入，不需要进行过分的表征。

3. 按类别融合

输入信息根据模态可大致分为两类：一类是视觉信息（比如场景地图、行人所处局部场景），另一类是运动学信息（比如行人轨迹、车速）。按类别融合旨在考虑不同类别信息的特性，通过特定类别信息的融合从而得到最后的表征[141]，具体结构如图 4-15 所示。

假设通过网络已经预先获得了单个模态的特征向量，对于视觉信息，首先将地图编码的向量与行人所处局部场景的编码向量做一次拼接（concat），从而进行一次视觉的联合表征。尽管视觉特征对于推理未来的行人行为很重要，但强调那些与任务更相关的特征也很重要。为实现这一目标，可以通过使用视觉注意力模块（Visual Attention Module，VAM）对视觉特征进行加权，计算给定特征点 z_i 的特征权重 α_i 如下：

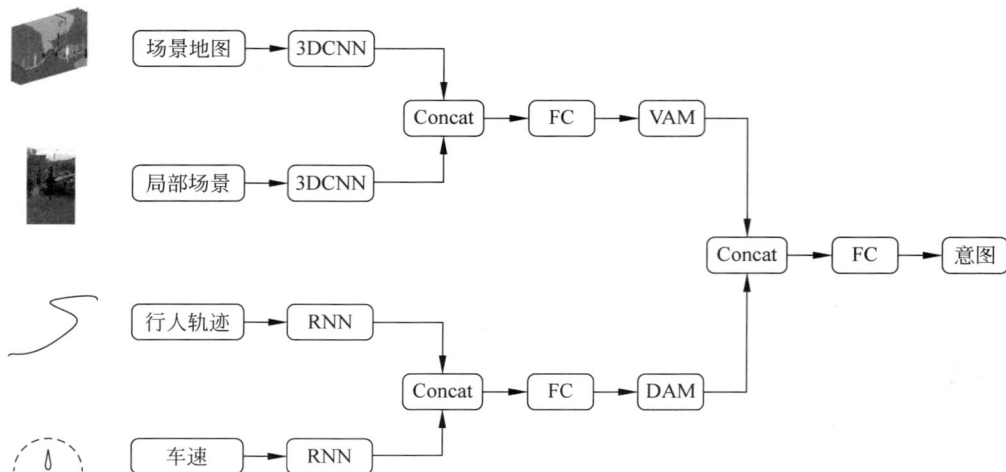

图 4-15　按类别融合

$$
\begin{cases}
\alpha_i = \dfrac{e^{f_i}}{\displaystyle\sum_j e^{f_j}} \\[3mm]
f_i = \displaystyle\sum_k \omega_{i,k} z_k + b_i
\end{cases}
\tag{4-15}
$$

其中，f_i 是全连接层中的单个神经元。运动学特征也遵循上述过程，即先进行联合表征再利用动态注意力模块（Dynamics Attention Module，DAM）来完成运动学类别模态信息的融合，此处 DAM 接收一个时间数据序列作为输入，并生成一个统一的加权表示，计算如下：

$$
\mathrm{DAM}^t = \tanh(W_c[c^t \oplus h^t])
$$
$$
c^t = \sum_{i \in [1:t]} \sigma(h^{t'} W_a h^i) h^i
\tag{4-16}
$$

其中，σ 是 Softmax 激活函数，h^i 是联合表征后的隐状态。用于最终预测的联合表示是通过连接 VAM 和 DAM 的输出进行构建的。

4. 混合融合

混合融合即将按类别融合与渐进融合相结合[142]，如图 4-16 所示。该架构有两个分支：一个用于非视觉特征，另一个用于视觉特征。其中，视觉特征分支采用了一种直接融合的方式，而在非视觉特征上采用了渐进融合的方式。

5. 双重编码融合

在行为预测领域，一种常见的做法是在各自的模态分支中分别处理不同的输入模态信息，这意味着首先为每个模态生成一个单独的特征表示，然后在推理之前融合这些特征表示。例如，当使用循环网络时，网络的最后一个隐状态 h^t 被连接起来。这种方法允许每一个模态使用自己的参数来学习自己模态的表征，而不会受到其他模态引

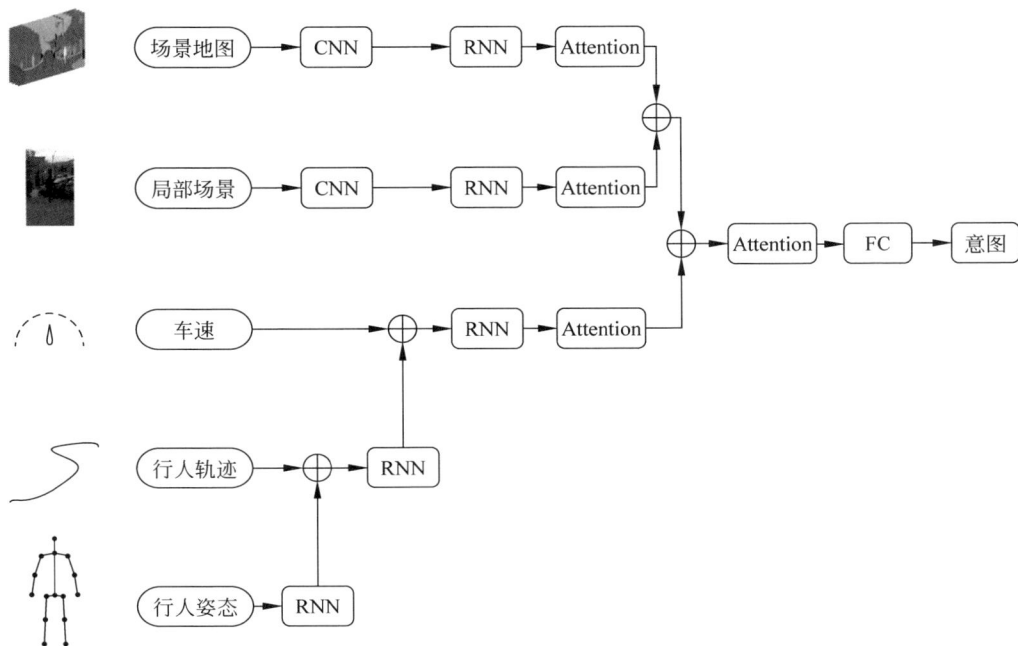

图 4-16　混合融合

入的噪声影响。然而,独立处理不能捕获时间维度中的跨模态相关性,并且可能容易受到丢失数据或噪声的影响。另一种方法是硬参数共享,其中所有模态都是使用单个模型共同学习的。参数共享可以在多任务学习框架中运用正则化器,诱导模型学习更多具有代表性的特征,为了从这两种方法中受益,可以采用一种双重编码的机制来编码输入数据[138],如图 4-17 所示。

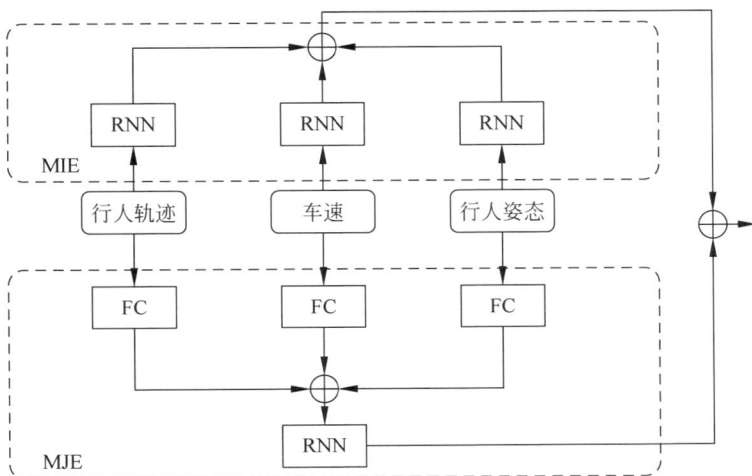

图 4-17　双重编码融合

1）多模态独立编码（Multimodal Independent Encoding，MIE）

该模块为每个模态生成一个独立的表示，每个数据输入都被馈送到循环神经网络（RNN），然后将最后的隐状态拼接起来形成一个统一的表示。

2）多模式联合编码（Multimodal Joint Encoding，MJE）

该模块联合编码不同的数据模式。因此须要将来自不同模态的数据投影到一个共同的特征空间中。MJE 通过将嵌入层应用于每个输入模态，然后连接嵌入层的输出并使用一个 RNN 处理连接的特征向量来生成最终的编码表征。最终的上下文表征是通过将所有模态上下文表征连接起来生成的。

4.3.5　主要意图预测方法性能对比

1. JAAD

该数据集由 346 个短视频组成，其中 323 个可以使用，不包括低分辨率和恶劣天气或夜间的视频。它使用了两个不同的标注方式：JAADbeh 和 JAADall。JAADbeh仅包括有行为标注的行人：495 个过马路和 191 个不过马路的行人，总共产生 374 个不过马路和 1760 个过马路的行人样本。JAADall 包括整个序列中的行人，在远离马路的地方增加 2100 个不过马路的行人，产生 6853 个不过马路和 1760 个过马路的样本。该数据集采用滑动窗方法提取行人路径序列样本，其重叠度达到 80%。每条行人轨迹均为人工标注的边界框。

2. PIE

该数据集是在加拿大多伦多的晴朗天气条件下每天连续采集 6 小时而制成的。除边界框外，PIE 还提供使用车载诊断（On-Board Diagnostics，OBD）传感器获得的车辆状态的真实测量值。它包含 512 个交叉路口和 1322 个非交叉路口行人，可以生成3576 个非交叉口和 1194 个交叉路口样本，重叠率为 60%。

在评估模型性能时，主要选择了 5 种不同的评价指标，分别为正确率（accuracy）、AUC（Area Under Curve，AUC）面积、F1 分数（F1-score）、精度（precision）和召回率（recall）。

从表 4-1 中的结果可以看出，使用单一模态数据的模型性能相对较差，这是因为单一的模态信息过少，没有充分利用多角度的信息；进一步逐级加入其他模态的数据后，从不考虑模型设计的差异来看，性能随着输入数据模态的增多而提升；同时一些特殊的融合策略也使得在输入模态种类不多时具有更优的效果。

表 4-1　意图预测方法性能对比

Model	模态|融合	PIE			JAADbeh			JAADall		
		ACC	AUC	F1	ACC	AUC	F1	ACC	AUC	F1
ATGC	L|无融合	0.59	0.55	0.39	0.48	0.41	0.62	0.67	0.62	0.76
SingleRNN	BSL|直接融合	0.81	0.75	0.64	0.51	0.48	0.61	0.78	0.75	0.54

续表

Model	模态|融合	PIE			JAADbeh			JAADall		
		ACC	AUC	F1	ACC	AUC	F1	ACC	AUC	F1
MultiRNN	B|无融合	0.83	0.8	0.71	0.61	0.5	0.74	0.79	0.79	0.58
Hierarchical RNN	P|无融合	0.82	0.77	0.67	0.53	0.5	0.63	0.8	0.79	0.59
SFRNN	PBSL|渐进融合	0.82	0.79	0.69	0.51	0.45	0.63	0.84	0.84	0.65
C3D	L|无融合	0.77	0.67	0.52	0.61	0.51	0.75	0.84	0.81	0.65
I3D	L|无融合	0.80	0.73	0.62	0.62	0.56	0.73	0.81	0.74	0.63
TwoStream	L|无融合	0.64	0.54	0.32	0.56	0.52	0.66	0.6	0.69	0.43
TroupSPI-Net	PBL|直接融合	0.88	0.88	0.80	0.64	0.56	0.71	0.85	0.73	0.56
PCPA	PBSLG|混合融合	0.86	0.84	0.76	0.58	0.50	0.71	0.83	0.77	0.57
Intformer	PBS|直接融合	0.89	0.92	0.81	0.59	0.54	0.69	0.86	0.78	0.62
BiPed	BSG 双重编码融合	0.91	0.90	0.85	—	—	—	0.83	0.79	0.60
TAPIP	BLSGI|直接融合	0.92	0.91	0.86	0.68	0.60	0.78	0.87	0.81	0.65
DASR	LG|渐进融合	0.89	0.84	0.78	0.65	0.56	0.77	0.87	0.80	0.65
A-VIT	PBL|按类别融合	0.86	0.78	0.87	—	—	—	—	—	—
MMHPAP	BSLG|按类别融合	0.89	0.88	0.81	—	—	—	0.84	0.80	0.62

其中,L:局部上下文信息,P:姿态,S:车速,C:局部视觉信息,B:轨迹,G:全局视觉信息,I:交互信息。

4.4　弱势道路使用者运动预测

VRU 运动预测的任务是通过建模目标历史状态信息以及周围环境的感知信息,来预测未来一段时间内 VRU 的运动状态。即对于场景中的 N 个观测目标,感知模块在 $t=1,2,\cdots,T_{obs}$ 历史时刻观测信息为 $O_{obs}=\{S_t^i,t=1,2,\cdots,T_{obs},i=1,2,\cdots,N\}$,其中,$S_t^i$ 表示目标 i 在 t 时刻的状态信息,包括位置、速度、方向等,周围环境感知信息为 $C=\{C^i,i=1,2,\cdots,N\}$,VRU 运动预测模块通过建模,得到目标 i 在未来 τ 个时刻的运动信息 $P_{pred}=\{\hat{S}_t^i,t=T_{obs}+1,T_{obs}+2,\cdots,T_{obs}+\tau\}$,其中,$\hat{S}_t^i$ 是对 VRU 未来位置、速度、方向等信息的预测。

交通场景中,影响 VRU 运动状态的因素十分复杂,包括外部因素和内部因素,如图 4-18 所示,其中内部因素包括 VRU 的心理状态、意图目标、行为模式等,外部因素包括周围目标的行为、目标之间的社会关系,社会规则或环境的拓扑结构和语义信息等[143]。

大多数影响因素都需要从众多感知信

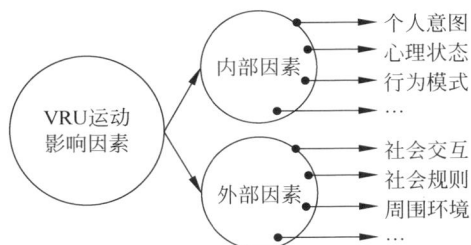

图 4-18　VRU 运动影响因素

息中进行推断,或者从复杂背景中抽象建模。因此,即使能够获得目标真实的历史轨迹,VRU 的运动预测仍然是一个极具挑战的任务。其难点主要来自以下 3 方面[144]：

（1）VRU 运动灵活,本身预测难度大。与车辆的运动相比,VRU 在运动过程中,会通过自身对环境的感知与预判,不断地调整自己的运动以适应周围环境信息的变化,其运动轨迹具有极大的不确定性以及随机性。

（2）影响因素复杂抽象,很难建模。在复杂的交通场景中,VRU 的未来运动不仅受自身意图支配,还受到周围环境以及行人的影响,这些影响因素通常非常抽象,在算法中往往很难精确建模。

（3）多种因素相互作用,轨迹呈多模态特性。对于给定的历史观测,在各种因素综合作用下,VRU 的未来运动具有多种可能的合理选择,其未来轨迹可以看作是未来运动空间中的一次采样。因此,目前大部分算法会预测多条未来轨迹或未来轨迹的分布,即多模态轨迹预测。

常用的 VRU 轨迹预测算法的流程如图 4-19 所示,以单个行人为例,给定一段行人运动轨迹,称为观测轨迹（①）,然后对每个行人和其邻居分别提取时间依赖特征（②）以及空间交互特征（③）。对提取到的时间依赖特征和空间交互特征进行特征融合得到时空观测特征（④）。接下来构建多模态未来轨迹空间（⑤）,并在多模态未来轨迹空间中采样多个样本（⑥）作为多模态未来轨迹的表征,将多模态未来轨迹表征与提取到的时空观测特征进行特征拼接来预测行人的多种可能未来轨迹（⑦）。

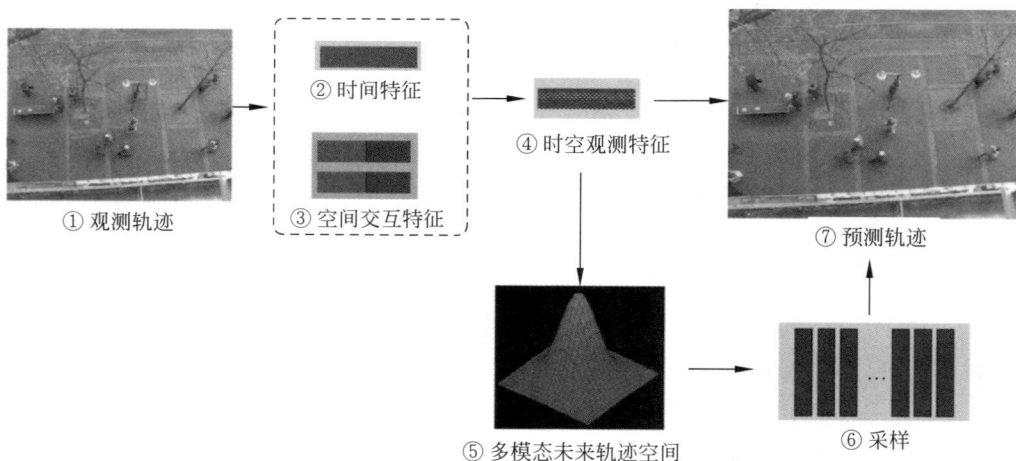

图 4-19   VRU 轨迹预测算法的流程

目前,大部分运动预测算法集中在对 VRU 自身状态、周围动态目标信息、场景中的环境信息以及社会规则等时空信息编码,并着力于探索人-人和人-环境之间的相互关系。因此本节根据对 VRU 运动影响因素建模的方法,目前 VRU 的运动预测研究主要分为基于 VRU 意图、物理属性、社会互动以及注意力机制和场景约束下的方法。

4.4.1　基于意图的运动预测

人类作为 VRU 运动预测的主体,在运动过程中会根据自己的意图或目的,避开场景中的障碍,灵活地调整自身的运动轨迹,因此,在运动预测过程中,提前预测出 VRU 的意图或终点,可以将运动规划的方法纳入预测框架中,即将 VRU 的运动预测问题转化为反向规划问题。目前,对于 VRU 意图的建模分为对终点(goal)的建模和对意图(intention)的建模两种,其中,意图是指对 VRU 计划行动的表述,而终点则强调行动的最终结果[145]。接下来分别介绍基于终点和意图的 VRU 轨迹预测方法。

1. 基于终点预测的方法

为了提供更多的可解释性和运动学约束,一些工作[146,147,149]将基于终点的预测任务分为两个阶段。首先通过在高精度地图中选取离散的候选终点,并在离散空间中对 VRU 的终点进行预测。再对环境和目标状态进行编码,以环境特征、目标状态特征以及预测的终点为条件,进一步生成完整轨迹。与直接回归轨迹坐标相比,终点预测可稳定且充分捕捉多模态预测中的不确定性,并提供丰富的信息。在某种程度上,两阶段方法可以完全纳入专家知识或经典的规划方法中,但这也意味着生成的轨迹质量在很大程度上取决于终点预测的准确性,对轨迹采样策略或规划算法有更高的要求[148]。

上述方法预测的是 VRU 长期的终点坐标,而在运动过程中,VRU 的目的可能会随着周围环境的变化而改变,因此对终点进行连续建模可以为未来的轨迹估计提供更准确和详细的信息。逐步目标驱动网络(Syntax-Guided Network,SGNet)[149]提出了一个用于轨迹预测的递归网络,逐步预测下一时刻行人的目标。如图 4-20 所示,该网络包含了一个捕捉历史信息的编码器、一个预测未来逐步目标的估计器以及一个预测未来轨迹的解码器。下面介绍每个模块的具体细节。

1)编码器

轨迹编码方式有很多种,在深度神经网络中,多层感知机(Multilayer Perceptron,MLP)、长短时记忆(Long Short-Term Memory,LSTM)网络以及一维卷积都能够编码轨迹信息。SGNet 利用一个全连接层将行人历史轨迹 X_t 编码为特征向量。额外的运动特征,如光流等,则利用其他单独的全连接层编码,并与轨迹特征向量拼接成 x_t^e。再将输入特征 x_t^e 与前一时刻 $t-1$ 的隐状态 h_{t-1}^e 以及聚合了目标信息的特征向量 $\bar{x}_t^e$ 拼接,通过一个递归单元更新为 t 时刻的隐状态 h_t^e。隐状态 h_{t+1}^e 和目标 $\tilde{x}_{t+1}^e$ 在第一个时间步中都被设置为零,而聚合了目标的特征向量 $\bar{x}_t^e$ 则由逐步目标估计器得到。

2)逐步目标估计器(Stepwise Goal Estimator,SGE)

它的主要思想是生成粗略的分步目标,以从粗到细的方式协助轨迹预测,同时为下一时刻生成新的目标。因此,SGE 利用 t 时刻的隐状态 h_t^e,预测后续时刻的粗略目标 $h_{t+1:}^g$,即

$$h_{t+1:}^g = f_{\text{SGE}}(\text{ReLU}(\boldsymbol{W}_\gamma^{\text{T}} h_t^e + b_\gamma)) \tag{4-17}$$

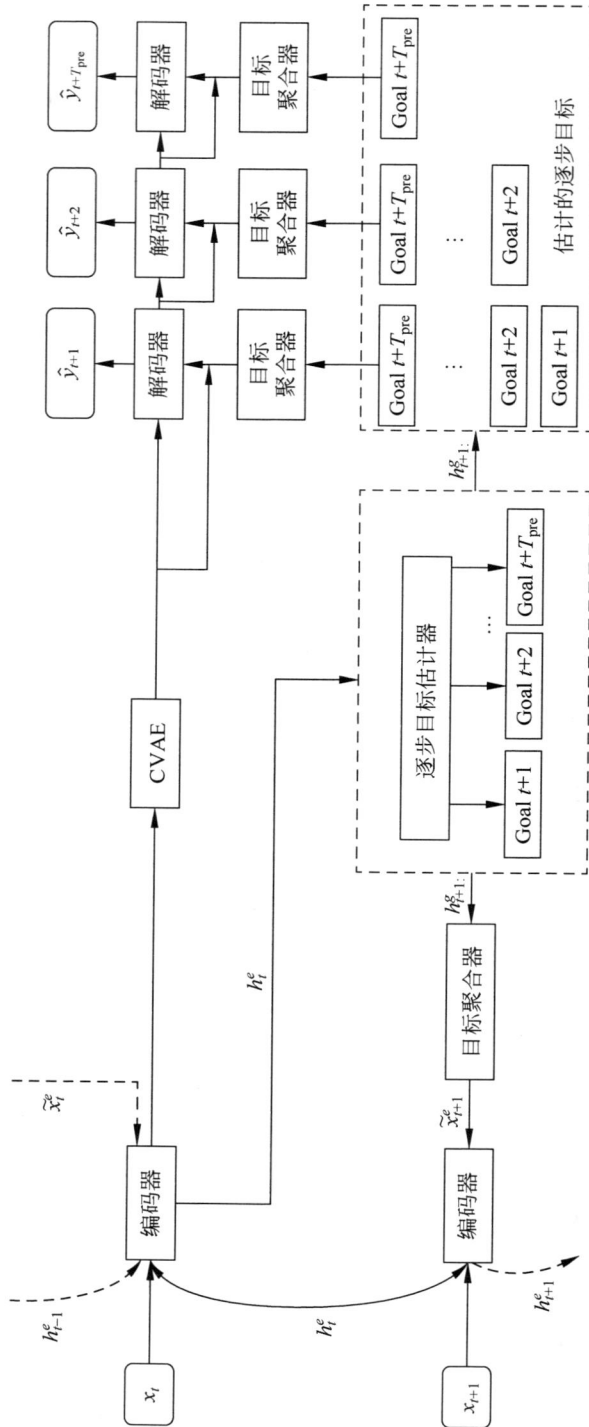

图 4-20 逐步目标驱动网络（SGNet）

其中,$h_{t+1:}^g$ 是后续预测目标的集合,$h_{t+1:}^g = \{h_{t+1}^g, h_{t+2}^g, \cdots, h_{t+T_{pre}}^g\}$,$f_{SGE}$ 可以用不同的方式实现,包括递归网络、卷积网络和全连接层。

3）目标聚合器

由于不准确的未来目标可能误导预测,SGNet 使用一个目标聚合器,通过使用注意力机制自适应地学习每个分步目标的重要性,将目标估计器预估的多个目标结合起来,压缩成统一的表征。同时,对于解码器来说,目标聚合器再次聚合预测目标子集 $h_{t+1:}^g$ 作为粗略的指导,以帮助轨迹预测。其结构如下:

$$w = \mathrm{Softmax}(\boldsymbol{W}^{\mathrm{T}} \tanh(h_{t+i:}^g) + b) \tag{4-18}$$

$$\widetilde{X}_{t+i} = f_{attn}(h_{t+i:}^g) = \sum_{s=t+i}^{T_{pre}} w_s h_s^g \tag{4-19}$$

其中,w 是对应于估计目标子集的概率分布的注意力向量,w_s 是每个单独目标 h_s^g 的权重。

对于编码器来说,假设每个时间步骤的预期是不同的,VRU 在过去的预期可能会影响其对现在和未来的感知。因此,在 t 时刻,编码器收到分步目标 $h_{t+i:}^g = \{h_{t+1}^g, h_{t+2}^g, \cdots, h_{t+T_{pre}}^g\}$。在 $t+i$ 时刻,解码器收到目标 $h_{t+i:}^g = \{h_{t+i}^g, h_{t+i+1}^g, \cdots, h_{t+T_{pre}}^g\}$,由于 $t+i$ 之前的目标已经被编码在历史信息中了,则不再作为解码器的输入。

4）条件变分自编码器(Conditional Variational Autoencoder,CVAE)

SGNet 利用 CVAE 学习未来轨迹 Y_t 的分布,以观察到的轨迹 X_t 为条件,引入一个潜在变量 z。其中,CVAE 由 3 个部分组成:识别网络 $Q_\phi(z \mid X_t, Y_t)$、先验网络 $P_v(z \mid X_t)$ 和生成网络 $P_\theta(h_t^d \mid X_t, z)$,其中,$\phi$、$v$、$\theta$ 表示这 3 个网络的参数,h_t^d 是由生成网络编码的运动轨迹。识别、先验和生成网络都利用全连接层实现。

在训练过程中,未来真实轨迹 Y_t 被送入目标编码器以输出隐状态 h_{Y_t}。为了捕捉观察到的轨迹和真实轨迹之间的依赖关系,识别网络利用隐状态 h_t^e 和 h_{Y_t} 来预测分布平均值 μ_z^p 和标准差 σ_z^q。先验网络只输入 h_t^e 预测 μ_z^p 和 σ_z^q,再将从 $N(\mu_z^p, \sigma_z^q)$ 中抽取得到的 z 与 h_t^e 连接,并用生成网络生成 h_t^d。在测试过程中,真实的未来轨迹是未知的,因此生成网络将从 $N(\mu_z^p, \sigma_z^q)$ 采样得到 z,并将其与 h_t^e 连接起来,得到 h_t^d。

5）解码器

递归解码器通过一个轨迹回归器输出最终预测轨迹 $Y_t = \{y_{t+1}, y_{t+2}, \cdots, y_{t+T_{pre}}\}$。给定 h_t^d 和估计的目标输入 $\tilde{x}_{t+1}^d$,解码器通过一个递归单元为下一个时刻产生一个新的隐状态。轨迹回归器是一个全连接层,在每个时间步长中获取隐状态 h_{t+i}^d 并输出预测轨迹 $\tilde{y}_{t+i}$。

2. 基于意图预测的方法

自动驾驶系统除了感知环境之外,还应该能够理解或预测其他道路使用者的潜在意图,判断他们即将采取的行动并进一步预测其轨迹。PIE[150] 将交通参与者的意图估计作为轨迹预测模块的条件，利用 CVAE 学习基于意图和观测的条件分布。LOKI[151] 提出了一个同时预测轨迹和意图的模型，表明当前时刻对意图的重新推理有助于轨迹预测。TITAN[152] 使用了目标行为先验网络的轨迹推断，它结合了先前的位置、行为和环境背景来预测交通参与者的未来轨迹和中心车辆的未来运动。在 4.3 节介绍的 VRU 的意图预测的基础上，下面介绍预测的意图如何用于 VRU 的运动预测任务。

PIE 将未来轨迹预测问题视为一个优化过程来处理，其目标是学习多个行人 $1 \leqslant i \leqslant N$ 的分布 $p(L_{pred} | L_{obs}, S_{pred}, Int_i)$，其中，$L_{pred} = \{l_i^{t+1}, l_i^{t+2}, \cdots, l_i^{t+\tau}\}$ 是行人的预测轨迹，$L_{obs} = \{l_i^1, l_i^2, \cdots, l_i^t\}$ 是行人的历史观测位置，$S_{pred} = \{s_i^{t+1}, s_i^{t+2}, \cdots, s_i^{t+\tau}\}$ 是指预测目标车辆的未来速度，Int_i 是由意图估计网络估计的行人 i 的穿越意图。

与世界坐标系下的行人轨迹预测不同，在 PIE 中，行人数据是由自动驾驶车上的相机采集获得的，因此行人位置 l 是行人在图像坐标系下的二维边界框，由左上角和右下角的点 $[(x_1, y_1), (x_2, y_2)]$ 定义，行人未来轨迹与车辆自身的运动和行人的运动相关。

如图 4-21 所示，模型由意图预测模块、车速预测模块以及轨迹预测模块组成。每个模块都是基于 LSTM 的编码器-解码器结构，其中意图预测模块先利用 CNN 对每个历史时刻的图像输入进行编码，再利用 CovLSTM（Convolutional LSTM）对所有历史时刻的图像特征编码，得到最终的意图特征后，再与轨迹特征拼接，经过 LSTM 后再利用全连接层输出行人的意图预测。车速预测模块首先利用时间注意力模块在历史序列中找到关键帧。再利用 LSTM 编码特征，经过全连接网络后得到后续时刻的车速估计。随后将得到的意图预测结果与车速预测结果与轨迹编码特征融合，再利用 LSTM 解码模块得到 VRU 的轨迹预测结果。

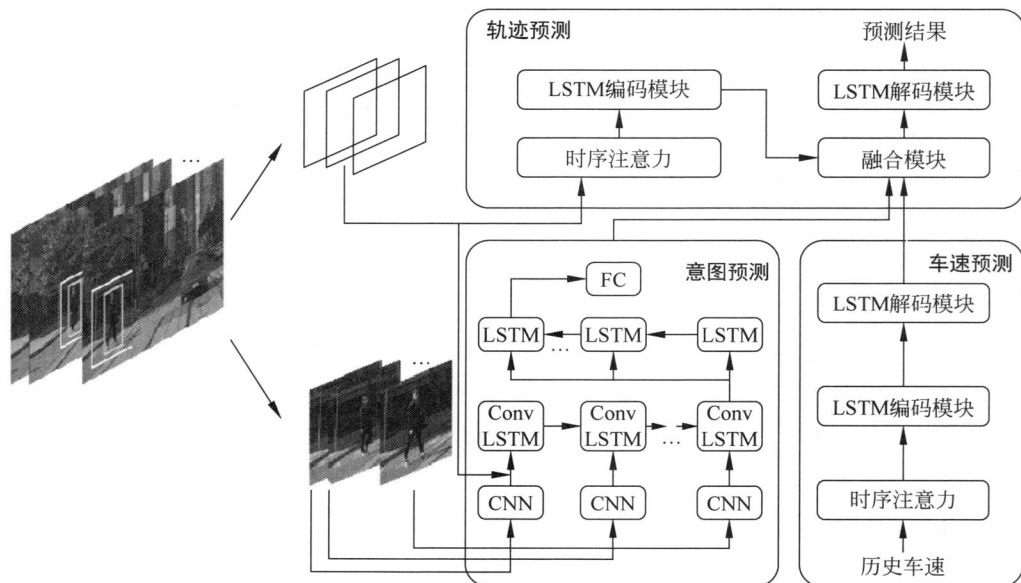

图 4-21　基于意图预测的 VRU 轨迹预测模型

4.4.2　基于对象物理属性的运动预测

1. 基于物理模型的运动预测

基于物理模型的预测模型将 VRU 视为受物理学定律约束、满足运动方程的动态实体,利用动力学模型或运动方程来表征目标的受力、位置、速度和加速度等运动信息,并采用不同的滤波方法进行运动状态预测。

其中,基于动力学模型的轨迹预测方法考虑了车辆所处环境的各种影响要素,如车辆行进时的阻力、牵引力等,并将其中所有的力抽象出来建模,形成一个解析的运动表达式,再应用这些表达式完成预测任务。

基于运动学的方法一般由建模和预测两个模块组成。常用的运动学模型包括恒定速度(Constant Velocity,CV)模型、恒定加速度(Constant Acceleration,CA)模型、恒定转弯率和速度(Constant Turn Rate and Velocity,CTRV)模型、恒定转弯率和加速度(Constant Turn Rate and Acceleration,CTRA)模型、高斯混合模型(Gaussican Mixture Model,GMM)等。预测模块通常使用贝叶斯滤波的方法对状态以及对应的协方差进行更新和预测,或者利用卡尔曼滤波器以高斯噪声的形式表示运动过程中的不确定性,在预测步骤中,滤波器根据运动学或动力学模型输出位置估计,随后根据传感器测量结果更新预测估计。这类方法都是根据历史时序数据,建立时序递推数学公式:$X^t = f(X^{t-1})$或者 $p(X^t|X^{t-1})$。通常具有严格的数学证明和假设,如隐变量服从高斯分布、线性的状态转换方程以及观测方程等,但在很多复杂场景中,VRU 的运动往往不符合这些假设,因此该类方法只能针对一些简单的场景进行预测,而对复杂的运动预测效果较差。

基于物理模型的方法通过选择适当的转移方程,可以很容易地跨环境应用,而不需要训练数据。但这种显式建模的方法无法很好地捕捉现实世界的复杂性,且转移方程在空间与时间上缺乏全局信息,可能导致获得局部最优解,因此基于物理模型的方法一般用于短期预测或简单场景中的轨迹预测[153]。

2. 基于运动模式的运动预测

由于 VRU 的行为具有灵活性、随机性的特点,其复杂运动很难用参数固定的运动方程表征,因此传统的基于运动学的预测模型在长期轨迹预测中效果较差。基于学习的方法能够利用深度神经网络,从数据中学习 VRU 的运动模式,进一步预测多条可能的轨迹。

基于运动模式的行人轨迹预测算法[154]研究了行人的自然运动并探索具有相似历史轨迹的行人的未来运动模式,为行人轨迹的多模态预测提供了新的视角。

如图 4-22 所示,可视化了 500 条行人轨迹的运动模式,利用基于动态时间扭曲(Dynamic Time Warping,DTW)距离的 k-means 算法对不同的轨迹进行聚类,以确定行人的运动是否具有相似的运动模式。两组随机采样的轨迹在图 4-22(a)中进行了聚类，发现相似的聚类模式出现在不同的轨迹组上。即使在删除了一些类似的轨迹之后（如图 4-22(b)所示），余下的轨迹仍然遵循相同的运动模式，这表明人体运动通常在短时间内遵循几种有限的运动模式。换句话说，一个运动模式通常由多个相似的轨迹共享。由于轨迹预测通常根据其历史运动信息来预测未来的运动或行为意图，所以接下来就是如何利用这些运动模式进行轨迹预测。

为了探索运动模式在轨迹预测中的作用，进一步可视化具有相似历史路径的未来轨迹。如图 4-22(c)所示，这些具有相似历史轨迹的行人在未来通常会遵循几个附近轨迹的运动模式。这一现象与多模态轨迹预测的观点相呼应：给定一段历史运动路径，行人在未来有多条符合社会规范的合理路径可以选择。这表明从相似历史轨迹的未来运动模式中可以推断出目标行人可能的运动，这能够极大地减小轨迹预测的自由空间。

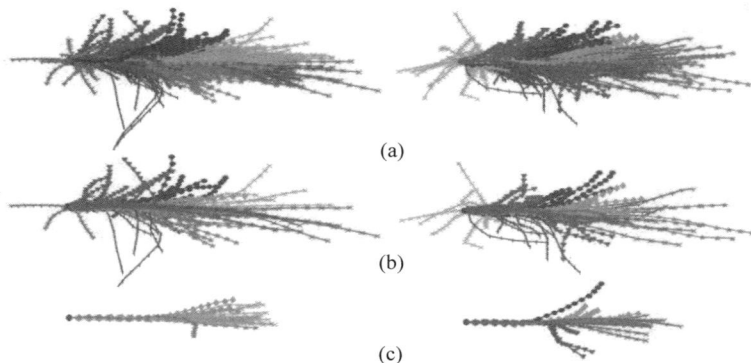

(a)

(b)

(c)

图 4-22　行人轨迹模式

受行人运动模式的启发，基于运动模式的运动预测方法设计了一个简单而有效的框架。如图 4-23 所示，包括基于相似性的运动模式选择器和多模态轨迹生成器，用于不同的多模态轨迹预测。鉴于短时间内行人的运动遵循一些内在模式，该方法首先设计了一个运动模式选择器，利用轨迹旋转、平移和采样，从训练集中构建了一个运动模式库，再利用轨迹检索，来挖掘出具有相似历史轨迹的未来候选运动模式。然后，将候选运动模式平移和旋转到待预测的历史轨迹坐标，从而构成多样化的运动模式。最后，将不同的运动模式输入多模态生成器中，建立评分网络和回归网络来选择和微调这些运动模式，从而为每条历史轨迹直接生成一组多模态轨迹，实现高效的 VRU 的轨迹预测。

3. 基于可解释树的运动预测

基于神经网络的方法虽然在性能上优于传统方法，但数据驱动的方法缺乏可解释性且可能存在模型崩溃的问题。而为了克服这一限制，很多深度学习的工作将传统运动先验信息与深度学习的方法结合，致力于可解释性模型的设计。本节介绍的社会可解释树（Social Interpretable Tree，SIT）提出了一种基于树的方法，根据观察到的轨迹的运动先验信息，建立一个手工制作的树，以模拟多种未来轨迹。

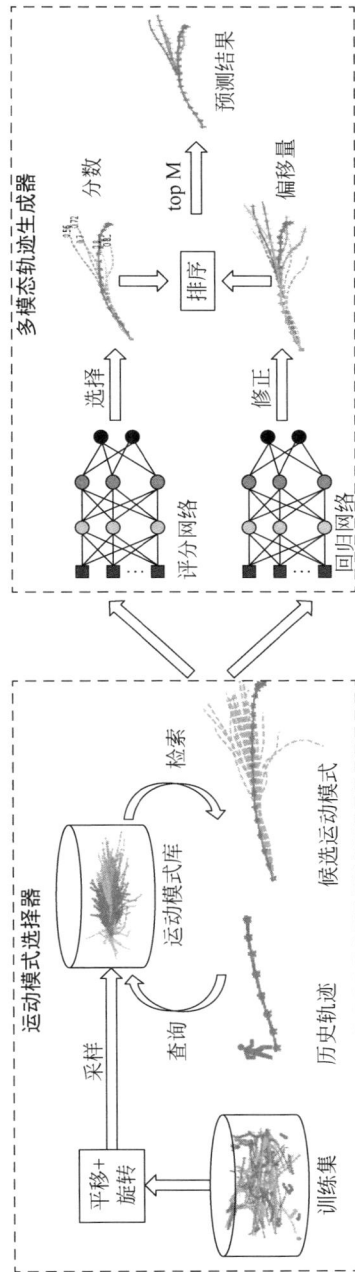

图 4-23　基于运动模式式的 VRU 轨迹预测框图

SIT 首先建立一个未来轨迹树，根据观察到的轨迹的速度生成合理的未来轨迹。为了获得简洁的表示方法，该树被指定为三元树，在每个时间步长中，该树分成 3 个方向，即直行、左转和右转，并有特定的角度。转身和保持不动可以分别看成是走直线、左转或右转的具体情况。由于树的复杂性随着深度的增加而呈指数级增长，SIT 建立一个粗略的轨迹树（Coars and Trajectories Tree，CTT）来平衡树的复杂性和覆盖范围。具体而言，CTT 不是在每个时间步长上都建立一个分支，而是经过 S 个时间步长才进行一次分支建立，在这个时间间隔内，观察轨迹的高阶速度为 S 个时间步长的速度向量相加，该高阶速度的方向被视为 CTT 的分支前进方向。经过多次迭代，在得到 CTT 后，因为只有一条未来真实轨迹可以参考，所以 SIT 对其进行了贪婪的优化，以防止树倒塌致使数据成为平均模态。因此通过高阶速度将真值转换为粗略的真值去优化 CTT 中通往它的封闭路径。最后，在训练时间内，使用教师强迫细化策略来调整从优化的 CTT 中得到的前一个粗略的未来轨迹，而在推理时间内，选择前 K 个粗略的未来轨迹来获得最终的多模态未来轨迹。

SIT 总体框架如图 4-24 所示。具体来说，首先根据历史轨迹的高阶速度建立粗略的轨迹树，生成粗略的离散结构空间 Y_{coarse}，然后用多层感知机（Multi-Layer Perceptron，MLP）进行编码，获得树状编码。同时，对观测轨迹和空间交互进行编码，以获得多个观察编码和交互编码。接下来，通过注意力机制将树编码和交互编码融合起来，对粗略轨迹树中的每条路径进行评分，得到每条路径的置信度 p，然后通过每条路径与粗略真值 q 之间的距离来优化置信度 p。随后，Y_{coarse} 通过具有最高置信度的路径进行贪婪优化，以生成由粗略真值监督的粗略预测轨迹。最后，对粗略预测轨迹进行细化操作，以获得具有细粒度轨迹，这意味着细化操作在训练时使用粗略的真值进行微调，而在推理时使用置信度最高的前 K 条粗略预测轨迹进行微调，以进行多模态的未来轨迹预测。

与之前利用隐含的潜在变量来表示未来可能的轨迹方法相比，树中的路径可以明确地解释粗糙的移动行为（例如，直走然后右转），从而提供更好的可解释性。实验表明，未经训练的原始树的性能优于先前许多基于深度神经网络的方法。同时，该方法在长期预测和不同的最佳预测中表现出了足够的灵活性。

4.4.3　应用社会互动信息的运动预测

VRU 在运动过程中，会观测周围交通参与者的运动状态，遵守大量（不成文的）常识性规则以及社会惯例，并通过眼神、点头、招手等方式进行互动，从而让出路权或调整自己的运动状态。这些规则的建模对理解和预测 VRU 在复杂环境中的运动方面具有重要意义。目前，社会交互模型主要分为传统的社会交互模型、基于深度学习的社会交互模型以及二者结合的可解释性模型。

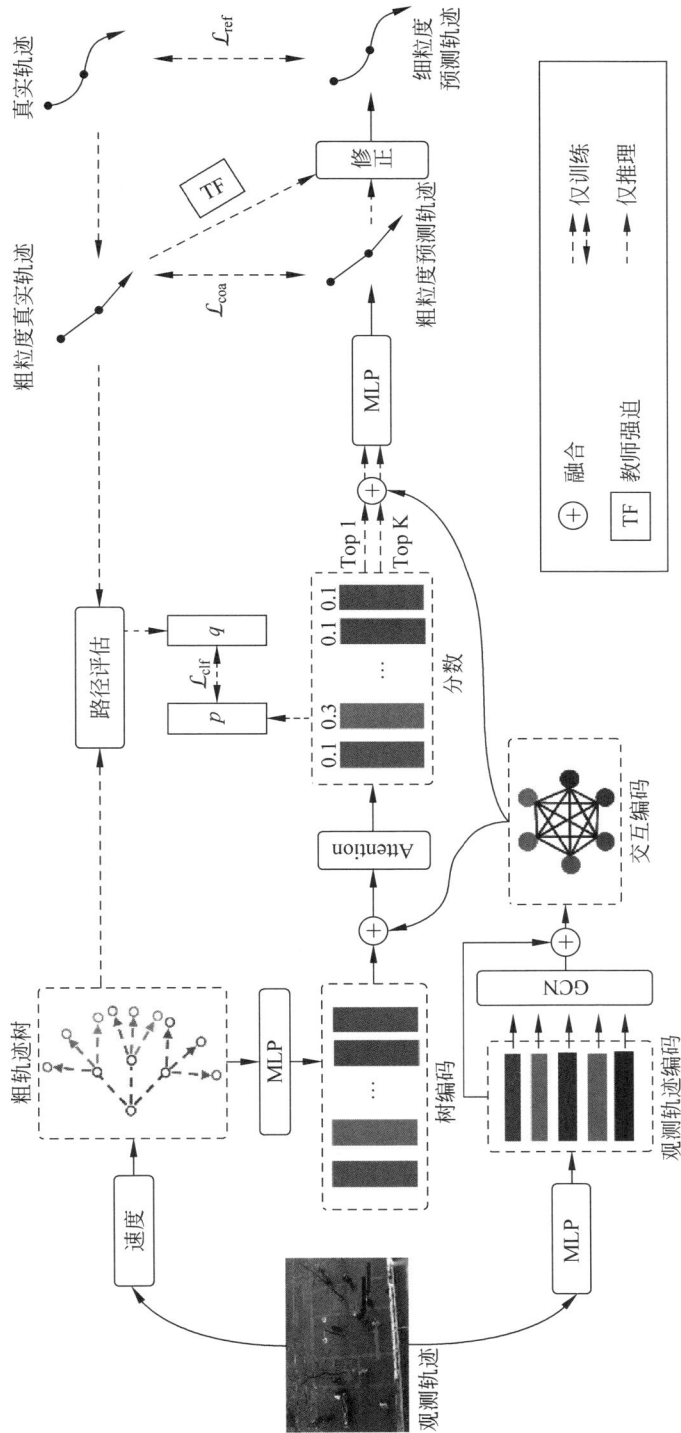

图 4-24　社会可解释树总体框架

传统的社会交互模型利用人工设计的函数和规则描述交互行为，如社会力模型[155]中的能量函数以及离散选择模型（Discrete Choice model, DCM）[156]中的效用函数等，此类模型通常只能对简单的交互行为建模，不能捕捉拥挤环境中丰富的行为策略和互动。

为了对复杂交互行为建模，很多方法都利用深度神经网络对社会交互建模，以提高 VRU 多模态轨迹预测的准确性和多样性。目前，基于深度学习的社会交互模型首先会利用不同深度神经网络来编码互动信息，主要包括 CNN、LSTM 以及 GCN 等。其次是设计不同的模块来捕捉目标 VRU 和周围交通参与者之间的社会互动，如注意力机制、稀疏图学习等。最后再通过不同的形式将提取的交互信息融合到预测模型中，让其对目标 VRU 的未来行为产生合理的影响。

本节将详细介绍传统的社会交互模型中的社会力模型，具体介绍基于 LSTM 的 SR-LSTM[157] 以及无限邻域互动网络（Unbounded Neighborhood Interaction Networks, UNIN）[158]。

1. 社会力模型

行人的运动可以被描述为受到"社会力"的影响，这些力并非由行人的个人环境施加，而是一种衡量个人执行某些动作（移动）内部动机的措施。在行人行为社会力模型中，主要包括以下 3 个力。一是描述朝自身期望运动速度的加速度项，若行人的动作没有受到干扰，则将以自身期望的速度朝其期望的方向前进。由于必要的减速过程或回避过程，实际速度与其期望速度会产生偏差。二是反映行人与其他行人和边界保持一定距离的项目，行人的运动会受到其他行人的影响，特别是与其他行人保持一定的距离，这取决于行人的密度和期望速度，其中每个行人的私人空间（可以被解释为领地效应）起着至关重要的作用。一般来说，行人靠近陌生人或障碍物边界，会导致边界或者其他行人产生的排斥效应。三是有吸引力效果的项目。行人有时会被其他人（朋友、街头艺术家等）或物体（如橱窗展示物）吸引，这些在运动方向有着吸引效应，但吸引力 f 通常随时间 t 减小。最后，将上述 3 个力相加得到总的社会力，再增加一个波动项，用来描述行人行为的随机变化。

2. 状态更新长短时记忆模型

Vanilla LSTM 模型独立地推断所有行人，而不考虑它们之间的相互作用。在 t 时刻第 i 个行人的位置 (x_i^t, y_i^t) 表征为向量，$e_i^t = \phi_e(x_i^t, y_i^t, W_e)$，其中，$\phi_e$ 是由 W_e 参数化的嵌入函数。向量 e_i^t 为 LSTM 单元的输入，如下所示：

$$
\begin{cases}
g_i^{u,t} = \delta(W^u e_i^t + U^u h_i^{t-1} + b^u) \\
g_i^{f,t} = \delta(W^f e_i^t + U^f h_i^{t-1} + b^f) \\
g_i^{o,t} = \delta(W^o e_i^t + U^o h_i^{t-1} + b^o) \\
g_i^{c,t} = \tanh(W^c e_i^t + U^c h_i^{t-1} + b^c) \\
c_i^t = g_i^{f,t} \odot c_i^{t-1} + g_i^{u,t} \odot g_i^{c,t} \\
h_i^t = g_i^{o,t} \odot \tanh(c_i^t)
\end{cases}
\tag{4-20}
$$

其中，g 表示 LSTM 单元内的门控函数，上标 u、f、o 和 c 分别表示更新门、遗忘门、输出门和单元门，W 和 U 表示将输入和隐藏状态连接到 LSTM 单元的权重矩阵。使用 LSTM 时，每个行人都将被视为一个样本，所有 LSTM 参数在行人之间共享。

利用从 LSTM 中提取的隐藏状态 h_i^t，可以直接预测时间步 $t+1$ 处的坐标：

$$[\hat{x}_i^{t+1}, \hat{y}_i^{t+1}]^{\mathrm{T}} = W_p h_i^t \tag{4-21}$$

其中，W_p 是学习参数，LSTM 模型的参数是通过最小化预测位置和真实轨迹之间的 L_2 损失来直接学习的。在推理阶段，从前一个时间步预测的坐标被用作当前时间步的输入。

Vanilla LSTM 依赖过去时刻邻居的隐状态，忽略了邻居当前时刻的重要意图更新。为了解决这个问题，状态更新长短时记忆模型（State Refinement LSTM，SR-LSTM）提出了一个数据驱动的状态更新模块，该模块激活了对邻居当前时刻的意图的利用，同时利用信息传递机制迭代更新所有交通参与者的当前状态。为了有效地提取邻居的社会影响，进一步引入了社会感知的信息选择机制，该机制由一个元素级运动门控和一个行人级的注意力组成，以便根据邻居的运动和位置自适应地从邻居状态中选择有用的信息。

1）SR-LSTM 框架

SR-LSTM 框架如图 4-25 所示。与 Vanilla LSTM 不同，该框架增加了状态更新（State Refinement，SR）模块，其通过行人间的信息传递，更新式（4-20）中的单元状态 c_i^t。

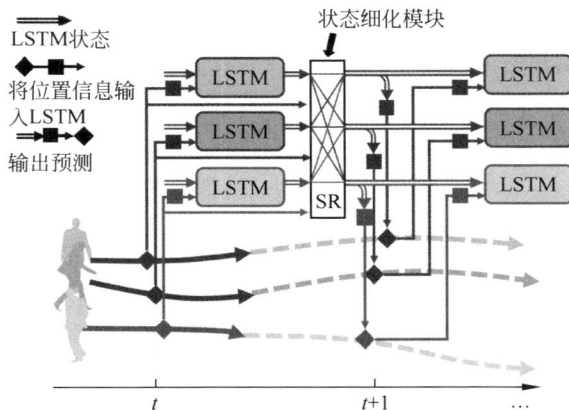

图 4-25　SR-LSTM 框架

SR 模块将所有行人的 3 个信息源作为输入，包括行人的当前位置、隐状态和来自 LSTM 的单元状态。SR 模块的输出是更新的单元状态。在数学上，用于更新单元状态的 SR 模块可以表述如下：

$$\hat{c}_i^{t, l+1} = \sum_{j \in \mathcal{N}(i)} M_j(\hat{h}_j^{t, l}, \hat{h}_i^{t, l}) + \hat{c}_i^{t, l} \tag{4-22}$$

其中，M 是消息传递函数，$\mathcal{N}(i)$ 表示行人 i 的邻居。对于第 i 个行人，通过函数 M 对 $j \in \mathcal{N}(i)$ 的相邻行人的隐状态 $\hat{h}_j^{t,l}$ 进行整合，然后与 i 的单元状态相结合，以获得更新的单元状态。消息传递可以进行多次，l 表示消息传递迭代索引，$l = 0$ 的状态由等式中的原始 LSTM 状态初始化。

在 SR 模块中通过 L 次细化迭代单元状态后，用于生成预测坐标，如下所示：

$$\begin{cases} \hat{c}_j^t = c_j^{t,L} \\ \hat{h}_i^t = g_i^{o,t} \odot \tanh(\hat{c}_i^t) \\ [\hat{x}_i^{t+1}, \hat{y}_i^{t+1}]^T = W_p \hat{h}_i^t \end{cases} \tag{4-23}$$

其中，$g_i^{o,t}$ 来自 LSTM，在行人轨迹预测任务中，进一步更新可以提高交互模型的质量，表明人类交互过程中的意图协商。

2）消息传递

消息传递的一个简单实现表述如下：

$$\hat{c}_i^{t,l+1} = \sum_{j \in \mathcal{N}(i)} W^{mp} \hat{h}_j^{t,l} \ / \ |\mathcal{N}_i| + \hat{c}_i^{t,l} \tag{4-24}$$

其中，$|\mathcal{N}_i|$ 表示 $\mathcal{N}(i)$ 中的元素数。消息传递函数 $M_j(\hat{h}_j^{t,l}, \hat{h}_i^{t,l}) = W^{mp}\hat{h}_j^{t,l}/|\mathcal{N}(i)|$ 在这个公式中不依赖 $\hat{h}_i^{t,l}$。W^{mp} 是一种线性变换，用于将信息从相邻行人传输到行人 i。

3）社会感知的信息选择

在使用其他行人的特征时，平等对待其所有特征并不是一个合适的解决方案。为了自适应地关注最有用的邻近信息并指导消息传递，SR-LSTM 设计了以下具有社会感知信息选择机制的消息传递项 M：

$$\hat{c}_i^{t,l+1} = \sum_{j \in \mathcal{N}(i)} M_j(\hat{h}_j^{t,l}, \hat{h}_i^{t,l}) + \hat{c}_i^{t,l} = \sum_{j \in \mathcal{N}(i)} W^{mp} \alpha_{i,j}^{t,l} \cdot (g_{i,j}^{m,t,l} \odot \hat{h}_j^{t,l}) + \hat{c}_i^{t,l}$$

$$\tag{4-25}$$

其中，$\odot$ 表示逐元素乘积运算，W^{mp} 是线性变换参数，$\alpha_{i,j}$ 是行人注意力，$g_{i,j}$ 是运动门控。

4）行人注意力

式（4-26）中的 $\alpha_{i,j}$ 是一个标量，行人 j 的注意力公式如下：

$$\begin{cases} u_{i,j}^{t,l} = \omega^{aT} [r_{i,j}^{t,l}; \hat{h}_j^{t,l}; \hat{h}_i^{t,l}] \\ \alpha_{i,j}^{t,l} = \exp(u_{i,j}^{t,l}) / \Sigma_k \exp(u_{i,k}^{t,l}) \end{cases} \tag{4-26}$$

其中，$r_{i,j}^{t,l}$ 是相对空间位置，是指导信息选择的重要因素。它由嵌入函数 ϕ_r 表征，如下所示：

$$r_{i,j}^{t,l} = \phi_r(x_i^t - x_j^t, y_i^t - y_j^t; W^r) \tag{4-27}$$

其中，(x_i^t, y_i^t) 是行人 i 在时间 t 的位置，(x_j^t, y_j^t) 是行人 j 在时间 t 的位置，W^r 表示嵌入函数 ϕ_r 的参数。

5）运动门控

$g_{i,j}^{m}$ 可表示为

$$g_{i,j}^{m,t,l} = \delta(W^m[r_{i,j}^{t,l};\hat{h}_j^{t,l};\hat{h}_i^{t,l}] + b^m) \tag{4-28}$$

其中，W^m、b^m 是参数，δ 表示 Sigmoid 函数。$g_{i,j}^{m,t,l}$ 通过使用等式中的元素乘积从 $\hat{h}_j^{t,l}$ 中选择特征。

运动门控和行人注意力具有不同的功能，并共同从相邻行人中选择重要信息进行消息传递。对这两个组件的进一步解释如下：

运动门控 $g_{i,j}^{m}$ 作用于每个隐状态 $\hat{h}_i^t$ 以执行成对特征选择。它是基于 $r_{i,j}^t$、$\hat{h}_j^t$、$\hat{h}_i^t$ 的组合来计算的（见式(4-28)），这表明行人 i 和 j 的运动及其相对空间位置被共同考虑用于特征选择。这种基于元素的特征选择不能由行人注意力提供。

行人注意力强调重要的邻居并控制邻居消息的数量。如果只采用运动门，那么由于相关邻居的数量不确定，训练过程很难收敛。式(4-24)中的简单实现为所有行人及其特征分配了相等的权重，没有充分注意特征提取的重要邻居和重要轨迹，因此比社会感知信息选择表现更差。

3. 无限邻域互动网络

图神经网络能够有效提取非结构化特征，适合处理非欧几里得数据。因此，目前很多方法利用图神经网络捕获社会互动以及场景中的非结构化信息。大多数现有的方法主要针对的是场景中成对的目标之间的相互作用或在局部范围内的相互作用。事实上，相互作用应该同时涉及不确定数量的交通参与者和非局部区域。此外，上述方法将异质交通参与者同等对待，即无区别地对待不同类别的参与者之间的互动，而在交通场景中，不同类别的交通参与者有着不同的反应模式。为了解决这些问题，下面介绍一个简单而有效的无限邻域互动网络（Unlimited Neighborhood Interaction Network，UNIN），它可以预测多个类别中的异质交通参与者的轨迹。具体来说，如图 4-26 所示，UNIN 设计了无限邻域互动模块，用于同时生成参与互动的所有交通参与者的融合特征，从而适用于任何数量的交通参与者和任何范围的互动区域。另外，UNIN 提出了一个层级注意力模块，以获得类别与类别之间的互动和交通参与者之间的互动。最后，通过时间卷积网络 TCN 估计混合高斯模型的参数生成未来轨迹。

1）异质图的构建

在异质目标轨迹预测中，有多个类别的实体，因此 UNIN 建立了一个时空-类别图 G_{stc} 来对其进行整体建模，其中每个实体被视为一个节点，实体之间的互动被视为边。为了加强类别与类别之间互动的表述，所有具有相同类别的实体被视为一个类别节点。

$$G_{stc} = (V_t^i, E_t^i, E_t^{ij}, S_t^c, D_t^{c_1,c_2}, D_t^c) \tag{4-29}$$

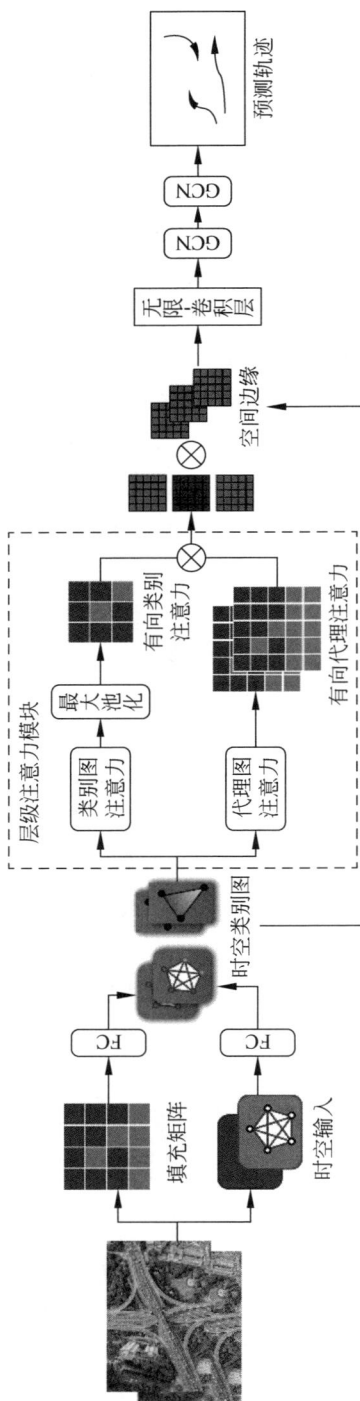

图 4-26 无限邻域互动网络

其中，$i \in \{1,2,\cdots,N\}$，$t \in \{1,2,\cdots,T_{\text{pre}}\}$，$c = \{1,2,\cdots,C\}$ 分别代表节点下标、时刻和类别。$V_t^i = \{(x_t^i, y_t^i, c)\}$ 表示在 t 时刻类别 c 的节点 i。$E_t^i = \{(V_t^i, V_{t+1}^i)\}$ 表示连接 V_t^i 和 V_{t+1}^i 的空间边。$S_t^c = \{V_t^i \mid \forall\, i \in \{1,2,\cdots,N\}\}$ 是利用所有属于类别 c 的目标在 t 时刻拼接而成的特征向量集合，是类别为 c 的类别节点在 t 时刻的表征。考虑到各种类别的实体的差异，利用一个共同的变换矩阵进行投影后，再将同一类别的交通参与者特征串联起来。$D_t^{c_1,c_2} = \{(S_t^{c_1}, S_t^{c_2}) \mid c_1, c_2 \in \{1,2,\cdots,C\}\}$ 是在 t 时刻连接类别节点 $S_t^{c_1}$ 和 $S_t^{c_2}$ 的空间类别边。$D_t^c = \{(S_t^c, V_t^i)\}$ 是连接类别节点 S_t^c 和属于类别 c 的各空间节点 V_t^i 的空间类别-实体的边。建立的时空-类别图 G_{stc} 不仅包括每个实体的信息，还包括每个类别的信息。因此，可以利用 G_{stc} 来建立类别与类别之间以及实体与实体之间的互动。

2）层级图注意力

实体之间的互动是轨迹预测的一个重要因素。与同质互动相比，由于对象类别不同，异质互动更加复杂。在交通场景中，由于社会习惯和经验的不同，VRU 往往会根据所遇到的目标类别做出不同的反应。因此，类别之间的交互也是影响 VRU 轨迹的一个重要因素。为了对具有多个类别的实体之间的互动进行建模，UNIN 提出了一个层级图注意模块。它首先对类别与类别之间的互动进行建模，在此基础上对实体与实体之间的互动进行建模。

3）类别之间的交互

为了建模类别间的交互，UNIN 首先在所建立的时空类别图上获得每个类别的类别特征，并在此基础上通过集合操作获得类别间的交互权重。考虑到不同场景中实体数量的不平衡，采用填充操作，将它们调整到相同的数量。然后，每个类别的隐变量 h_t^c 通过线性投影得到，即

$$h_t^c = \phi(W_e, \Theta(S_t^c)) \tag{4-30}$$

其中，$\phi(\bullet,\bullet)$ 表示线性投影，S_t^c 是 t 时刻的类别节点，h_t^c 是 t 时刻的类别 c 的特征，Θ 是填充操作，W_e 是线性投影的可学习权重。填充大小等于场景中最大的节点数，以实现高效计算。填充卷积对于任意数量的实体也很灵活，因为对 0 的卷积不会改变结果。在获得每个类别的特征后，任何两个类别的特征被连接起来以获得融合特征。随后，通过图注意力机制生成类别-类别注意力得分 A_t，如下所示：

$$\boldsymbol{A}_t^{c_1,c_2} = \delta(\boldsymbol{\mu}_c \bullet (h_t^{c_1} \parallel h_t^{c_2})) \tag{4-31}$$

其中，$\boldsymbol{A}_t^{c_1,c_2}$ 是在 t 时刻类别 c_1 对 c_2 的注意力得分向量，$\boldsymbol{\mu}_c$ 表示类别 c 的可学习注意权重向量，用于调整类别之间的权重，$\delta(\bullet)$ 表示非线性激活函数。注意力得分向量 $\boldsymbol{A}_t^{c_1,c_2}$ 衡量一个类别与其他类别的互动。类别与类别之间的互动旨在帮助实体与实体之间的互动，因此只通过对每个注意力得分向量 $\boldsymbol{A}_t^{c_1,c_2}$ 的集合操作就能获得一个重要性系数。最大池化（Γ）被用来选择 $\boldsymbol{A}_t^{c_1,c_2}$ 中的最大值作为重要性因子 $a_t^{c_1,c_2}$。

在获得任意两个类别之间的重要性系数后，通过对所有的重要性系数（其中类别的数量为 n）进行归一化，得到最终的类别-类别交互作用 $\mathrm{CI}_t^{c_1,c_2}$：

$$\mathrm{CI}_t^{c_1,c_2} = \frac{\exp\left(a_t^{c_1,c_2}\right)}{\displaystyle\sum_{i,j \in n} \exp\left(a_t^{i,j}\right)} \tag{4-32}$$

空间类别边 $D_t^{c_1,c_2}$ 的权重代表类别与类别之间的互动，因此通过得到的互动值可以对 $D_t^{c_1,c_2}$ 进行赋值。

4）实体之间的互动

根据 VRU 更容易受到较近的移动实体影响的假设，可以很直观地定义一个权重，这个权重会随着交通参与者的接近而增长。同时，注意力机制能够确保远处的互动交通参与者也能被模型识别。基于距离的方法用相应实体之间的相对距离初始化空间边缘 E_t。然后，通过拉普拉斯变换得到归一化的交互矩阵 $\boldsymbol{R}_t$，具体如下：

$$\boldsymbol{E}_t^{i,j} = \begin{cases} 1/\parallel \boldsymbol{p}_t^i - \boldsymbol{p}_t^j \parallel_2, & \parallel \boldsymbol{p}_t^i - \boldsymbol{p}_t^j \parallel_2 \neq 0 \\ 0, & \text{其他} \end{cases}$$

$$\boldsymbol{R}_t = \boldsymbol{\Lambda}_t^{-\frac{1}{2}} \hat{\boldsymbol{E}}_t \boldsymbol{\Lambda}_t^{-\frac{1}{2}} \tag{4-33}$$

其中，$\boldsymbol{p}_t^i$、$\boldsymbol{p}_t^j$ 是交通参与者 i、j 在时间步骤 t 的位置坐标，$\hat{\boldsymbol{E}}_t = \boldsymbol{E}_t + \boldsymbol{I}$，$\boldsymbol{\Lambda}_t$ 是 $\boldsymbol{E}_t$ 的对角线节点度矩阵。

基于学习的方法需要融合所有实体的特征。而方程中显示的学习的注意力得分向量 $\boldsymbol{\Lambda}_t$ 已经包括了所需的信息，因此可以直接采用学习的 $\boldsymbol{\Lambda}_t$ 来获得实体-实体的交互作用 ATT_t，即

$$\mathrm{ATT}_t = \boldsymbol{R}_t \otimes \boldsymbol{A}_t \tag{4-34}$$

其中，运算符 $\otimes$ 表示点乘运算。

5）无限邻域互动

在真实的交通场景中，数量不定的实体之间的互动是不同的，也就是说，一个交通参与者可以随着互动实体数量的变化做出不同的反应。然而，现有的图注意力机制只计算成对的交通参与者之间的互动，因为内积只在两个向量之间操作一次。而具有许多层的图卷积网络存在过度平滑的问题。据观察，1～2 层的 GCN 对轨迹预测任务来说是最佳的。因此，学习到的实体之间互动 ATT_t 不能自适应地捕捉到不确定数量的实体之间的互动。

为了缓解这一问题，UNIN 提出了无限邻域互动模块，以同时捕捉参与同一互动的所有实体的信息。所有参与互动的实体被称为"无限邻域"，而不考虑实体的数量。UNIN 采用非对称卷积来获得和汇总 ATT_t 上的全局互动信息，即

$$h_t = \delta(\mathrm{Conv1D}(\mathrm{ATT}_t)) \tag{4-35}$$

其中，δ 是非线性激活函数，利用填充操作来确保输出大小与输入大小相同。非对称卷积是重复计算的，因此，全局空间交互信息可以得到加强，这意味着所有参与交互的实

体都被考虑在内,而不管实体的数量如何。因为带填充的小型非对称内核可以捕捉到隐性的相互作用,这些相互作用不受实体数量或区域范围的限制。它确保可以考虑特定互动中的任何数量的交通参与者,而大的对称内核则混合了不同互动中不同数量或范围的实体,最终通过融合无限邻域和类别之间的互动得到交互 F_t:

$$F_t = \text{CI}_t^{c_1 \cdot c_2} \otimes h_t \tag{4-36}$$

6）轨迹预测

在得到最终的交互 F_t 后,UNIN 将其视为时空类别图的邻接矩阵,并将其送入 GCN,然后用 TCN 来计算高斯混合模型的参数。在 GCN 中使用了一个残差连接,即

$$\begin{cases} H_t^{(l)} = \delta(H_t^{l-1} + F_t^l \cdot \text{Conv}(H_t^{l-1})) \\ \text{HT} = \text{TCN}(H_t) \end{cases} \tag{4-37}$$

其中,δ 是一个非线性激活函数,l 是 GCN 的层数索引,$H_t^0 = V_t$ 代表图的节点,H_t 是 TCN 的输出特征。因此,来自空间和时间信息的集体互动信息被捕获。

7）损失函数

由于不同类别的交通参与者有自己独特的运动模式,例如,一定的速度范围、与另一物体的前后距离,因此假定交通参与者 i 的轨迹坐标 (x_t^i, y_t^i) 遵循高斯混合模型。因此,UNIN 是通过最小化负对数似然损失来训练的,具体如下:

$$L^i = -\sum_{t=T_{\text{obs}}+1}^{T_{\text{pre}}} \log \sum_{k=1}^{K} \pi_k N((x_t^i, y_t^i) \mid \hat{\mu}_n^t, \hat{\sigma}_n^t, \hat{\rho}_n^t) \tag{4-38}$$

其中,$\hat{\mu}_n^t$ 是平均值,$\hat{\sigma}_n^t$ 是标准差,$\hat{\rho}_n^t$ 是相关系数,π_k 是第 k 个高斯分布的权重系数。

4.4.4　注意力机制下的运动预测

注意力机制源于对人类认知神经学的研究,已被证明对各种任务中的相关数据选择非常有效。在轨迹预测中,注意力机制常被用于提取预测过程中重要的时空信息,或用于表征行人之间的复杂交互关系。本节详细介绍基于稀疏图卷积和进化时空图注意力网络的 VRU 运动预测方法。

1. 结构图卷积网络

大多数基于距离加权和注意力机制的方法都采用稠密交互模型来表示行人之间的复杂交互,其中假设行人与所有邻居行人交互,且假设两个行人的交互是相同的。然而稠密交互和无定向的交互都会导致行人之间的交互冗余,因此结构图卷积网络(Structural Graph Convolutional Networks,SGCN)提出了基于稀疏图的行人轨迹预测方法。该方法提出构建稀疏有向交互去除冗余的交互邻居,将稀疏有向交互显式地建模为空间稀疏有向图,以自适应地捕获交互的邻居。同时,该方法将稀疏性扩展到时间维度上,使用时间稀疏有向图构建稀疏运动状态来捕获丰富的运动信息。最后,通过融合上述两个稀疏图来估计用于轨迹预测的二元高斯分布的参数。

SGCN 整体框架如图 4-27 所示，首先将输入轨迹表示成一个空间图和一个时间图，在两个图上分别使用自注意力机制，再分别经过一个非对称卷积网络来得到对应稀疏图的稀疏邻接矩阵。其次利用得到的两种稀疏邻接矩阵分别构建时空图卷积来学习轨迹的时空观测特征。最后将时空观测特征输入一个时间卷积网络来估计二元高斯分布在每个预测时间点上的参数，对估计的二元高斯分布进行采样得到预测轨迹。下面对 SGCN 的细节进行详细介绍。

1）输入图

给定输入轨迹 $X_{\text{in}} \in \mathbb{R}^{T_{\text{obs}} \times N \times D}$，其中，$D$ 表示空间坐标的维数，如图 4-27 所示，构造一个空间图以及一个时间图作为稀疏图学习网络的输入。$G_{\text{spa}} = (V^t, U^t)$ 表示场景中所有行人在时间步 t 的空间图，而 $G_{\text{tmp}} = (V_n, U_n)$ 表示行人 n 在每个观测时间点的时间图，其中，$V^t = \{v_n^t \mid n = 1, 2, \cdots, N\}$ 和 $V_n = \{v_n^t \mid t = 1, 2, \cdots, T_{\text{obs}}\}$ 分别表示 G_{spa} 和 G_{tmp} 的节点，v_n^t 的属性为行人 n 在时间步 t 的轨迹坐标 (x_n^t, y_n^t)。$U^t = \{u_{i,j}^t \mid i, j = 1, 2, \cdots, N\}$ 和 $U_n = \{u_n^{k,q} \mid k, q = 1, 2, \cdots, T_{\text{obs}}\}$ 分别表示 G_{spa} 和 G_{tmp} 的边，其中，$u_{i,j}^t, u_n^{k,q} \in \{0,1\}$ 表示节点 v_i^t 与节点 v_j^t 或者节点 v_n^k 与节点 v_n^k 是否连接。其中，如果节点有连接被赋值为 1，否则被赋值为 0。由于没有关于节点连接的先验知识，U_n 中的元素被初始化为 1。此外，由于存在时间依赖性，即当前状态独立于未来状态时，U^t 被初始化为元素为 1 的上三角矩阵。

2）空间稀疏有向图

为了增加输入空间图的稀疏性，即去除空间图中无效行人的集合，首先采用自注意机制计算非对称注意力得分矩阵 $\boldsymbol{R}_{\text{spa}} \in \mathbb{R}^{N \times N}$ 来表示行人与行人间的空间密集交互，具体如下：

$$\boldsymbol{E}_{\text{spa}} = \phi(G_{\text{spa}}, \boldsymbol{W}_E^{\text{spa}})$$

$$\boldsymbol{Q}_{\text{spa}} = \phi(\boldsymbol{E}_{\text{spa}}, \boldsymbol{W}_Q^{\text{spa}})$$

$$\boldsymbol{K}_{\text{spa}} = \phi(\boldsymbol{E}_{\text{spa}}, \boldsymbol{W}_K^{\text{spa}}) \tag{4-39}$$

$$\boldsymbol{R}_{\text{spa}} = \text{Softmax}\left(\frac{\boldsymbol{Q}_{\text{spa}} \boldsymbol{K}_{\text{spa}}^{\text{T}}}{\sqrt{d_{\text{spa}}}}\right)$$

其中，$\phi(\cdot, \cdot)$ 表示线性变换函数，$\boldsymbol{E}_{\text{spa}}$ 表示嵌入向量，$\boldsymbol{Q}_{\text{spa}}$ 和 $\boldsymbol{K}_{\text{spa}}$ 分别是自注意力机制的查询向量与键值向量。$\boldsymbol{W}_E^{\text{spa}} \in \mathbb{R}^{D \times D_E^{\text{spa}}}, \boldsymbol{W}_Q^{\text{spa}} \in \mathbb{R}^{D_E^{\text{spa}} \times D_Q^{\text{spa}}}, \boldsymbol{W}_K^{\text{spa}} \in \mathbb{R}^{D_E^{\text{spa}} \times D_K^{\text{spa}}}$ 分别对应线性变换函数的学习权重。$\sqrt{d_{\text{spa}}} = \sqrt{D_Q^{\text{spa}}}$ 是缩放因子，以提升数值计算的稳定性。

由于 $\boldsymbol{R}_{\text{spa}}$ 是在每个时间步独立计算的，它不会包含轨迹的任何时间依赖性信息。因此，将每个时间步的密集空间交互 $\boldsymbol{R}_{\text{spa}}$ 进行堆叠来生成 $\boldsymbol{R}_{\text{spa}}^{s-t} \in \mathbb{R}^{T_{\text{obs}} \times N \times N}$。然后，以时间维度作为通道，利用 1×1 卷积在 $\boldsymbol{R}_{\text{spa}}^{s-t}$ 上融合不同时间点的密集交互分数。使用空间-时间密集交互 $\hat{\boldsymbol{R}}_{\text{spa}}^{s-t} \in \mathbb{R}^{T_{\text{obs}} \times N \times N}$ 来表示融合的结果。

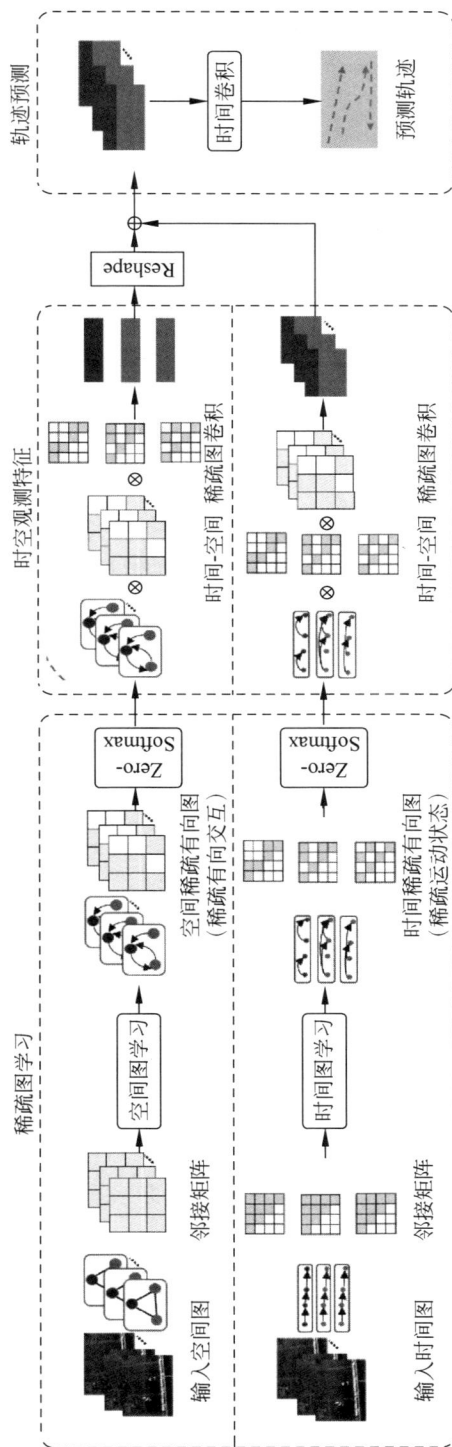

图 4-27　SGCN 整体框架

融合后的 $\hat{R}_{\mathrm{spa}}^{s-t}$ 在每个时间维度上表示为一个非对称的方阵。其中，以 (i,j) 为索引的元素表示节点 i 对节点 j 的影响程度。所以，$\hat{R}_{\mathrm{spa}}^{s-t}$ 的第 i 行可以看作节点 i 对其他所有节点的主动影响程度，$\hat{R}_{\mathrm{spa}}^{s-t}$ 的第 j 列可以看作节点 j 受到来自其他所有节点的被动影响程度。融合一个节点的主动影响与被动影响来得到节点的高级交互分数。为了融合主被动影响，该方法堆叠多层非对称卷积块在 $\hat{R}_{\mathrm{spa}}^{s-t}$ 的行与列上。如下所示：

$$F_{\mathrm{row}}^{(l)} = \mathrm{Conv}(F^{(l-1)}, \mathcal{K}_{(1 \times \mathcal{S})}^{\mathrm{row}})$$
$$F_{\mathrm{col}}^{(l)} = \mathrm{Conv}(F^{(l-1)}, \mathcal{K}_{(\mathcal{S} \times 1)}^{\mathrm{col}}) \tag{4-40}$$
$$F^{(l)} = \delta(F_{\mathrm{row}}^{(l)} + F_{\mathrm{col}}^{(l)})$$

其中，$F_{\mathrm{row}}^{(l)}$ 和 $F_{\mathrm{col}}^{(l)}$ 分别表示基于行和基于列的非对称卷积在第 l 层的卷积特征图。$F^{(l)}$ 是融合行列特征图的激活特征图。$\delta(\cdot)$ 表示非线性激活函数。$\mathcal{K}_{(1 \times \mathcal{S})}^{\mathrm{row}}$ 和 $\mathcal{K}_{(\mathcal{S} \times 1)}^{\mathrm{col}}$ 分别表示基于行和基于列的尺寸为 $1 \times \mathcal{S}$ 和 $\mathcal{S} \times 1$ 的非对称卷积核。注意，$F^{(0)}$ 初始化为 $\hat{R}_{\mathrm{spa}}^{s-t}$。所有的非对称卷积使用零填充来保持输入与输出尺寸相等。最后一层的激活特征图 $F^{(l)}$ 看作是高级交互分数矩阵 $F_{\mathrm{spa}} \in \mathbb{R}^{T_{\mathrm{obs}} \times N \times N}$。

由于密集交互存在冗余的交互会干扰到轨迹预测的结果。因此，本方法生成掩码矩阵 M_{spa} 来去除冗余的交互。具体来说，首先在 F_{spa} 上使用逻辑回归函数(Sigmoid)函数，然后使用阈值 ξ 来判断逻辑回归的结果。若结果大于阈值则输出 1(表示交互)，否则输出 0(表示不交互)。如下所示：

$$M_{\mathrm{spa}} = I\{\sigma(F_{\mathrm{spa}}) \geqslant \xi\} \tag{4-41}$$

其中，$I\{\cdot\}$ 表示指示函数，当不等式成立时输出 1，否则输出 0。σ 表示逻辑回归函数。由于行人自己的运动对未来轨迹的预测具有强有力的影响，该方法假设所有的行人都是自交互的，即构建的图都是自连接的。因此，将得到的稀疏矩阵 M_{spa} 与一个同尺寸的单位阵 I 相加来确保自连接。将空间-时间密集交互据矩阵 $\hat{R}_{\mathrm{spa}}^{s-t}$ 与掩码矩阵 M_{spa} 进行元素级别的矩阵乘法来生成稀疏交互矩阵 $A_{\mathrm{spa}} \in \mathbb{R}^{T_{\mathrm{obs}} \times N \times N}$。如下所示：

$$A_{\mathrm{spa}} = (M_{\mathrm{spa}} + I) \odot \hat{R}_{\mathrm{spa}}^{s-t} \tag{4-42}$$

其中，$\odot$ 表示元素级别的矩阵乘法。由于 A_{spa} 表示两两节点之间的连接情况，所以将 A_{spa} 看作邻接矩阵，可以根据 A_{spa} 构建稀疏图来表示稀疏有向交互。

3) Zero-Softmax

先前的工作表明对邻接矩阵进行归一化有利于图卷积网络的性能提升。但是，基于空间域的图卷积网络往往使用 Softmax 归一化函数，这会导致 Softmax 会将一个 0 输入值转变一个非零输出值，从而造成稀疏图会退回到密集图。在这种情况下，之前不交互的行人会再次强制交互。为了避免这种情况，SGCN 设计了一种 Zero-Softmax 函数来保持稀疏性：

$$\text{Zero-Softmax}(\boldsymbol{x}_i) = \frac{(\exp(\boldsymbol{x}_i) - 1)^2}{\sum\limits_{j=1}^{D} (\exp(\boldsymbol{x}_j) - 1)^2 + \epsilon} \tag{4-43}$$

其中，$\boldsymbol{x}_i$ 为输入向量，ϵ 是一个忽略不计的小数来保证数值的稳定性，D 是输入向量的维度。使用 Zero-Softmax 函数，将得到的稀疏邻接矩阵 $\boldsymbol{A}_{\text{spa}}$ 进行归一化操作，从而得到归一化稀疏邻接矩阵 $\hat{\boldsymbol{A}}_{\text{spa}}$。至此，一个表示稀疏有向交互的时空稀疏有向图 $\hat{G}_{\text{spa}} = (V^t, \hat{\boldsymbol{A}}_{\text{spa}})$ 构建完成。

4）时间稀疏图学习

按照与空间稀疏有向图学习的类似的过程，也可以从输入时间图获得时间稀疏有向图的邻接矩阵 $\hat{\boldsymbol{A}}_{\text{tmp}}$ 用来表示稀疏运动状态。由于时间稀疏有向图的特点，与空间稀疏有向图学习存在两处差异。

第一处差异在于轨迹点的时序性。由于行人的空间交互是行人间共同作用的结果，故不用考虑节点与节点间的顺序性。而在时间维度上，轨迹点与轨迹点是存在顺序的。因此，参考 Transformer，在时间稀疏有向图的嵌入向量 $\boldsymbol{E}_{\text{tmp}}$ 上增加一个位置编码向量。如下所示：

$$\boldsymbol{E}_{\text{tmp}} = \phi(G_{\text{tmp}}, W_E^{\text{tmp}}) + \boldsymbol{\varepsilon} \tag{4-44}$$

其中，$\boldsymbol{\varepsilon}$ 是位置编码向量。此外，由于轨迹的时序性，时间密集交互矩阵 $\boldsymbol{R}_{\text{tmp}}$ 与 $\boldsymbol{U}^t$ 类似也是一个上三角矩阵。

第二处差异在于时间-空间融合步骤。由于场景中的行人数量 N 是一个变化的值，不能直接使用卷积操作在人数维度上来融合空间信息。故为了简化操作，这里直接堆叠每个行人的 $\boldsymbol{R}_{\text{tmp}} \in \mathbb{R}^{T_{\text{obs}} \times T_{\text{obs}}}$ 生成 $\boldsymbol{R}_{\text{tmp}}^{t-s} \in \mathbb{R}^{N \times T_{\text{obs}} \times T_{\text{obs}}}$ 作为时间-空间密集交互矩阵。

通过以上步骤，表示稀疏运动状态的稀疏有向图 $\hat{G}_{\text{tmp}} = (V^t, \hat{\boldsymbol{A}}_{\text{tmp}})$ 构建完成。

5）时空观测特征提取

在构建空间稀疏有向图和时间稀疏有向图后，使用图卷积神经网络在构建的两个稀疏图上提取时空观测特征。由于时间与空间的相互影响，如图 4-27 所示，SGCN 使用两个级联的图卷积神经网络来分别生成空间-时间特征 H_{ITF} 与时间-空间特征 H_{TIF}。将两种特征融合后得到时空观测特征 H。计算过程如下：

$$\begin{aligned} H_{\text{ITF}}^{(l)} &= \delta(\hat{\boldsymbol{A}}_{\text{tmp}} \cdot \delta(\hat{\boldsymbol{A}}_{\text{spa}} H_{\text{ITF}}^{(l-1)} W_{\text{spa1}}^{(l)}) W_{\text{tmp1}}^{(l)}) \\ H_{\text{TIF}}^{(l)} &= \delta(\hat{\boldsymbol{A}}_{\text{spa}} \cdot \delta(\hat{\boldsymbol{A}}_{\text{tmp}} H_{\text{TIF}}^{(l-1)} W_{\text{tmp2}}^{(l)}) W_{\text{spa2}}^{(l)}) \end{aligned} \tag{4-45}$$

其中，$W_{\text{spa1}}^{(l)}$、$W_{\text{tmp1}}^{(l)}$、$W_{\text{tmp2}}^{(l)}$、$W_{\text{spa2}}^{(l)}$ 分别表示对应的第 l 层图卷积神经网络的学习参数。$H_{\text{ITF}}^{(0)}$ 被初始化为 $\hat{G}_{\text{spa}}$，$H_{\text{TIF}}^{(0)}$ 被初始化为 $\hat{G}_{\text{tmp}}$。将 $H_{\text{ITF}}^{(l)}$ 与 $H_{\text{TIF}}^{(l)}$ 进行特征相加得到时空观测特征 H。

6）轨迹预测

SGCN 假设行人 n 在时间步 t 的轨迹点 (x_n^t, y_n^t) 服从二元高斯分布 $\mathcal{N}(\hat{\mu}_n^t, \hat{\sigma}_n^t, \hat{\rho}_n^t)$，

其中，$\hat{\mu}_n^t$ 是均值，$\hat{\sigma}_n^t$ 是标准差，$\hat{\rho}_n^t$ 是相关系数。为了预测轨迹的分数，在得到的时空观测特征上沿着时间维度使用时间卷积神经网络来估计二元高斯分布参数。与循环神经网络相比，时间卷积网络可以避免梯度消失的问题并可以利用并行计算的优势提升计算速度。最终 SGCN 的负对数似然损失函数如下所示：

$$L^n(\boldsymbol{W}) = -\sum_{t=T_{\text{obs}}+1}^{T_{\text{pred}}} \log P\left((x_n^t, y_n^t) \mid \hat{\mu}_n^t, \hat{\sigma}_n^t, \hat{\rho}_n^t\right) \tag{4-46}$$

其中，$\boldsymbol{W}$ 表示整个方法的所有训练参数。

2. 进化时空图注意力网络

现有的研究工作在建模行人间的相互作用时多是通过计算不同行人之间的欧氏距离或利用注意力机制进行建模。虽然这些方法可以给出合理的预测结果，但是有两个重要的问题被忽略了。首先，基于欧氏距离建模的交互关系可能无法准确模拟现实中行人之间微妙的关系。其次，社交关系在时间上是连续的，是不会发生突然变化的。因此，基于欧氏距离建模的社交关系或简单的基于注意力机制建模的交互关系来预测轨迹是不够的。

基于上述分析，本节介绍一种用于行人轨迹预测的进化时空图注意力网络（Evolutionary Spatio-Temporal Graph Attention Network，EvoSTGAT）。该模型以观察到的行人历史运动轨迹坐标为输入，输出预测的未来轨迹坐标。EvoSTGAT 利用时变图卷积机制和时空进化注意力机制来捕捉坐标的时空特征。以时空图结构作为基本框架，将行人之间的具有时序特点的连续的交互关系描述为进化过程，并通过进化的动态注意力机制对其进行建模，同时利用 GRU 来建模交互关系的进化。当前帧的邻接矩阵通过一个 GRU 单元从前一帧的邻接矩阵进化而来，并且会用于更新下一帧的邻接矩阵。通过这种方式，交互信息可以随着时间的推移在网络中流动。

假设场景中有 N 个行人。对于第 i 个行人，已知在 $[1, T_{\text{obs}}]$ 的时间区间中，行人的位置坐标序列为 $\{(x_i^t, y_i^t) \mid t = 1, 2, \cdots, T_{\text{obs}}\}$，目标为预测在未来时间区间 $[T_{\text{obs}+1}, T_{\text{pred}}]$ 中该行人的位置坐标序列：$\{(x_i^t, y_i^t) \mid t = T_{\text{obs}+1}, T_{\text{obs}+2}, \cdots, T_{\text{pred}}\}$。假设每个行人在每个时刻的位置坐标 (x_i^t, y_i^t) 服从二维高斯分布，$(x_i^t, y_i^t) \sim N(\mu_i^t, \sigma_i^t, \rho_i^t)$。$\mu_i^t = (\mu_{i,x}^t, \mu_{i,y}^t)$ 是该分布的均值，$\sigma_i^t = (\sigma_{i,x}^t, \sigma_{i,y}^t)$ 是该分布的方差，ρ_i^t 是相关系数。

把场景里一段时间内出现的所有行人表示为图结构 $G = (V, E)$。其中，图的节点 V 被定义为 $V = \{h_i^t \mid i = 1, 2, \cdots, N; t = 1, 2, \cdots, T_{\text{obs}}\}$。$h_i^t = (x_i^t, y_i^t)$ 表示第 i 个行人在 t 时刻的特征。边的属性 α_{ij}^t 表示第 i 个行人和第 j 个行人在 t 时刻的交互关系。边的集合 E 被表示为：$E = \{\alpha_{ij}^t \mid i, j \in \{1, 2, \cdots, N\}, t = 1, 2, \cdots, T_{\text{obs}}\}$。图 4-28 展示了 EvoSTGAT 网络模型的总体架构。EvoSTGAT 的输入是场景中 $[1, T_{\text{obs}}]$ 时间区间内所有行人的位置坐标，输出是 $[T_{\text{obs}+1}, T_{\text{pred}}]$ 时间区间内所有行人的位置坐标。如图 4-28 所示，EvoSTGAT 由 3 个主要模块组成：时变图卷积模块、时空进化注意力

模块和时间扩展卷积模块。时变图卷积模块采用随时间变化的图卷积机制，直接利用轨迹坐标来捕获行人轨迹的空间和时间特征。该机制可以确保时间信息在特征传递的时候被保留下来。将时变图卷积模块输出的特征输入时空进化注意力模块中，利用进化单元来更新图节点的属性。以此保证在更新节点特征时，充分考虑了进化的、递归的社会交互关系。最后，把输出特征传递到时间扩展卷积模块，通过在时间维度上进行卷积得到要预测的未来轨迹。时间扩展卷积模块会输出 5 个高斯分布的参数 $\{\mu_{i,x}^t, \mu_{i,y}^t, \sigma_{i,x}^t, \sigma_{i,y}^t, \rho_i^t\}$，用于预测结果的采样。

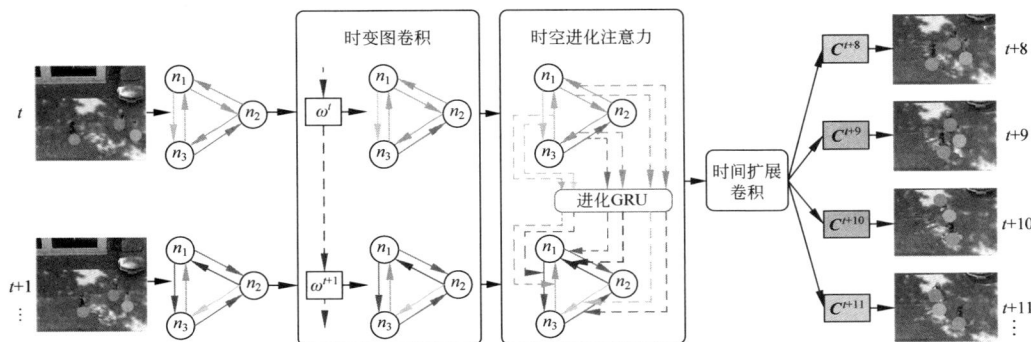

图 4-28　EvoSTGAT 模型示意图

根据时序数据的特点对图卷积进行改进，EvoSTGAT 设计了一个时变图卷积操作，图卷积的权重随时间变化，能够在不同的时间点挖掘出不同模式的特征。该方法可以保存连续的时间信息，并保证时间信息完整地在网络中流动。如图 4-28 所示，ω^t、ω^{t+1} 分别表示时变图卷积在 t 时刻和 $t+1$ 时刻的权重。图的卷积的运算由不同权重的卷积单元进行：

$$H^t = \omega^t * h^t \tag{4-47}$$

其中，$*$ 表示卷积操作，$h_i^t = \{(x_i^t, y_i^t) \mid i = 1, 2, \cdots, N\}$ 表示图结构在 t 时刻的节点的特征。$H^t \in \mathbb{R}^{F \times N}$ 是 t 时刻输出的特征，F 是特征的维度。

EvoSTGAT 提出了一个可训练的动态进化注意力矩阵 A^t 表示在 t 时刻的图注意力。其中，A^t 的元素 (i,j) 被定义为 $\alpha_{i,j}^t$。$\alpha_{i,j}^t$ 描述了在第 t 帧时，节点 i 和节点 j 之间的交互关系。$\alpha_{i,j}^t$ 的计算方式为

$$\alpha_{i,j}^t = \frac{\exp R((a^t)^{\mathrm{T}} H_{i,j}^t)}{\sum\limits_{k \in \Phi_i} \exp\{R((a^t)^{\mathrm{T}} H_{i,k}^t)\}} \tag{4-48}$$

其中，a^t 是在第 t 帧时的单层前向传播网络的权重向量，且 a^t 的值将随着进化过程不断改变。$H_{i,j}^t = H_i^t \oplus H_j^t$ 表示 H_i^t 和 H_j^t 的拼接矩阵，其中，H_i^t 表示 H^t 的第 i 列。Φ_i 表示第 i 个节点的邻居节点。R 表示 LeakyReLU 函数。

其次，再利用 $\alpha_{i,j}^t$ 更新图中节点的特征。在 t 时刻，节点特征通过以下公式被更新：

$$S_i^t = \sum_{k \in \Phi_i} \delta(\alpha_{i,j}^t \boldsymbol{H}_i^t) \tag{4-49}$$

其中，δ 表示图注意力中的 PReLU 函数。

最后，图节点的特征被以下公式更新：

$$\begin{cases} \boldsymbol{S}^t = S_1^t \oplus S_2^t \oplus \cdots \oplus S_N^t, & \boldsymbol{S}^t \in \mathbb{R}^{F \times N} \\ \boldsymbol{S} = S^1 \oplus S^2 \oplus \cdots \oplus S^{T_{obs}}, & \boldsymbol{S} \in \mathbb{R}^{F \times N \times T_{obs}} \end{cases} \tag{4-50}$$

其中，$\oplus$ 表示矩阵拼接操作，S^t 表示在第 t 帧时的特征，S 表示在时间区间 $[1, T_{obs}]$ 内的序列的特征。图 4-29(a) 展示了在第 $t-1$ 帧时的进化过程。对于 a^{t-1}，一方面，它用于更新第 $t-1$ 帧的节点特征；另一方面，借助进化机制和 a^{t-1} 得到 a^t，具体操作将在下面详细介绍。

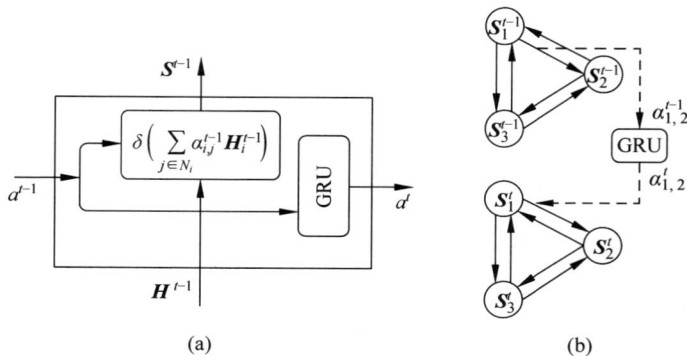

图 4-29　进化注意力机制和具体结构

进化注意力机制由一系列的进化单元组成。图 4-29(b) 为一个进化单元的可视化形式。可以看出，$\alpha_{1,2}^t$ 是由 $\alpha_{1,2}^{t-1}$ 通过 GRU 进化而来的。事实上，进化过程是通过对权重向量 $\boldsymbol{a}^t$ 的进化来实现的。$\boldsymbol{a}^t$ 的值是由 $\boldsymbol{a}^{t-1}$ 通过 GRU 进化而来，$\alpha_{1,2}^t$ 是由 $\alpha_{1,2}^{t-1}$ 进化而来，从而 $\boldsymbol{A}^t$ 是由 $\boldsymbol{A}^{t-1}$ 进化而来。将 $\boldsymbol{a}^{t-1}$ 输入 GRU 单元，经过进化操作，输出得到 $\boldsymbol{a}^t$。这个过程可以通过式(4-51)来表示：

$$\begin{cases} z^t = \sigma(W_z \boldsymbol{a}_0^t + U_z \boldsymbol{a}^{t-1}) \\ r^t = \sigma(W_r \boldsymbol{a}_0^t + U_r \boldsymbol{a}^{t-1}) \\ \widetilde{a^t} = \tanh(W_a \boldsymbol{a}_0^t + U_a(r^t \circ \boldsymbol{a}^{t-1})) \\ \boldsymbol{a}^t = (1 - z^t) \circ \boldsymbol{a}^{t-1} + z^t \circ \tilde{\boldsymbol{a}}^t \end{cases} \tag{4-51}$$

其中，$\boldsymbol{a}_0^t$ 是 $\boldsymbol{a}^t$ 的随机初始化。σ 表示 Sigmoid 函数，W_z、W_t、W_a 表示 GRU 的参数，$\circ$ 表示 Hadamard 乘积。

与之前使用基于距离的邻接矩阵建模社会交互的研究工作不同，EvoSTGAT 使用基于距离的邻接矩阵作为筛选矩阵，剔除"噪声行人"，如果某个行人距离目标行人太远，则不考虑他对目标行人的影响，即筛选矩阵乘注意力矩阵来对社交关系进行一个初步的筛选。

在时间扩展卷积模块,EvoSTGAT 使用前一个模块输出的特征 S,通过时间维度的卷积,把它的维度从 T_{obs} 扩展到 T_{pred}。

$$C = f(S) \tag{4-52}$$

其中,f 表示时间维度卷积。图 4-28 中的 C 表示时间扩展卷积模块的输出。时间扩展卷积模块会输出 5 个高斯分布的参数 $\{\mu_{i,x}^t, \mu_{i,y}^t, \sigma_{i,x}^t, \sigma_{i,y}^t, \rho_i^t\}$。最后,再利用这些输出参数对高斯分布进行采样得到预测的轨迹坐标。

EvoSTGAT 模型的损失函数是最小负对数似然损失:

$$L_i = -\sum_{t=T_{\text{obs}+1}}^{T_{\text{pred}}} \log\{P(x_i^t, y_i^t \mid \mu_i^t, \sigma_i^t, \rho_i^t)\} \tag{4-53}$$

其中,L_i 是第 i 条轨迹的损失。

4.4.5　场景约束下的运动预测

在道路交通场景中,VRU 的运动必须服从环境的物理约束,如道路的拓扑结构、交通信号灯的状态、障碍物的空间位置等,因此建模 VRU 与场景之间的交互能有效提升轨迹预测的准确性。与 VRU 相比,场景约束对车辆的轨迹预测影响更显著,在本书的第 5 章将着重介绍如何将编码场景信息用于轨迹预测,本节只简要概述场景约束下的 VRU 运动预测各类方法。

1. 基于场景 RGB 图像的方法

场景 RGB 图像是最常见、最直观的场景结构(如建筑物、静态障碍物等)描述。很多工作通过利用场景图像信息辅助进行轨迹预测。SS-LSTM[159] 和 Sophie[160] 通过使用 CNN 提取场景布局的特征来探索场景的影响因素,并将其作为目标 LSTM 网络的输入来学习人类的行走行为。上述方法并没有描述目标在场景特定区域中的过去轨迹和当前运动之间的关系,Scene-LSTM[161] 将场景图划分为网格单元,每个网格单元由一个场景 LSTM 建模,通过学习场景中每个网格单元的过去轨迹来模拟这些关系,让场景的记忆单元影响目标轨迹。

2. 基于高精度地图的交互方法

1) 基于栅格化的方法

栅格化 BEV 图像是一种最常见且最直接的表示地图结构和交通参与者之间邻接关系的方法。通常,高清地图元素(路口、车道)被渲染成 BEV 图像,并根据其类型以不同颜色进行标记。在图像格式中,可以应用一系列标准的卷积层或骨干网络以简化预测任务,如轨迹搜索和偏移回归问题。此外,通过使用基于运动约束的人类先验知识来锚定轨迹,能够使结果与当前的动态状态更加一致,从而有效缓解多模式预测的困难。然而,这些方法也存在一定的局限性,比如其性能与栅格化图像的空间分辨率高度相关,且时间信息不能在渲染的图像中直观地表示或建模[148]。

2）基于图表示的方法

图卷积网络在处理非结构性数据和处理相关关系方面应用广泛。与传统的 CNN 相比，GCN 在捕捉欧几里得和非欧几里得结构的空间位置方面显示出巨大的前景。通过邻接矩阵，GCN 专注于学习图节点之间的关系。VectorNet[162] 引入了一种新的图向量表示，并应用图神经网络来预测车辆的意图。LaneGCN[163] 将车道之间的连接关系用图的邻接矩阵来表示，并利用多尺度扩展卷积有效地捕捉了高清地图的复杂拓扑结构。Social-STGCNN[164] 通过定义一个新的核函数来学习行人轨迹和行为的空间和时间模式，将人与人之间的互动建模为一个图。然而，这些方法通常过度简化了驾驶环境。例如，轨迹和车道被简单地用折线表示，并进一步编码为稀疏的节点，这使得它很难捕捉到局部信息。另外在处理包含大量节点的大规模场景时，基于 GCN 的方法往往面临着效率问题。

3）基于点云的方法

由于预测的原始输入数据是一组包含不同目标的历史轨迹和地图数据的点，与激光雷达得到的环境点云信息十分相似，都具有稀疏性和不变性，且具有很强的几何关联性。因此，点云学习策略对空间特征的提取是有效的。TPCN[148] 通过对车道线的点与历史轨迹进行编码，利用点云特征提取网络的高层次特征在局部邻域的不同层次进行点状特征提取，以捕捉更多的局部结构和相关性。

4.4.6 主要轨迹预测方法性能对比

VRU 运动预测的数据集有很多，最常用的数据集是行人轨迹预测数据集 ETH 和 UCY。该数据集包含 5 个不同场景中 1536 名行人的轨迹数据，其中 ETH 包含两个场景，包括 ETH 和 HOTEL；而 UCY 包含 3 个场景，包括 UNIV、ZARA1 和 ZARA2。

该数据中，行人轨迹的前 3.2 s 被用作历史信息，后续的 4.8 s 被用于未来轨迹真值。本节将不同的 VRU 运动预测方法在 ETH/UCY 数据集上进行性能对比。

通常轨迹预测的准确性由两个常用的指标进行评估，即平均距离误差（Average Distance Error，ADE）和终点距离误差（Final Displacement Error，FDE）。ADE 计算预测轨迹和真实轨迹在所有预测时间步上的平均 L_2 距离误差，而 FDE 测量最后一个时刻 T_{pred} 预测的终点和真实终点的距离误差。目前大部分模型都会进行多模态轨迹预测，即同时预测多条轨迹，取距离误差最小的一条轨迹作为最终结果。在 ETH/UCY 数据集上，通常一个行人会预测 20 条轨迹。

表 4-2 可以看出，与线性预测相比，基于 LSTM 的 Social-LSTM 与 SR-LSTM 表现出明显的性能提升，基于生成对抗网络（Generative Adversarial Network，GAN）的 SGAN 也取得了较好的预测性能。基于 GCN 的 SGCN 和 EvoSTGAT 在模型保持轻量化的同时也获得了较好的性能。此外，可解释性模型 Motion Pattern 和 SIT 在预测结果上表现优异，平均误差达到了小于 0.3 m 的水平。由于将行人的终点作为先验输入网络中，SGNet 在该数据集上预测误差最小。

表 4-2　运动预测算法在 ETH/UCY 数据集上性能对比

模型	时间	ETH		HOTEL		UNIV		ZARA1		ZARA2		AVG	
		ADE	FDE	ADE	FDE	ADE	FDE	ADE	FDE	ADE	FDE	ADE	FDE
Linear	2016	1.33	2.94	0.39	0.72	0.82	1.59	0.62	1.21	0.77	1.48	0.79	1.59
Social LSTM	2016	1.09	2.35	0.79	1.76	0.67	1.40	0.47	1.00	0.56	1.17	0.72	1.54
SGAN	2018	0.87	1.62	0.67	1.37	0.76	1.52	0.35	0.68	0.42	0.84	0.61	1.21
SR-LSTM	2019	0.63	1.25	0.37	0.74	0.51	1.10	0.41	0.90	0.32	0.70	0.45	0.94
SGCN	2021	0.63	1.03	0.32	0.55	0.37	0.70	0.29	0.53	0.25	0.45	0.37	0.65
EvoSTGAT	2022	0.64	0.19	0.35	0.51	0.44	0.82	0.31	0.50	0.28	0.47	0.41	0.70
Motion Pattern	2022	0.42	0.59	0.13	0.20	0.35	0.63	0.25	0.45	0.20	0.35	0.27	0.44
SIT	2022	0.39	0.62	0.14	0.22	0.27	0.47	0.19	0.33	0.16	0.29	0.23	0.38
SGNet-ED	2022	0.35	0.65	0.12	0.24	0.20	0.42	0.12	0.24	0.10	0.21	0.18	0.35

运动预测任务虽然在准确性方面得到了稳步提高,但目前的研究对基于学习的轨迹预测的可行性和稳健性关注较少。事实上,大多数交通参与者都是在其固有的运动学约束下运行的(例如,车辆的非整体运动约束),同时遵守道路结构(例如,车道连接、静态障碍)和语义信息(例如,交通灯、速度限制)的制约。所有这些运动学和环境约束明确地限制了轨迹空间。然而,大多数现有的方法将交通参与者建模为点,并在不施加约束的情况下生成未来的运动轨迹。这种无约束的预测可能不符合运动学或环境特征,因此在预测未来状态中引入了大量的不确定性,从而导致下游的规划模块将不可避免地承受一些额外的负担。此外,通常由神经网络回归产生的轨迹预测对长期跟踪有很高的依赖性。在一些密度高的驾驶场景中,目标会被瞬间遮挡或突然出现在感应范围内,跟踪结果是不连续的或没有足够的积累。在这种不完美的跟踪情况下,预测的准确性会下降。因此,在自动驾驶实际应用中,运动预测任务在合理性、可解释性以及鲁棒性等方面仍然具有很大的提升空间。

第 5 章

自动驾驶周围车辆行为
预测与驾驶风格识别

5.1 概述

　　为实现安全舒适的自动驾驶,车辆行为预测任务需要对交通场景中的环境因素、历史观测以及社会交互等信息进行建模,以实现车辆未来时刻的运动状态预测。与弱势道路使用者(VRU)运动预测相比,由于驾驶规则和环境条件(道路几何形状)的约束,车辆行为随机性较小,例如,由于车身存在高惯性,车辆不能立即改变其轨迹,产生大的偏移。这些约束有助于降低行为预测问题的复杂度,使得车辆行为预测与 VRU 相比具有相对容易预测的一面。但车辆行为预测也有其自身的难点:首先是车辆行为之间相互依赖性强,场景中某一辆车行为的变化可能会影响其他车辆的行为;反之亦然。因此,进行车辆行为预测时需要特别关注周围车辆的行为。其次,交通规则和驾驶环境能够重塑车辆的行为。例如,在路上放置一个占道施工标志将完全改变接近它的车辆的行为。因此,车辆轨迹预测需要考虑交通规则和路网几何特征。此外,车辆的行为是多样的。例如,当车辆不改变方向减速行进到路口时,右转和左转都有可能发生。也就是说,车辆行为在本质上有着不确定性。

　　车辆本身的物理约束和环境因素的限制,车辆轨迹还与驾驶者的驾驶风格有关,因此本章将详细介绍车辆行为预测与驾驶风格识别的基本方法。对于周围车辆行为预测方法,本章将划分为传统方法和深度学习方法两部分进行介绍,前者将详细介绍基于卡尔曼滤波、概率分布以及隐马尔可夫的经典车辆行为预测方法的相关基础知识和建模方法;后者按场景将深度学习方法划分为静态单一场景和动态复杂场景方法,并基于编码-解码结构展开介绍不同方法。此外,本章还将介绍 3 种周围车辆驾驶风格识别方法,包括混合高斯模型、基于短期观测以及基于 LSTM-CNN 的识别方法。

5.2　基于统计模型的周围车辆行为预测

5.2.1　应用卡尔曼滤波的周围车辆行为预测

卡尔曼滤波算法(Kalman filter)是用于解决预测问题的最常用的递归滤波算法,它能够从过去的不准确和不确定的测量中,更准确地估计动态系统未来的状态。卡尔曼滤波的具体原理见附 A.2,本节不再赘述。下面介绍应用卡尔曼滤波进行车辆轨迹预测的具体步骤。

1. 轨迹表征

在车辆轨迹预测问题中,对于 N 个运动目标,目标 i 在不同时刻下的坐标位置信息用坐标点集合 $O_{obs}^i = (p_x^i, p_y^i)$ 进行表征,其中,$p_x^i = (x_1^i, x_2^i, \cdots, x_{t-1}^i, x_t^i)$ 与 $p_y^i = (y_1^i, y_2^i, \cdots, y_{t-1}^i, y_t^i)$ 分别表示第 i 条轨迹在欧氏空间中 x 方向和 y 方向上的坐标。

2. 状态方程

首先对车辆的理想状态进行估计,已知车辆在 $t-1$ 时刻的位置 p、速度 v 以及加速度 a,利用加速运动模型对车辆在 t 时刻的位置和速度进行无误差的理想估计,如式(5-1)和式(5-2) 所示:

$$p_{t|t-1} = p_{t-1|t-1} + v_{t-1|t-1}\Delta t + \frac{1}{2}a\Delta t^2 \tag{5-1}$$

$$v_{t|t-1} = v_{t-1|t-1} + a\Delta t \tag{5-2}$$

其中,位置 p 和速度 v 对应卡尔曼滤波的系统状态变量,其状态方程用紧凑的矩阵形式可表示为

$$\boldsymbol{x}_{t|t-1} = \begin{bmatrix} 1 & \Delta t \\ 0 & 1 \end{bmatrix} \times \begin{bmatrix} p_{t-1} \\ v_{t-1} \end{bmatrix} + \boldsymbol{B} \begin{bmatrix} \frac{1}{2}\Delta t^2 \\ \Delta t \end{bmatrix} \times \boldsymbol{u}_t = \boldsymbol{F}\boldsymbol{x}_{t-1|t-1} + \boldsymbol{B}\boldsymbol{u}_t \tag{5-3}$$

其中,$\boldsymbol{F} = \begin{bmatrix} 1 & \Delta t \\ 0 & 1 \end{bmatrix}$ 为状态变换矩阵,$\boldsymbol{B} = \begin{bmatrix} \frac{1}{2}\Delta t^2 \\ \Delta t \end{bmatrix}$ 称为控制矩阵,$\boldsymbol{u}_t = \boldsymbol{a}$ 为对应的控制向量。$\boldsymbol{x}_{t|t-1}$ 表示基于 $t-1$ 时刻理论预测的 t 时刻的状态,$\boldsymbol{x}_{t-1|t-1}$ 表示在 $t-1$ 时刻综合理论预测和实际测量得到的估计值,其余下标含义类似。

与理论估计不同，车辆很难严格遵循匀加速运动，因此车辆在 t 时刻的真实状态应表示为基于 $t-1$ 时刻的真实状态经过 Δt 时间间隔后再加上噪声项 $\boldsymbol{w}_t$：

$$\boldsymbol{x}_t = \boldsymbol{F}\boldsymbol{x}_{t-1} + \boldsymbol{B}\boldsymbol{u}_t + \boldsymbol{w}_t \tag{5-4}$$

其中，$\boldsymbol{x}_t$ 表示 t 时刻的状态真实值，$\boldsymbol{x}_{t-1}$ 表示汽车在 $t-1$ 时刻的状态真实值。噪声 $\boldsymbol{w}_t$ 为服从均值为 0、协方差为 $\boldsymbol{Q}_t$ 的二元独立高斯分布，即 $\boldsymbol{Q}_t = \mathrm{cov}(\boldsymbol{w}_t)$。

上述理论估计值 $\boldsymbol{x}_{t|t-1}$ 与真实状态 $\boldsymbol{x}_t$ 之间的误差可以用协方差矩阵来表示：

$$\boldsymbol{P}_{t|t-1} = \mathrm{cov}(\boldsymbol{x}_t - \boldsymbol{x}_{t|t-1}) \tag{5-5}$$

对式（5-5）进行展开，可以得到

$$
\begin{aligned}
\boldsymbol{P}_{t|t-1} &= \mathrm{cov}(\boldsymbol{x}_t - \boldsymbol{x}_{t|t-1}) \\
&= \mathrm{cov}(\boldsymbol{F}\boldsymbol{x}_{t-1} + \boldsymbol{B}\boldsymbol{u}_t + \boldsymbol{w}_t - \boldsymbol{F}\boldsymbol{x}_{t-1|t-1} - \boldsymbol{B}\boldsymbol{u}_t) \\
&= \mathrm{cov}(\boldsymbol{F}(\boldsymbol{x}_{t-1} - \boldsymbol{x}_{t-1|t-1}) + \boldsymbol{w}_t) \\
&= \boldsymbol{F}\,\mathrm{cov}(\boldsymbol{x}_{t-1} - \boldsymbol{x}_{t-1|t-1})\boldsymbol{F}^{\mathrm{T}} + \mathrm{cov}(\boldsymbol{w}_t) \\
&= \boldsymbol{F}\boldsymbol{P}_{t-1|t-1}\boldsymbol{F}^{\mathrm{T}} + \boldsymbol{Q}_t
\end{aligned}
\tag{5-6}
$$

3. 观测方程

在车辆轨迹预测中，可以利用车上的各类传感器或其他手段获取状态变量的测量值，如加速度传感器、雷达点云检测器等。通过传感器测量得到的准确值可以表示为

$$\boldsymbol{z}_t = \boldsymbol{H}\boldsymbol{x}_t + \boldsymbol{v}_t \tag{5-7}$$

其中，$\boldsymbol{H}$ 是从真实状态空间到测量空间的映射，如前面估计的位置与速度，若传感器测量的是加速度，则需要通过变换矩阵 $\boldsymbol{H}$ 将位置和速度映射到与加速度相同的空间。噪声 $\boldsymbol{v}_t$ 服从均值为 0、协方差为 $\boldsymbol{R}_t$ 的二元独立高斯分布，$\boldsymbol{R}_t = \mathrm{cov}(\boldsymbol{v}_t)$。

理论估计与测量值之间的误差同样使用协方差矩阵来表示：

$$\boldsymbol{S}_t = \mathrm{cov}(\boldsymbol{z}_t - \boldsymbol{H}\boldsymbol{x}_{t|t-1}) \tag{5-8}$$

式（5-8）可展开为

$$\boldsymbol{S}_t = \mathrm{cov}(\boldsymbol{z}_t - \boldsymbol{H}\boldsymbol{x}_{t|t-1}) = \mathrm{cov}(\boldsymbol{H}\boldsymbol{x}_t + \boldsymbol{v}_t - \boldsymbol{H}\boldsymbol{x}_{t|t-1}) = \boldsymbol{H}\boldsymbol{P}_{t|t-1}\boldsymbol{H}^{\mathrm{T}} + \boldsymbol{R}_t \tag{5-9}$$

4. 迭代更新

上述步骤明确了 t 时刻的理论预测值和实际测量值，并已知了理论预测值与 t 时刻真实值之间的估计误差，因此，卡尔曼滤波分别给预测值和实际值一个权重，通过预测值和实际值的加权线性组合来得到估计值：

$$\boldsymbol{x}_{t|t} = \boldsymbol{K}_t\boldsymbol{z}_t + (\boldsymbol{I} - \boldsymbol{K}_t\boldsymbol{H})\boldsymbol{x}_{t|t-1} \tag{5-10}$$

其中，$\boldsymbol{K}_t$ 称作卡尔曼增益，其由最小化 $\boldsymbol{x}_{t|t}$ 与 $\boldsymbol{x}_t$ 间的均方误差求得，在该约束下的权重因子即为最佳的。最小化均方误差为

$$\min_{\boldsymbol{K}_t}\|\boldsymbol{x}_t - \boldsymbol{x}_{t|t}\|^2 \Leftrightarrow \min_{\boldsymbol{K}_t}\mathrm{Tr}(\mathrm{cov}(\boldsymbol{x}_t - \boldsymbol{x}_{t|t})) = \min_{\boldsymbol{K}_t}\mathrm{Tr}(\boldsymbol{P}_{t|t}) \tag{5-11}$$

对 $\boldsymbol{P}_{t|t}$ 展开后，求一阶导等于零，得到卡尔曼增益为

$$\boldsymbol{K}_t = \boldsymbol{P}_{t|t-1}\boldsymbol{H}^{\mathrm{T}}\boldsymbol{S}_t^{-1} \tag{5-12}$$

再将 $\boldsymbol{K}_t$ 代回 $\boldsymbol{P}_{t|t}$ 中即可得到关于 $\boldsymbol{K}_t$ 的加权估计下的协方差矩阵:

$$\boldsymbol{P}_{t|t} = (\boldsymbol{I} - \boldsymbol{K}_t \boldsymbol{H}) \boldsymbol{P}_{t|t-1} \tag{5-13}$$

至此就完成了卡尔曼滤波的预测和更新两个步骤,得到了未来时刻的逐时间步预测结果。随着预测时间的增加,预测误差会逐步累积,因此,基于卡尔曼滤波的车辆轨迹对于长时间的预测效果欠佳。

5.2.2 基于动态贝叶斯网络的周围车辆行为预测

为了提升预测的准确性,预测模型不仅需要考虑最新的车辆状态,同时需要考虑交通参与者周围环境及其对车辆轨迹产生的影响,动态贝叶斯网络(Dynamic Bayesian Network,DBN)通过编码场景导航地图中的统计数据来更新目标状态,从而实现目标的轨迹预测[165]。

状态表征:在第 k 个离散时间步上,车辆状态变量定义为 $\boldsymbol{X}_k = (\boldsymbol{P}_k, \boldsymbol{V}_k)^{\mathrm{T}}$,其中,$\boldsymbol{P}_k = (X_k, Y_k)$ 为笛卡儿坐标系下的位置,$\boldsymbol{V}_k = (\Omega_k, \Theta_k)$ 为速度大小和角度。通过目标与导航地图 $\mathcal{M}$ 的交互,可以从 $\mathcal{M}$ 中提取目标所在地图块的统计特征 $(\mathrm{HoD}, \mathrm{HoS}, \rho, \xi)$,其中方向直方图(Histogram of Directions,HoD)表示地图块中 N 个可行驶方向对应的概率 $p_i, i = 1, 2, \cdots, N$;速度的直方图(Histogram of Speed,HoS)计算了 N 个离开该地图块的目标预期速度大小;$\rho \in [0, 1]$ 是遍历分数,表示该地图块相对于其他地图块被目标占据的次数比重;$\xi \in [0, 1]$ 是路由分数,表明该地图块成为路由点的概率。给定上述初始条件 $\boldsymbol{X}_0$,动态贝叶斯网络将预测未来 T_p 个时间步的车辆状态 $\boldsymbol{X}_1, \boldsymbol{X}_2, \cdots, \boldsymbol{X}_{T_p}$,则可以定义轨迹 ψ_{T_p} 为目标状态的集合 $\{\boldsymbol{X}_1, \boldsymbol{X}_2, \cdots, \boldsymbol{X}_{T_p}\}$。

根据匀加速模型,目标运动状态的动态过程为

$$\boldsymbol{P}_{k+1} = \boldsymbol{P}_k + \left(\frac{\Omega_k \cos \boldsymbol{\Theta}_k}{\Omega_k \sin \boldsymbol{\Theta}_k}\right) \Delta_k + \boldsymbol{w}_k \tag{5-14}$$

$$\boldsymbol{V}_{k+1} = \phi(\boldsymbol{P}_k, \boldsymbol{V}_k, \mathcal{M}) \tag{5-15}$$

其中,Δ_k 是采样时间(假设 $\Delta_k = 1$),$\boldsymbol{w}_k \sim \mathcal{N}(\boldsymbol{0}, \sigma I_2)$ 是一个高斯白噪声。ϕ 表示计算下一时刻速度向量 $\boldsymbol{V}_{k+1}$ 的函数。虽然匀加速模型是一个很强的假设,但 $\boldsymbol{V}_{k+1}$ 的计算和 $\mathcal{M}$ 中的学习期望值使得模型能产生非线性行为。

与求解 $\phi(\cdot)$ 的一个封闭解不同,动态贝叶斯网络(DBN)能够以概率的方式处理这个过程,其中目标的状态以高斯分布建模。DBN 由以下条件概率分布定义:

$$p(\boldsymbol{P}_{k+1} \mid \boldsymbol{P}_k, \boldsymbol{V}_k) = \mathcal{N}\left(\left(\begin{matrix} X_k + \Omega_k \cos \boldsymbol{\Theta}_k \\ Y_k + \Omega_k \sin \boldsymbol{\Theta}_k \end{matrix}\right), \sigma I_2\right) \tag{5-16}$$

$$p(\boldsymbol{P}_{k+1} \mid \boldsymbol{P}_k, \boldsymbol{V}_k; \mathcal{M}) = \begin{cases} p(\Omega_k \mid \boldsymbol{P}_k, \boldsymbol{V}_k; \mathcal{M}) \\ p(\boldsymbol{\Theta}_k \mid \boldsymbol{P}_k, \boldsymbol{V}_k; \mathcal{M}) \end{cases} \tag{5-17}$$

其中,

$$p(\Omega_k \mid \boldsymbol{P}_k, \boldsymbol{V}_k; \mathcal{M}) = \sum_{i=0}^{N} \Gamma(\mu_i, \sigma_i) p_{f_i} \tag{5-18}$$

$$p(\boldsymbol{\Theta}_k \mid \boldsymbol{P}_k, \boldsymbol{V}_k; \mathcal{M}) = p_{f_i} \tag{5-19}$$

其中，$\Gamma(\mu_i, \sigma_i)$ 是伽马分布，它定义了地图块的 N 个速度，选择伽马分布的原因是它没有定义为负值，并且有一个峰值。概率 p_{f_i} 为

$$p_{f_i} = \frac{p_i \mathrm{e}^{-\lambda d(\boldsymbol{\Theta}_k, \boldsymbol{\Theta}_i)}}{\sum\limits_{j=0}^{N} p_j \mathrm{e}^{-\lambda d(\boldsymbol{\Theta}_k, \boldsymbol{\Theta}_j)}} \tag{5-20}$$

其中，$d(\cdot)$ 是一个距离度量（L2 范数），而 λ 是一个平滑因子，指数 e 则用于将距离转化为概率。式（5-20）表明，DBN 考虑当前速度向量 $\boldsymbol{\Theta}_k$ 的方向和所有其他可能的方向 $\boldsymbol{\Theta}_i$ 之间的相似性，用地图分配给该方向 p_i 的概率进行加权。

此外，为了合并路由得分 $\xi \in [0,1]$，式（5-20）中形成离散分布的离散值 p_{f_i} 需要修改。理想情况下，当 ξ 接近于 1 时，期望分布更"随机"（即更均匀），而当 ξ 趋于零时，则期待分布更"确定性"（即总是选择最可能的值）。这些性质都可以通过贝塔分布 $B(x; \alpha, \beta) \propto x^{\alpha-1}(1-x)^{\beta-1}$ 得到的，其中，$\alpha = \beta$。当 α 趋于零时，很容易验证贝塔分布是否为均匀的，当 α 趋于无穷时，该分布在最可能值达到峰值。为此，通过以下随机变量的变换：

$$\widetilde{p_{f_i}} \propto p_{f_i}^{\alpha}(1-p_{f_i})^{\alpha} \tag{5-21}$$

其中，$\alpha = \dfrac{1-\xi}{\xi}$，通过这样的方式，地图块的路由得分被纳入模型中。

考虑到该算法的概率性质，通过运行几次即可得到了不同的轨迹。此外，算法利用目标与通过的每个地图块之间的遍历分数 ρ 进行轨迹选择，其中轨迹 $\boldsymbol{\Psi}_{T_g}$ 的概率计算为

$$p(\boldsymbol{\Psi}_{T_g}) = \frac{1}{T_g} \sum_{i=1}^{T_g} \rho_i \tag{5-22}$$

其中，ρ_i 是目标与其通过的地图块之间的遍历分数。通过上述方式，利用 DBN 可以预测车辆的多条不同轨迹及其概率。

5.2.3　应用隐马尔可夫模型的周围车辆行为预测

隐马尔可夫模型（Hidden Markov Model，HMM）是一个统计模型，它可以用来描述一个含有隐含未知参数的马尔可夫过程，常被用来解决有未知条件的数学问题。已知模型和观测序列，在给定的观测序列下，HMM 可以求其最可能对应的状态序列。

因为隐马尔可夫预测算法是基于车辆运动的，因此需要先将轨迹数据及 (X, Y) 转换为轨迹运动数据集 (X_m, Y_m)，如式（5-23）所示。

$$D_V = \{(V_x^1, V_y^1), (V_x^2, V_y^2), \cdots, (V_x^n, V_y^n)\} = \{X_v, Y_v\} \tag{5-23}$$

其中，$V_x^i = (x_1^i, x_2^i, \cdots, x_T^i)$ 表明了第 i 条轨迹在 x 轴方向上的运动向量集合，$x_{t+1}^i - x_t^i$ 为相邻两时刻的 x 轴坐标差值，同样 y 轴的方向运动向量集合为 $V_y^i = (y_1^i, y_2^i, \cdots, y_T^i)$。在两个方向上的运动向量集合 (X_v, Y_v) 共同组成了轨迹运动向量集合 D_v。

为了简化接下来对于 HMM 的介绍，使用一条轨迹在 x 轴方向上的预测作为例子进行说明。此时，HMM 的观测序列为

$$V = \{V_1, V_2, \cdots, V_t, \cdots, V_T\} \tag{5-24}$$

其中，$V_t = x_t^i$ 为 t 时刻的观测。

HMM 的主要过程可以分为两部分：第一部分是一阶马尔可夫过程，模型在各个状态间进行转换。另一部分是处理获得的观测值到当前隐状态的转换关系。图 5-1 展示了 HMM 的具体结构。

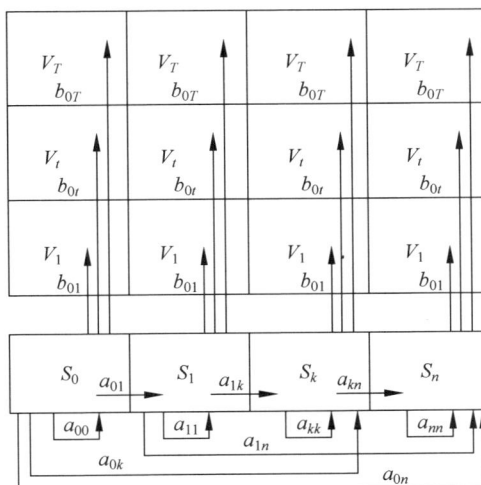

图 5-1　HMM 的具体结构

HMM 中的变量可以被分为两组。第一组是状态变量，表示当前时间下的系统状态。在 HMM 中，状态变量通常被假定为不可观测的，因此也被称作隐状态，$S = \{S_1, S_2, \cdots, S_N\}$ 表示隐状态的集合，$Q = \{q_1, q_2, \cdots, q_T\}$ 表示隐状态变量的序列。

第二组变量是观测变量，用于表示当前时间戳下的观测值。隐变量根据状态转移矩阵 $\boldsymbol{A} = \{a_{ij}\}$ 从当前时间下的状态向下一时间状态转换。同时，发射矩阵 $\boldsymbol{B} = \{b_j(V_t)\}$ 表示从当前的隐状态到获得观测序列的转移概率。此外假设隐变量的初始状态概率分布为 π。因而 $\lambda = \{\boldsymbol{A}, \boldsymbol{B}, \pi\}$ 为 HMM 参数集。隐变量的状态转移过程通常是不可被观测的，因此模型变量只能通过观测序列进行推断。

综上，HMM 模型可以写作 $\overline{V} = \Psi_\lambda(V)$，其中 $\lambda = \{\boldsymbol{A}, \boldsymbol{B}, \pi\}$。

在预测问题中，首先需要对 HMM 轨迹模型进行训练，即给定一段历史观测轨迹序列 V，在参数 λ 确定的情况下，求解最大概率的未来序列，以预测在 $t+k$ 时刻的观

测值 $\bar{V}_{t+k}$，其中 k 代表预测的轨迹点数量。HMM 的预测问题可采用维比特算法来求解，即考虑前一个状态结点的概率、到达当前状态结点的转移矩阵，以及发射矩阵中当前观测和状态结点之间的关系，通过最大化每一步概率，从而得到最优预测路径。

需要注意的是，在以上述模型处理过程中，HMM 需要所有数据点来进行轨迹预测，因此过去点的预测误差会被传递到下一个预测点，最终导致累积误差。此外，数据中的噪声也会增加这一预测误差。

5.3 基于深度学习的周围车辆轨迹预测

自动驾驶汽车传感器系统的快速发展产生了海量的实时场景数据，由于简单的物理模型或概率模型难以对复杂交通场景的理解与认知问题进行有效的建模，而深度神经网络因其高效的特征提取能力以及对复杂上下文关系的表征能力，使得有效建模场景中影响轨迹的多种因素成为可能，因而成为了车辆轨迹预测的主流方向。

目前基于深度学习的车辆轨迹预测模型层出不穷，如循环神经网络[包括长短时记忆网络（LSTM）和门控神经网络][166]、卷积神经网络[167]、自注意力 Transformer 结构[168]以及混合多种网络结构的复杂模型。由于研究者的不同偏好和轨迹预测任务本身的复杂性，基于深度学习的车辆轨迹预测模型很难进行结构上的分类。因此本节从场景和问题本身的视角出发，结合一部分经典方法，介绍了车辆轨迹预测的一些研究思路。

到目前为止，在基于深度神经网络的周围车辆轨迹预测模型中，最经典的是基于循环神经网络编解码模型，其常用于机器翻译任务，同时也可以用于轨迹预测。如图 5-2 所示，其中编码模块递归地输入源语言，解码模块递归地输出目标语言。相应地，在轨迹预测任务中，编码模块就负责输入和编码历史轨迹，而解码模块就输出未来预测轨迹。

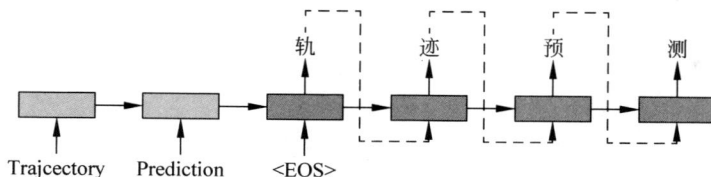

图 5-2　序列到序列的网络结构应用于机器翻译

上述模型较为简单，难以编码整个交通场景的动态与静态信息，因此需要更加复杂的结构以适应更加复杂的数据。但是不管模型如何复杂，它们的设计思路大都符合编码-解码结构，所以结合前面对场景中各个要素的分析，图 5-3 给出了更加一般化的网络结构设计思路与要点。

目前主流的轨迹预测算法基本都符合图 5-3 的设计策略，在具体的数据编码-解码

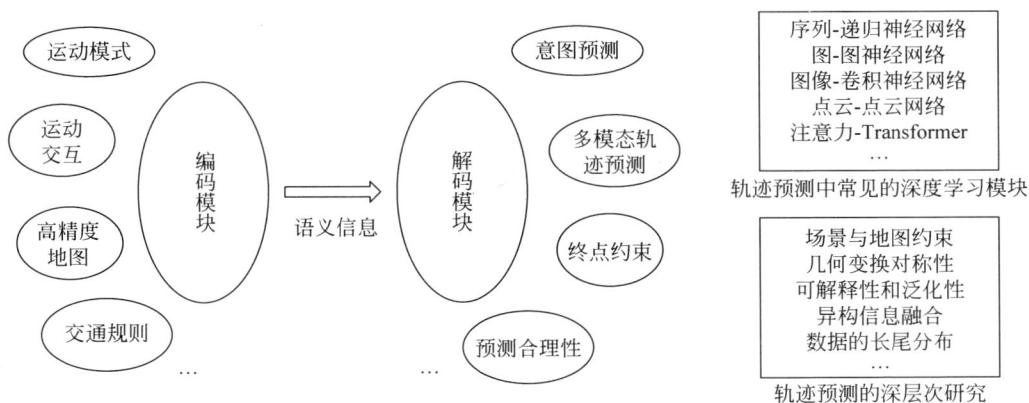

图 5-3　基于深度学习的轨迹预测模型框架

结构以及数据的输入顺序上存在差异,但都需要满足上述轨迹预测的几个要点,如车辆交互、地图信息以及多模态预测等问题。

最后,对常见的车辆轨迹预测任务进行简要分类。按照场景可以划分为单一静态场景和动态复杂场景。单一静态场景主要是指地点固定的场景,比如在恒定地点的摄像头视角下或道路结构较为单一的高速公路场景。在这种较为理想的情况下,车辆行为较为统一,但应用范围有限,往往只能分析某个路口或某个路段的车辆行为。动态复杂场景是指地点不固定的场景,包括城市中车辆行驶在各种不同路况下的情景,需要对周围各种各样路况下的车辆行为和轨迹进行预测,这种场景更加符合实际,广泛应用于动态环境中的自动驾驶车辆,但是对模型的泛化能力提出了挑战。按照视角可以分为图像视角(前视视角)的轨迹预测以及 BEV 视角下的轨迹预测。目前轨迹预测主流研究以及自动驾驶应用都是基于 BEV 视角进行的,其实不单单是轨迹预测,在自动驾驶系统的感知模块,学术界与工业界也更加倾向于使用 BEV 框架进行构建。为了贴合主流研究与应用,本节介绍的方法都是基于 BEV 视角,图像视角的轨迹预测在第 4 章介绍的 VRU 轨迹预测中已有涉及,这里不再详细讨论。

因此,本节将首先对深度学习下的车辆轨迹预测问题进行深入分析,再基于编码-解码结构具体介绍静态单一场景和动态复杂场景下的深度学习轨迹预测方法。

5.3.1　深度学习下的车辆轨迹预测问题分析

基于传统方法的车辆行为预测问题往往只考虑被预测车辆本身的历史运动信息,而忽略了实际交通场景中的大部分信息,因此传统方法实际上是将车辆预测问题看成是车辆的动力学建模和简单的概率学预测问题。在实际交通场景中,环境往往复杂多变[169],需要考虑诸多因素,如图 5-4 所示,为了实现尽可能准确的预测,必须考虑尽可能多的环境信息,而不仅仅局限于被预测车辆自身。从这个角度看,车辆轨迹预测问题就不单单是一种偏向物理的动力学的问题,而更倾向于是一种交通场景的理解与认知问题。

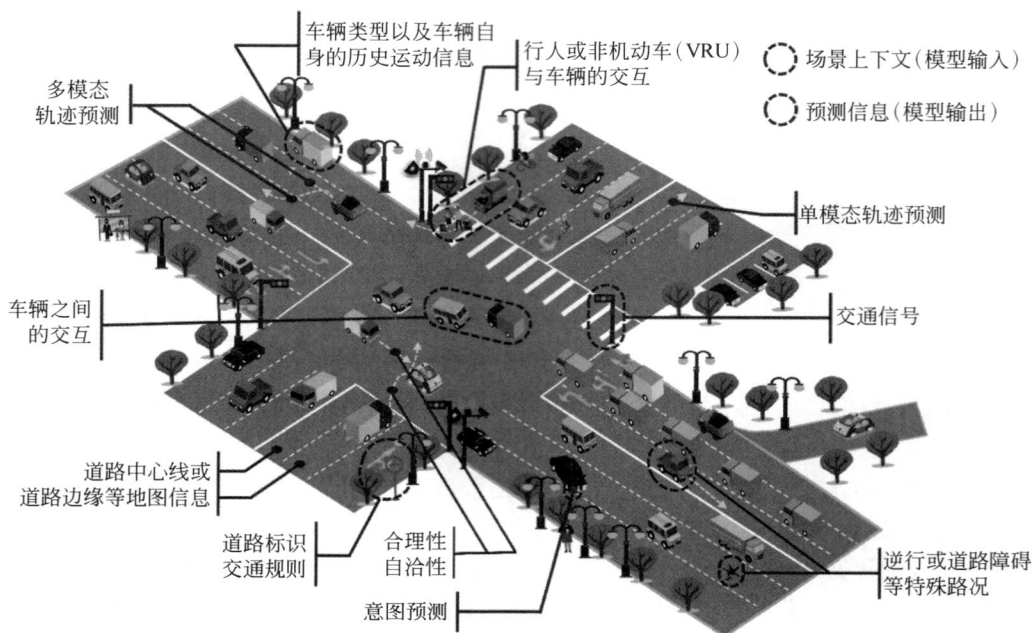

图 5-4   从场景理解与认知视角看待车辆轨迹预测问题

如图 5-4 所示，从场景理解与认知的角度，对车辆轨迹预测问题中的重要影响因素进行进一步的详细分析。这些因素大致可分为两类：一类是场景上下文信息，即可以收集到的包括历史轨迹在内的所有周边环境信息（即预测模型的输入部分）；另一类是需要预测的信息，包括预测的轨迹性质和意图等（即预测模型的输出部分）。其中，场景上下文信息主要分为以下 3 种。

（1）动力学因素：包含车辆类型以及车辆的历史运动信息，后者也是传统方法需要考虑的一个典型信息。车辆类型往往决定了车辆的动力学参数，比如车辆的速度上限和制动性等。而车辆的历史运动信息往往对车辆的未来运动有着很强的指导意义，比如一个车辆的历史轨迹有加速/减速趋势，那么它在短时间内的未来轨迹有较大概率保持这种加速/减速趋势。

（2）交互因素：被预测车辆的未来行为不只依赖它的历史运动信息，还需要考虑周边其他动态目标对它造成的影响。比如被预测车辆前方出现了横穿马路的行人，则车辆很可能会产生减速甚至紧急刹车避让的行为。需要注意的是，这里的交互不止局限于移动单位对车辆运动的"影响"，还可能是某种趋势的保持，即被预测车辆倾向于和周边车辆保持同步运动趋势，被预测前方车辆的运动模式很可能就是被预测车辆未来的行驶模式（也就是平时所说的"跟车"），此时周围车辆对预测便起到一种"提示"的作用。在实际复杂场景下，往往很难区分周围车辆对被预测车辆运动模式到底是"影响"还是"提示"，而是不加区分将它们统称为交互。车辆与车辆的交互以及车辆与

VRU 之间的交互也存在一定的区别,详细的分析已经在第 4 章提到,但现有研究针对这些区别并没有做深入的探讨,这也是车辆以及 VRU 轨迹预测需要攻克的难点,这里也只做简要的概述。

（3）车辆与交通环境之间的交互:车辆的行为往往与道路结构等环境信息高度相关,而环境信息中包含的一个重要内容就是道路结构或地图信息。车辆往往会沿着道路行驶,并且在直道上行驶的车辆在未来几秒内发生转弯的概率一定会远远小于在十字路口处发生转弯的概率,因此提前知道道路结构对后续的预测性能提升有着非常大的作用。另外,道路标识与交通规则对车辆的行为有一定的约束,车辆在一般情况下不会违反交通规则。当然上述提到的约束是大多数情况,还有一些极端情况(corner case),比如某些车辆逆行或道路损坏。这些特殊情况对车辆的预测鲁棒性有较大影响,同时也是自动驾驶领域本身要克服的问题。

因此,与图像识别等任务类似,周围车辆运动轨迹预测任务中使用深度学习的主要动机在于借助海量数据和深度神经网络强大的表征能力以及特征提取能力。这使得车辆行为预测任务中不再需要繁杂的特征工程,并且能够对场景复杂的上下文信息进行有效建模。与本书第 4 章介绍的 VRU 轨迹预测不同,由于车辆运动的自身特性,基于深度学习的周围车辆轨迹预测研究的侧重点与难点都有所不同。下面首先介绍基于深度学习的周围车辆轨迹预测中的主要研究问题。

（1）意图预测与轨迹预测:早期的周围车辆预测问题是意图预测[170],即模型往往只要求给出一个粗略的意图,比如"左转""直行"以及"变道"等,但这并不能体现车辆进一步的具体行为。除此之外,车辆的意图在简单的场景比如高速公路的场景下很容易被定义,而在纵横交错的复杂场景下,车辆行为的潜在空间也会变得复杂,难以被事先定义。后续研究进一步要求模型给出更加细粒度的轨迹预测,即给出被预测车辆在未来某个时间戳下的具体位置坐标。从这个角度看,粗粒度的意图是车辆行为的语义概括,而细粒度的轨迹则是车辆行为在真实物理空间下的具体表现,因此意图预测和轨迹预测是两个强关联的问题,本节后续也会介绍基于意图的轨迹预测解码模型。

（2）单模态与多模态:轨迹预测中另一个非常重要的问题就是多模态问题。轨迹预测问题中的多模态(multimodal)不是指多源数据,如图像和文本等多模态数据[171],而是指轨迹预测问题中未来轨迹概率分布的多模态,因此轨迹预测的多模态性质又被称为多模概率性质。相较于模式识别中的检测、分类以及跟踪等识别类问题,预测问题的结果不确定性非常大,因此研究者们提出了多模态的构想,即针对环境的不确定性,模型需要给出多种可能的预测轨迹以及每种轨迹的置信度。车辆轨迹预测的不确定性是由观测的不完备性导致的,比如司机的心理状态或天气情况等,这些难以观测到的因素都会对未来预测产生较大影响。图 5-5 给出了

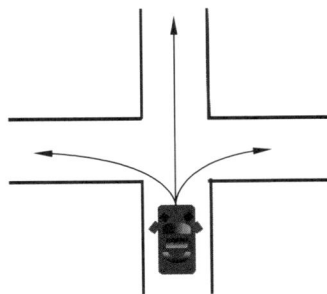

图 5-5　轨迹预测中的多模态

多模态的一个具体例子,对于一个刚好行驶在十字路口的车辆来说,它在某一次观测中会发生左转,在类似场景下的下一次观测中可能会发生右转。因此不管是物理模型还是交通场景中的一个预测模型来说,它需要给出的是一组尽可能完备的预测分布,而非单一可能的"观测结果"。这就是多模态预测的核心思想。

（3）预测的合理性与自洽性：目前主流的周围车辆轨迹预测算法都是聚焦于对场景中的车辆进行独立或并行的预测,即只考虑每辆车自身的未来预测结果,而没有考虑车辆与车辆之间预测结果是否合理与自洽。实际上,正如前面提到的,轨迹预测本身是一种动态场景的理解问题,一个理想的预测算法不仅在历史信息编码层面上要尽可能考虑场景中尽可能多的信息,同时在预测层面上也要对整个场景做出一整套合理的预测而非局限于单独的车辆。如果进行独立预测,则可能会出现每辆车自身的预测轨迹单独看起来都没有问题,但是联合起来考虑时会产生两辆车预测轨迹距离非常近甚至相撞的情况,这当然在绝大多数情况下是一种不符合真实世界的预测（排除车祸这类偶然事件）。所以预测的合理性和自洽性也是轨迹预测中的一个重要问题,这就需要同时考虑整个场景中的所有移动单元,并且进行某种程度上的联合预测。在统计学概率上的解释就是给定整个历史场景的信息,所有车辆未来轨迹的条件概率并非是彼此独立同分布的,而是符合一种潜在的联合分布。这与前面提到的考虑车辆与周围移动单元的交互思想有些类似,只不过交互强调的是历史轨迹的联合编码,而合理性与自洽性考虑的是将车辆未来的状态联合解码预测。

基于上述基本的研究问题,接下来对基于深度学习的车辆轨迹预测中的难点问题进行总结。

（1）编码方式：不同的信息需要采用不同的编码方式,比如历史轨迹序列通常使用一维卷积或递归神经网络进行编码,而静态的地图信息则需要使用图神经网络等非结构化算子进行编码或转为图像之后再使用卷积算子进行编码。

（2）数据融合：对于场景中不同类型的数据进行融合所需要融合的算子,从最简单的池化策略到注意力机制等,由于每个单元类型从静态到动态并不统一,这类融合实际上是一种异构数据的融合。

（3）多模态输出：神经网络需要针对被预测车辆给出多模态输出,即多个输出结果。但实际数据往往只有一个观测结果,因此在训练时需要精心设计这种多对一的训练策略。

（4）输出约束：行为预测问题中最重要的是要给出细粒度的未来运动轨迹,回归是一种最常用的方式。回归方式虽然简单,但它对模型的输出并没有加以限制,在模型的推理过程中往往会产生一些不符合交通规则或物理规则的预测结果,比如车辆驶出可行驶区域之外或者车辆之间产生碰撞。如何利用先验知识和规则对模型加以约束也是车辆预测问题中的难点。解决这类问题实际是在一定程度上提高深度模型的可解释性和泛化能力。

5.3.2　单一静态场景下车辆的轨迹预测

本节主要介绍几个单一静态场景下基于深度学习的车辆轨迹预测方法。单一静态场景主要是指地点相对固定的场景,比如笔直的高速公路或某个十字路口,模型在这种场景中只需要预测一个或几个路段场景下的车辆轨迹。在这类任务设定下,车辆的行为模型较为简单,便于归类。从编码的角度讲,模型实际上不需要对场景本身有泛化能力,因为所有数据都是来自一个或某几个场景,模型也不需要显式地编码地图结构。从解码的角度看,由于车辆的行为模式较为简单,因此可以事先根据道路结构定义几类意图状态,比如转弯、直行、变道等,并且可以根据事先划分好的行为进行多模态预测,比如车辆在直行的情况下未来会如何行驶,在转弯的情况下又会如何行驶。本节将按编码、解码的顺序介绍单一静态场景下的几种主流预测方法。

1. 编码部分

1) CS-LSTM

CS-LSTM[172]主要应用于高速公路场景,即仅有几条笔直道路的情况,其同时考虑了车辆之间的交互信息。它的编码结构如图 5-6 所示,所有子模块都采用结构化编码方式。具体而言,对于每辆车来说,模型将其视为一维时间序列并用 LSTM 对每个序列进行编码,并且每辆车的 LSTM 权重是共享的。然后将每辆车对应的 LSTM 最后一个时刻的隐状态视为该车辆的编码。在场景部分,模型将整个场景划分为特定分辨率的网格,网格的高度约等于车辆的平均长度,网格的宽度约等于一个车道的宽度,对于场景中的每辆车的 LSTM 编码,模型根据车辆在当前时刻的位置将编码嵌入特定分辨率的网格中,从而得到场景特征图,通过卷积算子对特征图进行编码得到周围

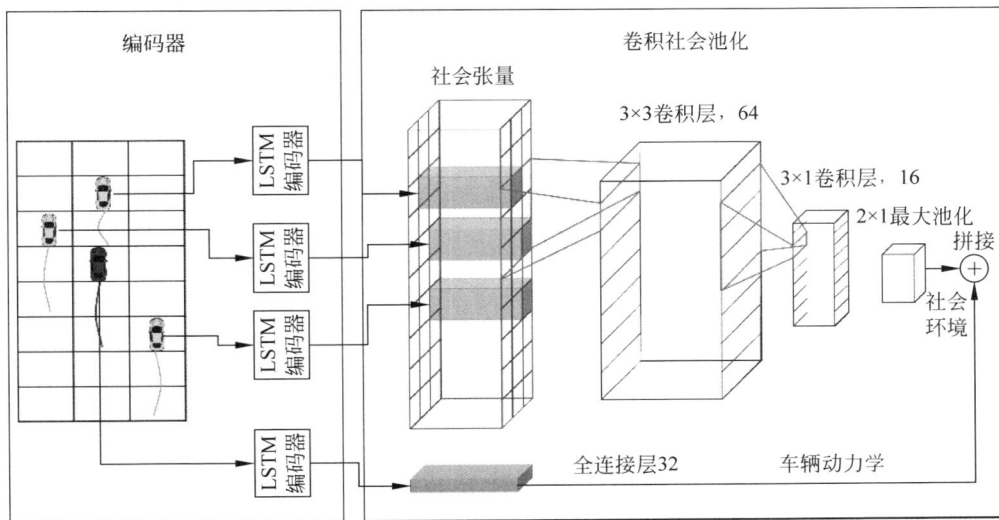

图 5-6　CS-LSTM 模型结构(编码部分)

车辆的交互特征，最后将交互特征和被预测车辆的特征进行拼接得到被预测车辆编码的最终特征。CS-LSTM 实际上并没有显式地编码地图信息，而是将道路结构隐式地构造成二维场景特征图，通过车辆所在车道等位置信息将其嵌入结构化的网格。

2）Grip 模型[173]

Grip 模型既没有显式地考虑地图结构，也没有像 CS-LSTM 那样使用网格化方式对场景进行构建，而是使用图卷积网络对车辆之间的交互进行建模。整个模型编码部分的结构如图 5-7 所示。该模型首先针对场景中的车辆构造一张图，其中每辆车视为图上的一个节点。如果两个节点对应的两个车辆在零时刻的距离小于某个阈值，则这两个节点有边连接。然后交替地在时间维度上使用一维卷积，在空间维度上使用图卷积算子对邻居节点进行聚合。最后通过两次下采样得到车辆交互的时序特征，输出的节点特征就表示车辆最终的编码特征。Grip 相对于 CS-LSTM 的一个优势就是不需要地图结构的先验假设，而仅仅通过相对距离就可以建模车辆与车辆之间的交互。此外，图卷积算子是对整个场景进行编码，因此通过一次前馈就可以提取场景中所有车辆的运动特征。

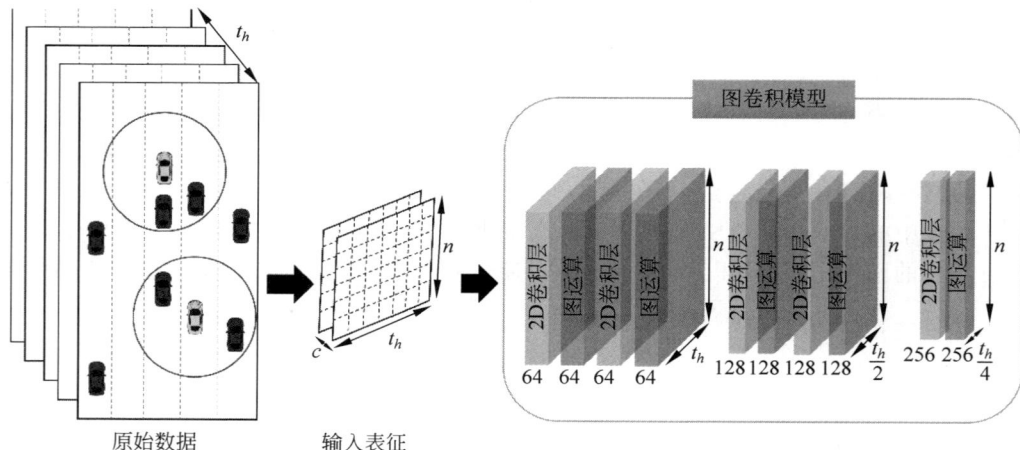

图 5-7　Grip 模型结构（编码部分）

2. 解码部分

在单一的静态场景下，行为的定义相对容易，因此在这类场景下的大多数方法都是针对车的行为意图进行定义，比如左转、直行和变道等。随后，根据给定的行为意图，并在给定该行为的条件下预测车辆的轨迹，这可以看成是一种给定行为情况下的条件概率预测。下面着重介绍两种典型场景下的行为定义方法。

1）M-LSTM[174]

这是一种多模态轨迹预测方法，适用于高速公路场景。它针对高速公路场景对车辆在切向和法向的行为进行划分。在切向方向，车辆根据切向速度被分为加速和匀速；在法向方向，车辆被分为直行、左变道和右变道；最终整个行为意图模式共分为

6 种。整个模型结构如图 5-8 所示,它的解码部分包括两部分:第一部分是意图预测,即预测车辆接下来的行为满足事先定义好的哪些轨迹;第二部分是基于意图的轨迹解码部分,它将行为编码(一般是 One-Hot 向量)以及编码好的车辆历史运动信息进行拼接后送入解码模块中得到输出的轨迹。对于不同的意图编码,模型可以输出不同的预测结果并根据意图预测模块给出对应行为轨迹的置信度,从而可以输出基于多个意图的多个结果。在训练时每辆车的真值往往只有一个,因此只要回归真值对应的行为下的预测结果即可,忽略其他行为下的预测轨迹。除此之外,M-LSTM 的两个分支也可以合并到一个编码模块上用多任务的范式进行联合训练,从而节省计算量。可以发现,M-LSTM 虽然编码部分简单,但它的解码部分可以迁移到上述介绍的 CS-LSTM 以及 GRIP 模型上。因此,多数情况下,用于轨迹预测的深度学习模型中的模型编码与解码部分可以拆开来进行独立研究,同时也可以排列组合进行使用,这也是将编码部分和解码部分分开介绍的原因。

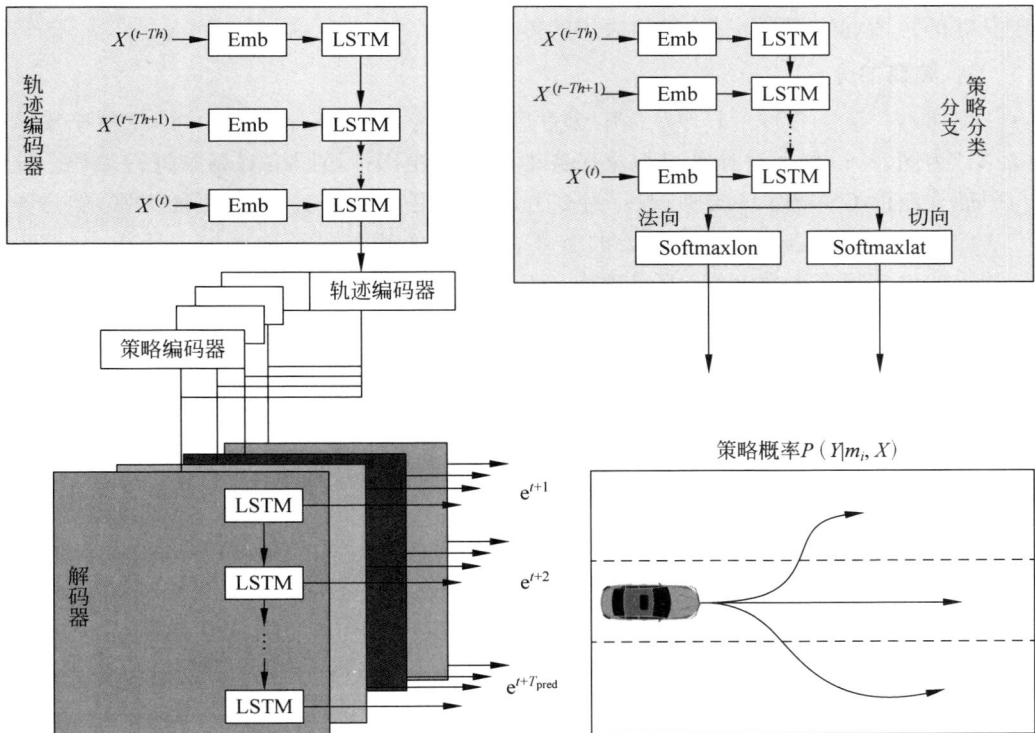

图 5-8 M-LSTM 模型结构与行为意图分类

2)多模态意图预测(Multimodal Intent Prediction,MIP)模型[175]

MIP 是一种静态场景下基于意图的多模态预测模型,它主要是针对十字路口的车辆轨迹进行预测。MIP 解码部分的结构和 M-LSTM 类似,此处不再赘述。MIP 根据车辆在当前时刻与未来轨迹终点的连线产生的线段与水平方向的夹角作为行为分类的依据。如果夹角绝对值超过某个阈值，则车辆的意图被定义为左转/右转，否则就被定义为直行。为了获得更多模式和更加细粒度的意图，可以尝试对夹角划分更多区间，每个区间对应一种模式，从而可以获得更加细粒度的预测轨迹。

5.3.3　动态复杂城区环境中车辆的轨迹预测

本节主要介绍动态复杂城区场景下基于深度学习的车辆轨迹预测方法。在这种情况下，模型不仅要对不同车辆的不同运动模式有泛化能力，还需要对不同场景有良好的泛化，这对模型的容量和训练策略有着很高的要求。从编码角度来看，模型需要对各种各样的场景进行编码，比如二车道和三车道等不同数量的道路；直道和弯道等不同形状的道路；十字路口和 T 字路口等不同交通交汇场景。从解码的角度讲，车辆的行为意图在不同场景下很难进行统一的定义，比如 5.3.2 节在直道和十字路口这两种场景下，车辆的行为意图定义就有很大的不同。因此多模态的预测不能再依赖预先定义好的意图，必须寻找一种更加通用的方式。

1.　编码部分

面对结构复杂多变的场景，一类做法是使用栅格化（rasterization），即将整个场景"渲染"为图像，以便通过计算机视觉任务中的二维卷积神经网络对场景进行编码。这与前面介绍的 CS-LSTM 类似，只不过划分的栅格更加细粒度，语义更加丰富，但这类方法的缺陷在于计算冗余。与点云的体素化类似，车辆的可行驶区域占比很小，渲染后的图像中有很多无效区域，编码较为稀疏。因此针对上述缺点，第二类做法是使用一些非结构化的算子比如图神经网络或点云模型等去编码场景，这样的编码会更加紧凑，计算更为高效。

1）栅格化编码模型

首先介绍两种基于栅格化的编码模型。第一个方法是 Multipath 模型[176]，该模型显式地考虑并编码了地图数据，其编码部分的基本结构如图 5-9 所示。由于原始数据尤其是地图数据是非结构化的信息，因此 Multipath 采用了与三维点云体素化类似的方式将场景信息绘制为结构化的图像。由于车辆运动是时序信息，因此 Multipath 将场景中每个时间戳的场景分别编码为一个图像，并把所有时间戳的图像按通道拼接，最后得到一个 $T \times H \times W$ 的结构化张量。随后，卷积神经网络用于对场景转化得到的

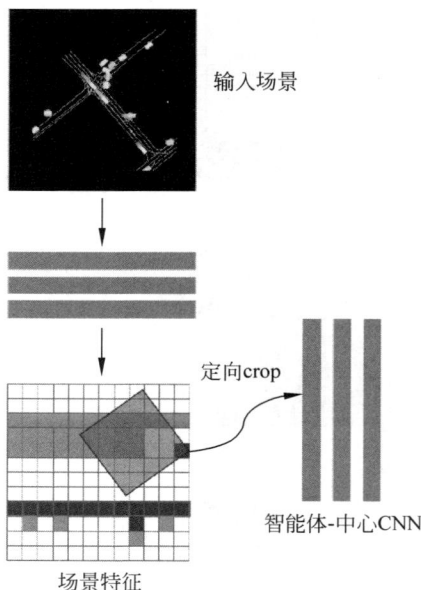

图 5-9　**Multipath 模型结构（编码部分）**

结构化张量进行编码,此时再根据被预测车辆的位置和方向对特征图进行旋转裁剪,最后再通过一组 CNN 对裁剪后的区域进行二次编码就能够得到被预测车辆的特征。这个模型编码简单直观,但是从图 5-9 中可以看出,它的编码实际上是非常稀疏的。因为实际场景中存在大量不可行驶区域(非车道部分),因此卷积计算在这些部分是冗余的。除此之外,它要对每个时间帧都生成一张图像,进一步增加了模型的计算复杂度。为了解决这个问题,实际上只需要将一些静态信息(如地图)栅格化为图像单独进行编码,而将其他动态信息(比如轨迹信息)另外编码,最后在高层语义上进行融合。这就是下面要介绍的 Home 模型[177]。

Home 模型的结构与思想与 Multipath 类似,如图 5-10 所示。它也使用栅格化的手段,只不过 Home 仅仅将地图等静态信息栅格化为图像,因此不考虑帧序列问题。然后使用 CNN 和下采样对图像信息进行编码。对于车辆轨迹这类动态时序信息,Home 使用一维 CNN 模块和 GRU 模块对车辆轨迹进行编码。由于场景中周围车辆数目和位置并不固定,注意力机制对于处理这种变长问题有着天然的优势,因此将被预测车辆和周围车辆通过注意力模块进行融合得到交互特征,在这里,注意力机制已经开始有非结构化的思想。Home 将交互特征与地图特征进行拼接,得到最终的编码特征。这种对静态信息和动态信息分而治之的策略简化了模型的复杂度,模型不需要将时序信息纳入图像中,因此大大减小了模型复杂度。然而这类模型还是没有解决计算稀疏的问题,因此在计算上还存在一定的冗余。

2) 非结构化编码模型

上述两种典型的栅格化模型中的每个模块都是结构化算子。对于相对简单的场景,如高速公路,这种处理方式可以直接使用卷积算子进行编码。然而,对于非结构化场景,则需要使用栅格化技术将场景“绘制”为图像然后再使用卷积算子进行处理。对于后者,这种处理方式从理论上而言不够本质,因为它没能做到对原始数据直接进行处理。同时,绘制图像由于分辨率的限制会带来一定程度的信息损失。此外,由于可行驶区域的尺寸相比整个图像尺寸占比很小,因此编码结果是稀疏的,会引入一定的计算冗余,从而提升模型计算复杂度。对于这种需要二次转换的数据,实际上可以用图神经网络以及注意力等非结构化算子直接对非结构化数据进行建模。考虑到模型的复杂度、紧凑度以及数据提取效率等问题,研究如何直接对非结构化动态复杂场景进行特征提取很有必要。在其他领域,有很多直接处理非结构化数据的模型,比如图数据的 GCN 和 GAT 等模型;用于数据融合的注意力机制以及 Transformer 模型;以及用于点云的 PointNet、PV-RCNN 模型等。在轨迹预测问题中,车辆的轨迹往往是结构化数据,而车辆之间的交互以及高精度地图往往为非结构化的信息,因此相较于栅格化,直接使用非结构化的模型编码这类信息会使模型变得紧凑和高效。下面介绍几种经典的非结构化车辆轨迹预测模型。

第一类模型是谷歌提出的 VectorNet[178],其设计旨在克服结构化 CNN 的诸多缺点。除计算低效外,CNN 由于感受野的限制也并不能很好地建模长距离依赖,比如一

连接

E_{raster} (14, 14, 512)   (14, 14, 128)

环境编码器

卷积块，512

卷积块，256

卷积块，128

卷积块，64

卷积块，32

(224, 224, 45)

环境栅格化

环境

重复

$E_{\text{trajectory}}$ (1, 128)

社会编码器

线性，128

Sum, LaryNorm

注意力，128

时序编码器

UGRU, 128

1D卷积层，64

(1, H, 4)

历史轨迹标量

时序编码器

UGRU, 128

1D卷积层，64

(N, H, 4)

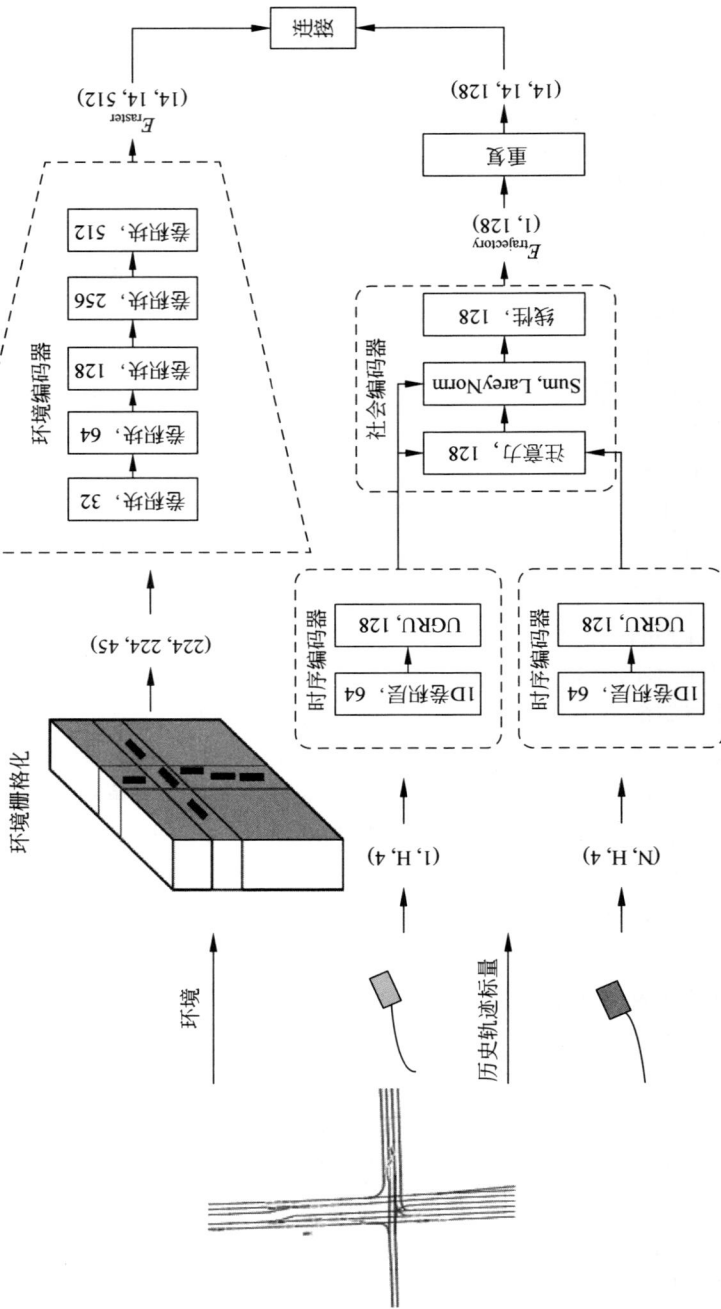

图 5-10 Home 模型结构（编码部分）

辆行驶速度非常快的车,过小的感受野并不能很好地提取它自身的运动特征以及和远处地图以及车辆的交互特征。VectorNet 的核心思想就是将场景中的一切元素都向量化,一段轨迹或者一段道路线可以看成是一组向量。栅格化和向量化的思想如图 5-11 所示。

　　VectorNet 的编码部分总体结构如图 5-12 所示。它采用分层结构,首先对场景中每个元素(如车辆、道路线)进行编码。对于某个特定的道路线或者某个特定的轨迹来说,它可以看成是由一组向量组成的子图。每个向量包含几组属性。首先是向量的起始点以及终止点,向量的其他属性包括轨迹的时间戳、车辆的类型、道路线的类型等,对每个向量编码之后,向量之间

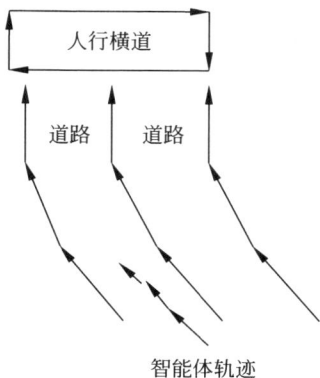

图 5-11　VectorNet 的向量化思想

就呈无序性分布。需要注意的是,对于轨迹这种时序信息来说,原始数据具有时序性,但是将时间戳视为属性之后,新的表征数据理应具有无序性。其次,VectorNet 使用一组多层感知机和极大池化对每个单元的特征进行提取,然后将池化后的特征与多层感知机输出的每一个单元的特征进行拼接。最后,将拼接的特征再通过一组多层感知机和最大池化得到整个子图的特征。可以发现最大池化操作本身就满足置换不变性,很好地契合了前面提到的向量之间无序性这一特殊的性质。

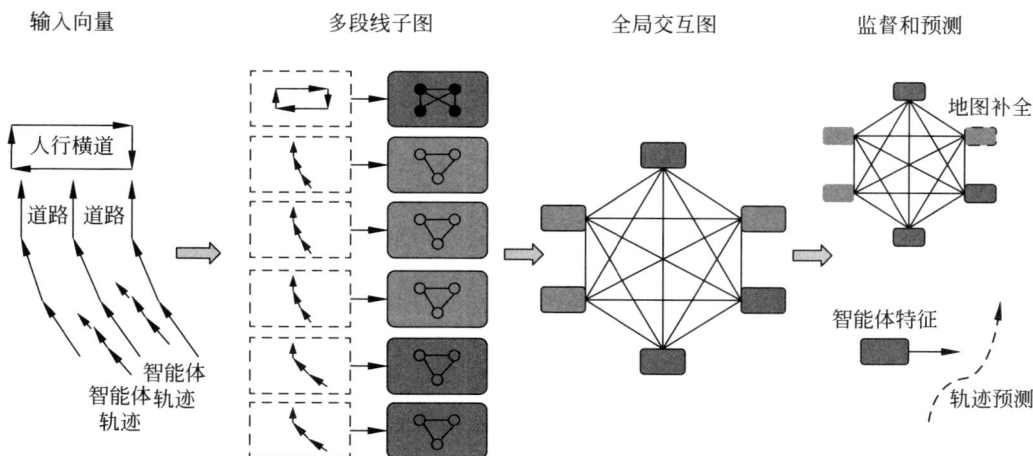

图 5-12　VectorNet 的结构

　　之后,VectorNet 将每辆车以及每个道路线对应的子图都视为一个基本单元,将整个场景构成一个图,并且每个单元都视为图上的一个节点。由于真实场景中这些点是没有拓扑邻接关系的,因此 VectorNet 将整个图视作全连接图,即任意两个节点之间都有邻接关系。当然这样做有一些弊端,比如没有显式地把两个节点之间的关系考虑进去,因此 VectorNet 使用全局注意力机制对全图进行编码。任意两个节点之间的聚

合权重都是通过节点本身的信息动态生成的。最终通过几层全联通注意力图聚合之后,得到的新的节点特征就被视为融合了场景信息的全局特征。然后对于要预测的车辆节点进行下一阶段的解码任务。由此可见,与 CNN 相比,VectorNet 能够利用所有信息进行高效编码,没有额外的计算量和开销,是一种紧凑的编码方式。

虽然 VectorNet 用全局注意力图可以建模长距离依赖信息,但是它并没有考虑细粒度的局部信息。此外,在表示所有单元的空间依赖关系的图上,其边是完全连接的,这使得它的性能受到一定的限制。在此基础上,LaneGCN 模型[179]考虑了细粒度的局部信息。LaneGCN 的模型总体思路如图 5-13 所示,它分别对车辆运动信息以及地图拓扑结构信息编码,最后按照一定层次对车辆和地图进行细粒度融合。

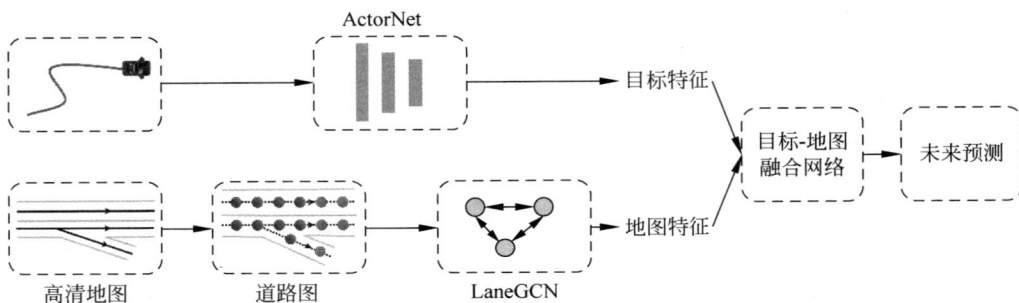

图 5-13　LaneGCN 的编码模块

LaneGCN 模型对于车辆的编码采用传统 CNN 的序列编码模式,它通过构建特征金字塔,将几组一维 CNN 残差模块堆叠起来。车辆运动信息在初始阶段已经编码完成,因此下一阶段的融合就不再考虑细粒度信息。

LaneGCN 的细粒度体现在地图编码上。不同于 VectorNet 先编码一段道路线,然后再将一段长的道路线视为一个基本单元,LaneGCN 直接将道路线上的每个向量视为基本单元。更具体地说,LaneGCN 将整个地图视为一组图,而每个道路线向量视为节点,之后使用图卷积网络对道路线进行编码。可以看出,LaneGCN 的地图编码是从更加局部的细粒度入手进行编码。图卷积网络在前面已有介绍,其中最重要的两个部分就是节点和邻接关系。节点就是地图中的每个向量,而边的信息则需要靠地图的拓扑邻接关系来定义。原本 GCN 中定义的邻接关系是布尔型,即只区分两个节点有没有边,并不关心节点之间边的类型。而这样不加区分地将邻居节点聚合一定会损失一定的信息。

为了尽可能提高模型的表达能力,LaneGCN 使用多组边的定义。它们主要包含四大类,分别是前驱、后继、左邻以及右邻,分别如图 5-14 中的虚线所示。因此,从理论上来说,只需要考虑边的信息,性能就会有所提升。然而 GCN 还有另一个缺陷,就是和前面提到的考虑局部信息的 CNN 一样,存在感受野不足的问题。LaneGCN 拓展了边的定义,由于车辆往往是沿着道路线前进,因此对道路线的切向感受野要求较高,而法线方向基本没有要求。LaneGCN 针对前驱和后继这两个邻接关系拓展了边的信息。具体而言,就是将第 k 个前驱或后继的关系也作为新的边,一般将 k 设置为 2、4、8、16 和 32 这几个值。

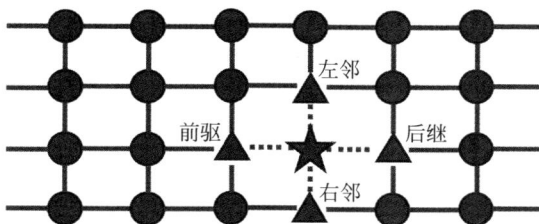

图 5-14　LaneGCN 对道路节点邻接关系的定义

首先,LaneGCN 对每一种邻接关系单独分配一组 GCN 模块,得到 14 个并列的 LaneGCN 模块,每一个模块按照各自的邻接关系对节点进行聚合,最后再将 14 个聚合的结果进行相加。这一操作类似于 CNN 的卷积,对上下左右几个位置分配不同的权重,LaneGCN 则是对不同关系的邻居分配不同的权重并采用类似空洞卷积的操作,有效地避免了过平滑和感受野过小的问题。

其次,LaneGCN 将地图节点特征和车辆特征进行融合。LaneGCN 采用轮转式的信息聚合顺序,即车辆到地图、地图到地图、地图到车辆以及车辆到车辆。融合过程如图 5-15 所示。地图节点本身不仅需要包含静态的拓扑信息,还要包含动态的交通信息。比如当前时刻有的车道十分拥挤,而有的车道则非常通畅,这对车辆的预测有着非常强的指导意义。随后是地图到地图,即再次使用 GCN 对道路节点的关系进行聚合,区别就是这次节点已经包含了动态场景的信息。

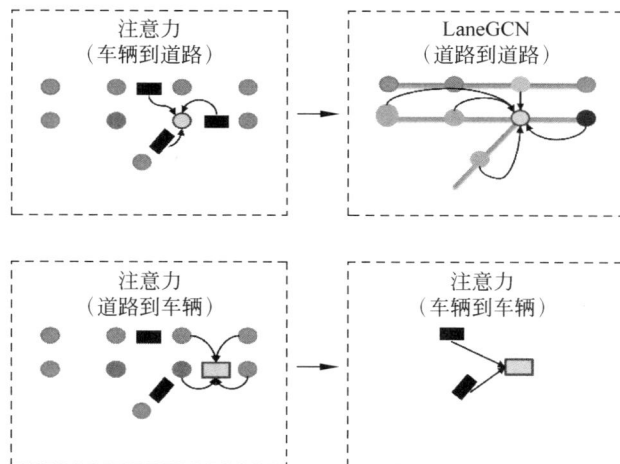

图 5-15　LaneGCN 的不同类型单元的聚合顺序

最后,需要进行地图到车辆的聚合,即地图节点再把道路静态拓扑结构信息以及动态信息反馈给车辆本身,让车辆能够"感知"周围的动态和静态环境。最后是车辆与车辆之间的聚合,即建模车辆之间的交互信息。上述 3 种交互方式都是局部化的,即将被聚合的节点周围一定范围内的节点视为邻居节点，并且聚合需要考虑节点之间的距离，因此采用节点-距离-节点这样的三元组拼接的形式，对邻居节点使用多层感知机进行编码再聚合。通过上述的信息交换过程，每个车辆的特征已经包含了场景特征，之后利用每个车辆的特征进行车辆的预测。

LaneGCN 直接将地图视为图的建模问题。除了图以外，还有使用点云的建模方式，比如 TPCN[180] 等。实际上无论是轨迹的动态时序点（点的属性中假设已经像 VectorNet 那样嵌入时间戳），还是道路线的采样点，它都可以视为二维空间下的一个点，点与点之间满足无序性和变长性等点云性质。因此整个场景可以视为包含一系列点的点云集合。点云编码一个非常重要的组成就是索引方式，如图 5-16 所示。有了索引之后，就可以用一些常见的点云模型，比如 PointNet++ 和 PV-RCNN 等对场景按点云的思路进行编码。限于篇幅，此处不再赘述。

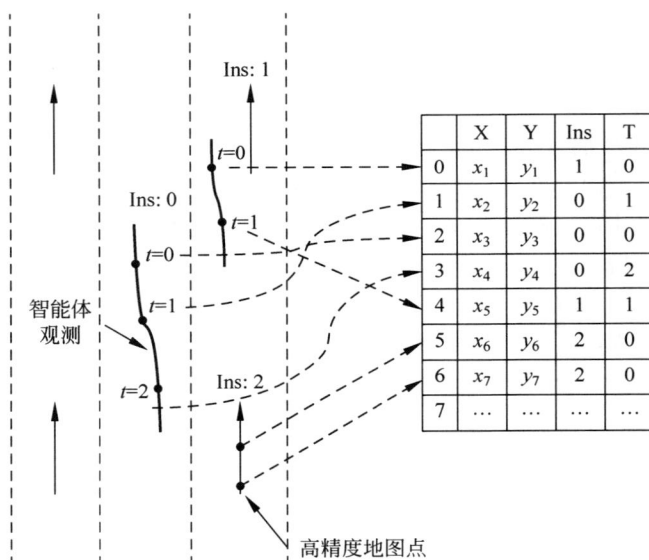

图 5-16　轨迹预测中点的索引方式

3）几何对称性编码

最后讨论一下轨迹预测编码问题中的几何对称性问题。随着几何深度学习的兴起，越来越多的研究者开始在不同的领域研究数据的几何对称性质，轨迹预测领域也不例外。这里的几何对称性通常指旋转、平移、置换的等变性与不变性。等变性是指输入做了旋转或平移等某种变换时，输出也做出相等的变换。不变性是指无论输入做出任何变换，输出的结果都不变。以旋转为例，图 5-17 给出了轨迹预测问题下的几何对称性。可以观察到，当整个场景发生旋转时（即参考系发生一个变化），预测的轨迹也应该保证旋转相应的角度，即满足旋转的等变性。然而现有神经网络如果不经过人工干预，基本不可能做出一种对称的预测。因此对于轨迹预测模型引入几何对称性也

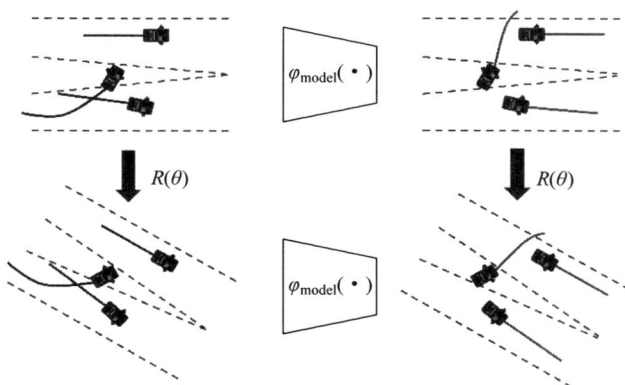

图 5-17　轨迹预测中点的旋转等变性

是未来一个重要的研究方向。引入方式可以参考药物分子预测中采用的 N 元组形式[181]或点云处理中采用的向量化神经网络等方法[182]。

2. 解码部分

动态复杂场景下的多模态解码有两种主流方式,分别是基于回归的一阶段和基于分类的二阶段。与单一静态场景不同,复杂城区动态场景很难预先定义一组行为意图。所以在这种场景下,研究者们直接抛弃了行为的预定义,而是直接使用一种与意图无关的"赢者通吃"算法。这类解码的代表方法有 LaneGCN、TPCN 以及 Multipath 等,其主要思路如图 5-18 所示。解码模块包括一个置信度预测分支和 K 个模态的轨迹预测分支,而实际训练数据只有一个真值。然后将真值分别与 K 个模态进行比对,取误差或损失最小的作为匹配成功的结果。最后只训练匹配成功的分支,而忽略其他预测分支。除了上面提到的"赢者通吃"算法,还可以使用基于混合高斯分布假设的期望最大(Expectation-Maximization,EM)算法进行优化。

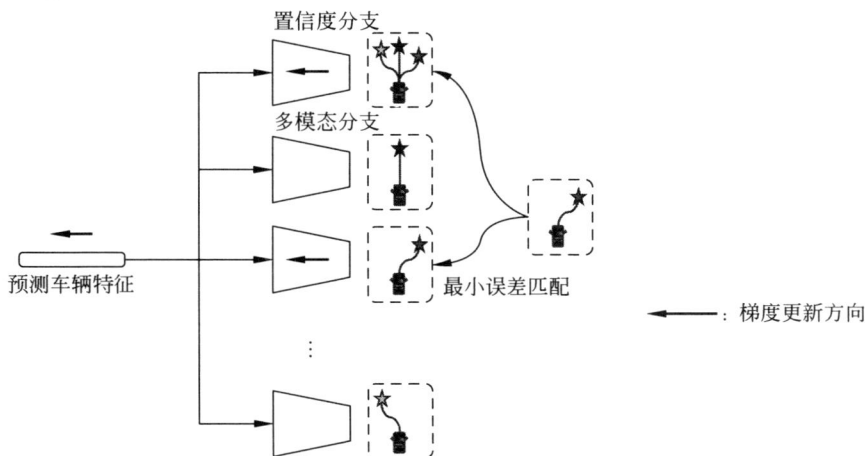

图 5-18　"赢者通吃"优化算法

1) 一阶段解码模型

一阶段解码模型的优势是速度快，无须进行后处理，可以直接预测出结果。然而，其缺点在于解码阶段并没有显式地考虑地图约束信息。虽然模型在编码阶段会对地图有关的信息进行编码，但是由于神经网络的不可解释性，模型并不能保证在测试阶段预测的轨迹都在可行驶区域。因此在解码阶段需要额外的约束去保证这种预测的合理性与自洽性。由此出现了二阶段基于终点的解码方式。

2) 二阶段解码模型

二阶段解码按照预定义终点的疏密程度又分为稀疏终点解码（终点间隔一般大于 2 m）和密集终点解码（终点间隔为 0.25～1 m）。稀疏终点解码的代表方法有 LaneRCNN[183] 以及 TNT[184]，图 5-19 给出了 TNT 算法中的终点采样思路。与一阶段直接回归整条轨迹不同，二阶段模型首先定义一系列终点（即要预测的最后一个时刻的位置），终点可以根据地图信息或道路拓扑结构进行启发式采样，然后再预测每个终点的置信度和偏移量（这里的终点就类似于目标检测的 Anchor），每一个终点对应一个模态。在训练时，离真值近的终点会有较大的置信度标签，反之则会较小。其次，根据预测好的每个终点补全轨迹。最后使用非极大抑制（NMS）算法对轨迹进行筛选，以保留预先设定的轨迹数量（即多模态的模态数量），得到多模态的预测轨迹。二阶段稀疏解码可以视为回归和分类问题，它的优势是提高了多模态轨迹命中率（保证至少有一个预测终点与真值小于某个阈值）的指标，即它通过人为扩大预测终点的覆盖范围尽可能保证较高的命中率。

然而，基于稀疏定义的终点很难覆盖所有行驶区域，并且终点间隔较大会造成终点的预测误差增加。因此，研究者们提出了基于热力图或密集终点的预测，代表方法有 DenseTNT[185] 以及 Home 系列[186]。这里以 Home 为例介绍密集终点的两种解码过程。由于候选终点分布较为密集，因此可以不像稀疏终点那样去回归偏差值。模型仅对每个终点做分类，因此密集终点是一类纯分类问题，类似于 CV 任务中的语义分割。密集终点的优势除了可以预测更加细粒度的终点坐标外，还能利用不同的后处理采样方式优化不同的多模态轨迹预测评价指标，比如最小终点误差（Minimum Final Displacement Error，minFDE）以及最小命中率（Minimum Hit Rate，MR）等，图 5-20 给出了不同的采样思路，比如 minFDE 侧重于使所有预测终点尽可能接近真值，而 MR 则侧重于让终点分散，尽可能覆盖较大的范围。二阶段模型虽然精度高、采样灵活，但是由于需要 NMS 等后处理，因此计算速度较一阶段解码慢。除此之外，二阶段模型还需要人工启发式地根据道路场景和交通规则定义一系列终点。这会给二阶段模型的实际部署带一定来困难，需要后续研究去克服。

3) 解码自洽性

最后介绍解码的自洽性的问题。之前介绍的解码都是针对某辆特定的车，默认车与车之间的预测没有显式的依赖关系。然而这种假设在某些情况下是不合理的，可能会产生两辆车相撞的预测（在现实中是小概率，而在模型预测中会经常出现），与真实

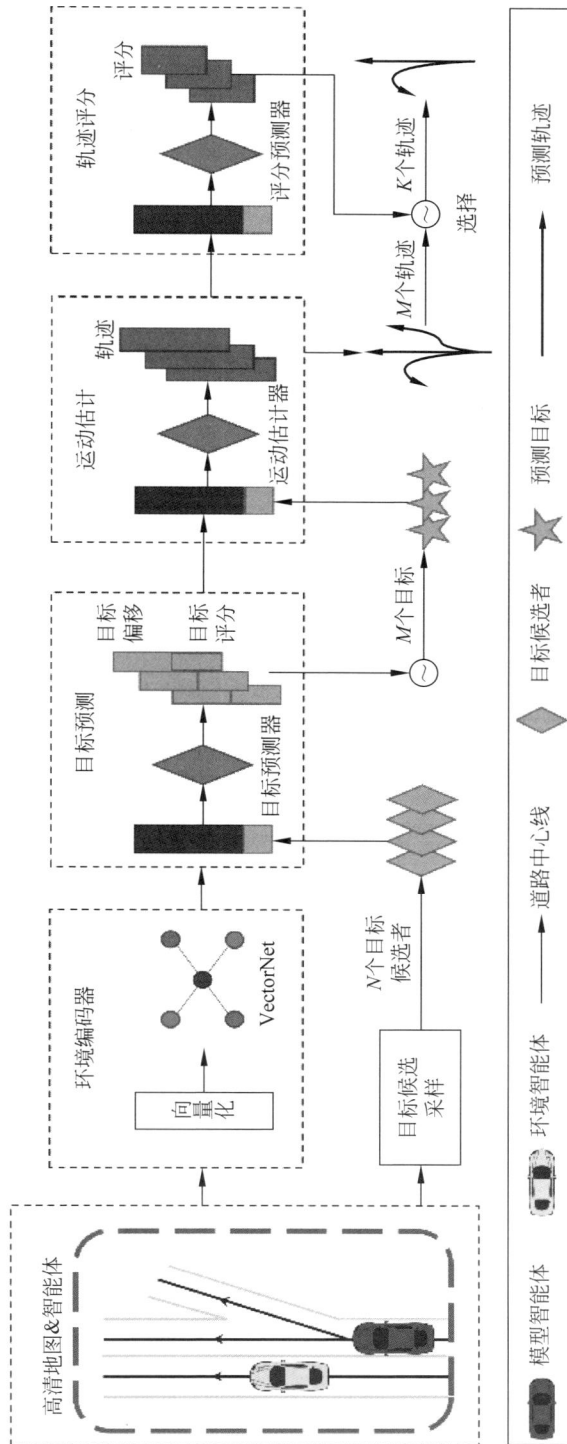

图 5-19　TNT 的解码结构

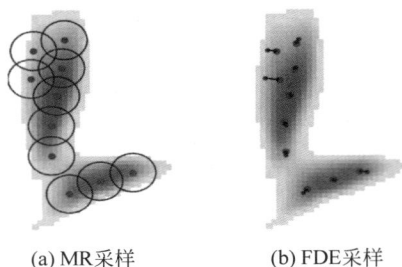

(a) MR采样　　　　　　(b) FDE采样

图 5-20　针对不同评价指标的不同采样方式

物理世界会发生矛盾,如图 5-21 所示。因此在解码时不能只考虑一辆车,而是要对整个场景所有车辆做出一组自洽的预测。这就需要模型的输入不仅是观测到的场景历史信息,还需要包含模型自身做出的预测,即多次地对模型自身的预测做出"反思"与修正。因此,不仅在编码端需要考虑车辆的历史信息交互,在解码端也需要考虑车辆的未来预测信息交互。考虑自洽性并且对预测进行多次修正的代表性方法有 M2I[187]以及 SceneTransformer[188],它们在进行一次预测之后,再通过某些手段将预测作为输入反馈给模型自身做出二次或多次预测以得到更加合理与自洽的预测结果。

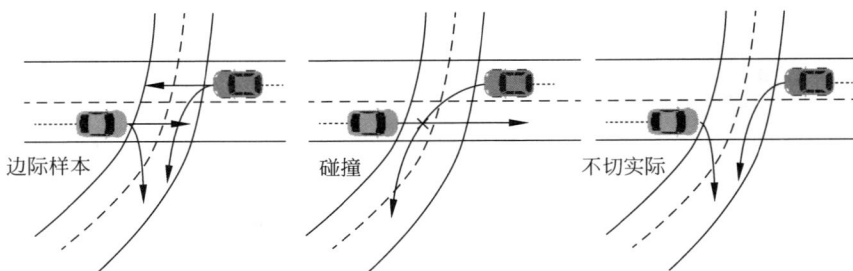

边际样本　　　　　　　碰撞　　　　　　　　不切实际

图 5-21　车辆间不合理的预测

5.4　周围车辆驾驶风格识别

驾驶风格是指驾驶员操纵车辆所表现出的相对稳定的行为特性[189]。在车辆行驶过程中,不同驾驶风格(如保守的或者激进的)或不同的驾驶条件(如醉驾或赶路)会导致不同的行为倾向,进而影响车辆运动轨迹。5.3 节介绍的车辆轨迹预测方法大多没有考虑不同驾驶方式对预测的影响,而是将相同的预测模型应用于具有不同驾驶风格的车辆。因此,本节介绍 3 种驾驶风格分析和识别方法,以便于实现针对个体驾驶者的个性化的行为预测。

5.4.1　应用高斯混合模型的驾驶风格识别

驾驶风格的类别与其含义通常是根据研究者的主观或其他客观研究来定义的。

目前大部分的驾驶风格识别的工作将驾驶风格划分为 3 种类型,包括谨慎型、正常型和激进型。本节首先介绍一种利用混合高斯的驾驶风格识别方法。

1. 高斯混合模型

高斯混合模型(GMM)是一个参数概率密度函数,由 k 个高斯子分布的密度线性加权组合而成。使用足够数量的子分布混合,可以逼近几乎任意一个连续概率密度函数,高斯混合密度定义为

$$p(x) = \sum_{k=1}^{K} \pi_k \, \mathcal{N}(x \mid \mu_k, \boldsymbol{\Sigma}_k) \tag{5-25}$$

其中,x 是一个 d 维的随机变量,$\mathcal{N}(x \mid \mu_k, \boldsymbol{\Sigma}_k)$ 是一个均值为 μ_k、方差矩阵为 $\boldsymbol{\Sigma}_k$ 的多源正态分布。π_k 为 k 个子分布的高斯混合系数,需要满足 $0 \leqslant \pi_k \leqslant 1$ 并且 $\sum_{k=1}^{K} \pi_k = 1$,以满足子分布间的组合是凸性的。

高斯回归过程(Gaussian Processes Regression,GPR)是使用高斯过程先验对数据进行回归分析的非参数模型。对于输入训练数据集 $D = \{(x_i, y_i)\}_{i=1}^{N} = (\boldsymbol{X}, Y)$,其中,$x_i \in \mathbb{R}^d$ 为 d 维输入向量,$\boldsymbol{X} = [x_1, x_2, \cdots, x_n]$ 为 $d \times n$ 维输入矩阵,$y_i \in \mathbb{R}$ 为相应的输出标量。输入数据集合 X 通过给定函数映射至高维空间,可构成一个随机变量集合 $\{f(x_1), f(x_2), \cdots, f(x_N)\}$,且具有联合高斯分布。该高斯过程全部统计数字特征可由均值函数 $m(x)$ 和协方差函数 $k(x, x')$ 确定,即

$$f(x) \sim \mathrm{GP}(m(x), k(x, x')) \tag{5-26}$$

其中,$m(x) = E[f(x)]$,$k(x, x') = E[(f(x) - m(x))(f(x') - m(x'))]$,核函数为标准指数协方差函数,即

$$\mathrm{cov}(f(x), f(x')) = k(x, x') = \theta_0^2 \exp\left(-\frac{(x - x')^2}{2\theta_1^2}\right) + \sigma^2 \delta_{ij} \tag{5-27}$$

其中,θ_0 为指数权重,θ_1 为长度规模,δ_{ij} 是狄拉克函数,当 $i = j$ 时,函数 $\delta_{ij} = 1$,否则为 0。

基于迭代两步法的 EM 算法是一种强大而高效的算法,用于从训练数据中获取高斯混合模型的参数,从而建立最大似然估计。E-step 使用当前参数估计值计算对数似然期望,M-step 估计最大化 E-step 发现的对数似然期望的参数。

2. 驾驶风格识别

除了依据数值关系将驾驶员的驾驶风格划分为固定的类别,也可以将驾驶员的驾驶行为参数化,用函数或概率分布的方式描述驾驶员的驾驶风格。如建模跟车行为与踏板行为的范式时,可以将每个驾驶员的跟车距离同速度的关系通过一个基于非线性最优逼近方法的速度模型或是一个基于高斯混合模型的统计方法映射到一个二维空间。踏板行为范式同样基于高斯混合模型进行建模,其代表了原始踏板信号或是从原始踏板信号中提取的频域特征的概率分布。跟车距离同速度之间的关系构成了对不

同驾驶员在跟车驾驶风格上的描述。驾驶员根据交通状况调整自己的阈值，从而与前方车辆保持舒适的间隔。轨迹被认为是在不同速度下使驾驶员感到舒适的跟车距离的运动路径。

　　Zichen Chen 等[190] 设计了一个包括因子分析、GMM 聚类和 BP 神经网络（BPNN）的驾驶风格识别策略，如图 5-22 所示。首先，因子分析阶段（包括可行性分析、共同因子确定和因子得分）旨在降低 11 个特征参数的数据维度，并获得公共因子（驾驶、制动和环境因素）。其次，GMM 聚类算法根据共同因素的概率分布，通过找到一个合适的高斯分布，使共同因素的可能性达到最大，从而准确地给每个驾驶员贴上风格标签（谨慎、正常或激进）。最后，使用经优化的三层 BP 神经网络训练一个合理的识别模型，以识别不同的驾驶风格。

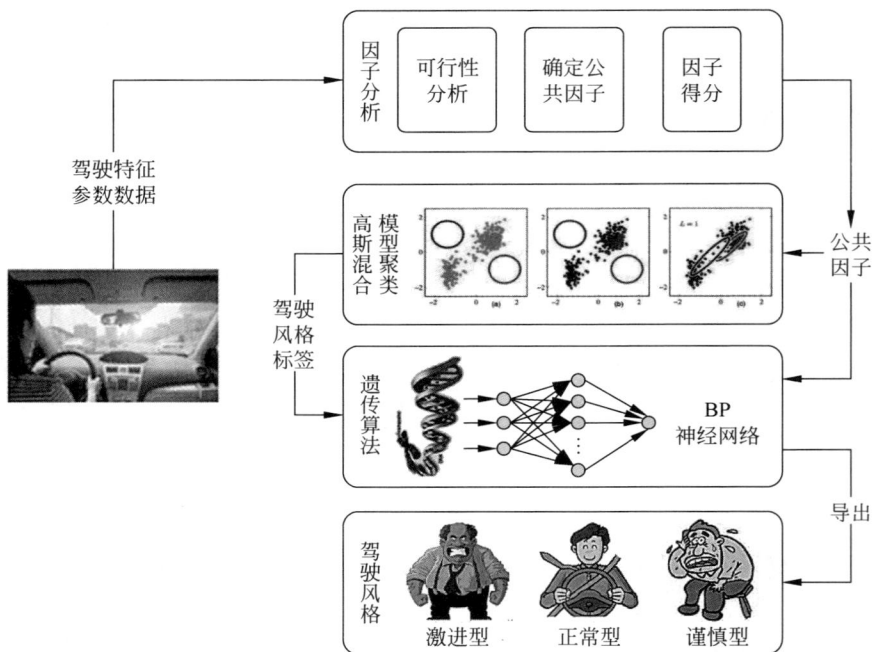

图 5-22　GMM 驾驶风格检测流程

　　此外，Nan Ding 等[191] 通过将驾驶风格同 GMM 混合模型结合，对不同的驾驶风格构建不同的影响因子，基于速度、加速度及距离等参数，实现了对异常数据的检测。

5.4.2　基于短期观测的实时驾驶风格分类方法

　　早期的工作使用高斯混合模型和层次聚类等统计方法，通过无监督的方式让模型自行从预选驾驶参数或特征中挖掘不同的驾驶风格特征。然而，这些工作都需要对车辆和司机的历史数据进行相当长时间的观察，很难适用于复杂交通场景下在线的实时驾驶行为分析。因此，本节介绍一种基于短期观测的实时驾驶风格分类方法[192]。

如图 5-23 所示,该方法由训练和推理两个阶段组成。在训练阶段,收集了某一特定交通系统(如一段高速公路)的历史数据,并采用无监督学习方法将数据聚类为不同的类别,这些类别对应不同的驾驶风格。同时,在推理阶段建立并应用由此产生的聚类策略,将同一系统中任何新观察到的车辆划分为特定的驾驶风格。在训练和推理阶段,为了加速聚类过程,对高维传感器数据进行了预处理和主成分分析(Principal Component Analysis,PCA)等降维处理,从而充分利用与驾驶行为密切相关的特征。

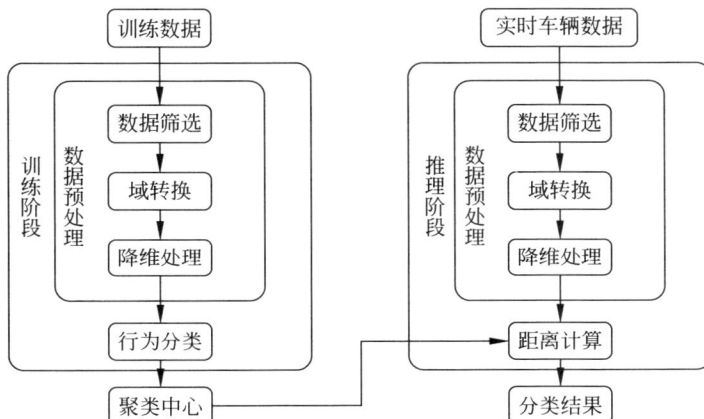

图 5-23　基于短期观测的实时驾驶风格分类方法框图

具体来说,数据预处理分为数据过滤和频域转换两个步骤。在数据过滤阶段,该方法对大量的传感器数据进行过滤,只选择与车辆动作(如位置、速度和加速度)或与其他车辆的时间和空间关系(如与前车的相对位置)相关的特征。由于驾驶员行为通常对其行为的绝对时间戳不敏感,且频域可以包含更多关于驾驶行为的信息,因此在进行聚类之前,该方法不是直接对时间数据进行处理,而是对每个 k 维时域特征进行傅里叶变换,进一步过滤那些与驾驶行为决策无关的时间戳数据。为减少数据噪声以及降低后续聚类的复杂度,随后对频域数据进行 PCA 降维处理。

数据处理完成后,训练阶段利用 k-means 方法对数据进行聚类,得到 k 个聚类中心,使得训练数据中的驾驶员得到不同的类别标签,每个标签对应不同的驾驶风格。在测试阶段,当观察到同一系统中的新驾驶员时,经过同样的数据处理之后,计算特征与训练得到的聚类中心的距离,以对该驾驶员进行分类,从而识别出驾驶风格的类型。

5.4.3　基于时序数据的 CNN-LSTM 驾驶风格识别模型

如 5.4.1 节和 5.4.2 节所述,传统的驾驶风格识别算法利用从原始驾驶数据中提取的手工特征,再应用不同的机器学习模型来识别驾驶行为风格。而这类解决方案往往受到所选特征集和所选模型的限制,考虑到驾驶风格分类任务中数据类型的缺乏,以及广泛使用的无监督聚类算法和单一卷积神经网络方法的识别精度不高,本节介绍一种基于 CNN 和 LSTM 的高精度、快速、可推广的驾驶风格识别方法[193]。

首先,针对不完善的驾驶数据,如图 5-24 所示,该方法提出了一种收集驾驶员操作时间序列信息的方法,然后通过卷积神经网络提取驾驶员的风格特征,再针对收集到的时间数据,引入长短时记忆网络(LSTM)模块对驾驶特征进行编码和转换,实现驾驶风格分类。结果表明,驾驶风格识别的准确率达到了 93% 以上,同时速度也有了明显的提高。

图 5-24 CNN-LSTM 驾驶风格识别框

1. 数据收集

现阶段用于驾驶风格分类的数据大部分来自感知数据,如驾驶员面部图像、眼球运动数据,以及包括 GPS 和车载三轴加速度计在内的轨迹数据。这些研究方法虽然取得了较高的精度,但由于车辆上装备了很多传感器,易受天气、振动等因素的影响,在真实环境中难以保证精度,同时也存在侵犯隐私的风险。作为车辆的直接操作者,驾驶员的操作数据最能直观地反映其驾驶风格,而车辆的运动学数据则能反映驾驶员对车辆运动状态的期望。为解决数据问题,该方法同时收集了模拟器数据和真车数据,形成了一个数据集。与真车相比,模拟器可以构建一个全面的驾驶环境,充分模拟驾驶员在城市道路、高速行驶等复杂环境的工作状态。同时,驾驶员的周围环境相对固定,减少了环境对驾驶风格的影响。然而,单独使用模拟器限制了数据的全面性,因此该方法采用了驾驶模拟器和真车数据的融合,其中模拟器数据作为网络训练的训练和验证集,真车数据在网络训练完成后用于评估泛化性能。采集的具体数据类型及其频率见表 5-1。

表 5-1 采集的数据类型及频率

数 据 类 型	采样频率(Hz)
驾驶员身份码	100
数据采集时间跨度	100
方向盘角度	50
方向盘速度	50

续表

数 据 类 型	采样频率（Hz）
油门踏板开度	100
刹车踏板开度	100
车辆偏航率	100
车辆纵向速度	100
车辆横向速度	100
车辆纵向加速度	100
车辆横向加速度	100
油门和刹车踏板开度组合	100

2．数据处理

考虑到不同数据的维度差异，该方法首先对数据进行归一化处理，即根据数据的阈值范围将不同的数据投影到相同的固定区间。针对采集到的数据，该方法采用模糊 C 均值算法（Fuzzy C-Means，FCM）和谱聚类（Spectral Clustering，SC），得到相应的驾驶员驾驶风格标签。具体而言，设置聚类的类别数为 K，应用 FCM 和 SC 进行模糊均值聚类，得到结果 $C_f(i)$、聚类中心 m_j 和谱聚类的聚类结果 $C_s(i)$，其中，i 为样本 ID。对于样本 i，如果 FCM 和 SC 聚类结果 $C_f(i)=C_s(i)$，则样本 i 被标注为聚类的类别标签，并被划分为标注子集 X_i。如果两次聚类结果不同，则根据驾驶员的主观评价得到该驾驶员对应的驾驶风格标签。

传统的聚类方法在驾驶员检测中的实时性较差，容易受到不均匀样本的影响而导致聚类的中心发生偏移。因此，该方法训练了一个用于驾驶员驾驶风格识别的网络模型，一旦网络训练完成，其结果就不会受到输入信息整体偏差的影响。驾驶风格作为一个包含在多维驾驶信号中的广泛特征，很难用一个特定的信号类型来明确表示。因此，需要对收集到的原始数据流进行处理，常见的做法是将数据拆分，并确定数据段中某一数据的统计参数，然后从整体数据的统计参数中得到该数据对应的驾驶风格。这项工作也采用了同样的方法，基于原始数据，使用上下文窗口的概念，将注意力集中在一个固定的时间窗口上。小窗口用于细化具体的数值大小，由小窗口组成的大范围特征矩阵用于捕捉瞬时变化的数值特征中包含的风格特征。双时间窗方法允许对瞬态驾驶行为的特征进行微观计数和转换，并在宏观层面上传达了驾驶员的驾驶风格信息。然而，这些信息只作为矩阵中的统计信息存在，并不以某一特征的数据形式表达。因此，深度学习网络能从这个矩阵输入中学习并表达司机的驾驶风格特征。

3．特征提取

首先，对于处理过的数据，用卷积神经网络来提取驾驶数据中的驾驶特征。该方法使用的卷积神经网络由两个卷积层和两个最大池化层组成，每个卷积层后面都有一个最大池化层用于下采样。由第二个池化层产生的特征矩阵被叠加起来，作为网络下一阶段的输入。由于不能对时序的驾驶特征进行卷积操作，因此该方法在时间轴上应用一维卷积。

之前的研究证实了卷积神经网络用于驾驶风格分类任务的可行性，然而通常在 CNN 完成特征提取后直接利用全连接层进行分类，而不应将驾驶员的操作特征简单叠加而得到驾驶员的驾驶风格；在实际驾驶员驾驶车辆的时间维度上，每个不同的参数特征的出现都是随机的，全连接操作可能导致对驾驶风格的错误理解。从本质上讲，驾驶员操作数据和车辆动态数据具有很强的时间特性，因此，该方法使用 LSTM 模块对驾驶特征之间的依赖关系进行编码，并从最后的全连接层输出预测的驾驶风格。每个 LSTM 单元通过其中的门控状态控制传输状态，记住需要长期记忆的内容，如司机的驾驶风格；而忘记不重要的信息，如短时间内驾驶信息的变化。因此，相对于全连接模型而言，LSTM 模型更适合于驾驶风格分类的任务。

最后，在 LSTM 网络之后，通过一个两层全连接网络，并使用 Softmax 函数输出不同驾驶方式的预测概率值，从而实现驾驶风格识别。

第 6 章

自动驾驶的高精度地图

6.1　概述

高精度地图(High Definition Map,HD MAP)是一种专门为自动驾驶和辅助驾驶构建的地图。相较于传统的地图,高精度地图具有更加丰富的细节,如车道位置、交通标识位置等。同时,高精度地图内的元素是真实场景在数字世界中的抽象对应,并能够与实际场景达到厘米级精度的精确对应。高精度地图中包含的道路信息、标识信息等,可以为自动驾驶和辅助驾驶提供大量的先验信息,从而降低了定位、全局导航、局部路径规划等任务对传感器数据和算法性能的要求,使得这些任务更容易实现。因此,在自动驾驶的发展历程中,高精度地图一直是不可或缺的辅助工具。

传统的导航地图以显示 GPS 定位信息、全局路径规划、路径引导为主,主要由道路、背景、注记和 PoI(Point of Interest)组成。其中,PoI 是地图中的重要信息,由类别、名称和坐标进行描述,其丰富程度在很大程度上决定了导航地图的质量。与导航地图主要是为人类驾驶员提供路径计算、引导、粗略定位等功能不同,高精度地图旨在服务自动驾驶任务,对位置的精确度和标记的丰富度提出了更高的要求。因此,高精度地图不仅具备更高的位置精度(10cm 甚至 1cm 级别),还拥有更加丰富、全面、细节的信息,尤其是道路信息和车道连接信息,如图 6-1 所示。基于高精度地图,自动驾驶车辆可以获取其所处的环境模型和充分完备的道路信息,从而得到高精度的定位结果,并保障后续导航、规划、控制、决策等任务的正常执行,以实现自动驾驶汽车安全、可靠、稳定的行驶。

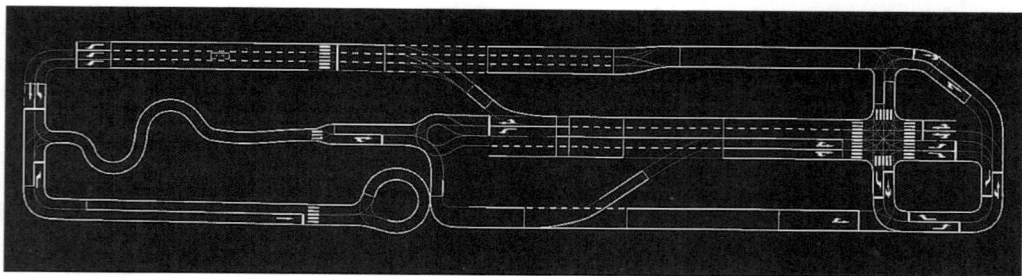

图 6-1　西安交通大学研发的 Pioneer 自动驾驶系统中的 HD Map 示意图

为了使读者更全面地认识到高精度地图的相关概念,本章将首先介绍高精度语义地图的基本构成,其次对构建的基本方法和常用的地图编辑策略进行阐述,最后介绍一些当前常用的高精度地图标准和相关应用。

6.2　高精度语义地图

6.2.1　地图的坐标系统

地图中的每个元素都需要以合适的方式表示其位置,该位置可能是相对于地理基准的绝对位置,也可能是某个场景中的相对位置。不同的表示方法具有不同的位置存储精度和复杂性。传统的导航地图通常使用经纬度坐标,这也是基于卫星定位系统导航时常用的地理坐标系,能够表示地球上的任何位置。然而,由于传感器的数据一般是在空间直角坐标系下获取的,而地球的巨大半径导致从经纬度坐标系到直角坐标系的多次转换过程中会不可避免地引入较大的精度误差。同时,在自动驾驶车辆进行定位或路径规划时,直接用全球坐标系来表示道路元素位置会令处理过程显得冗杂。因此,经纬度信息很少直接应用于高精度地图的实现。本节将介绍高精度地图中常用的几种坐标系统,并分析它们之间的联系和区别。

1. 相对坐标系

车辆主要是在城市内或城市间运行,其活动范围相比全世界来说小得多,因此,可以在适用于车辆的范围内构建局部的相对坐标系。相对坐标系的构建方法是先选择一个参考原点,并根据地球表面信息在这个点处生成一个切平面,再在这个切平面上确定两个正交方向,结合该切平面的法向方向确定一个三维坐标系。相对坐标系是一个平直的坐标系,所以其他平直坐标系中的坐标(如传感器原始数据对应的坐标),通过三维刚体变换即可无失真地转换到相对坐标系中。相对坐标系更加适合高精度地图的构建和自动驾驶车辆的实际数据处理过程。

比较经典的局部坐标系就是东-北-天(East-North-Up,ENU)坐标系,又称站心坐

标系。ENU 局部坐标系采用三维直角坐标系来描述地球表面,坐标系原点位于球面,
X 轴、Y 轴和 Z 轴的方向分别指向东、北(地理北极)和上,这也是 ENU 坐标系名称的
由来。

在导航领域使用的另一种坐标系统是北东地(North-East-Down,NED)坐标。这
一坐标系统的原点同样在球面,只是具体的坐标向量朝向不同。两种坐标系分别如
图 6-2(a)和图 6-2(b)所示。

ENU 和 NED 坐标系均为右手坐标系,即前两个坐标分量的叉乘结果等同于第三
个分量。ENU 坐标系的 X 和 Y 分量和一般地图中的表示一致,因此更多用于地理方
面;NED 坐标系则由于与基于 X 和 Y 分量的航向角记法和基于正北偏角的航向表示
一致,更多应用于地理领域。

由于坐标系的选取基于相对于参考点的切平面,地球表面的弯曲使得其和实际地
表的误差会随着远离原点而逐渐增大,在 1km 外约为 8cm,而在 10km 外可达 7.9m。
这种误差会导致当描述位置离参考点较远时,实际地面会位于参考平面之下,这不利
于相关算法的应用,而对参考点位置进行变换则需要付出额外的计算代价。相对坐标
系在高精度地图表示中的应用因而受到限制。

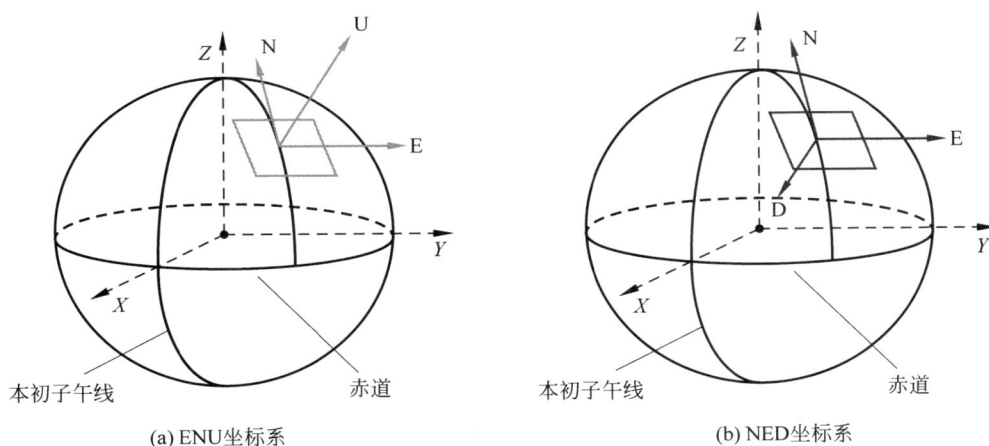

(a) ENU坐标系　　　　　　　　　　　(b) NED坐标系

图 6-2　ENU 坐标系和 NED 坐标系

2. 统一横轴墨卡托(UTM)坐标系统

对于车辆来说,离地高度的变化范围远小于其在地面的移动范围。因此在描述地
图中的元素时,只需在合适的二维投影坐标系的基础上叠加高度即可。理想的投影坐
标系应该是一个完全的平面,同时满足贴合地球表面的特性。然而,由于球面的高斯
曲率和平面不一致,这两个要求注定无法同时满足。统一横轴墨卡托(the Universal
Transverse Mercator,UTM)坐标系[194]可以近似地实现这一目的,其在宏观上和地球
表面贴合,而局部上可几乎被视为平面。UTM 坐标系统使用基于网格的方法表示坐
标,它将地球分为 60 个经度区,每个区包含 6° 的经度范围,每个区内的坐标均基于横

轴墨卡托投影，如图 6-3 所示。

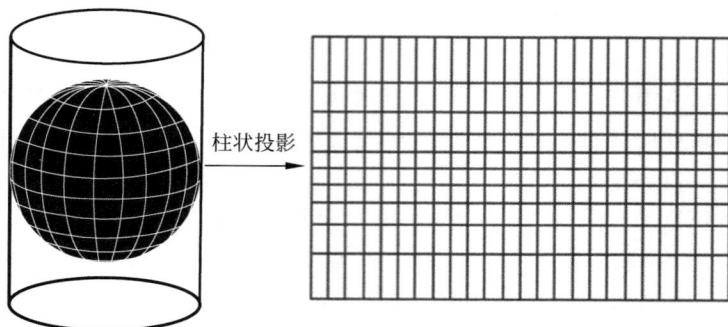

柱状投影

图 6-3　墨卡托投影示意图

在墨卡托投影模型中，通过柱状投影将球面上的信息绘制到平面上。投影方式为：过球心与球面上某一点连线，并将此延长到与球体相切的圆柱面相交，此交点即为球面上的点在圆柱面上的投影。若将地球作为与圆柱面相切的球体，则通过以上的投影方法并将圆柱面平铺展开，就能够得到一张二维的平面地图。

在投影的平面地图上，平行的纬线同平行的经线相互交错形成了经纬网，其将地球表面划分成若干份，并在平面上展铺为多个长方形区域。UTM 坐标系下的区域划分示意图如图 6-4 所示。

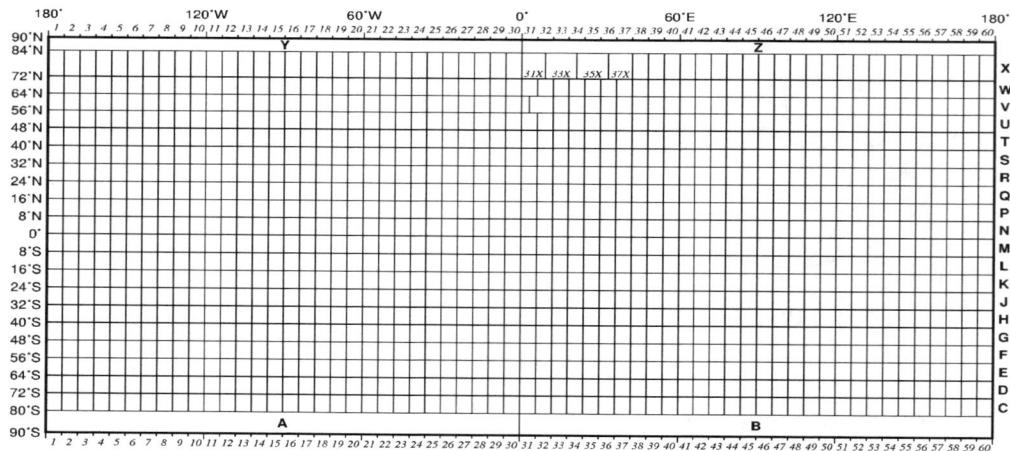

图 6-4　UTM 坐标系区域划分示意图[195]

UTM 的划分区域标准可以概括如下：

（1）将经度带划分成 60 个，编号 1～60，其中 58 个区的东西跨度为 6°；

（2）将地球的 80°N 到 80°S 分成 20 个纬度带，每个纬度带的南北跨度为 8°，从南到北编号为 C～X（不含 I 和 O）；

（3）A、B、Y、Z 覆盖南极和北极区；

（4）N 为第一个北纬带，N 之后的字母均为北纬带，N 之前的字母均为南纬带。

该标准使得被划分的每个区域可以通过数字（经度分区）加字母（纬度分区）的组合进行唯一表示。

UTM 的坐标系表示需要有 3 个元素：所在区域、东向位置（easting）和北向位置（northing）。每个经度区均有一条中心经线，如 11 区的经度范围为 120W～114W，则其中心经线为 117W。中心经线以东的点到中心经线距离为正，中心经线以西的点到中心经线距离为负。某点的东向位置定义为该点到中心经线的距离加 500 000m，这一操作的目的是保证一个经度区内的所有点的东向位置均为 6 位正数。北半球北向位置定义为该点到赤道的距离，而南半球的北向位置为 10 000 000m 减去该点到赤道的距离，从而保证所有点的北向位置也是正数。

UTM 坐标的单位可以直接和平面直角坐标系中的取值对应，因此常被用于自动驾驶和辅助驾驶的定位信息输出中。同时，由于 UTM 坐标表征的精度问题，一般情况下会采用和上节相对坐标系类似的做法，取某个给定点作为坐标系的原点，这样坐标的取值就会保持在合理的范围内，从而保证数值的精度。

6.2.2　高精度语义地图的基本组成

高精度地图的实现涵盖多种规范，每一种都具有其独特的描述规则。然而，不同地图格式之间也存在一些共性基础内容，本节将对这些共性内容进行分析和阐述。

高精度地图可以分为物理层与逻辑层两个组成架构。物理层存储点和线的坐标，这些点和线与物理空间中的实体精确对应，如道路中心线、车道线的锚点、路灯杆的位置点等。高精度地图中标记的点具有厘米级别的精度，以服务于高精度的定位和规划任务。逻辑层则提供了组织这些点和线的规则，包括指明某条线是车道还是车道边界线、标记车道和路口的连接关系等，这些规则通常依附具体的物理层实体存在。逻辑层中还可以包括一些元数据，如道路的限速、路口红绿灯和车道的关联等信息。

在高精度地图中，建筑物类型、商家名称等对人类适用的 PoI 数据往往是不必要的，这是因为辅助驾驶和自动驾驶过程中很少依赖这些信息。高精度地图中的元素可分为道路元素、路口元素、交通信号元素等。其中，道路元素最为重要，主要包括道路的边界位置曲线、车道的边界和中心位置曲线、车道的拓扑连接关系和车道的类型、限速、方向信息等。路口元素则一般包括路口的边界信息和虚拟车道信息等。虽然路口一般不会标记车道线，但由于路口车辆的行驶一般也遵循特定的规则，因此在高精度地图中将这些信息显式地标注为车道，可以令自动驾驶车辆在路口以相似的规则行进。交通信号元素包括红绿灯位置和道路标识牌位置，可以被用来参与辅助定位。除了以上元素之外，人行横道位置、停止线位置、路面文字和箭头、路灯位置等也常见于高精度地图中，起到辅助定位和规划的作用。

在高精度地图使用过程中，道路的相关元素可按照图 6-5 的形式进行组织[196]。

其中，道路的中心参考线由直线、圆弧、羊角螺线[197]和样条曲线构成，其他所有元素均以相对参考线的里程和偏移量的形式进行定义；车道是地图中的基础结构元素，包含了车道宽度、道路限速等属性，其曲线形状由中心参考线定义；区域的基础类对外包含多个入口与出口的接口，对内通过多个车道完成入口与出口之间的连接；路段和路口均定义于区域的基础类之上。其中，路段用于建立道路内部的车道模型，调头路段用于建立调头的虚拟车道模型；路口用于建立路口处的虚拟车道模型，可以通过 6.3.2 节所述的羊角螺线的路口曲线生成方法进行起点与终点的连接；道路则是由多个路段的集合组成。

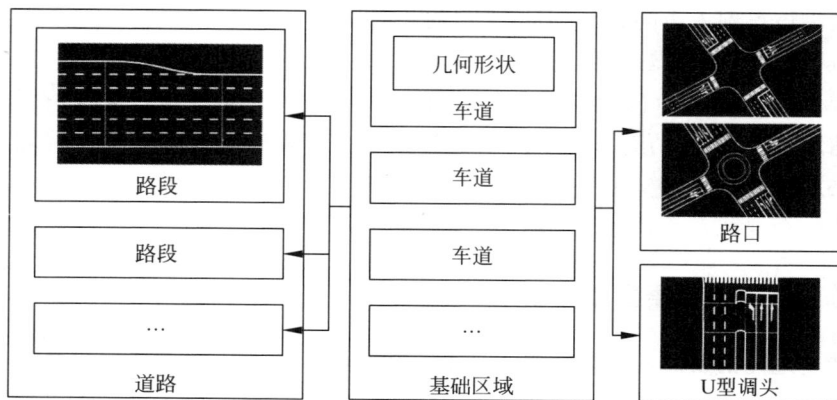

图 6-5　道路相关元素的组织

6.2.3　高精度语义地图的应用

拥有了高精度语义地图，车辆相当于拥有了一个额外的稳定传感器，可以获取远超现有感知范围的信息。基于此，高精度语义地图的应用主要包含基于地图的定位、补偿传感器的数据质量和限制、扩展传感器探测范围 3 方面。基于地图的定位将在第 7 章进行介绍，本节主要为其余两方面的应用提供相关示例。

1. 传感器数据质量补偿

在恶劣或极端天气条件下行驶时，车载相机、激光雷达等多种传感器均会受到光照强度、大气密度等因素影响而精度降低甚至失灵，这对自动驾驶系统的环境感知、目标识别和规划决策等算法提出了挑战，从而严重影响自动驾驶车辆的安全行驶。然而，高精度地图的精度和质量并不会受到行驶环境和车载传感器的影响，在自动驾驶和辅助驾驶的传感器受到大雾、冰雹、大雨等恶劣天气影响时，车辆仍然可以通过车内存储的高精度地图数据了解到周围的基本路况，从而完成路径规划和决策任务，以保证最基本的安全性能。

除此之外，在正常驾驶过程中，高精度地图也可以辅助传感器的测量过程，提升测得数据的准确性。例如，摄像头可以在进入弯道时变换识别模式，以提升对弯道中的车道线和交通参与者的检测准确性；在进入和离开隧道时，地图提供的信息可以使系统提前调整相机的曝光度，从而保证感知的连续性；相较于摄像头通过识别标识牌以实现限速的方法，地图包含的信息不仅可以提供各个路段上的限速，还可以对易发生危险的路段（桥梁、隧道、上下匝道）推荐合理、安全甚至细化至车道的车速，从而控制车辆更好地进行驾驶过程。

2. 传感器数据增强

高精度地图能为自动驾驶车辆提供超出正常视野范围的信息（例如，几千米外的路况信息），从而对未来信息进行超前处理，其中一个典型的例子是在自适应巡航控制（Adaptive Cruise Control，ACC）过程中对车辆跟随的优化。使用 ACC 模式驾驶时，车辆通过前置传感器确认当前车道正前方的可通行区域内是否有其他交通参与者。如果有，则自动驾驶车辆在安全制动距离内跟车；反之，则加速到驾驶员设置的循航速度行驶。如果是在直线路段，或者道路曲率几乎可以视为直线的情况下行驶，这种自适应巡航的功能可以很好地实现设定需求。但是在弯道中行驶时，传感器可能会将其他车道的车辆错误地判断为位于自身前方的障碍物，从而触发立即减速的指令。在这种情况下，通过高精度地图提供的车道信息，可以很容易得到车辆的车道归属关系，从而做出正确的跟随判断。

高精度地图的另一个主要应用是辅助盲区的检测。受道路的结构限制，行驶过程存在的盲区会严重影响驾驶的安全性和可靠性，而高精度地图记录的数据可以在进入盲区前提醒驾驶员进行减速或控制车辆进行减速，从而大大减少在弯道、路口、换道等情况下发生事故的可能性。

6.3　高精度语义地图的信息生成

本节主要讨论高精度语义地图的自动生成问题。相较于传统的导航地图，由于额外的信息精度和标签准确度的需求，高精度地图不可避免地具有更高的创建和维护成本，快速、稳定的高精度地图生成方法成为研究的热点。高精度地图的生成一般分为自动化信息提取和人工校正修复两个部分。其中，自动化的提取程序会根据输入的轨迹、图像和点云信息，自动解算地图中的必要构件；人工校正则是对自动生成结果中的不准确内容进行修复，同时添加自定义的交通规则元素。关于高精度地图人工校正的相关内容将在 6.5 节中介绍，本节则主要针对自动化信息提取环节中的常用方法进行叙述。

在地图的自动生成过程中，最重要的环节是路网的生成，这也是和汽车的实际行驶关联最为紧密的一个部分。路网生成模块的输入是车辆运行的轨迹和感知得到的车道边界和车道线信息，输出为每一条车道的平滑中心线与路口的连接关系。道路中心线的生成和路口的生成往往基于不同的逻辑，前者有着实际的车道线和道路边界线作为参考,而后者则缺乏这一信息。一般的生成流程为:根据道路边界线和车道线生成道路的参考中心线;根据道路尽头的关键点和相关规则生成路口的参考轨迹;最后将它们组合得到完整的路网结构。

6.3.1　道路中心线的自动生成

道路中心线的自动生成分为两个子过程:在第一个子过程中,算法根据道路的边界或者车道线信息,提取道路中心线的粗略表示,一般存储为散点序列的形式;在第二个子过程中,算法将对提取到的散点进行曲率估计和优化,直到生成足够平滑的轨迹以供车辆进行追踪。

1. 道路中心信息的提取

图 6-6 所示为道路中心线提取的整体框图。算法首先需要去除栅格地图、瓦片地图等静态场景输入的测量噪声,并进行道路的边界提取,然后在此基础上进行骨架的生成及剪枝与优化。

图 6-6　地图生成系统流程图

骨架即形状的中轴,与高精度地图中参考道路中心性的特点相符合。骨架生成算法是一种在保留基本形状信息的前提下,逐渐去除其所含特征信息以得到其骨架的算法,常见的骨架生成算法主要包括维诺图(Voronoi)算法[198]和直骨架(Straight Skeleton)[199]算法。

基于距离变换的维诺图算法的骨架生成流程图如图 6-7 所示。该算法通过对二值化的边界输入进行距离变换(Distance Transform)[200]生成距离图(Distance Map),其中每一个像素值为该像素与边界像素最近的距离。维诺图骨架即是对距离图中极值的提取。

图 6-7　基于距离变换的维诺图骨架生成算法示意图

未经处理的维诺图骨架中存在着一些对环境的拓扑结构描述无关的分支,为了使得生成的地图更加简洁,需要对维诺图骨架进行剪枝。如图 6-8 所示,对于图像 I,用

X 表示图像 I 中的可通行区域，X^c 表示图像 I 中的占用区域，$N_x = \{y \in I \mid d(x,y) = 1\}$ 表示任意像素 $x \in I$ 的邻域。每一像素 (x,y) 需要满足关系 $(x,y) \in X$，$y \in N_x$。令 $\mathcal{P}_x^*$ 表示与 x 距离最近的映射点，$\mathcal{P}_y^*$ 表示与 y 距离最近的映射点，$\mathcal{D}_z$ 表示点 $z \in \mathbb{R}^2$ 距离 X^c 的距离。如果点 z 在线段 $\mathcal{P}_x^* \mathcal{P}_y^*$ 上，那么以 z 为圆心，以 $\mathcal{D}_z$ 为半径作圆，最大半径 $r_{x,y}$ 可以表示为

$$r_{x,y} = \sup\{\mathcal{D}_z \mid z \in Z_{x,y}\} \tag{6-1}$$

对于任意 $x \in I$，$y \in N_x$，令 $m = (x+y)/2$ 表示线段 xy 上的终点。为了确保骨架为距离中轴最近的点，定义像素 x 的 δ_x 为

$$\delta_x = \sup\{r_{x,y} \mid y \in N_x, d(m, \mathcal{P}_x^*) \geqslant d(m, \mathcal{P}_y^*)\} \tag{6-2}$$

基于以上定义，DMA（Delta Medial Axis）剪枝算法[201]定义为：假设图像 $I = X \cup X^c$ 为 $\mathbb{Z}^2$ 的子集，令 $\delta \in R_+^*$，那么，剪枝结果 $\mathrm{MA}_\delta(X)$ 为像素 $x \in X$ 中满足 $\delta_x \geqslant \delta$ 的点的集合，即

$$\mathrm{MA}_\delta(X) = \{x \in X \mid \delta_x \geqslant \delta\} \tag{6-3}$$

与基于维诺图的骨架生成算法相比，直骨架仅由直线边构成，有着更简单的结构。基于收缩的简单多边形的直骨架的生成可以被考虑为一个波传播的过程，即多边形的每一条边沿着其法线方向以相同的速度进行运动，同时，多边形的每一顶点沿着其顶点所对应角的内角平分线方向进行运动。多边形的边在传播过程中所形成的局部线段被称为波前（Wavefront）。如图 6-9 所示，黑色实线表示多边形的边框，灰色实线表示不同收缩步长下的波前，加粗实线表示生成的直骨架。

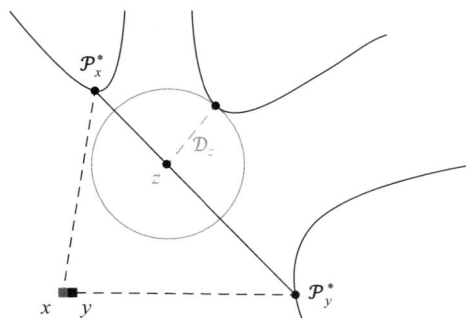

图 6-8　DMA 剪枝算法示意图

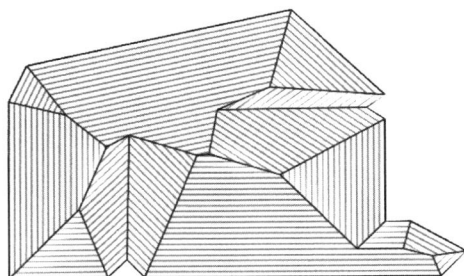

图 6-9　多边形的直骨架示意图

在波前不断传播的过程中会发生边事件（Edge Event）与分裂事件（Split Event）。边事件是一种与边的消失相关的事件。例如，在波前向内传播收缩的过程中，某一波前的长度可能逐渐减小至 0 而消失，使得原本与该波前相连的两条边产生新的连接关系。如图 6-10（a）所示，实线表示波前，虚线箭头表示顶点的运动方向；分裂事件是一种与波前和顶点碰撞相关的事件。例如，当一个凹点，即内角角度大于 180° 的多边形顶点，沿其内角平分线向内运动至与某一条边的波前发生碰撞时，该波前将会在分裂成为两个部分的同时，伴随着新的连接关系的产生。如图 6-10（b）所示，实线表示波

前，虚线箭头表示顶点的运动方向。

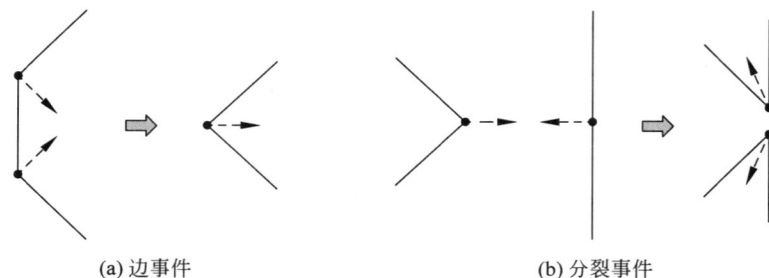

(a) 边事件　　　　　　　　　(b) 分裂事件

图 6-10　波前传播中的事件处理

在这一构造过程中，波前的传播与直骨架的生成随着最后一条波前长度减小至 0 而结束。此时，如果追踪多边形中所有顶点的运动轨迹，就可以得到这个多边形的直骨架。

为了对与环境拓扑描述无关的分支进行剪枝，如图 6-11 所示，直骨架的剪枝算法可以分为入射边剪枝和短边剪枝两个步骤。入射边剪枝，即去除任意端点与原多边形顶点重合的骨架分支。短边剪枝，即去除长度过小的骨架分支，并将该骨架分支的首尾端点合并为其中心点。

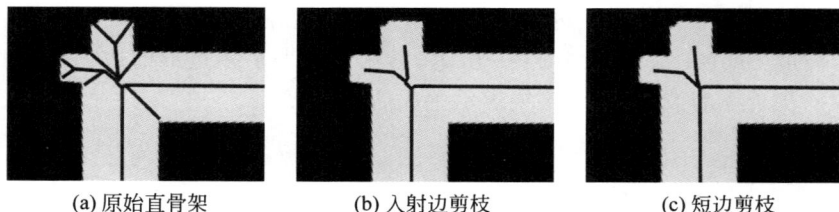

(a) 原始直骨架　　　　　(b) 入射边剪枝　　　　　(c) 短边剪枝

图 6-11　直骨架剪枝算法示意图

此外，如果希望生成的骨架尽可能包含更多的直线段，还可以使用道格拉斯·普客（Douglas-Peucker，DP）算法[202]对骨架进行优化。

2. 基于散点的道路曲线生成

通过前面介绍的中心线骨架提取算法，可以得到以散点形式表示的道路中心线。但生成最终的高精度地图还需要将散点数据进一步处理，拟合成为曲率连续的道路曲线。以下以基于五次样条的曲线拟合算法为例，介绍曲线拟合算法的基本方法。

假设待求解的五次样条表达式定义为

$$\begin{cases} x(s)=a_0+a_1 s+a_2 s^2+a_3 s^3+a_4 s^4+a_5 s^5 \\ y(s)=b_0+b_1 s+b_2 s^2+b_3 s^3+b_4 s^4+b_5 s^5 \end{cases} \tag{6-4}$$

其中，s 表示曲线弧长，x 表示曲线上任意一点的横坐标，y 表示曲线上任意一点的纵坐标。那么，x 和 y 的一阶导数可以表示为

$$
\begin{cases}
\text{vx}(s) = \dfrac{\mathrm{d}x}{\mathrm{d}s} = a_1 + 2a_2 s + 3a_3 s^2 + 4a_4 s^3 + 5a_5 s^4 \\[2mm]
\text{vy}(s) = \dfrac{\mathrm{d}y}{\mathrm{d}s} = b_1 + 2b_2 s + 3b_3 s^2 + 4b_4 s^3 + 5b_5 s^4
\end{cases}
\tag{6-5}
$$

x 和 y 的二阶导数可以表示为

$$
\begin{cases}
\text{ax}(s) = \dfrac{\mathrm{d}^2 x}{\mathrm{d}s^2} = 2a_2 + 6a_3 s + 12a_4 s^2 + 20a_5 s^3 \\[2mm]
\text{ay}(s) = \dfrac{\mathrm{d}^2 y}{\mathrm{d}s^2} = 2b_2 + 6b_3 s + 12b_4 s^2 + 20b_5 s^3
\end{cases}
\tag{6-6}
$$

考虑从 s_i 到 s_{i+1} 的一段待定曲线。其中，在 s_i 处的曲线坐标为 $[X_i \ Y_i]^{\mathrm{T}} = [x(s_i)$ $y(s_i)]^{\mathrm{T}}$，一阶导数为 $[\text{VX}_i \ \text{VY}_i]^{\mathrm{T}} = [\text{vx}(s_i) \quad \text{vy}(s_i)]^{\mathrm{T}}$，二阶导数为 $[\text{AX}_i \quad \text{AY}_i]^{\mathrm{T}} = [\text{ax}(s_i) \quad \text{ay}(s_i)]^{\mathrm{T}}$；在 s_{i+1} 处的曲线坐标为 $[X_{i+1} \quad Y_{i+1}]^{\mathrm{T}} = [x(s_{i+1}) \quad y(s_{i+1})]^{\mathrm{T}}$，一阶导数为 $[\text{VX}_{i+1} \quad \text{VY}_{i+1}]^{\mathrm{T}} = [\text{vx}(s_{i+1}) \quad \text{vy}(s_{i+1})]^{\mathrm{T}}$，二阶导数为 $[\text{AX}_{i+1} \quad \text{AY}_{i+1}]^{\mathrm{T}} = [\text{ax}(s_{i+1}) \quad \text{ay}(s_{i+1})]^{\mathrm{T}}$。假设 $s_i = 0$，那么，a_0、a_1、a_2、a_3、a_4、a_5 和 b_0、b_1、b_2、b_3、b_4、b_5 可以解得为

$$
\begin{cases}
a_0 = X_i \\[2mm]
a_1 = \text{VX}_i \\[2mm]
a_2 = \dfrac{1}{2}\text{AX}_i \\[2mm]
a_3 = \dfrac{-3\text{AX}_i + \text{AX}_{i+1}}{2s_{i+1}} + \dfrac{-6\text{VX}_i - 4\text{VX}_{i+1}}{s_{i+1}^2} + \dfrac{-10X_i + 10X_{i+1}}{s_{i+1}^3} \\[4mm]
a_4 = \dfrac{3\text{AX}_i - 2\text{AX}_{i+1}}{2s_{i+1}^2} + \dfrac{8\text{VX}_i + 7\text{VX}_{i+1}}{s_{i+1}^3} + \dfrac{15X_i - 15X_{i+1}}{s_{i+1}^4} \\[4mm]
a_5 = \dfrac{-\text{AX}_i + \text{AX}_{i+1}}{2s_{i+1}^3} + \dfrac{3\text{VX}_i + 3\text{VX}_{i+1}}{s_{i+1}^4} + \dfrac{-6X_i + 6X_{i+1}}{s_{i+1}^5}
\end{cases}
\tag{6-7}
$$

$$
\begin{cases}
b_0 = Y_i \\[2mm]
b_1 = \text{VY}_i \\[2mm]
b_2 = \dfrac{1}{2}\text{AY}_i \\[2mm]
b_3 = \dfrac{-3\text{AY}_i + \text{AY}_{i+1}}{2s_{i+1}} + \dfrac{-6\text{VY}_i - 4\text{VY}_{i+1}}{s_{i+1}^2} + \dfrac{-10Y_i + 10Y_{i+1}}{s_{i+1}^3} \\[4mm]
b_4 = \dfrac{3\text{AY}_i - 2\text{AY}_{i+1}}{2s_{i+1}^2} + \dfrac{8\text{VY}_i + 7\text{VY}_{i+1}}{s_{i+1}^3} + \dfrac{15Y_i - 15Y_{i+1}}{s_{i+1}^4} \\[4mm]
b_5 = \dfrac{-\text{AY}_i + \text{AY}_{i+1}}{2s_{i+1}^3} + \dfrac{3\text{VY}_i + 3\text{VY}_{i+1}}{s_{i+1}^4} + \dfrac{-6Y_i + 6Y_{i+1}}{s_{i+1}^5}
\end{cases}
\tag{6-8}
$$

同时，由于 $\mathrm{d}x=\cos\theta\mathrm{d}s$，$\mathrm{d}y=\sin\theta\mathrm{d}s$，所以

$$\begin{cases} \mathrm{vx}(s)=\cos\theta(s) \\ \mathrm{vy}(s)=\sin\theta(s) \end{cases} \tag{6-9}$$

$$\begin{cases} \mathrm{ax}(s)=-\sin\theta(s)\theta'(s) \\ \mathrm{ay}(s)=\cos\theta(s)\theta'(s) \end{cases} \tag{6-10}$$

式（6-7）和式（6-8）给出了用 X_i、X_{i+1}、VX_i、VX_{i+1}、AX_i、AX_{i+1} 和 Y_i、Y_{i+1}、VY_i、VY_{i+1}、AY_i、AY_{i+1} 表示 a_0、a_1、a_2、a_3、a_4、a_5 和 b_0、b_1、b_2、b_3、b_4、b_5 的计算方法。结合曲率 $\kappa(s)=\dfrac{\mathrm{d}\theta}{\mathrm{d}s}=\theta'(s)$ 以及式（6-9）式（6-10），可以得出用位置、朝向和曲率表示 X_i、X_{i+1}、VX_i、VX_{i+1}、AX_i、AX_{i+1} 和 Y_i、Y_{i+1}、VY_i、VY_{i+1}、AY_i、AY_{i+1} 的计算方法，即

$$\begin{cases} X_i=x(s_i) \\ X_{i+1}=x(s_{i+1}) \\ \mathrm{VX}_i=\cos\theta(s_i) \\ \mathrm{VX}_{i+1}=\cos\theta(s_{i+1}) \\ \mathrm{AX}_i=-\sin\theta(s)\kappa(s_i) \\ \mathrm{AX}_{i+1}=-\sin\theta(s)\kappa(s_{i+1}) \end{cases} \tag{6-11}$$

$$\begin{cases} Y_i=y(s_i) \\ Y_{i+1}=y(s_{i+1}) \\ \mathrm{VY}_i=\sin\theta(s_i) \\ \mathrm{VY}_{i+1}=\sin\theta(s_{i+1}) \\ \mathrm{AY}_i=\cos\theta(s)\kappa(s_i) \\ \mathrm{AY}_{i+1}=\cos\theta(s)\kappa(s_{i+1}) \end{cases} \tag{6-12}$$

其中，第 i 点 p_i 的朝向 $\theta(s_i)$，曲率 $\kappa(s_i)$ 可以由相邻点 p_{i-1} 和 p_{i+1} 进行估计。如图 6-12 所示，点 p_i 的真实曲率 $\kappa(s_i)=\dfrac{1}{r_i}$ 由点 p_i、点 p_{i-1} 和点 p_{i+1} 组成的三角形的外接圆曲率进行近似估计，即 $\kappa(s_i)=\dfrac{1}{\hat{r}_i}$，点 p_i 的真实朝向 $\theta(s_i)=\theta_i$ 由该外接圆在点 p_i 处的朝向 $\theta(s_i)=\hat{\theta}_i$ 进行近似估计。

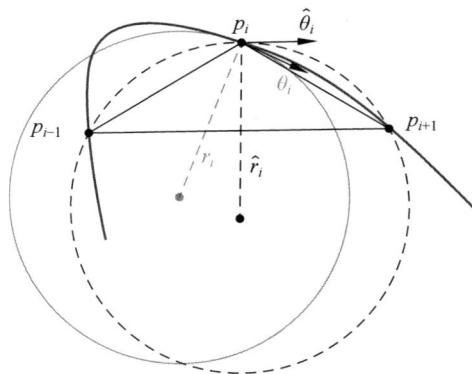

图 6-12　散点曲率与朝向估计示意图

6.3.2　路口和环岛的参考轨迹生成

为了满足自动驾驶的需求,完善的高精度地图除了提供视觉可见的车道线、道路标识位置外,还应该在路口等无标线区域实现虚拟的引导轨迹,使得路口平稳行驶和行为预测成为可能。虚拟轨迹需要在符合人类驾驶员行驶习惯的同时,具有曲率连续性,使得车辆控制系统可以稳定的追踪。本节将探讨普通路口与环岛路口满足曲率连续性条件的虚拟参考轨迹的生成。

1. 路口的参考轨迹生成

如图 6-13(a)所示,在基于标签和连接关系的路口描述中,通常需要标注路口中心点和路口连接点。其中,路口连接点表示与路口相连的道路的末端,路口中心点用于描述与路口相连的道路之间的连接关系。

同时,可以根据路口驶离道路与路口驶入道路之间的夹角来进行转向推断。假设 $\alpha\left(0<\alpha<\dfrac{\pi}{2}\right)$ 表示转向阈值,$\Theta(-\pi<\alpha<\pi)$ 表示驶离端与驶入端的夹角,如图 6-13(b) 所示,当 $-\alpha<\Theta<\alpha$ 时,该转向为右转;当 $\alpha<\Theta<\pi-\alpha$ 时,该转向表示直行,当 $-\pi<\Theta<-\pi+\alpha$ 或 $\pi-\alpha<\Theta<\pi$ 时,该转向表示左转;当 $-\pi+\alpha<\Theta<-\dfrac{\pi}{2}$ 时,该转向表示调头。通常将 α 取为 $\dfrac{\pi}{4}$。推断完成的转向关系再结合路口处的转向地标即可构建出符合交通规则的路口转向连接。

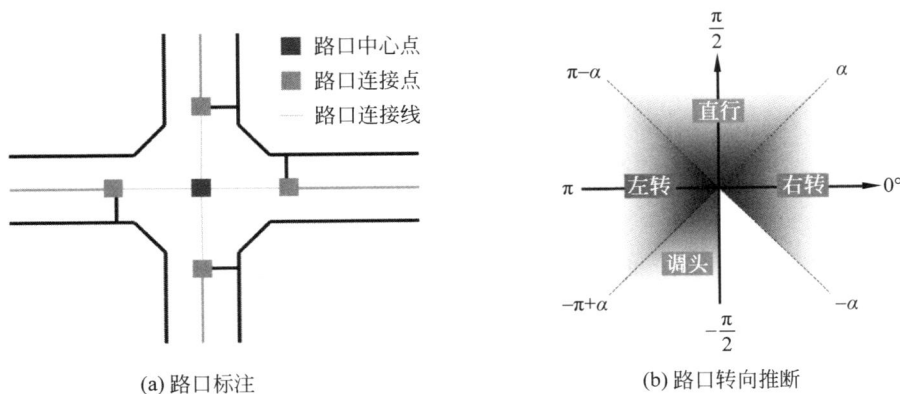

(a) 路口标注　　　　　　　　(b) 路口转向推断

图 6-13　基于标签和连接关系的路口转向

在路口处生成满足曲率连续性的虚拟引导轨迹可以使用基于羊角螺线的方法进行。羊角螺线(Clothoid)也称为欧拉螺线(Euler Spiral),是一种曲率随曲线弧长线性变化的缓和曲线。假设曲率变化率 $\sigma=\dfrac{\mathrm{d}\kappa}{\mathrm{d}s}$ 表示曲率 κ 相对于曲线弧长 s 的变化率,其曲率 κ 和朝向角 θ 随曲线弧长 s 的变化关系可分别表示为

$$\begin{cases} \kappa(s) = \int_0^s \sigma \mathrm{d}s = \sigma s \\ \theta(s) = \int_0^s \kappa(s)\mathrm{d}s = \dfrac{1}{2}\sigma s^2 \end{cases} \tag{6-13}$$

那么，羊角螺线曲线上任意一点的坐标 $[x(s)\quad y(s)]^{\mathrm{T}}$ 的计算公式可以表示为

$$\begin{bmatrix} x(s) \\ y(s) \end{bmatrix} = \int_0^s \begin{bmatrix} \cos\theta(s) \\ \sin\theta(s) \end{bmatrix} \mathrm{d}s = \frac{1}{k} \begin{bmatrix} F_{\mathrm{C}}(ks) \\ \mathrm{sign}(\sigma)F_{\mathrm{S}}(ks) \end{bmatrix} \tag{6-14}$$

其中，k 为比例系数，其形式可表示为 $k = \sqrt{\dfrac{|\sigma|}{\pi}}$。$F_{\mathrm{C}}$ 和 F_{S} 为菲涅尔积分（Fresnel Integral），$\mathrm{sign}()$ 为符号函数，其定义如下：

$$\begin{cases} F_{\mathrm{C}}(z) = \int_0^z \cos\left(\dfrac{1}{2}\pi t^2\right) \mathrm{d}t \\ F_{\mathrm{S}}(z) = \int_0^z \sin\left(\dfrac{1}{2}\pi t^2\right) \mathrm{d}t \end{cases} \tag{6-15}$$

图 6-14（a）所示为式（6-14）在 $\sigma = 1$ 的条件下所求得的羊角螺线曲线，图 6-14（b）为其曲率随弧长的变化关系示意图。由式（6-14）可知，图 6-14（b）中的斜率为图 6-14（a）中曲线的曲率变化率 σ，图 6-14（b）中阴影部分的面积为图 6-14（a）中点 $\boldsymbol{P}$ 处朝向的偏转角 θ。

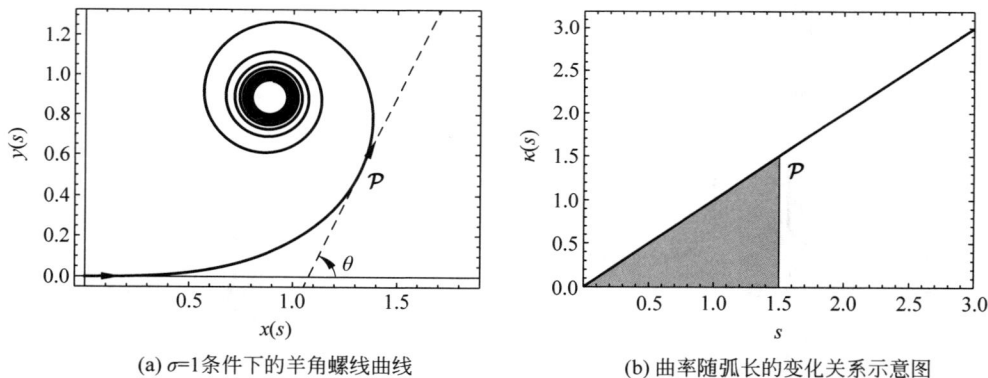

(a) $\sigma=1$ 条件下的羊角螺线曲线　　　　　　(b) 曲率随弧长的变化关系示意图

图 6-14　羊角螺线示意图

在羊角螺线曲线的基础上，可以定义螺线组模型。螺线组模型由羊角螺线-羊角螺线模型和羊角螺线-圆弧-羊角螺线模型两种模型构成。

羊角螺线-羊角螺线模型由两条对称的羊角螺线组成，它们弧长相等，曲率变化率的绝对值相等，但是曲率变化率的符号相反，其曲率的绝对值由零均匀增加至最大值，再由最大值均匀减小至零。$D = 10$，$\Theta = \dfrac{\pi}{6}$ 条件下的羊角螺线如图 6-15（a）所示，图中弧线 $\boldsymbol{P}_{\mathrm{O}}$-$\boldsymbol{P}_{\mathrm{E}}$ 表示第一条羊角螺线，弧线 $\boldsymbol{P}_{\mathrm{E}}$-$\boldsymbol{P}_{\mathrm{G}}$ 表示第二条羊角螺线，考虑由原点 $\boldsymbol{P}_{\mathrm{O}} = [0\ \ 0]^{\mathrm{T}}$ 起始，朝向沿着 x 轴正方向出发的羊角螺线-羊角螺线曲线模型，假设终点

$\boldsymbol{P}_{\mathrm{G}}$ 和起点 $\boldsymbol{P}_{\mathrm{O}}$ 之间的距离为 D，终点和起点连线与 x 轴正方向的夹角为 Θ。那么，起点和终点连线的中点 $\boldsymbol{P}_{\mathrm{M}}$ 的坐标为 $\boldsymbol{P}_{\mathrm{M}} = \dfrac{1}{2} D \left[\cos\Theta \quad \sin\Theta \right]^{\mathrm{T}}$。

假设羊角螺线-羊角螺线曲线模型的总弧长为 L，则单条羊角螺线长度为 $\dfrac{1}{2}L$。根据式（4-14）可以得出，模型的绝对曲率极大点 $\boldsymbol{P}_{\mathrm{E}}$ 的坐标满足

$$\boldsymbol{P}_{\mathrm{E}} = \begin{bmatrix} x\left(\dfrac{1}{2}L\right) \\ y\left(\dfrac{1}{2}L\right) \end{bmatrix} = \frac{1}{k} \begin{bmatrix} F_{\mathrm{C}}\left(\dfrac{1}{2}kL\right) \\ \mathrm{sign}(\sigma) F_{\mathrm{S}}\left(\dfrac{1}{2}kL\right) \end{bmatrix} \tag{6-16}$$

其中，σ 为第一条螺线的曲率变化率，$k = \sqrt{\dfrac{|\sigma|}{\pi}}$，$\sigma$ 的符号与 Θ 取值的关系为 $\mathrm{sign}(\sigma) = \mathrm{sign}(\sin\Theta)$。

由于羊角螺线-羊角螺线曲线模型的对称式构造，其关于直线 $\overrightarrow{\boldsymbol{P}_{\mathrm{M}}\boldsymbol{P}_{\mathrm{E}}}$ 对称，根据几何关系可知 $\overrightarrow{\boldsymbol{P}_{\mathrm{O}}\boldsymbol{P}_{\mathrm{M}}} \perp \overrightarrow{\boldsymbol{P}_{\mathrm{M}}\boldsymbol{P}_{\mathrm{E}}}$。因此，可以得到

$$\boldsymbol{P}_{\mathrm{E}} \cdot \left[\cos\Theta \quad \sin\Theta \right] = \frac{1}{2}D \tag{6-17}$$

结合式（6-16），式（6-17）展开为

$$F_{\mathrm{C}}\left(\frac{1}{2}kL\right)\cos\Theta + \mathrm{sign}(\sigma)F_{\mathrm{S}}\left(\frac{1}{2}kL\right)\sin\Theta = \frac{1}{2}kD \tag{6-18}$$

同时，结合式（6-13），再由模型的对称性还可以得出，绝对曲率极大点 $\boldsymbol{P}_{\mathrm{E}}$ 的朝向满足关系 $\Theta = \theta\left(\dfrac{1}{2}L\right) = \dfrac{1}{8}\sigma L^2$。结合比例系数 k 的定义，可以得到关系

$$kL = \sqrt{k^2 L^2} = \sqrt{\frac{|\sigma|L^2}{\pi}} = 2\sqrt{\frac{2|\Theta|}{\pi}} \tag{6-19}$$

将式（6-19）代入式（6-18），可得比例系数 k 的计算公式为

$$\begin{aligned} k &= 2\,\frac{F_{\mathrm{C}}\left(\dfrac{1}{2}kL\right)\cos\Theta + \mathrm{sign}(\sigma)F_{\mathrm{S}}\left(\dfrac{1}{2}kL\right)\sin\Theta}{D} \\ &= 2\,\frac{F_{\mathrm{C}}\left(\sqrt{\dfrac{2|\Theta|}{\pi}}\right)\cos\Theta + \mathrm{sign}(\sigma)F_{\mathrm{S}}\left(\sqrt{\dfrac{2|\Theta|}{\pi}}\right)\sin\Theta}{D} \end{aligned} \tag{6-20}$$

根据式（6-20）可以进一步计算得到第一条羊角螺线的曲率变化率 σ、其曲线长度 L 以及绝对曲率极大点 $\boldsymbol{P}_{\mathrm{E}}$ 的曲率 $\kappa_{\max}$ 为

$$\begin{cases} \sigma = \mathrm{sign}(\sigma)\pi k^2 \\ L = \dfrac{2}{k}\sqrt{\dfrac{2|\Theta|}{\pi}} \\ \kappa_{\max} = \sigma L = 2\,\mathrm{sign}(\sigma)k\sqrt{2\pi|\Theta|} \end{cases} \tag{6-21}$$

将式(6-20)和式(6-21)中的参数 k 与参数 L 代入式(6-14)中即可计算得出第一条羊角螺线的曲线方程。同时，根据羊角螺线-羊角螺线模型的对称性，可以得知第二条羊角螺线的曲率由 $\kappa_{\max}$ 逐渐减少至 0，曲率变化率为 $-\sigma$，曲线长度为 $\frac{1}{2}L$，同理，可以计算出第二条羊角螺线的曲线方程。进一步地，可以计算得出完整的羊角螺线-羊角螺线模型的曲线。图 6-15(a)所示为 $D=10,\Theta=\frac{\pi}{6}$ 时按照上述方法计算得出的曲线，其曲率随弧长的变化关系如图 6-15(b)所示。

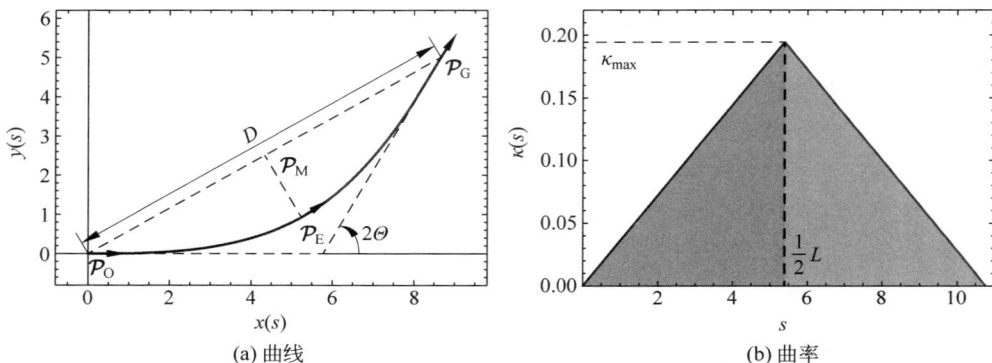

(a) 曲线　　　　　　　　　　　(b) 曲率

图 6-15　羊角螺线-羊角螺线模型示意图

在较急的转弯处，采用羊角螺线-羊角螺线模型生成的转向引导曲线，可能会存在较大的绝对曲率，从而导致曲线难以被车辆的控制系统稳定追踪，此时，需要对车辆的最小转向半径加以考虑。令绝对曲率 $\kappa_{\mathrm{M}}(\kappa_{\mathrm{M}}>0)$ 表示车辆最小转向半径的导数，那么称满足 $|\kappa|\leqslant\kappa_{\mathrm{M}}$ 条件的引导曲线具有可追踪性。

根据式(6-21)可计算出羊角螺线-羊角螺线模型的极大绝对曲率 $\kappa_{\max}$。当 $|\kappa_{\max}|\leqslant\kappa_{\mathrm{M}}$ 时，使用羊角螺线-羊角螺线模型生成的曲线满足可追踪性；当 $\kappa_{\max}>\kappa_{\mathrm{M}}$ 时，就需要引入羊角螺线-圆弧-羊角螺线模型进行计算。

羊角螺线-圆弧-羊角螺线模型由两条对称的羊角螺线和一条曲率等于羊角螺线极大曲率的圆弧组成。其中，两条羊角螺线的弧长相等，曲率变化率的绝对值相等且符号相反。圆弧位于两条羊角螺线的中央，其曲率的绝对值由零均匀增加至最大值并保持一段距离，再由最大值均匀减小至零。一个 $D=10,\Theta=\frac{\pi}{6},\kappa_{\mathrm{M}}=0.14$ 的羊角螺线-圆弧-羊角螺线模型如图 6-16 所示，图中蓝色表示第一条羊角螺线，绿色表示圆弧，红色表示第二条羊角螺线。当 $\kappa_{\max}>\kappa_{\mathrm{M}}$ 时，给定圆弧曲率 $\kappa_{\mathrm{arc}}=\kappa_{\mathrm{M}}$ 的羊角螺线-圆弧-羊角螺线模型将作为基元用于转向曲线的生成。从另一方面来讲，满足 $|\kappa_{\max}|\leqslant\kappa_{\mathrm{M}}$ 条件的羊角螺线-羊角螺线模型是羊角螺线-圆弧-羊角螺线模型中圆弧长度退化为零的特殊情况。

考虑由原点 $\boldsymbol{\mathcal{P}}_{\mathrm{O}}=\begin{bmatrix}0 & 0\end{bmatrix}^{\mathrm{T}}$ 起始，朝向沿着 x 轴正方向出发的羊角螺线-圆弧-羊角

螺线曲线模型,假设终点 $\boldsymbol{P}_{\mathrm{G}}$ 和起点 $\boldsymbol{P}_{\mathrm{O}}$ 之间的距离为 D,终点与起点连线与 x 轴正方向的夹角为 Θ。同时,假设模型的总弧长为 L,圆弧的弧长为 M。那么,单条羊角螺线的弧长为 $L_{\mathrm{c}} = \frac{1}{2}(L-M)$,圆弧半径为 $R_{\mathrm{arc}} = \frac{1}{\kappa_{\mathrm{M}}}$,圆弧总转角 $\Theta_{\mathrm{arc}} = M\kappa_{\mathrm{M}}$,圆弧向直线 $\overrightarrow{\boldsymbol{P}_{\mathrm{O}}\boldsymbol{P}_{\mathrm{G}}}$ 的投影长度 D_{arc} 为

$$D_{\mathrm{arc}} = 2R_{\mathrm{arc}}\sin\left(\frac{1}{2}\Theta_{\mathrm{arc}}\right) = \frac{2}{\kappa_{\mathrm{M}}}\sin\left(\frac{1}{2}M\kappa_{\mathrm{M}}\right) \tag{6-22}$$

结合式(6-18)可得单条羊角螺线向直线 $\overrightarrow{\boldsymbol{P}_{\mathrm{O}}\boldsymbol{P}_{\mathrm{G}}}$ 的投影长度 D_{clothoid} 为

$$D_{\mathrm{clothoid}} = \frac{1}{k}\left(F_{\mathrm{C}}(kL_{\mathrm{c}})\cos\Theta + \mathrm{sign}(\sigma)F_{\mathrm{S}}(kL_{\mathrm{c}})\sin\Theta\right) \tag{6-23}$$

其中,σ 为第一条羊角螺线的曲率变化率,$k = \sqrt{\frac{|\sigma|}{\pi}}$。那么,结合式(6-22)与式(6-23),羊角螺线-圆弧-羊角螺线模型下的投影关系可以表示为

$$D = D_{\mathrm{arc}} + 2D_{\mathrm{clothoid}} = \frac{2}{\kappa_{\mathrm{M}}}\sin\left(\frac{1}{2}M\kappa_{\mathrm{M}}\right) + \frac{2}{k\left(F_{\mathrm{C}}(kL_{\mathrm{c}})\cos\Theta + \mathrm{sign}(\sigma)F_{\mathrm{S}}(kL_{\mathrm{c}})\sin\Theta\right)} \tag{6-24}$$

同时,偏转角 Θ 和单条羊角螺线的曲率变化率 σ 的关系为

$$\begin{cases} \Theta = \frac{1}{2}\sigma L^2 + \frac{1}{2}M\kappa_{\mathrm{M}} \\ |\sigma| = \frac{\kappa_{\mathrm{M}}}{L_{\mathrm{c}}} \end{cases} \tag{6-25}$$

将式(6-25)代入式(6-24),可以得到以单条羊角螺线弧长 L_{c} 为参数的单变量方程如式(6-26)所示。

$$f(L_{\mathrm{c}}) = \frac{1}{\kappa_{\mathrm{M}}}\sin\left(\Theta - \frac{1}{2}M\kappa_{\mathrm{M}}\right) + $$
$$\sqrt{\frac{\pi L_{\mathrm{c}}}{\kappa_{\mathrm{M}}}}\left(F_{\mathrm{C}}\left(\sqrt{\frac{\kappa_{\mathrm{M}}L_{\mathrm{c}}}{\pi}}\right)\cos\Theta + \mathrm{sign}(\sigma)F_{\mathrm{S}}\left(\sqrt{\frac{\kappa_{\mathrm{M}}L_{\mathrm{c}}}{\pi}}\right)\sin\Theta\right) \tag{6-26}$$

当 $\sigma > 0$ 时,式(6-26)的一阶导数为

$$f'(L_{\mathrm{c}}) = \frac{1}{2}\sqrt{\frac{\pi}{\kappa_{\mathrm{M}}L_{\mathrm{c}}}}\left(F_{\mathrm{C}}\left(\sqrt{\frac{\kappa_{\mathrm{M}}L_{\mathrm{c}}}{\pi}}\right)\cos\Theta + F_{\mathrm{S}}\left(\sqrt{\frac{\kappa_{\mathrm{M}}L_{\mathrm{c}}}{\pi}}\right)\sin\Theta\right) \tag{6-27}$$

当 $f(L_{\mathrm{c}}) = 0$ 时即可求解出羊角螺线-圆弧-羊角螺线模型中第一条羊角螺线的弧长 L_{c}。然而,该方程是无法得出解析解的超越方程,因此,可以使用牛顿迭代法(Newton's Method)来计算得出方程 $f(L_{\mathrm{c}}) = 0$ 的近似数值解。假设 x_n 表示牛顿迭代法第 n 次迭代下 L_{c} 的近似解,那么,迭代步长 δ_n 的具体形式可以表示为

$$\delta_n = \frac{f(x_n)}{f'(x_n)} = 2x_n + \frac{-D\kappa_M \sqrt{x_n} + 2\sqrt{x_n} \sin\left(\Theta - \frac{1}{2}\kappa_M x_n\right)}{\sqrt{\pi\kappa_M}\left(F_C\left(\sqrt{\frac{\kappa_M x_n}{\pi}}\right)\cos\Theta + \text{sign}(\sigma)F_S\left(\sqrt{\frac{\kappa_M x_n}{\pi}}\right)\sin\Theta\right)}$$

(6-28)

更接近真实解的初始值能够提升牛顿迭代法的迭代效率。在羊角螺线-圆弧-羊角螺线模型中，可以选择在相同 D 与 Θ 的条件下，以羊角螺线-羊角螺线模型的单条羊角螺线弧长作为初始值 x_0，即

$$x_0 = \frac{D\sqrt{\frac{2|\Theta|}{\pi}}}{2\left(F_C\left(\sqrt{\frac{2|\Theta|}{\pi}}\right)\cos\Theta + \text{sign}(\sigma)F_S\left(\sqrt{\frac{2|\Theta|}{\pi}}\right)\sin\Theta\right)}$$

(6-29)

在求解出第一条羊角螺线的弧长 L_c 后，依据式(6-25)能够计算出第一条羊角螺线的曲率变化率 σ 和圆弧的曲线长度 M。同时，根据羊角螺线-圆弧-羊角螺线模型的对称性可知，第二条羊角螺线的曲率由 κ_M 逐渐减小至 0，曲率变化率为 $-\sigma$，曲线长度为 L_c。根据这些参数，可以计算得出完整的羊角螺线-圆弧-羊角螺线模型的曲线。

图 6-16(a)所示为 $D = 10$，$\Theta = \frac{\pi}{6}$，$\kappa_M = 0.14$ 的情况下，按照这一方法计算得出的曲线，其曲率随弧长的变化关系如图 6-16(b)所示。

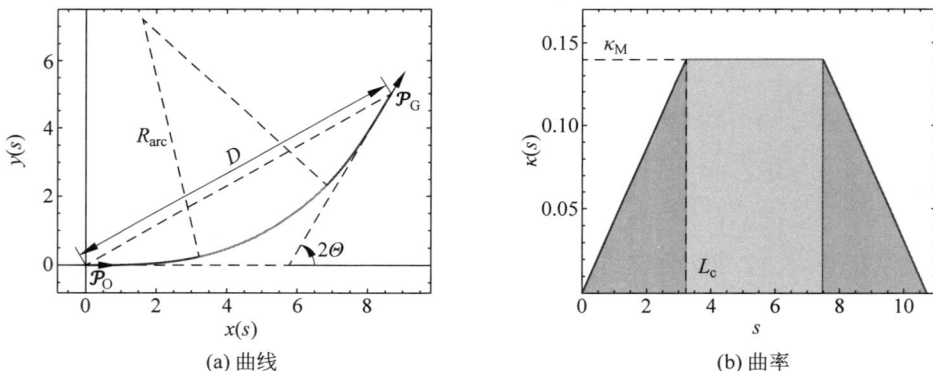

(a) 曲线   (b) 曲率

图 6-16 羊角螺线-圆弧-羊角螺线模型示意图

前述螺线组模型是在给定曲线起始点位置和曲线起始点朝向的条件下，固定曲线终点位置的曲线模型。然而，螺线组模型的终点朝向与终点位置有关，始终为 2Θ，是不能够进行改变的。为了计算得出在固定曲线起始点位置和曲线起始点朝向的条件下，固定曲线终点位置和曲线终点朝向的曲线模型，下面将对直线-螺线组模型、螺线组-直线模型和螺线组-螺线组模型进行探讨。

直线-螺线组模型由一条直线和一条螺线组模型组成，其中，直线更靠近起始点位置，螺线组更靠近终点位置，其曲率的绝对值先以零保持一段距离，再按照螺线组模型

中羊角螺线-羊角螺线模型或羊角螺线-圆弧-羊角螺线模型的曲率变化规律进行改变。

一个 $D=10, \Theta=\dfrac{\pi}{6}, \Phi=\dfrac{5}{12}\pi$ 的直线-螺线组模型如图 6-17 所示,图中,黄色表示直线,蓝色表示螺线组模型中第一条羊角螺线,绿色表示圆弧,红色表示第二条羊角螺线。

考虑由原点 $\boldsymbol{P}_O=\begin{bmatrix}0 & 0\end{bmatrix}^T$ 起始,朝向沿着 x 轴正方向出发的直线-螺线组曲线模型,假设终点 $\boldsymbol{P}_G$ 和起点 $\boldsymbol{P}_O$ 之间的距离为 D,终点与起点连线与 x 轴正方向的夹角为 Θ,终点处曲线的朝向角为 Φ。那么,螺线组模型起点 $\boldsymbol{P}_C$ 与终点 $\boldsymbol{P}_G$ 连线与 x 轴正方向的夹角为 $\Theta_c=\dfrac{1}{2}\Phi$。这时,需要求解模型中直线的长度 L_1 和螺线组模型起点和终点之间的距离 D_C 以完成直线-螺线组模型的曲线方程求解。

根据几何关系,分别将直线-螺线组模型向 x 轴与 y 轴进行投影可以得到以下关系:

$$
\begin{cases}
D\cos\Theta = L_1 + D_c\cos\left(\dfrac{1}{2}\Phi\right) \\[2mm]
D\sin\Theta = D_c\sin\left(\dfrac{1}{2}\Phi\right)
\end{cases}
\tag{6-30}
$$

由式(6-30)可以解得直线长度 L_1 和螺线组模型的起点距终点的距离 D_c 为

$$
L_1 = D\cos\Theta - D\sin\Theta\cot\left(\dfrac{1}{2}\Phi\right)
$$
$$
D_c = D\sin\Theta\csc\left(\dfrac{1}{2}\Phi\right)
\tag{6-31}
$$

式(6-31)给出了直线-螺线组模型的全部参数的计算方法,再结合直线方程与前面介绍的螺线组模型的计算方法可以计算得出直线-螺线组模型的曲线方程。图 6-17(a)所示为在 $D=10, \Theta=\dfrac{\pi}{6}, \Phi=\dfrac{5}{12}\pi$ 的条件下,按照这一方法计算得出的曲线,其曲率随弧长的变化关系如图 6-17(b)所示。其中,如果给定机器人最大转向曲率 $\kappa_M=0.18$,直线-螺线组模型中螺线组模型所生成的圆弧的曲率为 $\kappa_{arc}=\kappa_M=0.18$;如果给定机器人最大转向曲率 $\kappa_M > |\kappa_{max}|$($\kappa_{max}=0.283$)时,螺线组模型中的圆弧长度退化为 0。

此外,直线-螺线组模型中的直线长度 L_1 和螺线组模型中起点和终点间的距离 D_c 需要满足 $L_1 \geqslant 0, D_c > 0$ 的条件。假设偏转角 Θ 和朝向角 Φ 满足条件 $-\dfrac{1}{2}\pi < \Theta < \dfrac{1}{2}\pi, -\pi < \Phi < \pi$,且 $\sin\Theta\sin\Phi > 0$。那么,结合式(6-31),直线-螺线组的应用场景需要满足

$$
|\Phi| \geqslant |2\Theta|
\tag{6-32}
$$

当 $|\Theta| = \dfrac{1}{2}\pi, -\pi < \Phi < \pi$ 时,直线-螺线组的应用场景需要满足

$$
\sin\Theta\sin\Phi \leqslant 0
\tag{6-33}
$$

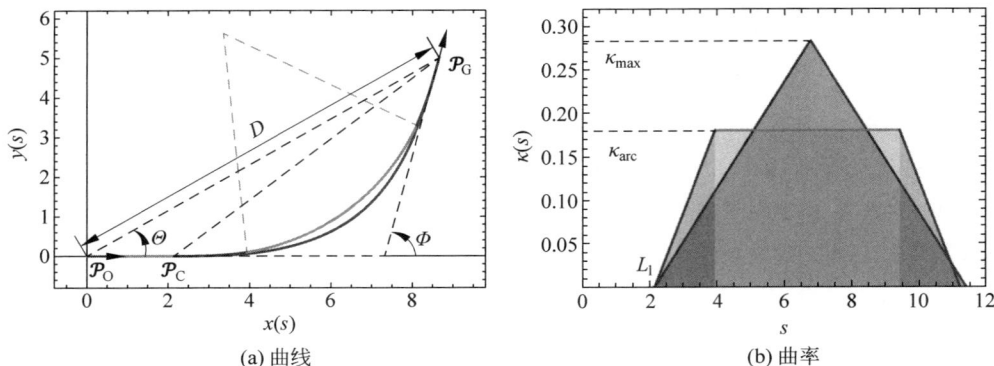

(a) 曲线   (b) 曲率

图 6-17　直线-螺线组模型示意图

　　螺线组-直线模型与直线-螺线组模型类似，也是一种在固定曲线起始点位置和曲线起始点朝向的条件下，固定曲线终点位置和曲线终点朝向的曲线模型。螺线组-直线模型由一条螺线组模型和一条直线组成，其中，螺线组模型更靠近起始点位置，直线更靠近终点位置，其曲率的绝对值先按照螺线组模型中羊角螺线-羊角螺线模型或羊角螺线-圆弧-羊角螺线模型的曲率变化规律进行改变，再由零保持一段距离。螺线组-直线模型如图 6-18 所示，图中，黄色表示直线，蓝色表示螺线组模型中的第一条羊角螺线，绿色表示螺线组模型中的圆弧，红色表示螺线组模型中的第二条羊角螺线。

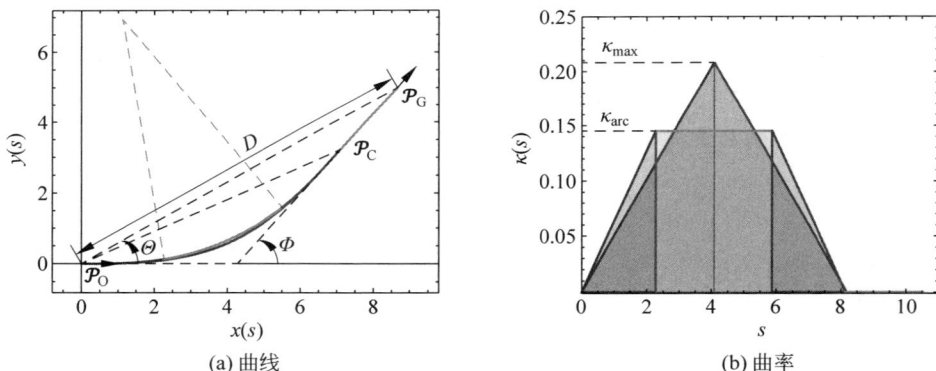

(a) 曲线   (b) 曲率

图 6-18　螺线组-直线模型示意图

　　考虑由原点 $\mathcal{P}_O = \begin{bmatrix} 0 & 0 \end{bmatrix}^T$ 起始，朝向沿着 x 轴正方向出发的螺线组-直线曲线模型。假设终点 $\mathcal{P}_G$ 和起点 $\mathcal{P}_O$ 之间的距离为 D，终点与起点连线与 x 轴正方向的夹角为 Θ，终点处曲线的朝向角为 Φ。根据几何关系可知，螺线组模型的起点 $\mathcal{P}_O$ 与螺线组模型的终点 $\mathcal{P}_C$ 连线与 x 轴正方向的夹角为 $\Theta_c = \dfrac{1}{2}\Phi$。此时需要求解螺线组模型起点和终点的距离 D_c 和模型中直线的长度 L_1 以完成直线-螺线组模型的曲线方程求解。

　　根据几何关系，分别将螺线组-直线模型向 x 轴与 y 轴进行投影，可以得到以下关系：

$$\begin{cases} D\cos\Theta = D_c\cos\left(\dfrac{1}{2}\Phi\right) + L_1\cos\Phi \\[2mm] D\sin\Theta = D_c\sin\left(\dfrac{1}{2}\Phi\right) + L_1\sin\Phi \end{cases} \tag{6-34}$$

由式(6-34)可以解得螺线组模型的起点和终点的距离 D_c 和直线长度 L_1 为

$$\begin{cases} L_1 = D\sin\Theta\cot\left(\dfrac{1}{2}\Phi\right) - D\cos\Theta \\[2mm] D_c = -D\sin(\Theta-\Phi)\csc\left(\dfrac{1}{2}\Phi\right) \end{cases} \tag{6-35}$$

式(6-35)给出了螺线组-直线模型的全部参数的计算方法,再结合前面所述螺线组模型的计算方法和直线方程即可计算得出螺线组-直线模型的曲线方程。图 6-18(a)所示为在 $D=10,\Theta=\dfrac{\pi}{6},\Phi=\dfrac{13}{48}\pi$ 条件下,按照这一方法计算得出的曲线,其曲率随弧长的变化关系如图 6-18(b)所示。其中,如果给定机器人最大转向曲率 $\kappa_M=0.145$,螺线组-直线模型中螺线组模型所生成的圆弧的曲率为 $\kappa_{arc}=\kappa_M=0.145$;如果给定机器人最大转向曲率 $\kappa_M > |\kappa_{max}|$($\kappa_{max}=0.208$)时,螺线组模型中的圆弧长度退化为 0。

此外,由于螺线组-直线模型中的直线长度 L_1 和螺线组模型起点和终点间的距离 D_c 需要满足 $L_1 \geqslant 0, D_c > 0$ 的条件。假设偏转角 Θ 和朝向角 Φ 满足条件 $-\dfrac{1}{2}\pi < \Theta < \dfrac{1}{2}\pi, -\pi < \Phi < \pi$,且 $\sin\Theta\sin\Phi > 0$。那么,结合式(6-35),螺线组-直线模型的应用场景需要满足

$$|\Theta| \leqslant |\Phi| \leqslant |2\Theta| \tag{6-36}$$

当 $|\Theta| = \dfrac{1}{2}\pi, -\pi < \Phi < \pi$ 时,螺线组-直线模型的应用场景需要满足

$$\sin\Theta\sin\Phi \geqslant 0 \tag{6-37}$$

螺线组-螺线组模型与直线-螺线组模型和螺线组-直线模型类似,也是一种在固定曲线起始点位置和曲线起始点朝向的条件下,固定曲线终点位置和曲线终点朝向的曲线模型。螺线组-螺线组模型由两条螺线组模型组成,其中,第二条螺线组的曲率变化率与第一条螺线组的曲率变化率相反。螺线组-螺线组模型如图 6-19 所示,图中,蓝色表示各螺线组模型中的第一条羊角螺线,绿色表示各螺线组模型中的圆弧,红色表示各螺线组模型中的第二条羊角螺线。

考虑由原点 $\boldsymbol{P}_O = [0\ \ 0]^T$ 起始,朝向沿着 x 轴正方向出发的螺线组-螺线组曲线模型,假设终点 $\boldsymbol{P}_G$ 和起点 $\boldsymbol{P}_O$ 之间的距离为 D,终点与起点连线与 x 轴正方向的夹角为 Θ,终点处曲线的朝向角为 Φ。这时,需要求解螺线组-螺线组模型中,第一条螺线组起点 $\boldsymbol{P}_O$ 和终点 $\boldsymbol{P}_C$ 的距离 D_1,第一条螺线组起点与终点连线与 x 轴正方向的夹角 Θ_1,第

二条螺线组起点$\boldsymbol{P}_\mathrm{C}$和终点$\boldsymbol{P}_\mathrm{G}$的距离$D_2$和第二条螺线组模型起点和终点连线与其起点朝向之间的夹角Θ_2，从而完成螺线组-螺线组模型的曲线方程求解。

根据几何关系，分别将螺线组-螺线组模型向x轴与y轴进行投影，那么可以得到以下关系：

$$\begin{cases} D\cos\Theta = D_1\cos(2\Theta_1) + D_2\cos(2\Theta_1 + \Theta_2) \\ D\sin\Theta = D_1\sin(2\Theta_1) + D_2\sin(2\Theta_1 + \Theta_2) \end{cases} \tag{6-38}$$

同时，终点朝向Φ与两支模型的偏转角Θ_1与Θ_2的关系为

$$\Phi = 2\Theta_1 + 2\Theta_2 \tag{6-39}$$

式（6-38）和式（6-39）给定了螺线组-螺线组模型的所有限制条件，然而其组成的方程组为方程个数小于未知量个数的不定方程组。联立求解该方程组，可以解得D_1、D_2与Θ_1之间的关系为

$$\begin{cases} D_1 = -D\csc\left(\dfrac{1}{2}\Phi\right)\sin\left(\Theta - \dfrac{1}{2}\Phi - \Theta_1\right) \\ D_2 = D\csc\left(\dfrac{1}{2}\Phi\right)\sin(\Theta - \Theta_1) \end{cases} \tag{6-40}$$

式（6-40）表明，螺线组-螺线组模型存在着与Θ_1取值有关的无数组可行解。为了唯一地确定螺线组-螺线组模型的曲线方程，还需要额外增加一个附加条件。考虑到生成的螺线组-螺线组模型曲线的对称性，一种可行的附加条件是令D_1与D_2相等。结合式（6-40），可以解得当$D_1 = D_2$时，Θ_1需要满足条件

$$\Theta_1 = \Theta - \frac{1}{4}\Phi \tag{6-41}$$

式（6-39）、式（6-40）和式（6-41）给出了螺线组-螺线组模型中的全部参数的计算方法，再结合前面介绍的螺线组模型的计算方法和直线方程即可计算得出螺线组-螺线组模型的曲线方程。图6-19（a）所示为在$D=10$，$\Theta = \dfrac{\pi}{6}$，$\Phi = \dfrac{1}{12}\pi$的条件下，按照这一方法计算得到的曲线，其曲率随弧长的变化关系如图6-19（b）所示。其中，$\kappa_{\mathrm{arc}} = 0.2$。

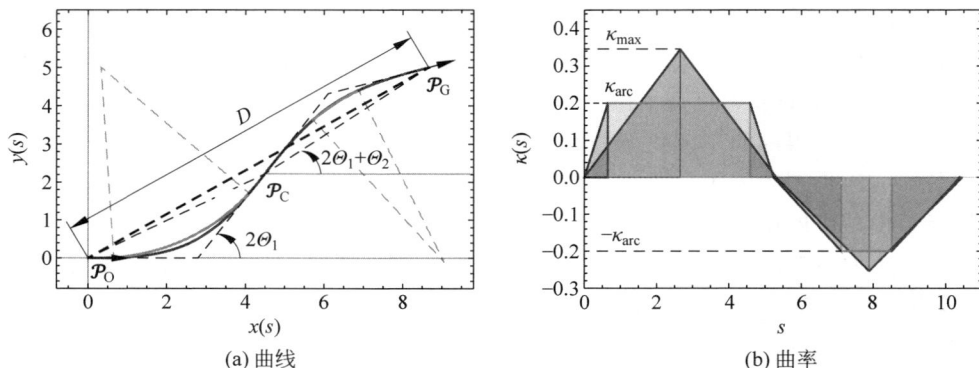

(a) 曲线   (b) 曲率

图 6-19 螺线组-直线换道模型示意图

此外,在螺线组-螺线组模型中,第一条螺线组模型中起点和终点的连线与起点朝向的夹角与第二条螺线组模型需要满足偏转方向相反的条件,即 $\Theta_1\Theta_2<0$,其中, $-\pi<\Theta_1\leqslant\pi, -\pi<\Theta_2\leqslant\pi$。那么,结合式(6-39)与式(6-41)可以得到表达式 $\left(\Theta-\dfrac{1}{4}\Phi\right)\left(\dfrac{3}{4}\Phi-\Theta\right)<0$ 成立。假设偏转角 Θ 和朝向角 Φ 满足 $-\dfrac{1}{2}\pi<\Theta<\dfrac{1}{2}\pi$ 和 $-\pi<\Phi<\pi$ 的条件,且 $\sin\Theta\sin\Phi>0$。那么,螺线组-螺线组模型的应用场景需要满足

$$|\Phi|<\left|\frac{4}{3}\Theta\right| \quad 且 \quad |\Phi|>|4\Theta| \tag{6-42}$$

综上所述,考虑由原点起始、朝向沿着 x 轴正方向出发的曲线,假设终点与起点连线与 x 轴正方向的夹角为 Θ,终点处曲线的朝向角为 Φ。对于 $-\dfrac{1}{2}\pi<\Theta<\dfrac{1}{2}\pi, -\pi<\Phi<\pi$ 的转向场景,根据各模型应用场景的边界条件,可以将起点与终点通过下面的方式进行连接:当 $(\Theta=0)\wedge(\Phi=0)$ 时,使用直线连接起点与终点;当 $|\Phi|<\left|\dfrac{4}{3}\Theta\right|$ 时,使用螺线组-螺线组模型连接起点与终点;当 $\left|\dfrac{4}{3}\Theta\right|\leqslant|\Phi|<|2\Theta|$ 时,使用螺线组-直线模型连接起点与终点;当 $|\Phi|\geqslant|2\Theta|$ 时,使用直线-螺线组模型连接起点与终点。

对于 $|\Theta|=\dfrac{1}{2}\pi, -\pi<\Phi<\pi$ 的调头场景,可以将起点与终点以下面方式进行连接:当 $\sin\Theta\sin\Phi\geqslant0$ 时,用螺线组-直线模型连接起点与终点;当 $\sin\Theta\sin\Phi<0$ 时,用直线-螺线组模型连接起点与终点。

2. 环岛的参考轨迹生成

对于存在环岛的路口,在羊角螺线曲线的基础上引入额外的转弯圆能够实现虚拟参考轨迹的生成。

环岛的参考轨迹由一条入射直线、三条入射羊角螺线、一条圆弧、三条出射羊角螺线和一条出射直线组成,其中,三条入射羊角螺线的终止曲率、三条出射羊角螺线的起始曲率和圆弧曲率相等。$\boldsymbol{P}_G=[32\ \ 28]^T, \boldsymbol{\Phi}=\dfrac{1}{2}\pi, \boldsymbol{P}_R=[26\ \ 2]^T, R=10$ 条件下的环岛参考轨迹如图 6-20 所示,图中,黄色表示直线,蓝色和红色表示羊角螺线,绿色表示圆弧。

考虑由原点 $\boldsymbol{P}_O=[0\ \ 0]^T$ 起始,朝向沿着 x 轴正方向出发的环岛曲线。假设终点 $\boldsymbol{P}_G$ 的坐标为 $[x_G\ \ y_G]^T$,终点处曲线的朝向角为 Φ,环岛圆心 $\boldsymbol{P}_R$ 的坐标为 $[x_R\ \ y_R]^T$,环岛半径为 R。由于交通规则规定环岛的绕行方向为逆时针,假设三条入射羊角螺线和三条出射羊角螺线的曲率变化率的绝对值分别相等,均为 $\kappa_R=1/R$,这时需要求解入射直线长度 l_1、入射羊角螺线的绝对曲率变化率 σ_1、圆弧总转角 Φ_R、出射羊角螺线的绝对曲率变化率 σ_2、出射直线长度 l_2 以完成环岛参考轨迹方程的

求解。

给定任意入射羊角螺线的绝对曲率变化率 σ，那么，该条件下单支羊角螺线的弧长

为 $l_1^c(\sigma) = \dfrac{\kappa_R}{\sigma}$。根据羊角螺线方程(6-14)及曲线的对称性，可以求得入射羊角螺线的

末端坐标 $\boldsymbol{P}_{C1}(\sigma)$，那么，环岛的圆心坐标可以表示为 σ 的函数，即，$\boldsymbol{P}_R(\sigma) = \boldsymbol{P}_{C1}(\sigma) +$

$R\left[\sin\theta(l_1^c(\sigma)) \quad -\cos\theta(l_1^c(\sigma))\right]^T = \left[x_R(\sigma) \quad -y_R(\sigma)\right]^T$，其中，$\theta(l_1^c(\sigma))$ 表示

$\boldsymbol{P}_{C1}(\sigma)$ 处的曲线朝向角。

此时，$\boldsymbol{P}_R(\sigma)$ 与真实环岛圆心 $\boldsymbol{P}_R$ 之间的纵向误差为 $\delta_1 = |y_R - y_R(\sigma)|$，使用二分

法最小化误差 δ_1，即可求解出入射羊角螺线的绝对曲率变化率 σ_1。同理，根据对称

性，用相同的方法可以求解出出射羊角螺线的绝对曲率变化率 σ_2。

依据求解得到的 σ_1，可以得到入射直线长度 l_1 的表达式为

$$l_1 = x_R - x_R(\sigma_1) \tag{6-43}$$

同理，可以求得出射直线长度 l_2。那么，圆弧总转角 $\Phi_R(-\pi < \Phi_R < \pi)$ 可以表示为

$$\Phi_R = \Phi - \theta(l_1^c) - \theta(l_2^c) \tag{6-44}$$

其中，l_1^c 表示单条入射羊角螺线的弧长，$\theta(l_1^c)$ 表示入射羊角螺线的总转角，l_2^c 表示单

条出射羊角螺线的弧长，$\theta(l_2^c)$ 表示出射羊角螺线的总转角。

以上过程计算得出了环岛参考轨迹中的全部参数，再结合前述羊角螺线

方程(6-14)，即可计算得出环岛参考轨迹的曲线方程。图 6-20(a)所示为在 $\boldsymbol{P}_G =$

$\left[32 \quad 28\right]^T$，$\Phi = \dfrac{1}{2}\pi$，$\boldsymbol{P}_R = \left[26 \quad 2\right]^T$，$R = 10$ 的条件下，按照这一方法计算得到的曲

线，其曲率随弧长的变化关系如图 6-20(b)所示。

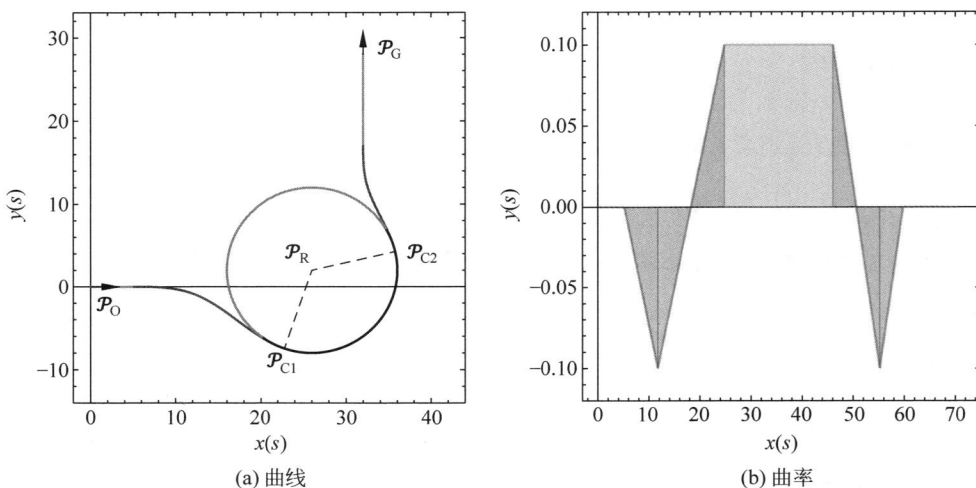

(a) 曲线   (b) 曲率

图 6-20   环岛参考轨迹

6.3.3　分布式地图构建

依赖少量专业采集设备的传统地图构建技术能够满足自动驾驶系统小范围的技术验证和实验需求。然而，自动驾驶在未来有望实现全社会的普及，这就对相应的地图构建提出了更高的要求。

对于更大范围的部署和应用，自动驾驶的高精度地图构建必须满足低构建成本和快速更新的需求。地图构建的成本分为数据采集成本和数据标注成本，这两项成本都会随着地图覆盖范围的增大而快速增加。目前，一定量的专用数据采集车辆和少量的地图标记人员就可以实现对国内大部分高速公路的地图生成。然而，高速公路只占我国所有道路中相当少的一部分，占据绝大部分的仍然是城市内的普通道路，甚至是社区内和乡镇间的小路。对这些道路进行数据采集从而实现全覆盖需要的时间成倍增加。更为严重的是，与高速公路的环境相比，城市道路具有更低的限速、更复杂的交通规则和更多的岔路，这意味着在城市内的数据采集的效率远低于高速环境。正是由于城市环境的复杂性，在城市内部署的自动驾驶系统相较于高速环境更加依赖高精度地图的辅助。因此，生成城市内道路的高精度地图是实现自动驾驶推广和广泛覆盖无法绕过的一环。

对自动驾驶的高精度地图构建的另一个需求来自地图的快速更新。在国内日新月异的城市建设环境下，道路的形状和走向可能频繁地发生变化，这会导致地图和实际场景的一致程度（即地图的鲜度）迅速下降。在少量采集车辆的集中式建图机制下，这种道路的变化很难被及时追踪；地图的长制作流程也导致了这些信息难以被及时地部署到实际的自动驾驶环境中。高精度地图的延迟更新会导致车辆获得错误的关于场景的先验信息，这会导致高精度地图失去对自动驾驶的辅助作用，同时可能会导致绕远路、走上错误车道，甚至是更加严重的后果。除此之外，临时的施工管制和交通限制规则也会造成类似的问题，且发生得更为频繁。面对这样的情况，传统的建图机制更加难以胜任高精度地图的构建任务。

相较于传统的地图构建方法，基于分布式的地图构建方法不再依赖专业的数据采集专用车辆，而是借助大量社会车辆的共同参与。显然，无论是从数据的丰富程度还是精确度来说，社会车辆提供的数据均无法和专业采集设备相比拟，但数据来源的数量大幅度提升，使得可以通过统计和算法弥补数据本身的差异。进一步地，社会车辆参与的地图构建也可以有效提升地图覆盖的广泛性与更新的速度，因此这一方法更加适用于未来自动驾驶普及时的地图构建过程。

1. 分布式地图构建的数据问题

地图构建的数据来源一般包括相机图像、激光雷达点云和定位数据 3 类。然而，相较于专用的地图数据采集车辆，社会车辆采集的数据质量存在极大的差异。

对于专用的数据采集车辆来说，车载相机往往是专用的全向球面相机，可以同步地获取车辆周围每一个方向上的数据。与此相比,社会车辆上装载的相机一般只具有有限的视角;即使在多个方向上安装了相机,相机之间的时间同步也是需要考虑的问题。这两个问题限制了社会车辆图像的覆盖范围。此外,专用的数据采集车辆可以在离线环境下完成所有相机的内参数和外参数标定,这使得图像中每个像素可以更容易地映射至具体的空间位置。然而,社会车辆往往没有进行这样的标定过程,甚至相机和车辆之间不存在固定连接关系,从而导致相机和车身之间的相对位置发生变化。由于社会车辆的车载相机参数不准确,使得基于图像分析所得数据(如车道线、场景划分等)的质量和可用性降低。

高精确度的激光雷达是传统数据采集车辆的必备组件。通过激光雷达,采集车可以获知周围每个物体精准的相对位置,同时得到物体表面的反射率特征以供进一步的检测和分割需求。同时,通过将相机和激光雷达进行精确的外参数标定,图像上的彩色像素可以和点云中的点进行映射,从而为点云追加颜色和特征信息。然而,激光雷达的高昂价格使得社会车辆很少会选装这一组件,即使是安装了激光雷达的车辆,其采集的点云的数据质量也远低专用的设备。社会车辆一般仅装备毫米波雷达,其检测的精确度往往更低,从而难以承担建图的任务。

专用的数据采集车辆一般会装载具有 RTK 差分信息的高精度定位设备,准确的定位结果可以协助点云地图的快速构建。在基站的辅助下,定位系统的精度可达到厘米级,同时可输出车辆的准确朝向信息。然而,社会车辆的 GPS 系统定位误差往往非常大,达到 10m 的量级,同时也缺少朝向信息。上述问题导致社会车辆的位置输出精度低且波动性大,一般情况下甚至无法与道路的实际走向贴合,更无法直接用来参与高精度地图的构建。

在高精确度的定位数据、精准的外参数标定等信息的辅助下,专用的数据采集车辆可以很轻松地获得完整场景的点云地图,同时附有类别和标签信息。更重要的是,所有的点均带有和 GIS 系统锚定的坐标,这使得后续的地图生成程序无须额外的处理就可以获得高精度的准确结果。而对于社会车辆提供的数据,则必须通过额外的处理才可用于后续操作。

2. 分布式地图构建的方法

本节将以 MobileEye 的 REM 系统为例,阐述分布式地图的一般构建方法。分布式地图构建的流程整体上可分为 3 个步骤。首先,各众包车辆采集原始数据并上传;其次,中心化的系统对收集到的所有数据进行对齐和建模;最后,将地图元素编码并分块下发至车辆。

首先需要考察数据采集的过程。如前所述,车辆采集到的数据包括不准确的定位和图像等信息,并且在进行最终的地图构建时,图像中的天空、树木等元素也无法提供有效的信息。因此众包数据以原始图像的形式传输汇总至中心节点必定会对带宽和存储造成大量的压力和数据冗余。出于这个原因,MobileEye 的处理系统以及其他大多数的分布式建图系统,均采用了基于边缘计算的预处理过程。在社会车辆端,通过内置的处理硬件完成地标元素的识别,再进行局部的 SLAM 确定各元素的相对坐标,最后只需要将轨迹、元素的相对坐标和描述信息上传即可。相较于传输原始的图像数据流,只传输必要的结果数据可以大幅减小需要发送和处理的数据量。

车辆控制器局域网络(Controller Area Network,CAN)的状态和操控信息是车辆端可获取的另一个信息,其中最重要的是车辆的速度、角速度和控制指令。在车辆 GPS 数据精确度和稳定度较低时,车辆自身的速度信息可以为局部 SLAM 的构建过程提供更为高质量的参考数据来源。在上传至云端之后,这些辅助的车辆信息也可以优化高精度地图的构建质量。车辆的速度信息可以用于推断每一段道路的速度限制或驾驶员在经过这一段路时的习惯速度。通过将车辆的控制指令和视觉传感器的输入相结合,可以分析得到驾驶员在路口面对复杂的信号灯变化时产生的实际行为,使地图中交通规则的生成更加自动化,从而适配于多种多样的复杂交通规则。对于传统的高精度地图构建过程来说,由于车辆本身的速度需要控制在相对较慢的等级,且采样次数较少,所以获取的车辆状态数据往往没有太大的参考意义。然而,基于众包采集的地图数据则通过大量的数据避免了这种问题,从而能更加有效地利用这些信息,解决了传统高精度地图构建方法中涉及的问题。

由于 GPS 的误差,每辆车由定位结果生成的轨迹都存在着偏移和噪声。受到定位结果偏移的影响,每辆车的检测结果(包括车道线、道路边界和特殊交通元素的位置)也会变得不稳定。不同车辆的检测结果之间会产生巨大的偏差和方差。进一步地,即使定位结果完全精确,不同车辆观测视角和观测范围的不同也会造成最终输出结果的不一致。因此,为了满足最终生成地图的精度需求,必须对所有的数据进行对齐。在进行对齐的过程中,针对轨迹的匹配往往是无效的,因为不同的驾驶员会有不同的驾驶习惯,所以即使是在有车道线约束的道路内部,不同轨迹之间也会有一定的横向偏差;对于无车道线的路口环境,不同车辆的轨迹差异性可能更加巨大。因此,最合适的对齐方式是对车辆检测到的道路特征进行分析。通过对每个车辆测量数据进行平移和旋转,使得尽可能多的道路特征对齐,最终实现相对高质量的地图构建结果。目前除了基于几何的运算之外,也有基于深度学习的聚合和优化方式,能够实现更精简的语义信息输出。车辆在进行导航时只需要关注周边场景的精确性,对于更远的场景无须实现一致性的高精度,因此聚合过程可以避开对于大型场景一致性的要求,从而使得地图的构建过程更为简单。

分布式地图构建的编码和下发与普通高精度地图的下发过程类似,一般均采用分层分组按实际需求传输的方式,以此在最小的传输开销情况下实现尽可能好的效果。

6.4　基于人机交互的高精度语义地图编辑

在基于分布式或集中式的地图信息生成后,人工的校正和标注也是必不可少的一环。本节将介绍一些常用的标注方法和工具。

6.4.1 地图的分块加载和瓦片地图服务

在校正高精度地图和测量结果一致性的过程中，最重要的是将道路元素与 3D 点云地图或平面卫星图进行对照。然而，这种对照过程往往面临着数据加载量的问题。校正过程通常只需要对一小部分参考数据进行分析，而为此加载完整的参考地图则会造成计算资源的浪费。因此，为了实现高效的地图浏览和语义地图编辑，常常将参考数据按照一定的规则分成多个小块进行存储，在需要进行浏览时根据各个小块的索引进行拼接。

瓦片地图即是这样一种平面参考地图的切分技术，其切分而成的图片被形象地称为瓦片，常用于网页地图浏览等场景。瓦片地图的生成主要包含平面投影、瓦片切分和瓦片编号 3 个步骤。

首先，在平面投影过程中，地球的球面三维坐标被投影至二维平面。考虑到地球的椭球性，常常用 WGS84（World Geodetic System 1984）[203]坐标系下的经纬度坐标来表示地球上的任意一点，而地图的显示需要将其转化为平面的形式。墨卡托投影（Mercator projection）因具有等角性质，即球体上的任意两点之间的角度方位与其投影平面上相同两点的角度方位保持不变，在导航与地图投影领域应用广泛。

其次，对投影后的地图在不同尺度（缩放等级）下进行切片。不同尺度下的地图切片数量、表示范围和详细程度均不同，但是图片的尺寸是相同的。当缩放等级为 z 时，需要将一定范围内的正方形平面地图的行列分别等分成 2^z 个区块，即共切分出 4^z 个大小为 256×256 的正方形栅格图片。如果将同一区域的瓦片地图按照其缩放等级自顶向下进行排列，就会构成一个如图 6-21 所示的瓦片地图金字塔。从瓦片金字塔的顶层到底层，地图的缩放级越来越大，区块个数越来越多，比例尺越来越大，精细程度越来越高，但表示的地理范围未发生改变。这样，根据需要浏览的范围，就可以确定所需的切片层级和切片范围，提高了地图加载的效率。

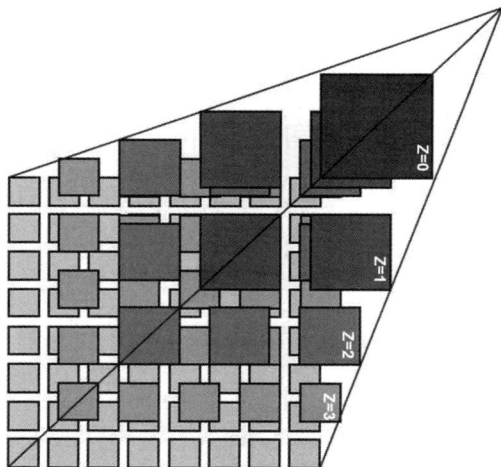

图 6-21　瓦片地图金字塔示意图

最后,需要对瓦片切分形成的一系列图片赋以索引,即编号。按照地图的原点以及编号坐标轴定义的不同,目前,常见的瓦片地图的索引规则主要有以下几种。

- 谷歌(Google)索引规则:用 z 表示地图缩放等级,编号坐标轴以地图左上角 $(85.0511°N,180°)$ 为原点,编号 x 表示由左至右递增,编号 y 由上至下递增,如图 6-22(a)所示。谷歌地图、高德地图、开放街道地图(Open Street Map, OSM)地图均使用此定义。

- 瓦片地图服务(OSGeo Tile Map Service,TMS)索引规则:用 z 表示地图缩放等级,编号坐标轴以地图左下角($85.0511°S,180°$)为原点,编号 x 表示由左至右递增,编号 y 由下至上递增,如图 6-22(b)所示。腾讯地图使用此定义。

- 四叉树(Quadtree)索引规则:用 z 表示地图缩放等级,用索引键 k 表示同一层级瓦片的二维编号。其中,k 服从四叉树编码规则,如图 6-22(c)所示。必应(Bing)地图使用此定义。

- 百度索引规则:用 z 表示地图缩放等级,编号坐标轴原点位于经纬度原点,编号 x 由左至右递增,编号 y 由下至上递增,如图 6-22(d)所示。百度地图使用此定义。

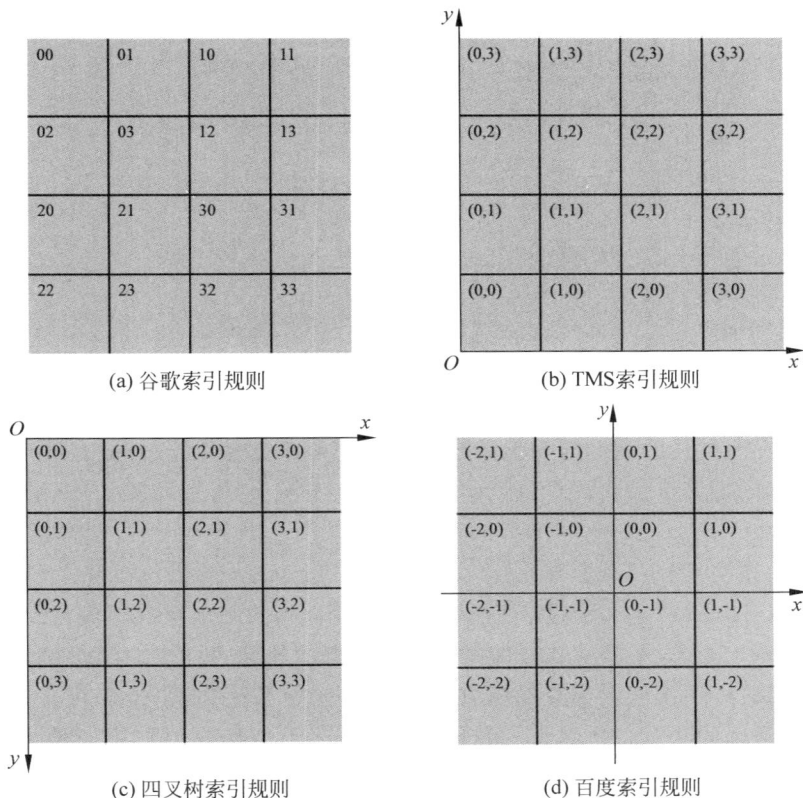

(a) 谷歌索引规则　　(b) TMS索引规则

(c) 四叉树索引规则　　(d) 百度索引规则

图 6-22　索引规则示意图($z=2$)

以谷歌索引规则为例，用 φ 表示纬度，用 λ 表示经度，用 x 和 y 表示瓦片索引编号，z 表示缩放级。那么，从经纬度坐标转换为瓦片坐标的转换公式可以表示为

$$\begin{cases} x = \left\lfloor \dfrac{\lambda + 180}{360} \cdot 2^z \right\rfloor \\[4mm] y = \left\lfloor \left(1 - \dfrac{\ln\left(\tan\left(\varphi \cdot \dfrac{\pi}{180}\right) + \sec\left(\varphi \cdot \dfrac{\pi}{180}\right)\right)}{\pi}\right) \cdot 2^{z-1} \right\rfloor \end{cases} \tag{6-45}$$

其中，x_p 和 y_p 表示瓦片索引为 x 和 y 时的像素坐标。那么，从经纬度坐标转化为瓦片像素坐标的转换公式可以表示为

$$\begin{cases} x_p = \left\lfloor \dfrac{\lambda + 180}{360} \cdot 2^z \cdot 256 \% 256 + \dfrac{1}{2} \right\rfloor \\[4mm] y_p = \left\lfloor \left(1 - \dfrac{\ln\left(\tan\left(\varphi \cdot \dfrac{\pi}{180}\right) + \sec\left(\varphi \cdot \dfrac{\pi}{180}\right)\right)}{\pi}\right) \cdot 2^{z-1} \cdot 256 \% 256 + \dfrac{1}{2} \right\rfloor \end{cases} \tag{6-46}$$

瓦片像素坐标转换为经纬度坐标的转换公式可以表示为

$$\begin{cases} \varphi = \arctan\left(\sinh\left(\pi - 2\pi \cdot \dfrac{y + \dfrac{y_p}{256}}{2^z}\right)\right) \cdot \dfrac{180}{\pi} \\[6mm] \lambda = \dfrac{x + \dfrac{x_p}{256}}{2^z} \cdot 360 - 180 \end{cases} \tag{6-47}$$

6.4.2 基于 JOSM 的地图编辑

高精度地图记录了该区域内结构化道路与环境相关的静态信息，不同的高精度地图标准，其记录的信息格式不同，但数据内容通常以 XML 格式的文件保存。常见的高精度地图格式有 OSM、OpenDRIVE、NDS 等。其中，OSM 格式由于完善的社区支持、JOSM 地图标注工具的辅助与开源的地图数据而被广泛使用。OSM 的内部存储格式均为点、线和附加其上的扩展标签。本节将介绍 OSM 地图格式和 JOSM 编辑器的相关内容。

OSM 地图文件以可扩展标记语言（Extensible Markup Language，XML）的形式定义。元素（element）是 OSM 文件描述真实物理世界的基本组成部分，可以分为节点（node）、道路（way）和关系（relation）3 类。节点表示地球表面上由经度和纬度定义的任意特定点，可以用于表示如交通标志牌一类的独立点状要素，也可以作为公路的途经点来表示道路的形状。道路是一种由 2～2000 个节点组成的有序折线，用于表示公路的线形特征，而起始节点与终止节点相同的道路元素可以用于表示环形公路或封闭区域。关系用于表示两个或多个元素之间的关联，如公共汽车的行驶路线、转向限制，

还可以用来表示带孔多边形等。

每个元素都需要包含一个独有的编号(id)用于标识,不同的元素类型拥有着不同的编号空间。同时,可以对各类元素附加一个或多个标签(tag),用于描述元素的特定含义。标签以键值对的形式存在。例如,可以用"highway＝traffic_signals"作为节点的附加标签,表示该节点的类型为交通信号灯;用"highway＝primary"作为道路的附加标签,表示该道路属于主干道路。

一个 OSM 文件的部分示例如下所示:

```
<?xml version = "1.0" encoding = "UTF – 8"?>
< osm version = "0.6" generator = "JOSM">
< bounds minlat = "54.0889580" minlon = "12.2487570" maxlat = "54.0913900" maxlon =
"12.2524800"/>
< node id = "261728686" lat = "54.0906309" lon = "12.2441924" visible = "true"/>
 …
< node id = "1831881213" lat = "54.0900666" lon = "12.2539381" visible = "true">
  < tag k = "name" v = "Neu Broderstorf"/>
</node>
< way id = "26659127" visible = "true">
  < nd ref = "298884289"/>
   …
  < nd ref = "261728686"/>
  < tag k = "highway" v = "unclassified"/>
</way>
< relation id = "56688" visible = "true">
  < member type = "way" ref = "4579143" role = ""/>
   …
  < member type = "node" ref = "249673494" role = ""/>
  < tag k = "name" v = "Küstenbus Linie 123"/>
   …
  < tag k = "type" v = "route"/>
</relation>
   …
</osm>
```

JOSM(Java Open Street Map)编辑器是一种用于编辑 OSM 格式地图的开源桌面应用软件,允许用户导入、编辑 OSM 格式的地图数据。JOSM 编辑器的界面分布如图 6-23 所示。其中,可以使用地图编辑工具修改主窗口内 OSM 地图的节点、道路、区域等内容;使用窗口显示配置修改 JOSM 界面右侧窗口的显示内容。在图层窗口内可以查看当前加载的若干个图层;在属性窗口内可以修改选定节点或道路的属性信息。

JOSM 编辑器的基本操作方法包括:

(1)移动地图——长按鼠标右键并移动鼠标。

(2)放大或缩小地图——移动鼠标滚轮。

(3)选中目标——左键选中目标。

(4)移动目标——左键选中目标中含有的所有节点,移动鼠标。

(5)改变目标形状——左键选中目标道路上的某个节点,移动鼠标。

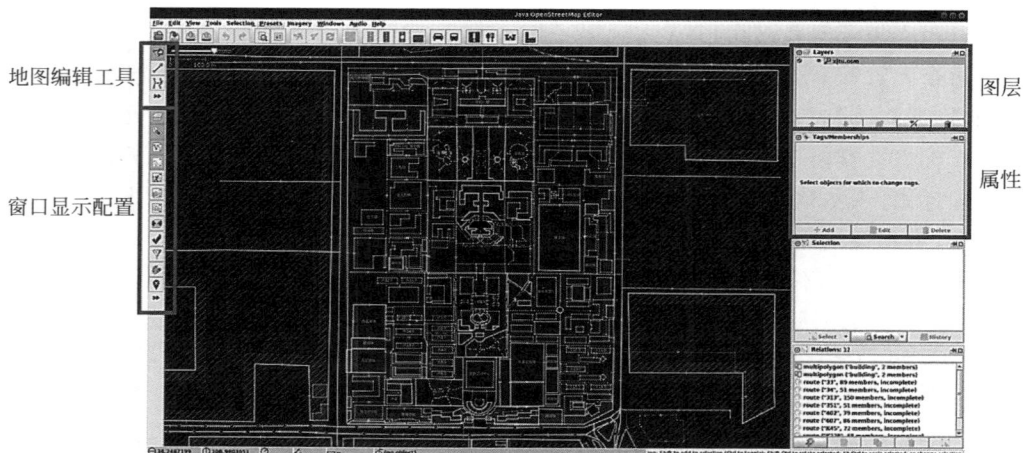

图 6-23   JOSM 编辑器主界面示意图

地图编辑工具

窗口显示配置

图层

属性

　　航拍卫星图像、GPS 轨迹等地图都可以作为底图为 OSM 数据层的标注提供参考。本地的瓦片地图从 JOSM 编辑器的"图像首选项"模块添加至底图。添加完成的本地瓦片地图底图如图 6-24 所示。

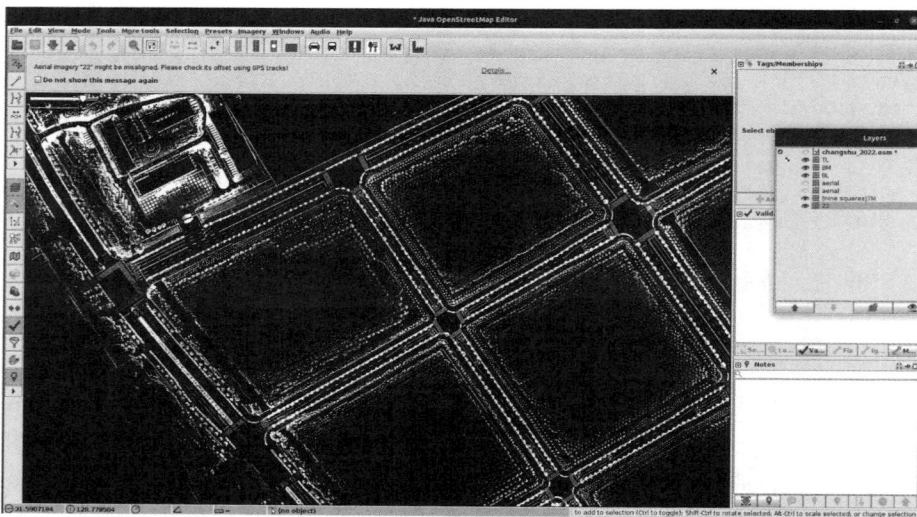

图 6-24   瓦片地图参考示意图

6.5   其他高精度地图标准

　　完成地图的采集和生成之后，必须将地图转换成某种通用的数据交换格式，这样才能实现地图的部署和分发。本节将着重介绍相关的高精度地图标准规范，并对比各标准之间的异同。

6.5.1　OpenDrive 地图标准

为了保证不同应用间进行道路数据传递时的互通性,德国 VIRES 公司于 2006 年定义并发布了一种高精度地图的标准格式 OpenDrive,从而保证基于不同工具的道路数据所包含的逻辑内容基本一致。目前 OpenDrive 已经成为自动驾驶商业应用的主流高精度地图标准。

OpenDrive 最鲜明的特点就是其对路网结构提供规范和标准化的描述,从而能够在不同的仿真环境中移植使用,适用于开发并验证高级驾驶辅助系统(ADAS)和自动驾驶(AD)的功能。OpenDrive 标准的文件借助 XML 进行描述,文件扩展名为 .xodr,主要描述了道路和车道的几何形状、道路标志以及道路沿线的特征。下面简要介绍 OpenDrive 标准的一些基础属性。

从图 6-25 可以看出,道路参考线(Road reference line)、车道信息(lane)、沿道路的其他附加信息(feature)构成了一个完整的路段。在 OpenDrive 的路网结构中,每条道路都是沿着道路参考线(Road reference line)建模生成的,这是 OpenDrive 中道路的核心特点。在 OpenDrive 标准中,所有道路参考线由以下几种几何形状组成:直线(line)、弧线(arc)、螺线(spiral)、多项式曲线(在最新的 OpenDrive 标准中已被弃用)。图 6-25 展示了最简单的情况,其中道路参考线为一条直线(图中车道中心实线),图 6-26 为较复杂的道路参考线的例子,由上述 3 种基础几何形状组合而来。OpenDrive 还定义了沿道路参考线切线方向的坐标系(例如图 6-26 中的 $s\text{-}t$ 坐标系),是 OpenDrive 坐标系统中较为重要的坐标系。

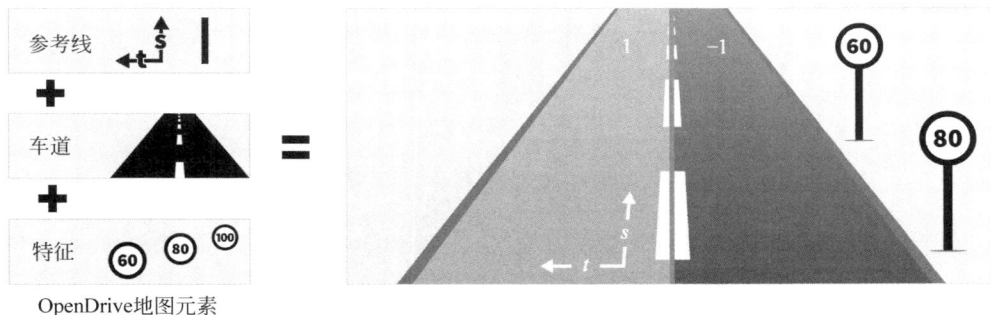

参考线

车道

特征

OpenDrive地图元素

图 6-25　OpenDrive 中的道路元素示意图[204]

OpenDrive 中将“路段”和“路口”作为构成路网的基本单位,在 XML 文件中由 < road >标签和< junction >标签表示,这两个标签也是 OpenDrive 文件中最基本的标签。

图 6-27 所示为 OpenDrive 中的路段的示意图。表 6-1 中列举了 OpenDrive 标准中定义的< road >标签下包含的几种主要属性与对应的标签。其中,< type >标签定义了道路的基本类型(如高速公路、乡村道路)和一些相关的交通规则;< link >标签描述

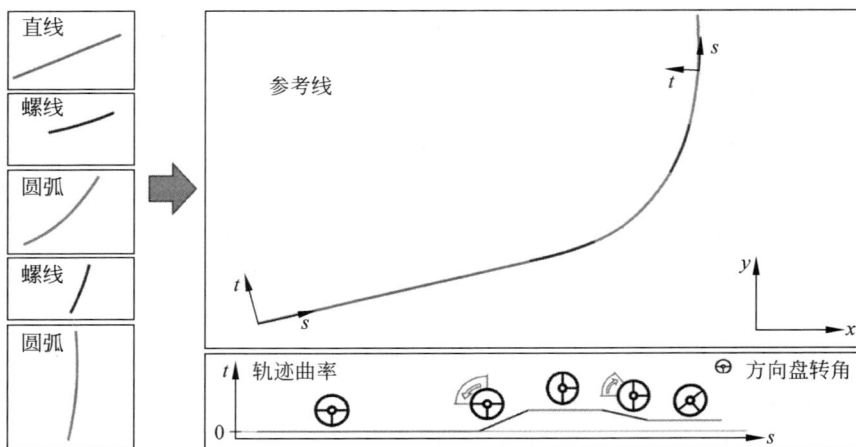

图 6-26　OpenDrive 中的道路参考线[204]

了道路连接的信息，指明了此路段的前任元素和后继元素；< lateralProfile >标签描述了道路横截面的形状和高度变化等信息；< elevation >标签描述了道路沿参考线方向的高度变化。

表 6-1　OpenDrive 标准中的道路属性标签

属　　　性	对应的标签
道路类型	< type >
道路连接情况	< link >
路面高度及形状	< lateralProfile > < elevation >
车道信息	< lanes >

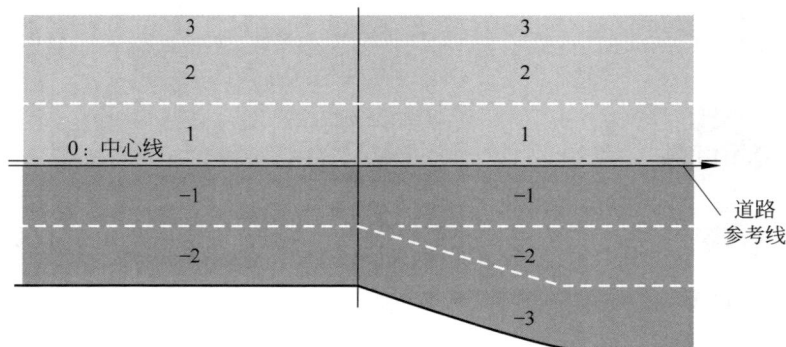

图 6-27　OpenDrive 中的路段示意图[204]

< road >标签下最重要、包含信息量最多的子标签描述车道信息对应的< lanes >标签。< road >由"车道段"（< laneSection >）组成。在每个"车道段"中，车道的数量是恒定的，每个车道有唯一的 ID。为了简化复杂道路车道段的使用，可以仅使用< singleSide >属性为道路的一侧定义车道段，如图 6-28 所示。

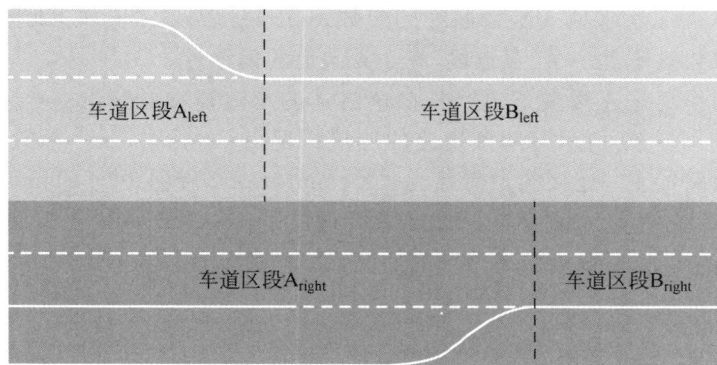

图 6-28　OpenDrive 中的车道段示意图[204]

<laneOffset>标签用于注明道路中心线与道路参考线之间的偏差,如图 6-29 所示。<laneOffset>的用法示例如下所示。

```
< lanes >
    < laneOffset s = "25.0" a = "0.0" b = "0.0" c = "3.9e-03" d = "-5.2e-05"/>
    < laneOffset s = "75.0" a = "3.25" b = "0.0" c = "0.0" d = "0.0"/> …
</lanes>
```

其中,a、b、c、d 是三次多项式曲线的参数,这个曲线描述了车道偏移在参考线坐标系沿 s 方向的变化;s 是此元素起点在参考线坐标系中 s 方向上的绝对坐标。当描述偏移量的曲线发生变化时,就需要一个新的<laneOffset>标签定义多项式函数。

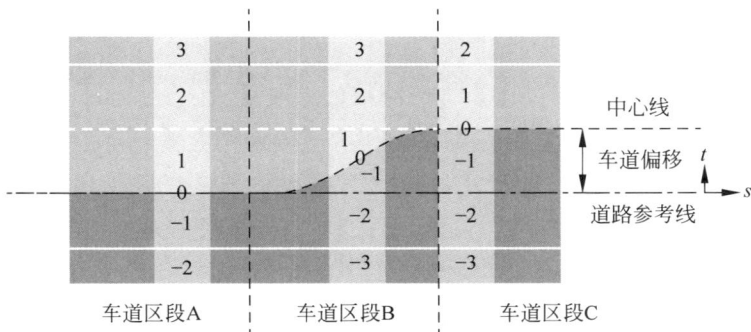

图 6-29　OpenDrive 中的 LaneOffset 示意图[204]

描述单条车道的宽度信息也采用同样的方式,<lane>标签下的<width>子标签的用法示例如下:

```
< lane id = "1" type = "driving" level = "false">
    < link >
    </link>
    < width sOffset = "0.0" a = "4.0" b = "0.0" c = "0.0" d = "0.0"/>
</lane>
```

同样，a、b、c、d 为三次多项式函数曲线的参数，sOffset 表示< width >元素的起点在参考线坐标系中相对于上一个"车道段"在 s 方向上的偏移量。

"路口"的作用是连接多条道路并描述具体的车道连接的情况。OpenDrive 中的路口示意图如图 6-30 所示。两条道路的连接情况由< connection >标签描述，包括相连接的两条道路的 ID，连接类型等信息。< connection >标签下的< laneLink >标签进一步指明了两条道路中各车道的连接情况。< junction >由所有道路连接的< connection >组成，来完整地描述路口的情况。下面就是在. xodr 文件中用相关标签描述路口信息的例子。

```
< junction name = "" type = "direct" id = "111">
    < connection id = "0" incomingRoad = "1" linkedRoad = "3" contactPoint = "start">
        < laneLink from = " - 4" to = " - 1"/>
    </connection>
    < connection id = "1" incomingRoad = "1" linkedRoad = "2" contactPoint = "start">
        < laneLink from = "1" to = "1"/>
        < laneLink from = " - 1" to = " - 1"/>
        < laneLink from = " - 2" to = " - 2"/>
        < laneLink from = " - 3" to = " - 3"/>
    </connection>
</junction >
```

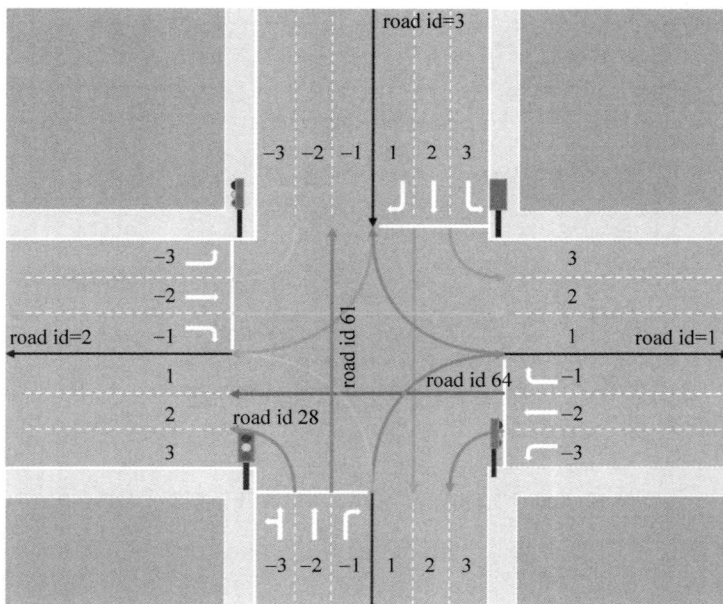

图 6-30　OpenDrive 中的路口示意图[204]

OpenDrive 的规范标准还有很多内容，在本节只对部分主要的内容进行概括说明，可以参考文献[204]查看官方的用户指南，了解更多 OpenDrive 格式的内容。

6.5.2　Lanelet 地图标准

Lanelet 地图标准至今迭代了两代,它们的特点就是用 lanelet 这一结构作为车道的单位,反映路网的几何信息与拓扑信息。下面将逐一介绍 Lanelet 两代的标准并比较其相同点与不同点。

1. 第一代 Lanelet

Lanelet[205] 作为 Lanelet 地图标准的第一代,对道路完整的几何信息与拓扑信息进行了描述。Lanelet 地图标准提出了 lanelet(车道基元)的概念与结构。lanelet 是车道的基本单位,并且携带额外的数据来描述静态环境,同时可以集成交通规则与人的驾驶习惯。在 Lanelet 地图标准中,由 lanelet 为单位构成的车道与路网从几何和拓扑两方面描述了可行驶区域。

Lanelet 的示意图如图 6-31 所示。lanelet 描述了一个由左边界(left bound)和右边界(right bound)组成的车道段,这个车道段是构成车道的基本单位。每个 lanelet 的左边界和右边界分别由一系列点序列组成,这样的结构可以以任意精度逼近任意车道形状,从而精确地描述车道的几何信息。左边界与右边界的相对位置也表明了车道的方向。

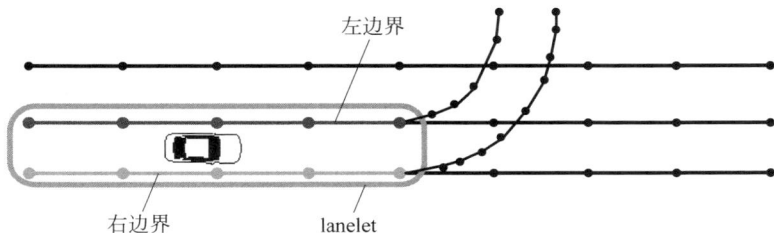

图 6-31　Lanelet 示意图[205]

基于 Lanelet 标准进行路径规划可以通过构建邻接图结构来实现。如图 6-32 所示,右边的邻接图是根据左边的 Lanelet 地图构建的,使用每个 lanelet 的长度作为邻接图中边的权重。基于邻接图,就可以采用 Dijkstra 等算法,实现从任意起点到终点的路径规划。Lanelet 支持用户赋予邻接图自定义的道路边界类型、权重因子等属性,从而实现其他类型的规划算法。

车辆在道路上的行驶受交通标志、十字路口规则和交通灯等元素的制约。在 Lanelet 地图中,这些元素与 lanelet 相关联,同时提供两种类型的信息:一方面,它们提供了一个规则或机动名称;另一方面,它们提供了遵守此规则的所有静态信息或参数。例如,在交通灯处,如果其中一个灯显示红色,则需要车辆在停止线前停止,参数则是停止线和信号灯的位置。

在实际数据中,不同的交通规则通过名称为 maneuver 的标签进行区分,如图 6-33

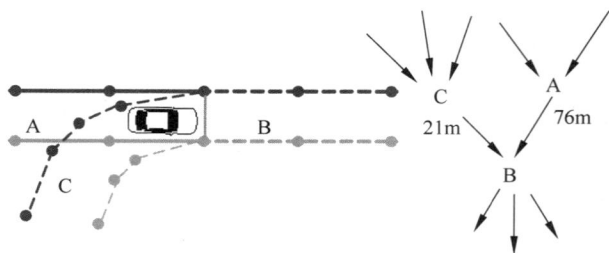

图 6-32　Lanelet 邻接图[205]

所示。其中最上方车道发生的交通情况类型为汇合（maneuver＝merge），该规则是由
发生汇合事件的第一个车道基元的 ID 进行标识。该规则期望车辆在进入此车道时，
在保持安全距离的情况下，运动速度尽可能与同向车道上的车辆趋同。中间车道的交
通规则被标记为交叉（maneuver＝cross），该规则的参数为：与当前车道发生交叉事件
的车道编号和主车为了避免碰撞的停止位置。

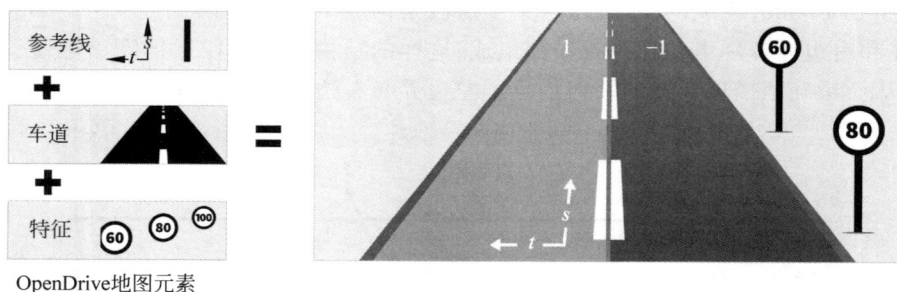

图 6-33　岔路口 Lanelet 交通规则标识示意图[204]

liblanelet 为开源的 Lanelet 地图加载库，使用 Boost C++代码库实现，提供了读
取、加载和查询 XML 文件的功能，liblanelet 使用 RTree 结构检索空间要素，并支持使
用 Dijkstra 等算法进行路线规划。

2. 第二代 Lanelet

Lanelet2[206]是针对高度自动驾驶设计的开源地图软件框架，旨在满足高度自动
驾驶系统对地图在准确性、完整性、可验证性和可扩展性等方面的高要求。Lanelet2
的目标不仅是用于典型的、孤立的应用，如定位或运动规划，还用于高度自动化驾驶中
各种潜在的地图应用。Lanelet2 格式基于 Lanelet 的格式，并进一步对其结构进行更
具体的细化与拓展。

Lanelet2 主要包含如下图层：

（1）物理层（physical layer）——包含所有可以被观测到的真实地图元素，比如路
面标记、交通灯、路边石头等。

（2）关系层（relational layer）——包含所有对物理层元素的抽象表述（比如车道的

交通规则),使得所有的地图信息都由对应的道路实体元素承载。

（3）拓扑层（topological layer）——通过关系层隐式获取的邻接关系和上下文关系。

Lanelet2 地图由 5 个元素组成,分别为属于物理层的"点"（point）、"线串"（linestring）和属于关系层的车道基元（lanelets）、"区域"（area）及"规则元素"（regulatory element）。它们的关系如图 6-34 所示。所有元素都由唯一的 ID 标识,并且可以为它们分配键值对形式的属性。上述提到的元素除了"区域"外都已包含在 liblanelet 中,但是,为了满足上述要求,Lanelet2 对车道基元 lanelet 的定义进行了修改和推广。

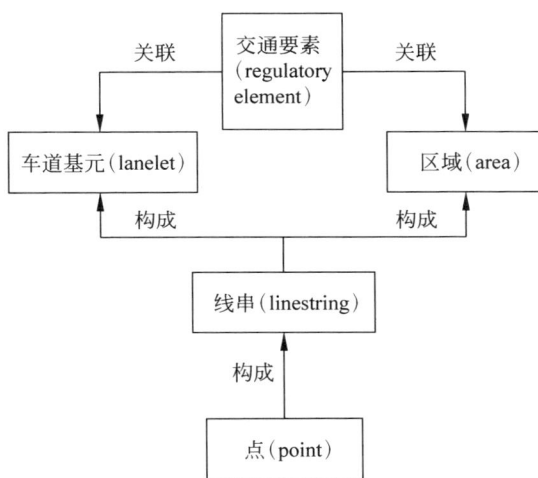

图 6-34　Lanelet2 各元素关系

point 由 ID、3D 坐标和属性组成,其中,ID 必须是唯一的。point 是唯一存储实际位置信息的元素,其他基本元素都是直接或者间接由 point 组成的。在 Lanelet2 中,point 本身并不是有意义的对象,仅在与 Lanelet2 中的其他对象一起使用时才具有实际意义。

linestrings（线串）是由一系列的点通过线性插值生成的有序数组,用来描述地图元素的形状。与样条曲线相比,线串可以用来描述尖角等不规则形状,并最终转化为非线性微分方程的求解问题。

lanelet 是车道的基元,这意味着 lanelet 内的交通规则以及与其他 lanelet 的拓扑关系不会改变。与 Lanelet 地图标准相同,lanelet 由左右边界（线串）构成,同一条车道的两条线串必须具有相同的方向,并且相邻的 lanelet 需要共享线串。与第一代标准 Lanelet 不同的是,lanelet 还包含车道中心线,且默认是单向的。lanelet 可以引用合适的规则元素以表示该车道基元的交通规则,比如限速、限行等。

areas 是 Lanelet2 特有的元素,也由一组"线串"组成,并按照顺时针顺序对一定区域进行描述，同时也可以引用相关联的规则元素。不同的是，区域用于表达没有方向或者是无法移动的部分区域，比如路标、停车位和绿化带等，而 lanelet 只能表达有向的交通环境。

regulatory elements（规则元素）用于定义交通规则，如限速、道路优先级规则、红绿灯等，由一个或者多个与该规则相关联的车道基元或区域引用。交通规则有许多不同的类型且包含不同结构的规则元素，由 tag 标签具体描述。规则元素通常引用一个定义规则类型的元素（如交通信号灯），并在必要时引用取消规则的元素（例如，速度区末尾的标志）。

LaneLet2 地图可以以 OSM 格式进行存储，同时可以用 JOSM 编辑器进行标注。LaneLet2 组件中的点（point）可以由 OSM 格式中的节点（node）表示，线串（linestring）可以由 OSM 格式中的道路（way）表示，车道基元（lanelet）、区域（area）和规则元素（regulatory element）可以由 OSM 格式中的关系（relation）表示。图 6-35 所示是使用 JOSM 进行 Lanelet2 地图标注的结果示意图。

图 6-35　基于 JOSM 的 Lanelet2 地图标注

6.5.3　NDS 地图标准和多层级地图

6.5.1 节和 6.5.2 节介绍的 OpenDrive 地图和 Lanelet 地图都采用了相同的数据组织策略，即将全部的数据存储至同一个文件中。然而，实际交通场景中的不同数据类别有着不同的更新周期，应用端对于每种数据的需求程度也不尽相同。例如，道路的路沿信息往往会在长时间内保持不变，车道线、车道数量信息也较少发生改变，而车道限速、路口交通规则等信息具有相对较高的更新频率。与以上提到的静态交通元素不同，实时的车流量信息、临时的交通管制等动态信息则具有更高的更新频率，使用此类数据时也有着更高的实时性需求。将有着不同类型、不同更新频率的数据绑定在同一个文件中,相当于强制设置所有数据采用最低的更新频率,从而限制了地图的实时性应用。将所有信息写入同一个文件带来的另一个问题是数据量过大。比如某种信息不被终端设备所需要时,仍然会随着必要信息被同时传输,从而导致资源的浪费。

解决以上问题的方法是使用多层级的地图,将静态的物理信息、相对静态的交通规则信息和实时程度较高的交通状态信息分层存储和传输。这些内容具有不同的更新频率,从而满足不同终端的实际应用需求。NDS 地图标准就是分层地图的典型代表。

导航数据标准(Navigation Data Standard,NDS)是由汽车制造商、系统供应商和地图供应商等多跨国企业联合开发的便于导航的地图存储标准。NDS 地图数据最为突出的特点就在于其采用基于嵌入式数据库存储的方式,其优势是可以充分利用数据库的检索特性,能够更有效地解决地图扩展和增量更新等问题提高效率。除此之外,NDS 将不同尺度下的地图数据分层分块存储。随着比例尺变大,地理要素会被综合,次重要的要素将被过滤掉。

NDS 的数据库文件以 SQLite v3 文件格式存储。其中,BLOB 变长字段用于存储地图显示和道路规划等信息,PoI 直接采用数据表格式存储。同时,对地图数据进行更新时,插入、删除等涉及操作系统(Operating System,OS)底层的字节级操作由数据库管理系统自行维护。在 NDS 数据库中,地图数据的不同内容分别存储在嵌入式数据库的不同数据表中。

NDS 数据库在结构上可以被划分成不同的子数据库,这些子数据库称为产品数据库(Product Database)。每个子数据库的地图数据(如导航数据和 PoI 数据)由不同的供应商提供,因此版本控制与更新都是独立进行的,不受其他子数据库的影响。根据功能的不同,NDS 数据库中的数据被组织为不同的“构建块”(Building Block)。其中,所有导航数据都属于一个特定的“构建块”,每个“构建块”处理某方面的特定功能,例如,位置输入或地图数据的显示。

NDS 数据库中的数据可以分成 3 类:特性(Features)、属性(Attributes)和元数据(Metadata)。其中,特性用来描述与导航系统相关的真实世界的物体信息,可以使用一个或多个特性对物体进行多层次的描述。例如,道路的名称只需要由一个名称要素(name feature)描述,而道路与多个路口的连接信息由多个线要素(link feature)描述。NDS 将特性的类组织成一个多层次结构,包含不能实例化的抽象类以及可以实例化的具体类。在类的结构中,只有最底层的类为可以进行实例化的具体类。图 6-36 给出了特性类的层次结构示意图。属性描述不同特性的细节。对于每个特性类,都提供了一组属性类型。元数据分为全局数据和特定“构建块”的数据,用于描述数据库内容和数据库属性,使应用程序能够根据不同的条件进行调整。

NDS 标准把整个地球表面切分为网格(tile),每个格子被称为瓦片。每个瓦片被近似为一个正方形的区域,但实际上,由于 NDS 采用 WGS84 坐标系统,瓦片是按经纬度切割的。NDS 同时定义了级别的概念,在同一个级别上对应的所有的瓦片刚好覆盖

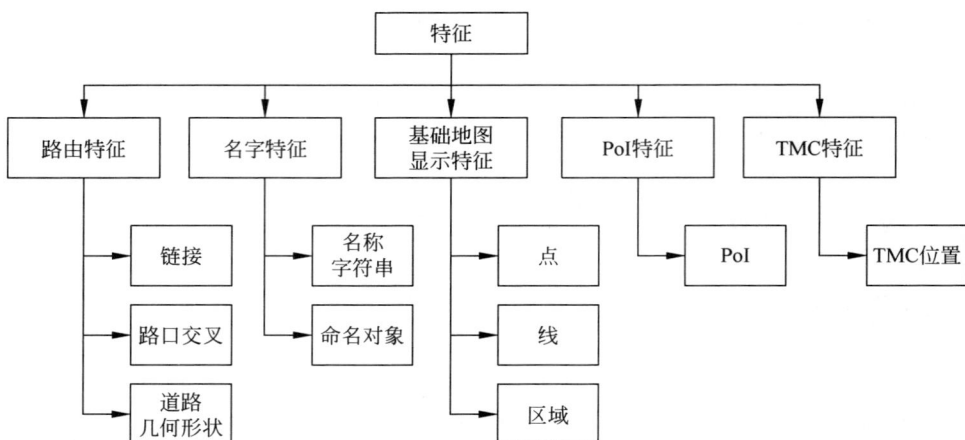

图 6-36　NDS 中 Feature 类的结构示意图

了整个地球表面，且每个瓦片彼此之间没有重叠。NDS 标准定义最高级别为 level 0，最低级别为 level 15，每个当前级别中的瓦片在下一级别被分割成 4 个大小一样的瓦片。

瓦片具有很多优点。这样的组织方式使得对地图显示数据进行更新时，不需要维护地图显示数据中其他复杂的逻辑结构（其他地图数据存储格式可能使用），仅将对应发生变化的正方形网格进行替换即可。除此之外，NDS 地图数据只需要对每一个瓦片记录一个版本信息，而不是每个独立的特征记录版本信息。这也可以节省大量的数据空间。同样，在对路径规划数据进行更新时，NDS 也避免了维护路径规划数据中以不规则多边形方式组织的或者彼此有重叠的拓扑信息的关系。

第 7 章

自动驾驶的定位系统

7.1 概述

作为自动驾驶汽车安全稳定行驶的关键技术,定位系统可以通过车载传感器,包括 GNSS 接收机、惯性测量单元、轮速里程计、激光雷达、相机等,对车辆在全局坐标系(比如经纬度坐标系、UTM 坐标系等)下的位置和姿态进行估计,并给出当前车辆位姿估计的置信度。结合自动驾驶高精度地图的参考数据,定位系统可以融合车载传感器数据(如 GNSS、惯性测量单元和视觉传感器)对车辆位置进行匹配和校正。通过将车辆实时感知数据与准确的地图信息进行比对,定位系统能够纠正传感器误差,提供更准确的定位结果。因此,自动驾驶地图和定位系统相辅相成,在实现安全、可靠的自动驾驶系统中起到了至关重要的作用。地图系统应为车辆提供准确的环境感知和导航信息,而定位系统则应为车辆准确地提供自身位置。本章将深入研究自动驾驶定位系统的工作原理和关键技术,进一步探索如何实现高精度的自动驾驶定位。

在研究初期,全球导航卫星系统及实时动态技术(Real-time Kinematic,RTK)的应用较为广泛,可以在室外空旷场景中提供频率较低的厘米级位置输出结果。进一步地,组合导航系统通过融合 RTK-GNSS 与 IMU 数据,使用卡尔曼滤波等算法,提高位置结果的输出频率和平滑性。然而,此类依赖卫星等外源信号的定位方法通常容易受到信号遮挡等因素的影响,特别是在高层建筑、林荫道路和地下车库等环境下,信号的多径效应极大地降低了定位结果稳定性和可靠性,严重影响自动驾驶汽车行驶的稳定性和安全性。随后衍生出里程计算法，借助视觉、激光、轮速计等车载传感器完成姿态估计，在卫星信号失效的路段仍可保持位姿的准确性。

考虑到里程计算法无法进行位姿的全局校正，同步定位与建图技术（SLAM）被提出，利用激光雷达、相机、IMU 等传感器，结合帧间配准、回环检测和位姿图优化等算法，可为各种自主移动机器人提供定位和地图构建服务。然而，随着场景规模的增加，其计算和存储资源会爆炸式增长。在自动驾驶的实际应用中，SLAM 更多被用于解决地下停车场等 GNSS 信号受限区域的建图和定位问题。

不同于 SLAM 技术，基于高精度地图等先验信息的定位方法通过将实时扫描得到的激光雷达点云数据与预先构建的高精度地图匹配，可以获取车辆在全局坐标系（WGS84 或 UTM 坐标系）下的姿态信息，从而提供与卫星导航系统一致的输出结果。此种方法可以为自动驾驶车辆提供实时定位服务，不再依赖外部信号的输入，也被称为"无依托定位"技术。这类方法被应用于大规模城市场景时，依然面临着诸多挑战，比如大规模高精度地图的存储和加载问题，实时扫描点云与先验地图配准的精度问题，以及配准算法在稀疏或单调场景中的稳定性问题等。

随着人工智能与图像处理技术的不断发展，协同定位可以进一步增强定位系统的精度和鲁棒性。通过对道路标记、交通设施的识别以及对交通参与者的行为分析，获得更丰富的交通场景信息，进而解算出基于场景理解的协同定位结果。这种定位方法与"无依托定位"相呼应，也可以被称为"有依托定位"。这里的"有依托"是指依托于交通场景与其他交通参与者。

针对自动驾驶汽车或辅助驾驶技术中最常用的定位方法，本章将对组合导航系统、里程计方法、同步定位与建图、无依托定位方法和协同定位方法分别展开讨论。从传感器数据解析、算法设计以及系统实现 3 方面，详细介绍自动驾驶定位系统搭建的全过程。

7.2　组合导航系统

在研究初期，组合导航系统应用较为广泛，本节针对传统的组合导航系统展开介绍。

7.2.1　基础配置

尽管 GNSS 系统可以全天候工作，不存在累积误差，可以输出绝对定位结果。但在实际情况下，GNSS 受多方面因素影响，精度有限，单一 GNSS 系统提供的定位精度只能达到 25m。为了得到更高的定位精度，在 GNSS 技术的基础上，差分 GNSS（RTK-GPS）技术应运而生，并广泛应用于高精度定位。

对于 RTK-GPS 而言，不同的卫星导航产品的输出接口略有差异，提供的数据至少包括当前车辆在世界坐标系中的三维位置坐标与朝向信息,数据频率一般是 10～20Hz。一般情况下,车辆的世界坐标值是非常大的(例如百万级),为了保证后续的计算精度,一般会额外引入一个相对世界坐标系(与世界坐标系只存在平移变换),使得车辆当前位置的三维坐标的数值控制在约 10 000。

为了提高定位系统的输出频率、提升定位系统的平滑性和鲁棒性,自动驾驶组合定位系统将绝对定位与相对定位融合起来。一方面,利用 RTK-GPS 提供不随时间变化的高精度绝对定位信息来纠正航迹推演带来的累积误差;另一方面,航迹推演可以在 RTK-GPS 的数据降频或信号丢失的情况下,实现相对定位并对绝对定位数据进行校正。

通过一定的方法,将 RTK-GPS 与 IMU 进行传感器融合,可以实现更稳定的车身位姿估计。GNSS/IMU 组合导航系统是自动驾驶系统中准确而可靠的导航解决方案,主要实现过程如下:

(1) RTK-GPS 定位与 IMU 测量。RTK-GPS 系统使用基站和流动接收器的组合来获得高精度的实时定位信息,而 IMU 可以提供连续的姿态和运动测量数据。

(2) 数据融合。将 RTK-GPS 与 IMU 的数据进行融合,这个过程可以使用基于滤波器(如卡尔曼滤波器、扩展卡尔曼滤波器、粒子滤波器)的方法来实现。

(3) 状态估计。数据融合后,车身的位置、速度和姿态等导航状态可以被估计。这些估计值会随着时间的推移进行更新,并使用新的传感器测量数据进行校正和修正。

(4) 误差补偿。在组合导航系统中,RTK-GPS 和 IMU 都可能存在误差与不确定性。为了减小误差的影响,系统通常会使用一些校正与补偿方法。例如,IMU 的漂移误差可以使用 RTK-GPS 的高精度定位结果进行校正。另外,IMU 可以提供连续的导航更新,填补 GNSS 信号中断或不可靠的时段。

总体而言,GNSS/IMU 组合导航系统具有实时的高精度定位性能和极强的兼容性,可以与其他传感器(如激光雷达)进一步融合。多传感器融合也克服了单一传感器的局限性,提高了定位导航系统的鲁棒性。然而,该系统也同样面临着复杂性、成本、环境限制与设备依赖性等方面的挑战。在自动驾驶应用中,需要根据实际需求与可行性进行综合考虑,才能选择出更为合适的定位导航解决方案。

7.2.2　基于卡尔曼滤波的组合导航算法

本节将以 GNSS 和 IMU 组成的组合导航系统为例介绍融合定位,说明基于扩展卡尔曼滤波的多源融合算法,包括数据预处理、数据传输、算法模型以及工程实践中会遇到的具体问题和对应的解决方案等,构建了完整的、鲁棒的高精度定位系统。

获取车辆实时位置和姿态的最优估计问题,可以抽象成“如何利用测量数据并按照某种判别规则,获得对有用信号的最优估计”的问题,相当于从被噪声污染的信号中恢复有用信号。在车辆运动过程中,位置和姿态是变化的参数,该类问题的本质是状态估计。车辆位置、速度、姿态等参数均可以被定义为状态。

卡尔曼滤波器在实际运行时分为两个阶段：在得到新的绝对定位信息前，上面提到的 IMU 数据主要被用于航迹推演过程中，提供相对定位信息来预测当前位置；在接收到新的绝对定位信号时，使用该数据对当前位置预测进行更新。通过不断地迭代这两个步骤，系统可以对自动驾驶系统进行准确的实时定位。这种方法也实现了一种频率层面的互补和平滑性的提升。

定位可以分为绝对定位和相对定位。如本节中使用到的 RTK-GNSS 定位即为绝对定位，每帧的位姿信息之间本身不存在相关性，均来自外界信息；IMU 提供的是车辆运动信息，需要结合车辆运动模型和当前位姿，对下一时刻的位姿进行推演。

1. 预测

考虑到一般情况下的车辆运动可以在二维平面进行表示，同时为了简化计算本身的复杂性、更加关注动态估计的过程，本节中选择具有代表性的车辆信息作为状态向量：

$$\boldsymbol{x} = [x, y, \varphi, v, w, a] \tag{7-1}$$

其中包含自动驾驶汽车的二维位置信息、朝向角信息、速度信息、角速度信息和加速度信息。具体含义如表 7-1 所示。

表 7-1　状态向量定义

物理意义	符号	物理意义	符号	物理意义	符号
位置 x 分量	x	偏航角	φ	z 轴角速度	w
位置 y 分量	y	前向速度	v	前向加速度	a

其中位置和偏航角是指自动驾驶汽车在世界坐标系中的坐标和朝向。

航迹推演依赖运动建模，其目的是建立一个可以很好地表示车辆运动且易于跟踪的模型。在这里采用经典的恒定转弯率和加速度（Constant Turn Rate and Acceleration，CTRA）模型对状态进行预测，其微分模型如下：

$$\dot{\boldsymbol{x}} = [\dot{x}, \dot{y}, \dot{\varphi}, \dot{v}, \dot{w}, \dot{a}] = [v \cdot \cos(\varphi), v \cdot \sin(\varphi), w, a, 0, 0] \tag{7-2}$$

结合微分模型，在足够短的时间间隔 Δt 里，k 时刻的状态到 $k+1$ 时刻的状态可以通过下式进行计算：

$$\boldsymbol{x}_{k+1} = \boldsymbol{x}_k + \dot{\boldsymbol{x}}_k \cdot \Delta t \tag{7-3}$$

这些信息默认在同一个坐标系中进行处理。注意，在状态估计中使用的加速度和角速度信息来自 IMU 的测量信息。

2. 更新

观测模型是传感器数据与状态向量之间的桥梁。基于观测模型，算法可以利用可靠的观测信息对预测给出的结果进行校正。

本节主要对 RTK-GNSS 的观测数据 z_k 对应的观测模型进行说明：

$$\boldsymbol{z}_k = [z_x, z_y] = \boldsymbol{H}_k \boldsymbol{x}_k \tag{7-4}$$

$$\boldsymbol{H}_k = \begin{bmatrix} 1 & 0 & 0 & 0 & 0 & 0 \\ 0 & 1 & 0 & 0 & 0 & 0 \end{bmatrix} \tag{7-5}$$

其中，$\boldsymbol{z}_k = [z_x, z_y]$ 表示的是 RTK-GNSS 在 k 时刻的观测，即世界坐标系下的 x、y 坐标。对照 $\boldsymbol{x}_k$ 的定义可知，$\boldsymbol{z}_k$ 和 $\boldsymbol{x}_k$ 之间是线性关系，可用矩阵表示。

7.3　自动驾驶定位的里程计方法

考虑到组合导航系统仍然受到卫星信号的影响，基于车载传感器的里程计方法被提出，用于估计某段时间间隔内的位姿变换，而不依赖相对于世界坐标系中的全局位姿估计。下面介绍 3 种方法。

7.3.1　基于航迹推演的里程计方法

基于航迹推演的里程计的核心思想是使用高频率传感器对车辆短时间内的运动进行积分，属于相对定位方法。这里的高频传感器特指频率远高于激光（5～20Hz）和 GNSS（1Hz）的传感器。与绝对定位方法不同，里程计算法不需要提供车辆的绝对（或全局）位姿信息，只需要估计某个较短时间段内的相对位姿变化，即只需要在某关键一帧的位姿基础上估计下一关键帧的位姿。里程计估计常用的传感器有 IMU、轮速计等，这些传感器的共有特点是频率很高（100Hz以上）。

本节以轮速计信息和车辆方向盘转角信息为例，结合车辆运动学模型进行航迹推演相关公式的推导。为避免过于冗杂的数学推导，下面使用较为简单的后轮差速模型，如图 7-1 所示。

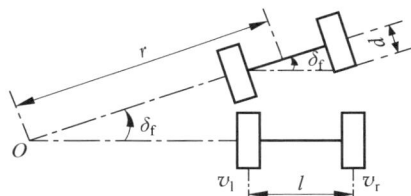

图 7-1　车辆运动学模型

后轮差速模型的车速是左后轮轮速 v_{l} 和右后轮轮速 v_{r} 的平均值：

$$v = \frac{v_{\mathrm{r}} + v_{\mathrm{l}}}{2} \tag{7-6}$$

车辆在 Δt 时间内航向角的变化量，等价于其绕运动轨迹圆心旋转的角度，即 δ_{f}。由于短时间内 δ_{f} 的变化量极小，因此有下面近似的公式：

$$\delta_{\mathrm{f}} \approx \sin(\delta_{\mathrm{f}}) = \frac{d}{l} = \frac{(v_{\mathrm{r}} - v_{\mathrm{l}})\Delta t}{l} \tag{7-7}$$

进一步可以得到机器人绕圆心运动的角速度 ω，即机器人航向角变化的速度：

$$\omega = \frac{\theta_{\mathrm{l}}}{\Delta t} = \frac{v_{\mathrm{r}} - v_{\mathrm{l}}}{l} \tag{7-8}$$

在得到线速度、角速度后，进而可以推出自动驾驶汽车圆弧运动的旋转半径：

$$r = \frac{v}{\omega} = \frac{l(v_r + v_1)}{2(v_r - v_1)} \tag{7-9}$$

由于传感器频率较高，可以认为在 Δt 时间内无人车或机器人处于匀速运动的状态。根据微积分的基本思想，线速度和角速度分别乘以 Δt 即可得到 Δt 时间内车辆位移量和朝向角的近似变化量。值得注意的是，IMU 提供的加速度信息是位移量的二阶导数，要准确估计位移量还需要有该时刻速度信息的准确数据。

作为一种通用算法，航迹推演算法适用于自动驾驶汽车、普通轮式机器人（差速轮机器人和舵机机器人）。在运动学模型不变的情况下，只需要对传感器信息进行简单调整即可应用于新的平台。

由于误差的存在，IMU 测量得到的值和真实速度角速度的值存在一定的偏差。这种误差由很多因素组成，包括量化噪声、温漂、零偏不稳定性以及高斯白噪声等。为了简化模型，一般表示为一个漂移误差以及一个随机噪声，其测量值与真实值的误差可以表示为下式：

$$\tilde{\boldsymbol{a}}_B(t) = \boldsymbol{R}_{WB}^T(t)(\boldsymbol{a}(t) + \boldsymbol{g}) + \boldsymbol{b}^a(t) + \boldsymbol{\eta}^a(t) \tag{7-10}$$

$$\tilde{\boldsymbol{\omega}}_B(t) = \boldsymbol{\omega}_{WB}(t) + \boldsymbol{b}^g(t) + \boldsymbol{\eta}^g(t) \tag{7-11}$$

其中，$\tilde{\boldsymbol{a}}_B(t)$ 表示 IMU 对加速度的测量值，$\boldsymbol{a}(t)$ 表示加速度真实值，$\boldsymbol{g}$ 表示重力加速度，$\boldsymbol{b}^a$ 表示加速度测量的漂移误差，$\boldsymbol{\eta}^a$ 表示加速度测量的随机噪声；$\tilde{\boldsymbol{\omega}}_B(t)$ 表示 IMU 角速度测量值，$\boldsymbol{\omega}_{WB}$ 表示 IMU 角速度真实值，$\boldsymbol{b}^g$ 表示角速度测量的漂移误差，$\boldsymbol{\eta}^g(t)$ 表示角速度测量值的随机噪声。

在紧耦合的 SLAM 系统中构建优化问题时，关键帧的位置、速度、旋转以及 IMU 的偏移将作为状态量不断进行优化，而在求解优化问题时，需要不断迭代更新这些状态。因此，每次迭代都需要重新进行积分操作，这会浪费大量时间，影响系统的实时性。因此，可以通过把每次迭代优化时不变的项提取出来，减少重复积分操作的工作量，即 IMU 预积分算法。下面简要介绍 IMU 预积分的推导过程。

从 t 时刻开始，经过一小段时间 Δt 到达 $t + \Delta t$ 时刻，由于 IMU 频率较高，Δt 时间较短，假设在 $[t, t + \Delta t]$ 内角速度与线速度保持不变，加速度计二次积分得到位置变化量，角速度积分得到角度变化量，这里对姿态采用旋转矩阵的形式进行推导，推导过程如下：

$$\boldsymbol{R}_{WB}(t + \Delta t) = \boldsymbol{R}_{WB}(t)\text{Exp}(\boldsymbol{\omega}_{WB}(t)\Delta t) \tag{7-12}$$

$$\boldsymbol{v}_W(t + \Delta t) = \boldsymbol{v}_W(t) + \boldsymbol{a}_W(t)\Delta t \tag{7-13}$$

$$\boldsymbol{p}_W(t + \Delta t) = \boldsymbol{p}_W(t) + \boldsymbol{v}_W(t)\Delta t + \frac{1}{2}\boldsymbol{a}_W(t)\Delta t^2 \tag{7-14}$$

将 IMU 测量值代入，得到如下表达式：

$$\boldsymbol{R}_{WB}(t + \Delta t) = \boldsymbol{R}_{WB}(t)\text{Exp}((\tilde{\boldsymbol{\omega}}_{WB}(t) - \boldsymbol{b}^g(t) - \boldsymbol{\eta}^g(t))\Delta t) \tag{7-15}$$

$$\boldsymbol{v}_W(t + \Delta t) = \boldsymbol{v}_W(t) - \boldsymbol{g}\Delta t + \boldsymbol{R}_{WB}(t)(\tilde{\boldsymbol{a}}_B(t) - \boldsymbol{b}^a(t) - \boldsymbol{\eta}^a(t))\Delta t \tag{7-16}$$

$$\boldsymbol{p}_{\mathrm{W}}(t+\Delta t)=\boldsymbol{p}_{\mathrm{W}}(t)+\boldsymbol{v}_{\mathrm{W}}(t)\Delta t-\frac{1}{2}\boldsymbol{g}(t)\Delta t^{2}+$$

$$\frac{1}{2}R_{\mathrm{WB}}(t)(\bar{\boldsymbol{a}}_{\mathrm{B}}(t)-\boldsymbol{b}^{a}(t)-\boldsymbol{\eta}^{a}(t))\Delta t^{2} \tag{7-17}$$

式(7-15)~式(7-17)是连续情况下的积分形式,在实际代码中要进行离散化:

$$\boldsymbol{R}_{j}=\boldsymbol{R}_{i}\prod_{k=i}^{j-1}\mathrm{Exp}((\tilde{\boldsymbol{\omega}}_{k}-\boldsymbol{b}_{k}^{g}-\boldsymbol{\eta}^{g}(t))\Delta t) \tag{7-18}$$

$$\boldsymbol{v}_{j}=\boldsymbol{v}_{i}-\boldsymbol{g}\Delta t_{ij}+\sum_{k=i}^{j-1}\boldsymbol{R}_{k}(\bar{\boldsymbol{a}}_{k}-\boldsymbol{b}_{k}^{a}-\boldsymbol{\eta}_{k}^{a})\Delta t \tag{7-19}$$

$$\boldsymbol{p}_{j}=\boldsymbol{p}_{i}-\sum_{k=i}^{j-1}\frac{1}{2}\boldsymbol{g}\Delta t^{2}+\frac{1}{2}\sum_{k=i}^{j-1}\boldsymbol{R}_{k}(\bar{\boldsymbol{a}}_{k}-\boldsymbol{b}_{k}^{a}-\boldsymbol{\eta}_{k}^{a})\Delta t^{2} \tag{7-20}$$

这样就得到了离散时间下的位姿积分公式,将其中的变化量表示出来,得到预积分状态量的表达式:

$$\Delta\boldsymbol{R}_{ij}=\boldsymbol{R}_{i}^{\mathrm{T}}\boldsymbol{R}_{j}=\prod_{k=i}^{j-1}\mathrm{Exp}((\tilde{\boldsymbol{\omega}}_{k}-\boldsymbol{b}_{k}^{g}-\boldsymbol{\eta}_{k}^{g})\Delta t) \tag{7-21}$$

$$\Delta\boldsymbol{v}_{ij}=\boldsymbol{R}_{i}^{\mathrm{T}}(\boldsymbol{v}_{j}-\boldsymbol{v}_{i}-\boldsymbol{g}\Delta t_{ij})=\sum_{k=i}^{j-1}\Delta\boldsymbol{R}_{ik}(\bar{\boldsymbol{a}}_{k}-\boldsymbol{b}_{k}^{a}-\boldsymbol{\eta}_{k}^{a})\Delta t \tag{7-22}$$

$$\Delta\boldsymbol{p}_{ij}=\boldsymbol{R}_{i}^{\mathrm{T}}\left(\boldsymbol{p}_{j}-\boldsymbol{p}_{i}-\boldsymbol{v}_{i}\Delta t_{ij}-\frac{1}{2}\boldsymbol{g}\Delta t_{ij}^{2}\right)$$

$$=\sum_{k=i}^{j-1}\frac{3}{2}\Delta\boldsymbol{R}_{ik}(\bar{\boldsymbol{a}}_{k}-\boldsymbol{b}_{k}^{a}-\boldsymbol{\eta}_{k}^{a})\Delta t^{2} \tag{7-23}$$

得到变化量的式子中与任意时刻状态的 $\boldsymbol{R}$、$\boldsymbol{v}$、$\boldsymbol{p}$ 无关,只与 IMU 本身的测量噪声有关,这里出现了多个 $\boldsymbol{b}^{a}$ 和 $\boldsymbol{b}^{g}$,为了减少计算量,假设两个关键帧之间的 $\boldsymbol{b}^{a}$ 和 $\boldsymbol{b}^{g}$ 相等,下面将高斯误差与测量值和漂移值分离,以方便估计高斯误差,由 BCH 公式可得:

$$\Delta\boldsymbol{R}_{ij}=\prod_{k=i}^{j-1}\left[\mathrm{Exp}((\tilde{\boldsymbol{\omega}}_{k}-\boldsymbol{b}_{i}^{g})\Delta t)\mathrm{Exp}(-\boldsymbol{J}_{r}^{k}\boldsymbol{\eta}_{k}^{g}\Delta t)\right]$$

$$=\Delta\tilde{\boldsymbol{R}}_{ij}\prod_{k=i}^{j-1}\mathrm{Exp}(-\Delta\tilde{\boldsymbol{R}}_{k+1}^{\mathrm{T}}\boldsymbol{J}_{r}^{k}\boldsymbol{\eta}_{k}^{g}\Delta t)\doteq\Delta\tilde{\boldsymbol{R}}_{ij}\mathrm{Exp}(-\delta\boldsymbol{\phi}_{ij}) \tag{7-24}$$

其中,$\boldsymbol{J}_{r}^{k}\doteq\boldsymbol{J}_{r}^{k}(\tilde{\boldsymbol{\omega}}_{k}-\boldsymbol{b}_{i}^{g})$ 是 SO(3) 的右雅可比矩阵,$\Delta\tilde{\boldsymbol{R}}_{ij}\prod_{k=i}^{j-1}\mathrm{Exp}((\tilde{\boldsymbol{\omega}}_{k}-\boldsymbol{b}_{i}^{g})\Delta t)$ 是 IMU 预积分得到的旋转测量值,$\mathrm{Exp}(-\delta\boldsymbol{\phi}_{ij})$ 是对应的高斯误差,由此,进一步推导 IMU 预积分得到的速度、位移与它们的测量值及误差之间的关系。

$$\Delta\boldsymbol{v}_{ij}\simeq\sum_{k=i}^{j-1}(\Delta\tilde{\boldsymbol{R}}_{ik}(\boldsymbol{I}-\delta\boldsymbol{\phi}_{ik})(\bar{\boldsymbol{a}}_{k}-\boldsymbol{b}_{i}^{a})\Delta t-\Delta\tilde{\boldsymbol{R}}_{ik}\boldsymbol{\eta}_{k}^{ad}\Delta t)$$

$$=\Delta\bar{\boldsymbol{v}}_{ij}+\sum_{k=i}^{j-1}\left[\Delta\tilde{\boldsymbol{R}}_{ik}(\bar{\boldsymbol{a}}_{k}-\boldsymbol{b}_{i}^{a})^{\wedge}\delta\boldsymbol{\phi}_{ik}\Delta t-\tilde{\boldsymbol{R}}_{k}^{ad}\boldsymbol{\eta}_{k}^{ad}\Delta t\right]$$

$$\doteq \Delta \tilde{\boldsymbol{v}}_{ij} - \delta \boldsymbol{v}_{ij} \tag{7-25}$$

$$\Delta p_{ij} \simeq \sum_{k=i}^{j-1} \frac{3}{2} \Delta \tilde{\boldsymbol{R}}_{ik} (\boldsymbol{I} - \delta \boldsymbol{\phi}_{ik}^{\wedge}) (\tilde{\boldsymbol{a}}_k - \boldsymbol{b}_i^a) \Delta t^2 - \sum_{k=i}^{j-1} \frac{3}{2} \Delta \tilde{\boldsymbol{R}}_{ik} \boldsymbol{\eta}_k^{ad} \Delta t^2$$

$$= \Delta \tilde{\boldsymbol{p}}_{ij} + \sum_{k=i}^{j-1} \left[\frac{3}{2} \Delta \tilde{\boldsymbol{R}}_{ik} (\tilde{\boldsymbol{a}}_k - \boldsymbol{b}_i^a)^{\wedge} \delta \pmb{\phi}_{ik} \Delta t^2 - \frac{3}{2} \Delta \tilde{\boldsymbol{R}}_{ik} \boldsymbol{\eta}_k^{ad} \Delta t^2 \right]$$

$$\doteq \Delta \tilde{\boldsymbol{p}}_{ij} - \delta \boldsymbol{p}_{ij} \tag{7-26}$$

将测量值与误差之间的关系代入预积分状态量的表达式,得到预积分状态量与 i、j 时刻状态量之间的联系。

$$\Delta \tilde{\boldsymbol{R}}_{ij} = \boldsymbol{R}_i^{\mathrm{T}} \boldsymbol{R}_j \mathrm{Exp}(\delta \boldsymbol{\phi}_{ij}) \tag{7-27}$$

$$\Delta \tilde{\boldsymbol{v}}_{ij} = \boldsymbol{R}_i^{\mathrm{T}} (\boldsymbol{v}_j - \boldsymbol{v}_i - \boldsymbol{g} \Delta t_{ij}) + \delta \boldsymbol{v}_{ij} \tag{7-28}$$

$$\Delta \tilde{\boldsymbol{p}}_{ij} = \boldsymbol{R}_i^{\mathrm{T}} \left(\boldsymbol{p}_j - \boldsymbol{p}_i - \boldsymbol{v}_i \Delta t_{ij} - \frac{1}{2} \boldsymbol{g} \Delta t_{ij}^2 \right) + \delta \boldsymbol{p}_{ij} \tag{7-29}$$

优化时会优化迭代 i、j 时刻的状态量 $\boldsymbol{R}_i$、$\boldsymbol{v}_i$、$\boldsymbol{p}_i$、$\boldsymbol{R}_j$、$\boldsymbol{v}_j$、$\boldsymbol{p}_j$ 来最小化 $\boldsymbol{\phi}_{ij}$、$\delta \boldsymbol{v}_{ij}$、$\delta \boldsymbol{p}_{ij}$。虽然以上预积分量与时刻 i、j 的状态量 $\boldsymbol{R}_i$、$\boldsymbol{v}_i$、$\boldsymbol{p}_i$、$\boldsymbol{R}_j$、$\boldsymbol{v}_j$、$\boldsymbol{p}_j$ 无关,但是与漂移 $\boldsymbol{b}_i^g$、$\boldsymbol{b}_i^a$ 有关,因此在优化过程中,这两个漂移量需要进行估计和优化。当这些值发生变化时,需要重新进行积分计算。

为了解决这个问题,IMU 预积分中的解决方案采用泰勒展开进行近似,当漂移的变化量过大的时候需要重新进行积分,泰勒展开表达式如下：

$$\Delta \tilde{\boldsymbol{R}}_{ij} (\boldsymbol{b}_i^g) \simeq \Delta \tilde{\boldsymbol{R}}_{ij} (\bar{\boldsymbol{b}}_i^g) \mathrm{Exp} \left(\frac{\partial \Delta \bar{\boldsymbol{R}}_{ij}}{\partial \boldsymbol{b}^g} \delta \boldsymbol{b}_i^g \right) \tag{7-30}$$

$$\Delta \tilde{\boldsymbol{v}}_{ij} (\boldsymbol{b}_i^g, \boldsymbol{b}_i^a) \simeq \Delta \tilde{\boldsymbol{v}}_{ij} (\bar{\boldsymbol{b}}_i^g, \bar{\boldsymbol{b}}_i^a) + \frac{\partial \Delta \bar{\boldsymbol{v}}_{ij}}{\partial \boldsymbol{b}^g} \delta \boldsymbol{b}_i^g + \frac{\partial \Delta \bar{\boldsymbol{v}}_{ij}}{\partial \boldsymbol{b}^a} \delta \boldsymbol{b}_i^a \tag{7-31}$$

$$\Delta \tilde{\boldsymbol{p}}_{ij} (\boldsymbol{b}_i^g, \boldsymbol{b}_i^a) \simeq \Delta \tilde{\boldsymbol{p}}_{ij} (\bar{\boldsymbol{b}}_i^g, \bar{\boldsymbol{b}}_i^a) + \frac{\partial \Delta \bar{\boldsymbol{p}}_{ij}}{\partial \boldsymbol{b}^g} \delta \boldsymbol{b}_i^g + \frac{\partial \Delta \bar{\boldsymbol{p}}_{ij}}{\partial \boldsymbol{b}^a} \delta \boldsymbol{b}_i^a \tag{7-32}$$

代入并提取误差量,得到测量值误差的计算方法：

$$\boldsymbol{r}_{\Delta R_{ij}} \doteq - \delta \boldsymbol{\phi}_{ij} = \log \left(\left(\Delta \tilde{\boldsymbol{R}}_{ij} (\bar{\boldsymbol{b}}_i^g) \mathrm{Exp} \left(\frac{\partial \Delta \tilde{\boldsymbol{R}}_{ij}}{\partial \boldsymbol{b}^g} \delta \boldsymbol{b}_i^g \right) \right)^{\mathrm{T}} \boldsymbol{R}_{iR_j}^{\mathrm{T}} \right) \tag{7-33}$$

$$\boldsymbol{r}_{\Delta v_{ij}} \doteq - \delta \boldsymbol{v}_{ij} = \boldsymbol{R}_i^{\mathrm{T}} (\boldsymbol{v}_j - \boldsymbol{v}_i - \boldsymbol{g} \Delta t_{ij}) \tag{7-34}$$

$$\boldsymbol{r}_{\Delta p_{ij}} \doteq - \delta \boldsymbol{p}_{ij} = \boldsymbol{R}_i^{\mathrm{T}} \left(\boldsymbol{p}_j - \boldsymbol{p}_i - \boldsymbol{v}_i \Delta t_{ij} - \frac{1}{2} \boldsymbol{g} \Delta t_{ij}^2 \right) \tag{7-35}$$

式(7-33)～式(7-35)涉及雅可比部分的推导,由于篇幅限制不做过多展开,只给出结论,关于预积分的更多细节可以参考论文[207]。

7.3.2　视觉里程计

将单目或双目相机以刚体的形式固定在自动驾驶汽车或其他自主移动智能体上，视觉里程计（Visual Odometry，VO）可以利用相机图像增量式地估计自主移动智能体在运动中的实时位姿。Matthies 等[208]首次提出了视觉里程计的概念，设计了包含特征提取、特征匹配与跟踪以及运动估计在内的理论框架。此后关于视觉里程计的研究变得更加流行和广泛。

与基于航迹推演的里程计方法相比，视觉里程计无须运动信息，不受轮胎打滑等不利条件的影响，可以应用于非结构化场景中或非常规平台上，如腿式机器人。不过，视觉里程计的适用场景需要满足几个基本条件：充足的光照、场景中静态物体占主导位置、足够的纹理特征以及两帧图像之间存在足够的重叠区域等。

下面对基于单目相机的视觉里程计进行简单介绍，包括数学模型以及常用的运动估计算法。

1. 数学模型

随着车辆的运动，相机捕获的图像序列可以被记为

$$I_{0:n} = \{I_0\,I_1\cdots I_n\} \tag{7-36}$$

将序列里相邻两帧进行位姿匹配，可以得到一系列相对位姿变换矩阵：$T_{1:n} = \{T_1\,T_2\cdots T_n\}$。其中，记 I_{k-1} 与 I_k 之间的齐次变换矩阵为：$T_k = \begin{bmatrix} R_k & t_k \\ \mathbf{0}^{\mathrm{T}} & 1 \end{bmatrix} \in \mathrm{SE}(3) \,|\, R_k \in \mathrm{SO}(3)$，$t_k \in \mathbb{R}^{3\times1}$。以 I_0 位置作为坐标原点，记 I_k 的位姿为 C_k，则有

$$C_k = T_k * C_{k-1} \tag{7-37}$$

2. 运动估计

估计两帧图像之间的相对位姿变换矩阵，即运动估计，对于视觉里程计来说十分重要。常用的运动估计方法主要有两种，即直接法和特征点法。

直接法通过使用所有像素信息构建优化问题来估计相机的运动，并生成稠密地图。尽管这种方法省去了特征提取时间，却导致求解优化的复杂度极高。因此，大多数基于直接法的 VO 需要借助 GPU 加速才能达到实时性能。此外，直接法假设相机运动是连续且缓慢的，在图像之间差异较大时，计算误差较高。

特征点法则需要先提取图像中的特征点，再追踪两帧图像之间相同的特征点，并根据匹配的特征点对计算帧间运动。算法中使用"描述子"（Descriptor）对特征点进行个性化表征，通常以向量形式包含了特征点和周围区域的信息。如果两个特征点的描述子相似，则可判定它们是同一个点，从而实现特征点的追踪和匹配。最终通过优化损失函数估计相机帧间相对位姿。特征点法通过对图像进行高级特征提取，减少了匹配的计算量，却不可避免地丢失了部分信息。此外，对于目标特征较少的场景或图像，特征点法无法提取足够有效的特征点以供后续计算。

不同类型相机的优化求解方法也不同。单目图像只有二维像素点坐标信息，因此帧间运动估计通常使用对极几何方法，即 2D-2D 法。双目或 RGB-D 图像中除二维坐标信息外，还包含深度信息，可以使用迭代最近邻点配准算法求解帧间运动，即 3D-3D 法。对于二维与三维图像之间的匹配，则使用 PnP 算法求解，即 2D-3D 法。接下来重点展开介绍 2D-2D 方法，3D-3D 法会在激光部分进行介绍，而 2D-3D 法则会在激光相机标定算法中介绍。

3. 对极几何法

从两个图像中找到若干匹配好的特征点对后，需要据此求解两个图像之间的相对位姿变换，即齐次变换矩阵 $T_k = \begin{bmatrix} R_k & t_k \\ 0^T & 1 \end{bmatrix}$。定义两个匹配的特征点的归一化坐标为 x_1、x_2，两者之间满足

$$x_2 = R_k x_1 + t_k \tag{7-38}$$

同时左乘 $\hat{t}_k$，有

$$\hat{t}_k x_2 = \hat{t}_k R_k x_1 \tag{7-39}$$

同时左乘 x_2^T，有

$$x_2^T \hat{t}_k x_2 = x_2^T \hat{t}_k R_k x_1 \tag{7-40}$$

其中，$\hat{t}_k x_2$ 表示向量 $\hat{t}_k$ 与向量 x_2 的叉积，与 x_2 做内积后结果为零，即

$$x_2^T \hat{t}_k R_k x_1 = 0 \tag{7-41}$$

考虑到相机模型 $x = K^{-1} p$，代入有

$$p_2^T K^{-T} \hat{t}_k R_k K^{-1} p_1 = 0 \tag{7-42}$$

式（7-42）的形式简洁美观，也将其称为对极约束。将中间部分分别记作两个矩阵：基础矩阵 $F = K^{-T} E K^{-1}$ 和本质矩阵 $E = \hat{t}_k R_k$，于是可以进一步化简为

$$x_2^T E x_1 = p_2^T F p_1 = 0 \tag{7-43}$$

于是，求解帧间的齐次变换矩阵问题转换为求解基础矩阵或本质矩阵的问题。

通过以上步骤，即可完成两帧图像之间的相对位姿估计，即视觉里程计。

7.3.3　激光里程计

激光里程计（LiDAR Odometry，LO）使用激光雷达捕捉的点云数据作为输入，与视觉里程计相比，激光里程计的性能受外界环境光影响较小，且激光雷达三维测量精度更高。不过，机械旋转式激光雷达在运动时可能会出现运动畸变，导致雷达发射坐标系与接收坐标系不统一。在没有引入外部传感器的条件下，这种运动畸变难以消除，可能影响里程计的性能。

基于几何方法的激光里程计通常会在场景中寻找点、线、面等几何特征，计算帧间点到点、点到线、点到面的距离和作为损失函数，通过优化该损失函数获得两帧点云之

间的最优旋转平移矩阵。点云配准算法一般将两片点云分为源点云(source)和目标点云(target),通过配准算法找到源点云在目标点云坐标系下的位姿。点云配准算法一直都是研究的热点问题,常用的方法有迭代最近邻点算法(Iterative Closest Point, ICP)[207]和正态分布变换算法(Normal Distribution Transform,NDT)[210]。ICP 算法是最经典的点云配准算法,该算法的核心思路是通过对源点云中的每个点寻找目标点云中对应的最近邻点,形成若干组点对,将每组点对之间的距离作为损失,以旋转平移变换矩阵为待优化变量,求解当前配对状态下能够使目标函数最小的最优解,在每次求解后则重新寻找最近邻点,进而不断迭代,最终得到最优的旋转平移变换矩阵。然而,ICP 算法强烈依赖点对之间的对应关系,当两片点云的初始位姿误差较大时,可能会出现错误的点对匹配,此时算法可能无法收敛,甚至发散。与 ICP 算法不同,NDT 算法并不直接依赖点到点的对应关系,而是通过对目标点云划分成若干体素,并假设每个体素都服从正态分布,再对每个体素的正态分布参数进行拟合,最后将源点云中的每个点投影到对应的体素中构造损失函数,逐步优化得到最优的旋转平移矩阵。NDT 算法通过使用栅格分布代替寻找最近邻点的方式,在一定程度上解决了因最近邻点匹配错误导致无法收敛的问题。

下面将介绍 NDT 算法的简单推导和实现。

NDT 的核心思想是将点云映射到平滑表面进行表示,使用一组局部概率密度函数(Probability Distribution Function,PDF)来描述点云表面的不同部分的形状,每个PDF 描述表面的一个局部区域的形状特征。

定义源点云和目标点云分别为 $\mathcal{P}=\{\boldsymbol{p}_j | j=1,2,\cdots,N_p\}$ 和 $\mathcal{Q}=\{\boldsymbol{q}_j | j=1,2,\cdots,N_q\}$,两片点云之间待估计的齐次变换矩阵为 $\boldsymbol{X}\in\begin{bmatrix}\boldsymbol{R} & \boldsymbol{t}\\ \boldsymbol{0}^{\mathrm{T}} & 1\end{bmatrix}\in\mathrm{SE}(3) | \boldsymbol{R}_{\mathrm{ot}}\in\mathrm{SO}(3),\boldsymbol{t}\in\mathbb{R}^{3\times1}$ 。该算法的第一步是将扫描所占用的空间细分为单元网格(二维情况下的正方形,三维情况下为立方体,即体素),基于体素内点的分布,计算每个体素的 PDF。这里以三维激光点云为例进行介绍,假设每个体素内的概率密度函数都符合正态分布,D 维正态分布的概率密度函数为

$$p(x)\frac{1}{(2\pi)^{D/2}\sqrt{|\boldsymbol{\Sigma}|}}\exp\left(-\frac{(\boldsymbol{x}-\boldsymbol{\mu})^{\mathrm{T}}\boldsymbol{\Sigma}^{-1}(\boldsymbol{x}-\boldsymbol{\mu})}{2}\right) \tag{7-44}$$

其中,$\boldsymbol{x}$ 是某个点的三维坐标,$\boldsymbol{\mu}$ 是对应的均值,而 $\boldsymbol{\Sigma}$ 是协方差矩阵。在三维情况下,正态分布可以描述为一条线(如果一个方向上的方差远大于另外两个方向的方差)、一个平面(如果一个方向的方差远小于另外两个方向的方差)或一个球体(如果方差的幅度在所有方向上相同或相近)。对于目标点云,需要对每个体素内均值和协方差矩阵两个参数进行估计,假设第 j 个体素中包含有 n_j 个点,那么

$$\boldsymbol{\mu}_j=\frac{1}{n_j}\sum_{i=1}^{n_j}\boldsymbol{q}_i \tag{7-45}$$

$$\boldsymbol{\Sigma}_j = \frac{1}{n_j} \sum_{i=1}^{n_j} (\boldsymbol{q}_i - \boldsymbol{\mu})(\boldsymbol{q}_i - \boldsymbol{\mu})^{\mathrm{T}} \tag{7-46}$$

此时,需要将源点云中每个点根据位置投影到目标点云对应的体素中,损失函数构造如下:

$$J = \prod_{i=1}^{n} p(T(\boldsymbol{X}, \boldsymbol{p}_i)) \tag{7-47}$$

其中,J 的物理意义非常明确,即在变换矩阵 $\boldsymbol{X}$ 下,如果源点云中每个点投影到目标点云对应的体素中,当所有点的概率之积最大时,表明当前概率最大,也就是说,此时的变换矩阵为最优解,而此时的目标就变成了求解上述损失函数的最大值。

原始的优化求解损失函数(7-47)涉及累乘操作,为了简化计算,这里对损失函数取负对数,使其变成累加操作,同时也将上述损失函数变成最小化求解。

$$J = -\sum_{i=1}^{n} \log(p(T(\boldsymbol{X}, \boldsymbol{p}_i))) \tag{7-48}$$

事实上 PDF 并不一定限于正态分布。任何能够在局部准确捕捉表面点的结构并对异常值具有稳健性的 PDF 都是合适的选择。在远离均值的点上,正态分布的负对数似然函数无限增长。因此,扫描数据中的异常值可能对结果产生很大影响。使用正态分布和均匀分布的混合概率密度函数如下:

$$p(\boldsymbol{x}) = c_1 \exp\left(-\frac{(\boldsymbol{x}-\boldsymbol{\mu})^{\mathrm{T}} \boldsymbol{\Sigma}^{-1} (\boldsymbol{x}-\boldsymbol{\mu})}{2}\right) + c_2 \tag{7-49}$$

其中,c_1 和 c_2 均为常数项。对式(7-49)取负对数得:

$$-\log(p(\boldsymbol{x})) = -\log\left(c_1 \exp\left(-\frac{(\boldsymbol{x}-\boldsymbol{\mu})^{\mathrm{T}} \boldsymbol{\Sigma}^{-1} (\boldsymbol{x}-\boldsymbol{\mu})}{2}\right) + c_2\right) \tag{7-50}$$

由于不存在最简形式的一阶导数和二阶导数,所以用高斯函数来近似负对数函数:

$$\tilde{p}(\boldsymbol{x}) = -d_1 \exp\left(-d_2 \frac{(\boldsymbol{x}-\boldsymbol{\mu})^{\mathrm{T}} \boldsymbol{\Sigma}^{-1} (\boldsymbol{x}-\boldsymbol{\mu})}{2}\right) + d_3 \tag{7-51}$$

通过拟合参数 d_1、d_2 和 d_3,使得 $\tilde{p}(\boldsymbol{x})$ 逼近 $-\log(p(\boldsymbol{x}))$,解得 $d_3 = -\log(c_2)$,$d_1 = -\log(c_1 + c_2) - d_3$,$d_2 = -2\log((-\log(c_1 \exp(-1/2) + c_2) - d_3)d_1)$。由于 d_3 是一个常量,因此在优化问题中可以将其省去。此时优化的目标函数可以简化为下面的形式:

$$J(\boldsymbol{X}) = -\sum_{j=1}^{n} \tilde{p}(T(\boldsymbol{X}, \boldsymbol{p}_j)) \tag{7-52}$$

此时具有最简形式的一阶导数和二阶导数,可以使用高斯牛顿法进行求解。核心是求解 $\boldsymbol{H} \Delta \boldsymbol{X} = -\boldsymbol{g}$,其中,$\boldsymbol{H}$ 和 $\boldsymbol{g}$ 分别是 $J(\boldsymbol{X})$ 的海森矩阵和雅可比矩阵的转置。

以上是 NDT 算法的推导和求解过程,可以看出对于 NDT 算法而言,体素的大小是非常重要的参数。一般而言,体素越大,对初始位姿误差的容忍度就越高,因为体素的尺寸越大,源点云中每个点投影到正确的体素中的概率就越高。同时体素的尺寸越大,每个体素中包含的点就越多,对该区域点的分布描述就越准确。当然,随着体素尺寸的增大,对某个局部区域的描述就越粗糙,从而损失更多的细节信息。因此,体素的尺寸选择对于该点云配准算法至关重要,需要通过实验不断调试,找到最合适的尺寸。另外,迭代次数、收敛阈值等参数也需要进行适应性调整,以保证算法在特定场景中达到最优性能。

点云配准算法种类繁多,适用场景及对计算平台的要求都不同,在激光里程计前端使用时,应当根据传感器类型以及场景特点选择最合适的算法,并通过调参使算法达到最优性能。

7.4　同步定位与建图

对于没有环境先验信息的位置场景,机器人需要在探索的过程中创建地图,同时利用地图进行定位,因此 SLAM 应运而生。在自动驾驶中,SLAM 的前端通常被用于提供里程计信息,整个 SLAM 框架则被用于构建高精度地图。

7.4.1　系统框架

SLAM 涉及的领域极其广泛。前端与回环检测涉及计算机视觉和信号处理等领域,后端位姿优化运用了几何、图论、优化以及概率组合等各种数学工具。SLAM 系统可以被概括为如图 7-2 所示的系统结构。

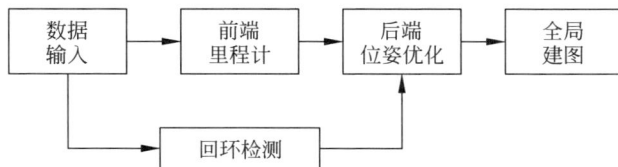

图 7-2　基于前后端的 SLAM 系统基础结构框图

如图 7-2 所示,SLAM 系统可以被划分为前端和后端,前端主要负责特征提取、跟踪与局部建图,后端完成地图管理与全局图优化。

1. 前端

前端又被称为里程计,其主要任务是从传感器数据中提取相关特征点,并通过关联相邻两帧数据中的特征点,来估计这两帧数据间传感器的运动,再通过合并关键特征构建局部地图。里程计方法在 7.3 节中已经进行了详细的介绍,在不同的场景下可以选择不同的传感器组合实现。

2. 后端

后端又称后端优化，其主要任务是接收不同时刻里程计测量的传感器位姿，以及回环检测的信息，并对这些位姿进行优化，从而消除里程计中的累积误差。后端一般包含两个部分：回环检测和位姿优化。

回环检测主要用来判断机器人或无人车是否回到先前的位置。只有确认机器人完成回环后，回环内的运动估计才有了计算误差的参考真值，从而进一步启动图优化算法来减少该误差。此外，回环信息可以帮助机器人更准确地了解环境的真实拓扑，并在路径规划中找到各位置间的最优路径。

位姿优化的主要方法包括基于滤波的方法和基于图优化的方法。与基于图优化的方法相比，基于滤波的方法运算量小，可以满足 SLAM 对实时性的要求，因此在SLAM 领域发展初期得到了广泛应用。但是随着计算机处理速度越来越快，基于图优化的方法凭借其更高的精度，逐渐成为位姿优化的主流算法。下面重点介绍位姿图优化的基本原理与概念。

图优化算法将优化问题表示为图，利用图的结构对问题进行清晰的描述并求解。图 7-3 所示为 SLAM中典型的位姿图，在该图中，圆圈代表机器人连续的位姿 $x_1 - x_4$，方框代表可被观测的路标 l_1。机器人位姿

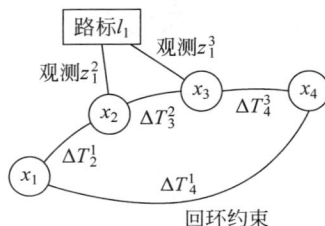

图 7-3 典型图优化问题结构

和路标都是待优化变量，在图结构中被称为顶点。连接顶点的线被称为边，表示误差项，即约束。在该图结构中，边主要有相对位姿约束 ΔT_2^1、ΔT_3^2、ΔT_4^3，对路标的观测约束 Δz_1^2、Δz_1^3 以及回环约束 ΔT_4^1。

约束一般来源于传感器观测，利用传感器观测模型建立机器人相对位姿及路标约束，通过求解该图完成机器人的位姿估计问题。从概率论的角度，即是求解在已知输入数据和观测数据的情况下，求解机器人状态的条件概率分布：

$$P(\boldsymbol{x}, \boldsymbol{y} \mid \boldsymbol{z}, \boldsymbol{u}) \tag{7-53}$$

其中，$\boldsymbol{x}$、$\boldsymbol{y}$、$\boldsymbol{z}$、$\boldsymbol{u}$ 分别代表了机器人位姿、环境路标和机器人观测，利用贝叶斯法则，就可以得到如下表达式：

$$P(\boldsymbol{x}, \boldsymbol{y} \mid \boldsymbol{z}, \boldsymbol{u}) = \frac{P(\boldsymbol{z}, \boldsymbol{u} \mid \boldsymbol{x}, \boldsymbol{y}) P(\boldsymbol{x}, \boldsymbol{y})}{P(\boldsymbol{z}, \boldsymbol{u})} \propto P(\boldsymbol{z}, \boldsymbol{u} \mid \boldsymbol{x}, \boldsymbol{y}) P(\boldsymbol{x}, \boldsymbol{y}) \tag{7-54}$$

可以将其表示为一个似然 $P(\boldsymbol{z}, \boldsymbol{u} \mid \boldsymbol{x}, \boldsymbol{y})$ 和先验 $P(\boldsymbol{x}, \boldsymbol{y})$ 的乘积，状态估计问题就是求解最大后验概率，而在没有先验的情况下，就是求解最大似然估计。

对于一次观测：

$$z_{k,j} = h(y_j, x_k) + v_{k,j} \tag{7-55}$$

假设噪声满足 $\boldsymbol{v}_{k,j} \sim \mathcal{N}(0, Q_{k,j})$，则观测数据的条件概率符合高斯分布，考虑最小化负对数来求解高斯分布的最大似然估计，为了形式简单，只考虑高斯分布为 $\boldsymbol{x} \sim \mathcal{N}(\mu, \boldsymbol{\Sigma})$，其负对数表达形式为

$$-\ln(P(\boldsymbol{x})) = \frac{1}{2}\ln((2\pi)^N \det(\boldsymbol{\Sigma})) + \frac{1}{2}(\boldsymbol{x}-\boldsymbol{\mu})^{\mathrm{T}}\boldsymbol{\Sigma}^{-1}(\boldsymbol{x}-\boldsymbol{\mu}) \tag{7-56}$$

这里求解最大似然函数时优化的变量为机器人的位姿 $\boldsymbol{x}$，所以只考虑第二项即可，代入观测模型，得到如下表达式：

$$(x_k, y_j)^* = \arg\max \mathcal{N}(h(\boldsymbol{y}_j, \boldsymbol{x}_k), Q_{k,j}) \tag{7-57}$$

通过数学变换，待优化目标函数等价于

$$(x_k, y_j)^* = \arg\min((z_{k,j} - h(\boldsymbol{y}_j, \boldsymbol{x}_k))^{\mathrm{T}} Q_{k,j}^{-1}(z_{k,j} - h(\boldsymbol{y}_j, \boldsymbol{x}_k))) \tag{7-58}$$

考虑单个观测数据的位姿优化表达式推导完成后，随后考虑多个观测数据的位姿优化，并将位姿优化和路标优化分离开来，得到如下表达式：

$$P(\boldsymbol{x}, \boldsymbol{y} \mid \boldsymbol{z}, \boldsymbol{u}) = \prod_k P(u_k \mid x_{k-1}, x_k) \prod_{k,j} P(z_k \mid x_k, y_i) \tag{7-59}$$

定义输入和观测数据与模型之间的误差分别为

$$\boldsymbol{e}_{u_k} = x_k - f(x_{k-1}, u_k) \tag{7-60}$$

$$\boldsymbol{e}_{z_{j,k}} = z_{k,j} - h(x_k, y_j) \tag{7-61}$$

构建其优化函数为

$$\min J(\boldsymbol{x}, \boldsymbol{y}) = \sum_k \boldsymbol{e}_{u,k}^{\mathrm{T}} \boldsymbol{R}_k^{-1} \boldsymbol{e}_{u,k} + \sum_j \sum_k \boldsymbol{e}_{z,k,j}^{\mathrm{T}} \boldsymbol{R}_{k,j}^{-1} \boldsymbol{e}_{z,k,j} \tag{7-62}$$

此优化函数即为图优化算法的优化目标。鉴于其相似性，将其表示为如下函数：

$$\boldsymbol{x}^* = \arg\min_{\boldsymbol{x}} F(\boldsymbol{x}) \tag{7-63}$$

其中，$F(\boldsymbol{x}) = \sum_{(i,j) \in C} \boldsymbol{e}_{i,j}^{\mathrm{T}} \boldsymbol{\Omega}_{i,j} \boldsymbol{e}_{i,j}$，$\boldsymbol{e}_{i,j}$ 表示误差，$\boldsymbol{\Omega}_{i,j}$ 表示信息矩阵。虽然整个问题的数学描述并未改变，但通过图的表示可以更直观地理解问题的结构，同时可以利用图的性质进行更有效的优化。

构建好优化问题后，一般迭代优化求解的方法有一阶梯度下降法、二阶梯度下降法、高斯牛顿法等。优化主要包括 4 个步骤：

（1）固定初始值。

（2）将问题转化为凸问题。

（3）迭代求解，并更新初始值。

（4）重复步骤（2）和步骤（3），直到收敛。

图优化可以利用问题的稀疏性，加快求解速度，并且对于初始状态的变化较为鲁棒，但是对错误观测不具有鲁棒性。此外，面对"非凸"问题时，算法可能陷入局部最小值，无法保证全局最优性。

接下来对经典的视觉 SLAM 系统和激光 SLAM 系统进行介绍。

7.4.2　视觉同步定位与建图

主流的视觉 SLAM 算法的位姿估计框架可以分为基于光束法平差（Bundle

Adjustment，BA）和基于滤波的方法。基于滤波的视觉 SLAM 使用概率模型表征每个时刻的系统状态，之后使用滤波器进行状态更新，具有代表性的算法包括 MonoSLAM[211] 和 MSCKF[212]。基于光束法平差的 SLAM 系统最早被 Klein 等提出，PTAM[213] 算法利用传统的特征点法实现。随后 Mur-Artal 等对 PTAM 的框架进行改进，提出了 ORB-SLAM 系列[214-216]。

帧间跟踪算法可以分为特征点法和直接法两大类，其中特征点法需要对图像进行特征提取和选择，根据特征的匹配性获取帧间的跟踪和位姿变换结果，而直接法利用图像灰度信息，通过最小化光度误差计算相机运动，代表方法有 LSD-SLAM[217] 等。直接法无须计算关键点和描述子，不仅缩短计算时间，还可以避免特征的缺失，但直接法对光照变化较为敏感。

本节介绍视觉 SLAM 框架中应用最为广泛且性能最好的单目视觉 SLAM 系统之一的 ORB-SLAM 算法。该算法在跟踪、建图、回环检测和重定位模块中均使用相同的 ORB 特征，这使得该系统高效可靠，可以在大规模应用场景中实现实时性能。如图 7-4 所示，ORB-SLAM 系统主要由 3 部分组成，分别为：特征提取与跟踪（Tracking），局部建图（Local Mapping）和回环检测与闭环（Loop Closing）。ORB-SLAM 首先从当前帧中提取 ORB 特征点，然后使用这些特征点来初始化地图或执行重定位。跟踪线程负责计算当前帧相对于活跃地图的位姿，估计本体位姿并决定是否新建关键帧。新建的关键帧被插入到局部建图线程中，该线程负责在关键帧局部窗口中添加新的关键帧和特征点到活跃地图。此外，局部建图线程还执行局部 Bundle Adjustment（BA）优化，以提高地图的准确性。最后 ORB-SLAM 通过检测回环并执行闭环纠正来优化地图。

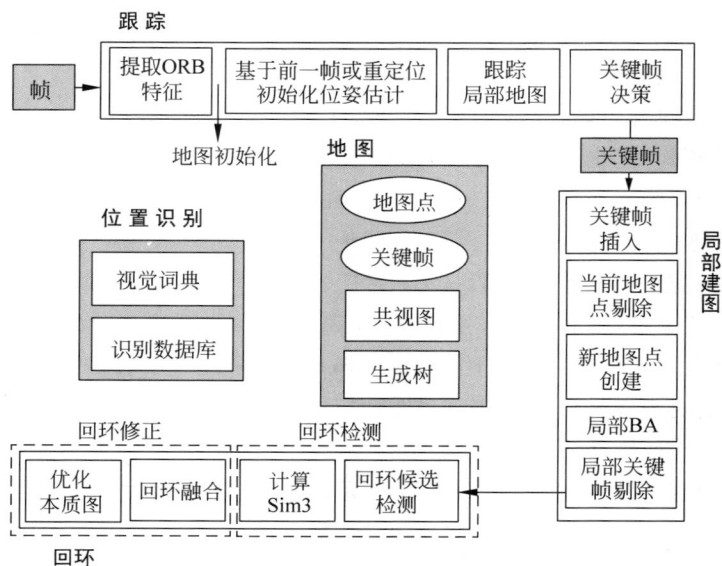

图 7-4   ORB-SLAM[214] 结构框图

回环检测使用先检查候选关键帧的几何一致性,然后检查与 3 个共视关键帧的局部一致性策略。下面将针对单目 ORB-SLAM 系统的各个算法模块进行说明。

1. 特征选择

为保证每帧图像的特征提取时间远远小于 33 ms,同时保证特征具备通用的位置识别能力和旋转不变性,ORB-SLAM 算法在主流特征中选择了 ORB 特征。每个 ORB 特征使用 256 位的描述子进行表征。此外,ORB 特征可以快速实现计算和匹配,具备良好的视角不变性。

2. 帧间跟踪

该模块负责估计每一帧图像对应的相机位姿,并进行插入关键帧的判断。首先将当前帧的特征与之前帧的特征进行匹配,并使用基于运动估计的 BA 算法进行初步位姿优化。如果跟踪模块由于遮挡或者大幅运动等情况而失效,那么位置识别模块将被调用并执行全局重定位。在获得相机位姿的匹配结果后,算法将检索局部可见的地图,并通过重投影搜索当前帧与局部地图点的匹配关系,最终根据所有的匹配关系进行相机位姿的二次优化。

3. 局部建图

该模块需要处理跟踪线程中确定插入的新关键帧,并通过局部 BA 算法实现相机周围环境的最优重建。对于新关键帧中没有和当前局部地图构建匹配的 ORB 特征,算法将进一步进行搜索,并通过三角化生成新的局部地图点。此外,在创建地图点的同时会剔除低质量地图点并去除冗余的关键帧,从而保留高质量的地图点。

4. 回环检测

该模块针对每个新的关键帧,在已有关键帧中搜索其回环候选。其中回环检测算法是通过基于词袋模型的位置识别实现的,具体细节可参考第 3 章。在检测到回环后,计算两帧图像之间的位姿变换,即为回环过程中的回环约束。同时对回环中的地图点进行修正,并使用基于相似性约束的位姿图优化保证全局一致性。ORB-SLAM 采用稀疏的本质图进行图优化步骤,从而实现更高效的计算性能。

7.4.3　激光同步定位与建图

相较于相机,激光雷达具备准确的深度信息,更适用于处理恶劣环境下自动驾驶中的大规模定位与建图问题。由于点云数据特有的稀疏性和无序性,激光 SLAM 配准往往需要使用更复杂的特征点匹配方法。作为 3D 激光 SLAM 相关的经典工作,LOAM[218] 是目前应用最广泛的激光里程计算法。由于其算法清晰、性能优越,自提出以来一直被作为激光里程计或激光 SLAM 前端的模板框架。在 LOAM 算法基础上,LeGO-LOAM[219] 算法引入闭环检测和图优化模块,构建了完整的 SLAM 框架,在实际应用中以其优异的效果得到广泛认可。本节对 LeGO-LOAM 算法进行简单介绍。

如图 7-5 所示，LeGO-LOAM 算法框架一共分为 5 个小模块，下面分别进行介绍。

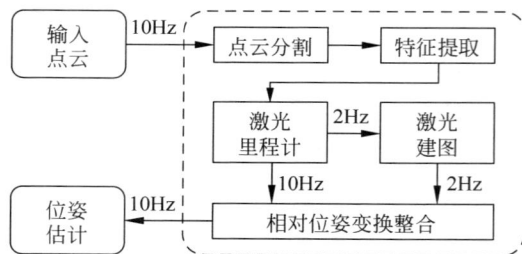

图 7-5   LeGO-LOAM[219] 结构框图

1. 符号说明

一次扫描为一帧点云，记作 P，P_k 则表示第 k 帧点云。

激光雷达坐标系为 L，L_k 则表示第 k 帧时激光雷达坐标系相对全局坐标系的位姿，那么第 k 帧点云中第 i 个点在当前激光雷达坐标系 L_k 下的位置可以表示为 $X^L_{(k,i)}$。

全局坐标系为 W，第 k 帧点云中第 i 个点在全局坐标系下的位置为 $X^W_{(k,i)}$。

2. 点云分割与特征提取

LOAM 算法创造性地提出使用点云中尖锐的边缘点和光滑的平面点作为两类特征点。在 LeGO-LOAM 算法中，假设车载激光雷达与地面保持水平且大部分点云为地面点。算法利用投影深度图进行地面点分割，并在分离出地面点后对非地面点进行目标聚类，从而滤除数量较少的点云簇，随后采用和 LOAM 相同的方法提取特征。

3. 里程计算法

与普通的 ICP 算法计算点到点的距离不同，LeGO-LOAM 通过计算点线距离和点面距离来建立 Scan-to-Scan 的帧间优化函数。

首先计算每个点的曲率：

$$c = \frac{1}{|S| \cdot \| X^L_{(k,i)} \|} \sum_{j \in S, j \neq i} \| X^L_{(k,j)} - X^L_{(k,i)} \| \tag{7-64}$$

其中，S 表示点集。为了确保实时计算性能，S 定义为当前点最邻近的 2 个边缘点和 3 个平面点。通过比较曲率可以区分边缘点和平面点：曲率小的为平面点，曲率大的为边缘点。

此外，边缘点定义在直线上，平面点定义在平面上。损失函数可以通过点到线和点到面的距离来构建，其中点到直线距离如下：

$$d_\varepsilon = \frac{|(X^L_{(k+1,i)} - X^L_{(k,j)}) \times (X^L_{(k+1,i)} - X^L_{(k,l)})|}{|X^L_{(k,j)} - X^L_{(k,l)}|} \tag{7-65}$$

点到平面距离为

$$d_{\mathcal{H}} = \frac{\left| \left(\boldsymbol{X}^{L}_{(k+1,i)} - \boldsymbol{X}^{L}_{(k,j)} \right) \cdot \left(\left(\boldsymbol{X}^{L}_{(k,j)} - \boldsymbol{X}^{L}_{(k,l)} \right) \times \left(\boldsymbol{X}^{L}_{(k,j)} - \boldsymbol{X}^{L}_{(k,m)} \right) \right) \right|}{\left| \left(\boldsymbol{X}^{L}_{(k,j)} - \boldsymbol{X}^{L}_{(k,l)} \right) \times \left(\boldsymbol{X}^{L}_{(k,j)} - \boldsymbol{X}^{L}_{(k,m)} \right) \right|}$$

$$(7\text{-}66)$$

与 LOAM 将两种距离合并到同一个损失函数中不同，LeGO-LOAM 算法采取两步法进行位姿估计，在保证高精度的同时降低计算时间消耗。首先利用地面特征估计相对位姿的横滚角、俯仰角和 z 轴偏移量；之后利用线特征估计相对位姿的偏航角、x 轴偏移量和 y 轴偏移量。两步均可以通过 Levenberg-Marquardt(LM)算法进行求解。

4. 建图与优化

该模块的主线程使用 Scan-to-Map 的匹配方法，将最新的关键帧与已经建立的点云地图进行匹配，并采用因子图优化算法实现地图的扩展。LOAM 对全局点云地图空间进行划分并使用 KD 树的形式存储已经建立的地图，从而在匹配时使用局部子图代替全局地图。与 LOAM 的局部地图管理方式不同，LeGO-LOAM 采用基于关键帧的地图管理方式，这种方式虽然便于全局优化更新，使得局部地图信息更加丰富，但也占用了更大的内存。

算法中的闭环检测与视觉 SLAM 类似，对可能存在回环的两帧关键帧进行相对位姿计算并加入全局位姿，采用因子图优化算法完成整体优化。

7.5　基于车载传感器的无依托定位

在实际应用中，依赖 GNSS、蓝牙、蜂窝移动数据、Wi-Fi 等外源信号的定位系统在外源信号受遮挡或屏蔽时，定位结果会产生误差，进而影响车辆的安全。本节将介绍一种仅依赖车载传感器的高精度、实时且鲁棒的定位方法。这种方法被称为无依托定位。本节将从地图构建、大规模点云地图压缩与编码方法、点云配准算法及硬件加速方法等方面对完整的无依托定位系统展开介绍。

7.5.1　面向自动驾驶定位的高精度地图构建

构建高精度点云地图依赖 RTK-GNSS 和激光雷达。其中，RTK-GNSS 提供绝对位置坐标和姿态信息，激光雷达则负责对场景信息进行实时采集。在高精度地图采集员驾驶采集车的过程中，应当尽量保证每个关键场景都得到充分的扫描。数据采集一般采用录制数据包的方式，将激光雷达和惯性导航系统的数据同时录制在一个数据文件中。这里需要注意的是，数据采集之前应保证激光雷达与惯性导航系统的时间同步。

在读取激光雷达和惯性导航数据时，需要对两个系统进行数据的时间同步，具体原理如图 7-6 所示。构建两个缓冲区分别存储激光数据和惯导数据，同时向两个缓冲区中载入数据，且每个缓冲区最大承载 2 帧信息，由于激光雷达帧率低，因此以激光雷达数据为基准，每次计算两相邻帧的惯导的时间戳与激光时间戳之差的绝对值。如果下一帧时间戳之差小于当前帧的，则向惯导缓冲区中载入新一帧的数据，直到下一帧时间戳与激光时间戳之差的绝对值大于当前帧，此时取当前帧作为与激光时间戳最近邻的一帧，将该配对的数据全部保存。重复该过程，直到所有的激光数据都找到对应的惯导数据。

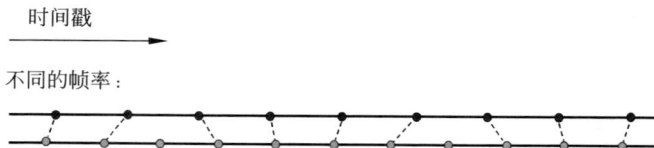

图 7-6　时间同步示意图

在计算前，激光雷达点云需要通过激光雷达外参标定，转换到车体坐标系下，再根据车体在世界坐标系下的位姿，投影到世界坐标系下。在标定参数准确且 GNSS 信号良好的情况下，同一静态物体在世界坐标系下的位姿应该是不变的。激光雷达外参标定可以参考第 2 章的内容。

GNSS 信号不佳时，可能造成点云在世界坐标系下的位置不够准确，产生边缘模糊的建图效果，因此需要使用配准算法修正激光点云在世界坐标系下的位姿。每帧激光根据其相邻帧的数据进行点云配准，修正因为误差带来的地图模糊问题。

最后，将配准过的每帧点云投影到世界坐标系下进行存储，保存成若干个点云文件。在实际应用中，点云地图的存储是非常棘手的问题，由于点云本身的无序性以及点云地图的采样密集性，导致占用了巨大的高精度点云地图的存储空间，同时也会造成基于高精度点云地图的任何后续操作都会受其数据量规模的影响。因此，需要对点云地图进行压缩，这也是 7.5.2 节将重点讨论的问题。

7.5.2　地图压缩与编码

对于自动驾驶系统而言，保存大规模全局地图并根据车辆当前位置动态高效地找到周围的局部地图是一项至关重要的能力。如果点云地图按点进行存储，存储形式是一维数组，当地图规模达到一定程度时，单次局部地图检索的时间可能无法满足自动驾驶对实时性的需求。因此，需要一种更加高效的检索方法。为了简化表述，之后将车辆当前位置周围的局部地图简称为子图。

一般来说，全局点云地图可以通过网格化处理被划分为体素，然后计算有效体素中点的正态分布参数，以便进行压缩。这种处理将点云的检索任务转化为从无序体素中索引子图。作为一种常用的空间地理信息编码系统，地理哈希（Geographic Hashing，Geohash）将地理位置编码为一串简短的字母和数字。在地图压缩与编码算法中，Geohash 被用于体素地理位置的编码，实现快速的子图索引。与原始的 Geohash

相比，文献[220]中的方法使用的是二进制编码。下面主要介绍基于 Geohash 的地图压缩与编码算法。

首先定义两种不同分辨率的三维网格，即块和体素。块是更大的 3D 网格，一个有效的块必须包含足够多的有效体素。在进行空间划分时，首先将全局地图划分为 2D 块（X-Y，24m×24m），并使用短码（二进制）作为块索引。块包含其 X-Y 区域内的所有体素，可以被视为具有无限高度的立方体。之后，每个块被划分为若干 3D 体素（X-Y-Z，1.5m×1.5m×1.5m），使用长码（二进制）代表体素的地理位置。全局地图划分（2D 形式展示）、编码和数据结构如图 7-7 所示。图 7-7(a)、(b) 和 (c) 显示了地图从上到下的划分，其中深色区域代表无效区块。图 7-7(d) 是 4×4 块编码方法的示例。图 7-7(e) 和图 7-7(f) 分别是有效的块和体素数据结构。

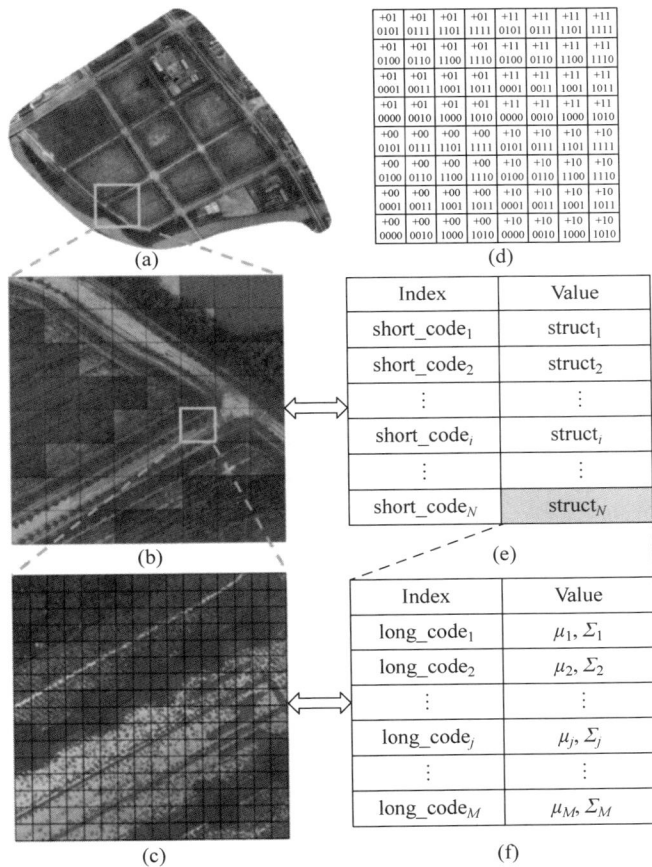

图 7-7　地图划分方法

以一块 10km×10km 大小的地图为例，横纵方向各"二分"10 次，得到大小约 10m×10m 的地图区块，每个地图区块获得一个长度 20 位的编码。由于地图本身的稀疏性，点云数据极少的地图区块可以忽略不计，称之为无效地图区块，反之则称为有效地图区块。因此，只需要保存有效地图区块的编码、点云数量以及地图区块中心位置坐标，便可以通过当前车辆位置快速找到其周围最邻近的地图栅格，如图 7-8 所示。由于编码的规律性，地图块查找过程十分简单，相比传统的 KD 树等最近邻点云搜索算法可以大幅提升运算效率。

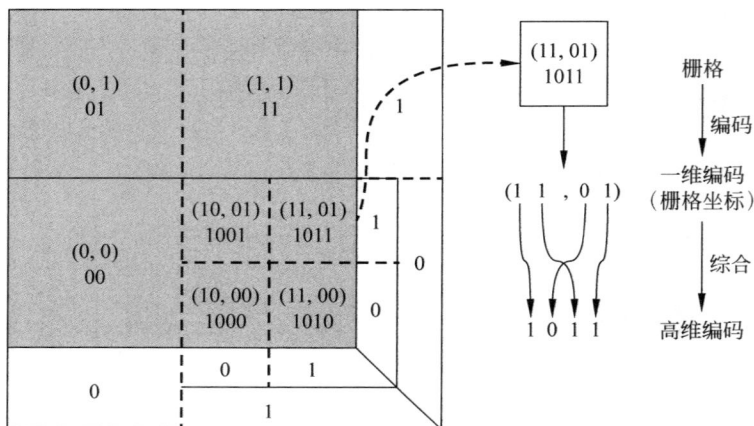

图 7-8　地图编码与索引方法

7.5.3　应用先验高精度地图的点云匹配定位

无依托定位的核心是通过实时环境感知数据与地图进行匹配，获得当前车辆在全局地图下的位姿。以激光雷达为例，激光定位的核心是利用点云配准算法将激光实时扫描点云投影到车辆坐标系中，并与先验高精度点云地图进行匹配，这一过程可以实时扫描点云在地图坐标系下的位姿，从而确定车辆当前的全局位姿。

点云配准算法将实时扫描的点云与预先构建好的全局地图进行匹配，就能获得当前扫描在全局地图下的准确坐标，即 Scan-to-Map 匹配。正如 7.3.3 节中对激光里程计的介绍，点云配准算法一般需要两片点云，它们具有相似的规模和良好的初始位姿估计。一般实时扫描点云的规模在 50～200m 半径的规模，而地图规模则远大于实时扫描点云。如果直接使用全局地图和实时扫描点云进行匹配，则会出现规模上极度不对等的问题，不仅会造成内存和计算资源的爆炸，同时还会使算法无法进行准确的对应，从而引起发散。因此，应该根据当前车辆位姿选择该位置附近一定范围内的局部地图作为目标点云，这也是 7.5.2 节中提到的大规模点云地图压缩与编码的意义所在，通过压缩编码实现大规模场景下局部地图的快速查找与读取。

7.5.4　软硬件协同设计方法

在一次 Scan-to-Map 配准中，NDT 算法的主要计算时间耗费在数据预处理、地图索引构建和变换矩阵计算中。作为激光定位的核心,点云配准算法在实际应用中的收敛耗时无法满足自动驾驶汽车对位姿估计的实时性需求。因此,很多学者提出了基于多线程 CPU 或 GPU 并行运算的加速算法,可以提高计算效率,节省时间开销。然而,这类算法计算资源占用过高,依赖高性能计算平台,很难在自动驾驶汽车上部署。另一个可行的解决方案是软硬件协同设计。本节将介绍一种基于现场可编程门阵列(Field-Programmable Gate Array,FPGA)的加速方法,通过软硬件协同设计大大提升算法执行效率,同时整个硬件计算平台的功耗大约为 5W,非常适合用于车载平台。

1. 基于 FPGA 的 Scan-to-Map 匹配硬件加速方法

首先,不再使用 KD 树实现地图索引,而是使用更加友好的双哈希函数。在变换矩阵计算部分,深度挖掘 FPGA 的并行计算特性,实现算法加速。作为对比,地图索引部分的计算耗时从 98.73 ms 降低到 1.61 ms,变换矩阵计算耗时从 38.56 ms 降低到 2.52 ms,其他部分的耗时从 86.86 ms 降低到 5.67 ms,单次迭代时长控制在 10 ms 以内。如果控制最多迭代次数为 10 次,那么单次匹配的耗时将控制在 100 ms 以内。

基于软硬件协同设计的无依托定位框架被部署在一个 ARM-FPGA 异构计算平台上,FPGA 被用作一个配准算法加速器。为了使算法在 FPGA 上执行过程中最大化利用 CPU 和 FPGA,操作被分为"点级操作"以及"迭代操作"。点级操作在具有高并行性的 FPGA 上实现,迭代操作在有高时钟频率和灵活性的 CPU 上执行。

记实时扫描点云 $\mathcal{P} = \{ \boldsymbol{p}_j \mid j=1,2,\cdots,N_p \}$,待估计的齐次变换矩阵 $\boldsymbol{X}_i = \begin{bmatrix} \boldsymbol{R} & \boldsymbol{t} \\ \boldsymbol{0}^{\mathrm{T}} & 1 \end{bmatrix} \in \mathrm{SE}(3) \mid \boldsymbol{R} \in \mathrm{SO}(3), t \in \mathbb{R}^{3\times 1}$,则 NDT 点云配准算法可以记为

$$X_{i+1} = \mathrm{NDT}(X_i, \boldsymbol{p}_1, \boldsymbol{p}_2, \cdots, \boldsymbol{p}_N) \tag{7-67}$$

根据前面介绍的地图压缩与编码方法,此时的 NDT 算法在异构计算平台上的计算可以表示为

$$\mathrm{NDT}(X_i, \boldsymbol{p}_1, \boldsymbol{p}_2, \cdots, \boldsymbol{p}_N) = \boldsymbol{f}(\Sigma_j g(h(X_i), \boldsymbol{p}_j)) \tag{7-68}$$

式中,$h(\cdot)$ 表示位姿相关但与点不相关的操作,比如欧拉角转旋转矩阵、齐次变换矩阵求偏导等。$g(\cdot)$ 表示所有点相关但位姿不相关的操作,比如查找某个点所在体素的正态分布参数和每个点到分布形成的损失量等计算。$\boldsymbol{f}(\cdot)$ 则是整合所有点的损失量并求解本次迭代得到的齐次变换矩阵。$h(\cdot)$ 和 $\boldsymbol{f}(\cdot)$ 在每次迭代中都只执行一次,因此它们都是"迭代操作",这些迭代操作每次执行时的数据对象都非常小,比如一个 6 维向量,或者一个 3×4 矩阵,但是处理过程却非常复杂,存在大量数学推导,比如 QR 分解等,因此这些操作都在 CPU 上执行。而 $g(\cdot)$ 不同,它在每次迭代中要遍历每个点,因此是"点级操作",考虑到每个点之间的并无关联,相互独立,因此可以在 FPGA 上实现,通过并行计算提高算法效率。

2. 基于软硬件协同设计的无依托定位系统

下面将以实车为例,具体介绍无依托定位系统的工作流程。

（1）高精度导航地图和点云数据加载。点云地图数据分别存储于多个数据包中，CPU 依据车辆所在位置将相应的数据包加载至内存并通过直接访问内存（Direct Memory Access，DMA）的方式发送至 FPGA。

（2）实时点云数据预处理。CPU 根据点云地图的边界对实时点云进行滤波和降采样，并将处理后的实时点云数据通过 DMA 总线发送至 FPGA。

（3）初始位姿估计矩阵。根据车辆底盘的运动学模型以及上一帧点云-地图配准结果进行航迹推演，获得下一帧实时点云的初始位姿估计矩阵，并写入 FPGA 侧寄存器。

（4）FPGA 完成迭代最近邻点云配准运算，CPU 负责配准所需数据的预处理以及配准结果后处理。CPU 对车辆运动信息、激光雷达原始数据以及 IMU 原始数据预处理并传输至 FPGA，FPGA 进行点云配准计算后，将配准结果返回至 CPU，配准结果包含配准后变换矩阵、有效匹配点对数量以及平均匹配点对间距的统计信息。

（5）数据传输。CPU-FPGA 异构处理器通过 CAN 总线接入车辆底盘运动信息，串口形式读取 IMU 信号，七类网线接入激光雷达数据，最终通过串口形式将定位结果发送给中央计算平台，为后续规划、决策、控制等模块提供定位信息。

7.6　协同其他交通元素的有依托定位

人类驾驶员与自动驾驶系统在定位方面的主要区别在于，自动驾驶系统在行驶过程中需要获取当前车辆在世界系下的准确位姿信息，而人类驾驶员大多通过观察周围环境来判断当前车辆的位置。受人类驾驶员定位方式的启发，自动驾驶系统逐渐引入协同交通元素的定位方法。比如，使用车道线辅助定位实现车道保持，或通过其他车辆行驶轨迹进行车道识别和保持，在局部环境下实现车辆的位姿估计和安全行驶。此外，这类方法还可以与高精度定位系统相辅相成：一方面，能够在大尺度空间上对细粒度的定位进行检验，和高精度地图耦合，防止出现定位漂移等现象；另一方面，能够增强自动驾驶系统对交通环境的感知与理解，获得更多先验信息。协同交通元素的定位方法是一种基于环境的特殊定位方法，是自动驾驶感知在自动驾驶定位方面的应用。

交通元素在参与自动驾驶系统的协同定位时可以被看作是知觉物体。Kahneman 在 1992 年提出认知的基本单元为知觉物体[221]，随后 Egly 在 1994 年通过实验证明了与局部特征相比，知觉物体更适合于对空间进行表征[222]。随着后续研究的不断深入，知觉物体作为认知基本单元的正确性得到了广泛的认可。基于环境知觉物体的自动驾驶汽车定位方法的实现过程主要包括认知地图的构建、知觉物体的提取与分析、认知定位方法 3 部分。认知地图的构建往往可以在原始地图中添加结构化描述；同时，采用聚类或识别的方式提取场景中的知觉物体；最后进行知觉物体的地图匹配，得到最终车辆的定位信息，完成认知定位。因此，在协同其他交通元素的定位方法中，其他交通元素可以被建模为知觉物体,最终定位同时使用点和物体或语义层面的特征。图 7-9 展示了把其他交通元素看作知觉物体的协同定位框架图。

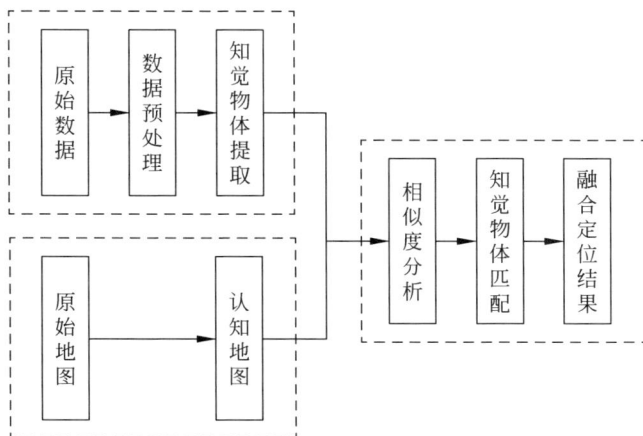

图 7-9　基于知觉物体的协同定位框架图

考虑到目前在该领域的落地工作仍然较少,本节不涉及具体的算法分析,仅从未来发展的角度分析如何通过环境感知辅助自动驾驶定位。下面以道路上的交通标识与交通参与者为例,介绍协同交通元素的定位方法。

7.6.1　基于交通标识的协同定位

在 L2 或 L3 级自动驾驶系统中,通常可以通过识别交通标识实现粗粒度的辅助定位。场景中的交通标识为驾驶员提供了丰富的先验信息,其中也包括非常重要的位置信息。因此,道路标识对于自动驾驶系统的定位同样重要,可以提供传统高精度地图外的语义信息。以交通信号灯为例,"视觉传感器识别到交通信号灯"代表着"目前车辆已经行驶到了路口附近",这种大尺度意义上的先验位置信息可以被自动驾驶汽车用于大规模场景下的快速粗粒度定位。下面以车道线识别为例介绍标识辅助定位方法。

作为一种在城市道路和高速路上最为常见的交通标识,车道线是人类驾驶员获得当前相对位置和保持车道的重要信息来源。由于车道线具有高识别性的特点,它成为自动驾驶系统的主要识别对象。目前的车道线识别技术已经相对成熟,使用一个或若干相机即可实现高精度的车道线识别。将车道线识别结果应用于定位技术中,即基于车道线的协同定位。值得注意的是,车道线协同定位只能用于横向位置估计和校正,纵向位置则需要根据里程计或其他定位方式获得。因此车道线协同定位只是一个完整定位系统中的一个环节。

根据当前可能存在偏差的绝对定位结果与高精度语义地图中已经标注的车道线信息,可以解算出有偏差的横向距离。基于车道线协同定位的实现思路是:在车辆通过相机等传感器提取到有效车道线信息后,首先根据相机外参将车道线投影至车体坐标系下,之后根据两侧车道线与车体之间的相对横向距离,进而校正车辆在车道中的位置。对于单车道场景,只需要根据两侧车道线信息不断调整车辆位姿即可。对于多车道场景,则需要首先判断车辆当前是否处于正确的车道。对于多车道场景,在换道、转向等场景中,转向箭头、停止线、斑马线等车道线也将为自动驾驶提供更多的信息用于位姿估计。算法 7-1 展示了基于车道线的协同定位的算法流程。

算法 7-1　基于 GNSS 的车道线协同定位算法

基于 GNSS 的车道线协同定位算法

输入：GNSS 位姿 Pose,车道线检测状态 conf,车道宽度 width_view,据车道线中心的横向距离 dis_center_view

输出：校正后的位姿 Pose

1：**function** CORRECTGNSS(Pose,conf,dis_center_view)
2：　**if** conf$==$GOOD **then**
3：　　　dis_center_map,θ,width_map$\leftarrow$GETMAPLOCATION(Pose)
4：　　　offset$\leftarrow$dis_center_view$-$dis_center_map
5：　　　$\delta_{width}\leftarrow$width_view$-$width_map
6：　　　**if** JudgeLaneInfo(δ_{width},offset)
7：　　　　　update_$x\leftarrow-$offeset $\cdot$ sin(θ)
8：　　　　　update_$y\leftarrow$offeset $\cdot$ cos(θ)
9：　　　**end if**
10：　**else**
11：　　　车道线信息不可用,不进行校正
12：　**end if**
13：　发布校正后的位置信息
14：**end function**
15：
16：**function** GETMAPLOCATION(Pose)
17：　　dis_center_map$\leftarrow$0
18：　根据 Pose,查找高精度地图中该位置距车道线中心的距离、车道线方向和车道宽度
19：　**return** dis_center_map,θ,width
20：**end function**
21：
22：**function** JUDGELANEINFO(δ_{width},offset)
23：　　判断车道宽度是否合理,偏移是否合理
24：　　**return** result
25：**end function**

7.6.2　基于交通参与者行为分析的协同定位

在实际交通场景中,交通参与者包括车辆、行人和非机动车等。在车流较大的场景或者拥堵场景中,尽管交通参与者的轨迹往往呈现高复杂度,人类驾驶员驾驶汽车时,仍然会通过分析其他交通参与者的行为来判断当前自身的位置。比如可以通过观

察非机动车以及行人的轨迹,获取人行道以及非机动车道的位置信息。再如,可以通过对周围车辆的行驶轨迹进行分析,获得相邻车道的拓扑信息。类似地,在自动驾驶系统中,依然可以通过设计算法,对道路上其他交通参与者的位置、轨迹等进行分析,从而获得可行驶区域、车道分布、道路延伸方向等重要信息。结合 7.6.1 节中提到的车道线辅助校正和高精度语义地图,自动驾驶系统可以实现垂直车道方向的大致定位。

尽管近年来交通参与者这一概念渐渐进入研究者的视野,但其行为分析主要用于障碍物检测和自动驾驶汽车的决策环节,涉及定位的方法尚不多见。这里讨论的基于交通参与者行为分析的定位方法,主要指通过对其他交通参与者进行识别和轨迹分析,从而确定可能存在的车道区域进而对当前车辆本身的位姿进行估计。以高速场景为例,当车辆在高速场景中行驶时,可以通过周围车辆的行驶轨迹快速判断出当前车辆所在的车道。这一应用对于高速环境中匝道立交等复杂交通场景尤其有效,其轨迹跟踪的精度通常高于车道线识别的精度。

对于目前的技术而言,协同其他交通元素的定位仍是一项具有挑战性的工作,也是未来自动驾驶技术发展的一个重要研究方向。

第 8 章

自动驾驶的行为决策

8.1　概述

　　行为决策是自动驾驶规划系统的关键组成部分,主要目标是根据感知算法提供的结构化感知信息、地图模块提供的语义地图信息以及车辆自身状态信息,生成合理可行的行驶策略。精确、安全、高效的行为决策可以限制轨迹规划算法的规划空间,从而大幅降低轨迹规划等相关算法的计算量以及计算耗时,并提升整个规划系统的实时性。

　　决策方法可以分为以下五大类:基于有限状态机的行为决策、基于部分可观测马尔可夫过程的行为决策、应用博弈论的交互行为决策、应用蒙特卡罗方法的行为决策及基于学习的行为决策模型。第一类方法简单可靠,使用状态机和状态转移方程描述车辆可选的行为以及不同行为间的转换规则,已经在多种实际场景中取得了不错的效果。第二类方法与前者最大的区别是考虑了不同车辆之间的交互过程,即当自主车辆采取某个特定行为时,考虑其他车辆受到的影响。第三类方法侧重交互式行为决策,主要包括博弈论和逆强化学习的应用。第四类方法构建了合适的模型,利用搜索方法进行在线决策。第五类方法可以分为基于模仿学习的行为决策、基于强化学习的行为决策以及基于逆强化学习的行为决策。这些方法将在后面进行详细介绍。

8.2　基于有限状态机的行为决策

有限状态机模型具有良好的鲁棒性,在自动驾驶领域获得广泛的应用。其不仅适用于高速场景,在其他交通情况下也具备较高的实用性。有限状态机由 3 部分构成:有限数量的状态、转移条件和动作。具体实施过程是"起始状态"的自动驾驶车辆满足某一转移条件时,执行对应动作并触发一次状态的转移或保持,直至到达"结束状态"则不再转移,状态机终止。其中动作可以为空,即条件满足后不执行任何动作,直接进行状态的转移或保持,状态与动作之间是相对独立的。内部状态和转移逻辑的表征方法有以下两种:第一种是状态转移图,其表达更为直观;第二种是二维表,它可以将状态转移和动作分别独立作表,基于二维表的查表法使编写的状态机代码具有更好的可读性和可维护性,修改状态机时,只需要修改对应状态和动作的二维表即可。为了更直观地描述有限状态机内部逻辑,下面以斯坦福大学在 2007 年参加 DARPA 城市挑战赛时[223],决策层中使用的状态机部分结构为例,对有限状态机进行更为具象的解释。

图 8-1 中状态机包含车辆定位、前向行驶(直行、避障等)、停止标志处等待、路口通过等 11 个相互独立的子状态。状态机启动时,默认被控车辆处于起始状态(车辆定位),当感知到被控车辆位于非停车场的道路上时,状态机则切换至前向行驶状态;当检测到当前车道堵塞时,状态机则切换至越线行驶状态并执行换道操作,最后当赛程结束时,则会转移至任务结束状态。

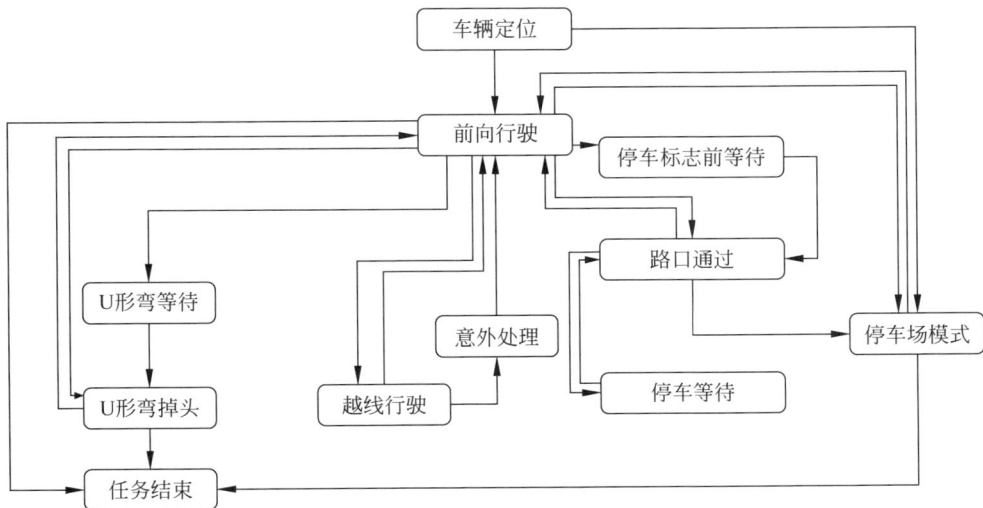

图 8-1　斯坦福 DARPA 城市挑战赛有限状态机部分结构

　　有限状态机是实现简单、内部逻辑清晰的经典自动驾驶行为决策算法。在有限状态机中，系统的行为被建模为一组有限数量的状态，每个状态代表系统可能的某种工作模式。状态之间的转换通过满足特定条件来触发，一旦条件满足，就会执行对应的动作并切换到新的状态。这些状态转换通常以状态转移图或状态转移表的形式表示。在自动驾驶中，状态可以表示车辆行驶、停止、转向等行为，而转移条件可能包括感知数据、环境信息和车辆传感器的反馈。但当状态数量增多时，需要维护的状态转移链数量将呈爆炸式增长，状态机结构会变得复杂臃肿，不仅会降低运算速度，还会影响其通用性。因此，又衍生出了适用于结构复杂、状态数目较多的分层状态机。分层状态机可以分为父状态机与子状态机。父状态机与子状态机具有包含的关系，即父状态机的决策"高于"子状态机。可以通过一个通俗的例子说明，父状态机是省份，而子状态机是其中的城市。分层状态机添加历史状态表示父状态机的初始状态，或记录切出此父状态时运行的子状态。与普通有限状态机的"起始状态"不同，分层状态机的历史状态是用于临时存储状态历史记录的栈，有利于切换。分层状态机适用于处理更复杂和多层次的自动驾驶决策场景，例如，可以用于处理不同驾驶模式之间的切换，如自动驾驶模式和手动驾驶模式之间的切换；在高密度交通或复杂道路状况下，分层状态机可以将决策分解为不同层次，使车辆能够更有效地应对各种交通场景；当车辆需要同时执行多个任务时，如车道保持和自动跟车，分层状态机可以将这些任务分别处理，提高系统的并行性和效率。

　　此外，其他类型的有限状态机还包括并发状态机和下推状态机等。并发状态机允许不相关的状态同时运行，从而增强系统的并行性和效率。它将不同的状态划分为不同的状态机，每个状态机独立地处理其相关状态。在自动驾驶领域，一个典型的应用是同时管理车辆的驾驶行为和车内娱乐系统。例如，车辆可能在保持车道的同时，由车内的娱乐系统播放音乐，这两个状态可以并行运行，互不影响。并发状态机的本质是通过将不相关状态划分为不同的状态机，从而实现多状态的并行执行。下推状态机使用一个状态栈来记录状态的历史，以便在状态切换后能够回溯到之前的状态。在状态切换时，新状态被推入栈顶，而当前状态则处于栈顶。当栈顶状态退出时，之前的状态成为新的栈顶并继续执行。在自动驾驶中，下推状态机可以用于处理需要回溯状态历史的情况，如遇到交通信号灯时的行为决策。例如，车辆在直行状态时遇到红灯，会进入等待状态，此时等待状态被推入栈顶。当交通信号灯变绿后，等待状态会从栈顶出栈，车辆恢复直行。

　　总体而言，并发状态机允许不相关状态同时执行，提高了系统的并行性，适用于多任务情境。下推状态机通过状态栈记录历史状态，可处理需要回溯状态历史的问题。表 8-1 列举了不同状态机的优缺点，选择适合的状态机模型将有助于更好地建模和处理自动驾驶中的各种情况。

表 8-1 状态机算法优缺点

算　法	优　点	缺　点
有限状态机	- 简单、内部逻辑清晰,适用于小规模问题 - 在简单场景中表现出色,易于理解和实现	- 随着状态增加,维护复杂,通用性差 - 不适合处理复杂的、多状态间相互影响的情况
分层状态机	- 解决了状态数量增多的问题,使决策更模块化,适用于复杂场景 - 提供了更高的灵活性和可扩展性	- 对于状态层次结构的设计和管理需要规划 - 可能需要一些额外的逻辑来处理层次切换
并发状态机	- 支持不相关状态同时运行,增强了并行性 - 适用于多个独立状态同时存在的场景	- 需要额外的同步和通信管理
下推状态机	- 记录状态历史,处理切换前的状态,模块化处理切换逻辑 - 在需要回溯状态历史的情况下非常有用	- 需要准确的状态转移概率信息

8.3 基于部分可观测马尔可夫决策过程的行为决策

马尔可夫决策过程(Markov Decision Process,MDP)的目标是优化策略 π,如图 8-2 所示。优化过程中所采用的方法是决策者在状态 s 时通过策略 $\pi(s)$ 选择的动作 a,最终使得奖励的累计函数最大化。奖励累计函数通常是在无限范围内的预期折扣总和:

$$E\left[\sum_{t=0}^{\infty} \gamma^t R_{a_t}(s_t, s_{t+1})\right]$$。其中,γ 是折现因子,满足 $0 \leqslant \gamma \leqslant 1$。最优策略 π^* 可以使得

E 最大。部分可观测马尔可夫决策过程(Partially Observable Markov Decision Process,POMDP)通过假设 MDP 决定系统动态来模拟智能体决策程序,但是智能体无法直接观察状态。相反,它必须要根据模型的全域与部分区域观察结果来推断状态的分布。因为部分可观测马尔可夫决策过程架构的通用程度足以模拟复杂真实世界的连续过程,被广泛应用于室内机器人导航问题、机械臂取物和复杂动态交通环境规划问题。

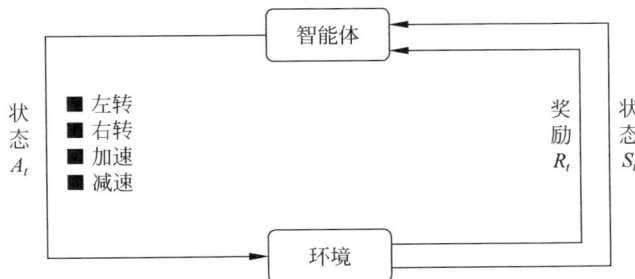

图 8-2 应用于自动驾驶车辆的马尔可夫决策交互过程

具体来说，将部分可观测马尔可夫决策过程应用于自动驾驶决策中，智能体自动驾驶汽车通过传感器获得的感知信息得到车辆状态 s。考虑到状态的不完全可观测性，使用信念状态 b 来表示车辆状态的概率分布，并通过策略 π 执行控制命令或高层决策命令 a。在执行动作 a 后，基于车辆的状态转移模型 T，得到车辆下一时刻的状态 s'。同时基于观测模型 O，获得采取动作 a，且系统状态转移为 s' 时车辆的观测 o；奖励函数 $R_a(s,s')$ 则可以通过一些安全，舒适，高效等行驶标准进行制定。部分可观测马尔可夫决策过程如图 8-3 所示。

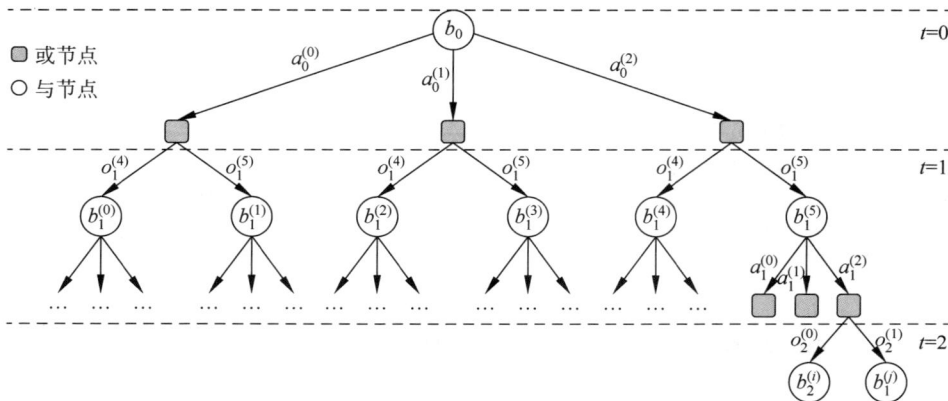

图 8-3   部分可观测马尔可夫决策过程

在部分可观测的马尔可夫决策过程中，状态空间 S 表示系统可能的状态集合。其主要由两部分构成，即可观测状态与不可观测状态。在自动驾驶决策中，自动驾驶车辆的可观测状态一般可以由位姿信息和运动信息表示，位姿信息包括位置、姿态；运动信息包括速度、加速度等。不可观测状态主要包括其他交通参与者的驾驶意图与驾驶风格等。观测者无法直接观察到这些状态，只能通过有限的观测结果来推断。决策者需要根据观测信息来推测系统的实际状态并制订最优决策，以达到长期的奖励最大化。状态空间 S 的复杂性和多样性直接影响了决策问题的难度，因为观测的不完全性使得决策者需要通过有效的策略来权衡不确定性和行动选择。

动作空间 A 由一系列预定义的车辆可行动作构成。对于特定的问题，车辆的动作空间 A 常常有所不同。例如，在换道决策场景中，车辆的动作空间通常包含道路保持、左侧换道、右侧换道等；在速度规划问题中，车辆沿给定路径计算可行速度，动作空间通常包含加速、速度保持和减速等；而在十字路口场景中，车辆根据交通信号灯以及与周围环境的交互，采取停车等待或加速通行等动作。

状态转移模型 T 描述了系统在不同动作下从一个状态转移到另一个状态的概率分布。它捕捉了系统的动态演化，即在进行某个特定动作 a 时，下一个状态将如何从当前状态中确定或随机地生成。决策者利用状态转移模型来预测状态的变化，从而在不完全观测和不确定的情况下制定最优决策策略，以最大化累积奖励。状态转移模型

T 通常受到车辆的运动动力学模型的影响,因此车辆运动动力学的准确描述对状态转移模型的建模至关重要。

奖励函数用于量化决策者对不同状态和行动的偏好程度,反映了自动驾驶决策规划的最终目标。每个状态和行动组合都关联着一个奖励值,表示在特定情境下的预期收益或成本。在自动驾驶行为决策的任务中,通常将安全性、舒适性以及有效性作为主要的决策指标。相应地,车辆在某个特定状态 s 下采取动作 a 后,是否能在保证自动驾驶行为决策安全与舒适的同时,尽快完成决策目标,决定了本次决策的奖励值。决策者的目标是通过选择行动,使得累积的预期奖励最大化。奖励函数的设计直接影响决策者的行为,帮助其在信息不完全和不确定性的环境中做出合理的决策,以实现长期的目标。

相较于 MDP 问题,部分可观测马尔可夫决策过程对观测的不确定性进行建模,这符合真实世界中的自动驾驶决策场景。在混合交通场景中,不同类型的交通参与者具有不同的驾驶意图与驾驶风格,同时真实场景复杂的交互使得它们的轨迹难以准确预测。这时需要考虑利用部分可观测马尔可夫决策过程的特性对这种不确定性进行建模。下述示例展示了对这种不确定性决策场景的建模与求解。

此例源于 Haoyu Bai 等的论文[233],论文中利用部分可观测马尔可夫决策过程对人群中车辆的速度规划进行建模,同时考虑行人意图的不确定性,大大提高了车辆在人群中行为决策的安全性与鲁棒性。

该场景中车辆的动作空间包含沿给定路径的不同加速度,包括加速、匀速和减速 3 种情况。可观测的状态空间包括车辆与行人的位置与速度信息。不可观测的状态包括行人的意图,行人意图用行人所要驶向的目标来表示。

为了评估行人意图的不确定性,设计了行人意图信念追踪器,如下式表示:

$$b'(g) = \eta p(x', y' \mid x, y, v, g) b(g) \tag{8-1}$$

式中,$p(x', y' | x, y, v, g)$ 描述了车辆在当前位置 (x, y) 和速度 v 下,以 g 为目标点时,下一时刻位置位于 (x', y') 的概率。$b(g)$ 表示当前目标点为 g 的概率,$b'(g)$ 表示概率更新后车辆以 g 为目标点的概率。在进行马尔可夫决策的前向模拟的过程中,车辆不断对行人的状态进行观测,更新行人意图的概率分布。随着观测时间的推移与观测累计信息量的增加,行人意图的不确定性逐渐减小,对应的决策准确性不断增加。

最后,通过考虑决策的安全性、舒适性与有效性,建立可靠的奖励函数。安全性主要取决于车辆与周围行人之间的距离,舒适性主要体现在车辆是否频繁进行加速和减速的动作,而有效性主要由车辆的平均速度决定。通过最大化累积奖励函数,获取车辆在各种环境中的最优决策,在保证安全和舒适的前提下,提升决策的效率和效果。

传统的部分可观测马尔可夫求解器在自动驾驶规划这种大规模问题上受限于"历史灾难"和"维度灾难",难以取得预期结果。因此一般会使用简化的状态和动作空间,下述示例展示了对于这种决策问题的求解。

此例源于 Cunningham 等的论文[224]。首先,如果直接将传统马尔可夫的决策过程套用在自动驾驶决策中,通常动作空间应该包含两部分:油门开度和方向盘转角。虽然这样的动作空间符合人类驾驶员的驾驶习惯,但会大幅度增加算法的时间开销,在实际中是不可取的。该工作将自动驾驶决策的动作空间定义为一个高级行为决策集合,其中包含了 4 种特定的高级行为:保持直行、变换至左侧车道、变换至右侧车道、停车。这样宏观层面的描述极大地简化了自动驾驶决策的动作空间。

其次,与动作空间简化相对应的是状态空间的简化。在求解自动驾驶决策问题时,因为动作空间的简化,不是所有的状态元素都应当考虑,即可以通过车辆的当前的状态与采取的动作来计算下一个时刻的状态,而不是考虑所有可能存在的状态元素。

再次,就是如何通过当前状态与所采取的动作而计算下一时刻的状态,并且考虑不同车辆之间的交互性。本例首先将所有的其他交通参与者进行智能驾驶员模型建模,使其能对不同交通状况做出合理反应。然后使用闭环模拟方法,以一定的时间间隔模拟交通场景,对每个交通参与者产生一组预测动作序列。

最后,根据自动驾驶车辆的动作可以推算出其余交通参与者的预测状态序列。在此预测状态序列的基础上,通过手工制定的奖励函数就可以选择最优的动作,并将其作为决策的输出。奖励函数包含以下几部分的评价:变换车道偏移、安全性、舒适性、高效性。变换车道偏移是为了防止自动驾驶车辆做出不必要的换道行为;安全性一般是为了防止自动驾驶车辆发生碰撞并且不超过道路限速;舒适性是乘客称作体验的评价指标,主要包含了加速度;高效性则是保证车辆的行驶速度。

设计好的奖励函数用于评估动作空间中所有可行的动作,因为不同的动作评估过程相互独立,这一步可以使用多线程进行操作提升算法的实时性。在完成所有动作的评估之后,只需要选择是奖励函数最大的动作作为最终的决策输出。

8.4 应用博弈论的交互行为决策

在自动驾驶领域中,如何对自动驾驶车辆和其他交通参与者之间的交互作用进行建模并做出决策是当前交互规划的一大难题,而博弈论的方法正好适用于此类问题。由于车辆驾驶员的驾驶习惯不同,车辆中往往会存在"礼让"和"超越"两类车辆。博弈论中也存在竞争与合作的模拟,因而在决策中结合博弈论算法,可以有效地处理信息不确定、不完全时的决策,更真实地模拟交通参与者之间复杂的相互作用关系。

博弈论也被称为对策论,随着汽车的保有量逐年增高,自动驾驶场景下逐渐出现了更多涉及竞争的情况(如交汇、变道等)。因此博弈论在自动驾驶交互规划中的应用也越来越广泛,解决了很多复杂场景下车辆交互的协调决策问题。博弈论是一个群体问题,最终的结果由群体中的每个个体的决策共同组成,并且前提是每个个体的最终目的都是将利益最大化。在一场博弈中,每个决策者都可能为了自身利益改变当前的策略,但也会存在某种"平衡"。即对于每个人而言,当其他参与者策略不变时,自身的利益达到最大化,这种"平衡"被称为纳什均衡。而"纳什均衡"并不是单一的,在复杂的环境中,需要从多个平衡点中选择一个最优的。每个个体策略的变更均会影响到群体中的其他个体。针对自动驾驶应用中的博弈论交互行为决策,有多种算法和方法可以用来解决不同情况下的决策问题。以下是一些常见的算法和方法。

(1) 纳什均衡求解。最简单的应用博弈论的方法之一是使用博弈论的基本概念,如纳什均衡。在多个自动驾驶车辆决策的情况下,可以将每个车辆视为一个博弈参与者,其策略是选择行为,目标是最大化其效用。通过求解纳什均衡,可以找到车辆之间的稳定策略配置,使得没有车辆能够通过单方面改变策略来获得更好的结果。

(2) 博弈树分析。对于涉及多个决策步骤的复杂情况,可以使用博弈树来建模。博弈树表示了每个参与者在每个决策节点上的可供选择的行动。通过构建扩展博弈树,可以逐步解析出最优策略序列,以达到特定的目标。

(3) 演化博弈。演化博弈考虑参与者的策略如何随时间演化,以适应环境变化。在自动驾驶中,这可以用来研究车辆策略如何在不同交通条件下逐渐演化,以获得更好的性能。

(4) 马尔可夫博弈。马尔可夫博弈适用于描述涉及随机转换和状态的交互情况。在自动驾驶中,道路和交通状况可能是随机的,因此马尔可夫博弈可以用于建模不确定性,并找到策略来应对不同状态下的情况。

无论选择哪种算法,都需要根据具体的情况进行适当的建模、参数设定和求解,表8-2 列出了上述博弈算法的优缺点。这些方法可以在不同自动驾驶场景中应用,以帮助车辆做出智能的交互行为决策,从而提高道路安全性和交通效率。

表 8-2　博弈算法优缺点

算　　法	优　　点	缺　　点
纳什均衡求解	稳定且经典的解法,适用于各种博弈情境	在复杂情况下可能存在多个均衡点,选择困难
博弈树分析	易于理解和建模,适用于小规模博弈	在博弈树深度增加时,计算复杂度呈指数增长
演化博弈	考虑时间演化和适应性,适用于群体博弈	一些场景可能难以建模,涉及复杂的数学工具
马尔可夫博弈	能够处理不确定性和随机转换,适用于实时决策	需要准确的状态转移概率信息

以 Wang 等[225]所做工作为例,论文中为两辆赛车游戏开发了一种博弈论规划算法,用于处理交通参与者之间复杂的合作竞争关系,使车辆在保证不发生碰撞的情况下,尽可能超越对方,文中通过构造利益的最优化问题,试图在两辆赛车的联合轨道空间中收敛到纳什均衡。首先假设 θ_i、θ_j 分别为两辆赛车的轨迹策略集合,且每辆赛车只能访问自己的策略集合,为了突出车辆间的竞争关系,该论文将其建模简化为零和博弈,即车辆选择的策略对对方的利益 $S(\theta)$ 有负面影响,一方利益的增加必然意味着另一方的损失,双方利益与损失之和永远为"零":$S_i(\theta_i) + S_j(\theta_j) = 0$,又因为对于参

与者 i 而言，其优化目标可以表示为 $S_i(\theta_i)-S_j(\theta_j)$，用 $S_j^*(\theta_i)$ 表示参与者 j 的最优利益，优化目标则可用转换为 $S_i(\theta_i)-\alpha S_j^*(\theta_i)$，从中寻找纳什均衡点的问题，则可以看作有约束的最优化问题，该算法根据车辆运动学、动力学以及两车间的距离限制（体现车辆合作的约束协议）构造约束，通过灵敏度增强的迭代最佳响应，求解能使双方利益最大化的策略组合，完成两辆赛车博弈的交互规划。

8.5　应用蒙特卡罗方法的行为决策

蒙特卡罗树搜索（Monte Carlo Tree Search，MCTS）是一种借助随机（蒙特卡罗）样本找到最优决策的算法。如图 8-4 所示，蒙特卡罗树搜索的每个循环包括 4 个步骤。

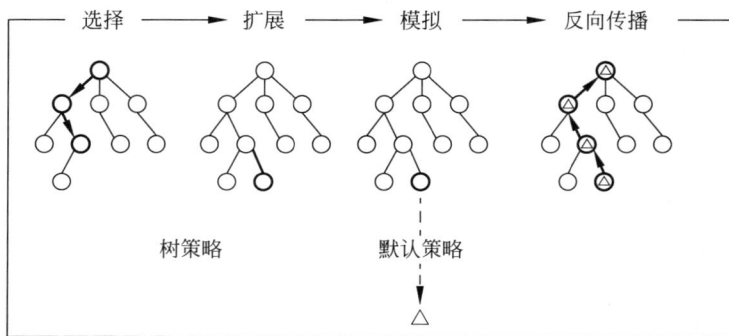

图 8-4　蒙特卡罗树搜索的 4 个步骤

（1）选择：选择子节点；

（2）扩展：对子节点进行扩展；

（3）模拟：在选择节点上选择策略；

（4）反向传播：更新从仿真节点到根节点的信息。

蒙特卡罗树搜索的每一个步骤都可以根据当前问题域进行单独调整，特别适用于具有时间限制的自动驾驶决策任务。蒙特卡罗树搜索的 4 个步骤迭代过程可以在任何时候停止，且保证结果虽不是最优的，但是可用且有效的。蒙特卡罗树搜索可以高度并行化，可以一次进行多次迭代或一次迭代进行多次模拟，方便模拟不同的驾驶行为。蒙特卡罗树搜索可以为不同的交通参与者考虑不同的规划策略（每个节点和每个动作可以有不同的实现），易扩展。

Lenz 等[227] 对经典的蒙特卡罗树搜索算法做了一些改进以使其更加适合自动驾驶决策问题。

1. 选择（Selection）

使用标准的上界置信算法（Upper Confidence Bound，UCB1）算法[228]。为了计算

UCB 值,对所有效用进行标准化,使它们在每个决策节点处位于$[0,1]$。

2. 同时行动和信息集

将决策问题分成多个阶段。在每个阶段,所有车辆同时决定它们将采取的行动。每辆车都像 Soemers[229] 一样决定一个接一个地依次采取哪些动作,在最后一个决定之后,执行固定时间 t 的模拟。Cowling 等[230] 提出这种方法的一个主要问题是后来的参与者可以根据早期参与者的决定来区分其策略。此处车辆 2 的决策可以取决于车辆 1 的决策,因此车辆 2 可以做出反应并相应地调整其策略。为了强制车辆 2 在此阶段的所有节点的策略是同等的,将所有节点在 rollout 阶段的统计量一起计算。共享相同统计数据的一辆车 P_i 的所有节点都被分组到所谓的信息集 L_{P_i} 中。因此,该集合包含所有节点,车辆无法根据其拥有的信息进行区分。由于同一阶段的动作在模拟过程中被隐藏,直到它们被揭示,这种方法可以表示同时移动。由于节点的策略仅依赖反向传播阶段收集的统计信息,因此信息集中的所有节点共享相同的策略。

3. 默认策略

假设所有车辆的行为都类似于跟驰模型(Intelligent Driver Model,IDM)。如果没有汽车进一步改变车道,这可以合理模拟规划范围内的交通场景。请注意,对于这一步,也可以使用其他用于微观交通模拟的模型,甚至可以使用从现实世界数据中学习的随机模型。

4. 可用动作和扩展

这里定义了一组可能的高级动作,类似于 Düring 等的工作[231] 中定义的运动原语。该集合在表 8-3 中列出。对于每个节点均判断是否符合条件,然后根据跟驰模型及车辆的运动学模型进行积分得到预测的结果。

表 8-3　车辆的可选动作

动　作	前 提 条 件	描　述
a_{i,v_0}	—	保持当前速度
$a_{i,v_0,\pm}$	—	根据给出的加速度进行加速或减速
$a_{i,T}$	存在前车	保持与前车的时间间隔不变
$a_{i,s}$	存在停车点	在停车点停车
$a_{i,}$	左/右换道	执行换道

5. 损失函数与反向传播

对于每一个相关的汽车 P_i,定义一个损失函数 J_i 包含以下几部分: $J_{i,LC}$: 执行换道的损失; $J_{i,v}$: 与期望速度不同带来的损失 $\sum \|\boldsymbol{v}_i - \boldsymbol{v}_0\|$; $J_{i,a}$: 车辆加速度带来的损失 $\sum a_i^2$; $J_{i,o}$ 拒障碍物与其他车辆的距离带来的损失 $\sum \dfrac{1}{d_{i,\text{obst}}}$; $J_{i,\text{inv}}$ 碰撞带来的损失,一般被设置得非常大。对于一个车辆,损失函数可以表示为以上几部分的

加权和：$J_i = \sum w_{i,(.)} J_{i,(.)}$。综合的损失函数可以表示为：$J_{i,\text{coop}} = J_i + \sum\limits_{j \neq i} \lambda \cdot J_j$。对每个交通参与者不同的权重表示在交通场景中的重要性不同。

6. 考虑周围交通参与车辆和决策节点

与人类的驾驶习惯类似，且距离当前车辆较远的车辆对自动驾驶决策过程影响较小，故通常仅考虑有限的距离范围，不需要对相距较远的交通参与者车辆进行建模/考虑。在图 8-5 中交互的蓝色车辆与当前自动驾驶红色车辆都使用蒙特卡罗树搜索建模的决策模型执行合理的动作，而其余白色车辆都执行默认动作。

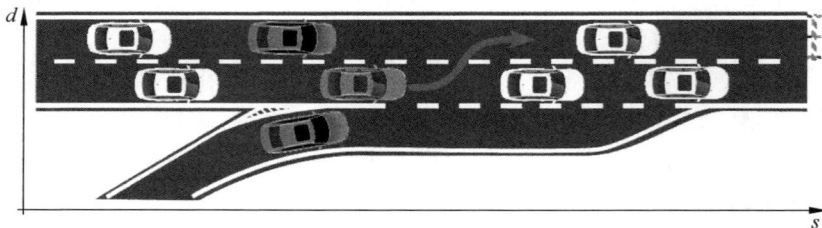

图 8-5 车辆交互过程

7. 终端节点

如果节点的时间戳达到 T_{final} 或者当前状态已经无效，即产生碰撞，那就认为达到终端节点。

在蒙特卡罗树搜索的 4 个阶段迭代了足够的轮数后，构造的树会给出一个最优策略，自动驾驶车辆就可以执行这个策略。

8.6 基于学习的行为决策

近些年来，随着学习类算法的流行，许多研究者也将这些算法应用在自动驾驶决策领域。本节将从模仿学习、强化学习以及逆强化学习 3 种方法的角度对学习类算法在自动驾驶决策中的应用进行阐述。

8.6.1 模仿学习

在自动驾驶决策中，模仿学习是使用专家决策行为数据集，通过训练使得自动驾驶汽车能够对人类决策行为进行克隆并且模仿人类的决策行为。

模仿学习包括状态集 S、动作集 A、策略 π。虽然模仿学习也包含了奖励函数 $R(s,a)$，但是通常是未知的，所以模仿学习适用于最优策略易确定的环境。

在自动驾驶决策中，模仿学习一般使用深度神经网络来进行决策。网络输入即状态 s，同其他方法类似，状态包含位姿和运动信息等。网络输出一般是动作 a，a 有多种表达形式,比如直行、左转、右转等高层决策信息,也可以是一系列自动驾驶车辆的一个预测状态。s 和 a 的数据类型一般与专家训练数据保持一致。以下将通过 Bansal 等的论文[232] 展示该方法。

首先是网络输入的表示,即状态 s 的具体组成。决策网络输入由 3 个单元构成:第一部分是路径地图,如图 8-6(a)所示,路径地图是一个三通道图像,主要包括道路信息、停止线信息、人行道等;第二部分是交通信号灯,如图 8-6(b)所示,比起日常生活中用颜色进行区分,这里使用灰度图像就可以表征出全部结果,最亮的部分代表红灯,中等灰度表示黄灯,最暗的表示绿灯或者未知信息。这种未知信息的表征有效地克服了盲区和感知结果的不确定性;最亮的部分代表红灯,中等灰度表示黄灯,最暗的表示绿灯或者未知信息;第三部分是道路线限速,如图 8-6(c)所示,对每条道路都用一条线的明亮程度来表示道路限速;第四部分是道路引导线,如图 8-6(d)所示,道路引导线一般是由地图模块给出的一条导航路线;第五部分如图 8-6(e)所示,表示当前自动驾驶车辆的大小以及相对位置;第六部分是环境中的动态物体,如图 8-6(f)所示,一般由一系列时序的图像中的矩形表示,表示每个可能存在的动态物体,如汽车、自行车、行人等。第七部分表示自动驾驶车辆的历史运动轨迹的相对位置,如图 8-6(g)所示,由一系列路径点表示。

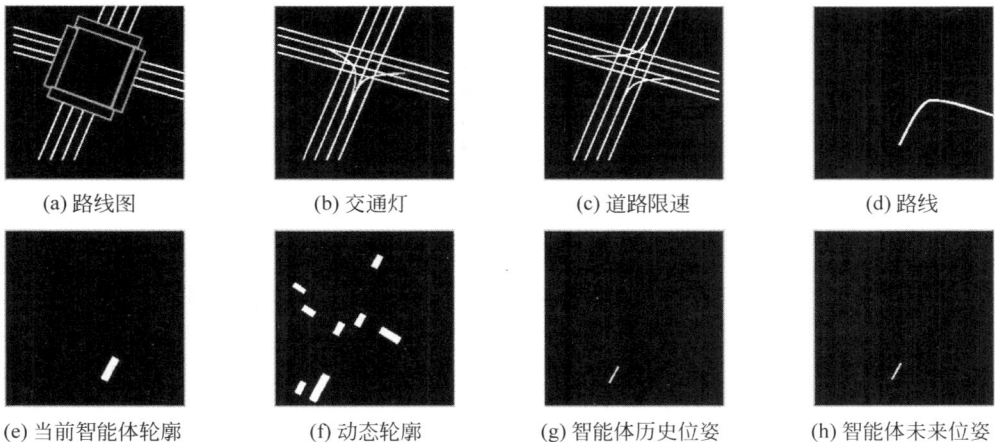

(a) 路线图 (b) 交通灯 (c) 道路限速 (d) 路线

(e) 当前智能体轮廓 (f) 动态轮廓 (g) 智能体历史位姿 (h) 智能体未来位姿

图 8-6　模仿学习输入信息

算法中使用感知到的物体的相对位置作为输入,这大大提高了算法在仿真环境中模拟友好性;同时避免了使用相机图像或雷达点云直接作为输入,减少了模型的冗余程度。与直接使用传感器数据的算法相比,这种输入表征形式提高了算法性能。

本算法使用的 ChauffeurNet 网络输出是预测路径点,如图 8-6(h)所示,但在具体计算过程中并不是通过一组输入 I 直接输出一系列路径点,每次生成一个点,不断更新生成一组:

$$\boldsymbol{p}_{t+\delta t} = \text{ChauffeurNet}(I, \boldsymbol{p}_t) \tag{8-2}$$

图 8-7 表示了 ChauffeurNet 的网络结构，它主要包含以下几个单元：特征网络模块（卷积神经网络）的主要作用是处理输入的信息，表征输入的图像信息；智能体 RNN 模块（循环神经网络）的主要作用是最终给出输出结果，输出的结果是连续的状态预测结果。最终的序列中的每一个状态都包含位置 (x, y)、朝向、速度。

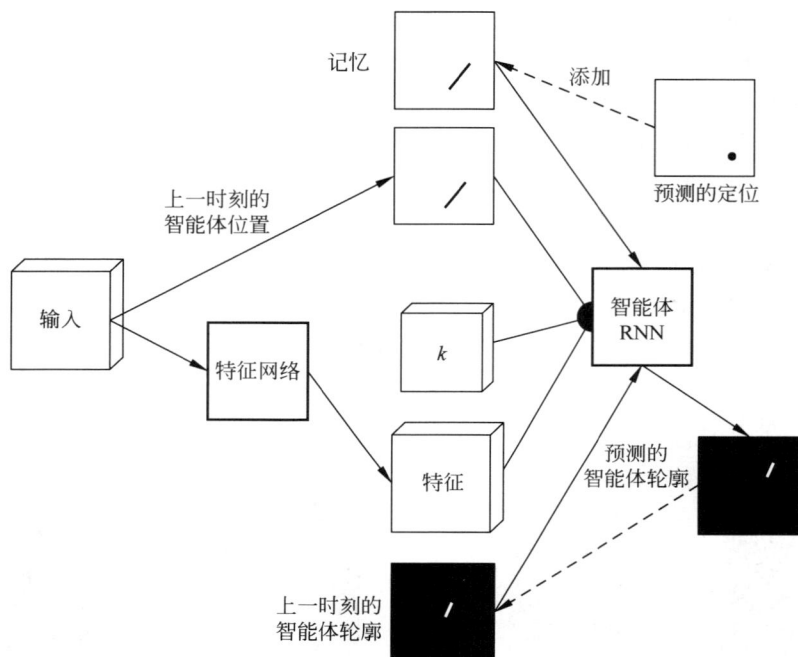

图 8-7 ChauffeurNet 的网络结构

在训练数据集上经过一定训练之后的网络模型就可以被部署在实际车辆或仿真平台上。通过迭代输入并生成一组自动驾驶预测状态之后，这些预测状态可以作为轨迹规划单元的输入，也可以直接作为控制单元的输入。

基于模仿学习的方法不但可以直接在自动驾驶决策中模仿专家数据做出决策；而且也可以作为强化学习模型的初始化模块，8.6.2 节中将介绍一个模仿学习为强化学习提供初始化的例子。

8.6.2 强化学习

与模仿学习不同，强化学习并非直接学习数据提供的标签动作，而是通过环境反馈的奖励来学习并提高特定驾驶任务的性能，其优化目标是使得整个驾驶流程的折扣总回报（discounted reward）最大。在学习过程中，驾驶策略会选择一些动作并获得奖励，朝着提高其生命周期内获得的累积奖励的方向来进行迭代优化。随着时间的推移，驾驶策略通过建立起关于不同状态-动作对的预期收益的知识来增加其获取长期奖励的能力，以此来得到更好的驾驶性能。强化学习是当下机器学习研究的热点，人们对其在自动驾驶的决策任务中的表现也充满了期待。

强化学习的本质是一类试错性解决 MDP 问题的方法,它不依赖大批量的数据集,如何对过程进行建模是强化学习的重点。对于这类问题的建模,目标是引导决策主体与环境交互,并在获得交互所产生的结果后给予惩罚或奖励,以此积累经验。这种经验的累积会影响其之后的决策,从而得到期望的决策结果。本章提到的马尔可夫决策过程通过简化状态集和动作集并推演可能的动作进行在线计算奖励。

由于自动驾驶决策问题的状态空间比较复杂,大部分研究者使用的是深度强化学习方法,即将强化学习与人工神经网络结合。本节通过一篇论文[233]来展示强化学习在自动驾驶决策中的应用。本研究问题描述为 $x_{t+1}=f(x_t,u_t)$,而研究目标是寻找最优策略 $u_t=\pi(x_t)$ 满足 $\max\limits_{\pi}\gamma^T r_T+\sum\limits_t\gamma^t r_t$。为了减少算法时间消耗,论文使用了高级(high-level)动作这样一个数值表示所有可能输出的高级动作。高级动作分为两类:一类是对于速度的控制,即加速减速和保持速度;另一类是对车道信息的输出,即左右换道和车道保持。在自动驾驶车辆执行加速或减速动作时,这样的处理避免了直接输出控制信息。每个 b 持续一段时间,直到上一个 b 执行完才会开始下一个 b 的执行。使用持续时间窗口中的运动规划累积奖励代替某个时刻的决策奖励,γ^T 代表某时刻决策的折扣因子,r_T 代表某时刻决策的奖励。γ^{t-t_k} 代表时间窗口中的每一步运动规划的折扣因子,r_t 代表时间窗口中的运动规划的奖励。γ^{t_k} 代表时间窗口中的所有运动规划的折扣因子,所以前面的公式可以改写为

$$\max_{\pi_b}\Big\{\gamma^T r_T+\sum_k\gamma^{t_k}\max_{\pi_{\overline{b}u}}\sum_{t\in[t_k,t_{k+1})}\gamma^{t-t_k}r_t\Big\} \tag{8-3}$$

其中,$\pi_{\overline{b}u}$ 为上一时间帧的策略。

在明确了问题之后,首先是状态输入。论文中状态由两个部分组成。第一部分是一张以自动驾驶车辆为中心的栅格图,如图 8-8 所示栅格图是一种二值化的图,其只包含占用与空闲两种情况,分别用 1 和 0 表示。这种抽象表征可以整合多种障碍物信息,统一表征。论文中的地图信息表征了多车道,其通过 $[e_l,e_r,\alpha_l,\alpha_c,\alpha_r]$ 来表示,它

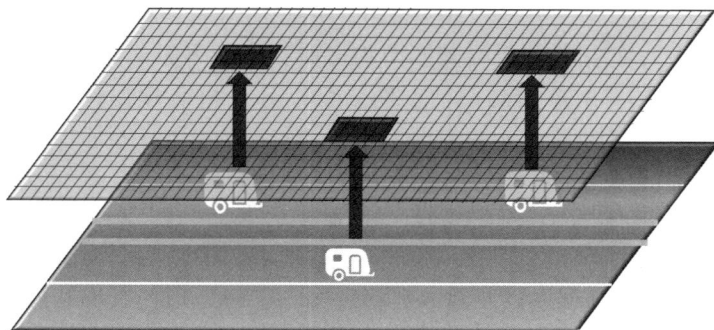

图 8-8　栅格图生成过程

们分别表示左侧车道是否存在，右侧车道是否存在，以及左、中、右 3 条车道的朝向；交通灯的颜色，即是否可以通行的信息；距离交通灯的位置以判断剩余时间是否足够通过信号灯所在路口，分别通过 $[l_g, l_y, l_r]$ 与 d_s 表示；δ_v 表示当前车速与当前道路限速的比值。

文献在设计奖励函数时将决策模块产生的高级动作与规划模块产生轨迹结合在一起进行判断，最后的奖励函数如下公式：

$$r_T = \begin{cases} 100 & \text{goal\_reached} \\ -50 & \text{collision\_or\_overtime} \\ -10 & \text{red\_light\_violation} \\ -1 & \text{wrong\_lane} \end{cases} \tag{8-4}$$

为了提升深度强化学习的效率，论文作者使用了模仿学习对策略进行了初始化。使用的模仿学习的损失函数[234] 为：

$$\min_{\pi_b} \sum \| \tilde{b}_k - \pi_b(x_k) \| \tag{8-5}$$

整体算法网络框架如图 8-9 所示。

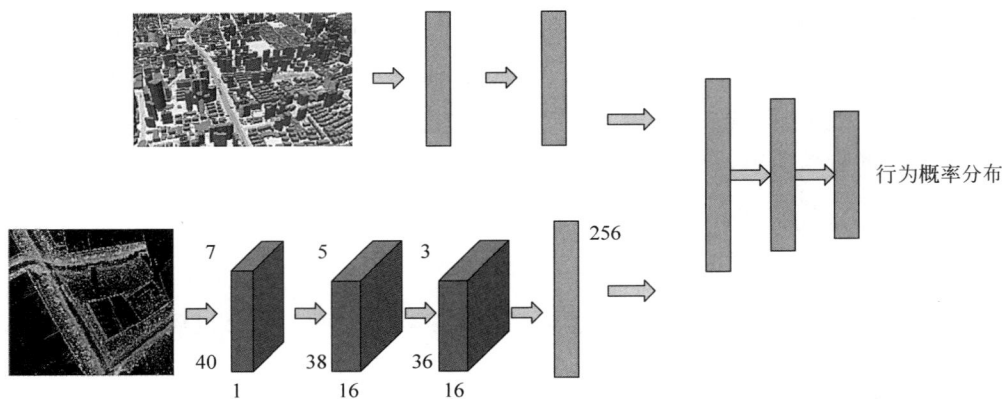

图 8-9   强化学习具体网络结构

具体来说，论文使用了基于 actor-critic 算法的近端策略优化（Proximal Policy Optimization，PPO）算法[235]，网络输入即为之前提到的两部分 M_t 和 R_t，它们分别代表之前提到的网格图和道路信息。整个网络可以分为两个分支 M_t 和 R_t。前者由 3 个卷积神经网络层和 1 个全连接网络层构成。R_t 分支包含 2 个全连接网络层。2 个网络分支的输出结果共同进入 3 个全连接层，最终输出每个动作的概率，该概率由 Softmax 函数计算得到。

在经过一定的训练之后，训练好的 actor 就可以被部署在实际仿真平台或者实际情境中，在对得到的车辆信息以及观测数据进行一定的处理使其满足网络的输入要求之后，actor 从所有的动作中选择概率上最优的。

8.6.3　逆强化学习

逆强化学习在自动驾驶的决策中有着很大的潜力,当强化学习应用于自动驾驶时,奖励函数的定义需要考虑很多因素,往往难以构造和定义出合适的奖励函数,而使用逆强化学习就可以很好地规避这一难题。考虑到自动驾驶任务中专家决策往往是接近最优的,通过专家提供的示例行为,可以反向找到并最大化一个特征线性组合的奖励函数。即找到某个奖励函数,使其求解出的最优策略和专家策略相同或接近,再用该奖励函数进行强化学习,迭代地优化和提升自身策略水平,以达到学习专家策略的目的。另外,逆强化学习也不同于早期的模仿学习,它不仅克隆模仿专家示例的外在表象,更是学习了提升回报的映射关系。因此对于各类情况,这种学习方法对各类情况均具有泛化性。

逆强化学习方法分类如下:第一类是基于最大边际方法,其通过引入值函数衡量策略间的接近程度,通过策略优化找到最接近专家策略的策略。但其最大的缺点是无法解决不同奖励函数得到相同或相近的专家策略结果导致的歧义,而无法从中抉择出最优的奖励函数。第二类是基于概率模型的方法。它采用概率的方法来推断学习中的不确定性,从满足限定条件的多个策略中寻找更优的策略。因此,基于概率的方法被广泛应用到逆强化学习中。下面以 Ziebart 等的工作为例[226]介绍。该工作将限速、车道数量等特定的道路信息视为状态特征,并利用基于最大熵的逆强化学习方法对道路的偏好进行建模,这种方法不仅可以学习专家示例的道路决策,还可以根据部分路径推断接下来的路径乃至目的地,接下来将详细介绍基于最大熵方法的逆强化学习学习专家示例的过程。

首先期望从专家决策的行为轨迹中学习奖励函数,若假设每个状态的特征 f_{s_j} 都可以线性映射到一个状态奖励值,那么轨迹 ζ 的奖励函数可以表示为状态奖励值的加权总和 $r(f_\zeta)=\boldsymbol{\theta}^{\mathrm{T}}f_\zeta=\sum_{s_j\in\zeta}\boldsymbol{\theta}^{\mathrm{T}}f_{s_j}$,再假设轨迹都起始于同一状态,这些轨迹得到奖励期望的估计则可以表示为 $\dfrac{1}{m}\sum_i\boldsymbol{\theta}^{\mathrm{T}}f_{\zeta_i}$,其中,$m$ 是轨迹数量,由于要使策略 Π_{ζ_i} 累积奖励期望近似于专家策略所产生的累积奖励期望,因而可得 $\boldsymbol{\theta}^{\mathrm{T}}\sum_i\Pi_{\zeta_i}f_{\zeta_i}=\boldsymbol{\theta}^{\mathrm{T}}\tilde{f}$,即 $\sum_i\Pi_{\zeta_i}f_{\zeta_i}=\tilde{f}=\dfrac{1}{m}\sum_i f_{\bar{\zeta}_i}$,而能满足该条件的策略 Π_{ζ_i} 可能不止一个。对于这种多个策略均满足条件的情况,可以使用最大熵进行处理。这样做的原因首先是熵是用于度量信息量期望的不确定性的,$H(x)=-\sum_{i=1}^{n}p(x_i)\log p(x_i)$,而信息量 $h(x_i)=-\log p(x_i)$ 则与概率成反比,熵越大,不确定性越高。而最大熵模型则是指,对于未知因素不存在任何主观偏好,约束之外的事件均为等概率事件,此时的熵最大,这也意味着模型的预测风险最小。论文中通过熵最大所选取的参数化后的概率模型

$$P(\zeta_i|\theta) = \frac{1}{Z(\theta)}e^{\theta^T f_{\zeta_i}} = \frac{1}{Z(\theta)}e^{\sum_{s_j\in\zeta}\theta^T f_{s_j}}$$，除了符合实际期望之外没有任何额外偏好的

分布，即若轨迹回报 $\theta^T f_\zeta$ 越高，则该条轨迹成为策略轨迹的概率才会越高，且该模型

奖励函数呈指数式增长，可以有效区分最优与次优策略，避免结果过于相近。另外，还

需要考虑到动作根据状态转移分布产生状态的不确定性 $P(\zeta|\theta,T) = \sum_{o\in\tau}P_\tau(o)$

$\frac{e^{\theta^T f_\zeta}}{Z(\theta,o)}I_{\zeta\in o}$，其中，$\tau$ 为动作空间中的动作结果集合，当轨迹 ζ 与 o 相匹配时 I 为 1，

为了便于求解最优值，将上述公式简化为一个可处理的近似分布，$P(\zeta|\theta,T)\approx$

$\frac{e^{\theta^T f_\zeta}}{Z(\boldsymbol\theta,\tau)}\prod_{s_{t+1}|a_t,s_t\in\zeta}P_T(s_{t+1}|a_t,s_t)$，再使用最大似然等方法求解即可。

  Brian 等利用逆强化学习方法来学习自动驾驶的决策奖励函数。逆强化学习是一
种从专家行为中学习奖励函数的方法，以便智能体（如自动驾驶车辆）能够模仿这些行
为。研究的主要思路是将最大熵原理引入逆强化学习，以解决专家驾驶行为的不确定
性和多样性问题。最大熵原理是一种信息论中的概念，强调在缺乏其他信息的情况
下，应选择概率分布最均匀的模型。这一思想被应用于逆强化学习中，以保证模仿的
驾驶行为具有类似于专家驾驶员的不确定性和多样性。具体方法包括将问题建模为
一个优化问题，旨在最大化驾驶决策的奖励函数。优化的目标是使模拟的驾驶行为分
布与专家的行为分布之间的差异最小化。为了实现这一目标，研究团队采用了迭代的
最优化算法，并在仿真环境中进行实验验证了他们的方法。他们构建了一个模拟的驾
驶场景，包括多个驾驶决策任务，例如转向、减速等。通过学习奖励函数，自动驾驶车
辆能够在模拟环境中模仿专家驾驶员的行为。总体来看，Brian 等介绍了一种基于最
大熵逆强化学习的方法，用于从专家驾驶员的行为中学习驾驶决策的奖励函数。这一
方法能够有效地处理专家驾驶行为的不确定性和多样性问题，为自动驾驶决策提供了
一种新的学习奖励函数的途径。

  博弈论与逆强化学习具有相似之处，两种方法都可以在智能车的交互规划中产生
较好的效果，但是这两种方法针对的场景有所不同。博弈论方法偏向于在竞争性场景
中做出最优的决策，博弈参与者既会为自己的利益最大化而竞争，又会为避免损失而
进行合作，这种利用智能体间交互性的决策规划方法在当下的自动驾驶场景中是一个
值得进行探索的方向；逆强化学习不特定于某个自动驾驶场景，具有一定的泛化性，这
种方法不是对专家示例的外在表像进行简单的模仿学习，而是对专家示例的道路决策
的方法进行学习，使得自动驾驶汽车可以按照专家的道路选择偏好进行规划与决策。

第 9 章

自动驾驶的运动规划

9.1 概述

自动驾驶的运动规划承接了自动驾驶系统中上游的各个部分,并向车辆的底层控制硬件发送了运动轨迹及相应指令,发挥了自动驾驶系统中沟通各个部分的桥梁作用,能够应对不同的道路情况,得到安全有效的可行路径。

运动规划的目的是得到符合自动驾驶汽车安全性的状态序列,尤其是在复杂的交通场景中,与其他交通参与者的交互是首要的难题。同时,沿着预先规划的状态序列行驶时,自动驾驶汽车能够始终与周围交通参与者保持安全距离,及时应对突发情况,以确保乘客的舒适体验,并高效地抵达目的地。在满足了上述的约束条件的情况下,运动规划旨在得到一条具有最优性的曲线。

自动驾驶的运动规划方法大体可以分为两类,即传统方法与学习类方法。传统方法以其鲁棒性在商业市场中具备不可替代的优势。而随着数据集性能的提升,学习类方法展现出更大的发展潜力。目前数据集存在的问题主要是只包含正样本,缺乏负样本,对于一些极限或危险情况缺乏覆盖,导致车辆遇见此类环境时会失去规划能力。当拥有足够覆盖行驶情况的数据集或足够多试错的条件时,学习类的运动规划算法也能够在极限工况下取得良好的表现。

本章将详细介绍常用的自动驾驶运动规划方法,包括基于优化、搜索以及采样 3 种不同类型的运动规划方法,并归纳这 3 类方法的优缺点和应用场景。最终，本章节将介绍两类自动驾驶规划算法的典型案例——多模型的自动驾驶轨迹规划方法和多层混合 A* 路径规划方法。

9.2 自动驾驶运动规划的基本方法

规划需要的先验信息包括车辆的运动学模型，即车辆转弯半径、摩擦系数等描述车辆运动约束的参数和经过感知模块处理后的环境信息，通常是障碍物分布的情况。在给定起终点后，规划基于全局导航的引导生成一系列状态序列，以满足高效和安全规划的要求。

规划问题需要满足两类特性，才能以数学形式描述真实场景下的规划问题：第一类称为客观特性，即动力学特性，这类特性是由自动驾驶车辆的机械结构所决定的，是必须满足的硬约束；第二类称为主观特性，这类特性包括高效性、安全性、平稳性和舒适性等由人类定义的评价指标。

9.2.1 基于优化的规划

基于优化的规划方法是根据实际情况建立相应的规划优化模型，这些模型多为非凸优化模型。非凸优化问题难以求解，常见的做法是转化成凸优化问题。本节将介绍基于优化的规划模型，包括基于采样-评估的优化方法和两类采样生成轨迹的方法。基于采样-评估的优化方法可以简化原问题，保证得到可行轨迹的同时减少运算量。采样生成轨迹的方法在一定程度上可以简化结果，使得规划更高效。

1. 基于优化方法的规划

基于优化的规划算法存在两个关键要素：一是需要优化的目标函数，二是限制条件的约束表示形式。规划模块的输出通常是一系列的轨迹点，每个轨迹点中包含空间属性（位置、朝向、曲率）和时间属性（速度、时间）等信息。这两类属性被视为车辆的动力学约束。除此之外，规划出的轨迹还需要满足车辆的运动学特性以及不与障碍物发生碰撞等约束。基于此，将规划问题定义为如图 9-1 所示的优化模型[236]。

$$z = \min f(\boldsymbol{x}), \quad \boldsymbol{x} = (x_1, x_2, \cdots, x_n)^{\mathrm{T}}$$
$$\text{s. t.} \ g_i(\boldsymbol{x}) \leqslant 0, \quad i = 1, 2, \cdots, m \tag{9-1}$$

式中，$f(\boldsymbol{x})$ 为所定义的目标函数，$\boldsymbol{x} = (x_1, x_2, \cdots, x_n)^{\mathrm{T}}$ 为目标函数的输入，即需要优化的目标参数，$g_i(\boldsymbol{x}) \leqslant 0$ 为限制条件即优化问题的约束。

总体而言，对目标参数 $\boldsymbol{x} = (x_1, x_2, \cdots, x_n)^{\mathrm{T}}$ 的定义可以分为两类：一类直接将规划的轨迹点所构成的向量作为要优化的目标参数[236-237]；另一类则是通过参数曲线方程建立合适的数学模型[238-239]。前者在最大程度上将目标函数与规划结果相关联，得到使目标函数最优的规划结果。但是这种方法建模的目标函数通常存在高维度

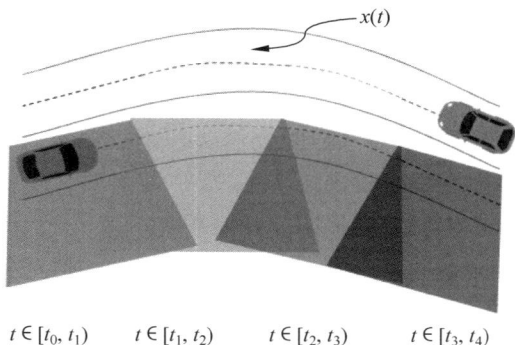

$$t \in [t_0, t_1) \quad t \in [t_1, t_2) \quad t \in [t_2, t_3) \quad t \in [t_3, t_4)$$

图 9-1　基于优化模型的规划方法图

空间,难以得到全局最优解。后者通过求解参数曲线方程中的未知参数代替优化目标函数中的目标参数,能够简化优化问题,但是会使得规划结果的自由度下降,往往只能得到次优的结果。

规划的目标函数 $f(x)$ 需要优化的属性有安全性、平滑性、高效性。安全性的衡量指标通常为轨迹与障碍物之间的距离。平滑性的衡量指标为路径的曲率或自身车辆的加速度、加速度变化率等。高效性的衡量指标可以是轨迹的速度以及局部轨迹与全局路径之间的距离等。当然,可以根据实际问题中的需求进行定义目标函数。

约束 $g_i(\boldsymbol{x}) \leqslant 0$ 主要考虑到如下几方面的因素。

(1) 连续性:自动驾驶车辆当前位置、朝向、曲率和速度等需要与轨迹的当前点状态保持一致。

(2) 安全性:轨迹不与障碍物发生碰撞,且尽可能远离障碍物。

(3) 动力学约束:路径的曲率不能大于车辆所能达到的最大曲率,轨迹的加速度不能大于车辆所能达到的最大加速度等。约束可以与目标函数相互转换,即可以将约束转换为目标函数进行优化,也可以将某些目标函数作为优化问题中的约束。

2. 基于简化优化方法的规划

在实际的研究中,大多数情况下建模出的规划问题都是带约束的非凸优化问题。非凸问题求解难度较高,而且在实际应用中通常缺乏实时性,往往难以达到预期的结果。利用采样-评估的方法对规划问题进行建模分析可以有效解决上述问题。

基于采样-评估的规划方法本质上是一种简化的优化方法。该方法利用采样和评估对轨迹/路径进行优化。采样指对规划问题的整个解空间进行离散化,即在规划问题的连续解空间中进行采样,从而得到有限个数的候选解,即为规划出的轨迹。评估则是指利用各种评估函数评价采样所得到的轨迹的优劣。这些评估函数对应优化问题中的目标函数,可以通过设计安全损失评估函数、舒适度损失评估函数、效率损失评估函数等来评价每一条轨迹的安全性、舒适性以及高效性,最终选出最优轨迹。

采样生成轨迹是基于采样-评估的规划方法的关键步骤。为了简化采样过程,一般需要在采样生成轨迹的过程中将问题进行解耦，以降低求解难度和计算复杂度。采样生成轨迹的方法一般可以分为两种：第一种为时空分离的轨迹规划方法[240-241]，第二种为横纵向分离的轨迹规划方法[242]。

时空分离的方法解耦时间与空间，需要解决两个子问题：路径规划和速度规划。路径规划在仅考虑静态障碍物的交通场景下，为自动驾驶车辆规划出了一条从当前位置到目标位置的无碰撞且平滑的路径。规划出的路径只有位置、朝向、曲率等空间属性信息，不包含速度等时间属性信息。作为路径起始位置参考点 C 取自车辆当前位置 I，终点 G_i 根据全局导航所得到的目标位置参考点 R 进行采样得到。这些路径通常以参数曲线的方式进行建模。在路径规划中有 4 种类型的曲线模型被广泛使用[243]，分别为多项式曲线、样条曲线、贝塞尔曲线以及回旋线。图 9-2 展示了通过五次多项式拟合生成的待选路径。为了处理路径规划忽视的动态障碍物问题，在自动驾驶车辆和动态障碍物的交互过程中，就需要考虑到轨迹的时间属性。速度规划需要在给定的路径上生成一条能避开所有动态障碍物的速度曲线，然后将规划得到的速度曲线与路径合并，形成最终轨迹。速度曲线的采样通常是对里程与时间的关系进行建模，可以将速度曲线建模为梯形曲线、多项式曲线或贝塞尔曲线。如图 9-3 所示的速度曲线组就是通过速度曲线中的五次多项式拟合生成的。

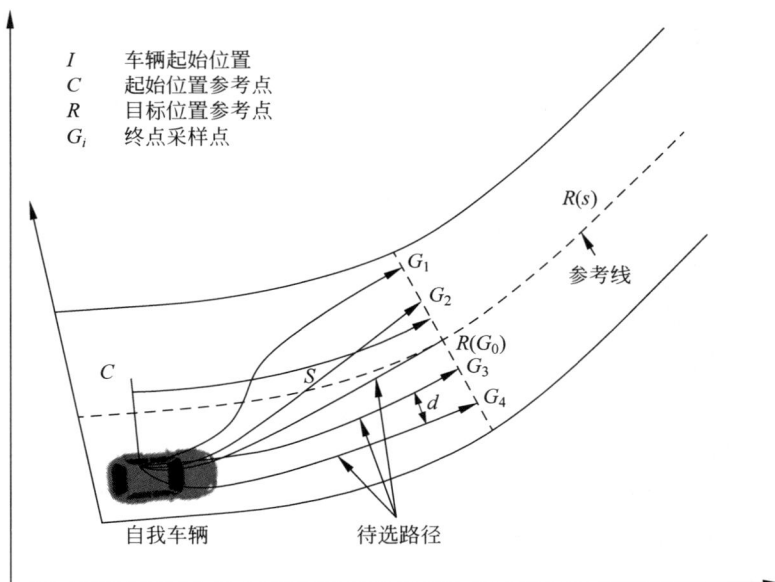

图 9-2   基于终点状态采样和五次多项式拟合的路径生成

横纵向分离的方法则是通过在路径所处二维平面内的两个正交方向上将规划问题进行解耦，即分离为 Frenet 坐标系的纵向和横向。传统的笛卡儿坐标系和 Frenet 坐标系如图 9-4 所示，笛卡儿坐标系中通常对于较曲折的道路缺乏相应的参数表示。因此，规划问题多采用将道路中心线作为参考线，使用参考线的切线向量和法线向量

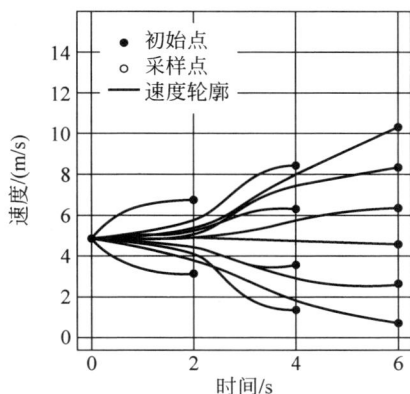

图 9-3　基于五次多项式拟合的速度曲线生成

建立的 Frenet 坐标系。沿着参考线的方向，通常被称为纵向（s 方向）；与参考线垂直的方向被称为横向（l 方向）。相比笛卡儿坐标系，Frenet 坐标系坐标系明显简化了在结构化道路中的规划问题求解，便于弯曲道路的车辆位置表示。在将规划问题分解为横纵向两个方向后，此时规划问题的求解空间具有 3 个维度，分别为纵向维度（s）、横向维度（l）和时间维度（t）。通过横纵向分解可以将一个三维问题分解为两个单独的二维问题，即分解为"纵向-时间"以及"横向-时间"的组合，分别记为 $s\text{-}t$ 和 $l\text{-}t$，如图 9-5 所示。

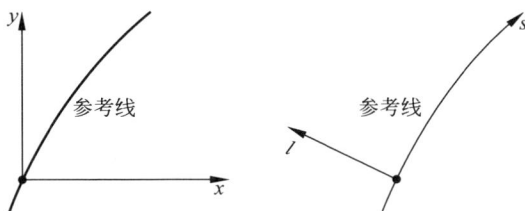

图 9-4　笛卡儿坐标系和 Frenet 坐标系

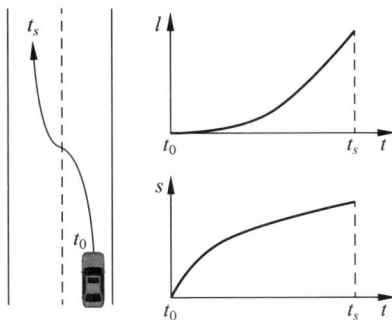

图 9-5　横纵向分离的规划方法

9.2.2　基于搜索的规划

由于 Dijkstra、A* 等搜索算法涉及图论中的一些基本概念，如图（Graph）、树（Tree）、路径（Path）、节点（Node）、边（Edge）等。下面将对这些概念进行简单的介绍：图是由非空的节点集合与连接节点的边集合组成的数据结构，其中节点集合中的每个元素称为图的一个节点，边集合中的每个元素称为图的一条边。如果边的集合中边包含权重（weight）信息，这样的图被称为加权图（Weighted Graph）。树是一个每个节点仅有一个父节点的特殊的图。路径是连接一系列节点的边序列。

解决最短路径问题通常采用图搜索（Graph Search）算法，即从起点开始，不断搜索，直到到达终点。在搜索迭代过程中，每次访问一个节点，都会将节点周围的没有被访问的邻居节点加入到一个 Frontier 集合中，下一次迭代时会按照某种顺序来从 Frontier 集合中取出一个新的节点进行访问，对新节点重复上述步骤，直到访问到终点或者满足终点截止条件。

图搜索的基本算法分为两类：第一类是深度优先搜索（Depth First Search，DFS），在当前 Frontier 的所有节点中，选择最后加入的节点先进行访问，即后进先出（Last In First Out，LIFO）；第二类是广度优先搜索（Breadth First Search，BFS），在当前 Frontier 的所有节点中，选择最先加入的节点先进行访问，即先进先出（First In First Out，FIFO）。

DFS 和 BFS 都可以从起点开始，按照 LIFO 或者 FIFO 进行节点访问，直到搜索到终点为止。但是它们没有利用终点位置信息来指导节点的访问顺序，搜索速度比较慢。

贪婪优先搜索（Greedy Best First Search，GBFS）可以解决效率低下的问题。GBFS 是在迭代过程中的每一步，选用距离终点最近的节点进行访问。GBFS 按照某种度量来选择访问的最优节点，这种可以指导搜索方向的算法称为启发式（heuristic）搜索方法。

从数据结构的角度来看，DFS 类似于一个堆（Stack）；BFS 类似于一个队列（Queue）；GBFS 类似于一个优先队列（Priority Queue）。

易证，BFS 满足最优性，但速度较慢。GBFS 速度快，但不能满足最优性。A^* 算法兼具二者优点，其核心在于制定节点访问顺序的规则，可以用如下公式表示：

$$f(n) = g(n) + h(n) \tag{9-2}$$

类似于 BFS，代价函数 $g(n)$ 表示与起点之间的距离；类似于 GBFS，启发函数 $h(n)$ 表示与终点之间的距离，$f(n)$ 为综合了两者后的度量指标。

A^* 算法首先找到一个矩形区域，包含全部的障碍物和起终点，根据一定的分辨率，将此区域表示为栅格地图的形式。每一个栅格均作为一个可访问的节点，节点可以归属于 Open_List 和 Close_List 两个集合中的一个。将起点加入 Open_List，开始遍历操作：判断 Open_List 中 f 值最小的节点，若不是终点节点，将其从 Open_List 删除并加入 Close_List；从当前节点开始以固定行为进行探索，将其可达并满足一定条件的节点加入 Open_List。加入 Open_List 需要满足的条件为：节点是可行的且不在 Open_List 中或 Open_List 中相同节点代价更高。当 f 值最小的节点为终点节点时，从终点向前回溯，就可以得到最短路径。

对于加权图来说，不同边的距离（权重）不相等，由此特性可以得到著名的 Dijkstra 算法。Dijkstra 算法按照与起点的代价来访问节点，当每条边的代价相等时，Dijkstra 算法退化为 BFS 算法。因此在加权图中，A^* 算法相当于 Dijkstra 算法与 GBFS 算法的结合。

A* 算法伪代码如算法 9-1 所示。

算法 9-1　A* 搜索算法

A* 搜索算法

输入：起点 s_0，终点 s_g
输出：路径点序列 $\mathcal{P}$
1：　**while** OPEN_LIST 非空 do
2：　　找出非空列表中使 $f(s)$ 最小的作为 s_{Curr}
3：　　$\{s_{Curr}\}$ 移出 OPEN_LIST
4：　　**if** 是终点 then
5：　　　　节点回溯生成路径点序列 $\mathcal{P}$
7：　　**for** $s_{Succ} \in \text{GetSucc}(s_{Curr})$ do
8：　　　　**if** $\neg \text{CheckObs}(s_{Succ})$ then
9：　　　　　　$\text{Pred}(s_{Succ}) \leftarrow s_{Curr}$
10：　　　　　　更新代价 $g(s_{Succ}) \leftarrow g(s_{Curr}) + \text{Cost}(s_{Curr}, s_{Succ})$
11：　　　　　　$h(s_{Succ}) \leftarrow \text{GetHeuristic}(s_{Succ}, s_g)$
12：　　　　　　$f(s_{Succ}) = g(s_{Succ}) + h(s_{Succ})$
13：　　　　　　将 s_{Succ} 插入 OPEN_LIST
14：　将 s_{Curr} 插入 CLOSED_LIST

由于 A* 算法在实际中忽略了车辆运动模型，因此搜索出来的路径不能直接应用于车辆行驶。为了解决这一问题，研究者们在 A* 的基础上开发了很多的变体算法，如图 9-6 所示。

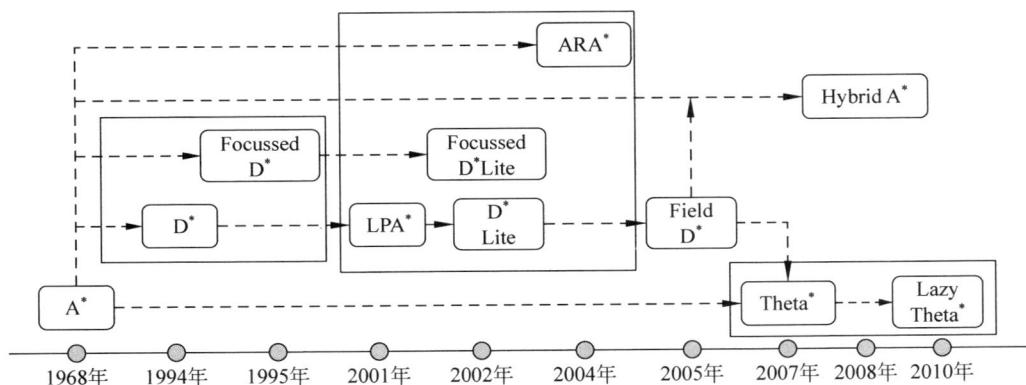

图 9-6　图搜索算法发展历史

在实际的自动驾驶车辆路径规划中，环境表征发生更新，机器人就需要进行路径重规划（replanning）。重规划往往发生在局部区域，如果再对全局进行一次 A* 搜索则会产生不必要的时间消耗。由此研究人员提出了 D* 算法（Dynamic A*）进行增量式重规划，以提升重规划速度。后续研究人员对 D* 做了轻量化处理，提出了 Focussed

D^*、D^* Lite、Lifelong Planning A^*（LPA^*）等算法来提升重规划的效率。

A^* 和 D^* 算法路径点的父节点和子节点限制在当前节点的八邻域内，导致朝向是有限数量的离散值，无法满足实际中自动驾驶车辆朝向连续的需求，因此研究人员提出了 Field D^*、Theta* 等算法来解决朝向离散的问题。Anytime Repairing A^*（ARA^*）算法可以在限定时间内不断改进初始可行路径，满足了在实际环境的路径规划中对实时性的高要求。Dolgov 等提出的 Hybrid A^* 在 2007 年的 DARPA 城市挑战赛中，被用在了斯坦福大学自动驾驶平台 Junior 上面，最终取得了第二名的成绩。

相较于 A^*，Hybrid A^* 在如下 4 方面做了改进：

第一个改进是搜索节点的维度。除了位置 x、y 外，表示车辆朝向的方向 θ 也被引入到搜索空间中，加上车辆的速度方向 v，构成一个四维的搜索空间 (x, y, θ, v)。同时，节点的实际位置不会被固定在栅格的中心，生成的路径具有很高的灵活性。

第二个改进是启发函数的计算。Hybrid A^* 采用一个混合启发函数 h_{HA^*} 来提高估计的准确性，启发函数是两部分的最大值，h_{R-S} 是从车辆当前位置到终点的 Reeds-Shepp 曲线长度，被称为 non-holonomic-without-obstacles，负责处理运动学约束。h_{2D} 是 2D A^* 的路径长度，被称为 holonomic-with-obstacles，意为考虑周围的障碍物，而不考虑生成路径是否可行。

$$h_{HA^*} = \max(h_{R-S}, h_{2D}) \tag{9-3}$$

第三个改进是终点的分析扩展。如果当前位置和终点存在一条无碰撞的 Reeds-Shepp 曲线，则搜索过程直接停止，从而提升了搜索效率。

第四个改进是圆弧运动基元的引入。Hybrid A^* 在传统 A^* 的运动基元中增加了圆弧，实现了路径的朝向连续即 G^1-continuity。

9.2.3 基于采样的规划

对于最短路径问题，除了可以采用图搜索算法解决，还可以采用随机采样的算法。基于采样的算法可以有效提高规划效率，但是其只是在概率上具备完备性，因此无法找到最优路径。此外，由于是基于采样，所以每次规划出的路径都不相同。

概率道路图（Probabilistic Roadmaps，PRM）是一种基于采样的搜索规划算法。PRM 方法在可行空间内采样指定数目的点，随后剔除会产生碰撞的点。将无碰撞的节点与其 k 个邻近节点连线，无碰撞的连线则被认为是路径。以上过程就形成了一个无向图，图的节点就是有效的采样点，图的边就是采样点之间的有效连线。在此基础之上，利用搜索算法（可以是 Dijkstra 或 A^* 等）找出从起点到终点的路径，就可以得到 PRM 生成的路径。

快速探索随机树（Rapidly-exploring Random Trees，RRT）是一种概率完备的路径规划算法。它在地图中进行采样，利用采样点进行搜索。但是与 PRM 直接进行全图采样生成无向图不同，RRT 是树结构，逐步进行采样。RRT 过程如下：首先确定起点和终点的位置,给定采样随机点的概率、步长和最大迭代次数。从起点开始随机采样,计算当前生成树中离采样点最近的子节点。随后,子节点朝着采样点的方向延伸步长距离,得到新的子节点,若判断无膨胀则进入当前生成树。以上过程不断循环,直到子节点与终点的距离小于阈值或达到迭代上限。RRT 伪代码如算法 9-2 所示。

算法 9-2　RRT 算法

RRT 算法

输入：起点 x_{init},采样点数量 K,采样间隔时间 Δt

输出：随机树 $\mathcal{T}$

1：　$\mathcal{T}.\text{init}(x_{\text{init}})$
2：　**for** $\kappa = 1$ to K **do**
3：　　　$x_{\text{rand}} \leftarrow \text{RANDOM\_STATE}()$
4：　　　$x_{\text{near}} \leftarrow \text{NEAREST\_NEIGHBOR}(x_{\text{rand}}, \mathcal{T})$
5：　　　$u \leftarrow \text{SELECT\_INPUT}(x_{\text{rand}}, x_{\text{near}})$
6：　　　$x_{\text{new}} \leftarrow \text{NEW\_STATE}(x_{\text{near}}, u, \Delta t)$
7：　　　$\mathcal{T}.\text{add\_vertex}(x_{\text{new}})$
8：　　　$\mathcal{T}.\text{add\_edge}(x_{\text{near}}, x_{\text{new}}, u)$

之后研究人员提出了一系列的改进算法,例如,RRT-connect 采用双向采样的方式来加快路径规划的效率,Anytime RRT 可以将采样的时间限制在要求时间之内。

9.3　多层混合 A* 路径规划

现实中常见的停车场、临时交通引导都是非结构化场景,与结构化场景不同,它们缺乏车道中心线和地图先验信息,因此只能通过环境感知结果生成无碰撞的可行驶轨迹。本节将针对半结构化和非结构化场景,介绍一种有效的路径规划方案——多层混合 A* 路径规划算法[244]。

在介绍这一算法之前,读者应确保已熟知 9.2 节中对 A* 和混合 A* 算法的介绍,了解了相关的基础知识。在此基础上,本节将结合实际的场景需求讨论现有混合 A* 算法在实际系统中应用时面临的问题和相应的改进点,并向读者完整地介绍在半结构化和非结构化场景中进行运动规划的具体流程。

9.3.1　算法框架

本节介绍的多层混合 A* 路径规划算法框架如图 9-7 所示。在算法运行过程中,系统接收定位和传感器输入,并以占据栅格图的形式表示环境中的障碍物分布情况。占据栅格图包含基于先验环境信息的静态障碍物和虚拟边界。将车辆的当前位置和终点位置(如感知到的停车位、交通引导区域的出口等)映射到栅格图中后,路径规划模块根据栅格图和起终点位置规划出一条可行且曲率连续的轨迹。最后，生成的轨迹将通过控制器转化为实际的控制序列，并由车辆执行。

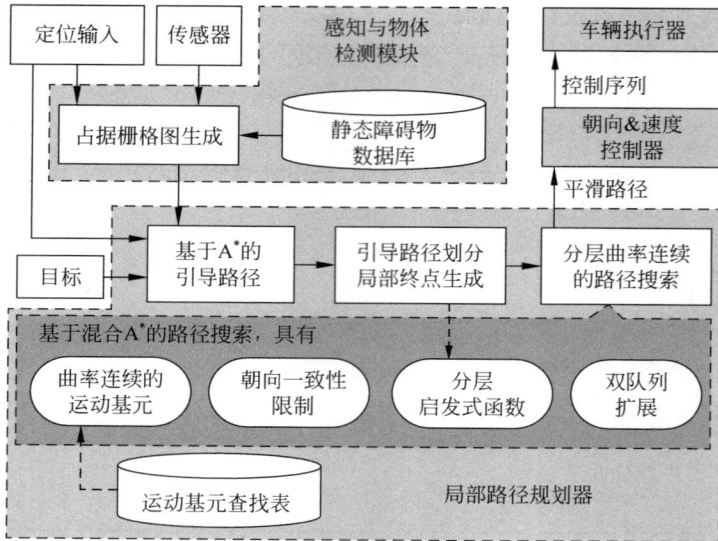

图 9-7   多层混合 A* 路径规划算法框架

路径规划的过程主要分为两个阶段：首先是生成全局引导，通常使用 A* 算法，并对全局路径进行采样，得到局部终点；然后基于混合 A* 方法生成车辆当前位置到局部终点的完整轨迹。与传统的全局平滑轨迹生成算法相比，这种分层、分步骤的处理方式可以在保持近似轨迹平滑性的基础上，大大降低时间和计算资源开销。

后续步骤包括引导路径和局部目标点的生成过程，以及基于引导路径的改进混合 A* 搜索过程。下面将对它们进行介绍。

9.3.2   局部终点生成模块

引导路径的作用是将大型复杂场景分割为多个小型场景，从而降低每个场景内搜索问题的规模，进而加快整体的搜索过程。在场景分割时，需要提前确定各个子部分之间的衔接关系，以便将它们拼接成从起点到终点的完整路径。

本方法通过识别狭窄通道完成场景分割。车辆在通过狭窄通道时，朝向通常与通道方向一致，并且位置接近通道宽度方向的中心，以确保车辆安全通行且避免碰撞。换句话说，车辆在狭窄通道区域的轨迹点具有更小的不确定性，适合作为区域划分的分界点，以局部终点的形式参与后续的规划过程。

该方法对原始的占据栅格图进行膨胀，以去除宽度过窄的通道。在 A* 算法生成的全局引导路径上，寻找穿过狭窄通道的点并进行标记。对所有标记点进行分析，生成局部终点的朝向和通道宽度。

图 9-8 展示了基于搜索的引导路径和局部终点生成模块的结构。整个模块的输入包含 3 部分：全局的静态栅格图、车辆当前的定位和终点的位置。车辆当前的定位和局部终点均会从世界坐标 (x, y) 转换至栅格图的像素坐标 (u, v)。

首先，图像会经过半径为一半车辆宽度的膨胀处理，所有宽度小于车辆宽度的通道在膨胀的图像中均会被标记为不可行。膨胀处理可以快速排除不可行的场景划分和局部终点生成方案。

在生成引导路径的过程中，A^* 的节点扩展采用了八邻域扩展方案，由于引导路径只是起到寻找狭窄通道的作用，因此可以不考虑路径点的朝向。图 9-8(a) 展示了生成的路径 P_{raw}。

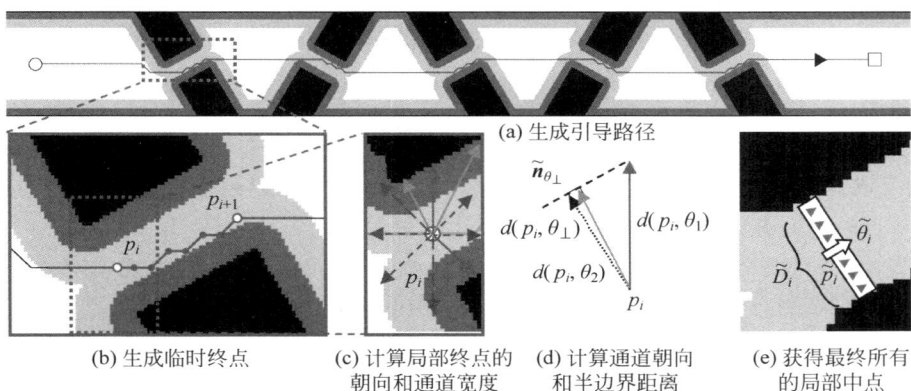

(a) 生成引导路径

(b) 生成临时终点 （c) 计算局部终点的 （d) 计算通道朝向 （e) 获得最终所有
　　　　　　　　 朝向和通道宽度 　　和半边界距离 　　的局部中点

图 9-8 基于搜索的引导路径和局部终点生成模块结构

此外，在 P_{raw} 中通过对图像进行一次额外的膨胀，以寻找所有的通过狭窄通道的点。当轨迹点落在额外的膨胀区域时，则将它们标记为候选轨迹点，如图 9-8(a) 和图 9-8(b) 中的线段标记。判断候选点的八邻域延伸线段与障碍物距离是否小于阈值，若小于则将该点保留，否则将其从候选点列表中移除。在处理完所有候选点之后，对剩余所有的点进行基于距离的聚类，用于生成最终的临时终点，如图 9-8(b) 所示。

最后，该方法计算出了每个局部终点的朝向和通道宽度。这一计算过程沿用了之前 A^* 搜索的邻域关系以实现快速的计算过程。通道朝向和半边界距离为

$$\theta = \arctan \frac{d_1 \cos\theta_1 - d_2 \cos\theta_2}{d_2 \sin\theta_2 - d_1 \sin\theta_1} \tag{9-4}$$

$$d = \frac{d_1 d_2 \sin(\theta_2 - \theta_1)}{\sqrt{d_1^2 - 2d_1 d_2 \cos(\theta_2 - \theta_1) + d_2^2}} \tag{9-5}$$

其中，θ_1 和 θ_2 是相邻的两个朝向，d_1 和 d_2 为长度，如图 9-8(d) 所示。沿通道朝向的法线方向移动这一临时终点的位置，使之在垂直方向上处在通道的中心，最终获得所有的局部中点。

9.3.3　路径搜索模块

此方法沿用混合 A* 的搜索定义，旨在提升混合 A* 搜索的性能和平滑性，使之能在大型复杂场景下完成快速可行的平滑路径生成。此外，本方法引入了轨迹的曲率特性，可以实现最终生成轨迹的曲率连续性。路径搜索在高维的搜索空间中执行 A* 的搜索流程，同时在节点扩展的过程中采用符合车辆运动学约束的基元。混合 A* 的相关定义和基础方法可参见前面的介绍。在混合 A* 的基础之上，该方法的节点信息中额外包含了节点附近的搜索密度 ρ，这一信息的具体含义将在下面给出。

在节点扩展的过程中，算法同时会考虑新节点周围已探索节点的数量。当一个节点附近已经被充分探索之后，这个节点的优先级将会降低，从而使得算法优先执行新的、未知区域的节点。某一搜索节点 s_0 的临近搜索密度 $\rho(s_0)$ 被定义为

$$\rho(s_0) = \sum_{\|s - s_0\| \leqslant 2} \mathrm{e}^{-\|s - s_0\|} \tag{9-6}$$

$\rho(s_0)$ 反映在 s_0 附近其他搜索节点的数量。这一数据在全局地图中静态存储，并在生成新节点时更新该节点的邻域。

节点扩展时，会同时考虑点的启发式信息和密度信息。这一特性通过双优先队列策略完成。算法会构建两个优先队列：一是 OPEN 表，用于存储待探索的节点；二是 BUFF 表，用于临时存储需要按照密度进行排序的点。OPEN 表中仅装入车辆当前位置对应的节点，BUFF 表留空。设置初始密度判别阈值 $\rho_{\mathrm{th}} = 0$。接下来，在每次搜索中，首先判断两个表的状态。如果 OPEN 表和 BUFF 表均为空，则判定为搜索失败，可能不存在从起点到终点的可行路径；如果仅 OPEN 表非空，则取出 OPEN 表中 $g + h$ 最小点的节点作为当前节点；如果仅 BUFF 表非空，则取出 BUFF 表中 $\rho \times h$ 最小的节点作为当前节点；当两表均非空时，分别取出 OPEN 表中 $g + h$ 最小点的节点 s_{OPEN} 和 BUFF 表中 $\rho \times h$ 最小的节点 s_{BUFF}，当 BUFF 表中取出的节点满足 $\rho(s_{\mathrm{BUFF}}) < \rho_{\mathrm{th}}$ 时，将 s_{BUFF} 作为当前节点，并将 s_{OPEN} 放回；否则，将 s_{OPEN} 作为当前节点，并将 s_{BUFF} 放回。之后，按照 $\rho_{\mathrm{th}} = \dfrac{\rho_{\mathrm{th}} + \rho(s_{\mathrm{BUFF}})}{2}$ 更新密度阈值 ρ_{th}，保证其接近整体的密度平均值。如果当前节点来自 OPEN 表且 $\rho(s_{\mathrm{BUFF}}) > \rho_{\mathrm{th}}$，则将其装入 BUFF 表并重新跳转至开始步骤。以上操作相当于将从 OPEN 表取出的节点经过 BUFF 表的重排序，这意味着取出新的节点除了需要检查节点的代价和启发式函数，还需要保证节点附近没有被过度探索。

类似对启发式函数的调整，混合 A* 中用于构建到全局终点的 RS 曲线也进行了如下调整。若当前节点能通过 RS 曲线链接到下一个局部终点，则创建这样的 RS 曲线并构建父节点关系，将下一个局部终点添加至 OPEN 表并切换新的局部终点作为目标；另一种情况为某个搜索节点到达给定局部终点的邻域，此时也会执行终点的切换操作，直到到达最后的全局终点。

　　最后，在子节点扩展的过程中，方法会同时考察节点的位置、朝向和曲率。基于车辆运动学方程积分，采用的扩展运动基元可以为直线、圆或者螺线。新的车辆位置 (x_1, y_1)、朝向 θ_1、曲率 κ_1 与旧节点车辆位置 (x_0, y_0)、朝向 θ_0、曲率 κ_0 的关系为

$$\begin{cases} \kappa_1 = \sigma L \\ \theta_1 = \theta_0 + v\left(\kappa_0 L + \dfrac{1}{2}\sigma L^2\right) \\ \begin{bmatrix} x_1 \\ y_1 \end{bmatrix} = \begin{bmatrix} x_0 \\ y_0 \end{bmatrix} + \boldsymbol{R}(\theta_0)\begin{bmatrix} v\Delta x(L) \\ \Delta y(L) \end{bmatrix} \end{cases} \tag{9-7}$$

其中，σ 为曲率变化率，L 为基元的长度，$\boldsymbol{R}(\cdot)$ 为 2×2 的旋转矩阵。

　　对于 $\sigma=0$ 的情况，基元退化为直线或者圆弧，即为混合 A^* 中的基元形式，表达式为

$$\begin{bmatrix} \Delta x(l) \\ \Delta y(l) \end{bmatrix} = \begin{cases} \dfrac{1}{\kappa_0}\begin{bmatrix} \sin(l\kappa_0) \\ 1 - \cos(l\kappa_0) \end{bmatrix}, & \kappa_0 \neq 0 \\[4mm] \begin{bmatrix} l \\ 0 \end{bmatrix}, & \kappa_0 = 0 \end{cases} \tag{9-8}$$

　　对于 $\sigma\neq0$ 的情况则可通过菲涅尔积分计算得到相关参数，如下：

$$\begin{bmatrix} \Delta x(l) \\ \Delta y(l) \end{bmatrix} = \sqrt{\dfrac{\pi}{\sigma}}R\left(-\dfrac{\kappa_0^2}{2\sigma}\right)\begin{bmatrix} F_{\text{C}}\left(\dfrac{\kappa_1}{\sqrt{\pi\sigma}}\right) - F_{\text{C}}\left(\dfrac{\kappa_0}{\sqrt{\pi\sigma}}\right) \\ F_{\text{S}}\left(\dfrac{\kappa_1}{\sqrt{\pi\sigma}}\right) - F_{\text{S}}\left(\dfrac{\kappa_0}{\sqrt{\pi\sigma}}\right) \end{bmatrix} \tag{9-9}$$

其中，F_{C} 和 F_{S} 为菲涅尔积分，满足

$$F_{\text{C}}(t) = \int_0^t \cos\left(\frac{1}{2}\pi t^2\right)\mathrm{d}t, \quad F_{\text{S}}(t) = \int_0^t \sin\left(\frac{1}{2}\pi t^2\right)\mathrm{d}t. \tag{9-10}$$

　　通过这样的构造可以保证运动基元内部以及衔接点的位置、朝向、曲率连续性。

　　基于螺线基元过渡的效果如图 9-9 所示。图 9-9（a）表示螺线连接直线和圆弧，图 9-9（b）表示螺线连接两段曲率不同的圆弧。图 9-9（c）作为对比，是混合 A^* 中所使用的直线和圆的直接连接。图 9-9（d）、图 9-9（e）和图 9-9（f）展示了不同情况的朝向变化，图 9-9（g）、图 9-9（h）和图 9-9（i）展示了不同情况的曲率变化。可以看到，虽然两种方案均具有朝向的连续性，但原始混合 A^* 的曲率会发生突变，而该方案生成的路径具有更高的平滑性。

　　进一步地，指定曲率变化率满足 $\sigma=\{0, \pm1\} * \dfrac{\kappa_{\text{step}}}{L}$ 以及长度 $L=\dfrac{2\theta_{\text{step}}}{\kappa_{\text{step}}}$ 可以使得子节点角度仍然符合角度空间的离散化划分结果，从而能将运动基元离线计算并以查找表形式存储，不影响在线运行时的搜索性能。扩展得到的子节点位置和朝向信息会根据运动基元查找表计算得到。子节点的 g 值根据扩展曲线长度和加权系数确定，满足子节点的 g 值等于父节点的 g 值加加权系数乘以扩展曲线长度。

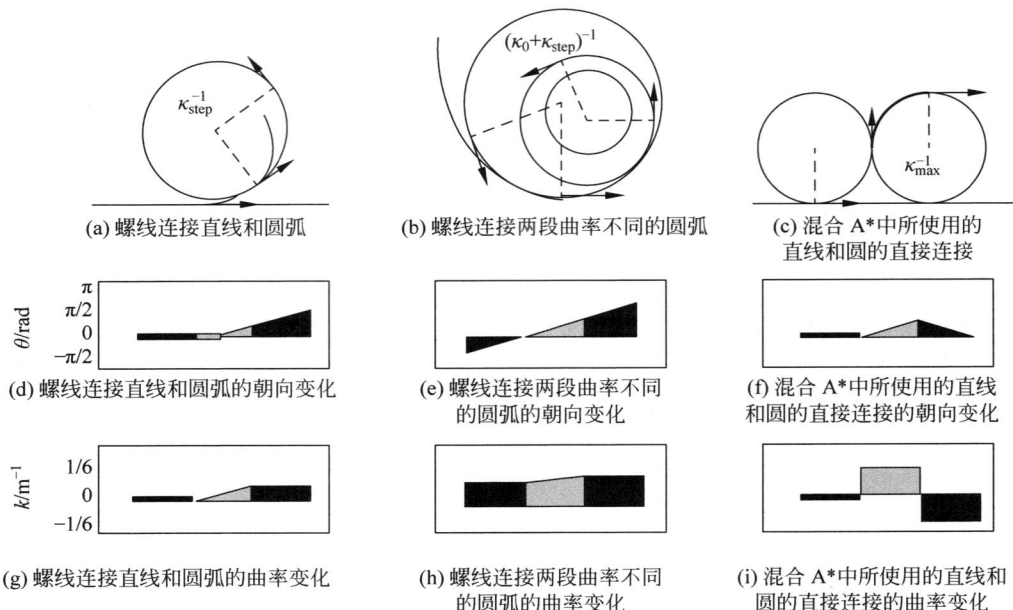

图 9-9   螺线轨迹基元与对应的朝向和曲率

当扩展曲线满足以下情况之一：不是直线、为倒车路径、扩展曲线造成子节点朝向在朝向范围之外时，加权系数额外变大。其中，朝向的限制主要基于人类驾驶员行驶过程中，车头朝向的变化往往不会反复振荡，如图 9-10 所示。因此，提前去除造成朝向振荡的情况，可以使得最终生成的路径更接近人类驾驶员的驾驶策略，同时进一步加快搜索流程。

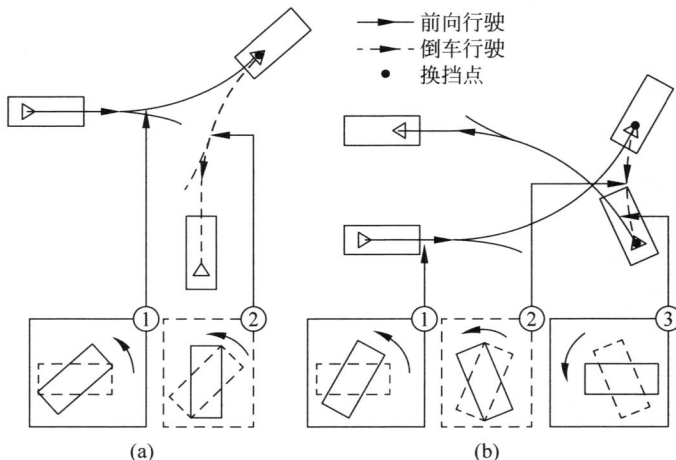

图 9-10   驾驶过程中的朝向单调性

算法的后续步骤和原始的混合 A* 或 A* 保持一致。在获得路径中节点序列后，根据每个节点的位置、朝向和曲率信息，可重新按照螺线生成的公式进行插值，生成具有曲率连续特性的更细密的路径并提交控制机构执行。

9.4　多模型的自动驾驶轨迹规划

本节将结合实际系统框架介绍一种适用于结构化道路场景中的自动驾驶轨迹规划算法[245-246],该算法在高速道路、城市道路等场景中表现良好。该算法的核心思想在 9.3 节中进行了阐述,即采样-评估思想,并且该算法同样对轨迹规划进行了时空分离,将其解耦为路径规划与速度生成。

通过对本节的学习,希望读者能够掌握多模型的自动驾驶轨迹规划算法,加深对采样-评估规划思想的理解,初步了解规划方法在自动驾驶系统中的应用,进而思考多模型的自动驾驶轨迹规划算法在实际交通场景中可能遇到的问题,形成自己的改进思路。

9.4.1　算法框架

多模型的自动驾驶轨迹规划算法框架如图 9-11 所示。轨迹规划过程可以分为路径规划、速度生成和规划调度 3 个层次。路径规划层生成基础的行驶路径;速度生成层为路径添加速度,以确保车辆具备动态性能;规划调度层根据环境和车辆行驶状态自适应地对前两层模块进行调度。

当自动驾驶系统接收到规划开始指令后,系统利用基于五次多项式曲线插值的终点状态采样路径规划算法在路径规划模块中生成一条不包含时间特性的路径。随后,将生成的路径和动态障碍物信息同时输入速度规划模块中,根据路径和障碍物的交互情况确定安全的行驶速度。如果无法找到符合条件的速度解决方案,则生成重新路径规划的指令,直到获取安全的轨迹和行驶速度,然后输入车辆状态监控层。

车辆状态监控层包含两部分:安全监视模块和行驶监视模块。安全监视模块用于判断车辆是否处于危险状态,行驶监视模块用于判断是否到达规划路径的目标点。这两个模块保存生成的轨迹并将其输入控制模块。控制模块根据轨迹生成相应的行为,使车辆开始沿轨迹行驶。这标志着规划的第一个周期结束,进入状态保持模式。

在状态保持模式中,路径规划模块仅在接收到重新路径规划指令时才会进行新路径的规划。速度生成模块包括速度生成单元和低通滤波单元。速度生成单元以 0.5Hz 的频率不断更新轨迹的速度属性,而低通滤波单元将处理车辆实际速度与轨迹期望速度之间的误差,并将其反馈到速度生成单元,用于更新速度属性。

此外,安全监控模块以 10Hz 的频率不断更新,并根据当前轨迹判断车辆是否安全。一旦安全监控模块认为沿当前轨迹继续行驶不满足安全条件,就会发送信号给速度生成模块,促使其调整当前轨迹的速度属性,以避免危险情况的发生。行驶监控模块以同样的 10Hz 频率接收车辆当前的位姿,并根据保存的当前轨迹判断车辆是否即

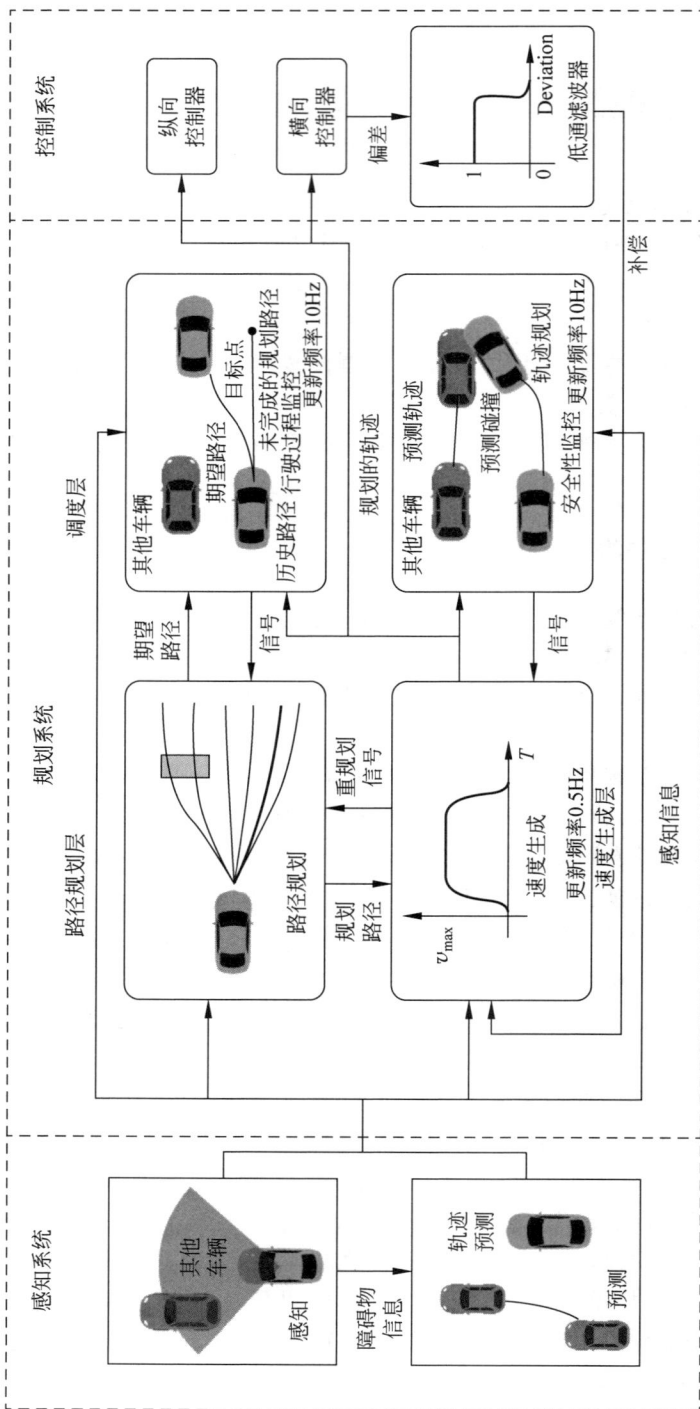

图 9-11　多模型的自动驾驶轨迹规划框架

将到达轨迹的目标点。当车辆到达目标点时,行驶监控模块将发送信号给路径规划模块,指示其进入下一个规划周期。以上过程不断重复,直到自动驾驶系统完成所有行驶任务。

在这个过程中,轨迹速度始终保持更新,以实现车辆在动态环境中的灵活性。速度属性以 0.5 Hz 的低频率进行更新,这既有助于降低计算资源的消耗,也避免了过于频繁的更新导致控制模块难以跟踪速度的问题。同时,安全监控模块以 10 Hz 的高频率进行更新,有效弥补了轨迹速度更新频率过低导致对突发状况响应不及时的问题。安全监控模块保证了自动驾驶系统能够在 0.1 s 内对紧急情况做出响应,从而有效提升了系统的安全性和应对突发情况的能力。

此外,由于路径规划与速度生成解耦,上述规划框架在不同场景中可以具有不同的倾向性。在高速场景中,车辆较高的速度会限制其横向机动能力,导致无法实现复杂的车道变换。因此,在这种情况下,规划框架可以侧重于速度生成模块,简化路径规划的复杂度。相反,在低速场景中,车辆速度的变化范围较小,因此规划框架可以侧重于路径规划模块,简化速度生成的过程。

接下来将详细介绍路径规划模块与速度生成模块的具体实现方法。

9.4.2　路径规划模块

路径规划方法的框架如图 9-12 所示,具体分为 4 个步骤:

(1) 全局规划。它在给定原始路点的条件下,生成曲率变化率连续的自然参数曲线。通过此自然参数曲线可以定义局部规划所使用的坐标系。

(2) 坐标转换。在给出机器人笛卡儿坐标系的位姿 $\boldsymbol{I}_a = (x, y, \beta_a, \alpha_a)$ 后(元组中 x、y、β_a 和 α_a 分别为横坐标、纵坐标、朝向和曲率),找出其在转换后坐标系中的对应点 $\boldsymbol{R} = (X, Y, \theta, \kappa, \sigma)$,元组的每一维度分别为 X 表示横坐标、Y 表示纵坐标、θ 表示朝向、κ 表示曲率,σ 表示曲率变化率。

(3) 路径规划。在曲线坐标系下的路径规划,包含有以下部分:首先,根据 $\boldsymbol{I}_a$ 和 $\boldsymbol{R}$ 可以求解出机器人在以此坐标架为横轴的曲线坐标系下的位姿 $\boldsymbol{I}_u = (l, r, \beta_u, \alpha_u)$。其次,在曲线坐标系下采样多个目标点,利用目标点和 $\boldsymbol{I}_u$ 作为边界条件求解出路径的参数曲线。最后将每一条生成的路径从曲线坐标系转换回笛卡儿坐标系。

(4) 路径评估。根据定义的损失函数评价所有路径,最终选中损失最小的路径。此外,局部规划以 10Hz 的频率进行重规划,不断更新输出到控制的路径,直到机器人到达目的地。

在全局规划中,输入信息是一系列路点 $\boldsymbol{p}_i^{(s)} = (x_i^{(s)}, y_i^{(s)})$,$i = 0, 1, \cdots, n$。这些路点可以来源于高精度地图的道路中心线,也可以是搜索算法得到的初始路径点。该方法使用参数曲线对这些路点进行插值,生成参数化的全局路径。为了使生成的参数曲率满足 G^3 连续性,满足 G^3 连续性是在曲线坐标系下规划出曲率连续路径的必要条件,所以使用四次样条函数 $\mathcal{P}(u)$ 进行插值。$\mathcal{P}(u)$ 是分段函数,$\mathcal{P}(u)$ 每一段的表达式为 $\mathcal{P}_i(u) = (X_i(u), Y_i(u))$,$i = 0, 1, \cdots, n-1$,并且存在

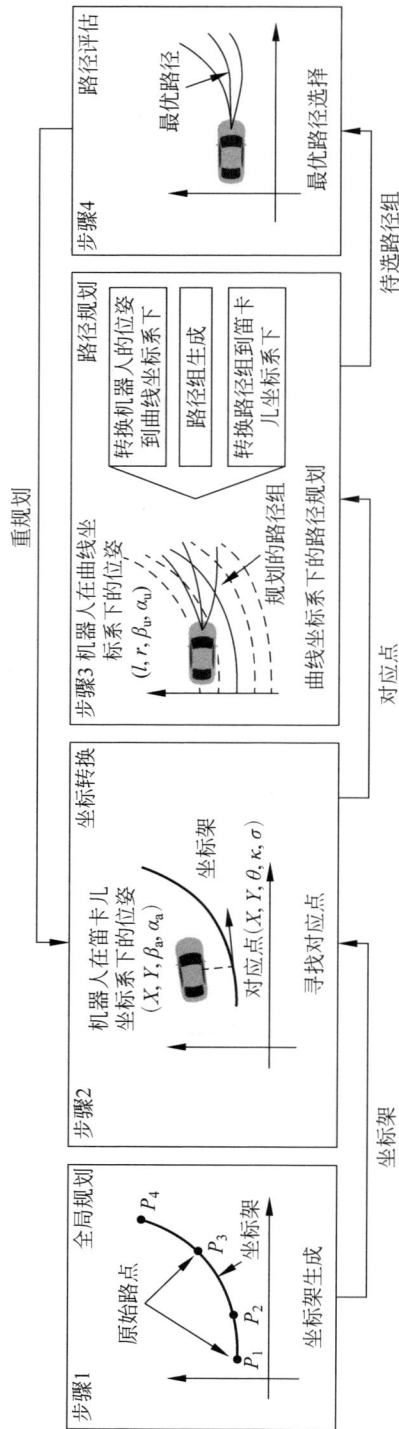

图 9-12 路径规划模块流程图

$$\begin{cases} X_i(u) = \sum_{k=0}^{4} a_{i,k}^{(x)} u^k, & u \in [d_i, d_{i+1}] \\ Y_i(u) = \sum_{k=0}^{4} a_{i,k}^{(y)} u^k, & u \in [d_i, d_{i+1}] \end{cases} \tag{9-11}$$

其中，

$$d_i = \begin{cases} 0, & i = 0 \\ d_{i-1} + \| \boldsymbol{p}_i^{(s)} - \boldsymbol{p}_{i-1}^{(s)} \|, & i \neq 0 \end{cases} \tag{9-12}$$

接下来需要求解式(9-12)中的未知系数，可以利用 G^3 连续性导出的限制条件实现上述未知系数的求解。但是，此时得到的四次样条函数 $\mathcal{P}(u)$ 不是自然参数曲线。为了简化局部规划的计算，需要先将其转换为对应的自然参数曲线 $\mathcal{P}(s)$。在此过程中，需要先得到 s 与 u 的关系，如

$$s(u) = \int_0^u \| \mathcal{P}(u) \| \, du \tag{9-13}$$

虽然无法通过式(9-13)直接得到 $u(s)$ 的闭式解，但根据牛顿迭代法与式(9-13)，对于给出的任意 s，可以得到对应的 u；则 $\mathcal{P}(s)$ 可以通过 $\mathcal{P}(u)$ 和式(9-13)进行求解。

得到 $\mathcal{P}(s)$ 后，可以进一步计算出 $\mathcal{P}(s)$ 的朝向 $\theta(s) = \mathrm{Arg}(\mathcal{P}'(s))$、曲率 $\kappa(s) = \theta'(s)$ 和曲率变化率 $\sigma(s) = \kappa'(s)$。其中，Arg 为计算向量朝向的函数。通过以上过程最终可以得到局部规划的坐标系，定义为 $\mathcal{R}(s) = (\mathcal{P}(s), \theta(s), \kappa(s), \sigma(s))$。

如图 9-12 所示，假设车辆在笛卡儿坐标系的位姿为 $\boldsymbol{I}_a = (x, y, \beta_a, \alpha_a)$，则与当前车辆位姿最近的对应点可以通过牛顿迭代求解以下表达式得到：

$$s_c = \arg\min_s \| \mathcal{P}(s) - (x, y) \|^2 \tag{9-14}$$

经验证，该方法计算出的 s_c 的误差可以保持在 10^{-8} 以内。将 s_c 代入 $\mathcal{R}(s)$ 中，就可以得到与当前车辆位姿最近的对应点，定义为 $\boldsymbol{R} = (X, Y, \theta, \kappa, \sigma)$。

根据车辆在笛卡儿坐标系下的位姿 $\boldsymbol{I}_a$ 和坐标系中的对应点 $\boldsymbol{R}$，可以求解出车辆在曲线坐标系下的位姿 $\boldsymbol{I}_u = (l, r, \beta_u, \alpha_u)$，其过程如图 9-13 所示。

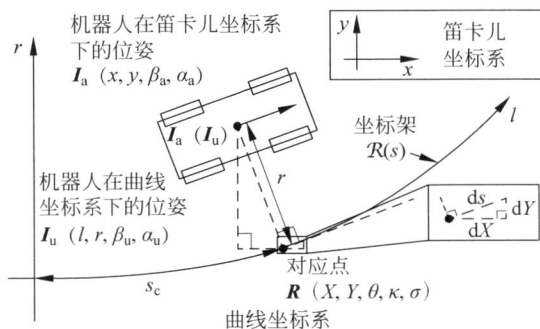

图 9-13　曲线坐标系与笛卡儿坐标系

可以得到车辆从笛卡儿坐标系到曲线坐标系下的位姿转换公式，如下：

$$
\begin{cases}
l = s_c \\
r = (X - x)\sin\theta + (y - Y)\cos\theta \\
\beta_u = \arctan\left(\sin(\beta_a - \theta), -\dfrac{\cos(\beta_a - \theta)}{-1 + r\kappa}\right) \\
\alpha_u = \mathrm{Sgn}(1 - r\kappa)(-4\alpha_a(1 - r\kappa)^2 + \\
\qquad \kappa(-1 + r\kappa)(\cos(3\beta_a - 3\theta) - 5\cos(\beta_a - \theta)) + \\
\qquad 4\sigma r\cos^2(\beta_a - \theta)\sin(\beta_a - \theta)/(Q\sqrt{-2Q})
\end{cases}
\tag{9-15}
$$

其中，$\mathrm{Sgn}(\cdot)$ 为符号函数，且

$$
Q = -2 + r\kappa(2 - r\kappa) + r\kappa(-2 + r\kappa)\cos(2\beta_a - 2\theta)
\tag{9-16}
$$

当坐标架的曲率 $\kappa = 0$ 和曲率变化率 $\sigma = 0$ 时，曲线坐标系与笛卡儿坐标系为刚体变换。由式（9-15）可以得到，在这种情况下车辆在曲线坐标系下的朝向为 $\beta_a - \theta$，曲率为 α_a，满足刚体变换的条件，由此证明了式（9-15）的正确性。

在曲线坐标系中进行路径生成，需要得到采样的目标点位姿 $\boldsymbol{G}_i = (l_i^{(g)}, r_i^{(g)}, 0, 0)$，$i = 0, 1, \cdots, m$，可以使用五次样条函数对车辆当前位姿到目标点进行路径生成 $\zeta_i^{(p)}(\mu) = (l_i(\mu), r_i(\mu))$ 以保证曲率的连续性，表达式如下

$$
\begin{cases}
l_i(\mu) = \displaystyle\sum_{k=0}^{5} b_{i,k}^{(l)}\mu^k, \quad \mu \in [0, \mu_i^f] \\
r_i(\mu) = \displaystyle\sum_{k=0}^{5} b_{i,k}^{(r)}\mu^k, \quad \mu \in [0, \mu_i^f]
\end{cases}
\tag{9-17}
$$

其中，μ_i^f 为曲线 $\zeta_i^{(p)}$ 的弧长，由于角度较小通常可以使用弦长进行估计。以 $\boldsymbol{I}_u$ 和 $\boldsymbol{G}_i$ 作为边界限制，可以求解出图 9-13 中的全部未知参数，得到局部路径的参数表示。不同的目标点可以得到不同的局部路径。最后，对每一条局部路径进行采样得到该路径的非参数表示，如

$$
\zeta^{(np)} = \{(l_{i,j}, r_{i,j}, \beta_{i,j}^{(u)}, \alpha_{i,j}^{(u)})\}_{j=0}^{o}
$$

在此过程中，需要将每一条局部路径的每一个采样顶点从曲线坐标系转换到笛卡儿坐标系。假设当前需要进行坐标转换的定位位姿为 $(l, r, \beta_u, \alpha_u)$。首先将 l 代入 $\mathcal{R}(s)$ 中，找到对应点并定义为 $\boldsymbol{R} = (X, Y, \theta, \kappa, \sigma)$。其次，求解该顶点在笛卡儿坐标系下的坐标，设所述采样顶点在笛卡儿坐标系下的坐标为 $(x, y, \beta_a, \alpha_a)$。同理，可以得到的从曲线坐标系到笛卡儿坐标系的位姿转换公式为

$$
\begin{cases}
x = X - r\sin\theta \\
y = Y + r\cos\theta \\
\beta_a = \arctan(\cos\theta\sin\beta_u + (1 - r\kappa)\cos\beta_u\sin\theta \\
\qquad (1 - r\kappa)\cos\beta_u\cos\theta - \sin\beta_u\sin\theta) \\
\alpha_a = (\alpha_u - r\alpha_u\kappa + \kappa(-1 + r\kappa)^2\cos^3\beta_u + \sigma r\cos^2\beta_u\sin\beta_u + \\
\qquad 2\kappa\cos\beta_u\sin^2\beta_u)/K
\end{cases}
\tag{9-18}
$$

其中，

$$K = ((-1 + r\kappa)^2 \cos^2\beta_{\mathrm{u}} + \sin^2\beta_{\mathrm{u}})^{\frac{3}{2}} \tag{9-19}$$

当曲率 $\kappa = 0$ 和曲率变化率 $\sigma = 0$ 时，笛卡儿坐标系与曲线坐标系为刚体变换。根据式(9-18)可以得到，在这种情况下笛卡儿坐标系下的朝向为 $\beta_{\mathrm{u}} + \theta$，曲率为 α_{u}，满足刚体变换的条件，由此证明了式(9-18)的正确性。

另外，根据式(9-18)，要在曲线坐标系下曲率连续的路径转换到笛卡儿坐标系下仍然保持曲率连续，则需要坐标架的曲率 κ 和曲率变化率 σ 连续。全局路径满足 G^3 连续性是保证在曲线坐标系下规划出曲率连续路径的必要条件。

通过式(9-18)，可以将在曲线坐标系下生成的任意路径 $\zeta_i^{(\mathrm{np})}$ 转换到笛卡儿坐标系。可以定义最终得到的笛卡儿坐标系下的局部待选路径为 $\zeta_i^{(\mathrm{a})} = \{(x_{i,j}, y_{i,j}, \beta_{i,j}^{(\mathrm{a})}, \alpha_{i,j}^{(\mathrm{a})})\}_{j=0}^o, i = 0, 1, \cdots, m$。

对待选路径组中的每条路径进行损失函数的计算，从中选出最优路径。

损失函数的第一部分是路径 $\zeta_i^{(\mathrm{a})}$ 的非障碍物影响损失，其来源于路径自身的属性。可以通过以下表达式计算路径 $\zeta_i^{(\mathrm{a})}$ 的非障碍物影响损失 c_i^{attr}：

$$c_i^{\mathrm{attr}} = w^{\mathrm{cur}} \cdot \left(\frac{\kappa_i^{\max}}{\kappa^{\mathrm{thres}}}\right)^2 + w^{\mathrm{eff}} \cdot \frac{|r_i^{(\mathrm{g})}|}{r^{\max}} \tag{9-20}$$

其中，κ^{thres} 为之前提到的最大曲率阈值，$r^{\max}$ 为最大横向偏移量，w^{cur} 为曲率损失的权重，w^{eff} 为横向偏移量损失权重，$\kappa_i^{\max}$ 为路径的最大曲率，$r_i^{(\mathrm{g})}$ 为在参考线的横向偏移量，通常用于衡量乘客的舒适度和驾驶的平滑性。

损失函数的第二部分是障碍物影响损失，通常用于衡量乘路径的安全性。由于车辆需要满足行驶要求和空气动力学要求，其形状通常是不规则的，使得量化障碍物对车辆路径影响变得复杂。为了解决这一问题，可以通过计算路径上每一点到所有障碍物的最小距离进行评估。障碍物可以通过矩形边界框近似表示，这种表示形式与感知的检测输出结果一致。由于车辆可以近似为矩形，计算两个矩形之间的距离即可评估障碍物对车辆沿路径移动的影响。因此，车辆在路径上的每个点与所有障碍物的最小距离可以作为障碍物影响损失的指标，进一步用来计算路径的碰撞风险。

如图 9-14 中的场景一所示，最小化 $\min(H_i)$ 的损失计算方法能够轻易地判断出 P_3 为最优路径。如图 9-14 中的场景二所示，障碍物位置发生变化，沿 P_2 移动，并在 O_1 点进行重新规划，最后沿 P_6 通过障碍物。这种移动方式比沿 P_3 移动更优。但最小化 $\min(H_i)$ 的损失计算方法仍然会认为 P_3 是最优路径。由此可以看出：障碍物对路径 $\zeta_i^{(\mathrm{a})}$ 的影响不仅仅与其采样点 $\zeta_i^{(\mathrm{a})}(j)$ 的碰撞风险 $h_{i,j}$ 有关，还与路径上每一个点的纵向偏移 $l_{i,j}$ 存在关联。

上述最优路径的评价函数更适用于低速场景。在高速场景中，由于车辆动力学的限制，生成的待选路径通常较少。此时，只需要使用一些简单的损失函数就能够得到较优的待选路径。

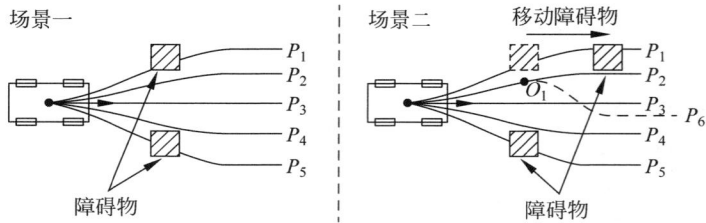

图 9-14 不同场景下障碍物对路径的影响

9.4.3 速度生成模块

在自动驾驶车辆状态转移的过程中，通常认为自身车辆在两状态间做匀变速运动，则速度生成的关键在于得到合适匀变速运动的加速度。自身车辆沿最优路径行驶时，与每一个动态障碍物的交互过程中都产生一个加速度的可行区间，最终的加速度的可行区间就是这些区间的交集，再从可行区间中找到最优的加速度。

在自身车辆与单个动态障碍物的交互过程中的加速度的可行区间的计算方法如下：首先，计算自身车辆与动态障碍物的碰撞点，如图 9-15 和图 9-16 所示。若无碰撞，则忽略该动态障碍物。若有碰撞，则获得自身车辆的碰撞点 $cp^{(ego)}$ 和动态障碍物的碰撞点 $cp^{(obs)}$。自身车辆的行为模式可以分为两种：第一种是超越模式，如图 9-15 所示，即在动态障碍物到达碰撞点之前，提前穿过碰撞点；第二种是等待模式，如图 9-16 所示，即在动态障碍物通过碰撞点后，自身车辆才抵达碰撞点。

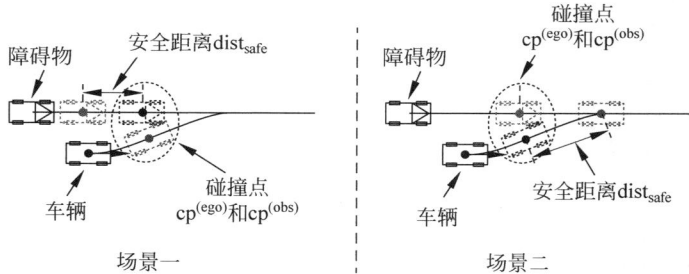

图 9-15 超越模式下，自身车辆与动态障碍物的交互

针对超越模式，自身车辆的行驶必须要满足两个条件。第一个条件为在自身车辆到达碰撞点 $cp^{(ego)}$ 时，动态障碍物离 $cp^{(obs)}$ 的距离小于 $dist_{safe}$，即如图 9-15 中的场景一所示，自身车辆抵达红色框所示位置时，障碍物不能超出蓝色框所示位置。第二个条件是当动态障碍物到达碰撞点时，自身车辆距离 $cp^{(ego)}$ 大于 $dist_{safe}$，即如图 9-15 中的场景二所示，当动态障碍物到达蓝色框所示位置时，自身车辆必须超越红色框所示位置。安全距离 $dist_{safe}$ 与自身车辆当前速度以及动态障碍物速度均有关系，其计算表达式如下：

$$\text{dist}_{\text{safe}} = \max(\text{dist}_1 + \frac{v_{\text{obs}}^2}{2\text{acc}^{(\text{obs})}} - \frac{v_{\text{ego}}^2}{2\text{acc}^{(\text{ego})}}, \tag{9-21}$$

$$\text{dist}_2 + \text{coef} \cdot v_{\text{obs}} + (v_{\text{obs}} - v_{\text{ego}})^2 \varepsilon(v_{\text{obs}} - v_{\text{ego}}))$$

其中,dist_1 和 dist_2 为设定的距离常量,v_{obs} 为动态障碍物速度,$\text{acc}^{(\text{obs})}$ 为动态障碍物最大加速度,v_{ego} 为自身车辆速度,$\text{acc}^{(\text{ego})}$ 为自身车辆最大加速度,coef 为设定的参数,$\varepsilon(\cdot)$ 为阶跃函数。

　　表达式分为了两项。第一项表示在自身车辆进行紧急刹车时,动态障碍物也进行紧急刹车。最终停下后,两者的距离为 dist_1。第二项表示自身与动态障碍物同时运动的时候,期望与动态障碍物保持的距离。随后判断以每一个加速度 acc 行驶是否满足上述两个条件。对于条件一,可以通过变加速度运动公式求解出自身车辆到碰撞点 $\text{cp}^{(\text{ego})}$ 所需时间 t 和速度 v_{ego}。并根据式(9-21)计算出 $\text{dist}_{\text{safe}}$。最后计算在 t 时间内,动态障碍物的运动,判断其是否超越蓝色框位置,如果不超越,则加速度 acc 满足条件一。对于条件二,计算时间开销 t 及自身车辆以 acc 运动的最终位置和最终速度 v_{ego}。根据式(9-21)计算出 $\text{dist}_{\text{safe}}$。判断自身车辆最终位置是否超出碰撞点 $\text{cp}^{(\text{ego})}$ 距离 $\text{dist}_{\text{safe}}$。如果超出安全距离,则加速度 acc 满足条件二。如果加速度 acc 同时满足两个条件,则此加速度可行。

　　针对等待模式,同样存在两个条件。第一个条件是动态障碍物先于自身车辆到达碰撞点 $\text{cp}^{(\text{obs})}$,即如图 9-16 中的场景一所示,当动态障碍物到达蓝色框所示位置时,自身车辆应该不超过红色框所示位置。第二个条件为自身车辆先到达碰撞点 $\text{cp}^{(\text{ego})}$,即如图 9-16 中的场景二所示,当自身车辆到达的红色框所示位置时,动态障碍物应该超过蓝色框所示位置。在等待模式下,安全距离 $\text{dist}_{\text{safe}}$ 计算表达式如下:

$$\text{dist}_{\text{safe}} = \max(\text{dist}_1 - \frac{v_{\text{obs}}^2}{2\text{acc}^{(\text{obs})}} + \frac{v_{\text{ego}}^2}{2\text{acc}^{(\text{ego})}}, \tag{9-22}$$

$$\text{dist}_2 + \text{coef} \cdot v_{\text{ego}} + (v_{\text{ego}} - v_{\text{obs}})^2 \text{Sgn}(v_{\text{ego}} - v_{\text{obs}}))$$

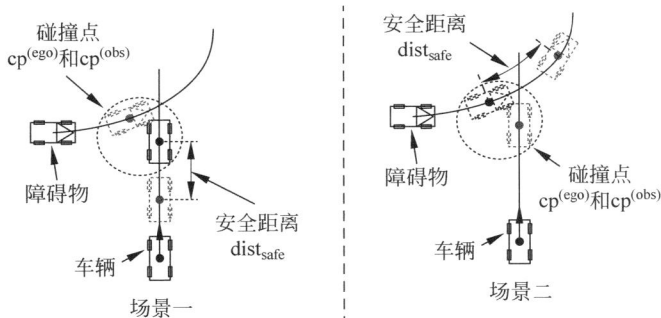

图 9-16　等待模式下,自身车辆与动态障碍物的交互

其中,变量的含义与式(9-21)中一致,$\text{Sgn}(\cdot)$ 为符号函数。此表达式的含义与式(9-21)

一致。接下来的过程与超越模式中的描述基本相同，判断加速度是否满足两个条件，如果满足则认为此加速度可行。

经过处理，每一个动态障碍物获得其可行加速度区间的交集，就可以获得区间内达到最优性能的加速度。最优性能的评估涵盖 3 个因素，包括当前速度对应的预先设定的期望加速度 $acc^{(exp)}$，当前加速度 $acc^{(cur)}$ 和加速度区间的边界。区间内任意加速度 acc 的损失计算包括加速度 acc 与期望加速度 $acc^{(exp)}$ 的偏差、与当前加速度 $acc^{(cur)}$ 的偏差、与可行的加速度区间的边界距离的倒数。综合损失最小的加速度就是最优加速度。

第 10 章

自动驾驶的控制

10.1　概述

　　控制系统是自动驾驶计算框架中的关键组成部分,其整体目标是通过控制算法计算合适的加速踏板、制动器、方向盘转角控制量,以完成路径跟踪或自适应巡航等控制任务。随着自动驾驶技术的商用化,公众对自动驾驶汽车的安全性和舒适性提出了更高的要求,这需要控制系统能应对车辆状态、路径曲率变化、道路环境等多方面因素的影响,确保自主驾驶汽车始终保持稳定舒适运行的状态。此外,先进的控制系统通常还需要具备能够模拟不同人类驾驶员的驾驶风格和控制习惯的能力,为乘客提供个性化的乘坐体验。因此,控制系统的设计成为车辆自动驾驶过程中一个关键且具有挑战性的任务。

　　为了让读者全面认识控制系统的相关概念和设计思路,本章首先介绍乘用汽车的典型运动学模型和动力学模型。其次介绍自动驾驶横向和纵向运动控制算法的基本原理。然后,重点介绍自动驾驶系统的两大控制任务——路径跟踪控制和自适应巡航控制的算法实现,并讨论各种算法的优势、不足以及适用场景。此外,本章还介绍了在自动驾驶控制中广泛应用的模型预测控制方法的最新研究进展。最后介绍两种热门的机器学习方法——模仿学习和强化学习在车辆控制领域的应用,为进一步研究提供参考。

10.2   自动驾驶的车辆模型

在自动驾驶的控制系统中,建立合理的车辆模型不仅是实现横纵向运动控制的前提,也是保证实现路径跟踪和自适应巡航等控制任务的基础。因此,需要根据驾驶任务中遇到的真实工况,选取合适的控制变量,构造由完备的自动驾驶车辆运动关系约束的运动学模型并准确描述动力学约束的动力学模型。本节介绍最为重要和基本的两种车辆模型——自行车运动学模型和自行车动力学模型。

10.2.1   自行车运动学模型

为了更好地控制车辆的运动,需要从车辆位置、朝向、速度与时间的变化关系等几何学的角度研究其运动规律,建立准确的运动学模型。最典型的运动学模型以自行车运动学模型(单轨运动学模型)为代表。自行车运动学模型的建立基于以下假设:

(1) 假设车辆是在二维平面上运动的,即不考虑车辆在垂直方向的运动;

(2) 忽略悬架运动及其对耦合关系的影响,假设车身和悬架系统都是刚性模型;

(3) 假设车辆左右侧轮胎在任意时刻都拥有相同的转向角度和转速,这样车辆的左右两个轮胎的运动可以合并为一个轮胎来描述;

(4) 假设车辆的运动和转向是由前轮驱动的;

(5) 假设车辆行驶速度变化不会造成前后轴的载荷转移;

(6) 忽略纵向和横向的空气动力学作用。

自行车运动学模型如图 10-1 所示。在惯性坐标系 XOY 下,(X_r, Y_r) 和 (X_f, Y_f) 分别为车辆后轴和前轴轴心的坐标,φ 为车体的横摆角(航向角),δ_f 为前轮偏角,v_r 为车辆后轴中心速度,v_f 为车辆前轴中心速度,l 为轴距。

自行车运动模型表示的车辆的转向过程如图 10-2 所示,R 为后轮转向半径,P 为车辆瞬时转动中心,M 为车辆后轴轴心,N 为前轴轴心。根据自行车运动学模型假设转向过程中车辆质心侧偏角保持不变,即车辆瞬时转向半径与道路曲率半径相同。

车辆在后轴行驶轴心 (X_r, Y_r) 处的速度由式(10-1)计算:

$$v_r = \dot{X}_r \cos\varphi + \dot{Y}_r \sin\varphi \tag{10-1}$$

前、后轴的运动学约束由式(10-2)表示:

$$\begin{cases} \dot{X}_f \sin(\varphi + \delta_f) - \dot{Y}_f \cos(\varphi + \delta_f) = 0 \\ \dot{X}_r \sin\varphi - \dot{Y}_r \cos\varphi = 0 \end{cases} \tag{10-2}$$

由式(10-1)与式(10-2)联合可得:

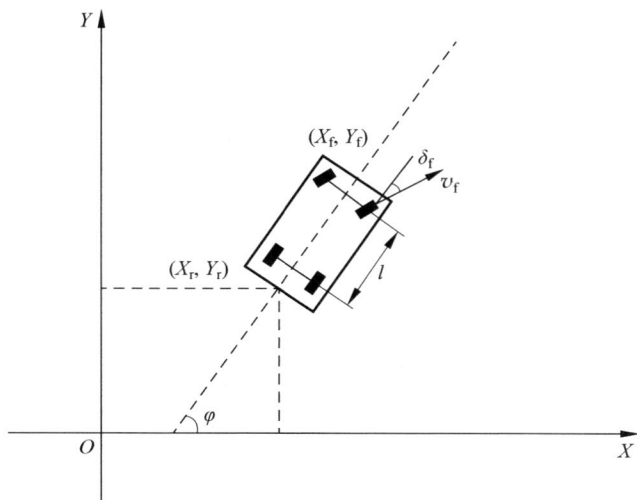

图 10-1　自行车运动学模型

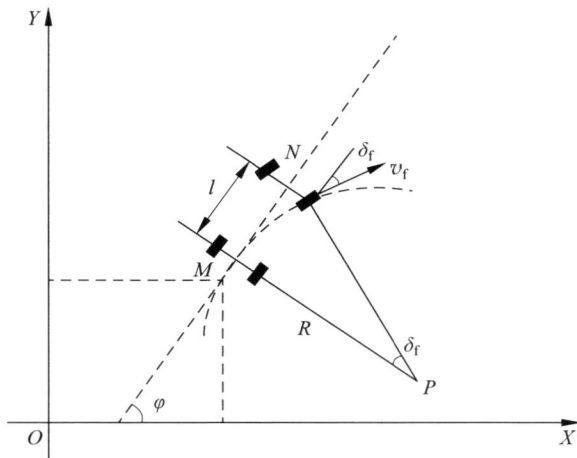

图 10-2　自行车模型前轮转向示意图

$$\begin{cases} \dot{X}_r = v_r \cos\varphi \\ \dot{Y}_r = v_r \sin\varphi \end{cases} \tag{10-3}$$

根据前后轮的几何关系可得：

$$\begin{cases} X_f = X_r + l\cos\varphi \\ Y_f = Y_r + l\sin\varphi \end{cases} \tag{10-4}$$

将式(10-3)和式(10-4)代入式(10-2)，可解得横摆角速度 ω 为

$$\omega = \frac{v_r}{l}\tan\delta_f \tag{10-5}$$

其中，ω 为车辆横摆角速度；同时，由 ω 和车速 v_r 可得到转角半径 R 和前轮偏角 δ_f：

$$\begin{cases} R = \dfrac{v_r}{\omega} \\[2mm] \delta_f = \arctan\left(\dfrac{l}{R}\right) \end{cases} \tag{10-6}$$

由式(10-3)和式(10-5)可得到车辆运动学模型为

$$\begin{bmatrix} \dot{X}_r \\ \dot{Y}_r \\ \dot{\varphi} \end{bmatrix} = \begin{bmatrix} \cos\varphi \\ \sin\varphi \\ (\tan\delta_f)/l \end{bmatrix} v_r \tag{10-7}$$

该模型可进一步被表示为更一般的状态方程形式：

$$\dot{\boldsymbol{\xi}}_{\mathrm{kin}} = f_{\mathrm{kin}}(\boldsymbol{\xi}_{\mathrm{kin}}, \boldsymbol{u}_{\mathrm{kin}}) \tag{10-8}$$

其中，状态量 $\boldsymbol{\xi}_{\mathrm{kin}} = [X_r, Y_r, \varphi]^T$，控制量 $\boldsymbol{u}_{\mathrm{kin}} = [v_r, \delta_f]^T$。在自动驾驶车辆的横向中，若希望以角速度 ω 代替前轮转角 δ_f 作为控制量，则将式(10-5)代入式(10-7)中，运动学模型可以转换为如下形式：

$$\begin{bmatrix} \dot{X}_r \\ \dot{Y}_r \\ \dot{\varphi} \end{bmatrix} = \begin{bmatrix} \cos\varphi \\ \sin\varphi \\ 0 \end{bmatrix} v_r + \begin{bmatrix} 0 \\ 0 \\ 1 \end{bmatrix} \omega \tag{10-9}$$

10.2.2　自行车动力学模型

动力学模型基于牛顿第二定律，对车辆纵向、横向进行受力分析。在力的相互作用过程中，轮胎起着决定性的作用，车辆动力学模型在运动学模型的基础上，进一步建模轮胎和路面之间的复杂相互作用，以更准确地描述车辆的运动。车辆动力学模型以自行车动力学模型(单轨动力学模型)为代表，模型的建立基于如下理想化的假设：

(1) 假设车辆是在二维平面上运动的，即不考虑车辆在垂直方向的运动；

(2) 忽略悬架运动及其对耦合关系的影响，假设车身和悬架系统都是刚性模型；

(3) 只考虑纯侧偏轮胎特性，忽略轮胎力的横向耦合关系；

(4) 假设车辆的运动和转向是由前轮驱动的；

(5) 假设车辆运动符合单轨模型，忽略载荷的左右转移；

(6) 假设车辆行驶速度变化不会造成前后轴的载荷转移；

(7) 忽略纵向和横向的空气动力学作用。

基于以上假设，自动驾驶车辆的运动只具有纵向、横向和横摆 3 个方向，满足设定的自行车动力学模型如图 10-3 所示。其中，坐标系 $OXYZ$ 为固定于车身的车辆坐标系。XOZ 处于车辆左右对称的平面内，车辆质心所在点为坐标原点 O，X 轴为沿车辆纵轴，Y 轴与车辆纵轴方向垂直，而 Z 轴满足右手法则，垂直于 XOY 且向上。坐标系 XOY 为固定于地面的惯性坐标系，也满足右手法则。图 10-3 中关于轮胎受力定义如下：

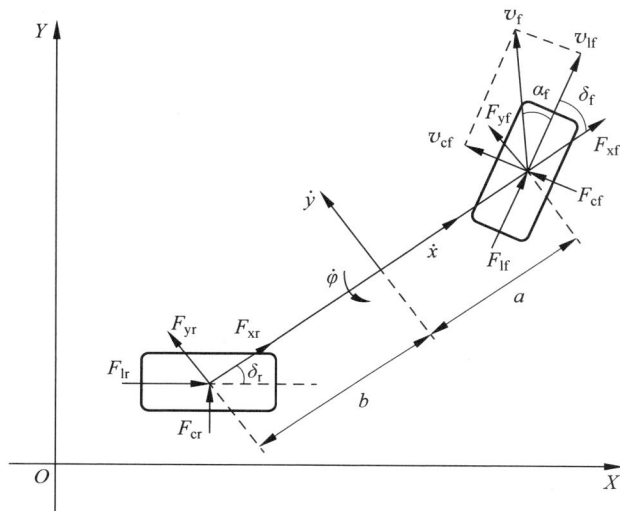

图 10-3　自行车动力学模型

（1）F_{lf}、F_{lr} 为前、后轮胎受到的纵向力；

（2）F_{ef}、F_{er} 为前、后轮胎受到的侧向力；

（3）F_{xf}、F_{xr} 为前、后轮胎受到的 X 轴方向的力；

（4）F_{yf}、F_{yr} 为前、后轮胎受到的 Y 轴方向的力。

根据牛顿第二定律，分别得到沿 X 轴、Y 轴和绕 Z 轴的受力平衡方程。在 X 轴方向上，

$$m\ddot{x} = m\dot{y}\dot{\varphi} + 2F_{xf} + 2F_{xr} \tag{10-10}$$

在 Y 轴方向上，

$$m\ddot{y} = -m\dot{x}\dot{\varphi} + 2F_{yf} + 2F_{yr} \tag{10-11}$$

绕 Z 轴方向上：

$$I_z = 2aF_{yf} - 2bF_{yr} \tag{10-12}$$

其中，a、b 分别为质心到前轴、后轴的距离，m 为车辆整体质量，I_z 为车辆绕 Z 轴的转动惯量。

轮胎在 x 方向和 y 方向上受到的合力与纵、侧向力的转换关系如下：

$$\begin{cases} F_{xf} = F_{lf}\cos\delta_f - F_{ef}\sin\delta_f \\ F_{xr} = F_{lr}\cos\delta_r - F_{er}\sin\delta_r \\ F_{yf} = F_{lf}\sin\delta_f + F_{ef}\cos\delta_f \\ F_{yr} = F_{lr}\sin\delta_r + F_{er}\cos\delta_r \end{cases} \tag{10-13}$$

　　轮胎的纵向力、侧向力可以表示为轮胎侧偏角、滑移率、路面摩擦系数和垂向载荷等参数构成的复杂函数，如下：

$$\begin{cases} F_1 = f_1(\alpha, s, \mu, F_z) \\ F_e = f_e(\alpha, s, \mu, F_z) \end{cases} \tag{10-14}$$

其中，α 为轮胎侧偏角，s 为滑移率，μ 为路面摩擦系数，F_z 为轮胎所受到的垂向载荷。

　　轮胎的侧偏角 α 可根据几何关系计算得到，如下：

$$\alpha = \arctan \frac{v_e}{v_1} \tag{10-15}$$

其中，v_e 和 v_1 分别为轮胎在侧向、纵向的速度，与坐标系方向的速度 v_x 和 v_y 表示如下：

$$\begin{cases} v_1 = v_y \sin\delta + v_x \cos\delta \\ v_e = v_y \cos\delta - v_x \sin\delta \end{cases} \tag{10-16}$$

其中，δ 为轮胎偏转角。

　　轮胎的速度可通过轮速计直接获取，也可由车辆速度解算获得。根据图10-3，可推导速度转换关系如下：

$$\begin{cases} v_{yf} = \dot{y} + a\dot{\varphi} \\ v_{yr} = \dot{y} - b\dot{\varphi} \\ v_{xf} = \dot{x} \\ v_{xr} = \dot{x} \end{cases} \tag{10-17}$$

　　轮胎在地面上的滑移率 s 可以由式（10-18）计算得到：

$$s = \begin{cases} \dfrac{r v \omega_t}{v} - 1 & (v > r\omega_t, v \neq 0) \\ 1 - \dfrac{v}{r\omega_t} & (v < r\omega_t, \omega_t \neq 0) \end{cases} \tag{10-18}$$

其中，r 为车轮半径，ω_t 为车轮旋转角速度。

　　由于忽略前后轴的载荷转移，可由式（10-19）计算得到车辆前后轮所受到的垂向载荷：

$$\begin{cases} F_{zf} = \dfrac{bmg}{2(a+b)} \\ F_{zr} = \dfrac{amg}{2(a+b)} \end{cases} \tag{10-19}$$

　　最后，考虑车辆坐标系与惯性坐标系之间的转换关系，可得

$$\dot{Y} = \dot{x}\sin\varphi + \dot{y}\cos\varphi \tag{10-20}$$

$$\dot{X} = \dot{x}\cos\varphi - \dot{y}\sin\varphi \tag{10-21}$$

　　综合以上各式，可以得到车辆非线性动力学模型。其中，除了由道路固有决定的

路面摩擦系数,以及由车辆的防抱死制动系统控制的滑移率外,其他参数都可以由车辆状态信息计算得到。路面摩擦系数为道路固有信息,取决于当前道路条件。车辆的防抱死制动系统的控制始终受控于当前求解值。通过计算式之间的代换,则自行车动力学系统的状态空间表达式可描述如下:

$$\begin{cases} \dot{\xi}_{dyn} = f_{dyn}(\xi_{dyn}, u_{dyn}) \\ \eta_{dyn} = h_{dyn}(\xi_{dyn}) \end{cases} \tag{10-22}$$

其中,ξ_{dyn} 是系统状态量,u_{dyn} 是系统控制量,η_{dyn} 是系统输出量。

在纵向滑移率和侧偏角较小时,可以用线性函数近似表示轮胎力,且在侧向加速度 $a_y \leqslant 0.4g$ 的情况下通常有较好的拟合精度[247]。因此,轮胎的纵向力和侧向力可表示如下:

$$\begin{cases} F_l = C_l s \\ F_c = C_c s \end{cases} \tag{10-23}$$

其中,C_l 为轮胎纵向刚度,C_c 为轮胎侧偏刚度。

考虑到非线性模型中存在大量三角函数计算,求解较为困难,因此,基于驾驶过程的小角度假设,在轮胎力求解中采用式(10-24)进行近似计算:

$$\begin{cases} \cos\theta \approx 1 \\ \sin\theta \approx \theta \\ \tan\theta \approx \theta \end{cases} \tag{10-24}$$

其中,θ 为各偏角,包括前轮转角、前后轮侧偏角等。

通过以上近似条件简化,将式(10-15)代入式(10-17),得前后轮侧偏角的计算式为

$$\begin{cases} \alpha_f = \dfrac{\dot{y} + a\dot{\varphi}}{\dot{x}} - \delta_f \\ \alpha_r = \dfrac{\dot{y} - b\dot{\varphi}}{\dot{x}} \end{cases} \tag{10-25}$$

根据式(10-25)和线性轮胎模型,易求得各轮胎受力情况。前后轮的侧向力为

$$\begin{cases} F_{cf} = C_{cf}\left(\delta_f - \dfrac{\dot{y} + a\dot{\varphi}}{\dot{x}}\right) \\ F_{cr} = C_{cr}\dfrac{b\dot{\varphi} - \dot{y}}{\dot{x}} \end{cases} \tag{10-26}$$

前后轮的纵向力为

$$\begin{cases} F_{lf} = C_{lf} s_f \\ F_{lr} = C_{lr} s_r \end{cases} \tag{10-27}$$

将以上简化结果代入式(10-22),得到基于前轮小角度假设和线性轮胎模型假设的车辆动力学非线性模型如下:

$$
\begin{cases}
m\ddot{y} = -m\dot{x}\dot{\varphi} + 2\left[C_{\mathrm{cf}}\left(\delta_{\mathrm{f}} - \dfrac{\dot{y} + a\dot{\varphi}}{\dot{x}}\right) + C_{\mathrm{cr}}\dfrac{b\dot{\varphi} - \dot{y}}{\dot{x}}\right] \\[3mm]
m\ddot{x} = m\dot{y}\dot{\varphi} + 2\left[C_{\mathrm{lf}}s_{\mathrm{f}} + C_{\mathrm{cf}}\left(\delta_{\mathrm{f}} - \dfrac{\dot{y} + a\dot{\varphi}}{\dot{x}}\right)\delta_{\mathrm{f}} + C_{\mathrm{lr}}s_{\mathrm{r}}\right] \\[3mm]
I_z\ddot{\varphi} = 2\left[aC_{\mathrm{cf}}\left(\delta_{\mathrm{f}} - \dfrac{\dot{y} + a\dot{\varphi}}{\dot{x}}\right) - bC_{\mathrm{cr}}\dfrac{b\dot{\varphi} - \dot{y}}{\dot{x}}\right] \\[3mm]
\dot{Y} = \dot{x}\sin\varphi + \dot{y}\cos\varphi \\[2mm]
\dot{X} = \dot{x}\cos\varphi - \dot{y}\sin\varphi
\end{cases}
\tag{10-28}
$$

状态量选取为 $\boldsymbol{\xi}_{\mathrm{dyn}} = [\dot{y}, \dot{x}, \varphi, \dot{\varphi}, Y, X]^{\mathrm{T}}$，控制量选取为 $\boldsymbol{u}_{\mathrm{dyn}} = [v_{\mathrm{f}}, \delta_{\mathrm{f}}]^{\mathrm{T}}$，输出量为 $\boldsymbol{\eta}_{\mathrm{dyn}} = [\varphi, Y]^{\mathrm{T}}$。

10.3　自动驾驶的运动控制

自动驾驶的运动控制由横向运动控制和纵向运动控制两部分组成。纵向运动控制计算油门踏板和制动踏板比例以调节车辆的行驶速度和加速度；横向运动控制计算转向机构的控制量以调节车辆的朝向角和角速度。

10.3.1　纵向运动控制

纵向运动控制的任务是接收由规划系统发送的速度命令，并根据车辆的实时状态，计算油门和制动踏板的开度百分比，然后将它们发送到车辆的底层控制器执行，使车速逐渐接近期望值。优秀的纵向运动控制器不仅要实现对车辆的精准控制，还需要在控制过程中保证较高的乘坐舒适性。

乘坐舒适性直接受到车辆的加速度和变加速度的影响。加速度反映人体在运动中感受到的作用力，变加速度则反映作用力的变化快慢。变加速度又称为加加速度、急动度、Jerk 值等，是描述加速度变化的物理量，是加速度关于时间的导数，如式（10-29）所示：

$$
j = \frac{\mathrm{d}a}{\mathrm{d}t} = \frac{\mathrm{d}^2 v}{\mathrm{d}t^2} = \frac{\mathrm{d}^3 s}{\mathrm{d}t^3}
\tag{10-29}
$$

其中，a、v、s 分别为加速度、速度和位移。

尽管也与其变化率和持续时间相关，但只要纵向加速度和变加速度的峰值限制在一定范围内，大多数情况下的乘坐舒适性就能得到保证[248]。因此，在设计纵向控制算法时，首先需要预处理输入的原始速度命令 v_{cmd} 以获得满足加速度和变加速度约束的平滑速度指令 v_{smooth}[249]。定义 $v_{\mathrm{smooth}} = \int a_{\mathrm{smooth}}\,\mathrm{d}t$，其中，

$$a_{\text{smooth}} = \begin{cases} a_{\text{ul}}, & \int j_{\text{smooth}} \mathrm{d}t > a_{\text{ul}} \\ a_{\text{ll}}, & \int j_{\text{smooth}} \mathrm{d}t < a_{\text{ll}} \\ \int j_{\text{smooth}} \mathrm{d}t, & \text{其他} \end{cases} \tag{10-30}$$

$$j_{\text{smooth}} = \begin{cases} j_{\text{ul}}, & \ddot{v}_{\text{cmd}} > j_{\text{ul}} \\ j_{\text{ll}}, & \ddot{v}_{\text{cmd}} < j_{\text{ll}} \\ \ddot{v}_{\text{cmd}}, & \text{其他} \end{cases} \tag{10-31}$$

其中，a_{ul}、a_{ll} 是加速度约束的上限和下限，j_{ul}、j_{ll} 是变加速度约束的上限和下限。以预处理后的 v_{smooth} 为后续纵向控制和速度跟踪目标。

根据车辆的动力学特性，纵向控制的发动机牵引力/制动力可用非线性映射模型描述，如下：

$$F_{\phi} = M * \kappa \Psi(v, \phi_{\text{t}}, \phi_{\text{b}}) \tag{10-32}$$

其中，M 是车辆质量，ϕ_{t}、ϕ_{b} 分别表示油门和制动踏板的开度（$0 \leqslant \phi_{\text{t}}, \phi_{\text{b}} \leqslant 1$）；$\Psi(\cdot)$ 表示对踏板的非线性动力学表示，包括牵引系统（混合动力车辆的发动机和电动机）和制动系统，其输出是传递到车轮的总功率，并可通过集总系数 κ 转换为对应车辆加速度。

另外，自动驾驶车辆在动态交通场景中受到复杂的外界环境作用力，纵向运动的阻力主要包括 3 方面：纵向斜坡阻力 F_{g}，地面摩擦力 F_{f}，空气阻力 F_{a}，其表达式分别如式（10-33）～式（10-35）所示：

$$F_{\text{g}} = Mg * \sin\theta_{\text{r}} \tag{10-33}$$

$$F_{\text{f}} = f_{\text{r}} Mg \tag{10-34}$$

$$F_{\text{a}} = \frac{1}{2} C_{\text{s}} A_{\text{r}} \rho_{\text{s}} v^2 \tag{10-35}$$

其中，g 是重力加速度，θ_{r} 是地面坡度，f_{r} 是地面摩擦力系数，C_{s} 是空气阻力系数，A_{r} 是车辆纵向投影面积，ρ_{s} 是空气密度，v 是当前车速。

因此，在正常行驶条件下，自动驾驶汽车的纵向运动方程可表示如下：

$$a = \dot{v} = \kappa \Psi(v, \phi_{\text{t}}, \phi_{\text{b}}) - \frac{F_{\text{g}} + F_{\text{f}} + F_{\phi}}{M} \tag{10-36}$$

分析无人车的纵向运动方程，对于真实车辆系统的纵向控制与油门牵引力、刹车制动扭矩、外界阻力等多方面因素相关，在实际工程中通常难以建立精确的系统辨识模型。在无模型的情况下，速度跟踪通常有标定开环控制和状态反馈闭环控制两种方法。

标定开环控制方法要求研究者根据标定手册步骤测试不同速度下的油门和刹车踏板开度与车辆加速度之间的关系，通过线性拟合或记录标定表的方式，描述车辆速度、加速度以及油门、制动踏板之间的关系，使得无人车能根据当前车速与期望加速度直接获取合适的油门/刹车踏板开度。开环标定能通过大规模精细的重复测试实现高精度控制，在业界得到广泛使用。典型的对车辆推进系统的实车标定如图 10-4 所示。但开环标定方法存在标定过程烦琐、受车型限制大、缺乏泛化能力等诸多局限性，对于个人研究者来说，很难自行标定准确的油门或制动特性。

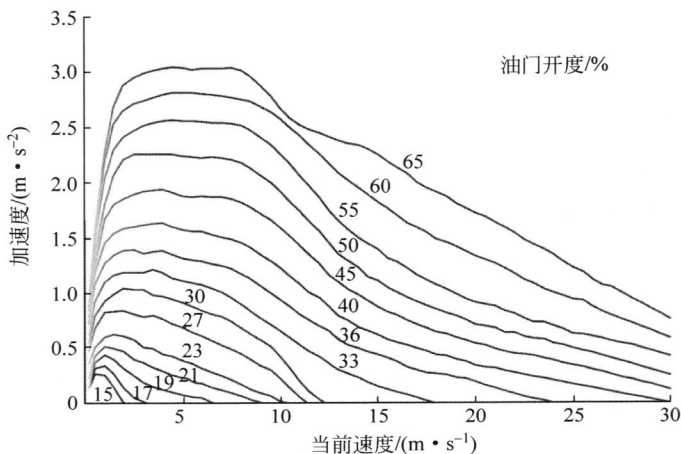

图 10-4　自动驾驶汽车油门标定[250]

　　状态反馈闭环控制是最经典的控制方法，其中的代表是比例-积分-微分(Proportional-Integral-Derivative，PID)控制及其变种，由于实现简单、无须精确建模等优点在自动驾驶中被广泛使用。对于纵向控制，往往通过嵌套闭环的 PID 控制方法，通过分层闭环从而提升控制效果[251]。以平滑后的目标车速 v_{smooth} 和实际车速 v_c 的偏差作为输入构建 PID 速度外环，以外环输出的加速度补偿 a_e 和实际加速度 a_c 的偏差作为输入分别构建 PID 加速度-油门内环和加速度-制动内环，并依据外环输出的正负进行判断选择适用加速度-油门环加速或加速度-刹车环制动。3 个 PID 环的误差和输出计算如式(10-37)～式(10-39)所示：

$$\begin{cases} e_s = v_{smooth} - v_c \\ a_e = K_{sp}e_s + K_{si}\sum e_s\Delta t + K_{sd}\dfrac{\Delta e_s}{\Delta t} \end{cases} \tag{10-37}$$

$$\begin{cases} e_t = a_e - a_c, \quad a_e > 0 \\ \phi_t = K_{tp}e_t + K_{ti}\sum e_t\Delta t + K_{td}\dfrac{\Delta e_t}{\Delta t} \end{cases} \tag{10-38}$$

$$\begin{cases} e_b = a_e - a_c, \quad a_e < 0 \\ \phi_b = K_{bp}e_b + K_{bi}\sum e_b\Delta t + K_{bd}\dfrac{\Delta e_t}{\Delta t} \end{cases} \tag{10-39}$$

其中，e_s、K_{sp}、K_{si}、K_{sd} 为速度环的输入偏差及 PID 参数；e_t、K_{tp}、K_{ti}、K_{td} 为加速度-

油门环的输入偏差及 PID 参数；e_b、K_{bp}、K_{bi}、K_{bd} 为加速度-制动环的输入偏差及 PID 参数；双闭环 PID 纵向控制如图 10-5 所示。

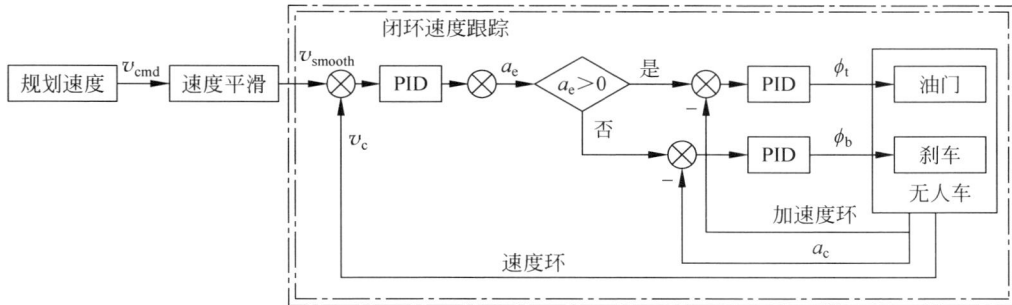

图 10-5　双闭环 PID 控制速度跟踪

由于真实的汽车动力系统存在滞后时间长、强时变、非线性延迟等复杂影响因素，因此对于速度环的控制需要结合前馈控制，改善速度追踪的动态性能。

但对于速度环的控制，单纯依赖状态反馈的 PID 控制需要在速度偏差出现后才能产生调节作用，控制时延大，其响应具有明显的滞后性，难以适应变化频繁的速度指令。速度环的被控对象是平滑后的目标速度 v_{smooth}，而平滑加速度 a_{smooth} 与 v_{smooth} 满足式（10-40）：

$$a_{smooth} = \frac{\mathrm{d}v_{smooth}}{\mathrm{d}t} + \sigma \tag{10-40}$$

其中，σ 是变量扰动。

前馈控制的优势在于其无偏性和无滞后性，能显著提升系统的响应速度。因此，在速度环 PID 控制的基础上引入 a_{smooth} 作为前馈控制，能补偿被控量 v_{smooth} 的扰动和观测不确定性造成的误差。利用先验的前馈控制消除控制变量的大部分扰动，再通过 PID 反馈控制修正剩余误差的影响，最终获得快速的系统响应和准确的稳态效果，速度环输出可表示如下：

$$a_e = K_{sp}e_s + K_{si}\sum e_s\Delta t + K_{sd}\frac{\Delta e_s}{\Delta t} + K_F a_{in} \tag{10-41}$$

另外，图 10-4 的标定结果显示了在不同的油门踏板开度下，车辆加速度和当前速度之间的映射关系。车辆牵引系统的加速度由于发动机或混合电动机的复杂动态特性，在不同速度条件下都存在剧烈变化的强非线性，尤其是在起步怠速阶段。因此对加速度环的油门控制有必要在常规 PID 控制的基础上增加模糊控制器，自适应地调节 PID 增益系数，改善对油门踏板的控制性能，模糊 PID 控制器结构如图 10-6 所示。

根据实车标定和参数整定经验，当前速度和加速度对油门-加速度的非线性特性影响显著，因此模糊 PID 控制器的输入变量为当前车速 v_c 和当前加速度指令 a_c，输出变量是 PID 控制器增益系数 K_p、K_i 和 K_d。将输入输出变量由量化的论域转换为抽象的模糊语言集合，并以高斯、三角形和梯形等表示各模糊子集的隶属度函数。通过

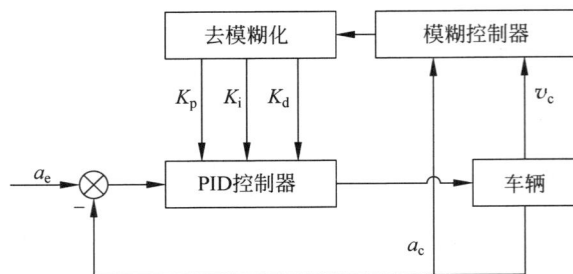

图 10-6　模糊 PID 控制器结构

油门映射特性和调试经验，设定抑制加速非线性和抗干扰特性的模糊规则，最终利用最大隶属度法、重心法和加权平均法等去模糊方法解算系统的精确输出，获得加速度-油门环 PID 参数。依据车辆传感器的加速度反馈调节油门开度，确保自动驾驶车辆始终准确跟踪期望的加速度。

综上，基于平滑前馈和模糊逻辑的双闭环 PID 纵向速度控制如图 10-7 所示。

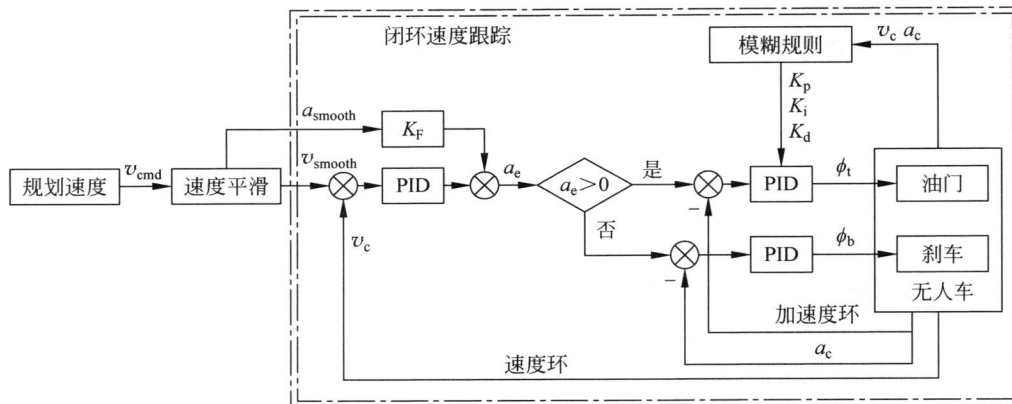

图 10-7　基于平滑前馈和模糊规则的双闭环 PID 控制速度跟踪

10.3.2　横向运动控制

横向运动控制是指对自动驾驶车辆的转向轮转角的主动控制。横向运动控制的任务是通过计算当前转角和期望转角的误差，并向转向电动机和主力电动机发送相应的力矩请求，以控制车辆电动助力转向系统（Electric Power Steering System，EPS），从而实现线控转向。

横向运动控制主要可分为以下 4 种方法：

（1）PID 控制，通过线控系统数学建模和人工参数调整，期望实现状态误差的精准收敛特性；

（2）基于线性二次型调节器（Linear Quadratic Regulator，LQR）的状态反馈控制，

使线控系统能快速响应并在系统平衡点附近保证稳定；

（3）滑模控制，针对动力学系统、轮胎状态的不确定性和路况的改变，保证良好的鲁棒特性；

（4）自适应控制，采用在线估计方法对车辆的动态参数进行辨识和自动调整。

由于横向控制更多涉及对转向机构系统辨识、转向电机力矩分析和故障诊断等车辆工程领域的研究，自动驾驶车辆的横向控制，通常在线控改装阶段就已经实现转角闭环，因此控制模块无须过多关注具体的底层执行，只需通过线控发送相应的期望转向角，感兴趣的读者可以参阅文献[252-253]进一步了解。

10.4 自动驾驶的路径跟踪与车道保持

自动驾驶的路径跟踪控制是指通过反馈控制算法实时计算车辆所需要的控制量，以保证车辆始终沿预设的路径行驶。特别地，自动驾驶的车道保持控制需要先通过摄像头识别所在车道两侧的标记线，再实时计算得到道路中心线作为目标路径。路径跟踪和车道保持在控制层面的区别仅为目标路径是规划系统生成的还是根据车道线识别算法生成的，两项任务在控制算法的设计原则上基本一致。本节将介绍自动驾驶路径跟踪（车道保持）最基础和最核心的两类方法，分别是基于运动学模型的自动驾驶路径跟踪和基于最优控制的自动驾驶路径跟踪。

10.4.1 基于运动学模型的自动驾驶路径跟踪

1. Pure Pursuit 算法

Pure Pursuit 算法[254]是一种根据预瞄点与车辆的空间位置关系确定控制输出的方法。算法通过车后轴为切点，车辆纵向车身为切线，确定一条经过目标路点的圆弧，进而根据自行车运动学模型求解转向所需的前轮转角。Pure Pursuit 算法的原理如图 10-8 所示。

在图 10-8 中，α 为目标路径点方向与当前车辆朝向夹角，L 为车辆的轴距，R 为转弯半径，l_d 为后轴中心到目标路径点的距离，δ 为转向角输出。

根据正弦定理可得，

$$\frac{l_d}{\sin(2\alpha)} = \frac{R}{\sin\left(\frac{\pi}{2} - \alpha\right)} \tag{10-42}$$

$$\frac{l_d}{2\sin\alpha\cos\alpha} = \frac{R}{\cos\alpha} \tag{10-43}$$

$$R = \frac{l_d}{2\sin\alpha} \tag{10-44}$$

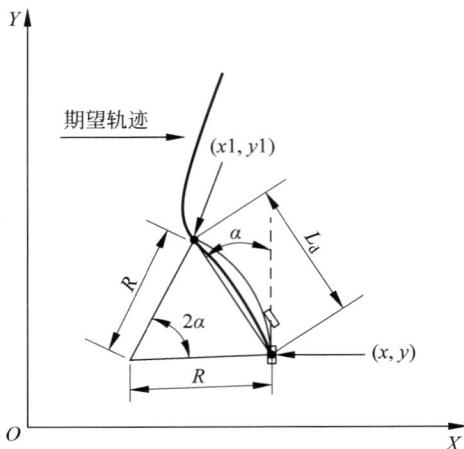

图 10-8   Pure Pursuit 算法原理示意图

转向角 δ 与转弯半径 R 关系如下：

$$\tan\delta = \frac{L}{R} \tag{10-45}$$

则

$$\delta = \arctan\frac{L}{R} = \arctan\frac{2L\sin\alpha}{l_d} \tag{10-46}$$

Pure Pursuit 算法的优点是易于实现，且不需要对车辆进行复杂的建模，但是当追踪曲率较大的路径时，如果预瞄距离设置得过大，则容易造成提前转向的"切角"现象；反之则容易发生振荡。

2. Stanley 算法

Stanley 算法[255]是一种基于横向误差的跟踪算法，最初由斯坦福大学无人车项目在 DARPA 城市挑战赛中使用。Stanley 算法原理如图 10-9 所示，其中，e 为横向误差，是车辆前轮到给定路径最近点的距离；δ_e 为给定路径上点的切线方向与车身航向之间的夹角。δ_ψ 为前轮线速度方向与车身航向之间的夹角。

如果不考虑横向误差 e，要保持车辆沿给定路径运动，则前轮转角需要时刻保持与给定路径上点的切线方向一致，即前轮转角应为 δ_ψ。如果在忽略航向误差的情况下，要保持车辆沿既定路径运动，则前轮转角 δ_e 需要消除横向误差。因而，如果同时考虑横向误差和航向误差，前轮转角则应为

$$\delta = \delta_e + \delta_\psi \tag{10-47}$$

由图 10-9 中的对应关系，不难得出：

$$\dot{e} = -v_f\sin\delta_e \tag{10-48}$$

当 $\dot{e} = -ke$ 时，可以保证横向误差 e 收敛，此时有

$$\delta_e = \arcsin \frac{ke}{v_f} \qquad (10\text{-}49)$$

当 δ_e 很小时,式(10-49)可以近似为

$$\delta_e = \arctan \frac{ke}{v_f} \qquad (10\text{-}50)$$

所以,前轮转角为

$$\delta = \delta_e + \delta_\psi = \arctan \frac{ke}{v_f} + \delta_\psi$$
$$(10\text{-}51)$$

如图 10-9 所示,在计算前轮转角的时候,可以先计算 BC' 的方向角,然后直接减去车身航向的方向角即可。在计算 BC' 方向角的时候,需要知道 δ_e,根据图 10-9 中的关系:

$$\tan \delta_e = \frac{e}{l_d} \qquad (10\text{-}52)$$

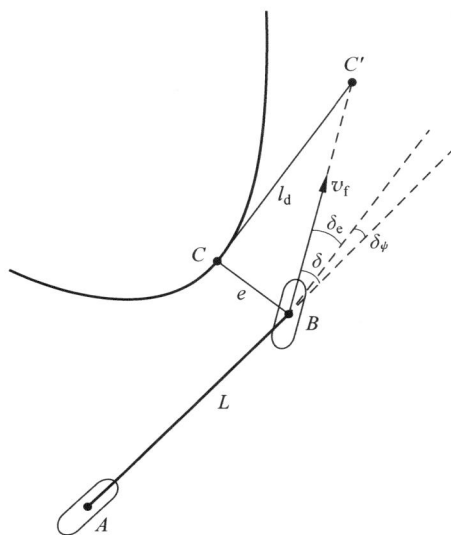

图 10-9　Stanley 算法原理示意图

所以,

$$\frac{e}{l_d} = \frac{ke}{v_f} \Rightarrow l_d = \frac{v_f}{k} \qquad (10\text{-}53)$$

也就是说,前视距离和前轮线速度成正比。

通过改变增益参数 k 可以调节 Stanley 控制器的性能,例如,减小增益参数 k 可以使方向盘的转角输出变得更加平滑,但是更加平滑的调整会导致在某些尖锐的转角处会存在转向不足的情况。

3. 样条曲线预瞄法

由于 Pure Pursuit 算法在预瞄点处圆弧和路径之间的过渡非位置、朝向和曲率连续,因此车辆按照圆弧行驶时朝向角会与路径形成一个较大的夹角。虽然圆弧曲线计算简单,但作为引导线来说并不是最优选择。

基于样条曲线的预瞄控制算法通过拟合一个满足车辆后轴中心和预瞄点的位置、航向和曲率约束的多项式样条曲线,生成平滑且曲率连续的引导路径[249],在给定起始点和终点的约束条件下,可以通过求解多项式曲线生成符合要求的平滑路径。

将目标点(预瞄点)转换至车辆坐标系,假设车辆坐标中目标点的航向小于 $\frac{\pi}{2}$。这样能够将 x 描述为关于 y 的五次多项式:

$$\begin{cases} x(y) = a_0 + a_1 y + a_2 y^2 + a_3 y^3 + a_4 y^4 + a_5 y^5 \\ \dot{x}(y) = a_1 + 2a_2 y + 3a_3 y^2 + 4a_4 y^3 + 5a_5 y^4 \\ \ddot{x}(y) = 2a_2 + 6a_3 y + 12a_4 y^2 + 20a_5 y^3 \end{cases} \qquad (10\text{-}54)$$

x 关于 y 的导数

$$
\begin{cases}
\dfrac{\mathrm{d}x}{\mathrm{d}y} = -\tan(\varphi) \\
\dfrac{\mathrm{d}^2 x}{\mathrm{d}y^2} = -\sec^2(\varphi)\dfrac{\mathrm{d}\varphi}{\mathrm{d}y}
\end{cases}
\tag{10-55}
$$

根据链式法则，有

$$
\frac{\mathrm{d}\varphi}{\mathrm{d}y} = \left(\frac{\mathrm{d}\varphi}{\mathrm{d}s}\right)\frac{\mathrm{d}s}{\mathrm{d}y} = \left(\frac{\mathrm{d}\varphi}{\mathrm{d}s}\right)\tan(\varphi)
\tag{10-56}
$$

代入式(10-55)，可得：

$$
\begin{cases}
\dfrac{\mathrm{d}x}{\mathrm{d}y} = -\tan(\varphi) \\
\dfrac{\mathrm{d}^2 x}{\mathrm{d}y^2} = -\gamma\sec^3(\varphi)
\end{cases}
\tag{10-57}
$$

为了简化计算，对 x 和 y 进行缩放，使 y 从 0 变化到 1。代入边界条件，在起始点处有

$$
\begin{cases}
x(0) = 0 \rightarrow a_0 = 0 \\
\dot{x}(0) = 0 \rightarrow a_1 = 0 \\
\ddot{x}(0) = \gamma_0 \rightarrow a_2 = \dfrac{-\gamma_0}{2}
\end{cases}
\tag{10-58}
$$

在终点处有

$$
\begin{cases}
a_3 + a_4 + a_5 = x - a_2 \equiv k_1 \\
3a_3 + 4a_4 + 5a_5 = -\tan(\varphi_{\text{goal}}) - 2a_2 \equiv k_2 \\
5a_3 + 12a_4 + 20a_5 = -\gamma_{\text{goal}}\sec^3(\varphi_{\text{goal}}) - 2a_2 \equiv k_3
\end{cases}
\tag{10-59}
$$

可解得

$$
\begin{cases}
a_3 = 10k_1 - 4k_2 + \dfrac{1}{2}k_3 \\
a_4 = -15k_1 - 7k_2 - k_3 \\
a_5 = 6k_1 - 3k_2 + \dfrac{1}{2}k_3
\end{cases}
\tag{10-60}
$$

生成的五次样条预瞄曲线如图 10-10 所示。得到引导路径后，需要在引导路径上根据方向盘的机构延迟在引导线上再次确定预瞄点，最后根据预瞄点曲率和车辆的自行车运动学模型解算对应的前轮转角。

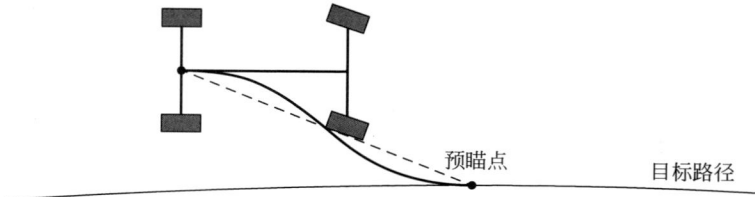

图 10-10　五次样条预瞄曲线示意图

10.4.2 基于最优控制的路径跟踪与车道保持

基于几何关系的方法仅考虑参考路径位置和实际位置的偏差,忽略了其他因素的影响。因此,当系统发生显著变化时必须重新设定控制器参数,否则控制性能可能会下降,甚至在参考路径周围出现反复振荡。基于最优控制的方法把路径追踪任务转化为优化问题,通过求解最优路径确定控制输出,显著提高了循迹控制系统在复杂动态场景下的表现。本节将介绍基于线性二次调节器(LQR)和模型预测控制(MPC)的路径跟踪控制算法。

1. 线性二次调节器

线性二次调节器同样可以用于自主驾驶车辆的循迹控制。通过设计出的状态反馈控制器 K 使得二次型目标函数 J 取得最小值,从而达到最优控制的目的。在自动驾驶循迹控制中,LQR 算法的目标是找到一组控制量 $u_0, u_1, \cdots$,使得 $x_0, x_1, \cdots$ 足够小(系统达到稳态),同时 $u_0, u_1, \cdots$ 足够小(控制量尽量小的变化),即期望响应特性是跟踪偏差能够快速、稳定地趋于零,并保持平衡,同时前轮转角控制输入又尽可能小。这是一个典型的多目标优化最优控制问题,优化的目标函数可以表示为跟踪过程累计的跟踪偏差与累计的控制输入的加权和:

$$J = \frac{1}{2} \int_0^\infty \boldsymbol{x}^\mathrm{T} \boldsymbol{Q} \boldsymbol{x} + \boldsymbol{u}^\mathrm{T} \boldsymbol{R} \boldsymbol{u} \, \mathrm{d}t \tag{10-61}$$

其中,$\boldsymbol{x}$ 为状态量,$\boldsymbol{u}$ 为控制量,$\boldsymbol{Q}$ 为状态权重矩阵,$\boldsymbol{R}$ 为控制权重矩阵。

特别地,$\boldsymbol{x}$ 和 $\boldsymbol{u}$ 中取值有正有负,所以需要平方和最小。由于在矩阵中没有平方运算,这里采用转置乘以本身的做法模拟矩阵的平方,如 $\boldsymbol{x}^\mathrm{T}\boldsymbol{x}$。状态量 $\boldsymbol{x}$ 和控制量 $\boldsymbol{u}$ 都是多维向量,式(10-61)计算的结果是一个标量。在 LQR 中,可以把 $y = \boldsymbol{x}^\mathrm{T} \boldsymbol{Q} \boldsymbol{x}$ 看作是 $y = a\boldsymbol{x}^2$ 的多维扩展表达式,这里需要 $\boldsymbol{Q}$ 为半正定,就是希望 $\boldsymbol{Q}$ 能起到等效于 $a \geqslant 0$ 的效果,$\boldsymbol{R}$ 为正定矩阵就是希望 $\boldsymbol{R}$ 能够起到等效于 $a > 0$ 的效果。

在状态量 $\boldsymbol{x}$ 的设计中,可以包括横向偏差、横向变化率、角度偏差、角度变化率。$\boldsymbol{Q}$ 为提前标定的对角矩阵,标定值对应以上不同维度的权重,也可以为非对角矩阵。考虑不同维度之间的相互关系。控制量 $\boldsymbol{u}$ 包括前轮转角、加速度。同样,$\boldsymbol{R}$ 也为提前标定的对角矩阵。

限于篇幅,本节仅对基于 LQR 的循迹控制做简要介绍,读者可参考文献[256]查看 LQR 方法的数学推导和实现细节。

2. 模型预测控制

模型预测控制(Model Predictive Control,MPC)是一种根据设定车辆的运动学或动力学模型,对车辆未来的位姿和路径进行在线滚动的求解计算,并依据预测与实际路径规划的误差进行实时反馈校正的循迹算法。LQR 在固定的时间窗口中进行优化求解,且一个时域内只有一个最优解,而 MPC 的优势是基于有限的规划时域而非无限的全局时域，滚动在线求解开环控制而非离线确定闭环控制律，在每个采样时刻通过状态反馈来补偿未建模动态和扰动。相较于 LQR 算法，MPC 能更好地描述线性/非线性模型，并更好地处理输入/输出/状态约束等问题。此外，在 MPC 控制系统中引入模型可以通过模型约束提高控制精度，并减少控制系统的计算量，进而提高系统的实时性。

MPC 算法包括 3 个重要部分，分别是预测模型、滚动优化和反馈校正。这 3 部分构成了完整的模型预测控制过程。

1）预测模型

预测模型指根据历史信息和当前输入预测未来输出。这个过程涉及状态量的描述和非线性模型的线性化，从而使预测输出最大限度地接近实际情况。在低速和中速时，自行车模型通常已经非常接近车辆的实际动态特性，因此采用运动学模型进行航迹推演即可。为了简便起见，将车辆的控制输入简化为前轮转向角 δ 和加速度 a。简化后模型包括状态 $[x, y, \varphi, v]$ 和输入 $[\delta, a]$。

在自行车运动学模型中，推演的下一状态的计算公式如下：

$$\begin{cases} x_{t+1} = x_t + v_t * \cos(\varphi_t + \beta) * \mathrm{d}t \\ y_{t+1} = y_t + v_t * \sin(\varphi_t + \beta) * \mathrm{d}t \\ \varphi_{t+1} = \varphi_t + \dfrac{v_t}{L_r} * \sin\beta * \mathrm{d}t \\ v_{t+1} = v_t + a_t * \mathrm{d}t \end{cases} \qquad (10\text{-}62)$$

其中，$\beta = \arctan\left(\dfrac{l_r}{l_f + l_r}\tan(\delta_f)\right)$。

根据预测模型，在已知一组控制输入的前提下，可计算出车辆在未来预测时间内的状态，如图 10-11 中的虚线所示，每段表示在每个预测步长的位置状态。

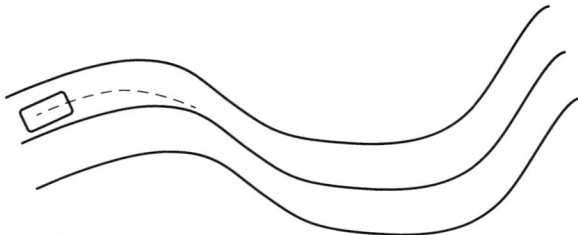

图 10-11　车辆未来预测状态示意图

2）滚动优化

滚动优化指在每个时刻求解局部最优解，并不断通过在线优化调整控制策略。由于外部环境干扰和模型存在简化因素等原因，执行控制输出后的状态通常与预测状态存在偏差，因此需要进行实时求解，以弥补预测误差。

MPC 算法通过设计损失函数，将循迹问题转化为二次规划问题，设计损失函数时需要认真考虑需要校正的偏差,例如横向位置误差 cte 和朝向角偏差 eψ,理想情况下这两项的值都应该是 0,即车辆和目标的位置和航向是完全相同的。损失函数不仅限于状态,还包括控制输入,这样可以对输入的数量级和变更速率进行惩罚,此外,在损失函数中引入输入控制的变化率可以改善车辆运动的平滑特性。以此类推,损失函数还可以更加完善,损失函数设计得越合理,模型预测控制的输出也就更符合人的需求。

在设计最优化问题约束条件时,主要考虑控制量极限约束和控制增量约束。例如,限制前轮方向盘转角的极限和变化率以及对车辆加速度范围的约束。

完成优化问题的定义后,即可进行求解。对于这样一个非线性规划问题的工程实现,可以选择 ipopt 等第三方最优化求解器进行求解。关于 MPC 优化问题的求解,文献[245]给出了详细的数学推导,读者可以参考。

3)反馈校正

在每个控制周期结束后,自动驾驶汽车的位置和姿态信息将反馈至控制器,基于更新后的位姿进行新一轮的计算,实时地调节车辆的转向角和速度,以精确地跟踪路径。

10.5 自动驾驶的模型预测控制算法

由于控制性能优异,近年来,各种形式的模型预测控制算法在自动驾驶控制系统中得到广泛应用。10.4.2 节简要介绍了如何模型预测控制构建自动驾驶汽车的循迹控制器。本节将进一步介绍自动驾驶适用的两种模型预测控制算法——线性模型预测控制算法和随机模型预测控制算法。

10.5.1 线性模型预测控制算法

线性模型预测控制算法是目前在模型预测控制领域应用最广泛的一种形式。相比非线性模型预测控制,其优势在于计算简单,易于部署,更适合解决自动驾驶的控制问题。以下将介绍线性模型预测控制的模型线性化和离散化、建立预测模型、滚动优化和反馈校正过程。

1. 模型的线性化和离散化

本节采用 10.2.1 节所构建的自行车运动学模型作为车辆模型,自行车运动学模型的表达式即式(10-7),其中状态量 $\boldsymbol{x} = [x, y, \varphi]^{\mathrm{T}}$,控制量 $\boldsymbol{u} = [v, \delta_f]^{\mathrm{T}}$。式(10-7)所表示的模型是非线性模型,为了计算简便,首先需要进行线性化和离散化处理。

假设系统完全通过期望路径,则路径上每个时刻的状态量和控制量可以确定。设轨迹上任意一点 x_r 的状态量和控制量的关系满足 $\dot{x}_r = f(x_r, u_r)$。在 x_r 处进行一阶泰勒展开,如下:

$$\dot{x} = f(x,u) \approx f(x_r,u_r) + \frac{\partial f}{\partial x}\bigg|_{\substack{x=x_r\\u=u_r}}(x-x_r) + \frac{\partial f}{\partial u}\bigg|_{\substack{x=x_r\\u=u_r}}(u-u_r) \quad (10\text{-}63)$$

$$\text{令 } \boldsymbol{A} = \frac{\partial f}{\partial x}\bigg|_{\substack{x=x_r\\u=u_r}} = \begin{bmatrix} \dfrac{\partial f_1}{\partial x_1} & \dfrac{\partial f_1}{\partial y_2} & \dfrac{\partial f_1}{\partial \varphi_3} \\[2mm] \dfrac{\partial f_2}{\partial x_1} & \dfrac{\partial f_2}{\partial x_1} & \dfrac{\partial f_2}{\partial \varphi_3} \\[2mm] \dfrac{\partial f_3}{\partial x_1} & \dfrac{\partial f_3}{\partial y_2} & \dfrac{\partial f_3}{\partial \varphi_3} \end{bmatrix}_{\substack{x=x_r\\u=u_r}} = \begin{bmatrix} 0 & 0 & -v_r\sin\varphi_r \\ 0 & 0 & v_r\cos\varphi_r \\ 0 & 0 & 0 \end{bmatrix}, \boldsymbol{B} = \frac{\partial f}{\partial u}\bigg|_{\substack{x=x_r\\u=u_r}} =$$

$$\begin{bmatrix} \dfrac{\partial f_1}{\partial u_1} & \dfrac{\partial f_1}{\partial u_2} \\[2mm] \dfrac{\partial f_2}{\partial u_1} & \dfrac{\partial f_2}{\partial u_2} \\[2mm] \dfrac{\partial f_3}{\partial u_1} & \dfrac{\partial f_3}{\partial u_2} \end{bmatrix}_{\substack{x=x_r\\u=u_r}} = \begin{bmatrix} \cos\varphi_r & 0 \\ \sin\varphi_r & 0 \\ \dfrac{\tan\delta_{f_r}}{l} & \dfrac{v_r}{l\cos^2\delta_{f_r}} \end{bmatrix}, \tilde{x} = x - x_r, \tilde{u} = u - u_r, \text{则线性化后的模型表达}$$

式如下：

$$\dot{\tilde{x}} = \boldsymbol{A}\tilde{x} + \boldsymbol{B}\tilde{u} \quad (10\text{-}64)$$

对式(10-64)进行前向欧拉离散化：

$$\dot{\tilde{x}} = \frac{\tilde{x}(k+1) - \tilde{x}(k)}{T} = A_k\tilde{x}(k) + B_k\tilde{u}(k) \quad (10\text{-}65)$$

可得离散线性化模型：

$$\tilde{x}(k+1) = (I + TA_k)\tilde{x}(k) + TB_k\tilde{u}(k) = \boldsymbol{A}(k)\tilde{x}(k) + \boldsymbol{B}(k)\tilde{u}(k) \quad (10\text{-}66)$$

其中，$\boldsymbol{A}(k) = \begin{bmatrix} 1 & 0 & -v_{r,k}T\sin\varphi_{r,k} \\ 0 & 1 & v_{r,k}T\cos\varphi_{r,k} \\ 0 & 0 & 1 \end{bmatrix}$，$\boldsymbol{B}(k) = \begin{bmatrix} T\cos\varphi_{r,k} & 0 \\ T\sin\varphi_{r,k} & 0 \\ \dfrac{T\tan\delta_{f_{r,k}}}{l} & \dfrac{Tv_{r,k}}{l\cos^2\delta_{f_{r,k}}} \end{bmatrix}$。

对状态量 $\tilde{x}_k$ 和控制量 $\tilde{u}_{k-1}$ 进行组合，定义新的状态量 $\boldsymbol{\xi}(k) = \begin{bmatrix} \tilde{x}(k) \\ \tilde{u}(k-1) \end{bmatrix}$。设状态空间更新方程为

$$\boldsymbol{\xi}(k+1) = \widetilde{\boldsymbol{A}}\boldsymbol{\xi}(k+1) + \widetilde{\boldsymbol{B}}\Delta u(k) \quad (10\text{-}67)$$

其中，$\widetilde{\boldsymbol{A}} = \begin{bmatrix} \boldsymbol{A}(k) & \boldsymbol{B}(k) \\ \boldsymbol{0}_{m\times n} & \boldsymbol{I}_m \end{bmatrix}$，$\widetilde{\boldsymbol{B}} = \begin{bmatrix} \boldsymbol{B}(k) \\ \boldsymbol{I}_m \end{bmatrix}$。输出 $\eta(k) = \widetilde{\boldsymbol{C}}\boldsymbol{\xi}(k)$，其中 $\widetilde{\boldsymbol{C}}(k) = \begin{bmatrix} \boldsymbol{C} & \boldsymbol{0} \end{bmatrix}$。

2. 模型预测

假设系统的预测时域为 N_p，控制时域为 N_c，列出预测时域的状态量和系统输出量，并以式(10-68)的矩阵形式表达：

$$\boldsymbol{Y}(k) = \boldsymbol{\Psi} t \boldsymbol{\xi}(k) + \boldsymbol{\Theta} \Delta \boldsymbol{U}(k) \tag{10-68}$$

其中，$\boldsymbol{Y}(k) = \begin{bmatrix} \eta(k+1) \\ \eta(k+2) \\ \cdots \\ \eta(k+N_c) \\ \cdots \\ \eta(k+N_p) \end{bmatrix}$，$\boldsymbol{\Psi} = \begin{bmatrix} \widetilde{\boldsymbol{C}}\widetilde{\boldsymbol{A}} \\ \widetilde{\boldsymbol{C}}\widetilde{\boldsymbol{A}}^2 \\ \cdots \\ \widetilde{\boldsymbol{C}}\widetilde{\boldsymbol{A}}^{N_c} \\ \cdots \\ \widetilde{\boldsymbol{C}}\widetilde{\boldsymbol{A}}^{N_p} \end{bmatrix}$，$\Delta \boldsymbol{U}(k) = \begin{bmatrix} \Delta u(k) \\ \Delta u(k+1) \\ \cdots \\ \Delta u(k+N_c) \end{bmatrix}$，

$$\boldsymbol{\Theta} = \begin{bmatrix} \widetilde{\boldsymbol{C}}\widetilde{\boldsymbol{B}} & \cdots & \boldsymbol{0} \\ \vdots & \ddots & \vdots \\ \widetilde{\boldsymbol{C}}\widetilde{\boldsymbol{A}}^{N_p-1}\widetilde{\boldsymbol{B}} & \cdots & \widetilde{\boldsymbol{C}}\widetilde{\boldsymbol{A}}^{N_p-N_c-1}\widetilde{\boldsymbol{B}} \end{bmatrix} \text{。}$$

3. 优化求解

不同的控制系统需要根据控制器的情况设置不同的目标函数。对于自动驾驶汽车的控制来说，优化的主要目标有二：一是轨迹输出尽量接近参考轨迹，二是控制量增量的变化尽可能小，从而保证控制过程的平稳。

设计的优化目标函数的形式如下：

$$J = \sum_{i=1}^{N_p} \| \eta(k+i) - \eta_{\text{ref}}(k+i) \|_{\boldsymbol{Q}}^2 + \sum_{i=1}^{N_c-1} \| \Delta u(k+i) \|_{\boldsymbol{R}}^2 + \rho \varepsilon^2 \tag{10-69}$$

其中，第一项为预测轨迹与参考轨迹的偏差，第二项为控制量变化量的平方差，$\boldsymbol{Q}$ 和 $\boldsymbol{R}$ 为权重矩阵，ε 为松弛因子，目的是使方程有解且易于计算。除此之外，还可根据实际控制系统中，控制器所能达到的控制极限做出约束，包括控制量约束、控制增量约束和输出约束。

定义系统输出参考值：

$$\boldsymbol{Y}_{\text{ref}} = \begin{bmatrix} \eta_{\text{ref}}(k+1) & \cdots & \eta_{\text{ref}}(k+N_p) \end{bmatrix}^{\text{T}} = \begin{bmatrix} 0 & \cdots & 0 \end{bmatrix}^{\text{T}} \tag{10-70}$$

令偏差 $\boldsymbol{E} = \boldsymbol{\Psi}\boldsymbol{\xi}(k) - \boldsymbol{Y}_{\text{ref}} = \boldsymbol{\Psi}\boldsymbol{\xi}(k)$，将预测方程（10-68）代入优化目标函数（10-69），再经过矩阵计算，优化目标表示为

$$J = \boldsymbol{E}^{\text{T}}\boldsymbol{Q}\boldsymbol{E} + \Delta \boldsymbol{U}^{\text{T}}(\boldsymbol{\Theta}^{\text{T}}\boldsymbol{Q}\boldsymbol{\Theta} + \boldsymbol{R})\Delta \boldsymbol{U} + 2\boldsymbol{E}^{\text{T}}\boldsymbol{Q}\boldsymbol{\Theta}\Delta \boldsymbol{U} + \rho \varepsilon^2 \tag{10-71}$$

其中，$\boldsymbol{E}^{\text{T}}\boldsymbol{Q}\boldsymbol{E}$ 与 $\Delta \boldsymbol{U}$ 无关，可以视为常量，不需要优化，因此模型预测控制的优化求解问题可以等价为如下的二次规划问题：

$$\underset{\Delta \boldsymbol{U}, \varepsilon}{\text{Min}} \Delta \boldsymbol{U}^{\text{T}}(\boldsymbol{\Theta}^{\text{T}}\boldsymbol{Q}\boldsymbol{\Theta} + \boldsymbol{R})\Delta \boldsymbol{U} + 2\boldsymbol{E}^{\text{T}}\boldsymbol{Q}\boldsymbol{\Theta}\Delta \boldsymbol{U} + \rho \boldsymbol{\varepsilon}^2 \tag{10-72}$$

s. t. $\Delta \boldsymbol{U}_{\text{min}} \leqslant \Delta \boldsymbol{U} \leqslant \Delta \boldsymbol{U}_{\text{max}}, \boldsymbol{U}_{\text{min}} \leqslant \boldsymbol{U} + \sum_{i=1}^{k} \Delta \boldsymbol{U}(i) \leqslant \boldsymbol{U}_{\text{max}}, \boldsymbol{Y}_{\text{min}} - \boldsymbol{\varepsilon} \leqslant \boldsymbol{\Psi}\boldsymbol{\xi} + \boldsymbol{\Theta}\Delta \boldsymbol{U} \leqslant \boldsymbol{Y}_{\text{min}} + \boldsymbol{\varepsilon}$ 。

4. 滚动优化

在每个控制周期内求解式(10-72)，得到控制时域内的输入增量表示为 ΔU^*，根据 MPC 算法的基本原理，取第一个控制增量作为系统的实际控制输入增量：

$$u(t) = u(t-1) + \Delta u_t^* \tag{10-73}$$

系统执行此控制量直到下一时刻，然后在下一时刻按照此时的参考轨迹，重复以上操作，重新计算优化后的控制增量。如此循环，直到控制过程结束。

10.5.2 随机模型预测控制算法

汽车是一个高度耦合的复杂非线性系统，在实际运行中存在许多不确定性因素，这些不确定因素会严重影响控制器性能。尽管传统的 MPC 算法已经满足基础的控制需求，但随着对车辆控制精度要求的提高，对不确定因素的考虑及处理变得愈加重要。

随机模型预测控制（Stochastic Model Predictive Control，SMPC）算法是一种考虑系统随机特性的方法，可以处理更多的约束类型。SMPC 算法一般考虑以下 3 种约束：均值约束、机会约束和有界输入约束。其中最核心的是机会约束，它可以在配置中调节可达到的控制性能和违反状态约束的概率之间的系统权衡。上述特性非常适用于处理自动驾驶所面临的环境不确定性的挑战，因此 SMPC 算法在自动驾驶的控制中有着广阔的应用前景。包括横向运动控制、自适应巡航控制、轨迹跟踪与车道保持等任务都可以使用 SMPC 算法进行求解。

目前，在实际应用中较为常见的 SMPC 算法大致分为以下 3 类：基于情景生成、基于饱和函数和基于确定性等价式的 SMPC 算法。基于情景生成的 SMPC 算法使用干扰密度函数对独立同分布的干扰进行大量采样（提取情景），构造一个基于情景的优化问题，当情景数目达到一定程度时，基于情景的优化问题能在较大概率上成为原问题的解。基于饱和函数的 SMPC 算法将控制律中的噪声项替换为一个饱和函数。基于确定等价式的 SMPC 算法则是通过确定性等价式将机会约束转化为确定约束，此外，还将目标函数利用状态的期望和协方差迭代式直接表示为确定形式，将随机 MPC 转化成确定 MPC 问题后再进行求解。

虽然近年来 SMPC 算法得到了长足的发展，但在实际应用中，仍面临各种挑战。例如，SMPC 算法的稳定性问题，以及与前馈控制的结合等问题还没有得到深入的研究。关于 SMPC 算法在自动驾驶中的应用，文献[257-258]给出了更具体的介绍，感兴趣的读者可以参阅。

10.6 自动驾驶的自适应巡航

自适应巡航控制（Adaptive Cruise Control，ACC）是智能控制系统的一种。在行驶过程中，自动驾驶车辆通过外部传感器持续监测前车的实时状况，自动调节油门开度或制动踏板百分比来调整速度进而控制两车之间保持相对安全的距离。相较于定速巡航,自适应巡航不需要驾驶员频繁地设定不同的车速,适用于更复杂的交通场景。

在自适应巡航系统中,控制模式通常包含两种,分别为定速模式和跟车模式。前者在前方无引导车时进入定速模式,控制输入为预设的定速巡航速度;后者在前方出现引导车时,则通过传感器检测引导车的速度,作为控制器的输入。面对复杂的不确定性环境,ACC 系统需要根据实际行驶情况,以相对合理的策略实时切换工作模式,并执行相应的动作对汽车进行控制。

ACC 系统算法大多采用分层的模块化结构,如图 10-12 所示。其中控制模块依据传感器采集的距离和速度信息,以及用户设定的安全距离和巡航速度来计算车辆的纵向加速度或减速度;执行模块即车辆的纵向运动控制算法,通过接收上层的控制模块计算出的车辆期望加速度或减速度指令,求得期望的节气门开度角和制动扭矩。

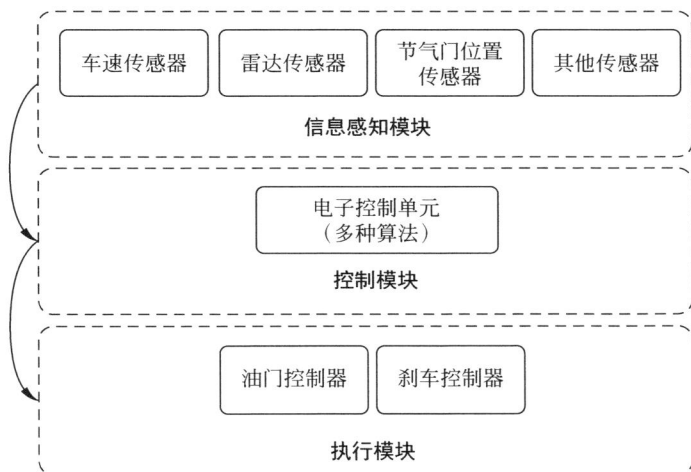

图 10-12 自适应巡航系统主要模块

本节的重点是 ACC 系统的控制模块,即根据感知信息计算纵向加速度或减速度的过程,执行模块的横纵向控制算法的基本设计思路在 10.3.1 节的纵向运动控制部分已有介绍。10.6.1～10.6.3 节将分别介绍基于反馈-控制的自适应巡航、车-车协同式自适应巡控制和应用机器学习的车-车协同式自适应巡航,供读者参考。

10.6.1 基于反馈-控制的自适应巡航

反馈控制是基于偏差反馈原理建立的自动控制。通过计算和比较输出的系统行为与期望行为之间的偏差值,反馈消除偏差以获得更优的系统性能。PID 控制是自动控制领域应用最广泛的反馈控制器之一,其具有算法易于理解且可靠性高的优势,但原始的 PID 算法作为一种线性控制器,并不适配于现实世界中强非线性的车辆系统,这也就导致基于固定参数的 PID 控制难以在所有的实际驾驶情况中都取得优秀的控制效果。

在反馈控制中，控制精确度反馈信息准确度的影响。系统动态特性越详细，理论上的控制精确性就越高。但是，实际的车辆系统和动态环境存在很多复杂变量，通常很难精确地描述系统动态特性，因此研究人员便多番尝试各种方法来近似或简化描述系统的动态特性，以达成精确控制的目标。

模糊逻辑模拟人类对不可量化或难以量化系统的推理和综合判断方式，应用模糊集合和模糊规则进行推理，表达过渡性界限或定性知识经验。模糊 PID 控制是使用模糊逻辑改进 PID 算法的一种智能控制器，可以克服传统 PID 参数固定的缺点，通过分析状态反馈对 PID 的参数进行实时优化。基于模糊 PID 的自适应巡航系统结构如图 10-13 所示，在模糊 PID 控制算法中，模糊控制器以目标速度和实际速度之间的差值以及速度误差的变化率为输入，以 PID 控制器的 3 个参数的变化量为输出；PID 控制器部分则不做变化。

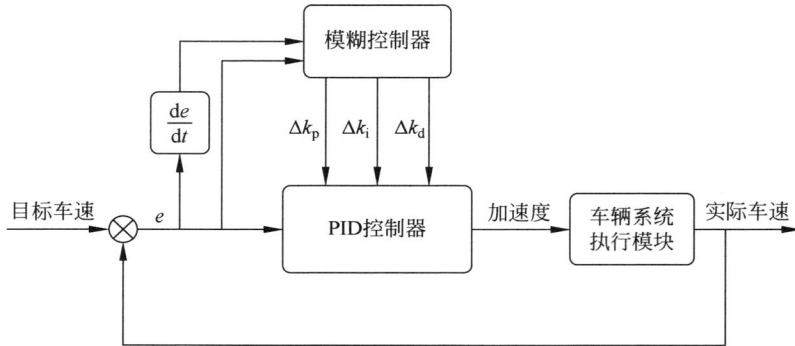

图 10-13　基于模糊 PID 的自适应巡航系统结构图

10.6.2　车-车协同式自适应巡航控制

车-车协同式自适应巡航控制（Cooperative Adaptive Cruise Control，CACC）是一种通过车间通信将交通环境下的若干辆汽车的运动信息进行共享的自动驾驶系统，它的概念核心是将自主控制与协作元素相结合。CACC 策略在跟车行驶的安全性上相较于基于单车控制的自适应巡航控制（ACC）更为优越，同时能够节省能量消耗。传统的 ACC 系统仅依赖车辆自身可以感知的信息（通过激光雷达、毫米波雷达数据或视频图像数据），而 CACC 控制系统则使用来自车对车（Vehicle-to-Vehicle，V2V）或者基础设施对车（Infrastructure-to-vehicle I2V）的通信信息来增强内部传感器信息。其中，V2V 通信提供前方车辆的信息，而 I2V 通信提供所处交通场景的信息以及一些速度建议。

车-车协同式自适应巡航控制主要包括以下两个关键技术点：

一是通信技术。由于 CACC 成员之间通过无线通信实现信息共享，因此通信质量对于 CACC 至关重要。CACC 系统常用的通信技术有专用短程通信技术（Dedicated Short Range Communication，DSRC）、蓝牙、WLAN、4G LTE 和 5G 等。其中，DSRC 延迟较小，是早期应用最多的通信技术，但由于 DSRC 的带宽和传输距离限制，基于蜂窝网络的 C-V2X 逐渐成为车联网通信技术研究的热点。目前通过 4G 通信实现 LTE-V2X 已经成为主流，其通信方式可以进一步分为广域蜂窝式（LTE-V-Cell）和短程直通式（LTE-V-Direct）。前者基于 4G-LTE，主要用于广域覆盖的信息，后者则是通过 LTE-D2D 实现近距离低延时的数据传送[259]。随着 5G 技术的逐渐普及，为基于蜂窝网络的通信技术向高速化、低延迟化提供了坚实的基础。5G-V2X 通信技术已经在多地进行测试，今后有望大范围普及。

　　二是交通环境中车辆队列的稳定性和安全性控制。控制策略在 CACC 系统中起着重要作用，相较于 ACC 来说，除了与其他车辆保持相同的纵向速度，同时保持恒定的纵向车辆间距之外，CACC 的控制器还需要考虑系统整体的通行效率、优化系统整体的燃料消耗以及确保系统稳定性。多年来，研究者基于传统 ACC 提出了许多不同的车辆跟随速度控制策略，包括恒定间隙或恒定距离间隙、恒定时间间隙、恒定安全系数标准等。这些策略仍然适用于 CACC，但由于 CACC 需要相邻车辆之间进行交互，因此还需要诸如临时、局部或全局协调的策略来统一调度 CACC 车辆。

　　尽管 CACC 技术逐渐趋于成熟，但是仍然不完善，还需要在许多方面做进一步的提升。

　　（1）思考如何为 CACC 系统构建更可靠的架构。与大多数现有的 CACC 系统研究工作假设相对固定的环境不同，现实的交通网络将引入高度动态的环境，包括不断变化的信息流拓扑、汽车之间的不同负载分布以及 V2V 通信的丢包等问题[260]。如何应对这些不断变化的现实因素，使系统具备环境鲁棒性将是研究者今后需要重点攻关的难题。

　　（2）思考如何为 CACC 系统开发更易于部署的控制方法。虽然目前已经有许多先进的控制方法被用于构建 CACC 系统。然而这仍然需要在各种不同的条件和环境限制下进行测试。由于 CACC 系统通常涉及多车，因此在投放市场之前对其进行充分的测试相对困难。除了通过大量实车试验验证 CACC 的通行效率之外，利用高保真度的交通流仿真能够大大提高 CACC 的测试效率和测试安全性，需要重点关注。

　　（3）提高通信能力。目前 CACC 系统广泛使用的通信协议中，DSRC 的安全性不高，数据被劫持或是非法攻击的风险较大，DSRC 还不适用于长距离通信，在需要长距离通信的场景内难以保证可用性[261]。此外，当场景中节点增加时，数据的容量和带宽可能达不到要求。基于 4G 网络的 LTE-V2X 端到端通信时延较大，5G-V2X 技术还尚未大范围普及，需要通过商用化激发更多有价值的应用场景开发。

10.6.3　应用机器学习的车-车协同式自适应巡航

　　由于车辆的非线性动力学和环境复杂性导致的高维状态空间，传统 CACC 的解决方案的发展遇到了巨大的瓶颈。强化学习可以根据得到的奖励直接修改控制策略的参数，并且可以很好地扩展到高维系统，这种特性使得基于强化学习构建的 CACC 系统将具备适应环境的学习能力。本节介绍一种基于深度确定性策略梯度（Deep Deterministic Policy Gradient，DDPG）的协同自适应巡航控制系统的设计思路，供读者参考。

假设 CACC 系统由 n 辆车组成行车队列，通过 DSRC 传输信息，通过传感器可以获得周围车辆的相对距离、相对速度和加速度，再经过车联网进行信息共享。基于双经验池和优化评价的深度确定性策略梯度（Double experience pools and Optimization Evaluation Deep Deterministic Policy Gradient，DOE-DDPG）算法用于输出控制量，其实现流程如图 10-14 所示。该算法首先根据感知层获取的状态数据、引入随机噪声的输出踏板开度和计算所得到的回报，生成下一时刻的车辆状态，并分类存储在优先价值经验池和撒普列经验池中作为训练的数据集，这种方式相比原始 DDPG 提高了样本泛化程度和训练效率，加快了算法的收敛速度。Critic 部分采用多维向量对踏板开度输出精确评价，再求其均值，并以此来更新控制，使策略参数最终收敛于最优控制策略，输出期望踏板开度。有关该系统的具体信息，感兴趣的读者可以参阅文献［262］具体了解。

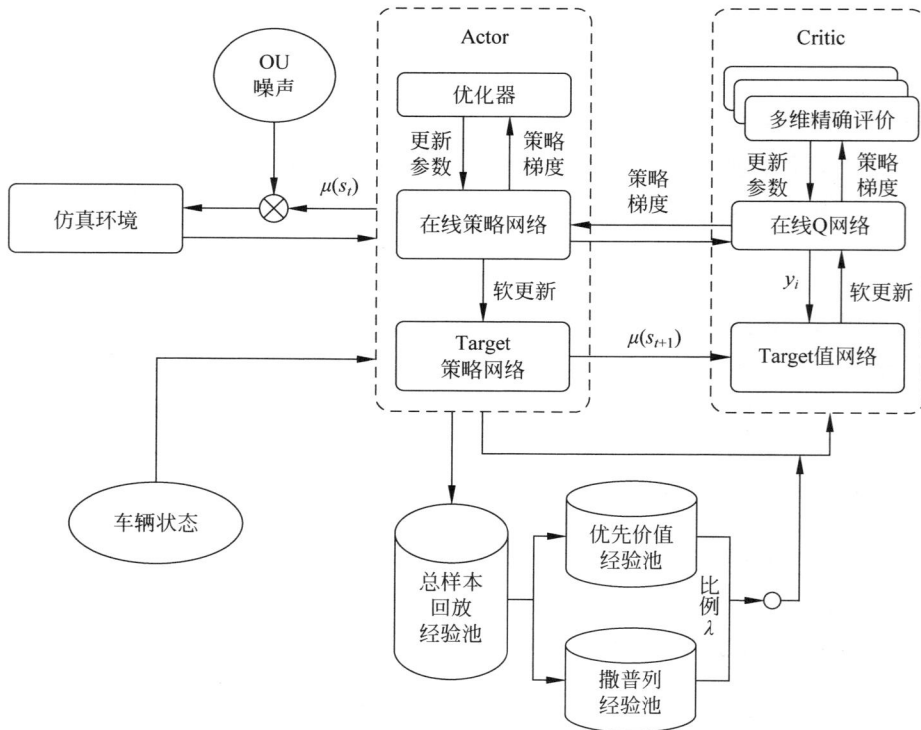

图 10-14　DOE-DDPG 算法流程

10.7　基于学习的自动驾驶控制方法

基于学习的自动驾驶控制,强调在核心步骤尽可能减少人工设计的逻辑规则,代之以专家数据或仿真环境交互训练的学习模型,这种方式更符合人类的逻辑推理和直觉推理结合的决策方式,被认为是实现通用人工智能的重要途径[263]。本节将分别介绍模仿学习和强化学习应用于自动驾驶控制的基本设计思路和近期研究进展。

10.7.1　基于模仿学习的自动驾驶控制

模仿学习根据人类驾驶员示教范例学习样本数据的分布,使得通过算法输出尽量接近示教数据的状态-动作分布。在此假设最优的控制动作已由专家示教数据给出,首先收集专家状态-动作对 (s,a) 组成的示教数据集 D,模仿学习的目标是训练策略 $\pi_\theta(s)$,使其尽可能接近专家策略 π^*,将当前给定状态映射到相应的动作 a,满足:

$$\min_\theta E_{s\sim P(s|\theta)}\ \mathcal{L}(\pi^*(s),\pi_\theta(s)) \tag{10-74}$$

其中, $P(s|\theta)$ 是经过训练的策略 π_θ 的状态分布, $\mathcal{L}$ 为模仿学习损失。

行为克隆是最直接的模仿学习方法,将模仿学习简化为监督学习任务。基于行为克隆的控制利用传感器控制数据样本进行训练,直接建立从感知到行为的映射关系。定义 $P^*(s|\pi^*)$ 为专家策略的分布,且数据集 D 中的每个状态-动作对都视为一个独立同分布示例,即可由下式最小化训练策略的模仿损失:

$$\min_\theta E_{(s,a^*)\sim P^*}\ \mathcal{L}(a^*,\pi_\theta(s)) \tag{10-75}$$

其中,状态分布 $(s,a^*)\sim P^*$ 来自人类经验驾驶数据,且 P^* 满足独立同分布假设。

以英伟达的自动驾驶系统[264]为例,如图 10-15 所示,该系统以相机获得的环境图像为输入,以记录的人类驾驶员的转向作为监督信号,直接输出离散的方向盘转角。为避免模仿学习的样本分布不均衡问题,在数据采集过程,除使用标准的前视相机外,还使用了两侧相机,在采集正样本的同时增加大量的纠偏负样本,端到端的模仿学习能够从稀疏的监督信号中学习获得诸如车道标记、道路边界、环境其他车辆相对位置等对车辆控制有意义的中间特征。

传统意义的模仿学习直接将当前状态与观测输入模型,映射输出的驾驶动作,但这种映射在复杂的多任务驾驶环境中往往由于行为映射的歧义性而失效,表现并不理想。Codevilla[265]等提出了考虑专家驾驶意图的条件模仿学习,在进行数据采集时,额外记录人类驾驶员在各时刻的专家高维指令 c,包括直行、左转、右转及停止。在模型测试时,则以全局规划器或乘客意图来提供这样的高维指令信号。条件模仿学习的优化目标如下:

$$\min_\theta E_{(s,c,a^*)\sim P^*}\ \mathcal{L}(a^*,\pi_\theta(s,c)) \tag{10-76}$$

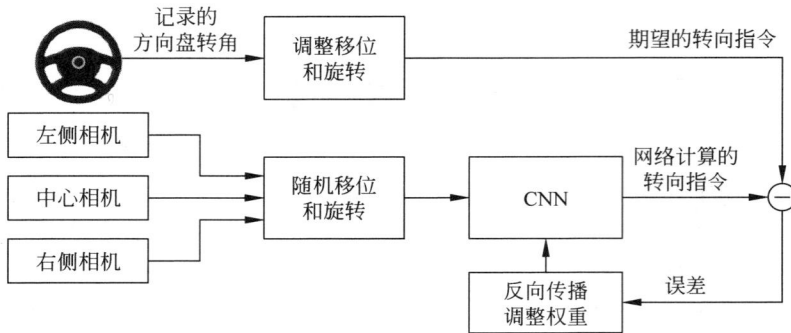

图 10-15   英伟达"端到端"模仿学习[235]

图 10-16 展示了一种考虑专家驾驶意图的条件模仿学习框架。条件模仿学习分为 3 部分：第一部分前景图像处理模块采用 CNN 网络提取相机图片特征，并使用其高维的特征向量作为输出；第二部分量测模块采用全连接网络提取自车的状态特征，并将结果与图像特征进行融合；第三部分依据高维的专家指令训练不同的分支网络，输出智能体在不同场景下的控制行为[266]。

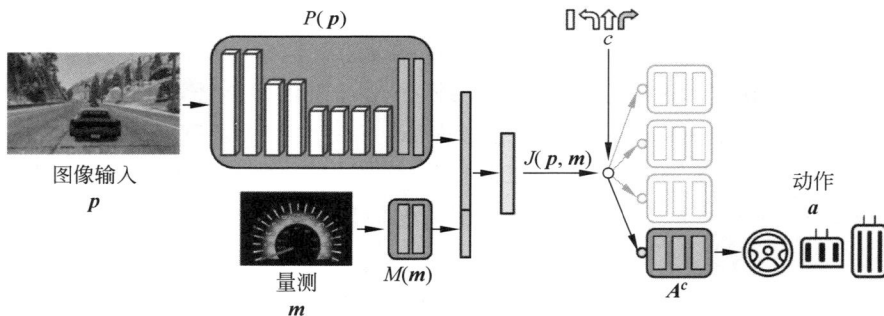

图 10-16   考虑专家驾驶意图的条件模仿学习

条件模仿学习将高阶决策模块和底层的控制模块有效地区分开，使模型能专注于底层的控制任务，输出转向角和加速度，而不会受到上层高维的决策模糊性干扰，避免在城市交叉路口的映射歧义，因此模型能更有效地部署到实际道路环境中。

另外，对于模仿学习的输入，虽然原始的前景相机输入能提供当前环境中丰富的纹理色彩和物体信息，但不可避免地存在视觉遮挡和成像扭曲形变的情况，且难以表征车辆的全局导航信息和更细化的场景特征。因此，对于三维环境中的控制，需要寻找更有效的输入表征。以文献[267]的工作为例，模型的感知输入被渲染为多通道鸟瞰图 BEV 图像，包括可行驶区域、全局导航路径、车道线边界、车辆和行人的预测结果以及交通灯停止线和停止标志的触发区域。这种分层方式能更高效地利用感知数据，并且有效消除部分仿真和实车之间的差距，从而利用仿真数据补充专家驾驶数据的不足。

然而 BEV 输入-卷积神经网络的模型结构仍然忽略了地图数据天然具备的空间结构，缺乏对环境的细致理解，并且渲染鸟瞰图像需要人工定义规范，并依赖具有有限感受野的卷积神经网络进行特征提取,会造成数据计算量大而利用效率低下的问题。

VectorNet 模型[268]以环境中各交通实体的统一向量化表示代替鸟瞰图表示,特征提取网络以分层图神经网络代替深度卷积神经网络,能更高效地描述复杂交通场景,从而更好地适应复杂场景的挑战。将场景观测信息依据来源类型不同分为静态实体 o_{sta} 和动态实体 o_{dyn},统一的向量化观测表示为

$$\boldsymbol{v}_i = [d_i^s, d_i^e, \alpha_i, j] \tag{10-77}$$

其中,d_i^s 和 d_i^e 是各向量线段的起点和终点坐标;α_i 对应向量 $\boldsymbol{v}_i$ 的属性特征;j 是 $\boldsymbol{v}_i$ 所属实体 p_j 的对应 ID。

VectorNet 模型以分层图神经网络提取向量化输入的动静态特征,分为折线子图和全局交互图。首先对每个交通实体构建折线子图 p_j,探索各交通实体内部的相关性。对一个包含节点 $\{\boldsymbol{v}_1, \boldsymbol{v}_2, \cdots, \boldsymbol{v}_p\}$ 的折线 p_j,定义单纯的子图前向操作为

$$\boldsymbol{v}_i = g_{rel}(g_{enc}(\boldsymbol{v}_i^l), g_{agg}(g_{enc}(\boldsymbol{v}_i^l))) \tag{10-78}$$

其中,$\boldsymbol{v}_i^l$ 是子图第 l 层的节点特征;g_{enc} 以多层感知机 MLP 进行特征编码;g_{agg} 以最大池化操作对相邻节点进行聚合;g_{rel} 则对相邻节点特征进行拼接。

在堆叠三层子图网络后,聚合整个折线的交通实体特征为

$$p_j = g_{agg}(\boldsymbol{v}_i^{L_p}) \tag{10-79}$$

其中,g_{agg} 为最大池化操作,L_p 为子图输出层。

全局交互图 GNN 建模折线实体 $\{p_1, p_2, \cdots, p_t\}$ 间的空间相关性:以全连接矩阵 $\boldsymbol{P}$ 代表实体间的连接关系,基于自注意力模型(self-attention)探索高阶交互:

$$GNN(\boldsymbol{P}) = Softmax(\boldsymbol{P}_Q \boldsymbol{P}_K^T) \boldsymbol{P}_V \tag{10-80}$$

值得注意的是,基于模仿学习的类人控制行为生成,直接建立了从感知到动作的映射关系,除了执行"端到端"控制之外,模型输出的控制动作 a_π 也能作为运动规划求解的期望目标或约束条件,提升规划的智能性和安全性。此外,基于强化学习的方法也能以模仿学习进行训练的初始化,发挥专家数据引导学习的优势。

10.7.2　基于强化学习的自动驾驶控制

强化学习作为近年来人工智能领域的研究热点,被视为构建通用人工智能的关键技术之一。强化学习的原理可以概括为在环境交互中最大化奖励,对于处理自动驾驶控制这种动作序列问题具有很好的效果,以及很好的泛化性和鲁棒性。但是,传统的强化学习算法通常面临奖励稀疏、训练样本不均衡、训练效率低等问题,对强化学习的实际应用造成很大的局限。这是因为强化学习算法在与环境交互的过程中缺乏导师经验和先验知识的指导。

人类在处理状态复杂的问题时,会首先进行一个模糊的划分,不局限于对状态的精确值进行描述。模糊控制借鉴了人类的决策过程中,把相近的精确状态量进行模糊的聚类,并设置函数表示它们属于此类的程度,这样可以大大减少状态量的数量,从而大幅提升系统的学习速度。本节将以自适应巡航为例,介绍模糊强化学习在自动驾驶

控制系统中的应用。

基于模糊强化学习实现的自适应巡航控制系统的结构如图 10-17 所示。首先，将离散的状态空间通过模糊推理映射到模糊语义空间，然后由规则集合来产生决策，此规则集合是由强化学习算法训练获取的，为自适应巡航控制系统提供对状态空间的语义理解和对行为规则的先验知识，使汽车更有效率地进行自主学习。此外，还根据自适应巡航控制系统的特性提供了一种新的规则库更新方法，综合考虑了行驶目标和行驶过程的奖励值函数，保证行驶的安全性和舒适性。

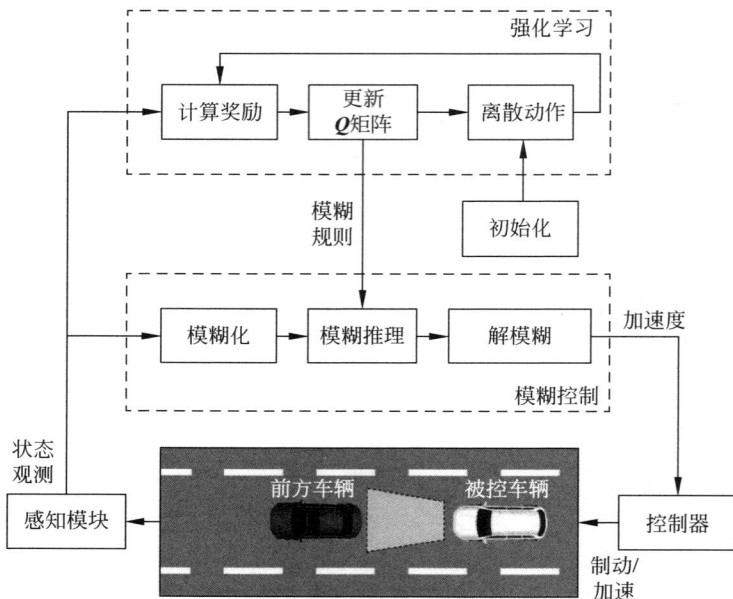

图 10-17   基于模糊强化学习的自适应巡航

1. 模糊推理

首先，将三维状态 $s = (v_{host}, v_{pre}, x)$ 转化为二维状态空间，如式（10-81）所示：

$$\begin{cases} s^* = (x_e, v_e) \\ x_e = (x_{real}, x_{safe})/x_{safe} \\ v_e = v_{host} - v_{pre} \end{cases} \tag{10-81}$$

其中，x_e 是实际距离和安全距离之间的相对误差，v_e 是本车速度与前车速度之间的误差。自适应巡航控制算法的目标即最小化这些错误。

本节设置 7 个模糊语义描述来表示 x_e 和 v_e：负大（NL）、负中（NM）、负小（NS）、零（Z）、正小（PS）、正中（PM）和正大（PL）。加速度输出 a 使用 9 种模糊语义描述进行描述：负非常大（NVL）、负大（NL）、负中（NM）、负小（NS）、零（Z）、正小（PS）、正中（PM）、正大（PL）和正非常大（PVL）。隶属函数 $\mu_A(X)$ 通常有多种形式可选，此处选择高斯函数作为隶属函数，提高了输出的平滑度，提升了乘坐舒适性。

　　规则是模糊系统的基础。在所提出的方法中，规则库是一系列"If-Then"形式的句子，形式如式(10-82)所示：

$$\begin{cases} R_j : \text{If } x_e \text{ is } L_{j1} \text{ and } v_e \text{ is } L_{j2} \\ \text{Then } a \text{ is } O_j \end{cases} \tag{10-82}$$

即第 j 条规则 R_j 表明，如果相对距离误差 x_e 属于模糊状态 L_j^x，且速度误差 v_e 属于模糊状态 L_j^v，则加速度的值等于带有权重 w_j 的语义加速度之和。Mamdani 推理用于计算每个的隶属度的模糊状态。Mamdani 推理首先从推理的前因中选择每个条件中 μ 的最小值，并将其作为该推理规则的匹配因子，并选择与该规则对应的输出。最后，确定每条推理规则的结论，并使用并集得到总的推理结论。

　　去模糊化是将模糊推理系统获得的模糊语义输出转换为连续值。具体过程分为两步：首先将模糊语义量转化为问题范围内的精确量，然后将精确量映射为可用于实际车辆运行的控制量。此处采用的去模糊化方法是重心法。

$$a = \frac{\sum_{i=1}^{n} \mu(a_i) \times a_i}{\sum_{i=1}^{n} \mu(a_i)} \tag{10-83}$$

2. 强化学习的训练过程

　　在传统的模糊系统中，规则库一般由大量预先设定的专家知识决定。强化学习通过智能体与环境的交互作用自主学习专家知识，在系统的实际应用中起到关键作用。用于存储状态-动作值的 Q 矩阵是一个二维矩阵。矩阵的行对应不同的动作，列对应状态量。矩阵中的每个 $Q(s,a)$ 代表下一个状态 s 和动作值 a。这个动作值不是对动作好坏的瞬时描述，而是整合整个任务过程的期望值，这对任务的长期评价具有重要意义。在模糊推理系统中，将状态量设置为模糊化后的语义量，将动作设置为加速度的模糊语义量。例如，图 10-18 中的 $Q(s_k, a_2)$ 表示状态为 $(\text{NL}, \text{NS})_k$ 时动作 a_2 的 Q 值。

$Q(s,a)$ ＼ a ＼ S	NVL	NL	NS	...	PL	PVL
$(\text{NL}, \text{NL})_1$						
$(\text{NL}, \text{NM})_2$						
...						
$(\text{NL}, \text{NS})_k$	$Q(s_k, a_1)$	$Q(s_k, a_2)$	$Q(s_k, a_3)$	...	$Q(s_k, a_8)$	$Q(s_k, a_9)$
...						
$(\text{PL}, \text{PM})_{48}$						
$(\text{PL}, \text{PL})_{49}$						

图 10-18　模糊强化学习推理规则

　　训练的第一步是计算当前状态对每个规则的隶属度。根据规则库，一个状态有两个组成部分：x_e 和 v_e。一般来说，每个分量都会属于几个模糊语义量。例如，如果 x_e

和 v_e 都属于 NM 和 NS，则意味着它们对这两个模糊语义量都有影响。此时这两个模糊语义量的隶属度不为零，其他 5 个模糊语义量的隶属度为零。状态量 $s=(x_e,v_e)$ 的隶属度的计算如下：

$$\mu_i(s)=\mu_i^1(s_1)\times\mu_i^2(s_2), \quad i=1,2,\cdots,n \tag{10-84}$$

其中，s_1 为状态量的第一个分量，是相对距离误差 x_e，s_2 即状态量的第二个分量，是速度误差 v_e，$\mu_i^1(s_1)$ 是 s_1 对第 i 条规则的适应度，$\mu_i^2(s_2)$ 是 s_2 对第 i 条规则的适应度，n 是模糊推理系统的规则总数。

每次迭代只更新矩阵中的一个值，以减少不必要的计算量。首先，找到最大的 $\mu_i(s)$。如图 10-18 所示，带底色部分是矩阵的第 k 行。将最大隶属度表示为 $k(s)$。在获得最大的 $\mu_i(s)$ 后，最终的动作由以下规则进行选择，

$$a=\begin{cases}\arg\max Q^\pi(s_k,a), & \text{概率为 } 1-\varepsilon \\ \text{随机动作}, & \text{概率为 } \varepsilon\end{cases} \tag{10-85}$$

所选动作的 Q 值表示为 $Q(s_k,a_l)$。车辆执行该动作并获得具有奖励 r 的新状态。我们在下一个时间点以相同的方式获得新的 $Q'(s_{k'},a_{l'})$。规则库 $Q(s_k,a_l)$ 的更新公式如下：

$$Q(s_k,a_l)\leftarrow Q(s_k,a_l)+\alpha(r+\gamma Q'(s_{k'},a_{l'})-Q(s_k,a_l)) \tag{10-86}$$

其中，α 是学习率，γ 是奖励的衰减率。

奖励值分为两部分：目标奖励值 r_g 和过程奖励值 r_p，r_g 用来评估汽车是否达到了设定好的目标，而 r_p 则用来评估汽车是不是正在朝着一个好的趋势在运作。例如，如果汽车到达了设定好的目标，那么 r_g 设定为 10；如果汽车发生了碰撞，那么 r_g 设定为 -10；其他情况下 r_g 设定为 -2。

过程奖励值 r_p 设定如下：

$$r_p=-\left(\mid a\mid+\left\lvert\frac{x^{\text{real}}-x^{\text{safe}}}{x^{\text{safe}}}\right\rvert\right) \tag{10-87}$$

$-\mid a\mid$ 惩罚非零加速，有助于平稳驾驶。$-\left\lvert\dfrac{x^{\text{real}}-x^{\text{safe}}}{x^{\text{safe}}}\right\rvert$ 取决于安全距离和两辆车之间的实际距离。该比率应趋向于零，这意味着本车与前车之间的距离趋于稳定在安全距离。

规则库训练完成后，使用重心法计算加速度输出，如下所示：

$$a=\sum_{j=1}^n a_j^k\omega_j, \quad k=1,2,\cdots,9 \tag{10-88}$$

其中，ω_j 是由以下公式所计算的置信度。

$$\omega_j=\frac{\mu_j^1(s_1)\times\mu_j^2(s_2)}{\sum\limits_{j=1}^n\mu_j^1(s_1)\times\mu_j^2(s_2)} \tag{10-89}$$

第 11 章

自动驾驶的仿真、测试与验证

11.1 概述

随着辅助驾驶和自动驾驶技术逐渐进入公众的生活,频发的自动驾驶安全事故使其安全性和可靠性受到了广泛的关注,需要对软件、硬件以及所有可能出现的意外情况进行全面的反复测试。因此,在自动驾驶技术大规模应用之前,探索一种安全、高效、低成本的自主驾驶系统测试方法至关重要。

目前,在真实道路上进行的道路测试和在虚拟仿真环境中进行的软件测试是两种主要的测试方法。在开放的实际道路或封闭的测试场中进行的道路测试能够可靠、准确地对自动驾驶汽车的完整性能进行测试。然而,自动驾驶汽车需要“数亿千米甚至数千亿千米”里程,才能从统计学角度证明其事故率显著小于人类驾驶员[269],如此大规模的测试既危险又耗时。除此之外,极端场景和危险工况环境下的性能是评价自动驾驶系统安全性的重要部分,但是实际行驶中的极端交通条件和危险场景出现频率极低。同时,交通法规的限制、交通标志设置不规范、不同国家和地区之间交通习惯的差异以及相应保险理赔机制的缺失等问题都对开放道路测试提出了更高的要求。因此,在实施道路测试之前,进行大规模的离线仿真测试,已经被越来越多的研究人员接受并采纳。

利用仿真方法对自动驾驶系统进行离线测试，可以减少研发过程中的时间和资金消耗，帮助研究者和开发者对算法进行高效的评估、改进和创新。在虚拟环境中构建的仿真系统可提供高保真度的三维场景和与物理世界高度一致的传感器模型，从而支持感知算法的测试。大量自动化生成的虚拟场景库能够提供丰富的测试用例，以支撑决策规划算法的离线验证。车辆动力学模型的精确建模与引入，使得真实车辆的物理属性在虚拟环境中得以复现，实现对控制算法的性能及车辆与环境间交互能力的测试。同时，虚拟环境中的仿真系统通常具备对被测车辆进行模型在环仿真（Model in the Loop，MiL）、软件在环仿真（Software in the Loop，SiL）、硬件在环仿真（Hardware in the Loop，HiL）、车辆在环仿真（Vehicle in the Loop，ViL）全流程验证的能力，完整地实现对软硬件系统进行全功能的验证。除此之外，仿真系统能够自动化地生成大量测试场景，为算法的验证提供充分的数据资源，其并行加速和云端处理功能也能够推动相关算法的迭代升级。

本章将首先介绍车辆动力学模型和车载传感器的仿真与建模。其次深入研究两种不同的测试框架，分别是车辆在环测试和注入式仿真测试，详细介绍它们的技术路线、实现方法以及实际应用。此外，本章还介绍了受生物智能启发的动态场景生成方法和基于大模型的测试场景生成方法。最后探讨了自动驾驶平行仿真的实现框架，并概括了自动驾驶的常用数据集和开源工具，为读者进一步研究和实践提供有力支持。

11.2　自动驾驶仿真系统架构与测试

11.2.1　自动驾驶仿真系统功能

自动驾驶仿真系统基于计算机技术，集虚拟场景构建、感知系统仿真和车辆动力学仿真等功能于一体，能够与自动驾驶系统进行对接从而用于测试验证。自动驾驶系统仿真测试的应用框架如图 11-1 所示，其中车用无线通信技术（Vehicle-to-Everything，V2X）仿真通过模拟数据传输的时延及噪声来测试协同算法（多车协同、车路协同等）。下面主要介绍虚拟场景构建、感知系统仿真以及车辆动力学仿真 3 部分。

1. 虚拟场景构建

构建与真实世界一致的虚拟场景是仿真测试的基础，场景包括静态场景（建筑、树木、道路等）和动态场景（行人、车辆、天气等）两部分。

静态场景的构建通常基于高精度地图，并使用三维重建的方法还原出道路与静态交通元素。通常是先对点云、全景图、卫星影像等多种真实测绘数据进行融合处理，通过结构化处理完成厘米级高精度地图的还原，在此基础上使用三维建模软件构建并渲染可视化场景模型，用于搭建逼真的虚拟场景。动态场景的构建是在静态场景的基础

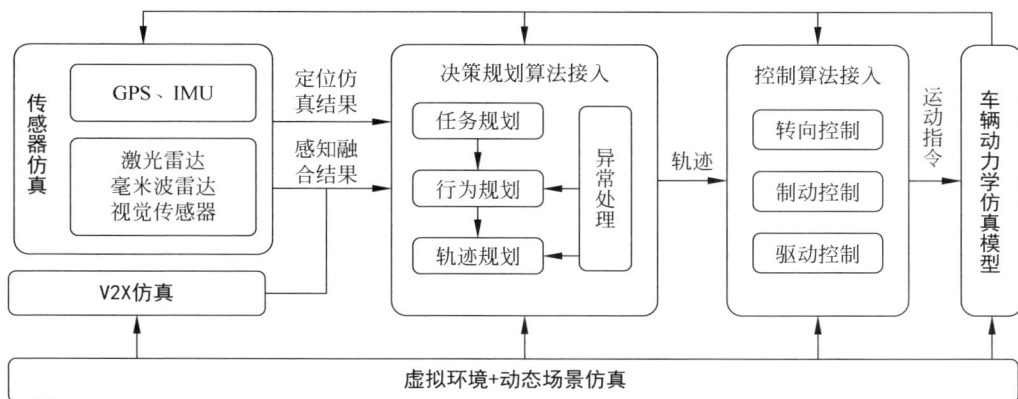

图 11-1　自动驾驶仿真应用框架

上对动态元素进行复现,保证这些元素的动作及其产生的影响遵循现实世界的物理规律和行为逻辑。目前的仿真软件通常基于游戏引擎实现,能够以较高的真实性还原现实世界的光照条件、天气变化等,为仿真场景渲染出非常逼真的光影效果,使得各种动态元素的行为变化产生与现实世界一致的影响和结果。交通参与者的行为模拟有两种主要方式:一种是通过回放路采数据再现交通元素的行为,以保证交通元素行为逻辑的真实性;另一种是利用采集的真实道路数据训练交通参与者的行为逻辑和交互规则,从而在满足高效性和交互性的基础上快速生成虚拟交通场景。

2. 感知系统仿真

传感器的仿真可以从 3 个不同的层级进行。第一层是直接仿真传感器接收到的物理信号,比如对摄像头检测到的光学信号进行模拟;第二层是仿真电控嵌入式系统中专门的数字处理芯片的输入单元,对原始信号进行仿真,相当于把传感器的探测单元拆掉;第三层是对仿真传感器的理想输出进行仿真,并将仿真结果直接传输至决策层算法输入端。感知系统仿真的对象主要包括摄像头、毫米波雷达、激光雷达三大类主流车辆端传感器。

摄像头仿真以计算机图形学为基础,将附有真实材质与纹理的三维模型渲染至图像平面,从而实现仿真图像的合成。摄像机仿真通常也支持焦距、畸变、白平衡、高动态范围(HDR)等参数的调整,以提高仿真的丰富性和灵活性。为了更真实地模拟物理世界中的雷达系统,毫米波雷达仿真向不同方向发射虚拟连续调频毫米波,通过接收到的目标反射信号来感知物体及其运动,并能够根据实际需求配置视场角、分辨率信息、雷达安装位置、探测距离和噪声等参数。激光雷达的仿真通过模拟真实激光雷达的扫描方式实现,计算射线与场景中所有物体的交点位置以生成对应的点云数据。除了障碍物距离,激光雷达的反射强度还受到障碍物的物理材质的影响,因此需要为仿真场景中的所有对象设置合适的材质,以保证激光雷达仿真的真实性。

3. 车辆动力学仿真

车辆作为自动驾驶的主体，需要进行精确的动力学建模以模拟物理世界中的车辆动作和反应，从而客观评价决策及控制算法。动力学仿真一般将车辆模型中的各部分（包括车体、轮胎、制动系统、转向系统、动力系统、传动系统、空气动力学、硬件 IO 接口等[271]）参数化，通过配置合理的参数使仿真模型无限接近于真实车辆，从而保证更高的精确度。自动驾驶系统通过接收到的油门、刹车、挡位、方向盘等控制信号计算得到更新后的车辆位姿，输出至各个模块来模拟车辆的整体行为。

11.2.2　虚实融合的自动驾驶仿真测试

在仿真环境中进行离线测试具有安全、高效、测试场景丰富等优点，弥补了实车测试中场景数量有限、重复性差、安全风险较大的缺陷。但是，虚拟环境测试依赖人工构建的车辆动力学模型，难以精准复现真实车辆的运动，从而影响测试精度。同时，由于仿真系统难以完全复现真实世界场景的所有随机性，仿真环境和真实世界之间存在鸿沟，这意味着即使在离线环境中运行良好的算法，仍需要大量额外的修改或重构才能适应真实的自主驾驶系统。为了能够结合真实世界的丰富性和仿真环境的灵活性，虚实融合的测试方法被广泛关注和研究。其中，平行仿真和注入式仿真方法表现出了明显的优势，它们在有效解决道路测试中存在的安全隐患的同时，也弥补了传统仿真测试真实性不足的问题。

平行仿真是平行系统方法[296]在仿真技术中的应用和扩展，实现仿真系统与实际系统的动态数据交换、共同演化发展和相互控制。现实世界复杂的地形和交通场景对环境感知和决策规划任务提出了挑战，高度随机且多变的天气和路况也使仿真模型难以长时间准确地模拟真实世界中的场景。平行仿真方法的实现基于实际系统的实时测量数据，通过不断更新仿真系统的模型和参数，使其能够真实反映现实系统的状态特征。数字孪生是实现平行仿真的有效技术手段，即将现实世界的实体或系统在虚拟世界中映射成数字版的"孪生体"，通过监测、仿真和分析预测实现对物理实体的实时感知和控制。在自动驾驶测试中引入平行仿真能够提升仿真的可靠性和真实性，并解决实际复杂系统不可准确预测等问题。

平行仿真以数据驱动为基础，通过获取真实世界的数据信息并与仿真系统进行实时传输和交互，实现虚拟世界与现实世界的数据动态"注入"。与平行仿真不同，"注入式"仿真方法旨在对自动驾驶不同算法层注入丰富的测试数据，以较小的成本对不同算法层进行全面有效的测试与验证。根据自动驾驶汽车不同功能模块的测试需求，注入式仿真方法主要包含传感层、感知层和融合层数据注入。传感层数据注入主要用于测试传感器性能，通过播放场景视频或雷达数据，使传感器能够采集到虚拟的场景数据。感知层数据注入可用于硬件在环或车辆在环的测试中，将模拟的相机、雷达等多模态传感器数据传入感知算法中，进行感知算法的闭环测试。融合层数据注入将场景中障碍物和交通参与者的状态、位姿等作为感知结果直接作用于规划决策等算法的验证。注入式仿真方法以自动驾驶系统实际开发测试需求为立足点，在保证低成本、高效率地测试系统软件正确性的同时，可以依托于真实车辆实体实现虚实融合的测试模式。

11.3　车辆动力学模型构建与表征

车辆动力学仿真旨在建模车辆在多重因素（如驾驶员操作、路面条件、空气阻力等）影响下的响应，从而对车辆的操纵性能、行驶稳定程度、动力系统等方面进行预测和模拟。专业的车辆动力学仿真软件（如 Matlab/Simulink、CarSim 等）通过建立悬架系统、制动系统、转向系统、动力传动系统、轮胎、空气动力学等模型对车辆的动力学特性进行精细而逼真的模拟。图 11-2 清晰地反映了车辆动力学模型构建过程中从信息输入、模型设计到数据输出的完整架构。该架构通过建模车辆物理结构以及主要零部件的简化模型，基于车辆的初始状态输入从系统整体性上推算出车辆的运动状态以及相关参数。

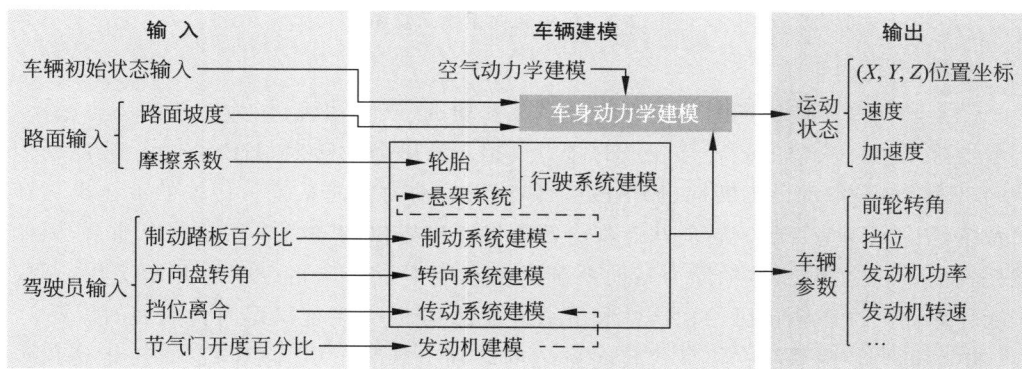

图 11-2　车辆动力学模型架构

1. 转向系统建模

车辆转向系统是通过驾驶员操纵来实现转向轮偏转和回位的机构，是由一系列用来改变或保持车辆行驶状态和方向的装置组成，对车辆的安全行驶至关重要。车辆转向系统根据动力来源可以分为机械转向系统和动力转向系统两大类，其中动力转向系统又可进一步分为液压转向系统、电液助力转向系统、电动助力转向系统和气压转向器系统等。

1）机械转向系统

机械转向系统中的所有传力件都采用机械连接，驾驶员作为转向的动力来源实现从转向盘到转向轮之间的力传导。图 11-3 所示为简化的机械转向系统结构，主要由转向操纵机构、转向器和转向传动机构 3 部分组成。转向操纵机构包括从转向盘到转向器输入端的所有零部件，转向传动机构是指从转向器到转向节之间的所有传动杆件的总称（不含转向节）。转向器按一定传动比将转向操纵机构（包括从转向盘到转向器输入端的所有零部件）传递过来的转矩进行放大，然后通过传动机构将输出的力矩传递至转向轮。机械转向系统结构简单且成本较低，但作为唯一动力来源的驾驶员承担的体力负担较大，且操作难度也会随着车辆承重和车速的增大而升高。

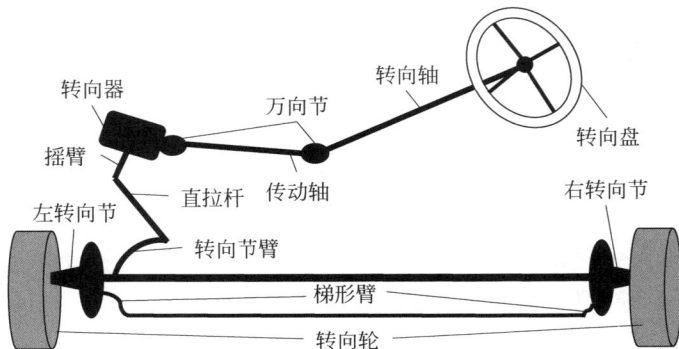

图 11-3　机械转向系统示意图

2）动力转向系统

动力转向系统能够同时利用驾驶员以及发动机（或电动机）作为转向的动力来源，一般情况下可以大幅度减轻驾驶员的体力负担。液压助力转向（HPS）、电控液压助力转向（EHPS）和电动助力转向（EPS）是 3 种常用的动力转向系统。传统的液压助力转向系统无论车辆是否处于转向状态都会消耗发动机提供的动力来驱动转向油泵，因此能耗较高。与之相比，电动助力转向系统只在车辆下发转向指令时才开始工作，不仅节能环保而且在车辆操纵的稳定性和舒适性上都有改善，更能满足时代发展的需要。

电动助力转向系统在机械式转向系统的基础上加装电机、减速机构、转矩转角传感器、车速传感器和电子控制单元（Electronic Control Unit，ECU），其结构示意如图 11-4 所示。电子控制单元在车辆需要转弯时根据方向盘转矩、车速、负载以及点火等信号计算出合适的控制指令并发送至助力电动机，而在车辆没有转向需求时不向助力电动机发送控制指令。

2. 发动机建模

发动机主要由内燃机、外燃机、喷气发动机和电动机等部分构成，其通过将其他形式的能量转换为机械能为车辆提供动力。目前发动机的建模方法主要有理论建模和实验数据建模两种，旨在描述气门开度百分比、发动机转速等变量与发动机输出扭矩之间的关系。

理论建模方法基于热力学、流体力学和动力学原理等，对燃料燃烧过程、空气和燃

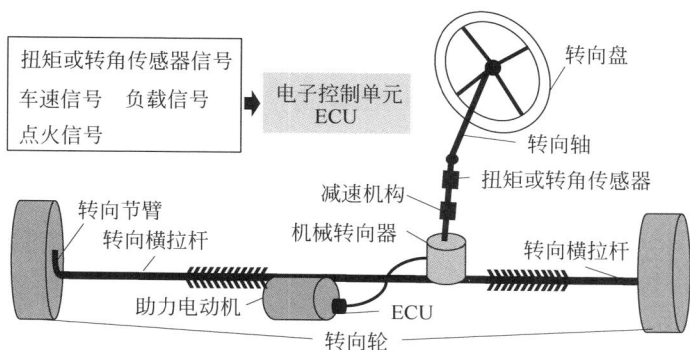

图 11-4　电动助力转向系统示意图

油流量方程以及各部件之间的运动关系进行描述和建模。这种建模方法在已知特征参数的情况下可以精细地描述发动机的动态特性,但复杂的数学模型会导致计算时间较长,通常在实时仿真和建模精度之间需要做出取舍。

　　实验数据建模是一种数据驱动的建模方法,通过对真实发动机进行一系列实验测试并采集相关数据(燃油消耗、排放、发动机转矩以及发动机转速等),用数据拟合的方式建模输入和输出之间的关系以模拟发动机的工作特性。这种建模方法简单有效,但难以描述发动机的瞬态响应特性,并且通过实验数据建立的模型与真实模型存在差距,无法直接在实际中使用。

3. 传动系统建模

　　车辆动力传动系统是指安装在发动机与汽车驱动轮之间的一系列动力传递装置,包括离合器、变速器、传动轴、万向传动装置、主减速器、差速器、半轴等。动力传动系统具有变速、换向、断电、轮间差速、轴间差速等功能,与发动机提供的动力协同工作以保证汽车在各种工况下正常行驶。

　　图 11-5 所示为以发动机前置、后轮驱动方式布置的车辆动力传动系统的简化示意图。此外,还有前置前驱、后置后驱、中置后驱、四轮驱动等多种方式,其中前置前驱的布置方式多用于中小型轿车。离合器用于分离或接合发动机与变速器之间的动力联

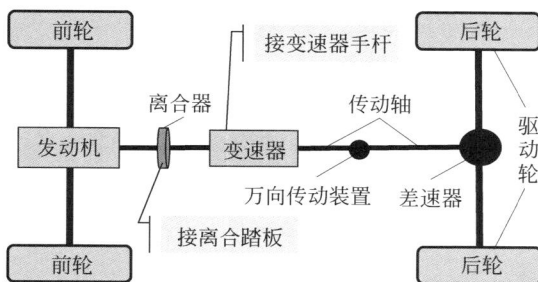

图 11-5　车辆动力传动系统示意图

系,以实现车辆的平稳起步、换挡并防止过载。差速器能够保证车辆在路面不平、转弯行驶等情况下,左右驱动轮以不同的转速做纯滚动运动。动力传动系统的建模常用于测试车辆在不同工况下做加速、爬坡等动作时的性能,以及模拟换挡规律、闭锁规律以测试最佳的控制策略。

4. 制动系统建模

车辆的制动系统通过对车辆施加力矩,强制行驶中的汽车进行减速甚至停车,并保证停止的汽车在各种道路条件下(包括在坡道上)稳定驻车。

图 11-6 所示为简化的车辆制动系统结构示意图。车辆的制动有脚制动和手制动两种实现方式。其中,脚制动是指驾驶员用脚操纵制动踏板实现的制动,多使用于车辆行驶过程中,因此对应的装置也叫行车制动装置。手制动是指驾驶员用手操纵紧急制动器实现的制动,用于保证车辆在各种路面上停车时不会发生溜车现象,因此对应的装置也被称为驻车制动装置。行车制动装置的仿真以制动踏板的位移百分比作为输入,对踏板力到制动管路再到制动器的工作线路进行建模,并对车轮驱动与制动受力之间的关系进行数学描述。

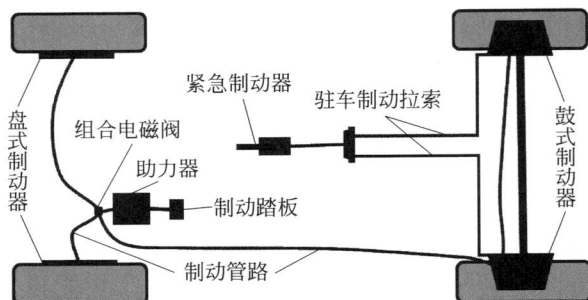

图 11-6　车辆制动系统示意图

5. 悬架系统建模

悬架系统通过吸收不平整路面带来的振动以保证车辆行驶的平顺性和舒适性,根据车轮连接方式的不同可分为独立悬架与非独立悬架两种结构。独立悬架的结构简图如图 11-7 所示,两个车轮均单独通过悬架部件与车身相连,其之间没有硬性连接,因此具有更高的舒适性。相对地,非独立悬架结构较为简单,两个车轮之间存在硬性连接,通常具有更好的刚性和通过性,但舒适性相对较差。

悬架系统的仿真需要对悬架的运动学特性以及作用在弹簧、减震器、稳定杆上的力进行建模和计算。悬架的运动学特性包括了轮胎中心的相对位置、轮胎方向、弹簧阻尼减震器的全坐标运动以及转向拉杆对前悬和后悬造成的位移。悬架的 K&C 特性对整车的操纵稳定性具有重要的影响。其中,K 特性指悬架运动学特性,即车轮平面、悬架刚度等参数在汽车垂直方向运动或转向过程中的变化规律。C 特性指悬架弹性运动学特性,主要用于描述悬架中的弹性元件性能,即路面作用于轮胎的力和力矩

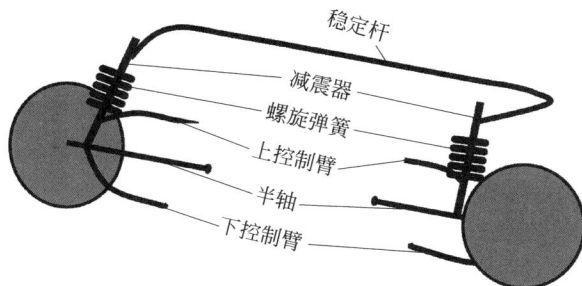

图 11-7　独立悬架示意图

引起的车轮定位、悬架刚度等参数的变化规律。

6. 轮胎建模

轮胎作为车辆与地面直接接触的结构,能够起到支撑车身负载、缓冲路面冲击的作用,从而保证车辆行驶的平稳性和动力性。轮胎通过与地面接触会产生六分力,包括回正力矩、滚动阻力矩、翻转力矩、侧向附着力、垂直附着力和纵向附着力。图 11-8 所示为轮胎坐标系及地面对轮胎作用力的示意图,其中,坐标系原点为轮胎与地面接触点,X 轴为车轮平面与地面的交线,车轮纵向平面与地面垂线之间的夹角记为外倾角,纵向速度和合速度之间的夹角记为侧偏角 α。

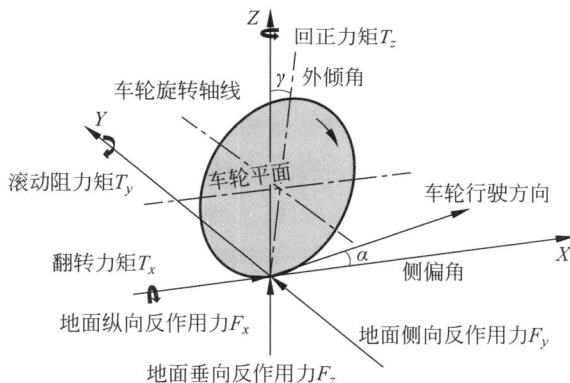

图 11-8　轮胎坐标系及地面作用于轮胎的力和力矩示意图

轮胎模型根据建模方法的不同可分为物理模型和经验模型两种。其中,轮胎的物理模型基于轮胎的动力学特性进行构建,由于精度高、数学公式复杂,因此很难满足实时性要求。轮胎经验模型的建立基于采集到的真实数据,通过插值或数据拟合方法得到的经验公式描述其特性。比如,式(11-1)所示的魔术公式采用三角函数组合的形式,拟合实验数据建立的轮胎模型。

$$\begin{cases} Y(x) = D\sin\left[C\arctan\{Bx - E[Bx - \arctan(Bx)]\}\right] \\ Y(x) = y(x) + S_V \\ x = X + S_H \end{cases} \tag{11-1}$$

其中，Y 表示侧向力 F_y、纵向力 F_x 或回正力矩 T_z，X 指侧偏角的正切值或纵向滑移率，B、C、D、E 为拟合参数，S_V、S_H 为考虑到伪侧偏效应和伪侧倾效应而设立的坐标轴原点的水平与垂直偏移值。魔术公式描述的轮胎模型可同时计算纵向力、侧向力和回正力矩，具有统一性强、拟合精度高、参数易确定等优点。

7. 空气动力学建模

车辆在行驶过程中除了受到地面对轮胎的作用力外，还会受到气流的气动力作用。为了对车辆进行空气动力学建模，常将车辆纵向对称面与地面交线上的前后轴中点设为空气动力坐标系的原点。如图 11-9 所示，车辆受到的空气动力在沿 3 个坐标轴方向和绕坐标轴方向可分为 6 个力，即迎风阻力、侧向力、升力、侧倾力矩、纵倾力矩和横摆力矩，这 6 个力被称为空气动力的六分力。

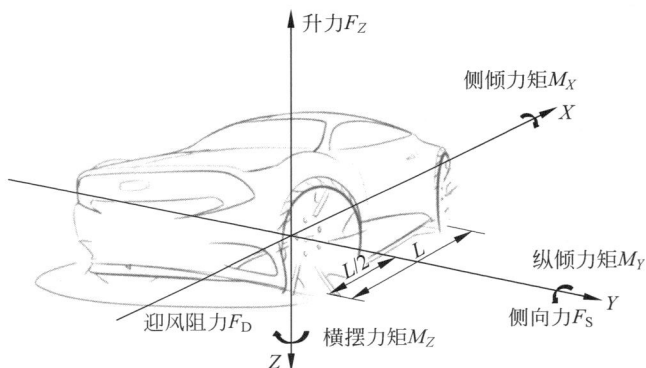

图 11-9   空气动力的六分力

11.4   车载传感器仿真与建模

自主驾驶汽车通常搭载了大量的传感器，包括激光雷达、可见光相机、毫米波雷达、超声波雷达、IMU、GNSS（全球卫星定位系统）等。这些传感器的主要功能是通过处理、分析和融合各种信息，实现对自动驾驶车辆自身位置及状态的确定和周围环境的感知，从而支持路径规划和控制决策，完成安全可靠的驾驶行为。因此，为自动驾驶系统的测试提供真实、合理的传感器模拟，是自动驾驶仿真测试中重要的研究内容。本节主要介绍常用车载传感器的仿真与建模。

11.4.1   摄像头仿真

摄像头是自动驾驶车辆的眼睛，它将三维世界的形状、颜色等信息映射到二维图像上。摄像头仿真一般基于 Unreal Engine、Unity 等渲染引擎对虚拟的三维模型添加颜色与光学属性,以模拟真实物体的材质、纹理几何等信息,其次根据相机成像原理,将三维空间中的点通过坐标系转换渲染至成像平面上。为了提高仿真的真实性与灵活性,摄像头仿真需要支持参数的更改,包括摄像头外参、内参和畸变参数以及摄像头的安装位置、角度、工作频率、分辨率、视场角、焦距和畸变参数等。通过调整这些参数以改变相机内部的投影矩阵,从而仿真实现与真实相机拍摄效果一致的图像。在真实道路行驶时,摄像机成像质量与自动驾驶车辆行驶的安全性均会受到多种天气条件的影响,因此需要对不同天气和光线条件下的摄像头图像进行仿真,通过对时间、光照强度、太阳高度角等各种参数的自定义设置实现天气调节。

1. 运动模糊

虽然图像通常被认为是场景瞬间的定格,但实际上是对一段时间的捕捉,即相机收集光线的整个过程。如果相机或场景在收集光线时移动,导致相机、物体、背景间产生相对运动,则生成的图像将表现出运动模糊。运动模糊图像被描述为时空积分,表示为几何函数和着色函数,如式(11-2)所示。

$$I_{xy} = \sum_l \int_\Omega \int_{\Delta T} r(\omega,t) g_l(\omega,t) L_l(\omega,t) \mathrm{d}t\, \mathrm{d}\omega \tag{11-2}$$

其中,I_{xy} 表示具有坐标 (x,y) 的图像像素的内容,Ω 是其对应的对向立体角。l 表示场景中独立的物体,$g_l(\omega,t)$ 用于说明对象之间的遮挡,如果物体 l 在方向 ω 上直接可见,则其值为 1,否则为 0。$r(\omega,t)$ 为重构滤波器,$L_l(\omega,t)$ 表示物体 l 的辐射度。

包含适量运动模糊的图像看起来更加自然,并且包含更多的信息,是图像理解的重要线索。运动模糊包含相机和拍摄物体的相对运动信息,可用于提取拍摄对象的速度、分离被摄体与背景,也可以用于估计场景运动的相对方向和大小。计算机产生的图像“棱角分明”、缺少运动效果,是看起来不真实的原因之一。因此,为了使图像更具真实性,需要为图像加入运动模糊,目前有以下几种方法[272]:分析方法能够计算像素辐射的精确值,但由于通常没有解析解而仅适用于强假设的情况下;几何替换方法将每个移动对象用静态几何体的图元和其运动表示,适合在实时框架中实现;数值方法适用于不能使用解析表达式或替代几何描述的情况下,通过近似式(11-2)对像素值进行描述;蒙特卡罗方法旨在处理高变化率和不连续性,可以对广泛的现象进行建模,但是随机点采样方法的不确定性可能会产生伪影;后处理方法使用从对象的动画数据构建的运动信息对预渲染照片进行模糊处理。通过将运动模糊和渲染方法完全解耦,该方法在提高效率的同时也会降低质量。除此之外,混合方法结合了各个算法的优势来解决运动模糊问题的特定方面。这种方法产生的算法可以在广泛的场景中有效地执行,具有较高的灵活性和高质量的结果。

2. 天气模拟

为了提升真实感,减小虚拟与现实之间的差距,除了运动模糊之外,对不同天气环境和光照条件下的相机成像进行模拟也是一个重要内容。阴雨、雾霾等天气条件会导致光照强度的减弱,使得目标物与背景亮度的对比度降低,造成图像模糊。雨雪、灰尘等粒子会使光线产生反射、折射等现象,影响相机的成像效果。基于视觉感知的智能驾驶系统依赖道路标记来进行决策规划,而雨雪粒子会对目标物形成遮挡,导致车道线等标记变得模糊、难以辨识,从而造成视觉传感信息的缺失和误导。

雨雪粒子的模拟通常采用粒子系统和 Unity3D 渲染引擎相结合的方式进行。粒子系统利用大量相似的微小粒子图元,能够模拟传统计算机图形学渲染技术难以实现的模糊和不规则的现象,例如雨、雪、云、雾等。为提高虚拟场景的真实感,创建粒子模型需要考虑许多环境因素。比如,在对雪花粒子进行模拟时,除了需要考虑雪花的形状和密度外,还需要具体考虑到粒子受重力、风向和风速等因素的影响。对密度的感受程度也与观察程度有关,比如在相同视角观察不同距离的雪花时,近处的雪花在视觉上密度相对较小。除此之外,在渲染雨天环境时,需要精确建模水滴光度,同时考虑水滴下落时由气流引起的振荡。同时,不同类型雨天环境中的雨水外观、雾状层,以及在不同材质物体表面形成的雨条纹均是需要建模的对象。

11.4.2　激光雷达仿真

激光雷达是自动驾驶车辆重要的传感器,具有良好的抗干扰能力及较高的分辨率和灵敏度,对感知系统至关重要。自动驾驶系统应用其距离测量与成像的功能,可以实现障碍物识别、目标距离测量、可行驶区域规划等任务。激光雷达主要由发射机、接收机与信号处理模块 3 个核心部分组成。发射机发射出的具有特定波长和波形的激光在遇到障碍物后被反射回接收机,雷达中的光学系统将接收到的反射波经信号转化等处理获得反射目标的信息。

大多数的车载激光雷达采用直接飞行时间和连续波振幅相位调制的方法进行距离测量。图 11-10 所示为直接飞行时间(ToF)的测距原理示意图,从发射机发射激光(脉冲或连续波)到接收器捕获反射能量的时间间隔称为激光的飞行时间,结合光速即可确定发射机与障碍物之间的距离,如式(11-3)所示。

$$d = \frac{tc}{2} \tag{11-3}$$

其中,d 表示的是激光雷达到探测目标的距离,t 表示激光的行进时间,c 为光速。

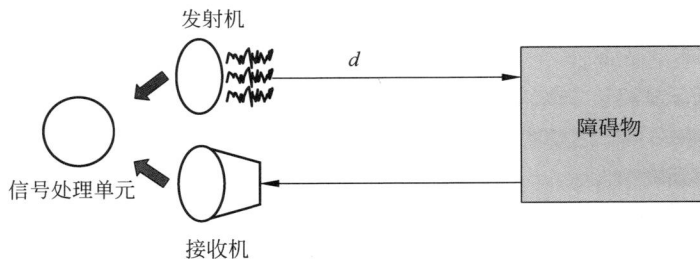

图 11-10　ToF 测距示意图

　　连续波振幅相位调制主要是根据激光的输出信号与返回信号的相位差进行计算的,探测距离 d 如式(11-4)所示。

$$d = \frac{Tc\Delta\varphi}{4\pi} \tag{11-4}$$

其中,T 为周期,c 表示光速,$\Delta\varphi$ 表示的是激光的输出信号与返回信号的相位差。

　　在实际应用中,由于光的吸收、反射、散射等性质,激光雷达发射的激光能量在探测过程中会随着探测距离的增加而衰减,同时一些偏离原方向的激光遇到障碍物返回时也会形成探测噪声。因此,激光传输中的衰减问题和虚警噪点是影响理想点云生成的两个主要方面。

1. 激光的传输衰减建模

　　激光雷达发射的激光束在传输过程中由于大气分子的影响会发生吸收和散射等现象,使得其功率/能量随着行进距离的增加而逐渐减少。因此,在探测目标距离较远的情况下,反射回的激光束由于功率/能量低于接收阈值而导致目标无法被识别。除此之外,传输介质、目标物体的反射率、有效闪烁面积和激光束在物体上形成的光斑面积等因素都会对激光的反射功率产生影响,衰减方程如式(11-5)所示。

$$P_r = \frac{P_t \eta \epsilon^2 \rho_{\mathrm{TAR}} A_r}{\pi R^2} \tag{11-5}$$

其中,R 是激光雷达到目标之间的距离,P_r 是激光雷达接收器的接收功率,P_t 表示激光雷达的发射功率,η 是激光雷达光学系统的总传输效率,ϵ 是激光在大气中的单程传输系数,ρ_{TAR} 是目标物体在某一方向上的反射率,A_r 是激光雷达激光接收器的有效接收面积。由式(11-5)可知,激光雷达的衰减模型与发射和接收系统功率、探测目标、激光雷达特性等因素有关。除了上述的大气分子和气溶胶粒子会导致激光传播过程中的衰减外,雾、雨、雪等各种特殊的天气现象均会对激光的传输产生明显的影响。所以,为了更真实地模拟点云数据,需要根据具体的天气条件和场景进行不同的建模和仿真。

2. 噪声建模

　　由激光雷达的检测原理可知,反射激光只要具有足够被接收器检测到的能量就会产生对应于目标障碍物的点云。但是,这个点云不一定是真实存在或者系统所需要的,从而形成了两种不同类型的噪声点云。当激光照射到大气分子、大气气溶胶、雨、雪等粒子上并获得足够的反射强度时,则能够被接收到而产生与目标障碍物无关的点云数据,这就形成了第一种噪声点云,即天气粒子噪点,其与真实物体相对应但并非系统所需要。第二种是虚警噪点,这种点云并不与任何实际存在的物体相对应。虚警噪点产生的一种情况是:由于空气中透明物体(雨滴粒子等)对激光的折射作用,使得穿过其中的激光雷达会部分偏离原来的探测方向,新方向上存在的物体被部分激光监测到返回给接收器形成点云。这种点云实际是由新方向上的物体产生,但会与原来的探测方向相对应,从而在发射方向上产生了一个本不该存在的点云。

为了仿真激光雷达数据,需要在仿真环境中基于真实激光雷达的工作原理设计激光雷达仿真模型,生成车辆环境点云数据。现阶段自动驾驶汽车中使用的激光雷达大多数都是机械旋转式激光雷达,其正视图和俯视图如图 11-11 所示。其中,水平虚线代表水平面,α 为垂直视野,θ 为垂直角分别率,σ 为俯仰角,β 为水平视野,φ 为水平角分辨率。

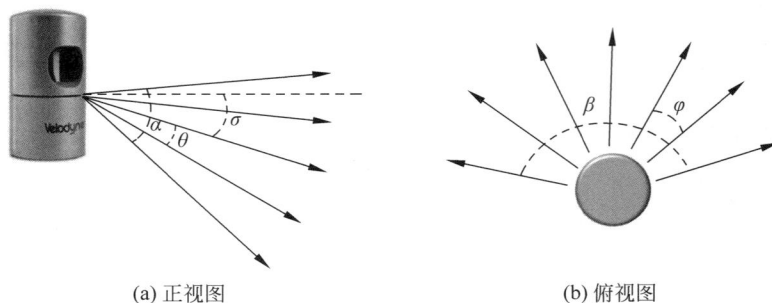

(a) 正视图   (b) 俯视图

图 11-11   激光雷达示意图

激光雷达的仿真主要有两种方式。第一种是基于仿真软件中内嵌的物理引擎,参照真实激光雷达的扫描方式向场景发射多条射线。基于物理引擎中的射线检测,根据物理碰撞模型计算射线与所有物体的交点,若交点位于最大探测距离内,则视为有效点。第二种仿真方式是基于深度图合成点云数据。首先根据相机模型和双目相机测距原理,基于左右视图计算像素点对应的深度,得到深度图像,然后根据相机的内参完成从图像坐标系到世界坐标系的转化,基于深度图像生成对应的激光雷达点云数据。

11.4.3　GPS 仿真

全球定位系统主要由卫星星座组成的空间部分、地面监控系统组成的控制部分和信号接收机组成的用户部分组成。卫星的导航信号中包含距离、星历、时钟校正参数等信息,接收机获取并提炼有效信息并与用户的估算位置等其他数据进行联合计算,从而求解出用户在空间直角坐标系中的坐标位置。

用户设备通过卫星信号中的星历表信息可以求得每颗卫星发射信号时的位置,同时对卫星信号的传播时间进行测量,即可得到卫星到用户的距离。在理想情况下,以 3 颗卫星为中心,以所求得的用户到 3 颗卫星的距离为半径,通过对 3 个球面的共交点位置的确定就能够对观测者进行精确的定位。但是,由于大气电离层干扰、用户时钟偏差等因素,以上方法计算出的距离有误差,称为伪距,此时需要 4 颗卫星才能实现三维定位。如图 11-12 所示,伪距由式(11-6)确定:

$$\bar{R}_i = R_i + c \times \Delta t_u + c \times (\Delta t_{Ai} - \Delta t_{si}) \tag{11-6}$$

其中,$\bar{R}_i$ 为伪距,R_i 为观测者到卫星 S_i 的真实距离,Δt_u 为用户钟相对于 GPS 系统时间的偏差，Δt_{si} 为第 i 颗卫星时钟相对于系统时间的偏差，c 为光速，Δt_{Ai} 为第 i 颗卫星的传播延时误差。计算时使用地心赤道面直角坐标系，设卫星 S_i 在该坐标系中的位置为 $(x^{(i)}, y^{(i)}, z^{(i)})$，用户位置位于 (x_u, y_u, z_u)，则真实距离 R_i 可由式（11-7）计算。

$$R_i = \sqrt{(x_u - x^{(i)})^2 + (y_u - y^{(i)})^2 + (z_u - z^{(i)})^2} \tag{11-7}$$

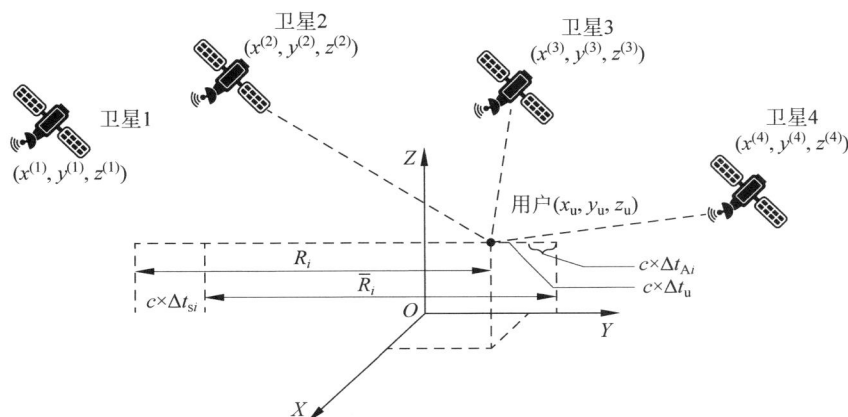

图 11-12　GPS 测距原理

那么，式（11-6）可改写为

$$\overline{R}_i = \sqrt{(x_u - x^{(i)})^2 + (y_u - y^{(i)})^2 + (z_u - z^{(i)})^2} + c \times \Delta t_u + c \times (\Delta t_{Ai} - \Delta t_{si}) \tag{11-8}$$

式中，卫星位置 $(x^{(i)}, y^{(i)}, z^{(i)})$ 和卫星时钟偏差 Δt_{si} 由卫星导航电文计算获得，传播时延 Δt_{Ai} 可用双频测量法校正。因此，通过测量观测者到 4 颗卫星的伪距即可求得观测者的三维位置 (x_u, y_u, z_u) 和用户时钟偏差 Δt_u。

GPS 仿真一般是利用定位误差改正模型在真值上模拟误差信号，从而恢复监测站实际观测到的卫星信号。在模拟观测值时，首先通过观测站位置、GPS 卫星坐标和高度截止角等数据计算该测站可观测到的卫星，并计算出观测站和可视卫星之间的距离作为模拟观测值的真值。然后在距离真值上模拟观测噪声、粗差、周跳以及卫星时钟偏差、接收机时钟偏差、大气层延迟等各种系统误差。以接收机时钟偏差模型为例。接收机的时钟偏差稳定性相对较差，而且因不同的接收机类型而异。比如，通常根据接收机观测到的数据将接收机时钟偏差用一个七阶多项式来拟合，如式（11-9）所示接收机在时间 t 时的时钟偏差 δt_s 可以表示为

$$\delta t_s = a_0 + \sum_{i=1}^{7} a_i \cdot (t - t_0)^i \tag{11-9}$$

式中，t_0 为参考时刻，$a_i (i = 0, 1, \cdots, 7)$ 为系数。具体的公式表征由接收机类型决定，在不确定接收机类型的情况下，通常用一个白噪声模型来表示接收机时钟偏差，如式

(11-10)所示。

$$\delta t_s = a_0 + a_1(t - t_0) + \frac{a_2}{2}(t - t_0)^2 + \int_{t_0}^{t} y(t)\mathrm{d}t \qquad (11\text{-}10)$$

其中，$\int_{t_0}^{t} y(t)\mathrm{d}t$ 表示对随机误差的积分。

11.5　自动驾驶仿真与车辆在环测试

仿真系统为算法的开发与测试提供可编辑的虚拟环境，可以缩短自动驾驶系统开发周期并降低测试成本。现阶段，自动驾驶车辆是一个包含了多种软件、硬件的复杂系统，如何安全而全面地对自动驾驶车辆进行测试仍然是一个重大的挑战。本节介绍一种基于混合测试环境的自动驾驶车辆在环测试方法，首先阐述该方法的基本框架，其次对其中最为重要的两个部分——静态场景的搭建和动态交通流的建模所涉及的技术进行详细说明，最后基于所介绍的框架和方法实现对环岛场景的仿真。

11.5.1　虚实融合的车辆在环测试框架

车辆在商业化落地之前一般需要经过仿真测试、封闭场地测试、开放道路测试 3 个阶段，其中仿真测试主要包括 MiL（模型在环）、SiL（软件在环）、HiL（硬件在环）、ViL（车辆在环）4 种测试模式。MiL 在仿真环境中构建系统或结构的数字化模型并在此基础上设计大批量的测试用例，从而在离线环境下对软件的行为和性能进行测试。SiL 从模型在环引申而来，将 MiL 中使用的控制器模型替换为编译得到的系统函数，一般情况下会使用和模型在环完全相同的测试用例。MiL 与 SiL 多用于算法软件前期开发过程中的逻辑与功能测试。HiL 将车辆传感器、执行器等硬件部分包含进测试闭环，利用仿真中的测试用例可以有效提高硬件测试的效率。HiL 在车辆的开发过程中得到了广泛的欢迎和应用，其通过规范数据接口与硬件实体的输入模块将真实世界和虚拟世界相连，利用丰富的测试用例实现硬件层面上的测试。与此同时，硬件的性能参数作为输出数据可以实时通过输出模块反馈至虚拟世界和真实世界中，从而进一步进行处理与分析。ViL 基于实时仿真系统实现虚拟信号与真实信号的交互。真实世界中物理车辆的位姿信息通过坐标系转换同步至虚拟世界中，仿真系统对虚拟世界中自主车辆感知到的传感器信息和场景数据进行封装，并传输至被测驾驶系统中以实现测试闭环。

ViL 可以对自动驾驶系统的所有软件与硬件进行系统而全面的测试，从而保证自动驾驶车辆在实际应用之前满足安全、稳定、可靠的行驶需求。为此，本节设计并构建了一个车辆在环的自主驾驶虚实融合测试环境，支持在混合虚拟场景和真实场景的环境中进行更可靠的驾驶安全测试，其框架如图 11-13 所示。该混合测试方法提供了不同路况下的复杂动态交通场景,缩小了 HiL 测试和真实道路测试之间的差距。在该框架中,虚拟感知结果直接以 UFDF(Unified Fusion Data Format,统一融合数据格式)传递给真实车辆,无须进行进一步的渲染,可以降低资源消耗。此外,基于 Open Street Map(OSM)的高清地图可以配置和再现各种测试场景,从而使仿真场景与特定测试场地或交通设施解耦,降低对测试场地的依赖性。

图 11-13 所示的车辆在环测试框架由真实的自主车辆和虚实融合的混合测试环境组成一个测试闭环。自主车辆上安装了 GPS、激光雷达、摄像头等必要的传感器,并配置了计算单元用于对传感器数据进行处理并发出踩油门/刹车等控制指令。自主车辆运行在结构化道路或自由空间中,并由仿真的测试环境提供车辆、行人、障碍物等虚拟物体,从而在保证安全性的前提下提高测试的随机性。该方法中仿真可视化界面包含了由高清地图重建的结构化道路。真实传感器感知到的原始数据将传输到核心算法模块进行融合处理,而虚拟元素(不包括虚拟道路)将直接作为目标级数据,与真实融合结果合并输入至后续规划决策等算法处理模块。

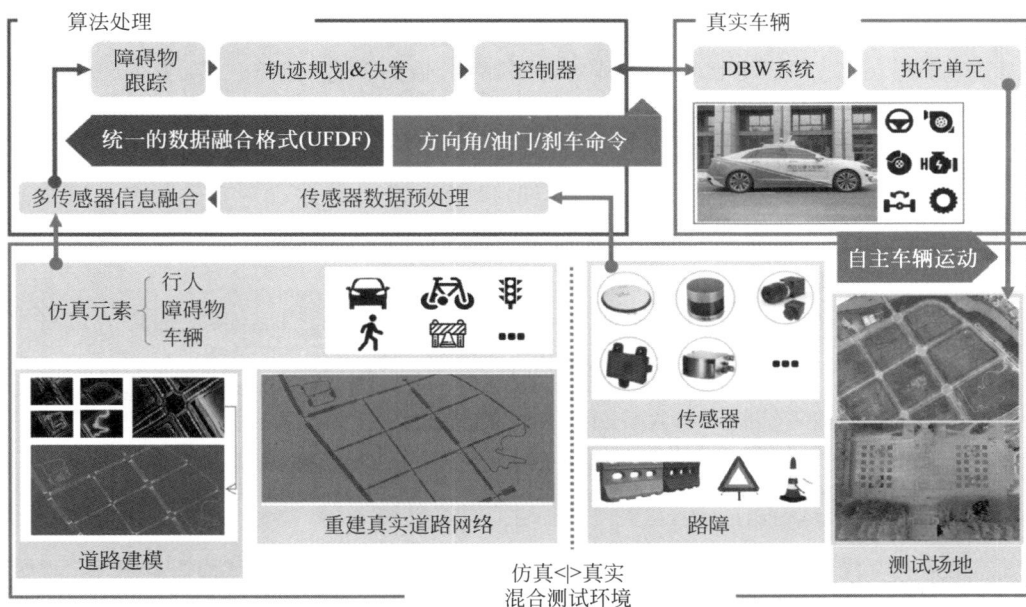

图 11-13　车辆在环的自主驾驶虚实融合测试框架

11.5.2　静态场景的构建与生成

仿真中的静态场景为自动驾驶车辆测试提供了一个基础环境,包括路口、停车场、非结构化道路等。本节提出的车辆在环测试框架的一个主要优势便是对真实测试场地的依赖性小,可以摆脱对配套测试设施或预先设计固定道路信息的测试场地的限制。静态场景的构建与生成支持自定义场景和重建真实场景两种方式。自定义场景的方式相对简单,不设置特定的道路信息(车道数、车道宽度、交叉点等),能够对自主车辆在没有特殊道路限制的自由空间中进行测试。当需要考虑道路信息等特殊设计要求时,该框架使用自建的 OSM 语义地图来帮助完善相应的细节,并可以通过开源 Java OSM 编辑工具对道路属性进行编辑,从而对语义地图的信息进行更精确、更丰富的描述。

1. 二维路网

二维路网利用场景描述语言记录道路的结构、车道宽度等细节信息,是构建仿真测试场景的基础。常见的仿真软件,如 Open Street Map、PTV VISUM、PTV VISSIM、OpenDRIVE、MATsim 等虽使用不同的文件格式对二维路网进行描述和存储,但这些格式之间大都可以相互转换。一般这些路网描述格式都是可扩展标记语言(XML)的变体,它们使用数据和文本描述道路的几何形状以及沿线特征,此外,还会包含道路的通行规则、路侧的交通标志以及信号灯等基础设施。该部分构建二维路网时使用的是 OSM 地图,主要包含高速公路、铁路、水域、建筑等元素,可以免费下载全球城市的路网数据并支持二次开发。

开源的 Java OSM 编辑工具支持对道路属性、道路形态、道路长度、方向、斑马线、路标等基本信息的编辑,能够满足一般路网的构建需求。但对于特殊道路而言,基本属性已经不足以保证路网的精度,需要自构建的 OSM 语义地图来帮助完善细节。为此,该部分添加了一些私有属性,比如车道偏移(车道中心与路段中心的距离)、道路分支、斜坡等。这些私有属性的引入可以丰富现有的标记库,从而实现对语义地图更加精确和完整的描述。

真实道路的高精度 OSM 语义地图可以基于道路点云来构建,其结构化的道路网络可以更好地支持大规模路网下的规划和决策类算法的测试。首先,在车辆行驶过程中利用车载激光雷达传感器对整个场地进行精确的扫描,并对多帧点云进行对齐和拼接。其次,基于点云投影得到的二维地图,使用 Java OSM 软件对场景信息进行标注并导出 OSM 语义地图。基于该方法重建的道路精度在 10 cm 以内,图 11-14 为局部路段的点云投影以及高精度 OSM 语义地图的可视化效果。

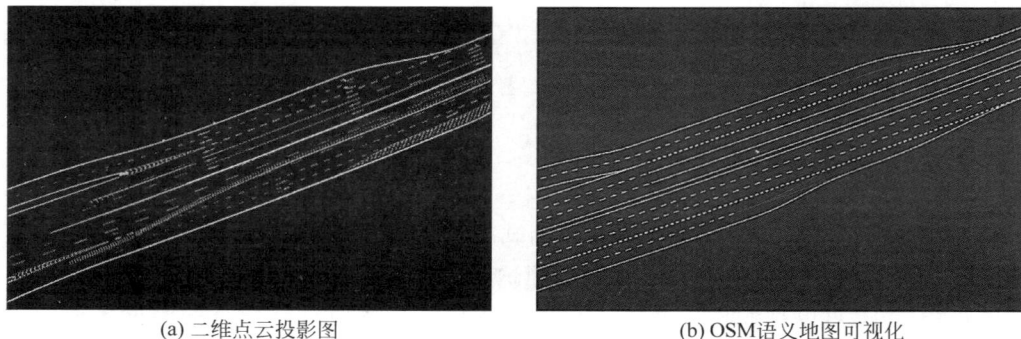

(a) 二维点云投影图　　　　　　　　　　(b) OSM语义地图可视化

图 11-14　真实道路网络的构建与可视化

2. 三维道路模型

静态三维场景需要建筑、道路、植物等物体的三维模型。常用的仿真软件（如Gazebo）会提供搭建场景常用的基础模型，通过组合、编辑基础模型可以便捷地搭建一些简单的场景。此外，从网页上下载或利用建模软件设计道路、交通参与者的三维模型（.dae、.obj、.stl 等）都可以用来扩增基础模型库。如图 11-15 所示，利用直道、弯道、路口等基础道路模型的旋转、拼接即可快速搭建出包含 S 弯、十字路口的复杂路网，适用于对路网结构和精度没有具体要求的情况。

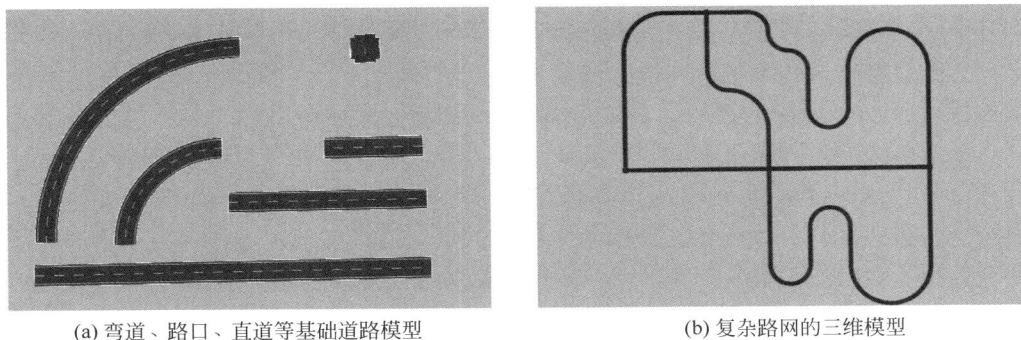

(a) 弯道、路口、直道等基础道路模型　　　　(b) 复杂路网的三维模型

图 11-15　基于基础道路模型组建复杂道路网络

利用基础模型构建场景对于小型、局部场景而言是方便实用的，但是当涉及大规模场景时操作起来过于耗时，特别是对于需要高精度复刻真实道路网络时，手动搭建显然是不现实的。为此，可以利用场景描述语言自动解析生成三维路网模型。OSM2World[273] 工具可以加载 OSM 语义地图并导出相应的三维模型，并可以对车道渲染、材质渲染等方面进行优化。图 11-16(a) 为 Java OSM 软件中可视化的一段园区道路。OSM2World 工具可以解析该段道路的语义地图并导出三维模型。图 11-16(b) 为 Gazebo 软件中加载路网三维模型后的可视化效果。

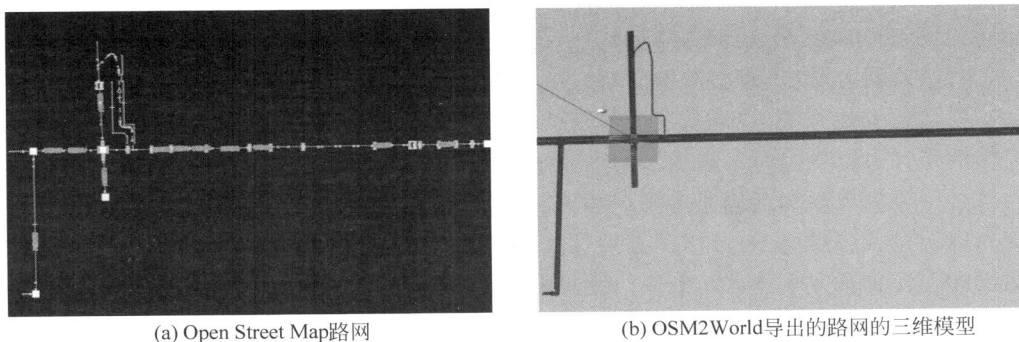

(a) Open Street Map路网　　　　　　(b) OSM2World导出的路网的三维模型

图 11-16　Java OSM 标注道路网络并生成三维路网效果

11.5.3 动态交通流仿真的分类与建模

动态场景的搭建主要需要考虑行人、车辆等动态障碍物的运动路线以及交互逻辑。利用大量的动态场景测试自动驾驶系统的鲁棒性、完备性，可以弥补道路测试方法的不足。

1. 动态交通流仿真的分类

为了控制单个车辆或行人的运动，一种简单的方法是通过编辑关键帧调整交通参与者的运动状态。利用关键帧构建动态场景的方法实现起来较为简单，然而在大规模交通场景以及运动状态频繁变化的情况下，关键帧的配置过于烦琐。此外，在自动驾驶车辆测试时，使用关键帧方法控制的交通参与者动作僵硬，无法与自动驾驶车辆进行良好交互。一般的交通流仿真可以分为两大类。一类是由真实数据驱动的交通流仿真，该方法利用环路感应器、摄像机等传感器采集交通流的离散数据，然后基于时空数据重建出连续的交通流。此类方法主要面临的问题是如何在保证重建交通流真实性的基础上实现交通流与自主车辆之间的有效交互。另一类是基于模型的交通流仿真，如图 11-17 所示。本节主要介绍该类方法的具体内容并对主流的交通流仿真软件进行系统的整理和介绍。

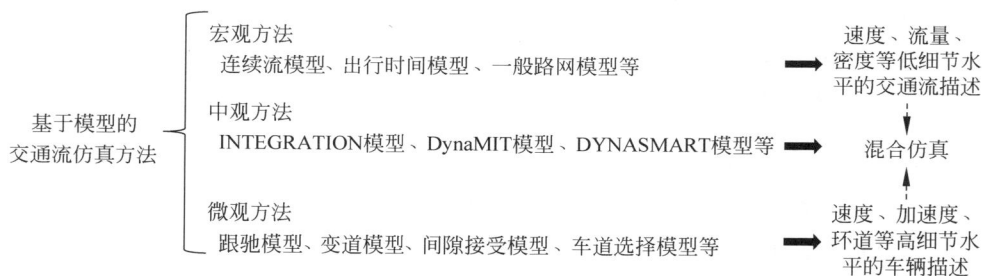

图 11-17　基于模型的交通流仿真方法分类

1）宏观方法

对于宏观方法，车道上车辆的行驶与交互可以被视为连续的流动，从连续体的角度描述交通流的密度、流量和速度等特征。宏观交通流模型不考虑单车运动（跟车、换道等动作）的真实性，而是在较低的细节水平上描述交通流的总体特性，因此计算效率高且适用于大规模的交通流仿真。该方法更多地用于快速路网上的交通模拟和城市交通规划，通过分析交通流的动态特性和路段流量，评价或优化路网的通行规则与结构设计。受仿真中车辆运动模型精度的限制，宏观交通流仿真难以满足自动驾驶车辆测试过程中场景真实性的需求。

2）中观方法

中观交通流仿真是一种宏观与微观混合的方法，可以在不同程度上平衡计算量和仿真精度之间的关系。20 世纪 80 年代中期提出的 INTEGRATION 模型在宏观的角度上获取道路上交通流的流动速度、密度、阻塞情况,进而解算推测出单个车辆的运动状态。更多的中观模型,如 DynaMIT 模型[292]和 DYNASMART 模型[293]等在交通规划管理方案研究和实时智能交通技术研究中发挥了巨大的作用。2011 年,Sewall 等[294]提出对感兴趣的区域内使用微观方法而其余范围内车辆均使用宏观方法,通过在宏观和微观建模方法之间的动态切换,实现用户可选的高灵活性的交通流仿真。

3)微观方法

微观方法将每一辆车视为单独的智能体。基于元胞自动机模型的交通流仿真首先对时间和空间进行离散化的处理,记录离散空间网格(元胞)的占据状态以及车辆的速度、加速度等信息,并根据车辆的跟车、换道、变速等规则推演路网上所有元胞在一个时间步长之后的状态变化。元胞自动机可以高效地模拟大型道路网络上的交通流[287],但它的离散性限制了虚拟车辆与真实车辆行为的一致性。车辆跟驰模型[288-291]基于连续时间的微分方程,提高了车辆行为模拟的精细程度。随着交通流仿真技术的发展,车辆的变道模型、间隙接受模型、车道选择模型等复杂的车辆行为模型都逐渐被提出并优化。Doniec 等[290]于 2008 年发表了一种能够真实处理交叉口交通情况的多智能体行为模型,2015 年 Qianwen 及其团队成员[291]设计并建模了混合交通模拟中车辆和行人的交互作用。微观交通流仿真中较为真实的驾驶行为和详细的车辆特征适用于在自动驾驶车辆的测试过程中模拟复杂的动态交通场景,但是为了保证仿真的实时性,在交通流的规模、模拟的精度和计算成本之间往往需要做出取舍和平衡。

2. 基于单车智能的微观交通流仿真

动态场景中的仿真车辆除了能够沿既定路线行驶外,还需要对周围的环境以及其他车辆给出实时反应。因此,仿真系统需要对每个交通参与者建立三维模型,并以单车智能的模式保证每个车辆都具备感知周围环境并做出合理反应的能力。虚拟交通流的配置与生成流程如图 11-18 所示。用户指定需要添加的虚拟车辆的初始位置和目标位置,仿真系统自动加载仿真车辆模型,全局规划模块根据给定的点搜索全局最优路径,并将封装的路径点发送给相应的车辆进行跟踪。此外,所有模拟场景的数据都可以在测试完成后导出为二进制文件,从而实现快速重载和反复测试。

当多辆模拟车辆在基于语义地图重建的场景中运行时会形成一个复杂的交通流,这便于对自主车辆在十字路口转弯、车辆跟驰、汇入车流、紧急制动等场景中进行测试。该虚拟交通场景的构建和可视化是通过 Gazebo 模拟器实现的。在缺乏先验场景数据的情况下,可以根据测试目的以及在模拟中观察到的自动驾驶车辆的实时位姿,对指定位置的各种交通参与者进行实时添加、调整或删除。此外,动态障碍物(如车辆或行人)的运动可通过连续发出线速度和角速度指令来实现。为了让每个仿真交通流车辆可以自然地对周围交通场景做出反应,在保证每辆车具备真实的动力学模型的基础上,系统还在车头位置安装了一个单线激光雷达。

单线激光雷达的检测范围以及车速调整方案如图 11-19 所示,车辆行驶区域包括

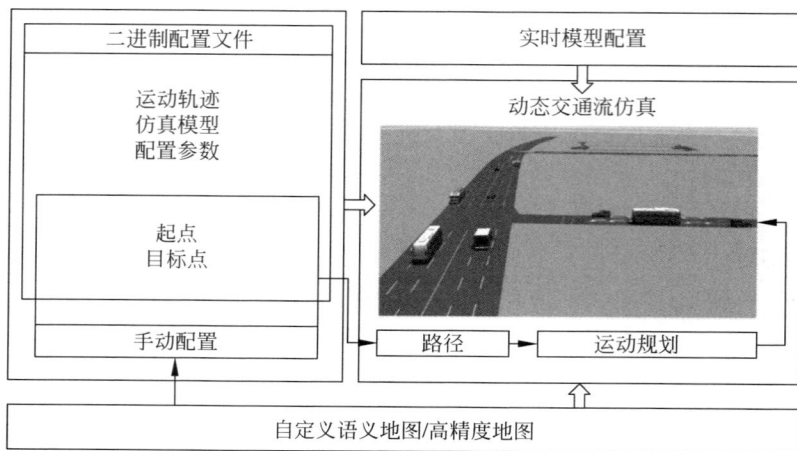

图 11-18　虚拟交通流的配置与生成流程

正常驾驶区和可能的行驶区域，可能的行驶区域分为减速区和刹车区。车速调整方案的核心思想是利用单线激光雷达探测到的仿真车辆的行驶状态，预测可能行驶区域内的障碍物或车辆位置，并通过连续的速度调节保持车辆速度相对稳定。图 11-19 中所示的不同区域具有不同的含义和对应的车辆反应策略。与车头前方距离小于 $d_{\min}$ 的半圆区域为紧急制动区域，当障碍物进入该区域时，车辆需要立即刹车以避免碰撞。与车头左前方距离大于 $d_{\min}$ 但是小于 $d_{\max}$ 的灰色区域为减速区域，车辆只有在有左转或向左换道的倾向时才会对该区域内的障碍物做出反应。相应地，车辆只有在有右转或向右换道的倾向时才会对右前方区域内的障碍物做出减速反应。在任意状态下，当障碍物出现在距车头正前方大于 $d_{\min}$ 但是小于 $d_{\max}$ 的区域内时，车辆都需要进行

减速。当车辆处于减速区内时，每个计算周期内车辆的减速值为 $\lambda = \dfrac{d_{\max} - d}{\alpha}$（$\alpha$ 为加速度调节参数），从而保证仿真交通参与者有一个平滑的加减速过程。通过调整检测范围、加速度调节、车速限制等参数实现的车辆避障及多车交互逻辑，可以保证仿真交通车辆在按轨迹路线行驶时与周围场景有一个合理的交互过程。相对于关键帧的动态场景仿真方法，该方法大大提高了动态场景的随机性与丰富性。

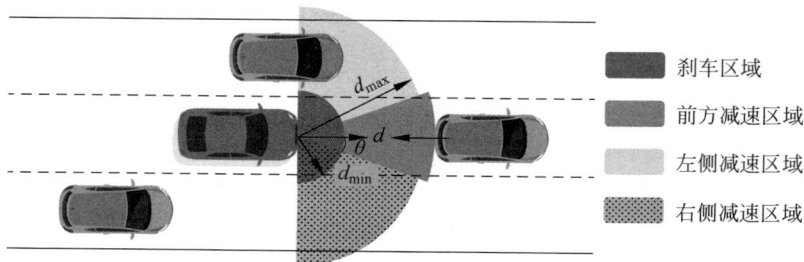

图 11-19　基于单线激光的多智能体交互

11.5.4 自主车辆环岛通行能力的测试与验证

环形交叉路口(环岛)是调节交通流和缓解交通拥堵的常见手段。对于自主驾驶汽车而言,与环岛中的交通流车辆进行有效交互、安全地汇入和驶出环岛始终面临较大的挑战。自主车辆为了能够在环形交叉路口获得与人类驾驶员相似的驾驶能力,需要综合考虑环岛的物理特性,包括道路的曲率、形状、车道数、交通流车辆的行驶趋势等因素。由于环岛路口通常交通流量大、车流情况复杂,在真实的环境中测试自主驾驶车辆的行驶性能是危险和低效的,因此基于虚实融合的车辆在环测试方法,通过构建虚拟的环岛场景和动态交通流,可以在真实的道路上测试自主驾驶汽车在环岛路段的通行性能,并同时与虚拟的复杂交通流进行交互。

如图 11-20 所示,实验中选取了一个宽阔平坦的广场作为道路测试空间。首先建立了真实环境与虚拟环境之间的坐标映射关系,并通过自定义的 OSM(Open Street Map)地图构建了虚拟的环形交叉路口,其中预先设定的虚拟交通流车辆按照一定的规则往复运行。除此之外,通过配置曲率、车道数和出口数等参数,还可以实现对路口状态的修改。当被测车辆的目标终点被指定后,全局路径规划模块会自动生成一条通过环岛区域且曲率平滑的全局路径。被测车辆沿着全局规划给定的轨迹行驶时,在实时变化的虚拟交通参与者的影响下,算法需要控制车辆在正确的时机安全汇入环岛中的交通流,并根据当前的交通态势实时调整方向盘转角及车速,使被测车辆自身与前后车辆都保持安全的距离,避免可能发生的意外。实验表明,在虚实融合的环境中对自主车辆环岛通行的算法进行测试时,可以快速模拟出多种可能的环形交叉路口情况,能够在保证安全的前提下,快速提升算法的性能和可靠性。

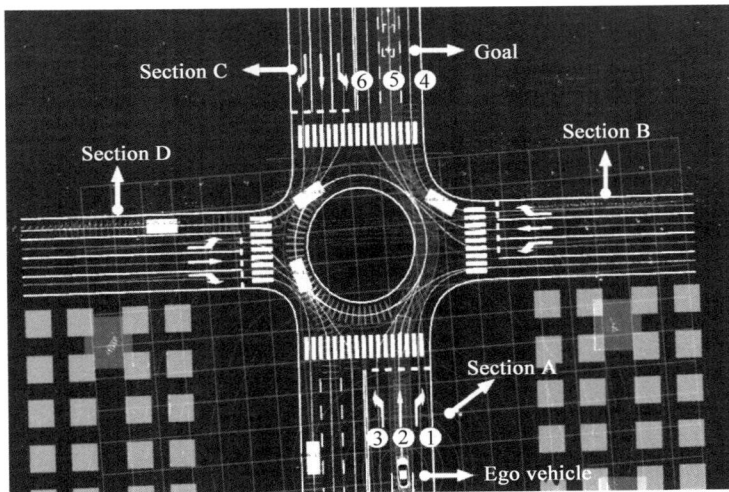

图 11-20 车辆在环的自主车辆环岛通行能力的测试与验证

11.6 自动驾驶的注入式仿真系统

自动驾驶的注入式仿真（Autonomous Driving Injection Simulator，ADIS）系统以算法的实际测试需求为导向，将针对不同算法层的测试分为传感层、感知层、融合层注入式仿真 3 类。ADIS 不关注高成本的三维场景渲染，而是向不同层级的注入式仿真提供操作便捷、成本低、拓展性高的仿真方案。

11.6.1 自动驾驶注入式仿真系统的基本定义和框架

软件在环测试和硬件在环测试是自主驾驶仿真测试中的两种主要模式。在进行 SiL 测试时，仿真环境中会构建并设置车辆的动力学模型，并通过配置相关的虚拟传感器和模拟控制器以模拟车辆的行驶过程。整个过程往复运行，可以测试车辆在各种情况下的感知、规划、决策、控制等能力，但缺乏对自主车辆硬件技术和功能的可靠性验证。而 HiL 的测试方法侧重于测试闭环中自主车辆 ECU 硬件及运行在 ECU 中的嵌入式软件的性能，却往往忽视了测试环境对硬件的影响。此外，ViL 的测试方法是近期广泛使用的新方法，其通过耦合自主驾驶车辆、虚拟场景、测试软件形成闭环测试系统，可以在 HiL 测试和道路测试之间实现较好的过渡。当前，许多研究机构和企业已经提出了一些用于自主驾驶相关算法离线仿真测试和评估的软件，如 TORCS、Carla、PreScan、CarSim 等，这些平台通常具有自己的特点。例如，某些擅长对环境感知算法进行测试，能够较好地对交通场景进行 3D 建模，并仿真出车载传感器的各种数据；而另一些平台能够以很高的精度对车辆的动力学模型进行动态仿真，适合对车辆的控制算法进行测试和验证。大部分测试方法和软件基于开源的工具构建，研究人员可以免费搭建适合自己的测试环境验证算法性能。但这些开源平台通常仅适用于对算法的特定模块进行测试，并不能满足所有的场景测试需求。同时，一些非开源的商业模拟器可能会提供更高级和更全面的仿真功能，但它们的价格通常也更加昂贵。

当前，大部分仿真平台或算法主要针对自主驾驶汽车的"离线"仿真测试，主要面临以下 3 个关键问题。首先，离线仿真环境和真实的自主驾驶汽车之间存在巨大的鸿沟，这意味着即使在离线环境中运行良好的算法仍需要大量额外的修改或重构才能适应真实的自主驾驶汽车。其次，在仿真环境中获取的传感器数据的真实性较低，因此用仿真环境数据进行感知算法的测试并不能完全替代真实的道路环境测试。最后，能够将自主车辆本体引入测试闭环，在保证测试安全的前提下，以更真实的方式完成仿真测试与验证是研究的重点。

1. ADIS 的基本定义

针对上述问题，ADIS 以自主车辆的本体为中心，在车辆行驶的过程中，通过数据注入的方式实现对自主驾驶算法不同功能模块的车辆在环测试。如图 11-21 所示,针对自主驾驶汽车不同功能模块的测试需求,所提出的注入式仿真方法主要分为以下 3 种类型。

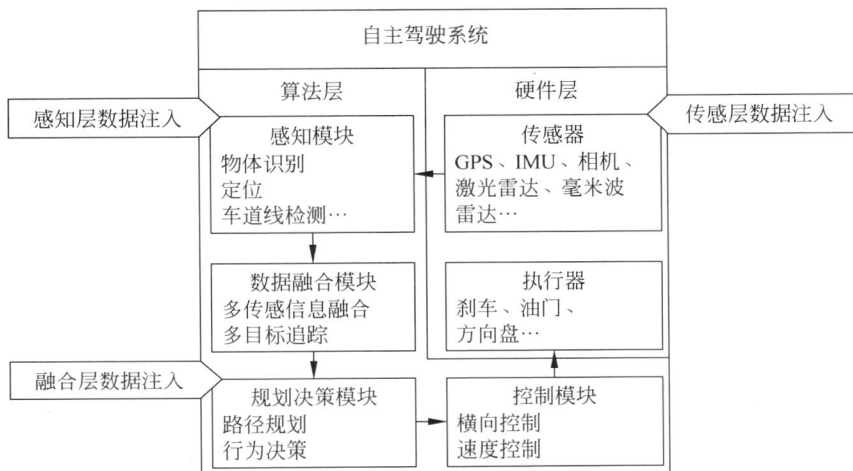

图 11-21　传感层、感知层、融合层的数据注入

（1）传感层数据注入:主要作用于传感器前端,通过显示器(暗箱)、投影仪、雷达回波模拟器等方式播放场景视频或雷达数据,使真实的车载相机、雷达等传感器直接采集模拟的场景数据。这种方式能够很好地对传感器本身的性能进行测试,但不属于自主驾驶算法测试的范畴,故不在本章的讨论范围内。

（2）感知层数据注入:可用于硬件在环或车辆在环的自主驾驶测试中,即通过仿真可见光相机、激光雷达等传感器的原始数据,替代真实的传感器数据传入感知算法,对感知模块或后续的算法模块进行闭环测试。

（3）融合层数据注入:可直接提供交通流、行人、交通信号灯等信息,将车辆等动静态交通参与者的类型、位置、朝向、速度、加速度、尺寸等信息编码为统一的数据格式,作为感知结果直接作用于规划决策等算法模块的测试。

自主驾驶仿真测试的本质需求是服务于车辆本体,提升软件算法的鲁棒性,保证测试过程的安全性。因此,值得一提的是,上述注入式仿真方法并不是传统意义上的"离线"仿真测试,而是一种以自主车辆本体为中心的车辆在回路的测试方法。注入式仿真方法则是基于真实车辆感知-规划-决策-控制的计算框架,将仿真信息根据不同的测试需求注入至不同的模块,以实现不同的测试目的。

2. ADIS 的基本框架

为了能够结合在线道路测试和离线仿真测试的优点,向自主驾驶汽车提供一种更加安全、真实、通用的测试方法,本节介绍了一种基于注入式仿真的虚实融合测试方法[295]。该方法首先根据现实世界中的高精度点云地图,在虚拟仿真环境中重建与现实世界具有一致道路拓扑结构的测试场景，从而实现语义信息和道路拓扑结构信息的精准映射。其次，根据实际的测试功能需求，实现虚拟的传感器数据和虚拟的交通流仿真。最后，通过数据注入的方式将仿真出的数据注入至相应的算法模块中，实现真实世界与虚拟世界中的元素合并。真实世界中的自主车辆基于内部的通信机制，可以在仿真环境中进行同步，而虚拟环境中的感知信息也能够传输至真实车辆环境中进行相应的处理，以完成交互式的仿真测试闭环。使用这里提出的方法进行自主驾驶算法的测试和验证时，不仅可以方便地对测试情景进行配置以满足特定的功能需求，也可以在测试环境中无限制地进行诸如碰撞、紧急避让等危险情况的实验，而无须担心造成物理的碰撞和财产损失。此外，与一般的车辆在环测试方法相比，这里介绍的算法是一种以车辆本体为中心的注入式测试方法，无须借助云服务器或 V2X 路侧设备，显著提升了测试的灵活性和资源配置效率。

图 11-22 展示了虚实融合测试方法的基本实现框架，由真实的自主驾驶汽车和融合测试环境构成完整的测试闭环。真实的自主驾驶测试车辆配备有计算单元、线控执行机构和必要的车载传感器。当自主车辆接收到运动指令时，其运动状态会在融合测试环境中同步进行更新。融合测试环境由真实的道路环境和虚拟仿真环境组成。真实的道路测试环境通常基于封闭测试场地或开放的结构化道路构建，通过布置真实的障碍物或车辆，在保证安全的前提下提升测试的随机性和真实性。而虚拟场景则是依据真实点云地图生成的，同时包含依据规则生成的交通流数据或传感器信息。真实车载传感器所感知到的信息会与虚拟场景中交通参与者的信息融合在一起，形成统一的数据描述格式，注入至自主车辆运行的算法模块中进行处理，最终形成对自主车辆的控制指令。按照如图 11-22 所示的框架进行自主驾驶测试时，自主车辆正常行驶在真实的道路上，同时与虚拟构建的其他交通参与者产生交互行为。因此，测试中算法的

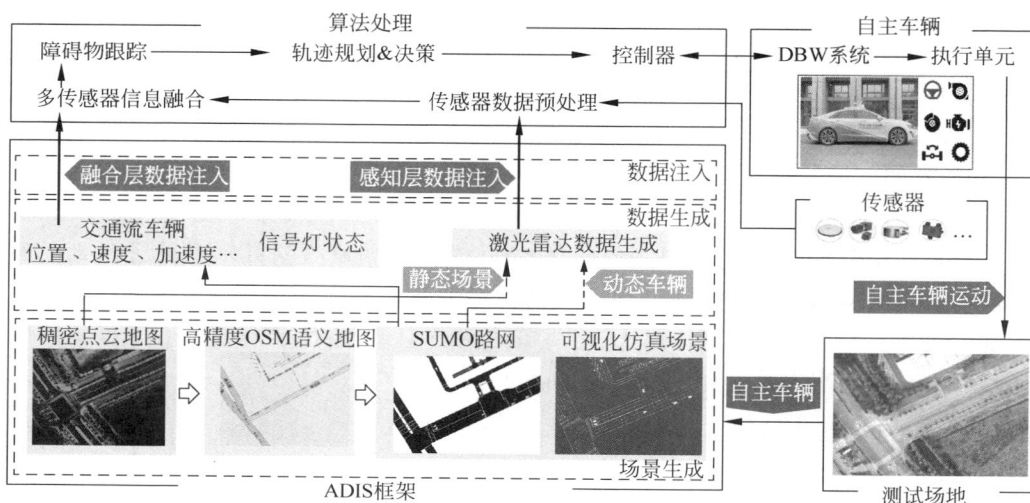

图 11-22　基于 ADIS 的自主驾驶虚实融合测试框架

失效或不完备所造成的测试失败并不会造成物理上的碰撞,降低了测试成本和风险,提高了测试过程的安全性。下面将具体介绍融合测试场景的构建方法、传感器数据的生成算法和实验测试效果等内容。

11.6.2　联合交通流模拟器的动态场景仿真

自动驾驶规划决策等算法需要在复杂的道路结构和交通场景中找出安全的行驶路线,针对该类任务的仿真对三维场景渲染没有要求,其主要关注动态交通场景的仿真与建模。基于 ADIS 的自主驾驶虚实融合测试框架利用开源交通流模拟器 SUMO(Simulation of Urban MObility)强大的交通流管控能力为自动驾驶系统提供丰富的动态场景。

1. 静态路网的生成

高精度的 SUMO 路网是保证仿真交通流车辆可以同步至高精度地图的必要前提。SUMO 提供的路网转换功能支持对 OSM 地图的解析,可以简单地理解节点、路口、边、车道等基础的道路属性。若需要精细地解析出车道线宽度、绿化带宽度、车道中心线偏移以及多车道时各个车道的宽度信息,可以对 SUMO 的 netconvert 模块进行二次开发,实现 SUMO 在路网生成过程中对私有属性的理解,优化道路重建的精度。下面具体介绍生成静态路网的实施步骤。

1)OSM 语义地图生成

该部分选择使用 OSM 地图作为原始道路网络的描述文件。一方面,这是一个开源的世界地图,用户可以下载世界任何一个地方的道路网络;另一方面,使用开源软件 Java OSM 可以直观地编辑和设计道路网络。拟静态路网重建的过程如图 11-23 所示,使用激光雷达扫描获取道路周围的三维信息,基于 hdl_graph_slam 算法构建稠密点云地图,再在二维点云投影的基础上利用 Java OSM 软件标注并导出高精度的 OSM 语义地图。为了提高 OSM 语义地图的精度,可以在已有道路属性的基础上添加道路类型、停车线位置、道路中心线偏移、绿带宽度等私有属性。

2)高精度 SUMO 路网生成

SUMO 支持从常见的网络格式导入路网,例如 OSM、VISSIM 等。现有的功能支持对一些简单属性的理解,如道路长度、车道数、车道宽度等。该部分设计并实现了私有属性解释器以实现对高精度 OSM 语义地图私有属性的解析,从而生成精度更高的 SUMO 路网。图 11-24 显示了理解私有属性前后的道路渲染结果,其中,车道中心线偏移指车道数变化过程中道路中心线相对于左右车道交界线的偏移量。

2. 动态交通场景的生成与同步

SUMO 可用于模拟单个交通参与者(环境车辆)在给定路网中按照特定需求行驶的情况,也可用于实现大规模的车流管理。SUMO 对交通流中的每辆车实现单独建模与行驶路线的指定,控制其按照路网结构或特定的规则独立运动。同时,SUMO 也

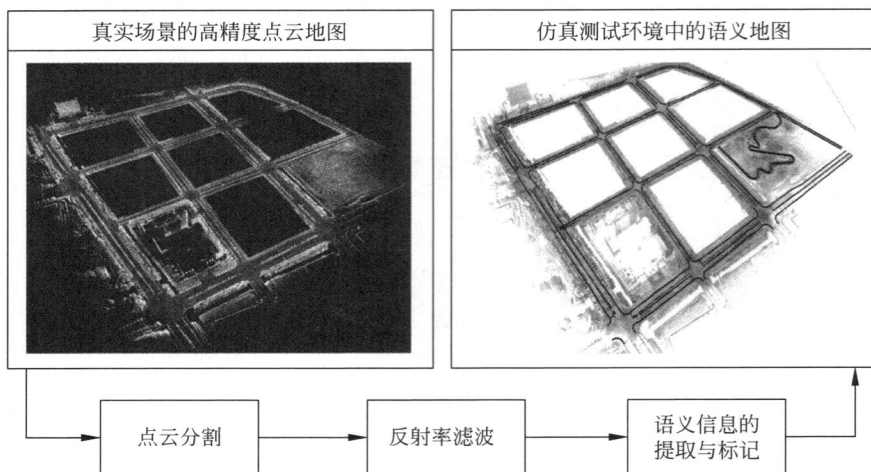

图 11-23　真实数据驱动的虚拟静态路网构建

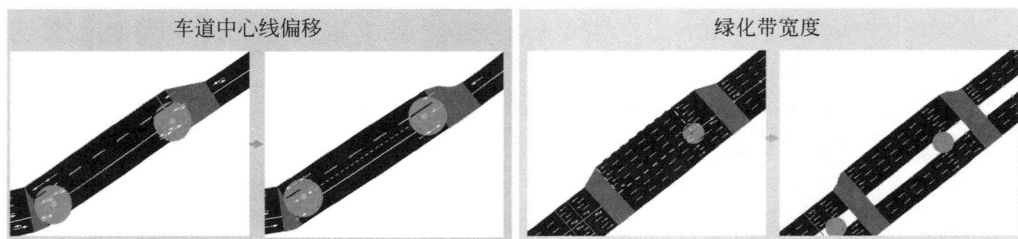

图 11-24　私有属性解释器的效果

支持根据 OD(Origin-Destination)矩阵和自定义规则(如随机均匀、路长加权、车道数加权)自动化生成大规模交通流数据。然而,采用 SUMO 配置的交通流是基于一定规则计算的,缺乏实际交通场景中车辆行为的真实性。因此,本章还提出了一种由真实数据驱动的大规模动态交通场景生成算法,将在 11.7 节中进行单独介绍。

为了将仿真的动态交通场景有效融入自动驾驶车辆的测试环境中,需要在保证交通流与自主车辆所在的路网结构一致性的同时,将交通流的场景数据发送至多传感融合算法或规划决策算法中。此外,为了保证动态场景的真实性,虚拟交通流车辆必须可以实时对自主车辆的动作做出反应以避免发生碰撞。前面已介绍了利用高精度地图和动态交通流配置虚拟场景的方法,目前仍然需要解决的问题是如何实现自动驾驶车辆与仿真交通车辆之间的双向通信。由于各个模块之间的通信接口和数据格式不同,这里构建了一个名为 ROS_SUMO_Bridge 的虚拟桥梁来处理中间信息。

具体的数据通信流程如图 11-25 所示,ROS_SUMO_Bridge 与自动驾驶系统之间使用 ROS 消息通信,ROS_SUMO_Bridge 与 SUMO 之间通过 TraCI 接口交互数据。一方面,ROS_SUMO_Bridge 从自动驾驶系统中获取自主车辆的位姿状态,并将其同步到 SUMO 的动态交通场景中,保证所有仿真交通流车辆会对自主车辆做出合理的反应。另一方面,ROS_SUMO_Bridge 对来自 SUMO 的交通信息进行处理,获取自主车辆感知范围内的场景信息,将交通参与者的类型、位置、朝向、大小、速度、加速度以及交通灯的状态封装为统一的数据格式(UFDF)提供给多传感融合算法,进而实现规划决策算法的测试。此外,测试过程中需要给仿真交通流下发的指令和希望获取的车辆信息都可以通过 ROS_SUMO_Bridge 进行交互。

图 11-25　基于 ROS_SUMO_Bridge 的通信流程图

11.6.3　真实数据驱动的传感器仿真

1. 虚实融合的激光雷达数据生成方法

感知层的注入式仿真需要向感知算法提供丰富的传感器数据。真实数据驱动的传感器仿真可以在车辆在环的测试过程中让自动驾驶车辆感知到丰富的虚拟场景,本节主要介绍真实数据驱动的虚实融合的激光雷达数据生成方法。图 11-26 展示了一种简便且实用的虚实融合的激光雷达数据仿真方法。基于车载激光雷达在道路上行驶过程中采集的数据可以构建一个稠密的点云地图,其中点云地图中包含了真实世界的三维特征。将场景的点云地图与动静态障碍物(轿车、自行车、卡车、行人等)的点云模型进行融合,再通过下采样即可获取不同物理参数下的激光雷达数据。该数据生成与仿真方法包含八叉树的构建、基于八叉树的射线搜索和基于局部点云的最优点拟合 3 个主要部分。需要强调的是,本节提出的激光雷达数据生成方法,仅适用于传统机械旋转式雷达的数据模拟。

1) 八叉树的构建

八叉树是一种用于存储并管理三维数据的数据结构,能够将三维几何对象循环递归地划分为具有相同时间和空间复杂度的体元,从而构成一个具有根节点的树结构。在八叉树中,每一节点都表示了三维空间中一个正方体的体积,所有节点都包含 8 个子节点,子节点的体积相加等于父节点的体积。如果八叉树不为空,则其子节点的数量只能为 8 或 0。八叉树的叶子节点表明了其最高的空间分辨率,比如当空间分辨率设置为 1cm 时,每个叶子节点则代表 1cm^3 的立方体。在本节提出的方法中,八叉树结构用于空间中点云数据的表征和检索,加速激光雷达仿真中激光束与大规模点云地

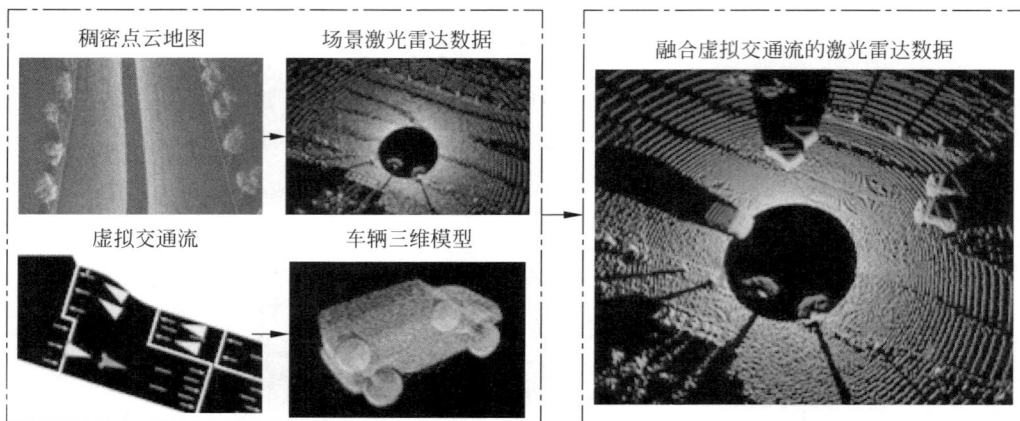

图 11-26   真实数据驱动的激光雷达仿真

图的相交点搜索。

2）基于八叉树的射线搜索

八叉树由于划分规则且与坐标轴平行，是加速射线追踪计算普遍采用的方法。由于单个节点均为立方体形状，因此可以使用自顶向下的方法获取与射线相交的叶子节点。如图 11-27 所示，图中 $O(x_0, y_0, z_0)$ 为激光雷达的原点坐标，激光束的水平发射角和垂直出射角分别为 α 和 β。$\overrightarrow{OP}$ 表示从激光雷达坐标原点发射出的一束激光，假设射线 $\overrightarrow{OP}$ 上的任意点 Q 与原点 O 之间的距离为 $t = |\overrightarrow{OQ}|$，则点 Q 的坐标可通过参数 t 表示为

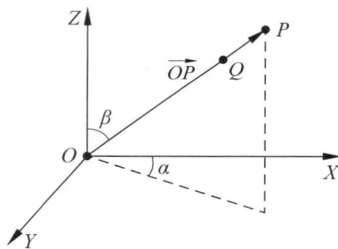

图 11-27   基于八叉树的射线搜索

$$\begin{cases} x = x_0 + t \times \cos\alpha \times \sin\beta \\ y = y_0 + t \times \sin\alpha \times \sin\beta \\ z = z_0 + t \times \cos\beta \end{cases} \tag{11-11}$$

由于八叉树中每个节点均为立方体形状，因此确定立方体范围时，仅需确定其最大和最小的两个顶点坐标。假设已知某节点左下角坐标 (x_m, y_m, z_m) 和右上角坐标 (x_l, y_l, z_l)，则该节点范围内的激光点坐标 (x, y, z) 应满足：

$$\begin{cases} x_m \leqslant x \leqslant x_l \\ y_m \leqslant y \leqslant y_l \\ z_m \leqslant z \leqslant z_l \end{cases} \tag{11-12}$$

将式（11-11）代入式（11-12）进行计算。若计算过程中 t 有解，且 $t \geqslant 0$，则代表该射线与八叉树中的节点相交，由此可获得与射线（激光束）相交的节点列表。再通过同样的方式获取射线与节点中所有子节点的相交情况，重复迭代直至八叉树的最大深度，即可最终得到与

射线相交的叶子节点。叶子节点的大小和其所包含的激光点数量由八叉树构建时设置的分辨率决定。

3）基于局部点云的最优点拟合

当射线碰撞与多个节点相交时，为了提高分析的精确性和效率，仅选取与激光雷达距离最近的节点作为关键节点，这个节点通常包含障碍物的局部特征等信息，从而可以得到射线与物体表面的相交的点。假设与射线相交且距离原点最近的节点中包含的点云数为 N，则这些点的集合为 $P_i = (x_\mathrm{p}^i, y_\mathrm{p}^i, z_\mathrm{p}^i)(i \leqslant N)$，射线为 $\overrightarrow{OP_i} = (x_\mathrm{p}^i - x_0, y_\mathrm{p}^i - y_0, z_\mathrm{p}^i - z_0)$。射线的方向向量 $\overrightarrow{OP}$ 可以写为 $\overrightarrow{OP} = (\cos\alpha \cdot \sin\beta, \sin\alpha \cdot \sin\beta, \cos\beta)$。则节点内某个点 P_i 到射线 $\overrightarrow{OP}$ 的垂直距离可以表示为

$$D[i] = \frac{|\overrightarrow{OP_i} \times \overrightarrow{OP}|}{|\overrightarrow{OP}|} \tag{11-13}$$

基于节点中局部的点云信息拟合最优的障碍物表面与射线相交点的过程如下：

（1）过滤。设置一个最大的距离误差 max_error，放弃距离射线超过最大误差的点 $[D[i] > \mathrm{max\_error}(i \leqslant N)]$，其余点均在射线周围一个较小的圆柱形范围内，记剩余点数为 N'。

（2）确定影响因子。每个点对于最终最优拟合点的影响因子为 $a[i](i \leqslant N')$，由该点与射线的垂直距离决定。式（11-14）给出了影响因子的计算公式。

$$a[i] = \frac{\dfrac{1}{D[i]}}{\displaystyle\sum_{j=0}^{N'} \dfrac{1}{D[j]}} \tag{11-14}$$

（3）计算最优点。基于影响因子计算最优拟合点到射线原点的距离计算公式为

$$t_\mathrm{opt} = \sum_{j=0}^{N'} a[j] |\overrightarrow{OP_j}| \tag{11-15}$$

将式（11-15）中得到的最优点与射线原点的距离代入式（11-11）即可得到最优拟合点的坐标。

2. 基于神经渲染的视觉数据仿真方法

视觉是人类驾驶员感知环境最重要的信息来源，图像数据不仅对构建纯视觉自动驾驶系统至关重要，而且也是完善多模态感知自动驾驶系统的关键组成部分。为了使自动驾驶系统能够在仿真环境中实现真实状态的行驶，向其提供所需要的真实传感器信息是十分必要的，因此，在仿真中构建多样丰富的场景和模拟更接近真实的传感器数据成为仿真测试中重要的研究内容。基于图形学的仿真软件能够对场景进行 $360°$ 自由视角的仿真，但由于其依赖手工设计的三维模型，所以渲染的三维场景和传感器数据特别是相机数据在丰富性和真实性上与真实数据存在 sim2real 差距。基于神经

网络的方法是数据驱动的，可以捕捉真实世界的复杂性，但由于其完全基于二维空间进行操作，使得难以进行三维控制。神经渲染结合了经典计算机图形学和机器学习的思想，利用神经网络从现有的数据中学习场景的三维表示或渲染方法，具有高度可控性并且能合成高度真实的图像数据，在场景重建和新视角合成方面取得了显著的成果。

神经辐射场（Neural Radiance Fields，NeRF）[274]是近几年发展迅速的神经渲染的代表，其使用场景的多视角图片训练多层感知机（MLP）拟合三维空间的辐射强度和密度，并以体渲染的方式合成任意视角下的图片。目前有很多研究旨在解决该方法的一些局限性，如所需视图数量大、渲染速度慢和场景拟合时间长等。Mip-NeRF[275]从每个像素投射出一个锥体进行采样，以改善单光线采样率低造成的锯齿伪影，适用于多尺度的场景渲染，避免了在渲染不同分辨率场景时可能出现的混叠、模糊等现象，并且已扩展至可控编辑、大规模室外场景、场景生成等。URF[276]引入点云数据，通过与图像相结合以解决大型户外场景中数据集视角稀疏的问题，使用街景数据集对城市场景进行三维重建和新视角合成。

基于点的神经绘制方法采用点云作为场景的几何表示，通常使用 MVS 或 SFM 方法得到重建的场景点云。NPBG[277]为每个点赋予一个可学习的神经描述符以对局部几何形状和外观进行编码，通过同步学习网络参数和点云特征，渲染网络将光栅化后的二维特征图转化为彩色图像。与 NPBG 在二维空间中处理特征不同，Dai 等[278]使用三维 CNN 将平截头体中的多层三维特征渲染为不同深度下的特征图像，再通过可学习的权重进行混合。该方法使得视野中的所有点云特征均可对最终图像做出贡献，对噪声数据更加鲁棒，并且提高了在相对稀疏的点云数据上的渲染结果。TRANSPR[279]扩展了 NPBG，在点描述符中引入透明度参数，用射线行进取代了光栅化，能够合成场景的半透明部分。ADOP[280]将渲染管道的每个阶段设计为可微的，从而实现了对所有场景参数的调整和优化能力，包括相机模型、点位置、颜色、图像的曝光和白平衡等，并引入一个可微的色调映射器将 HDR 图像转化为 LDR 图像。

目前已有一些工作将神经辐射场引入自动驾驶系统的闭环测试中[281-282]，通过构建神经特征网格来重建场景中的静态背景和动态对象，支持添加或删除对象，以模拟不同视角下的激光雷达和相机数据。除此之外，基于点的神经绘制方法也为自动驾驶场景的仿真提供了新的方法和思路。这里介绍一种基于神经点渲染的自动驾驶场景仿真方法。

如图 11-28 所示是基于神经点渲染的自动驾驶场景仿真框架，这是一种真实数据驱动的视觉仿真方法，使用自己构建或公开的自动驾驶数据集，基于真实采集的点云和图像数据对三维场景进行重建、扩展和渲染。该方法首先对多帧点云进行对齐、配准、滤波，通过融合得到三维场景的点云表示，并基于 RGB 图像和深度图对点云的空洞部分进行补全。其次，利用光栅化将神经点云投影至多个分辨率的图像平面，并将编码后的视角特征附加至各个像素的神经描述符。最后通过渐进渲染和特征融合方法，合成新视角下的自动驾驶场景。以下介绍各部分的具体实现方法。

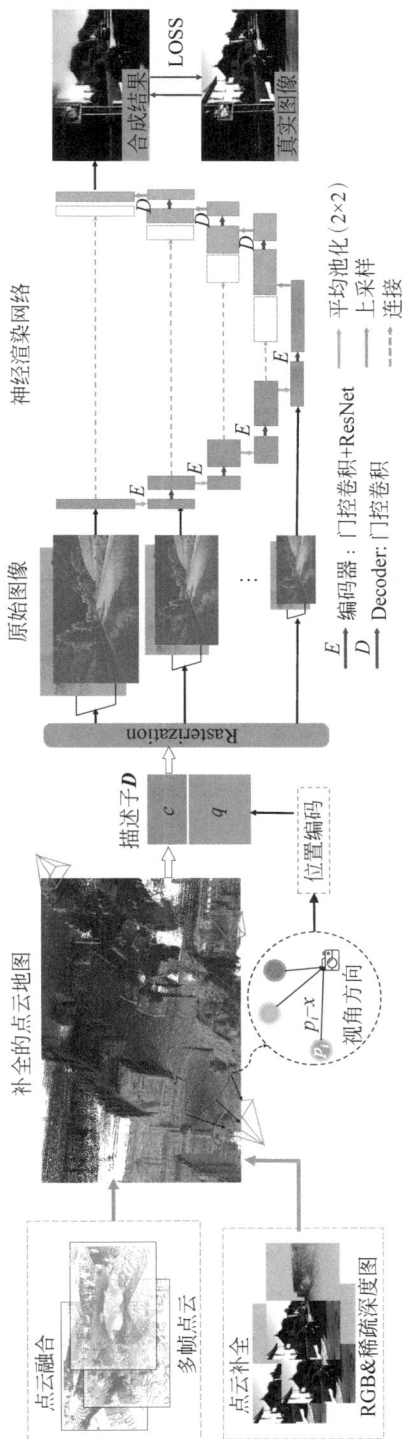

图 11-28　基于神经点渲染的自动驾驶场景仿真流程图

1）构建三维点云地图

使用激光雷达扫描场景获得多帧点云数据，通过对每一帧的点云进行对齐、滤波和融合以构建稠密的点云地图对三维场景进行初始化，以表征场景的几何特征和位置信息。这种方式能够避免 SFM、MVS 等三维重建方法可能引入的几何误差，提升三维重建的精度与效果，从而提高渲染的质量和结构相似度。

2）点云补全

由于真实扫描到的点云数据存在密度分布不均、扫描范围有限等问题，特征神经描述符密集分布于图片中心位置，而在与距相机较远与较近的位置分布稀疏，在图片的上下边缘处存在较为严重的模糊与空洞。因此，需要对点云密度较低的部分进行补全，流程示意如图 11-29 所示，借鉴颜色补全的方法，认为在相同时间和局部范围内具有相近颜色的部分拥有相近的深度，将原始图像由 RGB 空间转化至 YUV 空间，期望最小化像素 r 与邻域内其余像素的加权深度差值 $J(D)$：

$$J(D) = \sum_r \left(D(r) - \sum_{s \in N(r)} w_{rs} D(s) \right)^2 \tag{11-16}$$

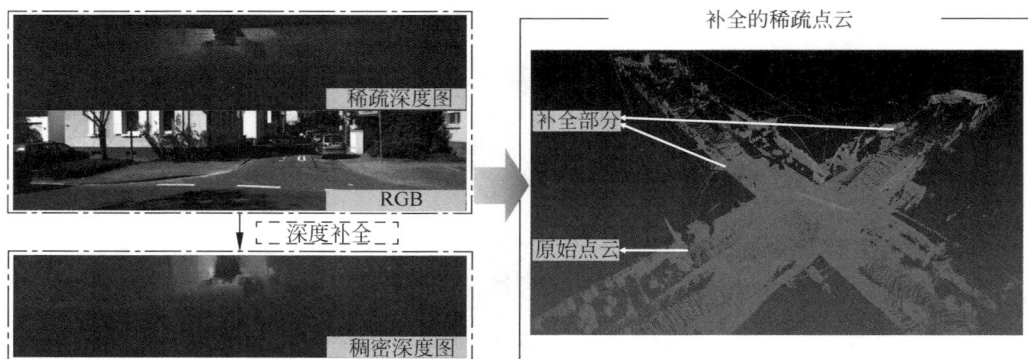

图 11-29　点云补全方法的流程示意图

其中，$D(r)$ 是像素 r 的深度值，$D(s)$ 是像素 s 的深度值。w_{rs} 是 r 周围点的权重，为每个像素与其邻域内其他像素在 Y 通道上（亮度通道）的相似度，越相似则权重越大，w_{rs} 计算公式为

$$w_{rs} = \exp(-(Y(r) - Y(s)^2 / 2\sigma^2) \tag{11-17}$$

进一步地，将补全的深度信息转换至世界坐标系下的三维点云，并对补全的点云进行均匀滤波，从而消除不同帧对同一区域点云进行补全造成的冗余，得到补全的三维点云地图。

3）特征编码

使用神经描述符 $D = \{d_1, d_2, \cdots, d_N\}$ 编码点云 $P = \{p_1, p_2, \cdots, p_N\}$ 的外观特征，其中，d_i 为 M 维向量，描述点云的局部特征和光照属性。与面向室内场景或单个物体的新视角生成工作不同，自动驾驶数据集通常由装备相机的车辆以直线行驶进行采集，对某一区域的观察会经历从远至近的持续变化，图片的采样频率差距较大。此时,为每个点云赋予仅与位置有关的神经描述符会使得渲染图像在较远处产生混叠,较近处变得模糊。为了解决这个问题,这里扩展了神经描述符,认为每个点云除了包含仅与点云位置相关的特征 c 外,还包含相机与各点云之间的方向向量 $\boldsymbol{q}_v$ 以表征观察视角的影响,同时附加相机光线方向 q_r 以表征图像分辨率的影响,由于深层神经网络偏向于学习特征的低频信息,使用位置编码对方向特征进行编码至高维空间,以描述场景更精细的细节,描述符 D 可以表示为

$$D = \{(c_1, q_{v_1}, q_{r_1}), \cdots, (c_2, q_{v_i}, q_{r_i}), \cdots, (c_N, q_{v_N}, q_{r_N})\} \tag{11-18}$$

其中,c_i 为点 p_i 的伪颜色特征;q_{v_i} 为点 p_i 与相机 C 之间方向向量的编码结果;q_{r_i} 表示点云 p_i 投影像素中心点与相机 C 之间方向向量的高位编码结果。

4)光栅化

对于点云,在给定相机内外参数 C 的情况下,透视投影将 d_i 映射至像素空间坐标 $[x, y]$。这里,将神经描述符 D 投影至不同尺寸的画布上,构造一个图像金字塔 $\{S_t\}_{t=1}^T$,其中,S_t 的分辨率为 $\dfrac{W}{2^t} \times \dfrac{H}{2^t}$,由于自动驾驶场景覆盖范围广、点云数量大,对于多个点云映射至相同像素坐标的情况,使用 z-buffer 算法只保留每个像素上离相机最近的点,从而有效减少神经描述符数量,加快训练和渲染速度。因此,该像素被深度最小的点云的神经描述符所填充,即 $S_t(P, D, C)[x, y] = d_i$,其中 d_i 作为伪颜色以描述该点的颜色和亮度信息,并经过随后的神经网络学习转化为像素的颜色。

5)构建神经渲染网络

将图像金字塔作为渲染网络 $\mathcal{R}_\theta$ 的输入,期望通过同时优化网络参数 θ 和神经描述符,减小渲染图片 I_θ 与真实数据 I_{GT} 之间的感知损失,以学习场景的准确表示。渲染结果表示为

$$I_\theta = \mathcal{R}_\theta(S_1(P, D, C), \cdots, S_T(P, D, C)) \tag{11-19}$$

损失函数表示为

$$\mathcal{L}(\theta, D) = \sum_{l=1}^L \Delta_l(\mathcal{R}_\theta(\{S_t\}_{t=1}^T(P, D, C)), I_{GT}) \tag{11-20}$$

其中,Δ_l 表示 VGG 网络中 I_θ 与 I_{GT} 的第 l 层特征之间的 MSE 损失。

构建的渲染网络是基于 UNet 网络的扩展,采用编码器-解码器架构,对不同分辨率的输入图像进行渐进式渲染,以更好地处理场景中从粗到细的特征。由于点云的稀疏性会造成渲染结果的空洞和模糊,分辨率越大的图像越能够对场景中的细节部分进行更好的描述,但点云的覆盖率低,具有较大的空洞。而分辨率较低的图像虽然受空洞问题影响小,但只能对原场景进行较为粗略地描述,难以捕捉丰富的外观特征。基于特征金字塔,对多尺度特征进行融合,从而弥补不同尺度的图片在这两方面的缺陷,不同尺度的图像通过互相学习特征,从而在完整度和精度上均具有较好的效果。

11.6.4 注入式仿真测试

1. 融合层注入式仿真测试

注入式仿真将多传感融合算法以及规划决策算法统称为融合层。融合层以感知算法的计算结果为输入，主要包括场景中动态、静态障碍物的语义表征。这里定义了UFDF，用于将虚拟场景中的交通流车辆等目标数据，与真实被测车辆在真实环境中感知得到的目标数据，组合为统一的数据描述，将数据注入至规划决策模块中进行算法测试。UFDF是一种特殊设计的数据格式，用于精确描述交通场景中除被测车辆外其他对象的基本信息，包括ID、位置、朝向、三维边界框、多边形轮廓、速度、加速度等。该部分设计了一个T形路口并配置大量交通流车辆来模拟复杂的交通场景。

无保护路口指没有停车引导标志或交通信号灯的路口，该环境对自动驾驶系统的感知、规划、决策算法都提出了更高的挑战。图11-30给出了设计搭建的一个无保护路口右转测试场景。仿真场景中绝对精确的交通流车辆的位置、朝向、大小、速度和加速度信息，以融合层注入的方式实时地输入规划决策算法中，自动驾驶车辆能够根据这些信息对其他交通参与者可能的轨迹进行预测。基于本节介绍的框架搭建的场景以及向融合层注入的仿真数据可以便捷、高效地对车辆决策、规划、控制模块进行反复测试。该部分工作主要包括以下3部分。

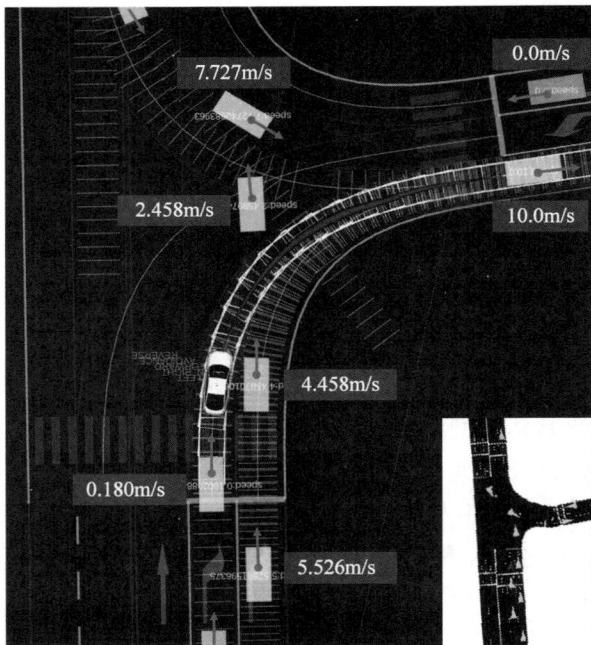

图 11-30　复杂交通场景下的融合层注入式仿真测试

1）路网

T 形路口的道路结构是测试的基础,该部分利用 Java OSM 软件设计路网并导出为 OSM 格式语义地图。图 11-30 中蓝色区域为根据 OSM 语义图绘制的道路,白色区域为基于 OSM 语义地图解析导出的 SUMO 道路。

2）交通流

在路口的 3 条支路上各设置一个起点,每个起点每秒派出一辆车,随机选择每辆车出发的车道以及目的地。如图 11-30 所示,交通车辆的边界框可视化为灰色矩形,绿色框内的数据为仿真交通流车辆的速度。

3）自主车辆

自主车辆的动力学模型基于机器人仿真软件 Gazebo 配置和控制,图 11-30 中的红色曲线为规划算法计算出的预期行驶路线。

测试场景中交通参与者的具体信息将封装为 UFDF 数据格式,并作为感知结果以融合层注入的方式提供给被测车辆的多传感信息融合以及规划决策等算法模块。测试结果表明,利用该部分设计的基于 ADIS 的自主驾驶虚实融合测试框架,可以便捷地设计期望的道路网络并快速生成复杂的动态交通场景,且该框架中的融合层数据注入仿真向自动驾驶系统提供封装后的场景信息,可以满足规划决策算法的开发和测试需求。

2. 感知层注入式仿真测试

传感器是自动驾驶系统感知周围环境必不可少的工具,视觉传感器更是自动驾驶系统的"眼睛",其在车道线检测、红绿灯识别等任务中有无法替代的地位。激光雷达以点云的格式获取周围场景的三维特征,对于障碍物的位置、大小的识别精度远高于相机。GPS 与 IMU 主要用于确定自主车辆位置和姿态。此外,毫米波雷达、超声波测距模块、V2X 模块等传感器都常用于自动驾驶系统。自动驾驶系统通过对传感器数据进行分析处理来感知周围环境,并以此为依据进行规划决策,因此传感器对自动驾驶系统尤为重要。

感知层注入式仿真旨在模拟自动驾驶系统常用的传感器,为自动驾驶系统提供丰富而真实的传感器数据,主要包括相机(RGB 相机、深度相机、双目相机)、激光雷达、GPS 等多模态传感器数据。该部分利用 11.6.3 节提出并实现的真实数据驱动的激光雷达仿真方法设计了一个包含动态交通场景的感知层注入式仿真测试方法。该方法首先采集真实世界中测试场地的点云地图,并在点云二维投影的基础上建立高精度 OSM 语义地图,同时在虚拟世界的道路上配置了大规模的交通流场景。在实车测试过程中,根据自动驾驶车辆的定位信息可以准确地感知其附近范围内的交通参与者的类型和位姿等信息,根据这些信息将预先准备好的车辆点云模型和道路点云地图进行融合和采样,实时生成融合了虚拟交通流以及真实场景的激光雷达数据。仿真结果如图 11-31 所示,基于 ROS_SUMO_Bridge,虚拟场景中的自主车辆会与真实世界中自动驾驶车辆的位姿状态保持同步。虚拟的交通流及自主车辆如图 11-31(a)所示,该实验中用于感知层注入式仿真的虚实融合的 64 线激光雷达数据如图 11-31（b）所示。在车辆在环的自动驾驶车辆测试过程中，虚拟的激光雷达数据会被注入至系统的感知算法中，车辆通过多传感融合算法将虚拟以及真实世界中感知到的障碍物信息进行融合，进而实现感知、规划、决策、控制等全流程的自动驾驶系统测试。

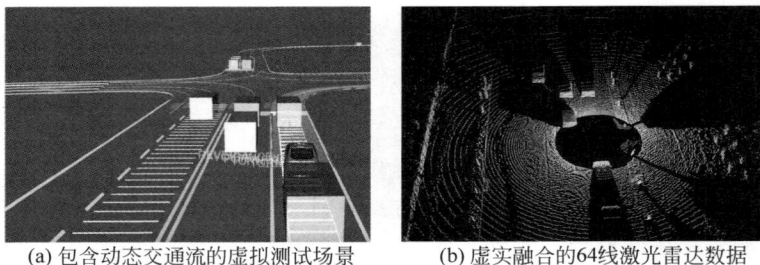

(a) 包含动态交通流的虚拟测试场景　　(b) 虚实融合的64线激光雷达数据

图 11-31　复杂交通场景下的感知层注入式仿真测试

11.7　自动驾驶测试场景生成

现实世界中的场景具有复杂多样、不可预测的特点，因此基于经验数据或者模型配置动态场景的方法只适用于自动驾驶算法前期的开发过程。为了对自动驾驶系统进行全面的测试验证，需要构建一个覆盖范围更广的场景库作为支撑。因此，场景库的构建是目前解决自动驾驶路测数据匮乏的重要方法。使用真实场景数据泛化生成大规模测试情景是一种高效的场景库生成方案，有助于提升仿真测试的效率并保证测试工况的高覆盖率。

11.7.1　交通场景的特征编码与全局复杂度表征提取

在自动驾驶的仿真与测试中，测试场景通常指小范围内某一时刻的静态场景及其描述，主要由环境因素、交通事件、道路基础设施、交通参与者和测试主体 5 个元素组成。与静态的测试场景不同，交通场景则由一段时间内的连续交通场景组成。场景的静态特性一般以图像、激光雷达点云的形式表达出来，主要用于测试自主驾驶的感知模块。而交通场景的动态性使其具有描述一段时间内交通参与者产生的具体行为及表现出的具体事件的能力。

1. 交通场景的特征编码

交通场景中的元素虽然具有时序特性，但也有些元素在短时间内不会发生改变，如环境因素和道路基础设施等，它们被归为交通场景的静态层进行编码。由于交通参与者和被测车辆的行为会随时间产生变化，因此作为动态层进行编码。交通事件则是在其他元素的共同影响和作用下产生的结果，反映了仿真测试的具体行为。图 11-32

为一个分层表达模型描述的交通场景,该模型将
不同类别的场景元素分割开,从而实现相互独立
的表达。这样的分层表达模型便于对情景进行
编辑,同样也适配于 11.7.2 节提出的受生物智
能启发的动态情景生成算法。

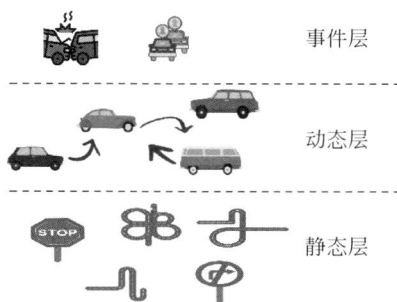

图 11-32　仿真环境中交通
场景的分层表达

1) 静态层

静态层包含所有地理和空间上的静态元素,
通常在测试情景中具有不变性。这些元素一方
面反映了道路的拓扑结构,如物理尺寸信息和道
路基础设施等物理信息;另一方面也包含了道
路的语义信息,如车道线语义信息、道路标识和交通规则等。类似于高精度地图的表
征方式,每条车道线 $l_i = \{n_0, n_1, \cdots, n_m\}$ 由若干采样点 $n_i \in \mathbb{R}^2$ 组成,同时车道 $L_i = \{l_0, l_1, \cdots, l_k\}$ 由与之相关的车道线构成。所有的车道信息 $\mathcal{L} = \bigcup L_i$ 共同构成了测试
情景中静态的路网拓扑结构,交通基础设施的坐标 I_i 共同组成了场景中的静态设施
$\mathcal{J} = \bigcup I_i$。静态层的物理信息 $\mathcal{W} = \{\mathcal{L}, \mathcal{J}\}$ 和它所映射的语义信息 $\mathcal{Y}$ 共同组成静态层:

$$\mathcal{S} = \{\mathcal{W}, \mathcal{Y}, f: \mathcal{W} \to \mathcal{Y}\} \tag{11-21}$$

其中,f 为静态物理信息和对应语义信息间的映射关系;$\mathcal{W}$ 为静态层物理信息;$\mathcal{Y}$ 为静
态层语义信息。

2) 动态层

在自动驾驶的仿真测试中,交通参与者和被测车辆共同构成了情景的动态层元
素。这些元素在测试情景中,随着时间的推移会产生动态的变化和交互,每个具有动
态特性的交通参与者都会受到周围车辆或道路上行人的影响。整体的交通状况由参
与者的单个状态集合共同决定,同时各个元素的状态变换会受到静态层信息中路网结
构和交通规则等语义信息的共同约束。

动态层主要对交通参与者在情景中的运动信息进行编码。假设一个交通参与者
p_i 在任意时刻的状态由 $v_i^t = \{x, y, \theta\}$ 表示,其中,x, y 代表车辆或者行人在测试情景
中全局坐标系下的位置,θ 代表其当前朝向。则一段测试情景中,p_i 的运动轨迹序
列为

$$V_i = \{v_i^0, v_i^1, \cdots, v_i^t\} \tag{11-22}$$

其中,t 为时间刻度。每个交通参与者在整个交通场景中任意时刻 t 的状态可以用
$V_i(t)$ 表示。交通场景中的动态层表征由所有单个交通参与者在测试情景中的行为轨
迹 V_i 构成,如式(11-23)所示。

$$\mathcal{V} = \bigcup V_i \tag{11-23}$$

3) 事件层

动态层中被测车辆和所有交通参与者的具体行为类型表征了交通场景中正在发
生的事件,构成了交通场景的事件层编码。事件层的编码过程受到静态层和动态层信

息的共同影响，是从更抽象的层面描述仿真测试的功能需求和情景中更高层的语义信息。交通参与者的运动轨迹在大部分情况下可以表明其正在经历的交通事件或正在产生的具体行为，但也应该受到静态层道路结构和交通规则等信息的约束。例如，车辆变换车道与汇入车流的动态轨迹可能十分相似，但是由于道路结构的不同，它们属于完全不同的两种交通事件。假设情景中的交通参与者在时刻 t 所行驶的具体车道为 L_i，则其在当前状态下受到的交通规则约束 R_i^t，可表示为

$$R_i^t = \text{Rules}(L_i, \mathcal{Y}, f) \tag{11-24}$$

其中，$\mathcal{Y}$ 为静态层语义信息；f 为静态层中物理信息与语义信息的映射关系。而该交通参与者（车辆）在 t 时刻的可行驶区域 D_i^t 可表示为

$$D_i^t = \text{Drivable}(V_i(t), \mathcal{W}, R_i^t) \tag{11-25}$$

其中，$V_i(t)$ 为交通参与者在 t 时刻的状态，$\mathcal{W}$ 为静态层物理信息。行驶轨迹 V_i 与 R_i^t、D_i^t 共同构成表征当前交通参与者在交通场景中经历事件的特征向量 $\mathbf{Z}_i$。特别地，特征向量中交通参与者的轨迹数据需要进行归一化处理。数据集中所有交通参与者的信息构成了样本集 $\mathcal{Z} = \{\mathbf{Z}_0, \mathbf{Z}_1, \cdots, \mathbf{Z}_m\}$。通过无监督聚类算法，可以将样本集 $\mathcal{Z}$ 划分为具有 K 个簇（类别）的集合：

$$\mathcal{C} = \text{Clustering}(\mathcal{Z}) \tag{11-26}$$

其中，$\mathcal{C}$ 为包含 K 个簇的集合 $\mathcal{C} = \{C_0, C_1, \cdots, C_m\}$。每个簇中的特征向量都代表了同一种事件（交互行为）。每个簇 C_i 所代表的事件标签由人工定义和给出，包含"跟驰""超车""汇入"等具体描述。该标签代表了交通参与者在一段交通场景中经历的交通事件 J_i 或发生的交互行为。簇 C_i 的中心向量 $\boldsymbol{\mu}_i$ 由式（11-28）给出：

$$\boldsymbol{\mu}_i = \frac{1}{n} \sum_{1 \leqslant j \leqslant n} \mathbf{Z}_j \tag{11-27}$$

其中，n 为簇中样本的数量；$\mathbf{Z}_j$ 为属于该簇的特征向量。交通场景中事件层的编码信息 $\mathcal{J}$ 由所有交通参与者的行为事件 J_i 所构成的集合表示：

$$\mathcal{J} = \bigcup J_i \tag{11-28}$$

2. 全局复杂度表征提取

在自动驾驶算法的仿真测试中，自动化的测试通常从一个抽象的功能场景出发，进而派生出不同的可执行测试实例。理想情况下，人类专家首先会根据测试需求给出抽象化的功能场景描述，如"测试 A 车跟随 B 车的能力"。随后，根据功能场景需求构建能够反映交通参与者之间依赖关系的逻辑场景，最终生成若干个具体的跟车情景以进行自动化的测试。生成的测试情景应该具有多样性和完备性，尽可能包含跟车任务测试中两车间不同的车速、位置关系等因素。为了抽象化描述和度量具体交通场景的多样性和完备性，引入了交通场景的宏观"表型"这一概念，其从同质性（交通流混乱程度）、场景危险性、交通密度、测试功能（事件）4 个主要方面出发，以更加接近功能场景定义的方式，便于测试者定义具体的测试需求。

1）同质性（交通流混乱程度）

同质性是描述群体行为的重要特征，最早用于描述动物间的群体性行为。同质性越差，表明分工越明确，群体的效率越高。交通场景同样可以视为多个交通参与者共同构成的群体行为，且每个个体都有自己特定的目标和行驶任务。如车辆间的跟驰、礼让、车流的交汇可以视作群体间的合作行为。整个交通场景是一个动态系统，系统中的车辆、行人根据周围的交通态势不断反馈和调节个体的行为。同质性用于描述一个交通测试情景的混乱程度，同质性越低，表明交通流之间的关系越复杂，测试难度越大。

为了量化表征交通场景的同质性，如图 11-33 所示，将一个情景中的若干车辆聚类为多个交通流，不同的交通流代表了不同的行驶路线和行驶任务。通过统计情景中每条交通流所包含的车辆数量，可以计算该场景的同质性 H。

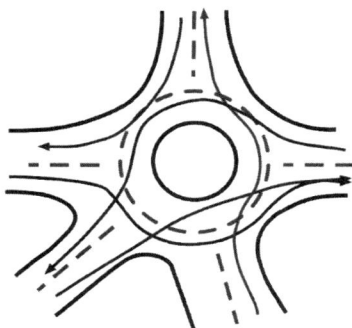

图 11-33　测试情景的交通流聚类示意

具体的计算方法如式（11-29）所示：

$$H = N \times \left(1 + \frac{1}{1+\sigma}\right) \tag{11-29}$$

式中，H 为交通场景的同质性；N 为交通流数量；σ 为不同交通流中车辆数量的标准差。H 的数值越大，代表同质性越低。同质性主要由交通流的数量决定，交通流数量越多，同质性越低。不同交通流中车辆数量的差异越大，行驶决策的难度则相对较低，代表同质性更高。在现实的交通环境中，高速公路属于同质性很高的情景，所有的车辆大多属于同一交通流，其测试难度相应较低。自动车辆通常只需与前车保持合适的车距并做出简单的换道决策即可。相反，没有交通灯的交叉路口则属于同质性很低的情景，不同的车辆隶属于多条车流，且每一条车流的车辆数量较多，场景状况的变化也十分迅速，自动车辆的行驶难度也相对较高。对于自动驾驶的仿真测试来说，需要保证测试情景的全面性，即覆盖不同混乱程度的交通场景，才能够全面测试算法，挖掘到算法可能存在的不足，从而提升自动系统的安全性。

2）场景危险性

安全问题始终是自动驾驶研究的核心问题，仿真测试的过程也常常以安全性为核心进行设计。车辆行驶的危险系数可以从主观因素和客观因素两方面进行度量。客观因素主要指本体车辆周围的交通环境，其评价可以使用碰撞时间（Time to Collision，TTC）和车头时距（Time Headway，TH）两个指标进行度量。主观因素涉及驾驶员的情感、开车习惯等方面。对于测试车辆而言，危险主要来源于在其周围行驶的其他车辆，主要涉及客观因素方面。因此，交通场景的危性度量主要由测试车辆与前驱车辆的关系表征。TTC 表示了交通流中前后两车之间后车可能会碰撞前车的时

间，表征了交通流的危险性，即

$$TTC = \frac{X(t)_{pre} - X(t)_{ego} - l}{\dot{X}(t)_{ego} - \dot{X}(t)_{pre}} \tag{11-30}$$

其中，$X(t)_{pre}$ 为 t 时刻前驱车辆位置；$X(t)_{ego}$ 为 t 时刻被测车辆位置；$\dot{X}(t)_{pre}$ 为 t 时刻前驱车辆速度；$\dot{X}(t)_{ego}$ 为 t 时刻被测车辆速度；l 为车辆长度。车头时距 TH 表示交通流中自身车辆行驶至前驱车辆当前位置所需要花费的时间，具体计算方式为

$$TH = \frac{X(t)_{pre} - X(t)_{ego} - l}{\dot{X}(t)_{ego}} \tag{11-31}$$

其中，$X(t)_{pre}$ 为 t 时刻前驱车辆位置；$X(t)_{ego}$ 为 t 时刻被测车辆位置；$\dot{X}(t)_{ego}$ 为 t 时刻被测车辆速度；l 为车辆长度在驾驶方向的向量。对比 TTC 和 TH 可以发现，如果前驱车辆的车速大于后者，则计算出的 TTC 为负数，并不能反映出车距较近时可能的碰撞风险，不适合测试情景的危险性度量，而 TH 指标则能够比较直接地反映出行驶的安全性。因此，使用车头时距度量测试情景的危险性，危险性 E 可以定义为

$$E = \frac{K}{TH_{min}} \tag{11-32}$$

其中，K 为系数常量；TH_{min} 为测试情景中被测车辆最小的车头时距。在仿真测试的交通场景中，被测车辆的车头时距 TH 越小，表示当前场景的危险系数越大。

3）交通密度

由于自动车辆的行为测试会受到交通密度大小的影响，交通密度同样是描述交通场景的重要表征。一个简单的例子是，在城市交通场景中，交通密度低时，自动车辆会有更大的可能性执行换道、超车等操作。随着交通密度的增大，自动车辆通常会选择跟驰前车等更稳健的行为。因此，在测试情景的设计中，交通密度同样可以表征测试情景的复杂性和测试难度，以反映仿真测试对各种交通状况的覆盖程度。交通密度 M 表示每车道每千米的平均车辆数，具体计算方法如式(11-33)所示：

$$M = \sum_{i=0}^{N} \frac{k}{s} / N \tag{11-33}$$

其中，N 为交通场景中车道数量；k 为第 i 条车道中车辆数；s 为第 i 条车道里程长度。

4）测试功能（事件）

生成大规模动态交通场景的本质目的是支撑自动驾驶汽车的相关功能性测试。测试所支撑的具体功能一般由语义的方式进行描述，主要表征被测车辆在交通场景中正在经历的事件或正在发生的交互行为。从被测车辆的角度出发，其自身行为通常可以分为巡航、换道、停车、加减速等基本操作。这些基本行为的产生，大多是由多车间的交互关系所决定的。从多车交互的角度出发，一段交通场景所能表征的测试功能和测试事件有更加多样化的定义。图 11-34 阐释了各种交互行为和测试功能（事件）之间

的关系,被测车辆与其他交通参与者间的交互行为反映了测试情景的具体功能,车辆的自身行为则是交互关系的具体体现。因此,除了上述 3 种可以被量化描述的交通场景"表型"外,构建的测试情景中自动车辆(被测主体)正在发生的事件,即情景能够支撑的测试功能也应该被表征。

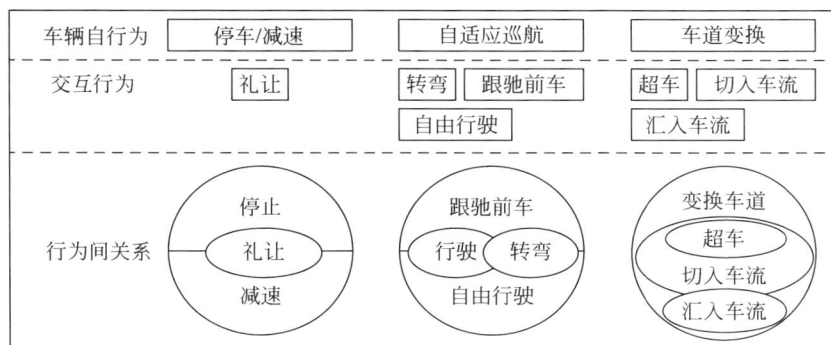

图 11-34　自主车辆行驶行为的交互关系

情景测试功能(事件)的表征可由前文所述编码的事件层中被测车辆的行为表示:

$$G = J_e, J_e \in \mathcal{J} \tag{11-34}$$

其中,$\mathcal{J}$为交通场景中的事件层编码,J_e 为被测试车辆发生的事件。对自动化生成情景的选择应首先从情景所能表征的测试功能 G 出发,再根据同质性、危险性和交通流密度 3 个量化表征的具体分布对所生成的情景进行不断的选择、修复和迭代。

11.7.2　受生物智能启发的动态场景生成

交通场景自动化生成的目的在于构建丰富且多样化的测试场景,与之相似的是,生物种群繁衍与进化的目的是产生丰富多样的新性状。受到生物智能的启发,物种繁衍和进化的模式可以应用于大规模动态情景生成算法中。这其中最关键的 3 个步骤是场景信息的重组(交叉)、信息的多样性扩增(突变)和基于概率模型的情景选择(自然选择)。如图 11-35 所示,由人工设计或数据库中实际采集的交通场景可以视作父辈情景。父辈情景首先会分层编码为基因型,随后,不同的情景间进行相互的交叉形成新的基因型编码,新编码在特定的规则下进行突变,以增加基因编码的多样性。最后,使用基于概率模型的选择方法模拟自然界中的优胜劣汰,选择合适的子代场景,保证情景种群朝希望的方向进化。整个过程周而复始地进行,新生成的子代群体也可以加入父辈种群,继续迭代产生新的情景,直到满足停止条件。

1. 场景信息的重组

场景信息重组方法受启发于遗传学中染色体的交叉(crossover),即将父辈的基因部分交换重组以产生新的基因型。在仿真测试中,每个交通场景均包含了一段时间内各个场景元素的位置、状态、语义信息等,将其编码后,可以在相同类型的信息之间相

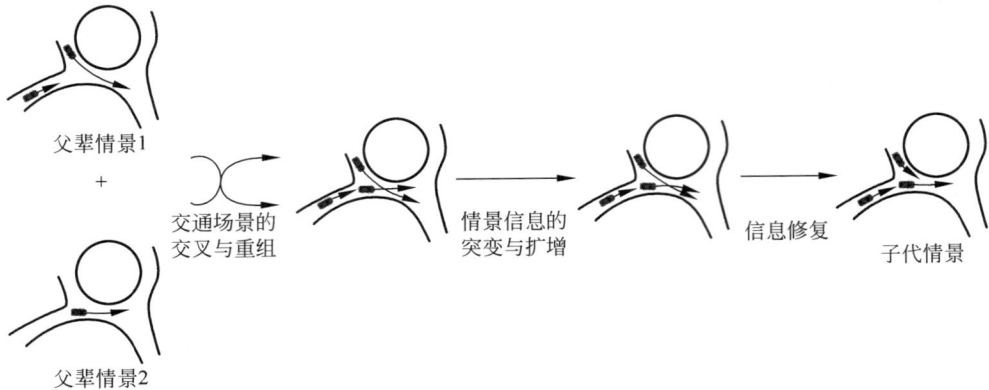

图 11-35　受生物智能启发的动态情景生成过程

互交叉、重组，产生新的编码类型即可生成新的测试情景。在遗传学中，染色体的交叉通常发生在相同的染色体段，类似地，分层编码后的情景信息只能与同一层级的信息发生交换和信息的重组。

假设任意两个具有相同静态层编码的测试情景为

$$\mathcal{Q}_a = \{\mathcal{W}, \mathcal{Y}, f : \mathcal{W} \to \mathcal{Y}, \mathcal{V}_a, \mathcal{J}_a\}$$
$$\mathcal{Q}_b = \{\mathcal{W}, \mathcal{Y}, f : \mathcal{W} \to \mathcal{Y}, \mathcal{V}_b, \mathcal{J}_b\} \tag{11-35}$$

分别随机取其动态层的子集 $\mathcal{V}_i \subset \mathcal{V}_a$ 和 $\mathcal{V}_j \subset \mathcal{V}_b$。将两个情景的动态层子集 $\mathcal{V}_i$ 和 $\mathcal{V}_j$ 合并，即可得到新情景中动态层编码 $\mathcal{V}_c = \mathcal{V}_i \bigcap \mathcal{V}_j$。新的动态层编码与未改变的静态层编码，共同构成新生成的测试交通场景 $\mathcal{Q}_{new}$：

$$\mathcal{Q}_{new} = \{\mathcal{W}, \mathcal{Y}, f : \mathcal{W} \to \mathcal{Y}, \mathcal{V}_{new}, \mathcal{J}_{new}\} \tag{11-36}$$

其中，$\mathcal{W}, \mathcal{Y}, f : \mathcal{W} \to \mathcal{Y}$ 为原情景静态层编码 $\mathcal{V}_{new}$ 为新生成的动态层编码；$\mathcal{J}_{new}$ 为新情景中事件层编码。通过这种方式对动态层编码进行重组，能够快速生成出大量的新情景。此外，由于信息重组的过程均使用了真实的情景数据，因此新情景数据的真实性也得到了较好的保证。

2. 情景信息的多样性扩增

情景信息重组的过程没有修改车辆的运动轨迹，保持了数据的真实性，但无法保证构造出新的车辆行为。在生物进化中，基因突变用于维护染色体父代向子代遗传过程中的多样性。因此，在情景生成中引入并模拟基因突变操作，可以快速扩增情景信息，提升数据的多样性。生物遗传中基因突变通常只改变了染色体中很少的基因片段，在保证遗传多样性的同时也保证了遗传信息的稳定性。此外，自然界中的基因突变在大部分情况下并不符合客观规律，需要结合优胜劣汰的自然选择过程保留下有利于种群发展的突变基因。与之类似，交通场景的多样性扩增也需要保证车辆轨迹信息发生的改变是随机且微小的，并对新生成的情景进行选择和修复，以保证其符合交通测试的客观规律。

随机选取测试情景动态层中的轨迹 V_i,对 V_i 中的随机轨迹点 v_i 添加噪声形成突变后的轨迹序列。选取突变轨迹点 v_i 时,应尽量选取轨迹序列中车辆的起点或终点,以保证对车辆的行驶轨迹产生根本性的变化。轨迹的终点选择也应当考虑到场景的静态语义信息保证规划终点选取的合理性。最后,使用贝塞尔曲线对突变后的序列进行平滑和拟合,再通过采样的方式形成新的车辆轨迹序列。

3. 基于概率的情景选择

由于场景信息的重组和多样性扩增属于随机算法,无法控制新生成情景样本的演化方向。因此,可以借鉴遗传学中优胜劣汰的自然选择机制,对算法生成的交通场景进行选择,使能够存活下来的个体对环境具有良好的适应性。首先,情景选择算法可以控制生成出的新样本更贴近父代情景的表型,保证测试情景的功能需求不发生改变。同时,能够通过选择机制淘汰不符合测试需求的交通场景,控制新情景的演化方向和速度。如果期望在交通密度较高的场景中进行测试,则选择算法也应该以交通流密度的分布需求作为指标对新情景做出有针对性的选择和淘汰。在进化速度方面,选择算法根据生成样本的具体指标,可以反馈一个进化参数,传递给信息重组和多样性扩增算法。最后情景选择算法还应根据交通场景中物理空间的约束关系,淘汰掉不符合客观物理规律的交通场景。

11.7.3 基于大模型的自动驾驶场景生成

对于高级自动驾驶系统而言,边缘案例是最具挑战性的问题,但长尾效应使得正常场景频繁出现,而极端案例的发生频率极低。这导致了数据集的不平衡及标签缺失,从而进一步限制了机器学习或深度学习等需要大量数据进行训练的方法。然而,为每一类稀有场景获取足够的数据非常昂贵,甚至具有安全隐患。为了解决这个问题,生成可解释、可控和多样化的稀有场景是解决这个问题的重要途径。

以 ChatGPT 为代表的大模型的发展为驾驶场景生成提供了一种解决思路,其能够自动生成大量针对现有仿真工具的多样化配置文件,并生成预期场景,可以通过提示学习、软提示学习,甚至并行学习生成大量具有挑战性的场景。此外,当大语言模型与更复杂的生成方法(例如,扩散模型)相结合时,能够通过提示学习或人机增强策略为自动驾驶生成测试场景。因此,大语言模型在自动驾驶仿真中具有以下潜在优势:

(1)更高的真实性。仿真中需要生成各种关键安全场景,然而这类样本在训练数据中较为罕见。大语言模型融合了广泛的数据,具备接近人类驾驶员的常识和推理能力,可协助生成更真实的极端场景。

(2)作为专家知识库。大模型经过广泛学习,拥有丰富的自动驾驶仿真知识。因此借助它构建知识库能够支持基于规则的仿真实现。相较于人工总结的专家知识库,这种方法更全面且高效。

(3)更高的可控性。在基于训练数据的轨迹生成中,如何精确控制生成所需仿真数据是一个挑战。大语言模型引入了自然语言描述，可以作为控制轨迹生成的约束，提升可控性。

以往的场景生成方法大多是"参数采样器"，即在给定场景参数列表的情况下朝着生成方向对关键参数值进行采样，但无法系统地探索不同的功能场景，例如，不同的道路网络、交通参与者及其动作。大语言模型（LLM）使用来自整个互联网的大量无差别数据进行训练，嵌入了来自不同领域的知识，因此能够跨应用领域回答问题、编写代码、绘制图片或翻译语言。基于这个特点，Tang 等[283]提出了一种通过自动化或半自动化的方法从 ChatGPT 中进行领域知识蒸馏的框架，通过与 ChatGPT 进行"聊天"，以提炼其中包含的自动驾驶场景的领域知识，从而构建驾驶场景领域本体。其中，如图 11-36 所示，场景本体是领域知识的一种形式，旨在封装所有相关的物理实体、它们之间的关系，以及相关的事件和活动，因此具有生成任何场景的潜力。ChatGPT 由于基于问答（或指令响应）机制工作，因此可以通过提示模板指定和提取格式化知识。提示模板由 3 部分组成，即领域上下文（为什么）、任务指令（什么）和响应格式（如何）。领域上下文部分为后续请求引入背景上下文，例如，"我有一个如下所示的道路驾驶场景本体……"。任务指令部分指导 GPT 期望获得哪些信息，例如，"向本体添加 10 个新的相关概念、术语或实体……"。最后，为了便于响应的自动处理，响应格式部分指定了机器可读的格式，例如，"以 DOT 格式输出新的本体"。从应用领域的种子本体开始，经过概念层次蒸馏、概念定义蒸馏、概念关系蒸馏和概念属性蒸馏等一系列蒸馏任务，以反复向 ChatGPT 请求新知识来增强和改进本体的方式迭代生成最终的驾驶场景本体。

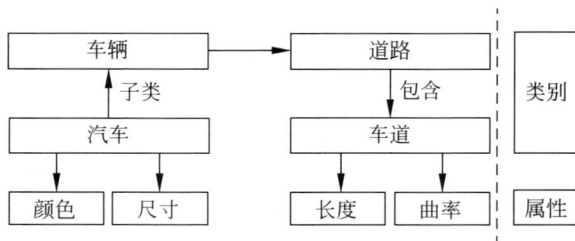

图 11-36　为道路交通领域设计的本体示例的可视化

真实可控的交通仿真是加速自动驾驶汽车发展的核心能力。然而目前基于学习的交通模型方法需要大量的专业知识，研究人员难以使用。为了解决这个问题，Zhong 等[284]提出了 CTG++，这是一个可以由语言指令指导的场景级条件扩散模型，该模型可以通过用户友好的基于文本的界面进行控制，从而有助于将仿真连接到以前不可用的基于文本的数据。该模型以时空 Transformer 架构为基础，采用交替的时间和空间注意力模块，有效地捕获多智能体随时间进展的动态交互行为。为了创建自然语言接口，利用大语言模型将用户的查询编码为可微损失函数，从而指导扩散模型生成符合条件的查询结果。通过这两步转换，大语言模型和扩散模型有效地弥补了用户意图和交通流仿真之间的差距。为了利用自然语言能够通过描述表达多样和复杂交通场景的能力，LCTGen[285]将交通场景的自然语言描述作为输入，在兼容的地图上输出交通参与者的初始状态和运动数据，实现将语义表述无缝地扩展成大规模的仿真情景的功能。LCTGen 有 3 个模块：解释器、生成器和编码器。给定任何用户指定的自然语言查询，解释器使用 GPT-4 模型并采用上下文学习和思维链方法将查询转换为紧凑的结构化表示，同时从真实世界的地图库中检索与所描述的场景匹配的适当地图区域。然后，生成器采用结构化表示和地图来生成准确遵循用户规范的真实交通场景。此外，生成器被设计为基于查询的 Transformer 模型，它可以在单次遍历中高效生成完整的交通场景。

11.8　自动驾驶的平行仿真

在真实世界中进行自动驾驶车辆的道路测试是最直接、最全面的测试方法，但会大幅提高测试的成本和危险性。平行仿真在自动驾驶测试的应用中，旨在基于虚实互动实现仿真世界与真实世界的同步，通过仿真与现实的互补提高测试效率并保证测试覆盖性。

11.8.1　平行仿真基本定义

王飞跃教授于 1994 年提出平行系统[296]（Parallel System）的概念，该系统将协同仿真应用于真实系统的智能控制中并将其命名为影子系统。基于"本地简单，远程复杂"的概念，王飞跃教授及其团队还相继提出了一系列利用真实系统与仿真系统的虚实互动实现平行驾驶的技术方法，如平行视觉、平行学习、平行测试等。平行仿真作为一门新兴技术，在军事、网络安全、自动驾驶等领域都已经得到应用，其中"仿真"指在虚拟的数字环境中最大化地模拟真实系统，而"平行"则意味着虚拟与真实共同组成一个平行系统，它们实时、动态、紧密地互动，实现对各自当前情况的学习以及对未来状态的预估。在平行仿真中，仿真系统与真实系统不再是简单的串行化执行的关系，而是协同演化并相互影响。

1. 数字孪生

数字孪生（Digital Twin，DT）也被称为数字映射和数字镜像，是实现平行仿真的一个关键支撑技术，其强调以海量真实数据为"原料"，在虚拟空间中构建起物理世界的模型，实现数字孪生环境与真实环境的一一映射[297]。简单来说，数字孪生环境是真实物理系统的数字表示，即"克隆体"，可以模拟物理系统在生命周期中的演变过程。通过与真实系统进行实时的同步，物理系统的状态以及外界环境条件都会复现到孪生体上。除此之外，为了避免对真实系统的影响并提高效率、节约成本，还可以直接在孪生体上展开实验。自动驾驶测试环境的数字孪生主要包括真实世界的物理实体、虚拟世界的数字建模和虚实交互接口 3 个部分。与真实系统高度一致的虚拟世界需要包括车辆的动力学模型、静态场景、动态场景、物理引擎、图形引擎等，同时还需要模拟真实世界的天气条件、季节更替。基于数字孪生技术的自动驾驶仿真系统可以被视为一套增强现实的解决方案，利用网络空间（仿真环境）的大规模数据处理技术对通信网络收集到的现实世界（物理空间）中的信息数据进行分析，并将结果反馈给物理实体以解决现实世界中的问题。通过虚实结合、以虚控实的数字孪生技术，将真实的交通场景映射到虚拟世界中，实时观察孪生场景中的动态变化，并采取措施优化现实系统，从而提高自动驾驶系统测试的安全性和效率。

2. 自动驾驶的平行仿真

自动驾驶的平行仿真以数字孪生为基础，结合人工系统、计算实验和平行执行等多种技术，实现从知识表示、推理计算到自适应优化的闭环反馈，从而对真实系统的行为控制与决策进行实验、评估与优化。自动驾驶的平行仿真在虚拟世界中构建真实世界和真实车辆的孪生体，通过两个世界之间不断进行的虚实交互，对产生的不同行为进行对比和分析预测，使得虚拟世界与真实世界保持高度一致且实时地同步真实世界中的动态和静态场景。平行仿真通过反馈的误差信号调整人工系统的参数，以最大限度地减小其与实际系统的差距，从而能够在人工系统中对实际系统中的问题和需求实时地进行实验、测评和完善。除实时同步真实环境和信息之外，平行仿真系统还能够用虚拟世界的数字模型丰富真实世界，让自动驾驶车辆在感知到真实世界的同时还可以获取虚拟世界的场景信息。平行仿真在自动驾驶领域的应用可以在保证自动驾驶车辆测试安全的前提下为其提供构建便捷、可复现的复杂仿真场景，从而降低测试成本并提高测试效率。

11.8.2   自动驾驶平行仿真测试的基本框架

虚拟环境下的自动驾驶系统测试可以在不上路的情况下训练无人车，模拟器投射出的高清虚拟图像使得自动驾驶车辆能够对周围场景进行实时感知，从而进行全流程的测试。在纯虚拟环境进行测试具有安全性高的优点，但是场景的真实性和可靠性高度依赖人类的知识，且通过测试的自动驾驶车辆依旧需要在真实道路中进行重新测试并评估。与纯虚拟环境下的测试不同，基于平行仿真的自动驾驶测试方法将真实系统与虚拟系统融合为一体，利用虚拟系统中丰富的场景提高测试的灵活性，同时基于数字孪生技术在虚拟系统中实时同步真实世界的场景变化。

简单的自动驾驶平行仿真测试的基本框架如图 11-37 所示，该框架构建于完整的闭环测试系统之上，包括真实与仿真两个部分。真实的物理系统包括静态和动态场景以及物理车辆和传感器，仿真的人工系统则在虚拟世界中构建场地、场景以及自主车辆的孪生体。在测试过程中，场景与自主车辆的状态会实时同步至人工系统中。平行仿真系统的有效性不仅在于将真实场景中的道路、邻近车辆和行人等要素转换为虚拟模型，进行基于预测的模拟测试，更在于能够实现与仿真试验一一对应的现场试验，从而对两者的输出结果进行比较，进而随时更新仿真系统。自动车辆在实际道路行驶过程中感知到的动态以及静态场景有限且构建真实测试场景成本及危险性均很高，为此，人工系统在同步真实场景的基础上，生成并配置更为丰富的测试环境。将这一测试环境引入自动驾驶系统的开发与验证任务中可以很好地融合实际系统与人工系统的优势，可在多变、动态的交通场景中安全地训练自动驾驶车辆适应环境的能力。通过融合真实场景数据和仿真生成的虚拟场景数据，可为自动驾驶车辆测试提供多样的场景。同时，利用平行视觉技术还能将在白天收集的真实世界的感知数据转换为在恶劣天气和紧急事件情况下的虚拟的感知数据[298]，从而增加仿真数据的丰富性和多样性，满足更多样、更全面的测试需求。此外，人工系统与实际系统之间的闭环反馈保证了实时、准确地采集自主车辆和交通参与者的各种测量数据，这些数据可用于算法性能的验证和车辆状态的评估。

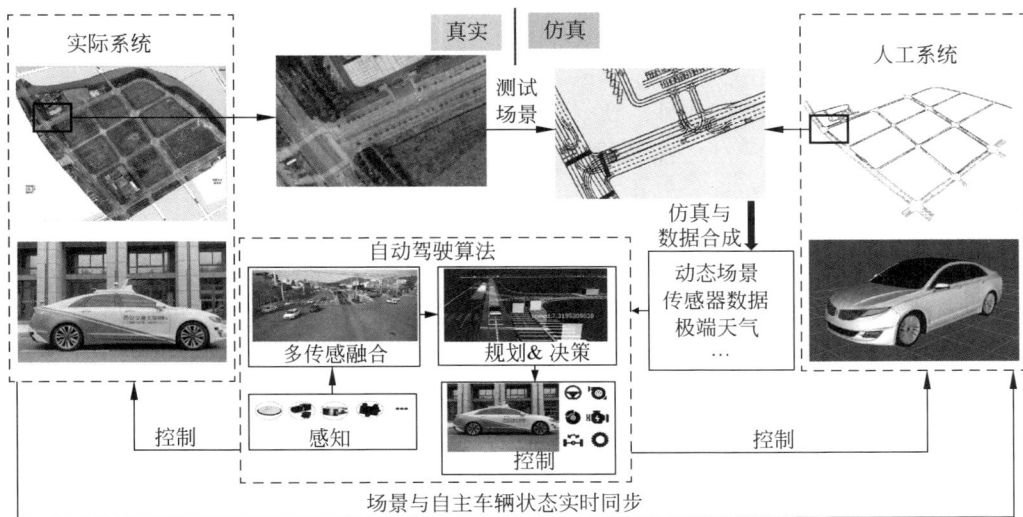

图 11-37 自动驾驶平行仿真测试的基本框架

11.9 自动驾驶常用数据集与开源工具

仿真在自动驾驶车辆开发测试过程中扮演了不可或缺的角色，无论是何种仿真方式，其最终的目的都是为算法的训练以及验证提供一个覆盖面广、操作便捷的测试环境。实际开发过程中数据量大、标注信息全面的多模态传感器数据集常用于感知算法的训练，此外，功能丰富、操作便捷的开源仿真软件大大降低了构建仿真测试环境的工作量，本节主要对常用数据集以及开源工具进行系统的整理。

11.9.1　常用数据集

虽然从真实场景或仿真平台上录制的数据集可以满足感知算法的训练需求，但成熟的自动驾驶团队通常拥有自己的数据集。其中很多数据集已经开源，为自动驾驶技术的发展做出了巨大的贡献。例如，本田研究所于 2019 年 3 月发布了激光雷达数据集 H3D，其中包含 160 个拥挤且高度互动的交通场景；安波福于同年公开了 nuScenes 数据集，提供了相机、激光雷达、毫米波雷达、IMU 和 GPS 等常用传感器的多模态数据。更多的还有 ApolloCar3D、KITTI、Mapillary Vistas Dataset、Caltech、Oxford's Robotic Car 等，这些数据集规模庞大、标注完整，适用于算法的训练。

自动驾驶常用的数据集根据其应用范围和数据来源可以分为多个类别，包括目标检测数据集、语义分割数据集、车道线检测数据集、光流数据集、双目立体视觉数据集、定位与地图数据集、驾驶行为数据集以及仿真数据集。TartanAir 数据集为典型的仿真数据集，利用 Unreal Engine 强大的仿真能力构建了大量风格迥异、环境多变的场景，旨在推动视觉 SLAM 的发展。西安交通大学构建并公开的 BLVD 5D 数据集[286] 旨在为动态 4D 跟踪（3D＋时间）、5D 交互事件识别（4D＋交互行为）和意图预测等任务提供一个统一的验证平台。该数据集共标注了 654 个序列，包含 12 万帧图像，并对全序列进行了 5D 语义标注。其中包括了 249 129 个 3D 目标框，4902 个有效可跟踪的独立个体，约 214 900 个跟踪点，6004 个用于 5D 交互事件识别的有效片段以及 4900 个可以进行 5D 意图预测的目标。RVD 数据集包含了丰富的道路场景视频数据，也包含同步采集的车辆状态信息及驾驶员行为数据，其使用 3 个安装在车辆前部的彩色相机采集道路场景数据。RVD 数据集共包含在不同道路环境条件下采集的近 20 万组样本，提供了超过 4 万张人工标记的图片。大规模数据集主要用于自动驾驶算法的训练和测试。此外，还可以用于真实数据驱动的自动驾驶仿真等。研发人员需要根据实际需求选择合适的数据集。自动驾驶常用数据集可参考表 11-1，其统计了各个数据集是否包含城市、高速、农村场景，是否是夜晚，是否为雨天等特殊天气条件以及包含的传感器数据类型等信息，其中 Synthia 和 TartanAir 是在虚拟世界中录制的仿真数据集。

表 11-1　自动驾驶领域常用数据集对比

数据集	城市	高速	农村	夜晚	雨天	Image	Video	Radar	LiDAR	GPS
Cityscapes	√					√	√			√
KITTI	√	√	√			√			√	√
Caltech	√						√			
Synthia	√			√	√				√	
CamVid	√					√	√			
Oxford	√			√	√		√	√	√	√

续表

数据集	城市	高速	农村	夜晚	雨天	Image	Video	Radar	LiDAR	GPS
nuScences	√			√	√	√	√	√	√	√
BDD100KK	√	√	√		√					√
ApolloScape	√	√	√	√	√		√		√	√
Waymo	√			√			√		√	
TartanAir	√	√	√	√	√	√			√	
BLVD 5D	√	√		√	√				√	√
RVD	√	√		√	√	√	√			

11.9.2　开源工具

构建一个自动驾驶仿真测试环境是一个难度下限很低但上限很高的工作,从底层的图形渲染以及物理特性开始建模是一个相当复杂的大工程,然而利用 Matlab、CarSim、Carla 等自动驾驶仿真软件可以很快地入门并运行一个完整的自动驾驶系统测试例程。本节整理常用的自动驾驶仿真开源工具,结果如表 11-2 所示,其中,Apollo主要利用激光雷达、相机、GPS 等真实传感器数据的回放实现自动驾驶系统的测试,AirSim、CARLA、LGSVL、Gazebo、51Sim-One 等仿真软件基于合成的数据实现对环境、传感器、车辆动力学模型的建模,SUMO 专注于动态交通场景的仿真,包括交通流车辆、行人、交通灯等场景动态交通元素。在工程应用过程中,融合多种仿真开源工具的优势构建联合仿真测试平台是一种常见且非常实用的仿真方案。

表 11-2　自动驾驶仿真开源工具对比

开源工具	车辆动力学模型	车载传感器仿真	交通场景建模	天气效果渲染	提供 ROS API	提供 Python API	提供 C++ API
AirSim	√	√	√	√	√	√	√
CARLA	√	√	√	√	√	√	×
LGSVL	√	√	√	√	√	√	×
51Sim-One	√	√	×	×	×	√	√
Apollo	×	×	×	×	×	×	×
Gazebo	√	√	√	×	√	×	×
SUMO	×	×	√	×	×	√	√

第 12 章

室内智能移动机器人

12.1 概述

自动驾驶汽车的本质是一种应用了阿克尔曼转向结构的轮式移动机器人系统,主要在室外开放环境中工作。与之对应,工作在室内环境的轮式机器人,如自动导引车(AGV)、自主移动机器人(AMR)等,在技术原理上与自动驾驶汽车的实现框架有诸多相似之处。由于工作环境相对固定,技术框架相对简单,室内移动机器人也成为自动驾驶相关技术的重要应用方向之一。

室内智能移动机器人的通用系统框架包含地图构建与定位、环境感知与理解、路径导航与运动规划等技术模块。地图构建与定位模块对室内场景进行地图的构建,并根据构建的地图实现实时的位姿确定。环境感知与理解模块根据地图和传感器信息,生成场景中障碍物的分布及其随时间变化的概率图。导航与运动规划模块则依据环境理解信息,生成最优运动序列,实时引导机器人从当前位置前往目的地,并安全地与环境进行交互。此外,在室内工作的移动机器人系统所应对的环境通常有较多的人员,需要与人类进行安全的互动。因此,根据室内移动机器人功能特性及应用场景的不同,还存在各类人机交互(Human-Machine Interaction, HMI)方式与方法。

本章将详细介绍室内智能移动机器人通用系统中各个模块的基本实现方法及部分专用算法。12.2 节将阐述同时建图与定位方法(SLAM)在室内场景中的实现与应用,主要给出一种基于单线激光雷达的地图描述与定位算法。12.3 节将主要介绍占据栅格图的构建、室内场景的分割与目标识别、行人的运动估计与行为预测等室内环境下移动机器人的环境理解与感知方法。12.4 节和 12.5 节将解释机器人导航路径的生成与优化方法以及两类主要的运动规划算法。12.6 节将介绍 3 种常见的人机交互情景及对应的交互方法。

12.2　室内智能移动机器人的同步定位与建图

与室外场景相比,智能移动机器人在室内场景下的建图定位算法则相对简单。首先,室内空间的地面比较平整,机器人可以仅在二维空间中进行地图构建和定位。其次,室内空间的大多区域表面光滑、形状规则,可以使用简单的点云、概率栅格图或者隐式函数(Implicit Functions)来描述,不需要设计高维特征进行描述。本节首先介绍主流的移动机器人地图表征方式以及对应的单线激光雷达 SLAM 算法,再对点链表征及其在单线激光雷达 SLAM 的应用进行介绍。

12.2.1　地图表征

在常见的室内场景中,机器人在运动过程中几乎没有沿 z 轴方向的移动。因此,室内定位可以用 3 个空间自由度(两轴平移以及单轴旋转)表征,地图也相应被简化为在二维平面空间的表示。地图表征(Map Representation)即组织地图所使用的逻辑形式,包括栅格、点云、距离场等方式。

1. 栅格图(Grid Map)表征

在表征物理空间时,将空间沿坐标轴进行等距离规则划分,得到栅格(Grid)这一网格结构,从而可以用有限且规则的栅格描述空间。一般来说,栅格图可以细分为二值占用栅格图以及概率栅格图,前者存储的是该区域是否为障碍物的二值结果(是或否),后者则是对某一区域是否为障碍物进行概率建模并存储该区域为障碍物的概率。基于栅格的方法将地图进行了规则划分,使得地图的更新非常简便,只需要将新的观测根据当前估计的位姿变换到全局坐标系下,再进行滑动平均即可更新区域的占用情况。此外,基于栅格的地图表征方法因其具有较强的结构性,更加易于进行地图的存储和管理。

如图 12-1 所示,栅格表征具有结构简单、直观易懂的优势,一个简单的二值栅格即可表示占用地图,其中深色区域代表障碍物(不可行驶区域),灰色区域代表可行驶区域,白色区域表示建图和地图更新过程中的未知区域。在栅格表征建模中,被标记为空域(Free Space)的栅格所占比例往往远大于实际被标注为障碍物的栅格所占比例,而空域在多数情况下都不参与 SLAM 系统的配准计算。因此,在遇到大面积的空域时,将耗费大量的计算以及存储资源。

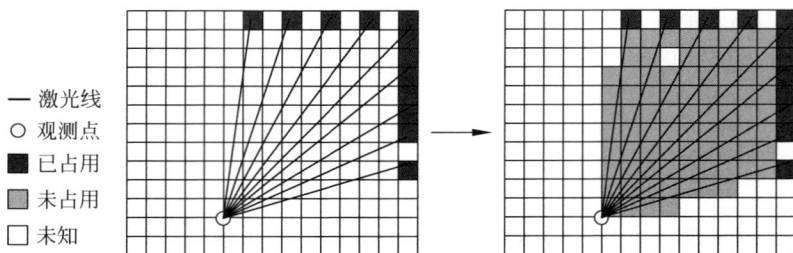

图 12-1　二值栅格图与大量被更新的空域点

2. 点云（Point Cloud）表征

点云通常指无规则、无组织结构，但具备一定属性的坐标点的集合。在二维空间内，点云表征的存储消耗与地图中所有障碍物的周长成正比，近似为线性关系。基于点云的地图表征方法是一种相对原始且最接近于传感器输出数据类型的数据表征方式。然而，基于点云的方法难以进行地图更新，即点云表征难以对地图某一区域的冗余数据进行带有降噪功能的下采样，从而需要进行关键帧的选取，不能较好地应用于所有的观测数据。

3. 有向距离场（Signed Distance Field，SDF）表征

对于某个障碍物而言，其距离场是其周围点到此障碍物的最短距离。"有向"则是指区分了障碍物的前后与内外。基于 SDF 的方法在最终求解障碍物距离时使用移动立方体法，使得最终地图达到亚栅格精度。然而，SDF 方法在实际应用中存在计算复杂度过高的问题。

4. 隐式函数（Implicit Functions）与神经隐式表征

隐式函数使用参数化描述建模场景中的障碍物，神经隐式表征使用神经网络实现更强大的隐式函数表征。然而，这两种表征方法在建模与求解上存在难度，且泛化能力受限，目前仅在一些理论研究工作中使用，尚未得到广泛的应用。

12.2.2　单线激光雷达同步定位与建图

单线激光雷达的 SLAM 算法在室内环境中被广泛应用。第 9 章已经对 SLAM 系统及基于多线束激光雷达点云的匹配和定位方法进行了详细的介绍，本节将以经典单线束激光雷达 SLAM 算法为例对室内 SLAM 系统进行介绍。谷歌团队提出的 Cartographer[299-301] 算法和系统主要包含前端的相关性配准（Correlative Scan Matching）和后端位姿图优化的稀疏图优化（Sparse Pose Adjustment）两个主要组成部分，具有非常稳定的建图效果，在准确性、鲁棒性上具有很高的水平，且可以适配多种运动传感器数据，是现阶段所有开源单线激光雷达建图系统中最为完整的算法系统。

1．相关性配准算法

二维空间的配准问题一般具有三维的解空间，包含二维的平移和一维的旋转。相关性配准方法首先将三维解空间划分为体素（Voxel），使每一个体素都对应一个二维位姿的可行解。根据此位姿可以计算激光雷达帧与地图的相关性（Correlation）。这种相关性计算基于似然域的思想，即地图中每一个被标记为障碍物的点都将在其附近产生概率场，以表示某一特定位置是障碍物的概率。实时获取的激光雷达帧将基于此概率场进行相关性计算：

$$p\left(x_t \mid x_{t-1}, u_{t-1}, m_{t-1}, z_t\right) \propto p\left(z_t \mid x_t, m_{t-1}\right) p\left(x_t \mid x_{t-1}, u_{t-1}\right) \tag{12-1}$$

$$p\left(x_t \mid x_{t-1}, u_{t-1}, m_{t-1}, z_t\right) \propto p\left(x_t \mid x_{t-1}, u_{t-1}\right) \prod_{i=1}^{N} p\left(z_{t,i} \mid x_{t-1}, m_{t-1}\right) \tag{12-2}$$

其中，$p\left(z_t \mid x_t, m_{t-1}\right)$ 展开为连乘，表示的含义是：当前观测 z_t 的概率是由观测中所有相互独立的激光点各自的概率乘积形成。在所有体素对应的位姿概率分数都被一一衡量后，选择相关性最大的位姿作为输出。但这种暴力搜索方法的效率是非常低的。因此，Cartographer 的解决方案主要有两方面，一是合理选择 x、y、θ 这 3 个维度的遍历顺序。相关性函数关于 3 个维度的变化率是不同的：微小旋转变换在远离旋转中心的地方也会引起较大的移动，而平移变换对于整个点云都有相同的移动变化。因此，角度 θ 的变化相对于 x 与 y 的变化能引起相关性更大的变化。也即如果先遍历角度维度，则可以更快地缩小搜索空间。二是如果当前位姿的不确定度较大，那么可能的位姿存在于大片区域中，这时单一分辨率的体素划分非常低效。Cartographer 划分了两种分辨率的体素网格，首先确定低分辨率网格中的最优体素，然后在对应高分辨率网格区域中进行相关计算。分层计算的思想能够带来更高的效率，但穷举方法在带来稳定性的同时也带来了两个问题。首要的问题是计算量：在激光雷达频率低或机器人运动速度较快的情况下，前后两帧激光雷达数据之间的运动较大，这使得相关性计算需要探查的解区域以立方复杂度增大。此外，基于相关性计算的配准方法需要利用其他基于优化的方法进行进一步精配准。这是由于体素的划分精度有限，导致其计算结果的精度也受到限制。

2．稀疏位姿校正方法

Cartographer 算法的后端采用稀疏位姿校正方法。在此方法中，子地图与节点（node）并不是同一个概念，节点与前面所提到的图中的结点（vertex）在概念上最为接近。这里将省略具体的结点-边操作策略，只介绍核心思想。由于长期建图的过程中会存在误差的累积，传感器在长距离运动回到同一位置时，当前地图与历史地图会出现不重合的情况。

如图 12-2 所示，对于图中的结点 i 与结点 j，实际应当是同一区域的部分观测结果，但由于累积误差的存在，两个结点表示的地图无法重合。在 Cartographer 中，两个

子图会进行配准,产生回环约束。不难看出,
由于回环在图中产生环路(loop),对于结点 i、
结点 j 之间的相对位姿可以有两种计算方法：
一种是子地图 i 与 j 之间直接配准得到的相
对位姿,另一种是由原来的路径,从子地图 i,
$i+1$,… 到子地图 $j-1$,j 的相对位姿累积变
换。在回环优化的过程中,回环约束中两个子
地图直接配准的位姿将作为观测值,优化原路
径上位姿的累积变换,这是因为我们认为原路
径上所有位姿的累积变换误差产生了回环误
差。这种思想将回环误差重新分摊到了图中

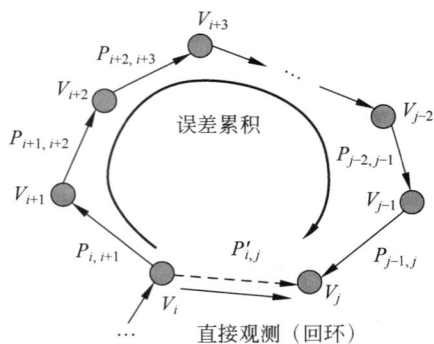

图 12-2　回环误差累积的概念图

的每一条边中。假设图中存在多处回环,那么我们可以认为在后端优化过程中存在多
个这样的误差项。针对回环误差,可以做简单的数学定义：

$$e_{ij} = p_{ij}^* - p_{ij} = p_{ij}^* - \otimes \, p_{k,k+1}{}_{i}^{j-1} \tag{12-3}$$

$$e = \sum_{ij} e_{ij}^{\mathrm{T}} A_{ij} e_{ij} \tag{12-4}$$

其中,$\otimes$ 表示位姿的结合运算。矩阵 A 是误差的权重矩阵,在 Cartographer 中,平移误
差与旋转误差的关注度是可以配置的。后端只需要求解式(12-4)对应的优化问题,即
可以使得地图的整体误差减小。在 Cartographer 中,式(12-4)的求解借助 Levenberg-
Marquardt(LM)算法,此算法在计算过程中需要计算海森矩阵(Hessian)的近似,并且
由于 LM 算法是有约束优化问题,因此会借助拉格朗日乘子法进行迭代计算。值得一
提的是,实际的海森矩阵是具有稀疏性的,这是由于存在回环关系的节点对是稀疏的,
进而导致图中的边是稀疏的。稀疏矩阵求逆则可以使用稀疏矩阵分解法加速计算。

　　然而,在纯激光建图环境下,如果激光雷达频率过低,那么 Cartographer 会出现一
些问题：一方面,位姿插值器可能失效,相关性计算区域可能并不覆盖实际的配准位姿
所在区域；另一方面,为了保证建图算法可以正确运行,需要设置的搜索区域较大,导
致配准的速度受到严重影响。

12.2.3　基于点链表征的同步定位与建图

　　目前大多数单线 SLAM 算法采用占据栅格、SDF 或点云作为地图表征,然而这些
表征方法通常存在如下问题：

　　(1)基于栅格表征的地图精度受到预设栅格分辨率影响,且单层栅格的配准精度、
速度受到栅格数量影响,在处理大型地图时需要权衡存储开销与地图精度。使用如
图 12-3(a)所示的多层栅格虽然在一定程度上可以缓解单层栅格表征的问题,但将引
入更复杂的存储访问与写入问题。

　　(2)在存在观测冗余的情况下,点云表征难以对已有观测数据进行带有降噪功能

的下采样,这使得系统面临一定的实际存储压力。此外,点云叠合问题使得最终点云地图中的障碍物宽度较大,如图 12-3(b)所示。

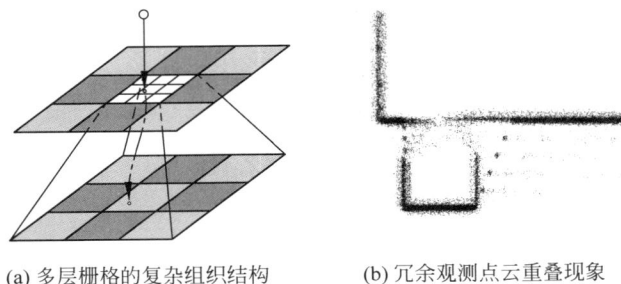

(a) 多层栅格的复杂组织结构　　　　(b) 冗余观测点云重叠现象

图 12-3　地图表征示意图

(3) 基于 SDF 的方法存在近似能力有限问题以及稀疏性问题。基于隐式函数表征的系统则存在泛化性问题以及数据依赖性问题。

针对占据栅格、点云等经典地图表征的问题,提出了点链表征。

1. 点链表征与点链 SLAM 系统结构

点链是基于某种划分方式对点云进行分割而形成的有序点序列,点链地图则是一系列有序点序列的集合。其中,有序性是指点链内部的点按照角度递增的方式进行排序。相较于无序的点云而言,有序性可以极大地简化计算。

从点云到点链的划分方式决定了点链的质量。为了区分不同语义类别的物体,算法假设相互具有连接的物体具有相同的语义,从而根据连接的有无划分点链。在二维建图过程中,最简单的连接性判断是深度连续性。如图 12-4 所示,扫描出现了深度不连续的现象,则可以将其划分为两条点链。这种划分点链的方式具有两个优点:

(1) 简化了问题,方便后续处理。比如一堵曲折的墙由于遮挡被划分为了许多平直的点链,分段描述显然比用统一的公式描述在数学上更加简单。

(2) 跳过了容易影响计算准确性的深度不连续区域,保证了计算的正确性。

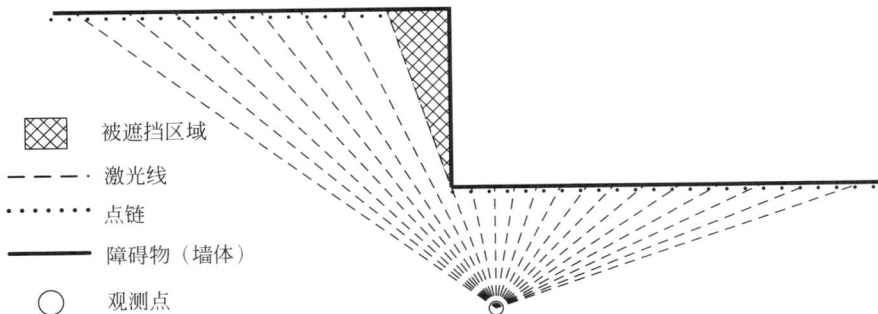

被遮挡区域
激光线
点链
障碍物（墙体）
观测点

图 12-4　点链分割示意图(前后两条点链)

空域(free space)概念定义如下:若激光传感器以位姿 P 存在于地图 M 中,传感器所观测到的障碍物与传感器之间的所有无障碍物区域称为空域。如图 12-5 所示,在空域中的任意位置放置不透明障碍物，此障碍物都是可以被观测到的，故可以将空域称为可视区域（visible space）。

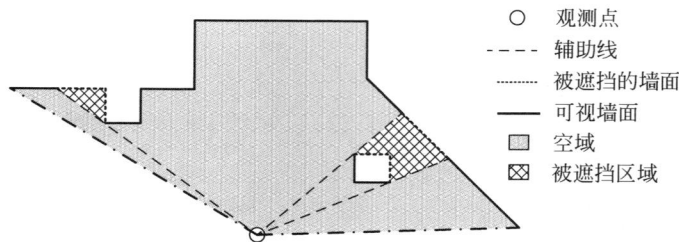

图 12-5   空域的定义示意图

点链 SLAM 系统分为局部 SLAM 模块与全局 SLAM 模块，流程如图 12-6 所示。其中，局部 SLAM 模块的创新主要是基于空域一致性的点链配准算法，全局 SLAM 模块的创新则是使用点链表征进行冗余观测融合。

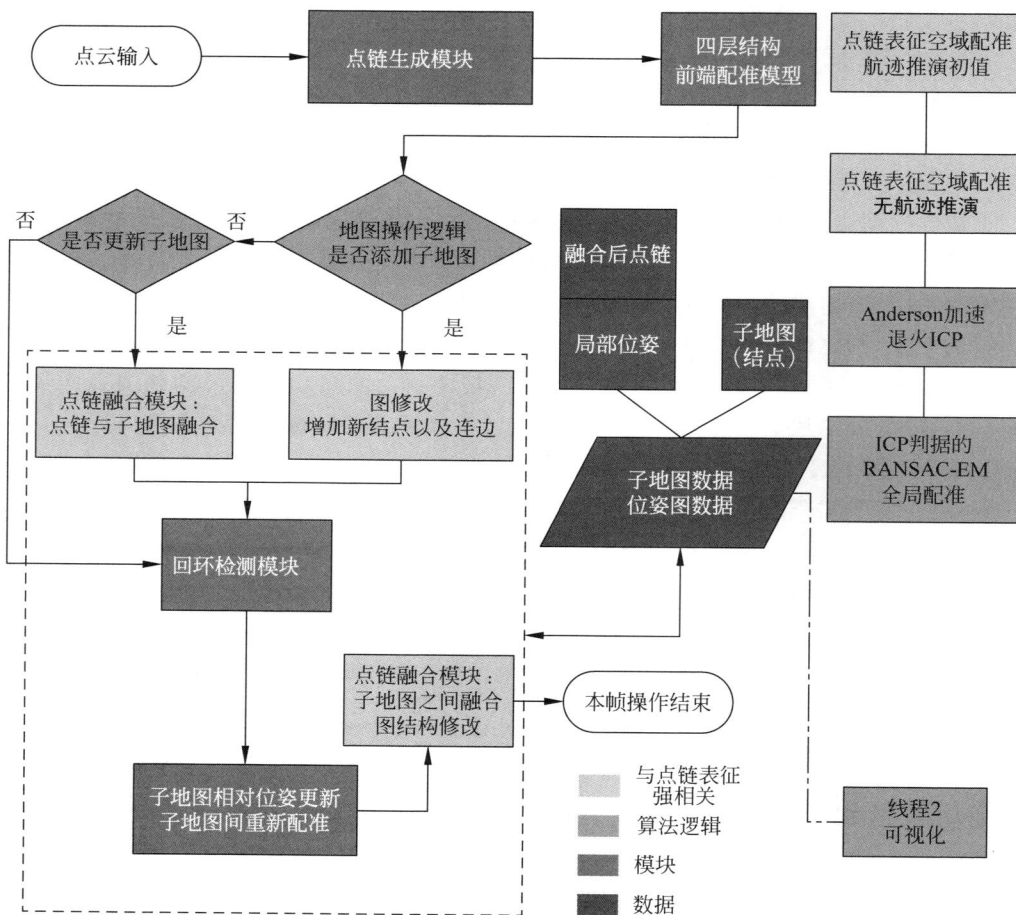

图 12-6   点链 SLAM 系统流程图

2. 基于空域一致性的点链配准算法

点链 SLAM 使用了一种新的点云(点链)配准误差,即空域一致性误差。不同于最邻近误差这种数据关联性误差,空域一致性误差的设计基于一个重要的物理事实:遮挡使得某部分地图区域对于激光传感器不可见。因此,地图与当前观测之间的配准结果中的相互遮挡面积应尽可能小。考虑配准未完成的子地图与点链,建图系统选择的子地图(实线)与当前传感器点链数据(点)之间的相对位姿 ΔP 未优化至最优值,如图 12-7 所示。如果系统接受当前的配准位姿,则会引入违背物理规则的观测:之前的地图被当前的激光雷达观测到的障碍物遮挡(见图 12-7(a)),如果机器人可以观测到当前点链确定的"更近的障碍物",那么由于遮挡存在,机器人无法观测到图 12-7(a)所示的子地图。反之,如果子地图遮挡了当前点链,那么当前点链也是不应该被观测到的(见图 12-7(b))。因此,空域一致性要求两帧具有重合区域的观测存在尽可能小的空域冲突,即两帧观测对应的空域应尽可能重合。其中,不重合的部分有两个来源:

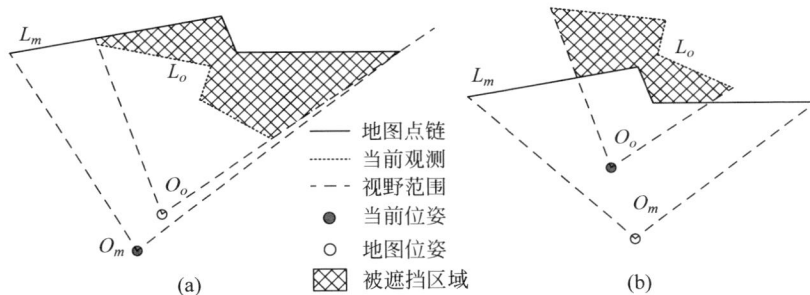

图 12-7　违背空域一致性的两种情况示意

(1)部分观测。由于两帧观测位姿不一致,可视范围存在差异。

(2)动态场景。比如行人等移动的障碍物可能导致空域冲突。

综上,基于空域一致性误差的点链配准算法显式建模并利用了观测之间的遮挡关系,从而解决了其他误差函数中存在的一些问题。

此外,为了提升点链 SLAM 算法的配准鲁棒性,点链 SLAM 系统设计了多层配准模型:多种不同算法形成层级结构,在保证平均计算开销仍然维持低水平的情况下,提升建图过程中配准的鲁棒性。

如图 12-8 所示,只要某一层判定两帧点链为配准成功,就无须进行后层的计算。虽然多级配准模块的计算开销逐层增大,但鲁棒性也逐层提升。大多数情况下,点链帧只需经过第一层或第二层即可完成快速、精确的配准,在少数较为困难的场景下需要经过第三层带有退火能力的 ICP 方法才能成功配准,在极端情况下则需要具有全局配准能力的 RANSAC 算法。正是这样的多层配准模型设计,使得算法的计算时间在大多数情况下稳定,而同时在面对极端情况时具备高鲁棒性。

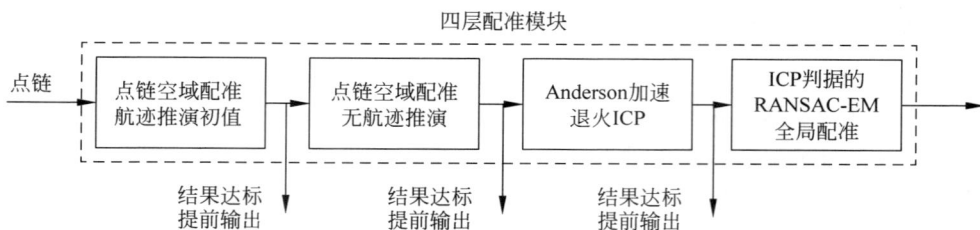

图 12-8　多层配准模型的结构

12.3　室内智能移动机器人的环境理解

室内移动机器人的任务是在受限空间内进行环境的感知、建模、理解进而计算自身的移动策略。与室外环境的自动驾驶感知不同，室外场景中存在部分有规律的信息，如公路、车道线、交通标识、信号灯以及指示标线等，这些场景因素会极大地约束室外动态目标的行为。室内移动机器人所处的不同场景在大多数情况下不存在共同的特点，且室内场景中动态障碍物运动不规律，因此室内移动机器人对环境的感知获得的信息大多数情况下都没有固定模式与规律，这不仅使得室内移动机器人的运动几乎没有规则限制，也导致室内机器人需要建模并理解环境中不同性质的内容。这些内容的不同，决定了室内智能机器人的环境理解方法与自动驾驶汽车环境理解方法的差异。因此本书用专门的一节对室内智能移动机器人的环境理解进行简要的介绍与讨论。室内智能移动机器人的环境理解涵盖很多子任务，如场景分类、目标检测、场景分割等任务，通用的环境感知与理解方法在第 3 章中已经有详细介绍，本节将只详细介绍室内移动机器人对场景不同区域的语义分割以及室内场景的动态目标检测。

12.3.1　室内场景的语义分割

在自动驾驶的室外场景中，完成最基本的自动驾驶任务仅需要分割得到当前准确的可行驶区域以及对未来可行驶区域进行预测。与室外场景分割相比，室内场景会有不同的房间、走廊、大厅等，因此室内场景需要处理更为丰富的语义信息，并获得对于场景内容的更深层次理解，也即语义级别的理解。12.2 节介绍的栅格地图的表征对于场景分割任务而言，其实是最初级的场景分割方法。在栅格地图中，显式地将场景分割成了 3 个部分：占用、空域以及未知。对于机器人的移动行为而言，这 3 个区域通常被归为两类，即可行驶与不可行驶区域。这种初级的场景分割能为机器人的导航以及决策提供非常重要的信息。但对于深层次的场景理解而言，机器人需要进行语义级别的场景理解：让机器人获知场景中每一个部分的属性以及不同部分之间的关系。如图 12-9 所示，一个建立好的地图可能只有可行驶与不可行驶两部分，而在进行语义级别的理解之后,机器人则可以获知:图中存在 4 个房间,一条走廊,自身处在 1 号房间。由此可以给机器人更加复杂具体的指令:从 1 号房间前往 3 号房间,或是在走廊中往复巡逻。

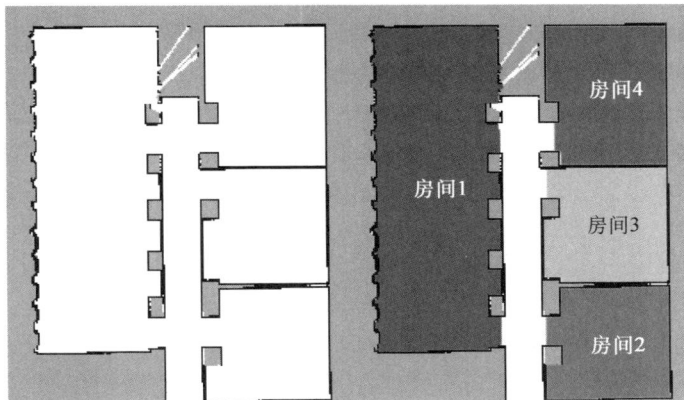

图 12-9　场景分割后可以应用语义级指令

下面介绍一种室内场景理解的方案,基于 2D 激光雷达数据与视觉信息混合的场景分割方法[302]。

首先介绍基于 2D 激光雷达数据与视觉信息混合的场景分割方法。该方法是语义分割(semantic segmentation)在室内 2D 场景中的典型应用,如图 12-10 所示。

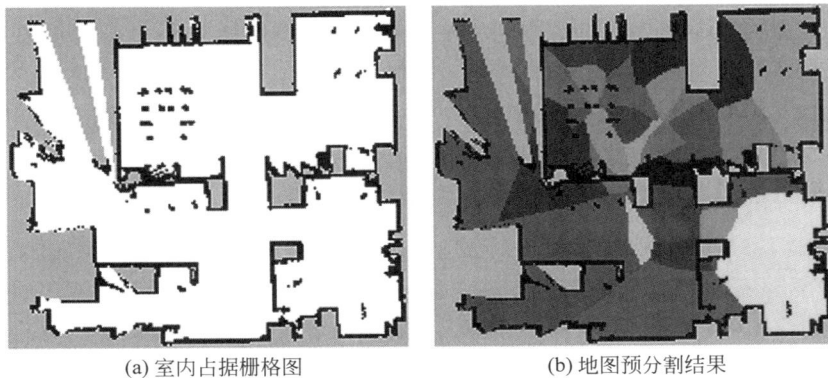

(a) 室内占据栅格图　　　　　　　(b) 地图预分割结果

图 12-10　场景分割示意图

图 12-10 所示流程中含有两个主要模块:2D SLAM 建图模块、目标检测与分割模块。在建图过程中,可以利用 YOLO 等算法,对 RGBD 相机的原始数据进行目标检测以及语义分割。

首先利用 2D 激光雷达数据以及建立的地图,在地图上直接推理不同区域并且判定之间的连接关系,如图 12-11 所示。

根据地图中扫描的结果,首先判定分割房间的墙面,再判定房间的范围。但在处

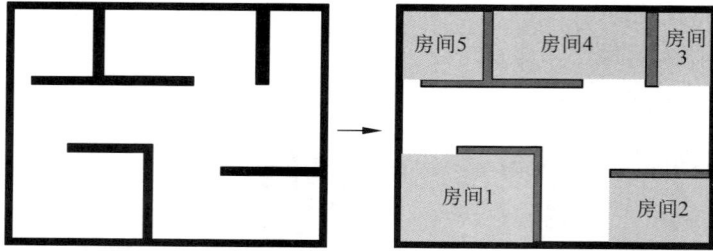

图 12-11 场景中静态区域的划分算法示意图

理过程中，需要一些先验知识才能使得算法生成正确的、符合直觉以及观测数据的结果，即需要进行如下式所示的最大后验估计：

$$W^* = \underset{W \in \Omega}{\arg\max}\ p(W \mid M) \tag{12-5}$$

其中，W 代表了地图属性，是一个隐变量，描述了地图中房间的个数、大小以及连接等情况，M 则表示了地图。其中最大后验估计涉及对后验概率 $p(W|M)$ 的估计，可以使用贝叶斯公式进行展开：

$$p(W \mid M) \propto p(M \mid W)p(W) \tag{12-6}$$

其中，似然项 $p(M|W)$ 描述了在室内空间配置 W 下观测到的可能地图 M' 与实际建立的地图 M 的相似程度。先验 $p(W)$ 则描述了对应的室内空间配置出现的可能性，例如，一般不会出现一个没有门的房间。对于先验项，存在 3 个约束以及对应惩罚 $\alpha_i \in [0,1]$，惩罚项越小，惩罚力度越大：

（1）假定房间是封闭的（四面墙），并且是矩形的。设置惩罚项 α_1，此惩罚项在此条件满足时为 1，否则将为 0.9^θ，其中，θ 为房间内存在的相邻非垂直墙面数。

（2）假定房间至少要有一扇门，并且门的位置应该在墙上。否则，惩罚项将为 $\alpha_2 = 0.9$，反之为 1。

（3）栅格地图中每一个栅格应该只能属于一个房间。否则，将设置

$$\alpha_3 = \prod_{c(x,y) \in M} \psi_3^{\gamma(c(x,y))}, \quad \gamma(c(x,y)) = \begin{cases} \sigma(c(x,y)) - 1, & \sigma(c(x,y)) > 1 \\ 0, & \text{其他} \end{cases}$$
$$\tag{12-7}$$

其中，$\sigma(c(x,y))$ 表示栅格（cell）$c(x,y)$ 属于的房间数，例如，处于点 (x,y) 的栅格同时被两个房间覆盖，那么 $\sigma(c(x,y)) = 2$。ψ_3 通常取 0.6。故可知，一个栅格分属房间数越多，α_3 越小。综合以上 3 个假设，室内场景配置的先验可能性可以被建模为

$$p(W) = \alpha_1 \times \alpha_2 \times \alpha_3 \tag{12-8}$$

因此，当估计的室内配置违反的假设越多、越严重，$p(W)$ 将越小。

另外，$p(M|W)$ 可以被拆分成所有栅格的独立分布表示：

$$p(M \mid W) = \prod_{c(x,y) \in M} p(c(x,y) \mid W) \tag{12-9}$$

给定一种地图配置，可以通过这种地图配置（包括了房间个数、大小、位置、与墙面

建模有关的连接情况)生成地图,只需要比较生成的地图与 SLAM 系统建图的结果就可以获知相似度。

有以上建模之后,该方法采用马尔可夫链蒙特卡罗法进行最大后验估计。通过一个各态历经性的可逆马尔可夫链迭代,收敛至最终的地图配置分布。首先,该方法定义了 4 对状态转移:

(1) 增加或删除房间。此操作控制房间的存在性。

(2) 分割或合并房间。此操作本质上不会消除房间的存在,只会使得某个房间被划分为多个房间,或使得原来某些房间内栅格点的所有权发生转移。

(3) 增大或者缩小某个房间。此操作利用墙体的移动对房间进行扩大或缩小。

(4) 增加或删除门。此操作改变房间之间的连接性。

通过 Metropolis-Hasting 采样方法进行状态获取以及迭代,每次迭代都将在这几种状态中进行选择,对当前的室内空间配置进行修改,最后收敛到最优的配置分布,只需获得对应的空间配置,就可获得地图中的房间、不同属性的墙面等信息,从而实现对场景语义级别的理解。

12.3.2　室内场景的动态目标检测

本节对动态障碍物的检测方法进行简单的介绍。由于基于栅格的方法非常成熟,本节主要介绍使用基于占据栅格的动态物体检测方法[303]。通过建立占据栅格地图、检测栅格的状态变化来检测动态物体。首先通过先前的数据,建立一个占据栅格地图,并且在这个栅格图中标出其中会导致错误检测的部分,然后将新的数据整合到现有的占据栅格地图中,检测占据栅格地图的变化。如果一个栅格从原来的空闲状态变成了占据状态,那么说明有可能是某个物体移动到了这个栅格区域内,这样的栅格称为候选栅格。然而,简单地将这样的栅格中的物体当作动态物体可能会造成错误的检测,由于噪声和误差,它可能不是动态物体,或者有可能它不包括动态物体的所有点,因此,设计了 2D 点链分割以及验证步骤,以过滤噪声,更好地检测整个动态物体。图 12-12 给出了基于栅格的动态物体检测的流程图。算法流程如下所示:

(1) 由激光点云数据绘制栅格图(占用、空域与未知)。

(2) 对比前 k 帧得到候选点,目的是利用历史信息,k 通常取 5。

(3) 用类似于点链 SLAM 模块中的点云分割算法对激光点云聚类,分割深度不连续区域。

(4) 从候选点中筛选动态障碍物点,并作为下一帧的候选点,此策略基于如下事实:当前动态障碍物在频繁移动,当前动态障碍物候选点周围可能可以查询下一帧数据中的动态障碍物。

下面对基本的动态障碍物提取算法作详细介绍,算法的流程如图 12-12 所示。

在此算法中,首先对激光雷达点云数据进行处理,生成一个只有单个观测点的栅格地图。算法的输入为激光点云数据以及当前时刻的可靠位姿。同样,这个位姿数据

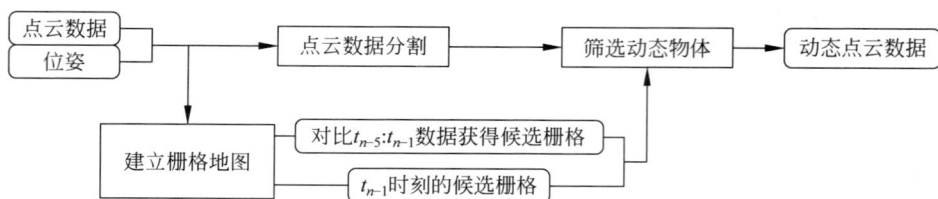

图 12-12　动态物体检测流程框图

可以由 SLAM 系统解算给出。

采用 12.2 节的划线算法,在构建栅格图时,考虑栅格的占用状态变化来确定动态物体,这里的栅格大小并不是越小越好,在算法中确定的栅格边长为 0.1m。所有栅格的初始状态为未知,将激光经过的栅格设为空闲状态,激光到达的终点栅格设为占用状态。这里的栅格图构建不需要计算概率,因为只有一次测量,也不用考虑栅格的精度误差。

现有的某些方法中将会在建好的栅格图中增加"阻挡"(blocked)状态。由于动态物体是通过检测栅格的占用状态的变化来检测的,所以某些区域变化可能是由噪声引起进而造成的错误检测。该方法分析了栅格地图的表示形式,标记其中的部分区域为阻塞状态,在这些区域如果栅格发生了状态变化,由空闲转为占用,则不认为这是动态物体。

首先阻塞了激光点云深度不连续的地方,在这片区域的观测信息较少,即使是静态物体,由于观测角度的变化也可能导致栅格占用状态的变化,并不能就此判定为动态物体。因此,阻塞这部分栅格以避免错误的检测。此外,还阻塞了占用栅格周围相邻的所有栅格以增加对激光点云噪声和 SLAM 位姿噪声的鲁棒性,因为已知障碍物周围邻近的地方出现物体有可能是这两部分产生的误差导致的。

实现方法是:对于两个相邻角度激光构建的状态为"占用"的栅格,如果它们没有在空间上相邻,则用线段将这两个"占用"栅格连接起来,在所连线段经过的栅格中,所有非"占用"栅格设为"阻挡"。此外,对每一个"占用"栅格,遍历其八邻域,同样如果不是"占用"就将其设为"阻挡"。

所介绍的方法通过比较前后时间里栅格占用状态的变化来检测动态物体。如果一个栅格的状态由空闲转为占用或者由占用转为空闲,则该物体可能是动态物体。由空闲转为占用说明当前帧的占用位置可能是动态物体,由占用转为空闲说明过去帧的占用位置可能是动态物体。但是由于算法设计为在点云数据到来时进行在线检测,过去帧中的动态物体对当前的 SLAM 系统配准没有意义,因此只需寻找由空闲转为占用的栅格即可。

比较当前帧和前 5 帧的栅格占用变化,对前 5 帧的点云数据建立栅格图并添加阻塞信息,求得当前帧中障碍物在前 5 帧的栅格图中的位置,如果出现过空闲状态,那么就将此栅格设置为动态物体候选栅格。另外,还考虑了一个动态物体如果移动缓慢或者停了下来,那么在后续的扫描中就不会被检测出来。因此,将上一帧已经检测出来的动态物体也要作为候选栅格。选取过程如图 12-13 所示。

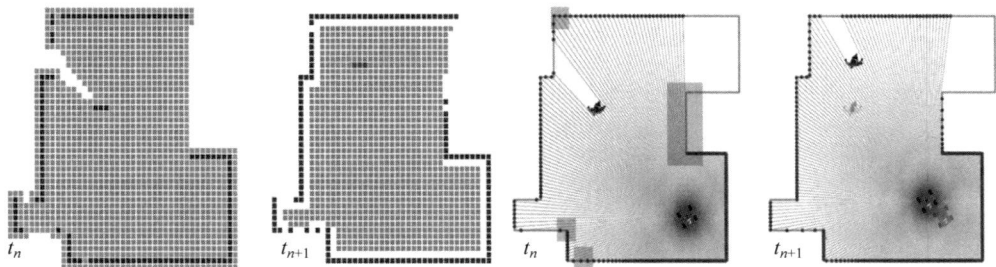

图 12-13 基于栅格地图的变化检测获得动态物体候选栅格

通过上述过程筛选出动态障碍物点后,进一步得到动态物体的点云数据,从而实现室内场景中的动态目标检测。

12.4 室内智能移动机器人的导航

室内机器人不同于室外的自动驾驶车,通常不需要依赖高精度语义地图,没有交通规则的约束,室内导航的空间范围远远小于室外且导航的速度远远低于室外,室内场景的障碍物类型也与室内交通场景不同。但是室内导航的精度要求一般来说比室外要高,目标位置误差一般要求为 $1\sim3\mathrm{cm}$,朝向误差一般在 $1°\sim3°$。室内机器人一般采取全局路径规划+局部轨迹规划的架构方案。

12.4.1 导航路径的生成与优化

导航路径生成与优化也称为全局路径规划,全局路径规划一般分成前后两端实现,前端基于搜索或者采样方法得到初始无碰撞可行路径,然后后端基于数值优化方法对初始路径进行安全性、平滑性等方面的优化得到最终的导航路径。前端优化采用第 5 章中介绍的搜索或者采样算法生成初始路径,这里采用 Hybrid A^* 生成一条无碰撞的方向连续的初始路径。

Hybrid A^* 得到初始路径后,采用共轭梯度法实现后端优化。

Hybrid A^* 产生的路径通常不是最优的,需要进一步改进,这样的路径是可行驶的,但可能包含需要过度转向的不自然转弯。因此,通过应用以下两阶段优化程序对 Hybrid A^* 进行后处理。在第一阶段,对路径点坐标进行非线性优化,以提高 Hybrid A^* 的平滑度,使用共轭梯度(CG)下降来解决这个优化问题,这是一种快速的数值优化技术。这一个优化阶段本质上是移动路径的顶点以提高平滑度,但不会显式地改变路径的离散化。

因为最终离散化的路径对于室内智能移动机器人（0.5m）的舒适控制来说太粗糙了，所以需要执行第二阶段，使用共轭梯度法的另一次迭代对第一阶段的输出执行非参数插值。插值路径具有更高分辨率的离散化（5~10cm），适用于机器人的平滑控制。给定一系列的路径点 $x_i = \langle x_i, y_i \rangle, i \in [1, N]$，定义如下几个变量：

（1）o_i 距离顶点最近的障碍物的位置；

（2）$\Delta x_i = x_i - x_{i-1}$ 顶点处的位移向量；

（3）$\Delta\phi_i = \left| \arctan \dfrac{\Delta y_{i+1}}{\Delta x_{i+1}} - \arctan \dfrac{\Delta y_i}{\Delta x_i} \right|$ 顶点切线角的变化。目标函数被定义为

$$w_o \sum_{i=1}^{N} \sigma_o (|x_i - o_i| - d_{max}) + w_\kappa \sum_{i=1}^{N-1} \sigma_\kappa \left(\frac{\Delta\phi_i}{|\Delta x_i|} - \kappa_{max} \right) +$$

$$w_s \sum_{i=1}^{N-1} (\Delta x_{i+1} - \Delta x_i)^2 \tag{12-10}$$

其中，κ_{max} 是路径的最大允许曲率（由汽车的转弯半径定义），σ_o 和 σ_κ 是惩罚函数，w_o、w_κ、w_s 是权重。

目标函数的第一项惩罚与障碍物的碰撞；第二项在每个节点处对轨迹的瞬时曲率施加一个上限，并强制执行车辆的非完整约束；第三项是路径平滑度的度量。

对于共轭梯度法的快速实现，目标函数必须具有可以有效计算的表现良好的梯度，在这个目标函数中，函数相对于顶点 $\langle x_i, y_i \rangle$ 的坐标是可微的，并且可以直接计算解析梯度，如下所述。

对于二次碰撞惩罚 $\sigma_o = (|x_i - o_i| - d_{max})^2$，当 $|x_i - o_i| \leqslant d_{max}$ 时，有

$$\frac{\partial\sigma_o}{\partial x_i} = 2(|x_i - o_i| - d_{max}) \frac{x_i - o_i}{|x_i - o_i|} \tag{12-11}$$

对于顶点 i 处的最大曲率项，必须对影响点 i：x_{i-1}、x_i 和 x_{i+1} 处曲率的 3 个点求导数。对于此计算，节点处切向角的变化最好表示为

$$\Delta\phi_i = \arccos \frac{\Delta x_i^{\mathrm{T}} \Delta x_{i+1}}{|\Delta x_i| |\Delta x_{i+1}|} \tag{12-12}$$

那么曲率 $\kappa_i = \Delta\phi_i / |\Delta x_i|$ 关于 3 个节点的导数是

$$\frac{\partial\kappa_i}{\partial x_i} = -\frac{1}{|\Delta x_i|} \frac{\partial\Delta\phi_i}{\partial\cos(\Delta\phi_i)} \frac{\partial\cos(\Delta\phi_i)}{\partial x_i} - \frac{\Delta\phi_i}{(\Delta x_i)^2} \frac{\partial\Delta x_i}{\partial x_i}$$

$$\frac{\partial\kappa_i}{\partial x_{i-1}} = -\frac{1}{|\Delta x_i|} \frac{\partial\Delta\phi_i}{\partial\cos(\Delta\phi_i)} \frac{\partial\cos(\Delta\phi_i)}{\partial x_{i-1}} - \frac{\Delta\phi_i}{(\Delta x_i)^2} \frac{\partial\Delta x_i}{\partial x_{i-1}} \tag{12-13}$$

$$\frac{\partial\kappa_i}{\partial x_{i+1}} = -\frac{1}{|\Delta x_i|} \frac{\partial\Delta\phi_i}{\partial\cos(\Delta\phi_i)} \frac{\partial\cos(\Delta\phi_i)}{\partial x_{i+1}}$$

其中，

$$\frac{\partial\Delta\phi_i}{\partial\cos(\Delta\phi_i)} = \frac{\partial\arccos(\cos(\Delta\phi_i))}{\partial\cos(\Delta\phi_i)} = -\frac{1}{(1 - \cos^2(\Delta\phi_i))^{1/2}} \tag{12-14}$$

$\cos(\Delta\phi_i)$ 的导数最容易采用正交表示：

$$\boldsymbol{a} \perp \boldsymbol{b} = \boldsymbol{a} - \frac{\boldsymbol{a}^{\mathrm{T}}\boldsymbol{b}}{|\boldsymbol{b}|}\frac{\boldsymbol{b}}{|\boldsymbol{b}|} \tag{12-15}$$

引入以下归一化正交：

$$\begin{cases} \boldsymbol{p}_1 = \dfrac{\boldsymbol{x}_i \perp (-\boldsymbol{x}_{i+1})}{|\boldsymbol{x}_i|\|\boldsymbol{x}_{i+1}|} \\[3mm] \boldsymbol{p}_2 = \dfrac{(-\boldsymbol{x}_{i+1}) \perp \boldsymbol{x}_i}{|\boldsymbol{x}_i|\|\boldsymbol{x}_{i+1}|} \end{cases} \tag{12-16}$$

然后可以将导数表示为

$$\begin{cases} \dfrac{\partial\cos(\Delta\phi_i)}{\partial\boldsymbol{x}_i} = -\boldsymbol{p}_1 - \boldsymbol{p}_2 \\[3mm] \dfrac{\partial\cos(\Delta\phi_i)}{\partial\boldsymbol{x}_{i-1}} = \boldsymbol{p}_2 \\[3mm] \dfrac{\partial\cos(\Delta\phi_i)}{\partial\boldsymbol{x}_{i+1}} = \boldsymbol{p}_1 \end{cases} \tag{12-17}$$

12.4.2　基于参数曲线优化的导航路径生成

12.4.1 节介绍了进行导航路径生成与优化的基本方法，使读者对室内智能移动机器人路径导航方法有一定认识。本节将结合实际应用，介绍一种具体的导航路径规划算法——基于参数曲线优化的导航路径生成算法。通过对本节的阅读，我们希望读者能够基本掌握基于参数曲线优化的导航路径生成算法，并对导航路径的生成与优化方法有更加深刻的理解。

基于参数曲线优化的导航路径生成算法的流程如图 12-14 所示，可以分为 4 步。第一步，根据定位、激光雷达以及地图信息生成规划的输入信息。第二步，根据规划得到的输入信息，使用 Lazy Theta* 算法[304]进行初始路径搜索，得到如图 12-14 中红色线所示的初始路径。第三步，对初始路径进行几何分析得到一部分关键点，之后对这些关键点进行筛选，得到剩下的关键点。第三步中得到的全部关键点如图 12-14 中红色点所示。对这些关键点进行三次样条插值，得到的参数曲线如图 12-14 中绿色曲线所示。第四步，定义优化目标函数，将参数曲线作为目标函数输入，关键点作为决策变量，进行数值优化。在优化过程中，同时进行关键点的插入和删除：判断两个关键点间是否需要插入新的关键点；判断每一个关键点是否冗余，如果冗余则将其删除。上述过程不断重复直到满足终止条件。调整后的关键点如图 12-14 中蓝色点所示，得到优化后的曲线如图 12-14 中的蓝色曲线所示。

使用 Lazy Theta* 算法后，可以得到一条初始路径 $\mathcal{I} = \{\boldsymbol{p}_i^{(\mathcal{I})} = (x_i^{(\mathcal{I})}, y_i^{(\mathcal{I})})^{\mathrm{T}}\}_{i=0}^n$。

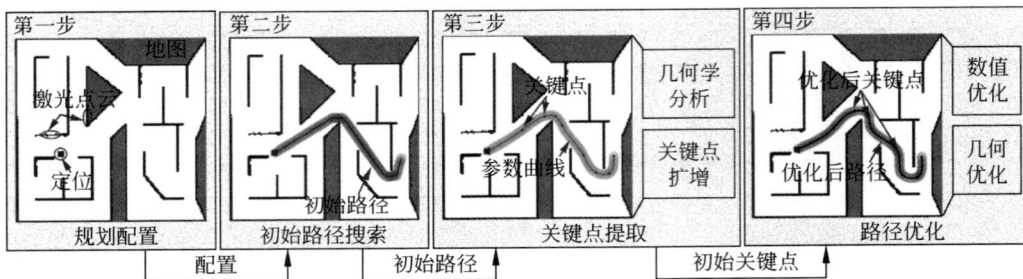

图 12-14　基于参数曲线优化的导航路径生成算法框架图

但此时得到的路径$\mathcal{I}$并不是曲率连续的，我们希望能够得到一条与初始路径$\mathcal{I}$相似，且满足曲率连续要求的曲线。因此，采用的方法是在路径$\mathcal{I}$的基础上提取关键点$\mathcal{K}=\{\boldsymbol{p}_i^{(\mathcal{K})}=(x_i^{(\mathcal{K})},y_i^{(\mathcal{K})})^{\mathrm{T}}\}_{i=0}^m$，利用关键点列表$\mathcal{K}$进行三次样条插值，得到参数曲线$\mathcal{S}(u)$。以上过程要求得到的参数曲线$\mathcal{S}(u)$与路径$\mathcal{I}$相似（防止后续路径优化初始值过差），并且关键点数量越少越好（降低后续优化的问题）。

为实现以上目的，使用的方法如图 12-14 所示。算法分为了两个部分：初始路径几何学分析和关键点列表扩增。前者是为了使用尽可能少的关键点进行初始路径的表征，后者是防止插值得到的参数曲线与初始路径差异过大。

算法 12-1　关键点获取

关键点获取算法

输入：初始路径$\mathcal{I}$，偏移容忍度σ
输出：关键点列表$\mathcal{K}$
$\mathcal{K}\leftarrow$ 几何学分析算法$(\mathcal{I},\sigma)$
$\mathcal{K}\leftarrow$ 关键点列表扩增算法$(\mathcal{I},\sigma,\mathcal{K})$

几何学分析算法使用的是道格拉斯-普客算法[305]。关键点获取如算法 12-1 所示，关键点列表扩增算法如算法 12-2 所示。根据当前关键点列表$\mathcal{K}=\{\boldsymbol{p}_i^{(\mathcal{K})}=(x_i^{(\mathcal{K})},y_i^{(\mathcal{K})})^{\mathrm{T}}\}_{i=0}^m$进行三次样条插值，得到参数曲线$\mathcal{S}(u)=\{\boldsymbol{S}_i(u)\}_{i=0}^{m-1}$，是关于参数$u$的分段函数。参数曲线$\mathcal{S}(u)$的第$i$段$\boldsymbol{S}_i(u)$的表达式如式（12-18）所示。

$$\boldsymbol{S}_i(u)=\begin{pmatrix}a_i^{(x)}+b_i^{(x)}u+c_i^{(x)}u^2+d_i^{(x)}u^3\\a_i^{(y)}+b_i^{(y)}u+c_i^{(y)}u^2+d_i^{(y)}u^3\end{pmatrix} \tag{12-18}$$

$$l_i\leqslant u\leqslant l_{i+1},\quad l_i=\sum_{j=0}^{i-1}\|\overrightarrow{\boldsymbol{p}_j^{(\mathcal{K})}\boldsymbol{p}_{j+1}^{(\mathcal{K})}}\|$$

其中，$\|\overrightarrow{\boldsymbol{p}_j^{(\mathcal{K})}\boldsymbol{p}_{j+1}^{(\mathcal{K})}}\|$表示两个关键点$\boldsymbol{p}_j^{(\mathcal{K})}$和$\boldsymbol{p}_{j+1}^{(\mathcal{K})}$之间的欧氏距离，$l_0=0$，$a_i^{(x)}$和$a_i^{(y)}$等是参数曲线$\mathcal{S}(u)$中的未知参数。求解这些未知参数后就可以得到参数曲线确切的表达式，求解的方法为解如式（12-19）所示的方程组。

$$\begin{cases} \boldsymbol{S}_i(l_i) = \boldsymbol{p}_i^{(\mathcal{K})}, & i = 0,1,\cdots,m-1 \\ \boldsymbol{S}_i(l_{i+1}) = \boldsymbol{S}_{i+1}(l_{i+1}), & i = 0,1,\cdots,m-2 \\ \boldsymbol{S}_i'(l_{i+1}) = \boldsymbol{S}_{i+1}'(l_{i+1}), & i = 0,1,\cdots,m-2 \\ \boldsymbol{S}_i''(l_{i+1}) = \boldsymbol{S}_{i+1}''(l_{i+1}), & i = 0,1,\cdots,m-2 \\ \boldsymbol{S}_{m-1}(l_m) = \boldsymbol{p}_m^{(\mathcal{K})}, \quad \boldsymbol{S}_0''(0) = 0, \quad \boldsymbol{S}_{m-1}''(l_m) = 0 \end{cases} \tag{12-19}$$

其中，l_i 与式(12-18)中含义相同。得到参数曲线 $\mathcal{S}(u)$ 后，计算每一段参数曲线 $\boldsymbol{S}_i(u)$ 与相应直线段 $\overrightarrow{\boldsymbol{p}_i^{(\mathcal{K})}\boldsymbol{p}_{i+1}^{(\mathcal{K})}}$ 的最大欧氏距离 d_i。同时，得到直线段 $\overrightarrow{\boldsymbol{p}_i^{(\mathcal{K})}\boldsymbol{p}_{i+1}^{(\mathcal{K})}}$ 上与曲线段 $\boldsymbol{S}_i(u)$ 距离最大的点 $\boldsymbol{p}_i^{(d)}$。如果 d_i 大于给定的偏差容忍度 σ，则将点 $\boldsymbol{p}_i^{(d)}$ 作为新的关键点插入关键点 $\boldsymbol{p}_i^{(\mathcal{K})}$ 和 $\boldsymbol{p}_{i+1}^{(\mathcal{K})}$ 之间。上述过程不断重复，直到没有新的关键点需要插入到关键点列表 $\mathcal{K}$ 中，关键点列表扩增结束。至此，可以得到如图 12-14 中红色点所示的关键点列表 $\mathcal{K}$ 和绿色曲线所示的参数曲线 $\mathcal{S}(u)$。

算法 12-2　关键点列表扩增算法

关键点列表扩增算法

输入：关键点列表 $\mathcal{K}$，偏移容忍度 σ
输出：关键点列表 $\mathcal{K}$
do
　$\mathcal{S}(u)$ ← 三次样条插值算法$(\mathcal{K})$
　for $S(u)$ 的每一段 $\boldsymbol{S}_i(u)$ **do**
　　d_i ← 计算最大欧氏距离函数$(\overrightarrow{\boldsymbol{p}_i^{(\mathcal{K})}\boldsymbol{p}_{i+1}^{(\mathcal{K})}}, \boldsymbol{S}_i(u))$
　　$\boldsymbol{p}_i^{(d)}$ ← 计算最大欧氏距离点函数$(\overrightarrow{\boldsymbol{p}_i^{(\mathcal{K})}\boldsymbol{p}_{i+1}^{(\mathcal{K})}}, \boldsymbol{S}_i(u))$
　　if $d_i > \sigma$ **then**
　　　　将 $\boldsymbol{p}_i^{(d)}$ 作为新的关键点插入 $\boldsymbol{p}_i^{(\mathcal{K})}$ 和 $\boldsymbol{p}_{i+1}^{(\mathcal{K})}$ 之间
　　end if
　end for
while 存在新插入的关键点

在上一步中得到的参数曲线 $\mathcal{S}(u)$ 虽然在效率上近似最优，且满足曲率连续性，但是，它在碰撞风险和平滑性方面并不是最优的。为了优化参数曲线的碰撞风险和平滑性，一个经典的思路是进行数值优化。

详细来讲，我们可以定义一个目标函数 $\varepsilon(\mathcal{S}(u))$。函数的输入为参数曲线 $\mathcal{S}(u)$，函数输出为参数曲线碰撞风险和平滑性的测量值。我们只需要通过数值优化的方法对目标函数 $\varepsilon(\mathcal{S}(u))$ 进行优化，就能够优化参数曲线 $\mathcal{S}(u)$ 的碰撞风险和平滑性。此外，由于参数曲线 $\mathcal{S}(u)$ 是由关键点 $\mathcal{K}$ 唯一确定的，上述优化问题的决策变量实际上是关键点列表 $\mathcal{K}$。因此，目标函数 $\varepsilon(\mathcal{S}(u))$ 也可以记作为 $\varepsilon(\mathcal{K})$。

最终确定的目标函数如式(12-20)所示。

$$\varepsilon(\mathcal{S}(u)) = w_c \varepsilon_c(\mathcal{S}(u)) + w_s \varepsilon_s(\mathcal{S}(u)) + w_o \varepsilon_o(\mathcal{S}(u)) \tag{12-20}$$

其中，$\varepsilon_c(\mathcal{S}(u))$ 为参数曲线 $\mathcal{S}(u)$ 碰撞风险的测量，$\varepsilon_s(\mathcal{S}(u))$ 为参数曲线 $\mathcal{S}(u)$ 平滑性的

测量，$\varepsilon_o(\mathcal{S}(u))$ 参数曲线 $\mathcal{S}(u)$ 两个端点与规划的起点和终点的偏移量，w_c、w_s 和 w_o 为预设的权重。为了进行目标函数的计算，将参数曲线 $\mathcal{S}(u)$ 进行了离散化：通过一些采样点来对参数曲线进行表示，即假定 $\mathcal{S}(u)=\{\boldsymbol{p}_i^{(\mathcal{S})}=(x_i^{(\mathcal{S})},y_i^{(\mathcal{S})})^{\mathrm{T}}\}_{i=0}^t$，其中 $t+1$ 为采样点的数量。

$\varepsilon_c(\mathcal{S}(u))$ 的计算如式（12-21）所示。

$$v_i = \frac{1}{\|\boldsymbol{p}_i^{(S)}-\boldsymbol{o}(\boldsymbol{p}_i^{(S)})\|^2}, \quad i=0,1,\cdots,t \tag{12-21}$$

$$\varepsilon_c(\mathcal{S}(u))=\mathrm{FilterMean}((v_0,v_1,\cdots,v_t),\gamma)$$

其中，$\boldsymbol{o}(\boldsymbol{p}_i^{(S)})$ 表示离 $\boldsymbol{p}_i^{(S)}$ 最近的障碍物点。FilterMean($\cdot$)为自定义函数，如式（12-21）所示。γ 为预设的参数，满足 $0\leqslant\gamma\leqslant1$。

利用 FilterMean($\cdot$)函数，在计算碰撞风险测量 $\varepsilon_c(\mathcal{S}(u))$ 的过程中，一般只考虑离曲线最近的一部分障碍物对曲线的影响，而没有考虑全部障碍物。其原因在于，碰撞风险主要来源于近距离障碍物。如果考虑全部障碍物，那么曲线在优化过程中可能会无法远离近距离障碍物，反而会远离远距离障碍物。当前方法解决这一问题的方式是设定安全距离阈值，一旦障碍物与路径距离大于阈值，则不进行考虑。这种方法是存在问题的：如果阈值设置过大，则在狭窄场景难以起到效果；如果阈值设置过小，则优化过会受到阈值的制约，难以达到理想情况。相比之下，我们的方法则不存在上述问题。

算法 12-3　FilterMean($\cdot$)函数的实现

FilterMean($\cdot$)函数

输入：向量 $\boldsymbol{v}$，比例系数 γ
输出：标量 α
$\alpha\leftarrow0$，　$c\leftarrow0$
$\boldsymbol{v}\leftarrow$ 倒序函数（正向排序函数（$\boldsymbol{v}$））　　▷正向排序函数用于从小到大排序
for $i=0,1,\cdots,\mathrm{SIZEOF}(\boldsymbol{v})-1$ **do**
　　if $i<\mathrm{SIZEOF}(\boldsymbol{v})\cdot\gamma$ **then**　　▷SIZEOF 用于获取向量维度
　　　　$\alpha\leftarrow\alpha+\boldsymbol{v}[i]$，　$c\leftarrow c+1$
　　end if
end for
$\alpha\leftarrow\dfrac{\alpha}{c}$

$\varepsilon_s(\mathcal{S}(u))$ 的计算如式（12-22）所示。

$$\begin{cases} v_i = \|\boldsymbol{p}_{i+1}^{(\mathcal{S})}+\boldsymbol{p}_{i-1}^{(\mathcal{S})}-2\boldsymbol{p}_i^{(\mathcal{S})}\|, \quad i=1,2,\cdots,t-1 \\ \varepsilon_s(\mathcal{S}(u))=\mathrm{FilterMean}((v_1,v_2,\cdots,v_{t-1}),\gamma) \end{cases} \tag{12-22}$$

式（12-22）计算的是每一个采样点与它前后采样点连线中心点的欧氏距离。也就是说，当采样点处于它前后采样点连线中心点处时，我们认为达到了理想的平滑性。此处使用 FilterMean($\cdot$)函数的目的也是让优化聚焦于曲线最不平滑的部分。

$\varepsilon_{\mathrm{o}}(\mathcal{S}(u))$ 的计算如式(12-23)所示。

$$\varepsilon_{\mathrm{o}}(\mathcal{S}(u)) = \tan\left(\frac{0.5\pi \cdot \min(\parallel \boldsymbol{p}_0^{(\mathcal{S})} - \boldsymbol{p}_0^{(\mathcal{I})} \parallel, \tau^{(\mathrm{s})})}{\tau^{(\mathrm{s})}}\right) + \tag{12-23}$$
$$\tan\left(\frac{0.5\pi \cdot \min(\parallel \boldsymbol{p}_t^{(\mathcal{S})} - \boldsymbol{p}_n^{(\mathcal{I})} \parallel, \tau^{(\mathrm{g})})}{\tau^{(\mathrm{g})}}\right)$$

其中，$\boldsymbol{p}_n^{(\mathcal{S})}$ 和 $\boldsymbol{p}_n^{(\mathcal{I})}$ 分别为初始路径 $\mathcal{I}$ 的起点和终点，$\tau^{(\mathrm{s})}$ 和 $\tau^{(\mathrm{g})}$ 分别为起点和终点容忍的偏移量。在优化过程中，并没有将起点和终点看作为约束，而是将其作为优化项。这样做是为了避免起点或终点条件太差影响参数曲线整体的优化。

至此，给出了目标函数的计算方法。对于该目标函数的优化是一个非线性无约束优化问题，并且目标函数的导数不存在解析解。因此，可以采用 COBYLA 算法进行优化。

但是，仅仅通过数值优化的方式对参数曲线进行优化是不够的。例如，在图 12-15 上方所示场景中，仅使用数值优化方法调整关键点的坐标就难以达到期望的规划路径。而在图 12-15 下方所示场景中，过近的关键点会造成曲线抖动，这也是通过数值优化难以解决的。在解决这些问题的过程中，可以发现关键点的插入和删除对解决这个问题有巨大的帮助，如图 12-15 所示。

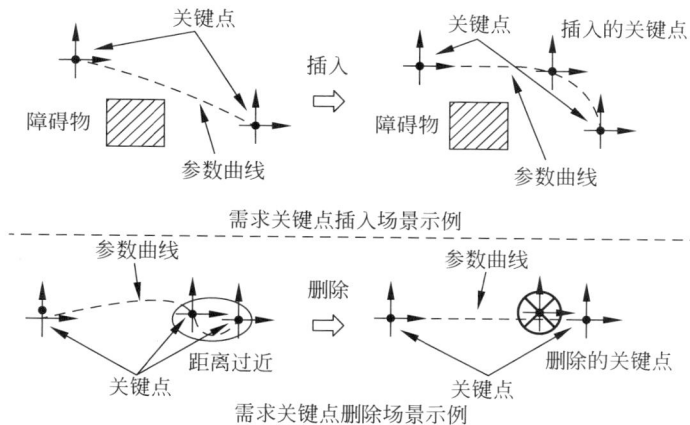

图 12-15　关键点的添加与删除示意图

因此，本节使用了一种将数值优化和几何优化(插入和删除关键点)相结合的方法对参数曲线进行优化，过程如算法 12-4 所示。首先利用数值优化方法对关键点 $\mathcal{K}$ 进行优化。判断优化后关键点之间的距离，如果距离太小则删除相应关键点。对剩下的关键点进行三次样条插值，得到新的参数曲线 $\mathcal{S}(u)$，如果此时得到的参数曲线无碰撞，则结束优化过程。反之，判断参数曲线的每一段 $\boldsymbol{S}_i(u)$ 是否发生碰撞。如果碰撞，则找到 $\boldsymbol{S}_i(u)$ 与障碍物最近的点 $\boldsymbol{p}_i^{(\mathrm{o})}$，将其插入关键点 $\mathcal{K}$ 中。以上过程不断重复，直到达到最大迭代次数 it，结束优化过程。此时，可以得到优化后的参数曲线 $\mathcal{S}(u)$，也即是最终的全局路径。

算法 12-4　路径优化算法

路径优化算法

输入：初始关键点列表 $\mathcal{K}$，初始参数曲线 $\mathcal{S}(u)$，障碍物点 $\mathcal{O}$，最大迭代次数 it
输出：优化后的关键点列表 $\mathcal{K}$，优化后的参数曲线 $\mathcal{S}(u)$
for $k=0,1,\cdots,$ it **do**
　　$\mathcal{K} \leftarrow$ 数值优化算法$(\mathcal{K},\mathcal{S}(u))$
　　$\mathcal{K} \leftarrow$ 删除冗余的关键点算法$(\mathcal{K})$
　　$\mathcal{S}(u) \leftarrow$ 三次样条插值算法$(\mathcal{K})$
　　if $\mathcal{S}(u)$ 无碰撞 **then**
　　　　break
　　end if
　　for $\mathcal{S}(u)$ 的每一段 $\boldsymbol{S}_i(u)$ **do**
　　　　if $\boldsymbol{S}_i(u)$ 发生碰撞 **then**
　　　　　　$\boldsymbol{p}_i^{(o)} \leftarrow$ 计算距离最近的障碍物点算法$(\boldsymbol{S}_i(u),\mathcal{O})$
　　　　　　将 $\boldsymbol{p}_i^{(o)}$ 作为新的关键点插入 $\boldsymbol{p}_i^{(\mathcal{K})}$ 与 $\boldsymbol{p}_{i+1}^{(\mathcal{K})}$ 之间
　　　　end if
　　end for
end for

12.5　室内智能移动机器人的运动规划

　　室内智能移动机器人面向服务类场景，完成各类室内任务的前提是能够到达目标地点。移动机器人运动规划可以从当前的位置到给定的目标位置之间为机器人找到一条符合约束条件的运动路径。运动规划的实质是按照给定曲线生成相应逼近的运动轨迹，对给定曲线进行"数据点的密集化"。室内移动机器人运动规划方法一般可分为反应式和预测式两种。反应式方法是基于机器人当前状态实时生成应执行动作，以控制机器人的运动状态，代表性算法为 DWA 算法。反应式运行效率较高，但未考虑长期的运动状态，难以适应复杂的室内环境。预测式方法是通过生成未来一段时间内的轨迹序列，并在对轨迹进行建模后，通过优化的方式生成满足约束条件的运动序列。以时间弹性带（TEB）和模型预测控制（MPC）等经典方法为代表的预测式方法，在保证效率的同时，能够取得较好的规划效果。

　　自动驾驶车辆与移动机器人的规划系统的共同点在于均需满足一定的运动学及动力学约束。自动驾驶汽车可以看作是工作环境与运动学特性特殊的移动机器人，其体积更大、速度更快、要求更高。在规划过程中，两者都必须将定位信息、环境感知信息等作为输入，最终输出能够让智能体安全行驶的轨迹点或运动序列。

　　二者的不同主要在于环境结构化程度与高效性要求。在结构化环境中，自动驾驶车辆的规划可以依赖道路规则等先验知识来生成约束条件,用于优化无人车的规划行为。室内机器人一般在具有高度不确定性环境中进行规划。室内复杂环境除了常见的静态障碍物之外,还包括其他机器人和行人。这些不确定性主体难以预知的运动行为极大地影响了机器人在室内动态环境下的运动规划。室内机器人的速度通常远低于自动驾驶汽车的运动速度,对规划算法的时间复杂度则要求较低,能够给予规划算法较为充裕的安全缓冲期。

12.5.1 反应式运动规划

在未知的环境中,障碍物的动态变化会对机器人导航系统造成很大的影响。在室内环境中,突然出现的障碍物如果阻挡了机器人前方的形式路径,没有良好运动规划能力的机器人只能被迫停止等待。但是如果突入的障碍物不具备感知能力,那么尽管主体机器人停止等待仍有碰撞可能。为了解决机器人只有停障而没有避障能力的问题,反应式运动规划 DWA 算法[306-307]应运而生。机器人结合自身的位置信息,依靠自身的感知系统(分析传感器数据比如激光雷达或者深度相机等)对周围环境做出判断,并对这些不可预见的情况做出反应,进而重新动态规划以完成它们的任务。此类算法主要体现于对动态障碍物的反应式规避,从移动机器人的运动学角度出发,考虑机器人的速度和加速度约束,在一段时间内,采样不同的角速度和线速度,并预测出未来不同的行驶轨迹,然后根据拟定的一些代价函数计算所有轨迹的代价。最终择优选取代价最小的一条路径,并交给底层执行机构进行控制。

智能机器人依据其运动模型,可以分为差速式移动机器人和阿克曼移动机器人。二者的区别在于后者与汽车转向方式相同,内外轮转过的角度不同,内侧轮胎转弯半径小于外侧轮胎。以差速式移动机器人为例,假设在很短的一段时间内机器人的速度为一个恒定值,且可以独立地控制机器人的线速度和角速度。基于上述假设,机器人的运动轨迹可以转变为有限段的圆弧组成的一条曲线,这种轨迹的分割形式有利于机器人进行碰撞检测。

令 $x(t)$、$y(t)$ 和 $\theta(t)$ 分别代表机器人在世界坐标系下处于 t 时刻的坐标和方位角,$\langle x,y,\theta \rangle$ 构成的状态空间包含了机器人的运动学属性。$x(t_0)$、$x(t_n)$、$y(t_0)$、$y(t_n)$ 分别代表机器人 t_0 和 t_n 时刻在世界坐标系下的横纵坐标,$v(t)$ 和 $\omega(t)$ 分别代表机器人在 t 时刻的线速度和角速度。因此具有以下关系式:

$$x(t_n) = x(t_0) + \int_{t_0}^{t_n} v(t) \cdot \cos\theta(t)\mathrm{d}t \tag{12-24}$$

$$y(t_n) = y(t_0) + \int_{t_0}^{t_n} v(t) \cdot \sin\theta(t)\mathrm{d}t \tag{12-25}$$

式(12-24)和式(12-25)都依赖机器人路径点上的速度,在规划过程中我们唯一可以完全确定的速度值仅有初始速度值,下面将对上述公式进一步推导。速度 $v(t)$ 依赖 t_0 时刻的初始速度 $v(t_0)$ 和 $[t_0, t_1]$ 这段时间内的加速度 $\dot{v}(t)$。同样,方位角 $\theta(t)$ 是

初始方位角 $\theta(t_0)$、初始旋转角速度 $\omega(t_0)$ 和 $[t_0,t_1]$ 这段时间内的加速度 $\dot{\omega}(t)$。把 $v(t_0)$、$\dot{v}(t)$、$\theta(t_0)$、$\omega(t_0)$ 和 $\dot{\omega}(t)$ 代入式(12-24)，可以得到下式：

$$x(t_n) = x(t_0) + \int_{t_0}^{t_n} \left(v(t_0) + \int_{t_0}^{t} \dot{v}(\hat{t}) \, d\hat{t} \right) \cdot \cos\left(\theta(t_0) + \int_{t_0}^{t} \left(\omega(t_0) + \int_{t_0}^{\hat{t}} \dot{\omega}(\bar{t}) \, d\bar{t} \right) d\bar{t} \right) d\bar{t}$$

$$(12\text{-}26)$$

式(12-26)说明了机器人的运动轨迹与 t_0 时刻的状态的初始配置 $\langle x, y, \theta \rangle$ 以及机器人加速度有关。对于大部分移动机器人而言，加速度是电流的单调函数，因此我们认为加速度是可以直接通过电流控制的。式(12-26)中的 n 表示划分时间段的数量，时间段 $[t_i, t_{i+1}]$ 内的线加速度和角加速度为常数 $\dot{v}(t)$ 和 $\dot{\omega}(t)$，基于每一个时间段内的加速度都是常数这一假设对式(12-26)进行离散化处理，得到的机器人运动学公式如下所示：

$$x(t_n) = x(t_0) + \sum_{i=0}^{n-1} \int_{t_i}^{t_{i+1}} (v(t_i) + \dot{v}_i \cdot \Delta_t^i) \cdot \cos\left(\theta(t_i) + \omega(t_i) \cdot \Delta_t^i + \frac{1}{2} \dot{\omega}_i \cdot (\Delta_t^i)^2 \right) dt$$

$$(12\text{-}27)$$

式(12-27)描述了在通用情况下对机器人的控制，但根据上述公式生成的轨迹计算复杂，进行几何操作困难。当时间间隔很小时，机器人的运动轨迹可以近似于若干段圆弧，分段圆弧表示机器人轨迹有利于实时控制。当时间间隔 $[t_i, t_{i+1}]$ 足够小的时候，由于机器人运动的平滑性，$v(t_i) + \dot{v}\Delta_t^i$ 可以使用任意的速度 $v_i \in [v_i, v_{i+1}]$ 代替。基于此，得到了如下公式：

$$x(t_n) = x(t_0) + \sum_{i=0}^{n-1} \int_{t_i}^{t_{i+1}} v_i \cdot \cos\left(\theta(t_i) + \omega_i \cdot (\hat{t} - t_i) \right) d\hat{t} \tag{12-28}$$

$$x(t_n) = x(t_0) + \sum_{i=0}^{n-1} (F_x^i(t_{i+1})) \tag{12-29}$$

$$F_x^i(t) = \begin{cases} \dfrac{v_i}{\omega_i} (\sin\theta(t_i) - \sin(\theta(t_i) + \omega_i \cdot (t - t_i))), & \omega_i \neq 0 \\ v_i \cos(\theta(t_i)) \cdot t, & \omega_i = 0 \end{cases} \tag{12-30}$$

对于纵坐标，如下所示：

$$y(t_n) = y(t_0) + \sum_{i=0}^{n-1} (F_y^i(t_{i+1})) \tag{12-31}$$

$$F_y^i(t) = \begin{cases} -\dfrac{v_i}{\omega_i} (\cos\theta(t_i) - \cos(\theta(t_i) + \omega_i \cdot (t - t_i))), & \omega_i \neq 0 \\ v_i \sin(\theta(t_i)) \cdot t, & \omega_i = 0 \end{cases} \tag{12-32}$$

注意，当 $\omega_i = 0$ 时，机器人的运动轨迹是一条直线。相反，当 $\omega_i \neq 0$ 时，机器人的运动轨迹是一个圆。

$$M_x^i\& = -\frac{v_i}{\omega_i} \cdot \sin(\theta(t_i))\qquad(12\text{-}33)$$

$$M_y^i\& = \frac{v_i}{\omega_i} \cdot \cos(\theta(t_i))\qquad(12\text{-}34)$$

其中,机器人运动轨迹圆的公式为

$$(F_x^i - M_x^i)^2 + (F_y^i - M_y^i)^2 = \left(\frac{v_i}{\omega_i}\right)^2\qquad(12\text{-}35)$$

　　基于前述假设,当时间间隔足够小的时候,每个时间段内的速度可以视为常数,机器人的运动轨迹由一系列的直线和圆弧近似组成。然而在实际情况下,由于机器人的动态约束对后续间隔中速度值的最大偏差使得速度不能覆盖全部的解空间。动态窗口法根据动态约束直接在速度空间中搜索机器人的速度指令,进而进行控制输出。只搜索符合机器人动力学约束的速度和遇到障碍物能够保证停下来的速度,减小需要搜索的速度空间。对速度空间的剪枝是在算法的第一步完成的。在算法的第二步会选择那些令目标函数值最大的速度。在当前的实现中执行上述一个周期需要大概 0.25s 的时间。

　　算法的一个周期简单概括如下。

算法 12-5　动态滑动窗口规划

动态滑动窗口规划

1. 搜索可用的速度搜索空间。

　　(1)圆形轨迹:动态窗口方法仅考虑由平移和旋转速度(v, ω)唯一确定的圆形轨迹(曲率),结果为二维速度搜索空间。

　　(2)允许速度:对允许速度的限制确保只考虑安全轨迹。如果机器人能够在到达相应曲率上最近的障碍物之前停止,则认为这对(v, ω)是可接受的。

　　(3)动态窗口:动态窗口将允许的速度限制为考虑机器人的加速度约束在短时间内能够达到的速度。

2. 优化目标函数
$$G(v, \omega) = \sigma(\alpha \cdot \text{heading}(v, \omega) + \beta \cdot \text{dis } t(v, \omega) + \gamma \cdot \text{vel}(v, \omega))$$

　　(1)dist 是对目标轨迹上最近障碍物的距离,到障碍物的距离越小,机器人在它周围移动的预期越高。

　　(2)vel 是机器人的前进速度,支持快速运动。

　　函数 σ 平滑 3 个分量的加权总和,并促使离障碍物的间隙更大。

12.5.2　预测式运动规划

　　12.5.1 节介绍了基于反应式的规划算法——DWA 算法,本节介绍基于预测式规划的算法[308-309]。预测式规划算法可以生成未来一段时间内的轨迹序列,而非仅仅是当前的一个反应动作。其中,TEB 算法和 MPC 算法[310] 都是经典的预测方法。它们都对轨迹进行建模,并通过优化解决问题。本节将详细介绍 TEB 算法。

　　弹性带(EB)算法将给定的路径视为受合力影响的弹性橡皮筋,在与障碍物保持一定安全距离的情况下产生形变，以使受力相互平衡，其中力可以看作是对机器人运动的所有约束。TEB 算法是从弹性带算法的基础上演变而来，在 EB 算法基础上，TEB 算法在给定全局路径的中间插入 N 个控制点（机器人姿态），并利用定义的运动时间将这些点连接起来。在动态环境下（比如其他障碍物的移动），初始地图随着局部环境的改变将会引入不确定性，这对机器人的运动规划是不利的。然而动态更新全局路径计算代价高，难以在真实环境中应用。因此，TEB 算法可以生成局部轨迹序列，以有效应对这种不确定性。

TEB 算法的目标函数只根据部分连续配置来计算，而非全部配置，因此产生了稀疏系统矩阵。这种矩阵可以使用诸多高效的优化方法来计算，例如图优化（G2O）。TEB 算法的目标函数分为两类：一类是关于速度和加速度限制的惩罚函数；另一类是轨迹目标函数，例如，求最短或最快路径。在 TEB 算法中，目标函数被表述为分段的目标连续的、可微的代价函数，以下所示：

$$e_\Gamma(x, x_r, \varepsilon, S, n) \approx \begin{cases} \dfrac{x - (x_r - \varepsilon)^n}{S}, & x > x_r - \varepsilon \\ 0, & \text{其他} \end{cases} \tag{12-36}$$

其中，x_r 表示其界限，S 表示缩放，n 表示多项式阶数，ε 表示近似值的微小平移。

TEB 算法实现了对中间路径参考点的跟随和对动静态障碍物的避障。两者的目标函数相似，不同之处在于路径参考点被吸引到弹性带上，以最大限度地贴合路径，而障碍物则被排斥到弹性带之外，以尽可能避免碰撞。目标函数的计算取决于 TEB 和路径点或障碍物之间的最小间隔 $d_{\min,j}$。对于路径点，以最大目标半径 r_{pmax} 为界；对于障碍物，则以最小距离 r_{omin} 为界。目标函数可表示为

$$f_{\mathrm{path}} = e_\Gamma(-d_{\min,j}, r_{\mathrm{pmax}}, \varepsilon, S, n) \tag{12-37}$$

$$f_{\mathrm{ob}} = e_\Gamma(-d_{\min,j}, -r_{\mathrm{omin}}, \varepsilon, S, n) \tag{12-38}$$

机器人速度和加速度的动态约束采用类似的惩罚函数来描述其几何约束。具体来说，通过两个连续的配置 x_i、x_{i+1} 和两个位姿之间转换的时间间隔 ΔT_i，并根据欧几里得或角距离来计算平移和旋转速度的平均值 v_i 和 w_i，具体计算如下：

$$v_i \approx \frac{1}{\Delta T_i} \left\| \begin{pmatrix} x_{i+1} - x_i \\ y_{i+1} - y_i \end{pmatrix} \right\| \tag{12-39}$$

$$w_i \approx \frac{\beta_{i+1} - \beta_i}{\Delta T_i} \tag{12-40}$$

由于机器人在相邻位姿之间所经过的圆形路径长度可以近似为相邻配置之间的欧几里得距离，因此加速度与这两个连续位姿之间的平均速度有关。因此，考虑使用 3 个连续配置，每个配置之间有对应的时间间隔，来描述机器人速度和加速度的动态约束。加速度 a_i 可以表示为

$$a_i = \frac{2(v_{i+1} - v_i)}{\Delta T_i + \Delta T_{i+1}} \tag{12-41}$$

以差分驱动机器人为例,它只有两个局部自由度,因此只能沿着机器人当前航向的方向移动,这种运动学约束导致生成的路径由弧段组成,路径必须连续且曲率恒定。因此相邻的两个位姿必须位于同一段恒定曲率的公共弧上,如图 12-16 所示。

为了使相邻两个配置在一条恒定曲率的公共弧上,需要满足初始配置 x_i 和方向

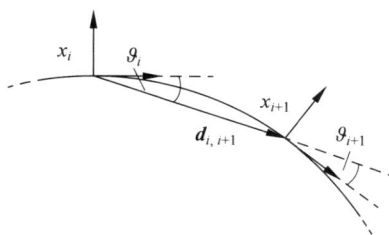

图 12-16　对于非完整运动学的配置图关系

$d_{i,i+1}$ 与配置 x_{i+1} 处的方向相同,即角度 ϑ_i 必须等于在配置 x_{i+1} 处的对应角 ϑ_{i+1}。β_i 表示机器人在弧段条件要求下第 i 个配置的绝对方向:

$$\vartheta_i = \vartheta_{i+1} \tag{12-42}$$

$$\begin{pmatrix} \cos\beta_i \\ \sin\beta_i \\ 0 \end{pmatrix} \times \boldsymbol{d}_{i,i+1} = \boldsymbol{d}_{i,i+1} \times \begin{pmatrix} \cos\beta_{i+1} \\ \sin\beta_{i+1} \\ 0 \end{pmatrix} \tag{12-43}$$

$$\boldsymbol{d}_{i,i+1} := \begin{pmatrix} x_{i+1} - x_i \\ y_{i+1} - y_i \\ 0 \end{pmatrix} \tag{12-44}$$

为了惩罚违反此约束的误差,设计一个二次误差目标函数 $f_k(x_i, x_{i+1})$,如下所示:

$$f_k(x_i, x_{i+1}) = \left\| \left[\begin{pmatrix} \cos\beta_i \\ \sin\beta_i \\ 0 \end{pmatrix} + \begin{pmatrix} \cos\beta_{i+1} \\ \sin\beta_{i+1} \\ 0 \end{pmatrix} \right] \times \boldsymbol{d}_{i,i+1} \right\|^2 \tag{12-45}$$

此外,现在 TEB 已经加入了时间信息,可以利用时间限制来计算最快路径,即最小化所有时间总和的平方:

$$f_k = \left(\sum_{i=1}^{n} \Delta T_i \right)^2 \tag{12-46}$$

12.5.3　基于时空概率道路树的运动规划

定义点的坐标为 $\boldsymbol{c} = [x, y]^\mathrm{T}$,点的位姿为 $\boldsymbol{p} = [x, y, \theta]^\mathrm{T}$,包含横纵坐标以及朝向。定义机器人的速度 $\boldsymbol{v}\,[v, w]^\mathrm{T}$,包含线速度和角速度,且 $\boldsymbol{v} \in [v^{(\min)}, v^{(\max)}]$。定义机器人的加速度为 $\boldsymbol{a} = [a, \beta]^\mathrm{T}$,包含线加速度和角加速度,且 $\boldsymbol{a} \in [a^{(\min)}, a^{(\max)}]$。定义机器人的状态为 $\boldsymbol{s} = [x, y, \theta, v, w]^\mathrm{T}$。运动规划问题具体描述为如下:机器人在当前时刻以给定的速度 $\boldsymbol{v}_0$ 和位姿 $\boldsymbol{p}_0$ 出发,作为坐标原点 $\boldsymbol{0}^\mathrm{T}$,在全局导航路径上给出包含 N 个点的路径,路径点为 $\mathcal{P} = \{\boldsymbol{p}_i^{(\mathrm{g})}\}_{i=0}^{N}$,机器人的理想线速度为 $v^{(\mathrm{e})}$,未来时间 T 内障碍物占据点为 $\mathcal{O}(t) = \{\boldsymbol{c}_i^{(\mathrm{o})}(t)\}_{i=0}^{M(t)}$,$M(t)$ 为 t 时刻障碍物点的数量。问题的目标是计算机器人未来时间 T 内,满足机器人运动学约束和障碍物约束的最优轨迹 $s(t)$。

为了对问题进行简化，本算法对时域进行离散化，将时间 T 离散为 $K+1$ 帧，每帧之间的时间间隔为 ΔT。ΔT 非常小，通常可以设置为 0.1s。此时，障碍物占据点为 $\mathcal{O}_k = \{\boldsymbol{c}_{k,i}^{(\text{o})}\}_{i=0}^{M_k}, k=0,1,\cdots,K$。规划的轨迹为 $\mathcal{S}=\{\boldsymbol{s}_k\}_{k=0}^{K}$，机器人运动学约束为

$$\boldsymbol{S}_{k+1} = F(\boldsymbol{s}_k) + G(\boldsymbol{a}_k), \quad \forall k \in [0, K-1]$$
$$\boldsymbol{v}^{(\text{min})} \leqslant \boldsymbol{v}_k \leqslant \boldsymbol{v}^{(\text{max})}, \quad \forall k \in [0, K] \tag{12-47}$$
$$-\boldsymbol{a}^{(\text{max})} \leqslant \boldsymbol{a}_k \leqslant \boldsymbol{a}^{(\text{max})}, \quad \forall k \in [0, K]$$

其中，

$$\begin{cases} F(\boldsymbol{s}_k) = \boldsymbol{s}_k + \Delta T \begin{bmatrix} v_k \cos\theta_k \\ v_k \sin\theta_k \\ \omega_k \\ 0 \\ 0 \end{bmatrix} \\ \\ G(\boldsymbol{a}_k) = \Delta T \begin{bmatrix} 0 \\ 0 \\ 0 \\ a_k \\ \beta_k \end{bmatrix} \end{cases} \tag{12-48}$$

障碍物约束为

$$L(C(\boldsymbol{s}_k), \mathcal{O}_k) > 0, \quad \forall k \in [0, K] \tag{12-49}$$

其中，$L(\cdot)$ 为计算两个集合在笛卡儿平面的最小欧氏距离，$C(\cdot)$ 为机器人状态为 $\boldsymbol{s}_k$ 时的外轮廓。在本算法中，定义的轨迹评价函数 $E(\mathcal{S})$ 为

$$E(\mathcal{S}) = E^{(\text{o})}(\mathcal{S}, \mathcal{P}, v^{(\text{e})}) + E^{(\text{s})}(\mathcal{S}) \tag{12-50}$$

其中，$E^{(\text{o})}(\cdot)$ 用于评价轨迹与全局导航路径以及期望速度的偏差，$E^{(\text{s})}(\cdot)$ 用于评价轨迹的平滑性。

至此，本算法将轨迹规划问题转化为了非线性优化问题，其数学模型如下所示：

$$\min_{\mathcal{S}} E(\mathcal{S})$$
$$\text{s.t.} \begin{cases} \boldsymbol{s}_0 = [\boldsymbol{0}^{\text{T}}, \boldsymbol{v}_0^{\text{T}}]^{\text{T}} \\ \boldsymbol{s}_{k+1} = F(\boldsymbol{s}_k) + G(\boldsymbol{a}_k), & \forall k \in [0, K-1] \\ \boldsymbol{v}^{(\text{min})} \leqslant \boldsymbol{v}_k \leqslant \boldsymbol{v}^{(\text{max})}, & \forall k \in [0, K] \\ -\boldsymbol{a}^{(\text{max})} \leqslant \boldsymbol{a}_k \leqslant \boldsymbol{a}^{(\text{max})}, & \forall k \in [0, K] \\ L(C(\boldsymbol{s}_k), \mathcal{O}_k) > 0, & \forall k \in [0, K] \end{cases} \tag{12-51}$$

该问题的解决思路分为两步：第一步找到次优的初始轨迹，第二步是在初始轨迹的邻域中利用优化算法得到最终轨迹。具体流程如图 12-17 所示。根据全局导航路

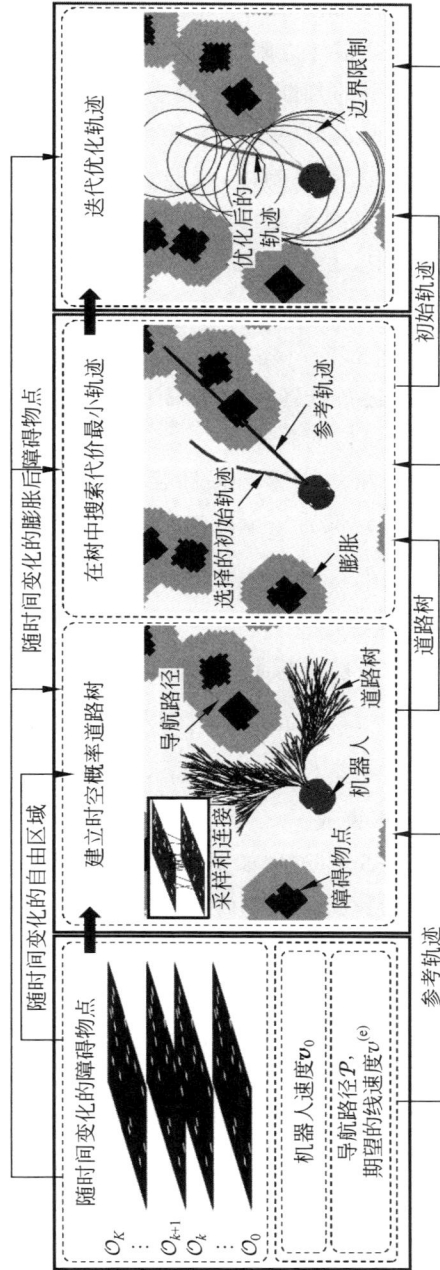

图 12-17　基于时空概率道路树的运动规划算法框图

径、期望线速度以及机器人速度,确定参考状态序列;根据输入的每一帧障碍物点和机器人当前的速度,确定未来每一帧的自由区域;在每一帧的自由区域进行点随机采样,并判断当前帧的采样点与前一帧的点是否满足构建边的条件。如果是,则进行边的构建,并根据参考状态序列给此采样点附加损失值;反之,抛弃该采样点。不断重复以上过程,直到最后一帧的采样全部判断完毕,时空概率道路树构建完成。根据时空概率道路树中采样点的损失值,搜索出一条损失最小的通路,即初始轨迹。确定轨迹上每一帧状态处的边界限制,在边界限制内,根据参考状态序列和目标函数对轨迹进行优化。不断重复上述过程,直到满足特定条件或达到迭代上限。最终可以得到优化后的轨迹。在机器人系统中,上述轨迹规划程序以 $10\,\mathrm{Hz}$ 的频率运行,不断更新当前轨迹。

为了得到参考状态序列 $\mathcal{S}^{(\mathrm{r})} = \{s_k^{(\mathrm{r})}\}_{k=0}^K$ 以及每一帧自由区域 $\mathcal{FS}_k = \{c_{k,i}^{(\mathrm{fs})}\}_{i=0}^{M_k}$, $k=0,1,\cdots,K$,需要对输入进行处理。前者用于时空概率道路树的损失计算以及轨迹优化,后者用于时空概率道路树的采样。

计算 $\mathcal{S}^{(\mathrm{r})}$ 的过程如下。首先,计算导航路径 $\mathcal{P}$ 中每一个点对应的线速度和角速度:计算路径 $\mathcal{P}$ 中第 i 个点 $\boldsymbol{p}_i^{(\mathrm{g})}$ 到最后一个点的距离 $d_i^{(\mathrm{g})}$,则 $\boldsymbol{p}_i^{(\mathrm{g})}$ 的对应的线速度 $v_i^{(\mathrm{g})}$ 为

$$v_i^{(\mathrm{g})} = \min(v^{(\mathrm{e})}, \sqrt{2d_i^{(\mathrm{g})}a^{(\mathrm{max})}}) \tag{12-52}$$

其中,$a^{(\mathrm{max})}$ 为最大线加速度。$\boldsymbol{p}_i^{(\mathrm{g})}$ 对应的角速度 $w_i^{(\mathrm{g})}$ 可以通过曲率与速度的乘积获得。计算路径 $\mathcal{P}$ 中与机器人当前坐标最近的点,其下标记作 $i^{(\mathrm{n})}$,则 $\mathcal{S}^{(\mathrm{r})}$ 中第 k 个状态为 $\boldsymbol{s}_k^{(\mathrm{r})} = [\boldsymbol{p}_{i^{(\mathrm{t})}}^{(\mathrm{g})\mathrm{T}}, v_{i^{(\mathrm{t})}}^{(\mathrm{g})}, \omega_{i^{(\mathrm{t})}}^{(\mathrm{g})}]^\mathrm{T}$,其中 $i^{(\mathrm{t})}$ 为满足以下表达式的最小的 i 再减 1。

$$d_{i^{(\mathrm{n})}}^{(\mathrm{g})} - d_i^{(\mathrm{g})} > k\Delta T \max(0, v_{i^{(\mathrm{n})}}^{(\mathrm{g})}\cos\theta_{i^{(\mathrm{n})}}^{(\mathrm{g})}) \tag{12-53}$$

至此,参考状态序列 $\mathcal{S}^{(\mathrm{r})}$ 计算完成。

计算第 k 帧自由区域 $\mathcal{FS}_k$ 的过程如下。首先,根据机器人的外轮廓对第 k 帧障碍物占据点 $\mathcal{O}_k$ 进行膨胀,得到膨胀后的障碍物点 $\mathcal{IO}_k$。根据匀加速运动原理和机器人的最大最小速度,可以计算机器人在 $k\Delta T$ 时间内能够走过的最长距离 $d^{(\mathrm{max})}$ 和最短距离 $d^{(\mathrm{min})}$。以机器人当前坐标作为圆心,分别以 $d^{(\mathrm{max})}$ 和 $d^{(\mathrm{min})}$ 作为半径绘制圆形。落在圆内的点集分别记作 $\mathcal{FS}_k^{(\mathrm{a})}$ 和 $\mathcal{FS}_k^{(\mathrm{i})}$,最终第 k 帧自由区域 $\mathcal{FS}_k$ 为 $\mathcal{FS}_k^{(\mathrm{a})} \backslash (\mathcal{FS}_k^{(\mathrm{i})} \cup \mathcal{IO}_k)$,即为除去膨胀后障碍物的可达区域。

本算法根据输入信息生成初始轨迹,以期望初始轨迹在满足机器人运动学约束和障碍物约束的同时具有近似最优性,以得到最优评估。考虑到实际情况下满足上述要求很困难,本算法进行了一定程度的简化,即仅需生成近似最优的轨迹,并在一定程度上放宽机器人加速度的上限约束。在此前提下,本算法提出了如算法 12-6 所示的初始轨迹生成方法。

算法 12-6　初始轨迹生成算法

初始轨迹生成算法

输入：参考状态序列 $\mathcal{S}^{(r)}$，膨胀后的障碍物点 $\{\mathcal{IO}_k\}_{k=0}^K$，自由区域 $\{\mathcal{FS}_k\}_{k=0}^K$，机器人当前状态 s_0，采样参数 L

输出：初始轨迹 $\mathcal{S}^{(i)}$

for $k=0,1,\cdots,K$ **do**

　　初始化第 k 帧节点列表 $\mathcal{N}_k \leftarrow \varnothing$

　if $k=0$ **then**

　　　定义节点 ν 为 $\nu.\text{state} \leftarrow s_0$，$\nu.\text{cost} \leftarrow 0$，$\nu.\text{parent} \leftarrow \text{null}$

　　　将节点 ν 加入节点列表 $\mathcal{N}_k$

　else if $k=1$ **then**

　　　$\mathcal{N}_k \leftarrow$ 使用 DWA 生成节点列表$(\mathcal{N}_{k-1}, \mathcal{S}^{(r)}, \mathcal{IO}_k)$

　else

　　　$\mathcal{N}_k \leftarrow$ 使用采样方法生成节点列表$(\mathcal{N}_{k-1}, \mathcal{K}_{k-1}, \mathcal{S}^{(r)}, \mathcal{IO}_k, \mathcal{FS}_k, L)$

　　根据节点列表 $\mathcal{N}_k$，构建 k-d 树 $\mathcal{K}_k$

计算得到 $\mathcal{N}_K$ 中代价最小的节点 ν，回溯节点 ν 的父节点，得到初始轨迹 $\mathcal{S}^{(i)}$

　　算法 12-6 可以概括为在上一帧节点列表的基础上构建当前帧的节点列表，直到最后一帧，完成时空概率道路树的构建。接着，遍历时空道路树的叶子节点，找到其中代价最小的节点进行回溯，最终得到初始轨迹。在本算法中，构建当前帧的节点列表有两种方式：一种是基于动态滑动窗口（DWA）[311]的方法，适用于上一帧节点数量少的情况；另一种是基于概率采样的方法。前者的效果在上一帧节点数量多的时候更好。

　　基于 DWA 节点列表的构建如算法 12-7 所示。

算法 12-7　使用 DWA 生成节点列表算法

使用 DWA 生成节点列表算法

输入：第 $k-1$ 帧节点列表 $\mathcal{N}_{k-1}$，参考状态序列 $\mathcal{S}^{(r)}$，第 k 帧膨胀后的障碍物点 $\mathcal{IO}_k$

输出：第 k 帧节点列表 $\mathcal{N}_k$

初始化第 k 帧节点列表 $\mathcal{N}_k \leftarrow \varnothing$

for 节点列表 $\mathcal{N}_{k-1}$ 中的节点 ν_{k-1} **do**

　　根据节点 ν_{k-1} 的状态 $\nu_{k-1}.\text{state}$ 使用 DWA 算法拓展得到当前帧的待选状态 $\mathcal{SC}$

　　for 待选状态 $\mathcal{SC}$ 中的状态 $s^{(c)}$ **do**

　　　if 根据 $\mathcal{IO}_k$，从状态 $\nu_{k-1}.\text{state}$ 转移到状态 $s^{(c)}$ 无碰撞 **then**

　　　　根据 $\mathcal{S}^{(r)}$ 和 $\mathcal{IO}_k$ 计算状态 $s^{(c)}$ 对应的损失 γ

　　　　定义节点 ν 为 $\nu.\text{state} \leftarrow s^{(c)}$，$\nu.\text{cost} \leftarrow \gamma + \nu_{k-1}.\text{cost}$，$\nu.\text{parent} \leftarrow \nu_{k-1}$

　　　　将节点 ν 加入节点列表 $\mathcal{N}_k$

　　遍历第 $k-1$ 帧的节点列表 $\mathcal{N}_{k-1}$ 中的每个节点 ν_{k-1}，根据节点 ν_{k-1} 的状态使用 DWA 算法拓展得到当前帧的待选状态 $\mathcal{SC}$。根据当前帧对应的自由区域 $\mathcal{FS}_k$，判断从节点 ν_{k-1} 的状态转移到这些待选状态是否无碰撞。如果碰撞，则根据当前帧的参考

状态 $s_k^{(\mathrm{r})} = [x_k^{(\mathrm{r})}, y_k^{(\mathrm{r})}, \theta_k^{(\mathrm{r})}, v_k^{(\mathrm{r})}, \omega_k^{(\mathrm{r})}]^{\mathrm{T}}$，计算对应待选状态 $s^{(\mathrm{c})} = [x^{(\mathrm{c})}, y^{(\mathrm{c})}, \theta, v^{(\mathrm{c})},$
$\omega^{(\mathrm{c})}]^{\mathrm{T}}$ 的损失 γ，计算过程如下所示：

$$\gamma = w^{(\mathrm{s})}\gamma^{(\mathrm{s})} + w^{(\mathrm{lon})}\gamma^{(\mathrm{lon})} + w^{(\mathrm{lat})}\gamma^{(\mathrm{lat})} + w^{(\theta)}\gamma^{(\theta)} + w^{(v)}\gamma^{(v)} + w^{(\omega)}\gamma^{(\omega)}$$

$$(12\text{-}54)$$

其中，$w^{(\mathrm{s})}$、$w^{(\mathrm{lon})}$、$w^{(\mathrm{lat})}$、$w^{(\theta)}$、$w^{(v)}$、$w^{(\omega)}$ 为各项损失分量的可调权重，$\gamma^{(\mathrm{s})}$ 为安全性损失，$\gamma^{(\mathrm{lon})}$ 为纵向距离偏差损失，$\gamma^{(\mathrm{lat})}$ 为横向偏差损失，$\gamma^{(\theta)}$ 为角度偏差损失，$\gamma^{(v)}$ 为线速度偏差损失，$\gamma^{(\omega)}$ 为角速度偏差损失。各项损失的计算过程如下：

$$\begin{cases} \gamma^{(\mathrm{s})} = (P(L(s^{(\mathrm{c})}, \mathcal{IO}_k)))^2 \\ \gamma^{(\mathrm{lon})} = ((x^{(\mathrm{c})} - x_k^{(\mathrm{r})})\cos\theta_k^{(\mathrm{r})} + (y^{(\mathrm{c})} - y_k^{(\mathrm{r})})\sin\theta_k^{(\mathrm{r})})^2 \\ \gamma^{(\mathrm{lat})} = (-(x^{(\mathrm{c})} - x_k^{(\mathrm{r})})\sin\theta_k^{(\mathrm{r})} + (y^{(\mathrm{c})} - y_k^{(\mathrm{r})})\cos\theta_k^{(\mathrm{r})})^2 \\ \gamma^{(\theta)} = (\theta^{(\mathrm{c})} - \theta_k^{(\mathrm{r})})^2, \quad \gamma^{(v)} = (v^{(\mathrm{c})} - v_k^{(\mathrm{r})})^2, \quad \gamma^{(\omega)} = (\omega^{(\mathrm{c})} - \omega_k^{(\mathrm{r})})^2 \end{cases}$$

$$(12\text{-}55)$$

其中，$P(\cdot)$ 为惩罚函数，$L(\cdot)$ 为计算状态到点集在笛卡儿平面的最小欧氏距离。计算损失 γ 后，就构建对应节点并将构建出的节点加入第 k 帧的节点列表。不断重复上述过程，直到第 k 帧的节点列表构建完成。

基于概率采样的节点列表构建如算法 12-8 所示。确定第 k 帧的采样数量为 $k \cdot L$，L 为可调节参数。每次从第 k 帧自由空间 $\mathcal{FS}_k$ 中随机采样坐标点 $c^{(\mathrm{c})}$。根据第 $k-1$ 帧的节点 k-d 树，得到 $c^{(\mathrm{c})}$ 在第 $k-1$ 帧节点列表 $\mathcal{N}_{k-1}$ 中，满足在搜索半径 $\mu^{(\mathrm{a})}$ 内，在搜索半径 $\mu^{(\mathrm{i})}$ 外的邻居节点列表 $\mathcal{N}_{k-1}^{(\mathrm{n})}$。搜索半径 $\mu^{(\mathrm{a})}$ 和 $\mu^{(\mathrm{i})}$ 的计算如下所示。

$$\begin{cases} \mu^{(\mathrm{a})} = \min(\Delta T \min(v^{(\max)}, v_0 + k\Delta T a^{(\max)}), L(c^{(\mathrm{c})}, \mathcal{IO}_k)) \\ \mu^{(\mathrm{i})} = \Delta T \max(v^{(\min)}, v_0 - k\Delta T a^{(\max)}) \end{cases}$$

$$(12\text{-}56)$$

其中，$v^{(\max)}$ 和 $v^{(\min)}$ 为机器人最大线速度和最小线速度，v_0 为机器人当前线速度，$a^{(\max)}$ 为机器人最大线加速度，$L(\cdot)$ 为计算坐标到点集在笛卡儿平面的最小欧氏距离。对于邻居节点列表 $\mathcal{N}_{k-1}^{(\mathrm{n})}$ 中的每一个节点 ν_{k-1}，根据式(12-47)和式(12-48)计算该节点的状态转移到坐标点 $c^{(\mathrm{c})}$ 对应的状态 $s^{(\mathrm{c})}$。接着，判断 $s^{(\mathrm{c})}$ 与节点 ν_{k-1} 的状态的角度变化是否在 $[\delta^{(\mathrm{d})}, \delta^{(\mathrm{i})}]$ 区间内。$\delta^{(\mathrm{d})}$ 和 $\delta^{(\mathrm{i})}$ 的计算过程如下：

$$\begin{cases} \delta^{(\mathrm{d})} = \Delta T \min(\omega^{(\max)}, \omega_0 + k\Delta T\beta^{(\max)}) \\ \delta^{(\mathrm{i})} = \Delta T \max(-\omega^{(\max)}, \omega_0 - k\Delta T\beta^{(\max)}) \end{cases}$$

$$(12\text{-}57)$$

其中，$\omega^{(\max)}$ 为机器人最大角速度，ω_0 为机器人当前角速度，$\beta^{(\max)}$ 为机器人最大角加速度。如果 $s^{(\mathrm{c})}$ 与节点 ν_{k-1} 的状态的角度变化满足条件，则构建对应节点 ν，并将其加入临时节点列表 $\mathcal{N}_k^{(\mathrm{t})}$。当遍历完邻居节点列表中的全部子节点后，临时节点列表 $\mathcal{N}_k^{(\mathrm{t})}$ 中代价最小的节点将会加入到第 k 帧节点列表 $\mathcal{N}_k$ 中。上述过程不断重复，直到第 k 帧的节点列表 $\mathcal{N}_k$ 构建完成。

算法 12-8 使用采样方法生成节点列表算法

使用采样方法生成节点列表算法

输入：第 $k-1$ 帧节点列表 $\mathcal{N}_{k-1}$，第 $k-1$ 帧 k-d 树 $\mathcal{K}_{k-1}$，参考状态序列 $\mathcal{S}^{(\mathrm{r})}$，第 k 帧膨胀后的障碍物点 $\mathcal{IO}_k$，第 k 帧自由区域 $\mathcal{FS}_k$，采样参数 L

输出：第 k 帧节点列表 $\mathcal{N}_k$

初始化第 k 帧节点列表 $\mathcal{N}_k \leftarrow \varnothing$

for $t = 0,1,\cdots,k \cdot L$ **do**

    从自由区域 $\mathcal{FS}_k$ 中随机获取采样点 $\boldsymbol{c}^{(\mathrm{c})}$

    根据 k-d 树 $\mathcal{K}_{k-1}$，得到 $\boldsymbol{c}^{(\mathrm{c})}$ 在节点列表 $\mathcal{N}_{k-1}$ 中，满足在搜索半径 $\mu^{(\mathrm{a})}$ 内，在搜索半径 $\mu^{(\mathrm{i})}$ 外的邻居节点列表 $\mathcal{N}_{k-1}^{(\mathrm{n})}$

    初始化临时节点列表 $\mathcal{N}_k^{(\mathrm{t})} \leftarrow \varnothing$

    for 邻居节点列表 $\mathcal{N}_{k-1}^{(\mathrm{n})}$ 中的节点 ν_{k-1} **do**

        根据 $\boldsymbol{c}^{(\mathrm{c})}$ 和 $\nu_{k-1}.\mathrm{state}$ 计算对应状态 $\boldsymbol{s}^{(\mathrm{c})}$

        if $\nu_{k-1}.\mathrm{state}$ 与 $\boldsymbol{s}^{(\mathrm{c})}$ 之间的角度变化在范围 $[\delta^{(\mathrm{d})},\delta^{(\mathrm{i})}]$ 内 **then**

            根据 $\mathcal{S}^{(\mathrm{r})}$ 和 $\mathcal{IO}_k$ 计算状态 $\boldsymbol{s}^{(\mathrm{c})}$ 对应的损失 γ

            定义节点 ν 为 $\nu.\mathrm{state} \leftarrow \boldsymbol{s}^{(\mathrm{c})}$，$\nu.\mathrm{cost} \leftarrow \gamma + \nu_{k-1}.\mathrm{cost}$，$\nu.\mathrm{parent} \leftarrow \nu_{k-1}$

            将节点 ν 加入临时节点列表 $\mathcal{N}_k^{(\mathrm{t})}$

    从临时节点列表 $\mathcal{N}_k^{(\mathrm{t})}$ 中选择损失最小的节点加入节点列表 $\mathcal{N}_k$ 中

通过上述过程，可以得到一条满足障碍物约束、运动状态转移约束以及速度上限约束的次优轨迹 $\mathcal{S}^{(\mathrm{i})}$。为了进一步优化轨迹，需要考虑加速度上限约束以及轨迹的最优性。得到初始次优轨迹 $\mathcal{S}^{(\mathrm{i})}$，下一步就是根据式（12-51）对轨迹进行优化，得到最终轨迹 $\mathcal{S}^{(\mathrm{f})}$。具体过程如下：

第一步，本算法对障碍物约束进行转换。由于式（12-51）给出的障碍物约束不存在具体的解析表达式，难以具体实现轨迹优化。本算法希望能够以解析表达式的形式对障碍物约束进行描述，因此，本算法对于每一帧状态 $\boldsymbol{s}_k = [x_k,y_k,\theta_k,v_k,\omega_k]^{\mathrm{T}}$ 定义一个中心为 $\boldsymbol{c}_k^{(\mathrm{b})}$、半径为 $\mu_k^{(\mathrm{b})}$ 的圆。只要状态 $\boldsymbol{s}_k$ 处于该圆内就不会发生碰撞。此时，障碍物约束可以转化为以下形式：

$$\| [x_k,y_k]^{\mathrm{T}} - \boldsymbol{c}_k^{(\mathrm{b})} \| - \mu_k^{(\mathrm{b})} < 0, \quad \forall k \in [0,K] \tag{12-58}$$

第 k 帧状态对应圆形区域计算过程如算法 12-9 所示。首先在第 k 帧膨胀后的障碍物点 $\mathcal{IO}_k$ 中找到离状态 $\boldsymbol{s}_k$ 最近的障碍物点 $\boldsymbol{c}_k^{(\mathrm{io})}$。之后，沿着障碍物点 $\boldsymbol{c}_k^{(\mathrm{io})}$ 与状态 $\boldsymbol{s}_k$ 的坐标 $[x_k,y_k]^{\mathrm{T}}$ 构成的射线，从 $[x_k,y_k]^{\mathrm{T}}$ 开始以步长 η 进行拓展，得到点 $[x^{(\mathrm{ce})},y^{(\mathrm{ce})}]^{\mathrm{T}}$。判断离点 $[x^{(\mathrm{ce})},y^{(\mathrm{ce})}]^{\mathrm{T}}$ 距离最近的障碍物是否仍然是 $\boldsymbol{c}_k^{(\mathrm{io})}$。如果是，则更新圆形区域的中心和半径；反之则结束。不断重复以上过程，直到圆形区域的半径达到设定的上限 $\mu^{(\mathrm{bm})}$。

算法 12-9   圆形限制区域计算算法

圆形限制区域计算算法

输入：第 k 帧状态 s_k，第 k 帧膨胀后的障碍物点 $\mathcal{IO}_k$，步长 η，最大半径 $\mu^{(\mathrm{bm})}$

输出：圆心 $c_k^{(\mathrm{b})}$，半径 $\mu_k^{(\mathrm{b})}$

找到在 $\mathcal{IO}_k$ 中离 s_k 最近的点 $c_k^{(\mathrm{io})}$，并得到它们之间的欧氏距离 $d^{(\mathrm{io})}$

初始化 $c_k^{(\mathrm{b})} \leftarrow [x_k, y_k]^{\mathrm{T}}, \mu_k^{(\mathrm{b})} \leftarrow d^{(\mathrm{io})}$

$\theta^{(\mathrm{io})} \leftarrow \arctan(x_k - x^{(\mathrm{io})}, y_k - y^{(\mathrm{io})}), x^{(\mathrm{ce})} \leftarrow x_k, y^{(\mathrm{ce})} \leftarrow y_k$

while $\mu_k^{(\mathrm{b})} < \mu^{(\mathrm{bm})}$ **do**

    更新 $x^{(\mathrm{ce})} \leftarrow x^{(\mathrm{ce})} + \eta\cos\theta^{(\mathrm{io})}, y^{(\mathrm{ce})} \leftarrow y^{(\mathrm{ce})} + \eta\sin\theta^{(\mathrm{io})}$

    找到在 $\mathcal{IO}_k$ 中离 $[x^{(\mathrm{ce})}, y^{(\mathrm{ce})}]^{\mathrm{T}}$ 最近的点 $c^{(\mathrm{ce})}$，并得到它们之间的欧氏距离 $d^{(\mathrm{ce})}$

    if $c^{(\mathrm{ce})}$ 仍是 $c_k^{(\mathrm{io})}$ **then**

        更新 $c_k^{(\mathrm{b})} \leftarrow [x^{(\mathrm{ce})}, y^{(\mathrm{ce})}]^{\mathrm{T}}, \mu_k^{(\mathrm{b})} \leftarrow d^{(\mathrm{ce})}$

    else

        break

第二步，给出轨迹 $\mathcal{S}$ 优化目标函数 $E(\mathcal{S})$ 的完整定义。在式（12-50）中，目标函数分为两部分，一部分为 $E^{(\mathrm{o})}(\mathcal{S})$，用于评价轨迹 $\mathcal{S} = \{s_k\}_{k=0}^{K}$ 与参考状态序列 $\mathcal{S}^{(\mathrm{r})} = \{s_k^{(\mathrm{r})}\}_{k=0}^{K}$ 的偏差，另一部分 $E^{(\mathrm{s})}(\mathcal{S})$，用于评价轨迹的平滑性。对于轨迹的第 k 帧状态，$E^{(\mathrm{o})}(\mathcal{S})$ 中包括 5 项：纵向距离偏差 $\gamma_k^{(\mathrm{lon})}$、横向距离偏差 $\gamma_k^{(\mathrm{lat})}$、角度偏差 $\gamma_k^{(\theta)}$、线速度偏差 $\gamma_k^{(\mathrm{v})}$ 以及角速度偏差 $\gamma_k^{(\omega)}$。以上偏差的计算方法见式（12-55）。因此，$E^{(\mathrm{o})}(\mathcal{S})$ 的表达式如下：

$$E^{(\mathrm{o})}(\mathcal{S}) = \sum_{k=0}^{K} (w^{(\mathrm{lon})}\gamma_k^{(\mathrm{lon})} + w^{(\mathrm{lat})}\gamma_k^{(\mathrm{lat})} + w^{(\theta)}\gamma_k^{(\theta)} + w^{(\mathrm{v})}\gamma_k^{(\mathrm{v})} + w^{(\omega)}\gamma_k^{(\omega)})$$

$$(12\text{-}59)$$

其中，$w^{(\mathrm{lon})}$、$w^{(\mathrm{lat})}$、$w^{(\theta)}$、$w^{(\mathrm{v})}$、$w^{(\omega)}$ 与式（12-59）中的含义和值都相同。$E^{(\mathrm{s})}(\mathcal{S})$ 衡量为轨迹加速度的大小以及加速度的变化，计算过程如下：

$$E^{(\mathrm{s})}(\mathcal{S}) = \sum_{k=0}^{K-1} a_k^{\mathrm{T}} W^{(\mathrm{a})} a_k + \sum_{k=0}^{K-2} (a_{k+1} - a_k)^{\mathrm{T}} W^{(\mathrm{da})} (a_{k+1} - a_k) \qquad (12\text{-}60)$$

其中，$W^{(\mathrm{a})}$ 和 $W^{(\mathrm{da})}$ 为可调权重，均为对角矩阵，a_k 为轨迹 $\mathcal{S}$ 第 k 帧的加速度，可由轨迹 $\mathcal{S}$ 第 k 帧状态 s_k 和第 $k+1$ 帧状态 s_{k+1} 获得。至此，本算法给出了非线性优化问题（12-51）的完整定义。

第三步就是对优化问题（12-51）进行求解。求解思路为将优化问题的约束转为额外的惩罚项加入到目标函数中，这样优化问题（12-51）转化为以下形式：

$$\mathcal{S}^* = \underset{\{s_0\}}{\arg\min} E(\mathcal{S}) + \sum_{i=0}^{K-1} w^{(\mathrm{pt})} \| s_{k+1} - (F(s_k) + G(a_k)) \|^2 +$$

$$\sum_{i=0}^{K} P_{(\mathrm{pv})}^{\mathrm{T}} (\boldsymbol{v}_k) \boldsymbol{W}^{(\mathrm{pv})} P_{(\mathrm{pv})} (\boldsymbol{v}_k) + \sum_{i=0}^{K} P_{(\mathrm{av})}^{\mathrm{T}} (\boldsymbol{a}_k) \boldsymbol{W}^{(\mathrm{pa})} P_{(\mathrm{av})} (\boldsymbol{a}_k) +$$

$$\sum_{i=0}^{K} w^{(\mathrm{po})} P_{(\mathrm{po})}^2 (\| [x_k, y_k]^{\mathrm{T}} - \boldsymbol{c}_k^{(\mathrm{b})} \| - \mu_k^{(\mathrm{b})}) \qquad (12\text{-}61)$$

其中,$w^{(\mathrm{pt})}$、$\boldsymbol{W}^{(\mathrm{pv})}$、$\boldsymbol{W}^{(\mathrm{pa})}$、$w^{(\mathrm{po})}$ 均为可调权重,$\boldsymbol{W}^{(\mathrm{pv})}$、$\boldsymbol{W}^{(\mathrm{pa})}$ 为对角矩阵,$P_{(\mathrm{pv})}$、$P_{(\mathrm{av})}$、$P_{(\mathrm{po})}$ 均为惩罚函数,$P_{(\mathrm{pv})}$ 与机器人的速度限制范围有关,$P_{(\mathrm{av})}$ 与机器人的加速度限制范围有关。这样,轨迹优化就被转化为一个稀疏的无约束近似非线性二次优化问题。为了求解该问题,本算法采用图优化的方法,具体来说,借助图优化框架 $\mathrm{g}^2\mathrm{o}^{[312]}$,本算法选择使用列文伯格-马夸特算法完成对于该问题的求解。

以上就是单次优化的全部过程。将初始次优轨迹 $\mathcal{S}^{(\mathrm{i})}$ 代入上述优化过程,得到优化后的轨迹 $\mathcal{S}^{(\mathrm{f})}$。判断优化轨迹 $\mathcal{S}^{(\mathrm{f})}$ 是否满足机器人运动学约束和障碍物约束。如果不满足,则将优化轨迹 $\mathcal{S}^{(\mathrm{f})}$ 作为初始轨迹重复上述优化过程,直到达到迭代上限。

12.6　室内智能移动机器人与人机交互

随着智能技术与室内机器人技术的快速发展,智能家居正在越来越广泛地应用到大众的生活之中。作为智能家居的重要组成部分,室内智能移动机器人在如何更好地为人们提供家庭服务方面备受关注。为实现室内机器人便利服务,便捷友好、鲁棒的人机交互尤为关键。

人机交互是指支撑人与机器之间交互的技术。传统的人机交互是通过显示器向用户提供信息,并使用鼠标和键盘输入指令。然而,这种方式对设备、使用空间、使用者的使用水平均有要求,已经难以适应现代需求。因此,人们迫切需要更便捷、使用门槛更低的人机交互方式——形似于人与人之间的交互方式。

随着机器人技术的发展,室内移动机器人的人机交互包括自然语言指令、人机交互行为的预测和分布式室内智能移动机器人与云平台。自然语言指令是指借助语音识别、语音合成等技术手段将使用者的指令映射到机器人动作移动序列,从而实现便捷的人机交互。然而,在实际的复杂环境中,仅靠自然语音指令难以应对动态不确定性。因此,根据人机交互中的意图预测进行正确的推断和识别,可以提高智能系统的辨识能力,帮助机器人预先做好行动准备,真正实现"机器是人类意图的延伸"。

自然语言指令这个概念本身可以分成"自然语言"和"指令"两部分。区别于计算机语言,自然语言是人类发展过程中形成的一种信息交流的方式,反映了人类的思维,包括口语及书面语等。指令就是指挥机器工作的指示和命令,程序就是一系列按一定顺序排列的指令,执行程序的过程就是计算机的工作过程。控制器靠指令指挥机器工作,人们用指令表达自己的意图,并交给控制器执行。

通过自然语言指令控制机器人，可以方便地实现在家庭和工作场所中与机器人的交互，如通过语音控制智能机器人的行进方向与开关启停。随着自然语言处理、语音识别等技术的完善，自然语言指令的应用也会获得更高的便捷性。

室内移动机器人常通过跟踪人体特定的姿态或者分析人类语音来理解指令。其中，拍摄指令通常需要通过特定的人体手势或特定姿势唤醒。为了区分人体的相似区域，往往采用粒子滤波（PF）和均值偏移（MS）相结合的方法，以克服特定目标运动的非线性与非高斯[313]，如算法 12-10。

算法 12-10　人体目标跟踪算法

人体目标跟踪算法

输入：选定的目标区域
输出：相似度最大的候选目标
在选定的目标区域中计算当前的目标中心，依据粒子分布模型创建粒子集

更新粒子权值 ω_i，计算距离权重方差 $E_\omega = \sum_{i=0}^{N} \| \boldsymbol{x}_i - \tilde{\boldsymbol{x}} \| \hat{\omega}_i$

if $E_\omega < E_\omega^{\max}$ **then**

更新 $\tilde{\boldsymbol{x}} \leftarrow \sum_{i=0}^{N} \boldsymbol{x}_i \hat{\omega}_i$，重新创建粒子集

else

对粒子进行聚类，得到 K 个候选集合

然而，在自然语言指令中往往缺少环境背景和常识信息，这也给机器人带来了一定的困惑。以家庭场景为例，假设机器人被要求"给我倒点水"，机器人在手持一瓶水的情况下，面对桌子上的剪刀、盘子和杯子，就需要进行常识推理来理解指令的具体含义。对于人类来说，很自然地将水倒进杯子中，但对机器人来说，这个指令是不完整的，因为它没有明确指定水应该倒在哪里。常识推理对于机器人来说是一项关键的技能。它涉及从不完整或模糊的语言指令中推断出合理的行为，并结合环境信息来做出决策。在这个例子中，机器人需要通过常识推理来判断将水倒进杯子中是最合适的行为，因为在家庭场景中，通常将水放在杯子里。

现代机器人系统通常采用了基于类似 GPT（Generative Pre-trained Transformer）的大语言模型的技术。这些模型通过在大规模文本数据上进行预训练，学习到了丰富的语言知识和模式，并且在一定程度上具备了常识推理的能力。机器人可以利用这些语言模型来理解自然语言指令，并通过常识推理来填补指令中的信息缺失，从而做出正确的行为。

然而，尽管这些语言模型在常识推理方面取得了一定的进展，但仍然存在一些挑战和限制。这些模型的训练是基于大规模的文本数据，而并非真正理解世界。因此，对于特定领域或特定任务的常识推理，可能仍然存在一定的局限性。此外，由于语言模型是基于统计概率的，生成的文本可能会出现语义上的模糊或不准确性。

因此,为了进一步提升机器人的常识推理能力,研究人员正在探索知识图谱、逻辑推理等方法与语言模型相结合的方法。这种综合应用可以提供更丰富的常识,并帮助机器人更好地理解和推理自然语言指令,从而更准确地执行任务。这样的综合方法有望使机器人在不同环境下更加灵活和智能地应对各种指令和情境。目前常见的解决方法包括:基于规则和知识的方法、通用的人工智能方法和语言模型方法。前两种方法均借助于目前已有的语义库,但对于室内机器人这种应用环境小,场景相对固定的人机交互模式,基于语言模型的常识推理(LMCR)这一新方法可以有效地解决该指令不完整的问题。该方法使机器人能够观察周围的环境,利用环境上下文和一种新的常识推理方法自动填充指令中缺失的信息。即首先将作为无约束自然语言的指令转换为机器人可以通过将其解析为动词框架来理解的形式。然后通过观察附近的物体并利用常识推理来填补指令中缺失的信息。例如,在本例中,可以通过"倒"这个动作词汇与周围环境判断该命令如何进行执行[314]。感知模块是连接机器人与环境的桥梁,其作用是获得环境内容。在 LMCR 模型中,使用各种环境感知传感器获取机器人周围环境原始数据,通过感知算法提取目标特征,得到周围环境的信息内容,并用于填补指令中缺失的信息。

12.6.1　室内智能移动机器人与人机交互行为的预测

随着机器人技术的发展,人机交互方式也在不断改进。过去,人们使用键鼠、遥控等方式进行人机交互,现在则更加青睐便捷性高的交互方式。上述的自然语言指令提供了相对便捷的交互渠道,而随着行为推测研究的进行,逐步推进了更人性化的人机交互发展。通过对过去一段时间的人机交互行为进行分析和预测,可以提高规划控制的稳定性和舒适性。

人机交互行为不仅能为人类提供便利,也可以使机器人在人类的帮助下提升规划能力。例如,通过人的偏好和能力,引导机器人进行 RRT 算法的探索,解决狭缝问题等难以通过的情况。在这个过程中,需要考虑 RRT 算法中的一些参数,比如随机采样点 q_{rand}、树中距离最近的点 q_{near}、给用户的反馈 F_s、虚拟力 F_d。

人机交互行为的预测在室内移动智能机器人上有着广泛应用,其中扫地机器人是其重要应用之一。扫地机器人可以通过以视觉传感为主的多传感器系统,准确分辨环境中的动态障碍物与静态障碍物。针对扫地机器人行进路线的规划,可以将其分为基于原始地图的全局导航与动态避障,避开路径上移动的人或其他物体。此外,手势与肢体语言也是常见的人机交互形式,例如,当执行命令的肢体语言为"将手举过头顶"时,若检测到"将手抬到肩膀以上"特定肢体动作时,机器人会为执行该肢体语言所对应的命令做好准备。这种肢体语言的识别与预测在家庭服务机器人的应用上具有重要意义,特别是为残障人士提供了极大的便利。[314]

算法 12-11   交互 RRT 算法

交互 RRT 算法

输入：环境信息

输出：可行路径

$T \leftarrow q_{\text{init}}, q_{\text{goal}}$

while ! path$(q_{\text{init}}, q_{\text{goal}})$ **do**

　　$q_{\text{init}} \leftarrow$ SAMPLING$(F_{\text{a}}, F_{\text{u}})$

　　$q_{\text{near}} \leftarrow$ NEAREST_node(T, q_{rand})

　　if CONNECT$(T, q_{\text{rand}}, q_{\text{new}}, q_{\text{near}})$ **then**

　　　　$T \leftarrow q_{\text{new}}$, EDGE$(q_{\text{near}}, q_{\text{new}})$

　　End if

　　GATHER$_{\text{DATA}}(T, q_{\text{new}}, q_{\text{near}})$

End while

为了实现对人机交互行为的预测，需要获取前一段时间的行为信息并预测接下来一段时间的行为。在这个过程中，多传感器系统扮演着重要的角色。室内机器人的人机交互行为预测与自动驾驶中的行为预测有许多相似之处。对人机交互行为的预测可以分为轨迹预测与行为预测。轨迹预测通过分辨动/静态障碍物，借助加速度计和陀螺仪计算自己的轨迹，并判断预测动态障碍物轨迹。前面对自动驾驶中的轨迹预测已有提及，室内机器人的人机交互的行人轨迹预测可以类比。室内移动机器人同时也可以对自己的轨迹进行预测。因为室内移动机器人具有显而易见的低速、小型的特点，行人轨迹预测增添了机器人的运算负担，并不常采用。这种自身的轨迹预测，常常用在扫地机器人对室内的遍历上。通过加速度计、相机等判断自己的过去的轨迹，对下一时刻的轨迹进行预测，这样的规划方式更有利于实现快速的全屋遍历。

行为预测的实现存在一些困难。对于机器人来说，理解人类何时需要打开冰箱的门、在什么地方放置物品等，都面临着相当大的变化因素。但是随着人类行为规则库的建立，对于这种行为预测的实现已经逐渐变得可能[315-316]。该方法是将人类的一个"大的行为"拆分为多个"小的行为"，例如"拿冰淇淋"可以分为打开冰箱、打开冰淇淋所在层、取出冰淇淋、关闭层门、关闭冰箱门等。这样室内机器人可以通过人类的当前行为，从规则库中推断最有可能的下一步行为，从而实现对人类行为的预测。随着人类对这种规则库的善于利用和更完善的市场机制与用户信息，未来的室内机器人也可以实现良好、快速的交互。常用的规则关联生成算法有 Apriori 算法等。

12.6.2　分布式室内智能移动机器人与云平台

传统室内移动机器人在执行即时定位、地图构建、物品抓取、定位导航等任务时，需要大量获取和计算数据，这会给机器人本身带来巨大的存储和计算压力，使得任务执行的实时性很难满足。然而，随着云计算、云存储等技术的发展，云平台开始兴起。云平台为室内移动机器人提供远程计算、存储服务，云平台与室内机器人的结合，使得机器人只需要连接远程服务器传输数据，即可完成数据计算和存储任务，从而大大降低了机器人对存储和计算能力的依赖。目前，与云平台技术相结合的云机器人在自动驾驶、医疗护理机器人、家用机器人、工业机器人等领域具有广泛的应用。相较于传统机器人，与云平台结合的室内智能体机器人具如下优势：

（1）存储与计算能力更强。受限于室内机器人的硬件水平，传统室内移动机器人的存储能力和计算能力较弱，而云平台通常拥有较强的计算能力和存储能力。室内机器人与云平台构建连接，利用云平台的计算能力和存储能力，完成计算和数据存储任务，并将计算结果数据传输给室内机器人，使得室内机器人能够高效地执行任务。

（2）学习能力强。云平台可以存储大量数据，这些数据能够有效帮助智能机器人实现学习物体识别等功能。例如，在进行物体识别时，一个机器人能够观察到的物体是有限的。这时可以通过云端的数据进行学习，从而提高识别精度。同时，智能机器人也可以通过云平台分享经验，加快学习速度和提高机器人对复杂环境的适应能力。

（3）更少的开发时间。云平台中往往具有成熟的函数供开发者调用，便于开发室内移动机器人。开发者仅需调用平台现成的函数，即可实现功能，大大降低了开发时间。

RoboEarth 是一个与维基百科类似的知识分享平台，旨在存储与分享关于机器人动作、物体和环境等方面的信息。RoboEarth 会存储海量的目标识别、导航、任务、智能服务等机器人所需的信息。在这个数据库中，机器人可以共享通用对象、环境以及其他各种任务的数据。庞大的共享数据库为机器人提供了大量的先验知识，增强了机器人对陌生环境的适应能力。Rapyuta[318] 是一个开源的云机器人框架，是 RoboEarth 云引擎的一部分。

机器人云平台可以应用于以下领域：

（1）SLAM 技术。自主机器人可以通过 SLAM 技术在未知环境中完成定位。其中，基于视觉和合作的 SLAM 对数据和计算量有着较高的要求。为了实现状态估计，需要地图融合过滤，而这些操作是可以并行处理的，故能够利用云平台加速算法。

（2）机器人抓取任务。对于一个三维模型完整且已知的物体而言，已有各种成熟的方法完成抓取任务，但对于抓取对象位置或者仅能部分观测的物体而言，抓取难度较高，需要对大量的数据进行预处理，并进行一定强度的计算。机器人与云平台结合，机器人在抓取时访问云平台的大型数据库，将抓取任务传输到云中，利用云平台的计算能力、数据量和存储空间得到抓取目标的结果。例如，在模拟医院病房的环境中，机器人被要求将饮料送给病人。开始时机器人对病房内的环境一无所知，机器人通过云平台下载从先前实验中收集到的场景信息，并基于本地知识库和逻辑推理，得到了大致的物体位置。尽管前后场景发生了变化，机器人也会朝着大致的方向前进，并不断根据现有感知更新已知信息，最终找到饮料瓶的最终位置，完成抓取任务。而瓶子模型的先验信息，使得机器人能够知道合适的着力点以及合适的抓取力度。

（3）机器人导航。机器人导航是指机器人根据特定的参照物得到自身的位置，并规划一条到达指定目标点的路径。目前的导航方法根据是否具有先验地图知识分为有地图导航方法和无地图导航方法。前者使用先验地图信息，后者依赖传感器的观测数据，但由于传感器误差的存在，可能导致导航偏差。因此，有精确的地图会使导航相对可靠。然而，构建地图需要大量的存储空间，这使得一般室内机器人很难存储大规模地图。对此，云平台不仅能够提供大量存储空间来存储大规模的地图数据，而且能提供处理能力，从而加快建图和搜索[319]。例如，在走迷宫环境中，可以使用 Q-learning 完成从起点到终点的路径搜索，但是需要保存 Q 值表，其大小与地图规模成正比。当地图规模过大时，室内机器人的存储能力无法存储 Q 值表。在利用云平台后，Q 值表可以在云平台中存储，且每个机器人开始迷宫游戏时，都能获得上一次实验的 Q 值表，从而提高路径搜索效率。

室内机器人利用云平台的计算和存储资源，获得了更强大的计算和存储能力，进而获得更多的智能。传统的室内机器人在执行任务时只能按照预先设定的程序执行，对变化的环境具有较差的适应能力。类似于人类利用搜索引擎解决问题的过程，机器人通过云平台的信息交互，在面对未知的环境时，可以在平台上进行搜索、下载环境的先验信息，例如地图和物品信息，从而更高效地完成任务[320]。在服务机器人领域，机器人与人类的交互尤为重要。机器人可以通过传感器观察人类的情感，并通过云平台理解人类情感，最后做出对应的情感反馈。在这个过程中，机器人获得的人类情感的知识可以上传到云端，共享给其他机器人，从而进一步提高机器人的服务质量。室内机器人与云平台的紧密结合，促进了机器人向着更加智能化的方向发展。[321]

第 13 章

受脑认知和神经科学启发的自动驾驶系统

13.1　概述

　　人类驾驶员的优势在于在面对复杂的交通场景时,会更灵活主动地选择安全道路。特别对于极限工况场景,人类驾驶员也能够及时反应。虽然人类驾驶员具备安全的主观意识,但是由于交通环境的复杂性和多样性,人类的精力和耐力有限,人的主观意识与具体的行为之间会产生偏差,进而导致交通事故的发生。相比之下,机器的特点是可以准确地执行特定任务,在任务执行时具有高度一致性。因此,加入具有执行一致性特点的自动驾驶系统的显著优势之一是潜在提高道路交通安全性,可以减少由人类错误引起的事故。通过模拟人类驾驶员的认知过程,将人类主观意识的安全性与机器执行的一致性相结合,参考生物神经的工作模式,有助于自动驾驶系统缩小复杂交通场景下与人类驾驶员的差距,提高安全性与鲁棒性。

　　深度学习方法仿照生物神经系统的结构与作用方式,通过反向传播算法在大型数据集中学习,并相应调整其内部参数,在自动驾驶、图像识别等任务中取得了巨大的成功,其具体成果已在本书第 3 章和第 4 章进行介绍,此处不再赘述。近年来,随着对神经系统的研究不断深入,研究者通过对人类驾驶员认知行为过程及其信息处理机制的建模,构建出受脑认知启发的自动驾驶认知框架,从而实现类人的自主驾驶。本章所介绍的受脑认知和神经科学启发的自动驾驶系统，受到了广泛关注，历经数年发展产生了许多富有创造性的设计，有利于构建出鲁棒安全的自主驾驶新方法。

目前，自动驾驶系统的信息处理架构和技术方案尚无法与人类驾驶员的认知行为过程相媲美。虽然应用深度学习的自动驾驶系统已经具有端到端、高鲁棒性等优点，但仍存在可控程度低、可解释性差等不足，特别是在应对复杂交通场景时，往往依赖高精度的位置信息进行决策，与人类驾驶员的分析能力尚存在明显的差距。随着认知科学的发展，认知过程的知识与自动驾驶系统的结合，有助于研究人员建立完善的自动驾驶系统认知计算框架，从而对深度学习下端到端自动驾驶系统形成很好的补充，显著提高其应对有噪声、高动态、强随机的交通场景的能力，进而推动高安全性的类人自动驾驶系统的实现。

在此背景下，受认知科学启发的一系列自动驾驶系统相继出现。基于认知科学的原理和方法，自动驾驶系统逐渐实现了对交通环境的认知和理解。受脑认知启发的自动驾驶认知注意力模型（Cognitive Model of Attention，CMA）通过对人类驾驶员对交通环境信息的分析方式、交通环境信息在大脑中存储加工的过程建模，从而实现了端到端的自动驾驶任务。

另一种受脑启发的小型神经控制器——神经电路策略（Neural Circuit Policy，NCP）则实现了一种新的神经网络架构。该策略受微生物简单神经结构的启发，设计了一个仅包含 19 个控制神经元的循环神经网络，作为自主车辆的控制系统。该系统可接收由卷积神经网络提取的高维图像特征并端到端地映射为转向命令。循环神经网络参考人类驾驶员的短时记忆机制，能有效消除图像数据中的瞬态干扰，并展现出卓越的可解释性、推广能力和鲁棒性。相较于主流的深度神经网络，它具有小型且稀疏的结构，从而使其可训练参数减少了几个数量级，却不影响其在执行自动驾驶任务方面的效果。

本章将展开基于认知框架的自动驾驶系统的介绍，13.2 节将介绍一种仿照人类驾驶员的认知过程，引入了注意力机制和车辆历史行为序列实现健壮自动驾驶的认知构建方法，以及对应的自动驾驶算法；13.3 节介绍受生物认知启发的神经电路策略方法。这种受脑启发的自动驾驶神经网络结构仿照线虫的神经结构，以较少的参数量达到了与深度神经网络相近的效果，拥有鲁棒性与可解释性。

13.2 面向健壮自动驾驶的认知构建方法

端到端学习的自动驾驶系统通过整体最优化设计和强大的自学习能力，在运算效率和环境适应性方面相较于基于传统架构的自动驾驶系统有了显著提升。然而，端到端的系统通常缺少对车辆动作监督和指导的能力，尽管能在特定环境下安全地实现自动驾驶，但无法实现动力学约束与终点选择，使得应用此类系统的自动驾驶车辆难以满足乘客的实际交通需求。同时,端到端的结构设计缺少中间层的输出,通常会导致可解释性不佳,不利于对算法测试过程中出现的问题进行分析与针对性的优化。过度依赖传感器数据、忽视认知过程,也使得目前的自动驾驶汽车无法适应高动态、强随机性的开放交通场景,甚至可能导致交通事故等严重后果。

随着神经科学的新发现,研究人员开始关注模拟人类驾驶员认知过程的自动驾驶系统。人类驾驶员主要依靠视觉信息进行判断,在复杂多变的车路环境中仍能够安全前往既定的目的地。为了习得人类驾驶员的驾驶能力,除了采用深度神经网络模仿人类神经系统的结构,仍需研究并建模人类驾驶员的认知过程,使自动驾驶系统获得类人的记忆、推理与经验更新等机制。本节介绍的受脑启发的认知注意力模型参考了人类驾驶员的认知过程,将注意力机制和车辆历史行为序列引入自主驾驶算法中,能通过仅包含视觉图像的感知信息,并结合外部导航指令,很好地完成车道变换、自由驾驶、跟随前车等驾驶任务。

为模拟人类驾驶员的认知过程,CMA 方法将驾驶中的认知过程总结为 3 个基本问题:

(1) 人类驾驶员如何感知并表示交通环境信息;

(2) 交通环境信息如何在大脑中存储和加工;

(3) 驾驶员驾驶行为与加工后的交通信息存在怎样的内部联系。

为解决上述问题,CMA 方法中相应设计了 3 个模块:

(1) 卷积神经网络用于模拟人类视觉皮层,对交通环境进行感知;

(2) 交通认知地图用于描述复杂交通场景中对象之间关系;

(3) 递归神经网络与实时更新的认知地图相结合,实现注意力机制和长期记忆。

如图 13-1 所示,根据 CMA 模型的设计,自主车辆的图像感知信息首先通过模拟大脑视觉皮层的卷积神经网络进行特征提取,提取到的特征与车辆状态、交通知识库与导航指令结合形成交通场景的认知地图。之后,模拟大脑运动皮层的 LSTM 网络基于认知地图进行分析,产生相应的规划与控制策略,最终输出对自主车辆的控制指令。

本节首先介绍受脑启发的认知注意力模型 CMA 的总体设计思路;之后分别阐述 CMA 模型中各模块的原理与实现要点;最后,将对 CMA 方法与一些其他自动驾驶方法的实验效果进行对比,并加以说明。

13.2.1　受脑启发的模型结构

CMA 模型的第一部分是对人类驾驶员获取交通场景中关键信息的过程进行建模。人类驾驶员获取环境信息的过程是一个不断对交通场景进行认知和理解的过程。当人类驾驶员观察交通场景时,信息经由外侧膝状体(Lateral Geniculate Nucleus, LGN)在 100 ms 内依次到达初级视皮层 V1、纹外皮层 V2、纹外皮层 V4 和颞侧皮层 IT。这个过程与卷积神经网络对信息处理的操作原理非常相似。因此,在 CMA 模型

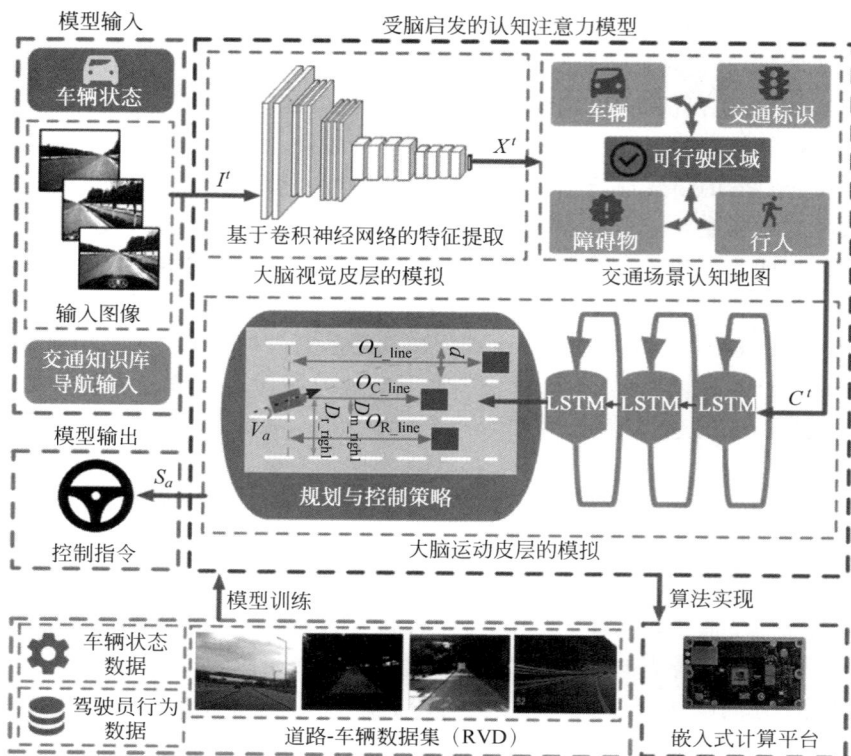

图 13-1 CMA 模型的基本框架

中,使用卷积神经网络来处理视觉信息,以模拟大脑视觉皮层对信息的处理方式,对人类驾驶员获取环境信息的过程建模。

  CMA 模型的第二部分是构建了交通场景的认知地图,以将注意力机制引入认知注意力模型中,并解决了端到端模型可解释性低以及无法引入外部信息进行引导和控制的问题。认知地图这一概念最早由爱德华·托尔曼(Edward Tolman)提出,它是人们对于身体所处环境布局的一种心理表征[322]。此后,这个概念被广泛应用于神经科学和心理学领域。为了将大脑中认知地图的概念应用于自主驾驶的信息处理中,构建交通场景的合理表征,本节所介绍的工作将大脑中出现的认知"模式"视作一种由先验知识构成的世界模型,其中包含交互、因果和控制这 3 种类型的关系。这种世界模型类似于人类大脑中的认知地图,它是对环境的一种抽象表达,全面地描述了局部环境,不仅包括简单的事件序列,还包括方向、距离甚至时间等信息。从信息处理理论的角度来看,构建认知地图是一个动态的过程,涵盖了数据获取、编码、存储、处理、解码以及利用外部信息的步骤。交通场景的认知地图是建立在先验知识上的世界模型,它由车辆状态信息和交通场景中的主要元素信息在时间和空间上的序列表征组成。局部交通场景的表征包括车道线、可行驶区域、行人、车辆等物体的方向、距离等简单关系,同时也包含交通规则等先验知识以及时间上的信息。构建认知地图的目的不仅在于模拟大脑中的细胞结构或解释神经科学中的认知地图,更重要的是为自主驾驶汽车构建一个新型的计算框架。这个框架能够利用认知地图对局部交通场景进行表征,并将一段时间内的信息存储下来形成长期记忆,以更加类人的方式实现车辆的自主驾驶。

　　CMA 模型的第三个组成部分是探究人类驾驶员驾驶行为与环境感知信息的内部关系,并对驾驶员对车辆的决策和控制能力建模。Jeff Hawkins 的研究[323]指出,时间信息在大脑形成记忆和解决问题的过程中起着至关重要的作用,大脑需要同时承载相对应的时间信息与空间信息。所以,为了对人类驾驶员对车辆实际控制时大脑中的内部表征建模,CMA 模型需要模拟大脑运动皮层的功能,在处理自主车辆规划与控制问题时,CMA 模型建立了一个时域模型,能够将不同时间点的感知结果与时间模式相匹配,最终能够通过一段时间的记忆来制定当前最佳的行驶策略。Mountcastle 等[324]指出,大脑皮层的功能区域具有相似性和一致性,负责控制肌肉的皮质区域和处理听觉或视觉输入的区域在结构和功能方面差别不大。基于这一启发,CMA 模型采用了递归神经网络(RNN)这种在视频序列分类和自然语言处理等领域已经成功应用的技术。通过使用 RNN 网络,CMA 模型可以对认知地图中表征时间域中依赖关系的数据建模。

　　递归神经网络的优势在于能够引入注意力机制,允许 CMA 模型在每个计算步骤中从认知地图保存的大量长期记忆数据中选择并组织合理的信息,以制定当前时刻的行驶决策。在整个过程中,对认知地图中信息的记忆与遗忘、注意力机制等,都是从人类驾驶员的行为中学习到的。因此,与传统的自主驾驶框架相比,CMA 方法控制下的自主车辆的行驶轨迹更自然,性能表现也更加安全。

13.2.2　模拟视觉皮层的类人感知

　　CMA 方法的感知模块仅分析自主车辆前方 3 个摄像头采集到的视觉信息,通过卷积神经网络进行特征提取,并完成两个功能:一是检测当前车道和相邻车道的可行驶区域和道路边界;二是估计当前车道与相邻车道中障碍物相对自主驾驶车辆的距离、位置和姿态。

　　感知模块的输入图像 $I^t = \{I_m^t, I_l^t, I_r^t\}$,由中间、左侧、右侧的摄像头数据构成。通过卷积神经网络的计算,输出 5 个标识点,以表示车道线的形状、位置,以及障碍物的位置。输出为

$$X^t = [p_{(l_t)}, p_{(l_b)}, p_{(r_t)}, p_{(r_b)}, p_o] \tag{13-1}$$

其中,$p_{(l_t)}$、$p_{(l_b)}$ 表示左侧车道延长线与图像平面顶部和底部交点像素的 x 坐标,$p_{(r_t)}$、$p_{(r_b)}$ 表示右侧车道延长线与图像顶部和底部交点像素的 x 坐标,p_o 表示当前车道上的障碍物底部所对应像素点的 y 坐标。

　　这种设计明确规定了感知模块的任务,确定了感知模块中间层的输出内容,因此在一定程度上限制了神经网络特征提取的潜力,但契合视觉数据中所能包含的内容范围。同时,车道范围与障碍物方位信息对于自动驾驶车辆的决策至关重要,是对局部

交通状况的有效表征。掌握了这些信息，自主车辆就可以安全完成车辆跟随、变道等驾驶任务。另外，这种结构化的中间层输出也具有良好的可解释性，使得加入外部导航命令，参与构建认知地图等功能的实现存在可行性。最后，简洁的输出使得 CMA 方法可以采用较简单的网络结构，有利于网络的充分训练且能够满足自主驾驶的实时性要求。可见，CMA 方法在感知模块的设计十分巧妙。

CMA 方法在感知模块中采用了浅层 CNN 网络，以提高算法的效率。具体而言，感知卷积神经网络使用了 5 层卷积层：前 3 层是有 2×2 步长的卷积层，采用大小为 5×5 的卷积核；后两个卷积层使用 3×3 的卷积核，步长为 1×1。这种网络结构较为简单，但可以取得良好的效果。此类提取特征的网络用于确定图像中关键点在图像坐标系下的位置，无须执行特定的分类或识别任务，因此不需要具有对平移和旋转的不变性，因而所有的卷积层后都未采取池化操作。

CMA 方法中的感知模块基于道路上的每个点都近似处于同一水平面上的合理假设，并结合对自主车辆上摄像头内外参数的标定，通过对 CNN 网络检测出的关键点进行计算，得到车道范围与障碍物在实际世界中的坐标。这种方法与直接通过深度学习得到世界坐标的方式相比，有更广泛的适用性，可以针对不同的摄像头型号与安装方式生效，而不仅局限于用于产生训练数据的摄像头配置。具体而言，若定义障碍物坐标为 o_y，某车道线的两点在图像中的像素坐标分别为 $(l_x m, l_y m)$ 和 $(l_x b, l_y b)$，对应的俯瞰物理位置坐标为 (X_m, Z_m)，(X_b, Z_b)，相机的光心坐标为 (u_0, v_0)，安装高度为 H，焦距为 f。则有式（13-2）与式（13-3）中的关系：

$$(X_m, Z_m) = (((l_x m - v_0) \times H)/((l_y m - u_0)), (f \times H)/(l_y m - u_0)) \quad (13\text{-}2)$$

$$(X_b, Z_b) = (((l_x b - v_0) \times H)/((l_y b - u_0)), (f \times H)/(l_y b - u_0)) \quad (13\text{-}3)$$

自主车辆与该车道线边界的横向偏差距离 D 可表示为

$$D = |X_m Z_b - X_b Z_m| / \sqrt{((X_b - X_m)^2 + (Z_b - Z_m)^2)} \quad (13\text{-}4)$$

自主车辆相对于当前车道的偏航角可表示为

$$V_a = \arctan(X_b - X_m)/(Z_b - Z_m) \quad (13\text{-}5)$$

若障碍物距离自主车辆实际距离为 O，则存在如式（13-6）所示的关系：

$$O = (f \times H)/(o_y - u_0) \quad (13\text{-}6)$$

借助式（13-6）并基于卷积神经网络的输出与对自主车辆相机的标定结果，可以算出来自中间、左侧、右侧 3 个相机图像的最终感知结果 $\{X_m^t, X_l^t, X_r^t\}$。

13.2.3　自动驾驶认知地图的构建

认知地图是 CMA 方法引入外部控制信号和交通规则的关键一环。作为生成自主车辆最终控制信号的依据，认知地图除了需要包含感知模块对局部交通场景的感知结果外，还应包括交通规则、外部指令与车辆状态。CMA 方法将交通规则贯穿于人工设计的算法中，并通过该算法将外部指令计算为车辆的行驶意图，作为认知地图的组成

部分。即在 t 时刻，认知地图 C^t 可表示为

$$C^t = [X_m^t X_1^t X_r^t D_i^t V_{state}^t] \tag{13-7}$$

其中，$X_m^t X_1^t X_r^t$ 为感知模块的结果，D_i^t 为自主车辆行驶意图，V_{state}^t 为车辆状态。

　　下述的自主车辆行驶意图生成算法对多种可能出现的外部导航命令（包含保持当前车道、向左换道、向右换道）与局部交通情况（当前车道与相邻两车道的障碍物距离情况）的组合——做出假设，并给出直观而合理的决策作为行驶意图，使自动驾驶车辆可以在保证安全的情况下尽可能满足外部导航的要求。

　　这种通过人工算法规定基本交通规则并包含在计算得到的行驶意图中的方法，巧妙地将交通规则显式授予神经网络，有着较好的可控性与可解释性，在决定自动驾驶安全性的关键步骤上有着良好的控制能力。

　　为了帮助控制模块的神经网络更好地完成实现行驶意图的命令，CMA 方法还计算出当前车辆位置与行驶意图指示的目标位置之间的横向偏差 D_o，作为行驶意图完成情况的定量反映。这种定量的描述有助于网络根据与目标位置的差距来合理把控转向、变速等操作的幅度，使车辆更为平稳、安全，更贴近人类驾驶员的操作水准。综上所述，完整的认知地图可以表示为

$$C^t = [X_m^t X_1^t X_r^t D_i^t V_{state}^t D_o^t] \tag{13-8}$$

算法 13-1　自主车辆行驶意图生成算法

自主车辆行驶意图生成算法

输入：
O_{Cline}：中间相机图像中，当前车道障碍物距自主车辆的距离
O_{Lline}：左侧相机图像中，左侧车道障碍物距自主车辆的距离
O_{Rline}：右侧相机图像中，右侧车道障碍物距自主车辆的距离
G_{navi}：外部导航信号输入
输出： 基于导航信号和局部障碍物信息生成的行驶意图；
1：**if** G_{navi} = 保持当前车道 $\wedge$ $O_{Cline} \geqslant$ 安全距离 **then**
2：　　return 　= 保持当前状态
3：**else if** G_{navi} = 保持当前状态 $\wedge$ $O_{Cline} \leqslant$ 安全距离 **then**
4：　　**if** $O_{Lline} \geqslant$ 安全距离 **then**
5：　　　　return D_i^t = 向左换道
6：　　**else if** $O_{Rline} \geqslant$ 安全距离 **then**
7：　　　　return D_i^t = 向右换道
8：　　**else**
9：　　　　return D_i^t = 保持当前状态，减速跟驰
10：**else if** 　G_{navi} = 向左换道 $\wedge$ $O_{Lline} \geqslant$ 安全距离 **then**
11：　　**return** 　= 向左换道
12：**else if** 　G_{navi} = 向右换道 $\wedge$ $O_{Rline} \geqslant$ 安全距离 **then**
13：　　**return** 　D_i^t = 向右换道
14：**else**
15：　　**return** 　D_i^t = 保持当前状态，减速跟驰

13.2.4 模拟运动皮层的规划与控制

基于认知地图中的基本描述，CMA 方法的控制模块使用递归神经网络对认知地图在时域上进行注意力机制建模，根据时间上的动态依赖关系生成对自动驾驶汽车的控制指令。在标准的自动驾驶框架中，路径规划和车辆控制通常会进行解耦处理，但是这种独立模块的处理方式，难以应对复杂的交通场景。在 CMA 框架中，车辆当前和过去状态以及一段时间内交通场景的描述，都会以记忆的形式被保存在认知地图中。递归神经网络学习和建模认知地图中各个表征间的依赖关系，选择使用或遗忘认知地图中所存储的信息，最终直接生成车辆的控制序列，在实现规划和控制的同时以端到端的方式完成。在整个过程中，对认知地图中信息的记忆与遗忘、注意力机制等，都是从人类驾驶员的行为中学习到的。因此，在 CMA 方法控制下的自主车辆，其行为与传统的自动驾驶框架产生的行为相比，车辆的行驶轨迹更自然，性能表现也更加安全。

长短期记忆网络是递归神经网络（RNN）中的一种基本类型，适用于处理序列数据，且能够对数据在时间域上的依赖关系进行建模。在 CMA 框架中，使用了一种基本的 LSTM 单元，来验证所提出方法的有效性。每个 LSTM 单元由 3 个门（输入门、输出门和遗忘门）控制。遗忘门（forget gate）和输入门（input gate）使用 Sigmoid 函数，输出门（output gate）和单元状态（cell states）由 tanh 函数进行转换。LSTM 网络可以学习序列数据中的长期依赖关系，并在时间域上建模注意力机制。LSTM 网络中的记忆单元（memory cell）被用来存储和记忆认知地图中的信息，如车辆的历史状态、位姿等。同时，网络还实现了记忆单元中数据的选择和注意力机制。隐藏状态（hidden states）的维度应根据输入表征 C_t 选择。CMA 框架利用了 LSTM 的这些优良特性，使得其可以在时域上建模并学习人类驾驶员的驾驶决策和行为。

模型使用了一个全连接网络将认知地图 C_t 重新组织为特征向量 $\boldsymbol{R}^t$，再输入进入 LSTM 网络。控制自主车辆所使用的网络包含 3 个 LSTM 层，使递归网络可以在时间域上学习到更高层次、更抽象的表征。前两个 LSTM 层会输出与输入序列一一对应，且维度相同的特征序列。最后一个 LSTM 层仅会由最后一个 LSTM 单元输出，从而将输入到整个网络的时间序列映射为当前时刻对自主车辆的单一控制量。

在自主驾驶的过程中，控制车辆行驶的两个主要命令是方向盘转角和车速。在所提出的受脑启发的自动驾驶认知构建方法中，通常分别计算两个命令以控制自主车辆。速度指令主要由交通知识库和交通规则确定。同时，车辆在当前时刻的速度也会被作为车辆状态 V^t_{state} 的一部分，以形成当前时刻的认知地图。

测试结果表明，传统方法对于恶劣天气和低可见度表现较差，但 CMA 方法针对上述极端场景通用性更好，检测速度更快。这是由于 CMA 方法感知模块采用的网络结构简单，其推理速度远高于传统方式及其他深度学习方法。

同时，CMA 方法可以根据障碍物出现的距离采取不同的变道速度，以尽可能平缓地绕过障碍物。CMA 方法在变道行为上与人类驾驶员的驾驶行为非常相似,证明了其有效模仿了人类驾驶者的认知过程。

13.3 受生物认知启发的自动驾驶神经电路策略

尽管深度学习算法在自动驾驶领域取得了令人瞩目的成就,但距离其广泛应用仍有较大差距,在表示学习方面仍面临大量的挑战。首先,安全问题是其实际应用中的关键考虑因素,这要求自动驾驶系统具备较高的可解释性。其次,尽管经过训练的深度学习自动驾驶系统在离线测试和模拟中表现出色,但在某些非理想情况下表现不佳。再次,自动驾驶系统需要学习驾驶场景与最佳转向命令之间最真实、本质的因果关系。对于车道保持任务而言,在做出当前转向决策时,基于深度学习的自动驾驶系统希望能隐式关注道路远处的情况,并在短期转向任务上保持优秀的性能。然而,在实践中,许多深度模型已经被证明学习到的输入输出因果关系是不准确或次优的。最后,自动驾驶系统在处理感知信息高维数据流输入时,必须具备短期记忆机制,以做出更优秀、更稳定的判断。

本节介绍的工作是一种受大脑启发的小规模神经网络,称为神经电路策略[325],可以直接基于自主车辆的摄像头输入,端到端地控制自动驾驶汽车。秀丽隐杆线虫虽然神经系统极其简单,但它可以完成运动、运动控制和导航等功能。NCP 受到这一启发,设计了一种简单的深度学习算法结构,并通过参考秀丽隐杆线虫的神经连接图实现了对该算法的高度可控性。该算法仅包含 19 个控制神经元,通过 253 个突触将 32 个由 CNN 提取到的图像特征连接到输出,学习将高维输入映射到转向命令,与比其大几个数量级的黑盒深度学习系统相比,该系统显示出了优越的泛化能力、可解释性和鲁棒性。

13.3.1 神经电路模型与对应网络结构

NCP 受秀丽隐杆线虫的神经系统结构启发设计而成,它仅包含 19 个仿照生物特点设计的神经元,相互之间稀疏连接。这种简洁的架构使得 NCP 的可解释性更好。线虫的神经接线图达到了约 90% 的稀疏性,所对应的特定的拓扑结构具有很大的计算优势。

NCP 的神经动力学模型如图 13-2 所示,由连续时间常微分方程给出。这类模型的提出就是为了表示简单的生物神经系统结构,模拟它们的神经动力学。NCP 神经构建的基础单位模块是一种称为液体时间常数(Liquid Time Constant,LTC)的网络[326]。

LTC 神经元 i 的状态量 $x_i(t)$ 可由式(13-9)表征(以神经元 j 为输入):

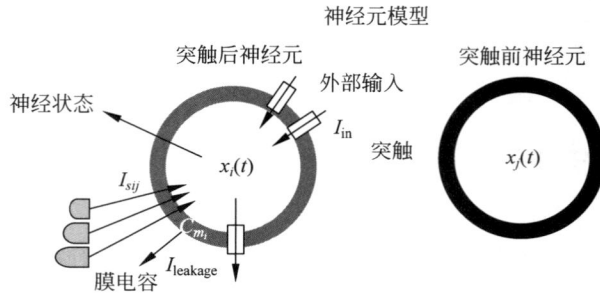

图 13-2　NCP 的神经动力学模型

$$\dot{x}_i = -\left(\frac{1}{\tau_i} + \frac{w_{ij}}{C_{m_i}}\sigma_i(x_j)\right)x_i + \left(\frac{x_{\text{leak}_i}}{\tau_i} + \frac{w_{ij}}{C_{m_i}}\sigma_i(x_j)E_{ij}\right) \tag{13-9}$$

$$\tau_i = \frac{C_{m_i}}{g_1} \tag{13-10}$$

$$\sigma_i(x_j(t)) = \frac{1}{1 + e^{-\gamma_{ij}(x_j - \mu_{ij})}} \tag{13-11}$$

其中，τ_i 表示神经元 i 的时间常数；g_1 表示漏电导；w_{ij} 表示从神经元 i 到神经元 j 的突触权重；C_{m_i} 表示膜电容；x_{leak} 表示静息电位；E_{ij} 表示定义突触极性的反转突触电位。

一个 LTC 神经元的总体耦合灵敏度（时间常数）为

$$\tau_{\text{system}_i} = \frac{1}{\dfrac{1}{\tau_i} + \dfrac{w_{ij}}{C_{m_i}}\sigma_i(x_j)} \tag{13-12}$$

这个可变的时间常数决定了神经元在决策过程中的反应速度。

将该方程转为可微的常微分方程数值求解器，表示为

$$x_i(t+\Delta) := \frac{\dfrac{x_i(t)C_{m_i}}{\Delta} + g_{l_i}x_{\text{leak}_i}\sum_{j\in I_{\text{inij}}^w}\sigma_i(x_j(t))E_{ij}}{\dfrac{C_{m_i}}{\Delta} + g_{l_i} + \sum_{j\in I_{\text{inij}}^w}\sigma_i(x_j(t))} \tag{13-13}$$

式中，Δ 表示神经元计算的步长。

式(13-13)可作为神经元表达式，参与 NCP 网络反向传播训练。其递归的特点说明神经元包含了 RNN 的结构。

NCP 各层网络架构如图 13-3 所示，其搭建遵循下述的 4 个规则：

(1) NCP 网络结构包含 4 个神经层——N_s 感知神经元，N_i 中间神经元，N_c 命令神经元和 N_m 运动神经元(见图 13-3(a))。连接神经元的突触含有极性和权重两个属性。

(2) 在每两个相邻的层之间，对于任意的源神经元，插入 $n_{\text{so}-\text{t}}$ 个突触($n_{\text{so}-\text{t}} \leqslant$

N_t)。这些突触的极性(兴奋或抑制)(极性服从参数为 p_2 的伯努利分布),连接到 n_{so-t} 个被随机选出的目标神经元(随机选取服从参数为 n_{so-t} 和 p_1 的二项分布)(见图 13-3(b))。n_{so-t} 是从源到目标的突触数。p_1 和 p_2 对应于它们的分布的概率。

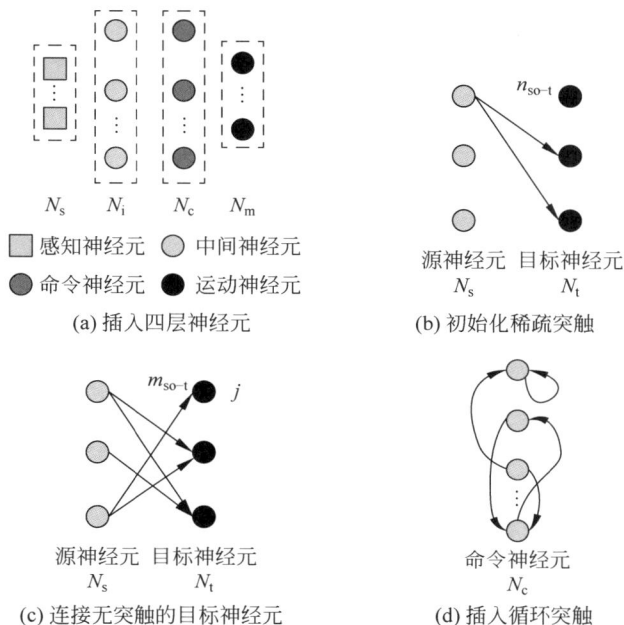

(a) 插入四层神经元   (b) 初始化稀疏突触

(c) 连接无突触的目标神经元   (d) 插入循环突触

图 13-3 NCP 网络搭建步骤

(3) 在每两个相邻的层之间,对于任意没有突触连接的目标神经元 j,插入 m_{so-t} 个突触 $\left(m_{so-t} \leqslant \dfrac{1}{N_t} \sum_{i=1, i \neq j}^{N_t} L_{t_i}\right)$,其中 L_{t_i} 是连接到目标神经元 i 的突触数量。这些突触的极性(兴奋或抑制)(极性服从参数为 p_2 的伯努利分布),来自 m_{so-t} 个源神经元。源神经的随机选取服从参数为 m_{so-t} 和 p_3 的二项分布(见图 13-3(c))。m_{so-t} 是从源神经元到目标神经元没有突触连接的突触数量。

(4) 在命令神经元之间存在循环连接。对于任意的命令神经元,插入 l_{so-t} 个突触($l_{so-t} \leqslant N_c$)。这些突触具有突触极性(兴奋或抑制)(极性服从参数为 p_2 的伯努利分布),连接到 l_{so-t} 个目标命令神经元。目标命令神经元的随机选择服从参数为 l_{so-t} 和 p_4 的二项分布(见图 13-3(d))。l_{so-t} 是从一个中间神经元到目标神经元的突触数。

13.3.2 实现结构与应用案例

NCP 方法将自主车辆相机数据作为输入,通过 CNN 头进行特征提取,得到的特征经过 NCP 的运算,最终输出方向盘控制指令。其工作原理如图 13-4 所示。

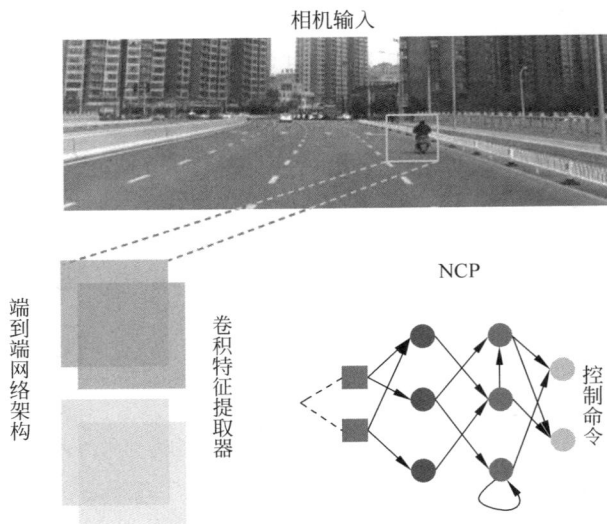

图 13-4   NCP 网络工作方式

NCP 所采用的循环神经网络是一类人工神经网络,它通过反馈机制在当前输出决策中参考过去一段时间内的感知结果。虽然仅依赖深度卷积神经网络架构的前馈模型可以在输入数据理想的情况下正确驱动车辆完成道路跟随等任务,但如果数据嘈杂,它们通常表现欠佳。这是因为它们没有充分利用以往的输入信息,以过滤掉瞬态干扰。因此,如果感知信息的输入流发生突变(如光照突然变化),那么预测结果将不稳定。而应用了 RNN 的自动驾驶系统,在有限长度的自动驾驶感知序列上进行训练,往往能应对更复杂的自动驾驶场景。

在一些道路追踪实验中,受生物神经系统启发的 NCP 尽管网络规模非常小,但在输出决策上具备相当高的稳健性,因为其采取了稀疏连接方式且能够有效地关注道路的关键信息,从而更好地完成指定任务。此外,其简单的结构也使得显著性图能很好地暴露其注意力所在,方便分析网络的安全性与性能。NCP 神经元在不同驾驶行为中分别产生了有规律的激活程度与灵敏度的变化。这种激活程度的变化说明单个神经元可能与特定车辆动作相关联,便于有针对性地优化网络。

对受生物认知启发的智能系统的研究一直都在进行当中。其中,NCP 方法所参考的线虫神经系统是一种已经被完全破解的功能完整的神经系统,为其他智能系统的研究提供了重要参考。例如,智源研究院天演团队通过对线虫神经系统的建模,仿真出当前生物精度最高的仿真秀丽隐杆线虫"天宝 1.0"(MetaWorm)。在这项工作中,研究者们完成了对秀丽隐杆线虫所包含的 302 个神经元及连接关系的建模,采用多舱室模型模拟神经元的结构,包含了 14 种离子通道的生理模拟。其中,该工作着重对 106 个感知运动神经元组成的嗅觉和运动神经环路进行高精度的建模,还原了其电生理动力学特性。这加深了对生物从感知到运动之间神经结构与逻辑建立过程的理解,对具备类似感知模块和运动模块的自动驾驶系统有着重要的启发作用。天演团队同时构建了适用于线虫神经模型训练的三维流体动态实时仿真环境,并训练出了能够与环境实时进行交互的秀丽隐杆线虫神经模型。该模型能够感知并追踪感兴趣的目标,这些复杂生物功能也将对受生物认知启发的自动驾驶系统提供更多的经验与灵感。

自动驾驶旨在将机器运算的快速性与执行的准确性融入驾驶过程,使交通出行更加便捷、安全。然而,当前自动驾驶技术还有待进一步发展,其安全性尚不能和人类驾驶员相提并论。通过模拟人类驾驶员的认知过程,参考生物神经的工作模式,有助于自动驾驶系统缩小复杂交通场景下与人类驾驶员的差距,提高安全性与鲁棒性。可以预见,借鉴生物神经这一庞大复杂的系统构建更完备、成熟的自动驾驶系统,将是今后研究的重要方向。

第 14 章

基于数据驱动的学习型
自动驾驶系统

14.1 概述

传统的自动驾驶系统分为"感知-规划-决策-控制"4个模块,各个模块需要独立的算法设计以实现相应功能。这种分段设计的自动驾驶系统,其结构与功能一般是人为定义的,具有较好的可解释性。当系统出现问题时,通常可以快速定位问题产生的模块,并有针对性地进行优化和调整。然而,随着对自动驾驶系统研究的深入,传统自动驾驶计算框架运算效率低、环境适应性差、自学习能力不足的问题越来越明显。

由数据驱动的学习型自动驾驶系统采用受生物神经系统启发的神经网络进行计算,能够在一定程度上克服上述问题。首先,由该类方法实现的自动驾驶系统中通常采用"端到端"的方式,直接将传感器获得的高维信息映射到车辆转弯、变速等指令。这种方式没有对自动驾驶系统进行显式地划分,而是将整个系统作为一个整体进行同步调参与优化,进而得到更紧凑的系统与更优秀的表现。与传统方式相比,自动驾驶系统的运算效率大大提高;其次,该类方法通过数据驱动的方式优化目标函数,而非手工对复杂多变的自动驾驶任务进行归纳、建模,很好地利用了大数据时代信息资源丰富的特点,能对不同光照、天气、道路类型等环境下的大量标注的车路场景数据集进行学习。在此基础上,结合神经网络强大的泛化能力,此类自动驾驶系统得以获得较强的环境适应性。最后,随着深度学习相关技术的发展,学习型自动驾驶系统的学习方式也被进一步丰富,衍生出了包括模仿学习、强化学习等一系列新型学习方法,极大地提升了自动驾驶系统的鲁棒性和学习能力。

14.2 节将介绍学习型自动驾驶系统的发展历程,14.3 节将介绍数据驱动的学习型自动驾驶系统中的多种技术,包含采用卷积神经网络、引入高精度地图、基于多模态输入,以及采用大语言模型的自动驾驶技术。14.4 节和 14.5 节将分别介绍采用端到端自动驾驶的车辆控制模式、具有代表性的学习方法、注意力机制与可解释性,以及仿真与评估的方式。

14.2　数据驱动的学习型自动驾驶系统

由深度学习驱动的自动驾驶系统有着长久的应用历史与发展历程。

ALVINN(Autonomous Land Vehicle In A Neural Network)[327]是卡内基·梅隆大学的 Dean Pomerleau 于 1989 年用神经网络构建的自动驾驶系统。该自动驾驶系统采用"端到端"的方式完成基本的道路保持任务。它将车前摄像头和激光测距仪感知到的数据作为输入,通过一个三层的反向传播网络(Back Propagation network,BP 网络)计算出车辆转向角,并据此控制车辆。

ALVINN 所采用的网络结构如图 14-1 所示,它采用了含单个隐层的感知机结构。感知机的输入为摄像头感知信息、激光测距信息与上一帧输入图像的道路强度反馈。其中,道路强度的反馈值指出了输入图像中道路部分与非道路部分的亮暗关系。ALVINN 将摄像头信息、激光测距信息与道路强度反馈结果全连接到 29 个隐层神经元上,并再次通过全连接层计算并输出控制量,即包含 45 个方向类别的车辆转向角。

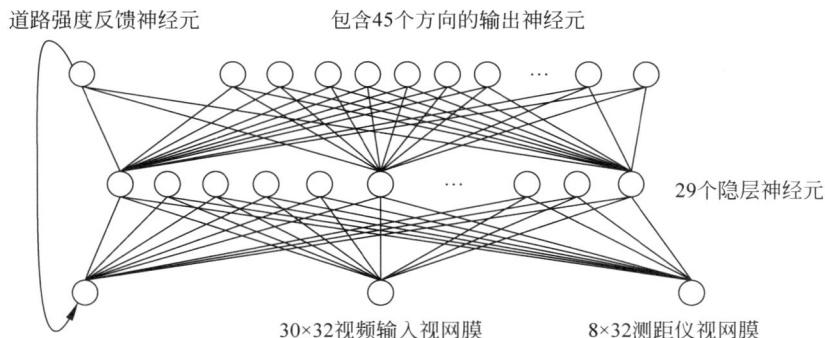

图 14-1　ALVINN 网络架构

由 ALVINN 控制的自动导航测试车辆 NAVLAB,在没有任何人工干预的情况下于卡耐基·梅隆大学校园中顺利完成了道路跟踪任务,成为首辆采用神经网络控制的自动驾驶汽车。该车的行驶速度可达到 70 km/h。在当时,这种使用神经网络的自动驾驶系统相比一些经典的算法表现出了明显的优势。首先，ALVINN 是由训练的数据而非人工决定哪些图像特征对道路导航是重要的。因此，ALVINN 可以在半小时的反向传播学习中获得表现良好的道路跟踪能力，而传统的图像处理与模式识别的方式则需要数月的时间进行算法开发与参数调整才能达到类似的效果。其次，神经网络不依赖相对固定的、高度结构化的传统算法来寻找与跟踪道路，因此可以更加灵活地根据实际道路情况对图像信息与距离传感器信息进行相应的处理。ALVINN 的成功揭示了深度学习在自动驾驶领域中的潜力，激励了后续对基于深度学习的自动驾驶系统的不断尝试与探索。

随着卷积神经网络的出现，基于深度学习的自动驾驶系统得到进一步发展。卷积神经网络是根据图像数据的平移不变性等特点设计而成的，拥有极强的图像特征提取能力。每层卷积层使用几组相同卷积核扫描整张图片。相比全连接层，卷积层大大降低了可学习参数的数量，提高了学习效率。得益于其巧妙而精简的结构设计，卷积神经网络常被用来完成复杂的图像驱动模式识别任务，并取得了巨大的成功。此时期的一些研究工作将卷积神经网络引入自动驾驶系统中，将车辆前部摄像头采集到的图像数据通过卷积层提取图像特征，再对特征使用全连接层进行分析计算，最终输出车辆转角等控制命令。与仅使用全连接层的自动驾驶系统相比，这类使用卷积层提取图像特征的自动驾驶系统仅需利用较短时长的数据（如车前摄像头图像、驾驶员方向盘指令）进行训练，便可在多种天气、交通场景下顺利执行道路追踪任务，如晴、雨、多云时的高速路，地方道路及居住区道路等。通过对卷积层进行可视化发现，在没有进行显式针对性训练的情况下，CNN 自行学习到了检测道路边界等重要道路特征的方法。

随着深度学习技术在自动驾驶领域的应用逐步深入，其功能也得到了不断完善。除了基本的道路保持功能外，其他自动驾驶功能进一步提高了行驶的安全性，提升了在复杂城市道路场景中自主行驶以及与其他交通参与者交互的能力，包括理解交通规则、识别信号灯状态、礼让行人等。例如，NMP 系统[330]将包含场景语义信息（如车道的位置、车道边界类型以及停车标志的位置等）的高精度地图作为先验知识，与激光雷达点云数据共同输入神经网络，并产生了 3D 检测、轨迹预测、自主车辆未来位置的代价地图（cost map）等可解释的中间层表征。这种方式能够在遵守交通规则的情况下，为自主车辆规划出一条安全的轨迹。其较高的可解释性可以帮助研究者理解系统的运行状况及出现错误的原因，便于进行相应的优化调整。除此之外，一些其他的应用深度学习的自动驾驶系统，在引入地图信息的方式、对多模态感知数据的利用、车辆的控制模式上也有着各自的研究与创新。这些研究将应用深度学习的自动驾驶系统推进到了一个更为完善、成熟的阶段。学习这些工作有助于更为完整、全面地认识当前应用深度学习的自动驾驶系统的设计思路与发展状况。

与早期的 ALVINN 相比，由卷积神经网络驱动的自动驾驶系统有更强的图像特征提取能力，在性能上也有较大提升。本节将按时间顺序介绍多个利用卷积神经网络完成自动驾驶任务的案例。之后，本节将介绍近期引入了高精度地图、结合多模态输入和采用大语言模型的端到端自动驾驶系统,并对这类自动驾驶系统的安全性和可解释性进行分析。

14.2.1　基于浅层卷积神经网络的自动驾驶

因为卷积神经网络具有良好的学习场景深度信息的能力,LeCun 等于 2005 年首次将卷积神经网络融入到自动驾驶系统中。这种结合卷积神经网络学习驾驶任务的尝试[328],在自动控制方向盘、越野避障等任务上取得了良好的实验结果。但是由于当时的算力条件限制,只能采用浅层的卷积神经网络,并且整个自动驾驶任务需要靠远程的超级计算系统配合。

在 LeCun 等训练的端到端的 6 层卷积神经网络中,输入是双目图像——左右两张彩色图；输出包含两个值,若第一个输出较大,则被解释为左转命令,否则表示右转命令。在整个卷积网络的架构中,每一层卷积都可以被看作是一组可训练的、具有局部支持以及平移不变性的线性滤波器。网络的训练在监督模式下进行,通过同时训练网络各层滤波器的参数,使网络最终的输出和期望输出之间实现误差最小化。最终训练得到的卷积神经网络,能够控制 50 cm 长的四轮卡车 DAVE 以 7 km/h 的速度避开障碍物。

随着研究学者对卷积神经网络的了解更为深入,在基于卷积神经网络的端到端自动驾驶中,采用的卷积网络架构也逐渐成熟。在这个时期,普林斯顿大学的 Deepdriving[329] 采用的卷积神经网络就是标准的 AlexNet 架构。AlexNet 架构共有 5 个卷积层和 4 个全连接层,每个全连接层的输出维度分别为 4096、4096、256、13。最后的 13 个输出数据被统一到 0.1~0.9 的范围中。网络采用欧几里得距离损失作为损失函数。在训练过程中,采用 TROCS 驾驶游戏中内置的场景作为训练集。为了收集一些极端的驾驶场景数据,研究人员将车开出车道,或与障碍物相撞,从而使得训练的神经网络更加鲁棒。在采用 TROCS 进行测试的过程中,自动驾驶系统的输入信息为第一人称的车前窗驾驶图片以及当前车速。由于输入量只有前方的场景图片,因此无法判断后方在超车时是否会出现追尾情况。为了避免追尾,Deepdriving 将模拟环境中的车辆速度都设置为低于自主车辆,因而可以完成安全的超车行为。虽然该模型的性能与当今先进的自动驾驶技术水平相去甚远,但是其所提出的采用深度学习方式作为感知器,以获取足够信息进行自动驾驶控制的思想值得学习和借鉴。

2016 年,英伟达训练的由卷积神经网络构成的端到端自动驾驶系统取得了良好效果[331]。该网络通过由自动驾驶车辆的单个前置摄像头获取的原始像素数据直接推断方向盘指令,适用于各种道路类型,以及缺少道路标志、视线模糊等多类场景。与将自动驾驶显式分解为“感知-规划-决策-控制”4 个模块相比,端到端的方式可以对所有的步骤同时进行优化,使系统在更精简的规模下达到最优的整体性能。

DAVE-2 系统是由英伟达开发的一套可学习自动驾驶汽车的整个工作流程的系统。为了提高在公路上驾驶的鲁棒性,DAVE-2 避免对车路场景中人造特征的依赖

（如车道线、栏杆、其他车辆等）。DAVE-2 的数据采集部分记录车辆正常行驶中的多种信息数据，包括前向摄像头数据、左右两个附加摄像头数据，以及对应的方向盘角度信息。在训练 CNN 网络过程中：

（1）采取独立于车辆尺寸的转向幅度表征 $1/r$ 作为方向控制的表示（其中 r 为转向半径）；

（2）为防止车辆在行驶中方向误差累积，并使自动驾驶系统获得纠正错误的能力，在训练过程中还额外补充了大量与合理位姿存在偏移与旋转的图像。

这些图像来源于结合前向摄像头与左右附加摄像头信息的视角变换（由于缺少空间深度信息，这里按"地平线以下处于地平面上，地平线以上均为无穷远"的假设），同时将方向盘角度信息进行相应的变换以达到纠错的目的。

该网络共包含 9 层：1 层硬编码的归一化层、5 层卷积层与 3 层全连接层。输入为映射到 YUV 平面的前向摄像头图像，输出为转弯半径的倒数。

在仿真测试中，该系统的自动驾驶时间比例为 90%（自动驾驶时间与总仿真时间的比值，每次人工干预以 6s 计算）；在上路测试中，该系统完成了 10 英里路程的测试，在大约 98% 的时间中保持自动驾驶。

虽然英伟达开发的基于视觉的端到端驾驶 CNN 能够在不同的交通条件下控制一辆真实汽车的方向盘，但没有考虑车道和道路的改变。同时，由于缺少对于油门和刹车的操纵，也无法控制车辆的停止和启动。

但是这些开创性的工作仍启发了基于模仿学习卷积神经网络的新思路。在时间维度上，Eraqi 等[332] 所实现的基于视觉的端到端转向角控制，通过长短期记忆递归神经网络（LSTM）进行时间推理，辅助系统中的网络结构更好地学习各种驾驶场景。

14.2.2　引入高精度地图的端到端自动驾驶

高精度地图（HD map）是大多数现代自动驾驶系统的关键组成部分，其包含车辆行驶所需的丰富语义信息，如车道、人行横道、交通灯、十字路口等静态交通元素的位置和拓扑关系，以及车道对应的交通规则信息。尽管端到端的自动驾驶缺乏可解释性，加入高精度地图比较困难，但这并不能否认高精度地图在端到端自动驾驶实现中的使用价值。地图信息为自动驾驶系统中决策推理与感知预测等任务提供了重要的背景知识，提高了对复杂动态交通场景的理解能力。高精度地图中的几何结构信息能够辅助生成符合交通规则约束的候选运动轨迹，可以提升运动规划的安全性。

在端到端自动驾驶模型的实现中使用高精度地图，通常是将所有的交通信息放在若干个图层的图像上，通过卷积层进行处理。其中，多图层的高精度地图可能包含人行道与车道的划分、十字路口、交通标志、限速等静态信息，以及交通灯的动态变化信息，甚至还可以绘制自动驾驶场景中的其他智能体。此外，利用高精度地图提供的先验知识，还可以提高 3D 物体检测的性能和鲁棒性。

当然，通过高精度地图引入的先验信息对训练过程也存在弊端。这是因为学习后的网络可以充分利用先验数据与原始数据之间的交互作用,获得更特殊的特征表示,而过度地依赖先验信息则会给网络的训练带来一些不理想的情景。例如,当高精度地图中含有噪声时,获得的特征表示会丧失其一般性,从而产生过拟合问题。因此,在使用高精度地图时,可以通过在训练过程中随机地向网络提供一个空的道路掩码,来提高系统鲁棒性。

然而,生成和维护高精度地图复杂度和成本较高,高度依赖地图也使得自动驾驶系统对定位要求更高:定位系统需要始终以厘米级的精度工作,否则可能会出现极度危险的情况。高精度地图所存在的这些缺陷,使得一些研究学者引入无地图技术。这种技术可以在定位失败或地图过时的情况下作为故障保护,并有可能以更低的成本实现大规模自动驾驶。

不依赖高精度地图的自动驾驶非常具有挑战性。首先,感知缺乏地图相关的先验信息,即较高概率存在车辆的道路区域与较高概率存在行人的人行道区域的先验知识。由于缺少车辆、行人通常所处位置的提示,动态对象的运动预测变得更为困难。其次,自动驾驶车辆运动规划安全的搜索空间从围绕车道中心线的狭窄包络线变成了全范围的动态可行轨迹。最后,在没有一条定义明确的路线时,自动驾驶汽车行驶到目标的过程需要被抽象为高层次的行为,例如,在中间直线行驶、左转或右转,这需要根据场景采取的不同行动。

与其他不依赖地图的方法不同,MP3[333] 提出了一种端到端的无地图驾驶方法,该方法是可解释的,不会导致任何中间信息丢失,并且可以解释中间表示中的不确定性。其提出了一组概率空间层来模拟环境的静态和动态部分。其中,静态环境包含在以规划为中心的在线地图中,该地图捕获了关于哪些区域可行驶以及哪些区域在给定交通规则下可到达的信息。动态参与者被一种新的占用流所包围,该流提供了一段时间内的占用率和速度估计。规划模块可以直接利用这些信息,无须任何其他处理。它利用观测数据搜索动态可行的轨迹,预测地图上的可行驶空间,以估计给定抽象目标的路线,并直接利用在线地图和占用流作为成本函数,制定可解释的安全路径规划。

除了直接利用高精度地图外,还可以用一种更简单的方式输入地图信息,即导航信息输入。在过去几年中,自动驾驶车辆的控制技术取得了巨大进展。深度神经网络模型可以有效地从数据中学习潜在表示,并以端到端的方式应用于车辆控制。这些深度控制器普遍通过视觉注意力机制、反卷积方法和自然语言模型进行探索。这种具备可解释性的模型将成为人车交互的重要部分,因为它允许人和车辆理解与预测彼此的行为,从而有效地合作。

然而,网络对场景的理解受到训练数据的限制,训练中仅关注对后续驾驶行为产生影响的图像区域。这会导致语义浅薄的模型对重要线索(如行人)的关注不足,这些线索不能预测车辆行为以及其他线索,如红绿灯或十字路口的存在。对于驾驶模型而言,能够根据用户输入调整路径规划的侧重目标具有重要意义。在导航信息输入中,本书使用"建议"一词来涵盖向车辆控制器提供的有关如何驾驶的高级指令,包括要注意的事项。

另一种方法是利用环视摄像头和路线信息作为输入,然后进行端到端的自动驾驶[334]。其中路线信息有两种输入方式:一种是 GPS 坐标,另一种是导航地图软件的视频输入。

车内导航系统(GPS)可建立车辆当前位置与地图间的联系,并告知驾驶员如何从当前位置到达目的地。多年来,提高定位、导航和地图系统的准确性和鲁棒性一直是一个研究重点。在当前已经提出的几种高精度地图绘制方法中,其中一些专门用于自动驾驶。除此之外,为了通过道路网络计算最快或最省油的路线,路线规划也得到了广泛的研究。然而,到目前为止,它们的使用主要局限于帮助人类司机,而作为自动驾驶的辅助输入往往因受到数据类型的限制而难以处理。

在该项工作中,使用环绕视图摄像头和导航地图视频输入的端到端驾驶模型,有助于自动驾驶系统"查看"侧面、后方和"检查"驾驶方向。导航软件的视频输入融合了对场景的理解,模型的测试结果优于使用 GPS 轨迹作为输入的情况。

深度神经控制网络是端到端自动驾驶汽车的关键组成部分。这些网络在大型数据集上进行训练以模仿人类行为,但它们缺乏对图像内容的语义理解。这使得它们在与训练数据不匹配的情况下变得脆弱并且可能不安全。有的研究者通过使用来自人类的自然语言"建议"来增加训练数据以解决这个问题,其中"建议"内容包括关于做什么和去哪里的指导[335]。

这项工作的目标是通过人类(例如驾驶教练)的"长期建议"以及车辆中乘客的"短期建议"来增强模仿学习数据集。举例来说,"建议"可能采用条件动作规则的形式,例如,"如果你在人行道上看到孩子的玩具,请放慢速度。"

模型处理建议提供的第一步,是训练一个接受建议的端到端车辆控制器。控制器调整自动驾驶车辆处理场景(视觉注意力)和控制(转向和速度)的方式。注意力机制将控制器行为与建议中的显著对象联系起来。本田研究院建议数据集(HAD)用于评估训练模型,这是一个带有手动注释人车建议的建议驾驶数据集。训练结果表明,接受建议可以提高端到端网络的性能,而网络会提供建议所选择的视觉特征。

在上面提及的自动驾驶模型中,模型的自然语言输入(即人车建议)从最终用户那里获取。输入的"建议"形式可以被分为以下两种:

(1)面向目标的建议(自上而下的信号)在导航任务中影响车辆(例如,"在学校区域慢速行驶");

(2)刺激-驱动建议(自下而上的信号)传达一些视觉刺激,用户希望车辆控制器主动关注他们的注意区域(例如,"有一个人行横道")。

14.2.3 基于多模态输入的端到端自动驾驶

多模态技术在自动驾驶场景中的实现是指自动驾驶车辆融合多个传感器信息,从而能够适应复杂多变的自动驾驶场景。在现实世界中,每一个传感器都有优势与不足。以激光雷达和单目相机为例,激光雷达优于单目相机的地方是其能够主动地探测驾驶场景中的深度信息。但是激光雷达的使用会受到分辨率的限制,对于过远距离的场景,激光雷达的分辨率因远低于单目相机的场景分辨率而失效。而在较弱的光照条件下,单目相机的工作条件无法得到满足。

　　对于现实世界中的自动驾驶场景,使用单一的传感器(如单目摄像头或激光雷达)的智能汽车,显然无法完全适应复杂多变的驾驶场景。相反,如图 14-2 所示,多传感器融合的使用可以使自动驾驶模型根据不同的输入获得互补的场景信息。在端到端的自动驾驶场景中,多模态的输入可以提高自动驾驶模型的泛化能力和准确性,提升智能车辆应对多变的天气、复杂的道路交通状况的能力。

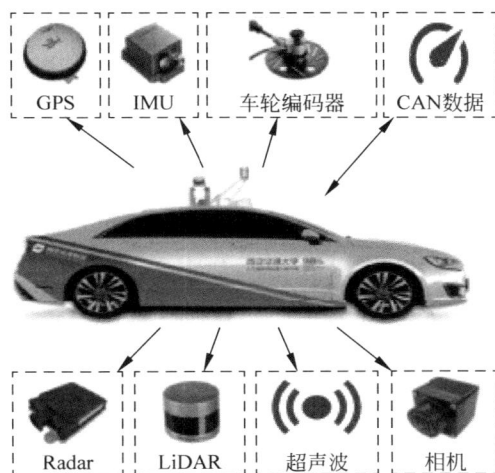

图 14-2　多传感器数据

　　在多模态方法中,根据多源信息整合位置的差异,可以将多模态信息融合划分为早期融合、中期融合和晚期融合。早期融合是指在信息源输入端到端学习网络之前,对信息进行组合。以 RGB 图像信息和深度信息整合为例,可以选择在 RGB 原本的三输入通道上,多增加一个通道存储深度信息。但是由于不同来源的数据信息具有不同的数据类型,所以在整合前需要对融合的数据进行预处理。中期融合是指在对数据进行部分或全部的特征提取之后进行数据融合。其中,特征提取本身通常是端到端模型的一部分,是可学习的。在连接后的融合数据上可以进行进一步的计算,以便达到最终的输出结果。最后介绍的晚期融合,顾名思义就是在各个模态的数据类型输出上进行数据的拼接。

　　在多模态自动驾驶领域中,最新的端到端驾驶多模态方法表明,将 RGB 图像与深度语义信息相结合,具有改善驾驶性能的潜力。Xiao 等[336]从相机和深度模态的早期融合、中期融合和晚期融合的角度探讨了 RGBD 作为网络输入的不同可能性,并在实验中观察到了这些设计带来的显著收益。Sobh 等[337]采用了激光雷达和相机的晚期融合体系结构,其中每个输入都在单独的流中编码,然后连接在一起。TransFuser[338]

在前人工作的基础之上，使用新的传感器融合方法，利用注意力集成图像和点云以表示所获取的 3D 场景的全局环境，使得端到端自动驾驶模型能够运用到高密度动态智能体和复杂场景下，且在 CARLA 驾驶模拟器的测试上减少了 76% 的碰撞。

14.2.4　基于大语言模型的端到端自动驾驶

大语言模型（Large Language Models，LLM）是指一类基于深度学习的强大人工智能工具，其核心结构基于 Transformer 架构，该架构能够捕捉长距离依赖关系并处理输入序列的并行计算。这些模型通过在大规模文本数据上进行预训练，学习语言的统计规律、语义关系和上下文理解能力。大语言模型所具备的强大的语言生成、理解和推理能力，使它在机器翻译、语义分割、图像生成等不同类别的任务中表现优异，成为诸多领域的研究和应用的焦点，也为自动驾驶系统带来了新的可能性与前景。

将大语言模型融入端到端自动驾驶，可以带来多方面的优势。首先，大语言模型可以提高自动驾驶系统的情境理解能力，使其更好地适应不同的交通环境和道路状况。近期大语言模型在多任务语义理解中表现卓越，在自动驾驶中有望协助完成对道路、交通标志、行人等关键信息的感知与综合理解。其次，相较于面向主要优化目标的端到端自动驾驶，大语言模型可以更广泛、全面地学习，具备大量常识，可以很好地应对驾驶场景中出现的长尾情况，做出更合理、更接近人类驾驶员的决策。此外，大语言模型能够加强自动驾驶的人机交互体验，使得驾乘者能够自然地与车辆进行沟通和指导，同时自动驾驶车辆也可以更加准确地向外界传达其意图和行动。

一项实验[339] 将大语言模型 GPT-3.5 作为了自动驾驶决策的核心。实验在 HighwayEnv 驾驶环境仿真平台上闭环进行，通过提示工具将车辆当前状态、周围环境感知结果、交通规则等以文字形式输入 GPT-3.5。GPT-3.5 基于这些信息做出决策并控制车辆。实验结果表明，GPT-3.5 在没有任何微调的情况下，在仿真测试场景中的零样本通过率达 60%，可合理应对多数交通情形。此外，GPT-3.5 会对做出的决策进行解释，并结合常识优化决策的过程。得到的决策结果与一些基于强化学习的方法相比，可解释性更强且更自然，不存在优化得到的无意义的加减速或变道行为。另外，实验采用了一种记忆机制，对错误的决策进行自我检讨并记录在库中，并在执行新决策时检索现有记忆。这种方法有效改善了之后在类似情况下的决策，是一种可行的持续学习手段。

另一项实验，VistaGPT[340] 旨在解决自动驾驶领域面临的多样性挑战，通过利用大语言模型（LLM）和 Transformer 的强大能力，促进不同实体之间的协作。VistaGPT 的核心思想集中于两个关键概念：车辆变换器模块化联盟（M-FoV）和基于 LLM 的自动驾驶系统自动组合（AutoAuto）。M-FoV 以模块化的方式构建了一个基于 Transformer 的模型库，其中包含细粒度的类别。这样的设计允许系统根据不同任务和场景，灵活地集成不同模块，从而促进了自动驾驶系统的协作与整合。而 AutoAuto 则充分利用了 LLM 的强大能力，通过自动组合原子模型，生成了自动驾驶系统的端到端流程,从而显著提高了开发的效率和灵活性。

　　大语言模型在端到端自动驾驶中具有许多潜在优势,而相关研究工作尚处于初级阶段,距离实际部署仍面临着一些挑战。例如,大语言模型需要给出精确的控制命令,而非定性的决策;且在实际应用中应当考虑模型的实时性与可靠性是否满足要求。此外,过度依赖大语言模型可能导致模型对先验信息过度敏感,从而影响其在复杂场景中的泛化能力。因此,在整合大语言模型时,需要精心设计训练策略,以平衡模型的能力与稳定性。

14.3　端到端自动驾驶的关键方法与技术

　　随着科技的迅猛发展,自动驾驶技术蓬勃发展,引领着现代交通领域的革新。其中,端到端自动驾驶系统因其简洁而高效的设计理念而备受瞩目。这一系统通过把传统的驾驶任务一体化,直接把传感器数据映射到驾驶行为实现全自动驾驶。然而,要将这一前沿的概念变为现实,关键在于深入了解并熟练掌握构建这一系统所必需的方法与技术。

　　本节将聚焦于"端到端自动驾驶的关键方法与技术",通过探索车辆控制模式、不同的学习方法、注意力机制和仿真评估等内容,为读者呈现一个全面而深入的视角。首先,通过对不同车辆控制模式的探讨,本节揭示了系统在实际驾驶中的行为特点。随后在学习方法的介绍中将集中讨论模仿学习和强化学习这两种核心方法,解释模仿学习如何借鉴人类驾驶员的行为,以及强化学习如何通过与环境的交互来优化驾驶策略。本节还将深入探讨在系统中引入的注意力机制,以及这些机制如何增强感知和决策的能力。最终,本节将介绍如何通过仿真技术来全面评估端到端自动驾驶系统的性能,从而为系统的发展和优化提供有力支持。

14.3.1　端到端自动驾驶的车辆控制模式

　　大多数的端到端模型将下一个时间步长的转向角和速度(或加速和制动命令)作为输出。通常,这被视为回归问题,但可以将转向角的预测转换为分类任务。方向盘角度可以直接从汽车上记录下来,并且是模仿学习过程中一个容易获得的标签。然而,方向盘转角和转弯半径之间的对应关系取决于汽车的几何形状,因此该度量特定于用于记录的汽车类型。相比之下,预测汽车转弯半径的倒数与汽车模型的几何形状无关。但需要注意的是,自动驾驶汽车在实现网络直接输出的速度和转向角时,需要额外的 PID 控制器将它们转换为加速/制动和转向扭矩。

　　为了更好地完成驾驶行为,Hawke 等[341]提出了既输出速度和转向角,又输出汽车的加速度和转向角加速度的驾驶模型,提升了轨迹平滑程度,获得了与仅预测速度和转向角相比更好的驾驶性能。

在最近的研究文献中，许多学者使用平均绝对误差（Mean Absolute Error，MAE）而不是平均平方误差（Mean Square Error，MSE）来优化速度和转向命令，也证明了MAE与实际驾驶性能具有更好的相关性。

更高级的输出模式是预测未来的航路点或所需的轨迹。网络的输出航路点可以通过另一个可训练的网络模型或通过控制器模块转换为低级转向和加速命令。不同的控制算法可用于此类控制器模块，常见的算法包括PID等。这样的控制器模块可以可靠地生成低级转向和加速/制动命令以到达所需的点。将一条曲线拟合到嘈杂的预测航路点，并将这条曲线作为所需的轨迹，这样可以得到更流畅的驾驶体验。

使用航路点作为输出的另一个优点是它们独立于汽车的几何形状。此外，基于航路点的轨迹比低级网络输出（例如，瞬时转向命令）更容易解释和分析。然而，与预测瞬时转向和加速命令相比，通过输出一系列航点或轨迹的模型必须提前计划。

在许多情况下，多条路径都同样高效且安全。有人建议输出包含有关安全行驶区域信息的代价图，然后利用代价图来选择一个好的轨迹。基于LiDAR和HD地图可以为未来的许多时间步长生成自上而下的2D代价地图。而模型可以借助人类专家轨迹训练代价图预测。训练后的模型根据代价量即可评估潜在的轨迹。代价图的可视化可以让人类更好地理解机器的决策和推理。

所谓的感知输出，是指输出驾驶场景中其他物体的运动情况、自身车辆的位置或者道路信息等。直接感知方法介于模块化管道和端到端驱动之间，旨在将两种方法的优点集成于设计的自动驾驶系统中。该系统不是解析驾驶场景中的所有对象并执行稳健的定位，而是专注于一小组关键指标，这称为感知方法的可供性。例如，可以从输入中预测汽车相对于车道的位置、相对于道路边缘的位置以及与周围汽车的距离。可供性的输出值可以被馈送到规划算法以生成低级命令，从而实现安全和平稳的驾驶。

14.3.2　端到端自动驾驶的学习方法

在实现端到端自动驾驶系统的过程中，学习方法起着重要的作用，它们为系统赋予了从数据中学习和适应的能力。本节对学习方法的探讨集中于其中两种核心学习方式：模仿学习和强化学习。通过模仿学习，系统可以从人类驾驶员的行为中汲取经验，从而在现实世界的驾驶任务中展现出相似的行为。与此同时，强化学习则允许系统通过与环境的交互来逐步优化驾驶决策策略，从而在面对不确定性和复杂性时表现出更强的适应性和智能性。

模仿学习（Imitative Learning，IL）是端到端驾驶中使用的主要范式。自动驾驶车辆需要对各种复杂的环境条件和行为做出反应，但对于每个可能的场景进行显式建模是不现实的。模仿学习是一种有监督的学习方法，即通过训练使模型模仿专家行为。在自动驾驶系统中，专家是人类驾驶员，模拟的行为是驾驶指令，例如转向、加速和制动。将人类驾驶员的感知结果作为输入，对模型进行优化，以产生与人类相同的驾驶动作。收集大量人类驾驶数据的简单性使得模仿学习方法在车道跟踪等简单任务中非常有效。前面介绍的 ALVINN 模型、DAVE 模型和 NVIDIA 模型都是模仿学习的方法。然而,对于这种方法来说,更复杂且出现频率低的交通场景仍然具有挑战性。

1. 行为克隆

行为克隆是目前使用最多的方法。即使在未知的环境中,行为克隆也能产生复杂的车辆行为,并且不需要人类总结的显式先验规则。然而,行为克隆也面临一些挑战,如数据集偏差、过度拟合、动态对象、缺乏因果建模以及训练不稳定等泛化性问题。对上述问题进行进一步的研究及解决后,行为克隆才能在现实世界中应用。

将上述传统的行为克隆的问题概括成如下 4 方面。

(1)分布偏移的问题。汽车由模型驱动时,模型自身的输出会影响汽车在下一个时间步骤中的观察结果,因此会产生该问题。如果行为克隆只是简单地学会模仿专家,对已训练的交通状况进行合适的反应,那么当出现了未曾见过的驾驶场景时,训练的模型便会无法响应。因此,模型还需要学会对其自身驾驶导致的情况做出响应。

(2)数据集的偏差问题。行为克隆的简单性及其理论的可扩展性,使得它确实可以通过模仿大型离线收集数据(例如,使用手动驾驶生产车辆的驾驶行为记录)来学习。但是,同所有学习类方法类似,它容易受到数据集偏差的影响。而且,在模拟学习驾驶策略的情况下,这种现象更加严重,因为现实世界中的大多数驾驶行为要么是一些简单的行为,要么是对罕见危险事件的复杂反应,所以收集到的学习数据呈现为两极化形式。随着收集到的数据逐渐增加,训练得到的网络性能出现下降的情况难以避免。

(3)因果混淆。与数据集偏差类似,端到端行为克隆还可能会陷入因果混淆的困境。除非使用明确的因果模型或行为规则,否则在观察到的训练行为模式中,虚假相关性无法与真实原因区分开来。例如,当自动驾驶车辆遇到红灯停止的情况时,它保持静止的可能性在训练数据中确实是压倒性的。这类数据的训练使低速和无加速之间产生了虚假的关联,导致在模仿策略中长时间停车和难以重新启动。尽管明确地模拟交通信号灯等因果信号的中介感知方法可以不受这种理论限制,但因为不能对全部原因建模,且感知层的错误(如漏检)不可恢复,所以它们在受限环境中仍无法进行端到端学习。

(4)高方差。在固定的训练策略下,人们会期望模仿学习在训练阶段的不同运行中始终学习相同的策略。然而,成本函数是通过随机梯度下降(SGD)进行优化的,此优化方式基于数据是独立同分布的这一理想的假设。因此,在实际训练中,模型可能对初始化情况和样本在训练期间的显示顺序高度敏感。

2. 引入安全策略的方法

SafeDAgger[342] 在考虑到传统的行为克隆的缺陷时,引进了安全策略的思想。具体而言,SafeDAgger 模型从参考策略和训练策略中迭代收集训练示例,在实现过程中引入一个安全策略。该模型可以在不查询参考策略的情况下自动在参考策略和主要策略之间切换,用于应对主策略陷入危险状态的情况。具体的安全策略实现规则可以解释如下:在每一个时间点上,安全策略判定了主策略是否安全,如果是安全的,则采用主策略返回的动作作为输出;否则改为参考策略驱动,以规避主策略将导致的危险。这个安全策略在 SafeDAgger 的数据收集阶段使用,可以收集一组难度逐渐增大的示例,同时最小化对参考策略的查询数量。大量的模拟自动驾驶实验表明,SafeDAgger 不仅减少了对参考策略的查询,而且提高了主要策略的训练效率。

谷歌于 2018 年提出的 Chauffeurnet[343] 模型,采用阻止次优行为和鼓励进步的损失来增加模仿损失,此外,用驾驶轨迹中的综合扰动来实现数据增强。训练后的模型即使被暴露于特殊驾驶场景下(如碰撞和越野驾驶),在被告知额外的损失后,也可以成功避免次优行为的发生。由于原始传感器输入和直接控制器输出都很难产生扰动,所以综合这些数据的机会来自中间层的输入-输出表示。在 Chauffeurnet 模型中,具体增加的损失项有如下几种。

(1)增加轨迹扰动。一方面模仿学习海量的合理驾驶行为,另一方面在合理的驾驶轨迹上附加扰动以制造各种特殊的驾驶情形,结合对应的附加损失函数,以训练网络如何应对扰动和避免不良行为,并最终使得 Chauffeurnet 驾驶模型具有较好的鲁棒性。

(2)碰撞损失。因为训练数据没有任何实际碰撞,为了模型更好地泛化,Chauffeurnet 增加了碰撞损失,直接度量在每一个时间步上预测的边界框与场景中所有物体的边界框真值的重叠率。

(3)驶离路面损失。为了训练网络避免控制车辆驶上道路边缘,增加了驶离路面损失,即在每一个时间步上度量预测的本车边界框和表示视野中道路与非道路区域的二值掩码图像的重叠率。

(4)其他额外损失。此外,还增加了目标轨迹几何损失和模仿损失等,以得到更好的驾驶模型。

虽然该模型性能还无法与运动规划方法展开竞争,但该模型是机器学习驾驶模型迈出的一大步。通过在模拟中探索罕见和困难的情景,对合理的驾驶行为进行彻底的增强,提高模型的性能使其能够更好地运用在具有高度交互性的交通场景中。

3. 逆强化学习方法

Sharifzadeh 等[344] 在 2016 年提出基于逆强化学习的方法。在这个框架中,可以应用逆强化学习来提取驾驶行为的未知奖励函数。与直接以监督方式学习状态-动作对相比,通过近似此函数可以更好地处理新场景。逆强化学习的提出,也是为了规避行为克隆单纯地模仿专家行为、无法推理所有行为产生原因的缺陷。

上述的模仿学习方法由于其单一的感知输入,有其自身的局限性。例如,Bojarski 等训练的网络[331]只能执行车道保持任务。当需要换车道或从一条路转向另一条路时,人类驾驶员必须控制车辆。

模仿学习在自动驾驶中的应用没有扩展到完全自主的城市驾驶的原因之一是,模仿学习假设仅从感知输入就可以推断出最佳动作。这种假设在实践中往往不成立:例如,当一辆车接近十字路口时,摄像头的输入不足以预测该车是应该左转、右转还是直行。从数学上讲,从图像到控制命令的映射对应关系具备随机性。因此,使用拟合函数不能涵盖全部应用场景。这一点在 Pomerleau 的工作[327]中有所体现:"目前,当到达一个交叉路口时,网络可能会输出两个差异很大的行进方向,每次选择一个。结果通常在指定的行进方向上出现振荡。"即使网络可以通过某种行动方案来处理模糊性,这也可能不是研究者们所希望的,因为自动驾驶车辆的辅助驾驶员缺乏控制网络本身的通信渠道。

条件模仿学习可以应对这一挑战。在训练时,模型不仅给出了感知输入和控制信号,而且给出了专家意图的表示。在测试时,可以向网络发出相应的命令。通过这种方式学习到的驾驶策略就像有一名负责感觉运动协调及继续响应导航命令的驾驶员。

另外,强化学习是一种机器学习范式,系统通过在环境中行动来使给予它的回报最大化。模仿学习在训练期间经常无法充分暴露在各种驾驶环境中,而强化学习更适合解决这个问题。它在线进行,可以在训练阶段进行充分的探索,遇到并学会应对各类情况。

应用在自动驾驶系统中的强化学习(Reinforcement Learning,RL)可以解决对标记数据需求量大的问题,不需要人类的明确监督,也不受大部分人类经验可访问性的限制。因此,尽管面临着数据效率低的问题,研究人员仍在关注 RL 在自动驾驶中的应用。

车辆行驶过程中可获取的信息十分丰富。为了能够综合多输入的影响,需要引入大型连续的行动空间,而大型连续行动空间的探索效率相对低下。为了解决该问题,CIRL[345]在一个合理约束的动作空间中进行探索,该动作空间的设计由模拟人类行为的编码经验引导。在深层确定性策略梯度(DDPG)的基础上,CIRL 针对不同的控制信号(即跟随、直行、右转、左转),设计了特定的自适应策略和转向角奖励,以提高模型处理不同情况的能力。CIRL 在 CARLA 驾驶基准测试上,成功完成了各种目标导向的驾驶任务。

整体的 CIRL 模型如图 14-3 所示,包括可控模拟阶段和通过深度确定性策略梯度(DDPG)优化的强化学习阶段。在模拟阶段,模型首先通过有监督的学习对网络进行训练,从录制的人类驾驶视频中提取真实动作。然后,模型将学习到的权重共享到动作网络中,并通过与模拟器交互,利用奖励模块的反馈对动作网络和批评网络进行优化。

Q-network 的架构值得精心设计,以获得更优的状态输出,即每个动作的状态-动作值。最新的研究证明,直接估计单个动作的动作值的结构有效性较差,因为动作通常是相关的并且可能具有相似的值。相反,最好先估计每个动作的状态值和相对优势,再最终得出状态-动作值。这里的相对优势 $A(s,a)=Q(s,a)-V(s)$ 表示某个动

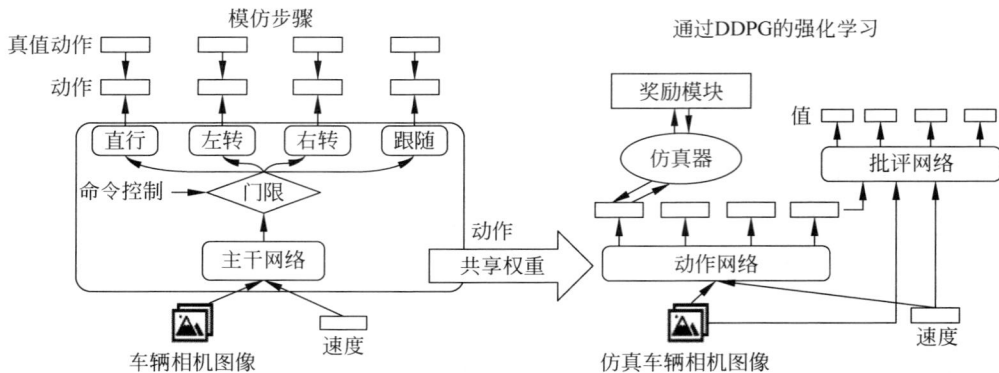

图 14-3　CIRL 模型结构示意

作 a 与状态 s 中的其他动作的比较结果。这个想法造就了一种名为 Dueling Networks 的著名架构。它具有两个计算流，分别是输出标量 V 的价值流和输出 a 维向量 A 的优势流。它们共享同一个卷积编码器。DDQN 的主要好处在于减少方差和提高采样效率。

14.3.3　端到端自动驾驶的注意力机制

注意力机制一方面可以提升网络的性能，另一方面可以用于可视化和可解释性的研究。神经注意场（NEural ATtention fields，NEAT）[346] 是一种注意力机制的表示方法，可以为端到端模仿学习提供合理的推理。NEAT 是一个连续函数，它将鸟瞰视图（BEV）场景坐标中的位置映射到航路点，使用中间注意力地图将高维 2D 图像特征迭代压缩为紧凑的表示。这使得模型能够有选择地关注输入信息的相关区域，同时忽略与驾驶任务无关的信息，从而有效地将图像与 BEV 表示相关联。

在自动驾驶车辆中，深层神经感知和控制网络是关键的组成部分。但是这些网络模型需要解释——它们应该为其行为提供易于解释的理论依据——以便乘客、保险公司、执法部门、开发商等能够理解是什么触发了特定的行为。然而，大多数神经网络的网络结构和隐层的激活情况与网络估计的功能没有明显关系。但基于注意力机制的视觉网络可以以一种易于理解的方式将其机理展示给用户。该类网络可以在输入图像和汽车视频的图像流上提供注意力地图，并由网络注意力在图像中的分布显示出图像的哪些区域对网络有直观影响。因此，注意力机制可以为端到端自动驾驶提供可解释性。

但是仅有注意力地图不足以很好地完成预期任务，因为注意力还包含一种过滤不显著图像内容的机制。注意力网络需要找到所有潜在的显著图像区域，并将其传递给主要识别网络，以获得最终判断。例如，注意力网络通常将关注出现路标的图像区域内的树木和灌木丛，类似于人类会先用周边视觉来发现"那里有什么东西"，然后再仔细观察并分辨物品的种类。因此，注意力网络的输出被处理后，将被聚类为注意"斑点",然后屏蔽(将注意权重设置为零)每个斑点,以确定对端到端网络输出的影响程度。其中对网络输出有因果影响的块将被保留,而那些没有影响的块将从呈现给用户的图像中删除。

作为自动驾驶完整软件栈的一部分,英伟达创建了一个基于神经网络的系统,称为 PilotNet[347],该系统根据前方道路的图像输出车辆转向角。PilotNet 使用道路图像和数据采集车驾驶员采用的转向角进行训练。道路测试表明,PilotNet 可以成功地在各种驾驶条件下执行车道保持任务,无论是否存在车道标记。除了学习明显的特征,如车道标记、道路边缘和其他车辆,PilotNet 还能学习工程师难以归纳和编程的更微妙的特征,例如,道路边缘的灌木丛和非典型车辆类别。

识别突出物体的中心思想是找到图像中与上述特征地图激活程度最高的位置相对应的部分。地图中激活程度较高的部分将转化为激活程度较低的掩码。通过可视化掩码,可以显示输入图像中对网络训练贡献大的区域。对突出物体的检查表明,PilotNet 可以学习对人类来说"有意义"的特征,同时忽略相机图像中与驾驶无关的结构。此功能源自对数据的学习,无须手工编制规则。

14.3.4 端到端自动驾驶的仿真与评估

端到端自动驾驶系统最直观和关键的衡量标准是在实际交通环境中的安全驾驶能力。为了比较自动驾驶解决方案的安全性,加利福尼亚州要求制造商报告每次涉及自动驾驶汽车的交通事故。此外,在公共道路上测试自动驾驶汽车的制造商还需提交年度报告,总结测试期间的安全驾驶员的干预情况。这些报告通过每次干预里程数和每次事故里程数指标来比较不同的自动驾驶技术在实际场景中的性能。但是在现实生活中全面测试每个模型不具备可行性,因为部署每个增量改进来衡量效果的代价高,且在真实交通场景中部署危险性高。

相较于现实场景中进行驾驶学习,在模拟环境中学习具备安全性与多样性。例如,模拟环境可以改变外观、照明和天气条件等更多的条件,还可以设置道路曲率和周围障碍物的复杂性,甚至支持构建难以在现实世界中复制的危险场景。此外,模拟提供了诸如语义乃至诸如车辆与道路的相对角度和位置等的真值信息。然而,由于模拟与现实的差距,这些基于模拟环境测试学得的驾驶知识,在应用于现实世界时会受到限制。

GTA5 是对洛杉矶市及其周围环境的高度仿真模拟。测试者在游戏过程中通过拦截和修改 DirectX 渲染命令来从 GTA5 中检测并提取多种视觉模式。该游戏拥有访问和操纵游戏状态的工具,因此测试者可通过内部脚本界面提供对控制输入的访问,例如,玩家车辆的转向、加速和制动。此外,GTA5 环境还具有丰富的天气条件、完整的昼夜循环和庞大多样的游戏世界。

常规的自动驾驶系统评估可以采用模块化方法。模块化方法通常针对每个模块的基准数据集(例如,KITTI 目标检测数据集)独立评估每个模块。然而,子任务中的性能与实际驾驶性能没有直接关系，也不适用于端到端模型，因为没有要评估的中间输出。受益于仿真环境的日渐强大和数据集的逐步完善，有学者针对端到端方法开发了一组不同的性能指标。

测试模仿学习模型的最简单方法是开环评估。开环评估将自动驾驶模型的决策与人类驾驶员的决策进行比较，通常将数据集分为训练数据和测试数据。训练好的模型通过一些性能指标在测试集上进行评估。最常见的指标是网络输出的平均绝对误差和均方误差（例如，转向角、速度）。

但在实际行驶过程中并不是仅有唯一正确的行为方式，并且仅与某个专家的风格相似不能作为衡量驾驶能力的公平标准。特别是在强化学习智能体的情形中，模型可能会根据平均误差提出与人类不同的安全驾驶策略。因此，开环评估仅限于模仿学习，不适用于使用强化学习训练的模型。

相比之下，闭环评估通过让模型控制汽车，直接评估驾驶模型在真实或模拟驾驶场景中的性能。与真实场景不同，在模拟驾驶环境中的闭环评估易于执行且成本较低。显然，所有这些指标都直接衡量模型的自动驾驶能力。事实上，良好的开环性能并不一定会在闭环设置中带来良好的驾驶能力。同样，良好的闭环性能也不一定符合开环评估中的某个专家风格。

虽然开环指标不足以衡量驾驶能力，但在尝试各种模型、调整超参数或决定使用哪种损失函数时，实验人员认为与最终驾驶能力相关性较强的一些开环指标是有效的。例如，Bewley 等使用平衡 MAE 选择最佳模型进行闭环测试[348]。

除了将无违规驾驶的能力列为衡量指标之一，Hecker 等提出使用生成对抗网络来衡量自动驾驶行为与人类行为的相似性。这是因为更类人的驾驶被认为更舒适、更安全[349]。为了衡量舒适度，人们还可以根据不适的体验来源（纵向和横向抖动的程度）来评估模型。

附录 A

自动驾驶的基础架构与 Pioneer 集成开发平台

A.1 基于 AUTOSAR 的系统架构

AUTOSAR 即"汽车开放系统架构",是由汽车制造商、零部件供应商以及各研究、服务机构组成的联盟,旨在为汽车电子软件制定一套专门的开放性框架和行业标准,从而能够对应用程序和标准软件模块进行管理。AUTOSAR 的诞生来自大量的协作和数据交换需求。这些需求存在于不同 ECU 的软件模块之间,以及用于处理复杂任务的 ECU 内部的软件模块之间。这些需求带来了系统额外的复杂度和安全风险,因此,必须对各软件模块之间的通信规则进行合理的定义,保障系统的稳定运行。

AUTOSAR 的结构如图 A-1 所示,可以分为以下 4 个层级:微控制器层(Microcontroller Layer)、基础软件层(Basic Software)、运行时环境(Runtime Environment)、应用层(Application Layer)。其中,基础软件层由微控制器抽象层、ECU 抽象层、服务层和复杂驱动等组成。在 AUTOSAR 标准中,软件接口、数据交换格式、软件开发的方法论均有对应的标准化定义,确保不同软件模块和系统组成间的兼容性和互操作性。

基于 AUTOSAR 定义的架构具备以下优点:在开发过程中,由于系统的硬件和软件彼此广泛独立,可以通过水平层将开发分离以减少开发时间和成本,并通过重复使用软件提高质量和效率;在系统应用过程中,由于软件系统提供跨供应商的汽车系统基础软件标准栈,可以通过集成

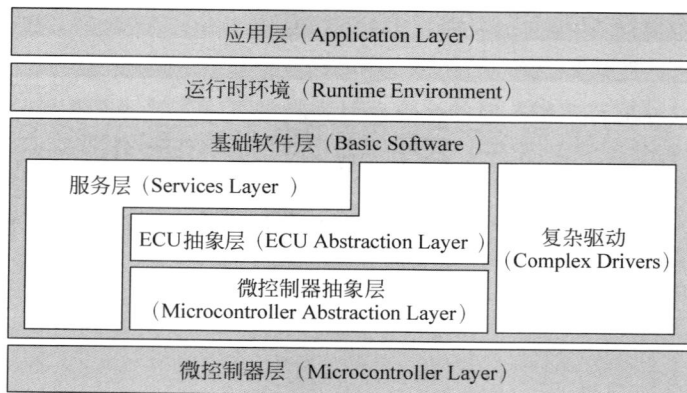

图 A-1　AUTOSAR 的结构图

多种功能模块的方式适配于不同供应商的车辆和车型。整体来说，硬件层的高度抽象降低了软硬件耦合度，极大地提高灵活性；软件层的标准化不仅能够提高代码质量，也便于软件的升级维护。

A.2　自动驾驶系统的 V 模式开发流程

A.2.1　自动驾驶系统的 V 模式开发流程简介

在自动驾驶可靠性检验领域，最为成熟的开发和测试流程是 V 模式开发流程。该流程可以将软件的原型设计、实现和验证高度整合。完整的 V 模式开发流程如图 A-2 所示，分为需求定义与功能设计、RCP 功能测试、目标产品和代码生成、系统集成测试、系统测试与标定 5 个阶段。

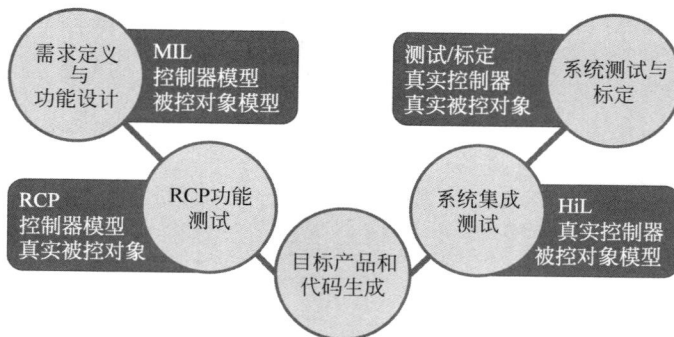

图 A-2　V 模式开发流程

1. 第一阶段：需求定义与功能设计

这一阶段开发过程需要明确软件系统的设计需求，并且完成基础的方案设计。传统方法通常使用几千字甚至几万字的文字进行说明定义,但为了避免文字表述的模糊性及理解性偏差,现代方法采用模型方式,如采用信号流图或 SIMULINK 模型进行定义和详细说明。控制方案的设计通常使用 MATLAB 或 SIMULINK 等计算机辅助建模及分析软件,尽可能准确地建立对象的模型并进行离线仿真。

2. 第二阶段：快速控制原型功能测试

快速控制原型(Rapid Control Prototype,RCP)阶段需要根据设计的方案完成控制系统的原型搭建。这一过程一般利用计算机辅助设计工具完成,并且需要同时考虑到 I/O 接口、软硬件中断等实时特性。在此基础上,计算机辅助测试管理工具能够对整个系统进行多次测试,以检验控制方案的实际控制效果,并支持在线优化参数,从而能够以较少的资金和时间资源形成测试原型、快速改进模型并确认最终方案。

3. 第三阶段：目标产品和代码生成

这一阶段需要根据控制原型进行具体功能的开发。在开发过程中应优先考虑现代开发方法,确保大部分代码由机器自动生成,能够避免传统人工编程中速度较慢、容易引入人为错误等多种缺陷,从而加快开发速度和效率。

4. 第四阶段：系统集成测试

这一阶段主要对开发的控制器进行初步的测试。用真实的控制对象进行测试会受到实际环境条件和高昂代价的限制,而 HiL 方法通过构建数字模型对被控对象和运行环境等部分进行模拟,从而能够快速部署并进行各种条件下的测试。因此,基于计算机辅助设计工具(软件/硬件)的仿真方法能够以简便、高效、低成本的方式对系统进行全面的综合测试,检测其在不同条件下(特别是故障和极限条件下)的产品性能,以比较其与要求指标间的差距并进行优化。

5. 第五阶段：系统测试与标定

这一阶段完成系统整体的测试。在各个模块完成单独的测试并进行性能验证后,需要将其各个连接起来构成完整闭环,从而对整个系统进行全面、详细的测试,以确认产品性能与需求定义相符。在集成测试后期需要进行标定过程,即调整模块中的各参数以满足具体的使用需求。

A.2.2　基于硬件在环的可靠性优化

V 模式第四步中的 HiL 仿真环节是提升整体系统可靠性的关键。在 HiL 仿真测试过程中,一般采用真实的控制器,被控对象或者系统运行环境采用实时仿真模型来模拟;运行环境中也可以部分采用真实的物体。从安全性、可行性和经济性上考虑,HiL 测试已经成为 ECU 开发流程中非常重要的一环,在减少实车路试次数、缩短开发周期和降低成本的同时可以有效提高 ECU 的软件质量,降低 ECU 控制功能的潜在风险。在 HiL 的基础上可进行全面的系统环境模拟,HiL 作为汽车系统 V 模式开发流程中的验证环节,可以完整地模拟汽车的整个工况以及极限环境。HiL 改变了传统的测试手段,在汽车开发过程中具有十分重要的作用。与传统测试手段相比,它的优势主要体现在以下几方面。

(1) 同步开发:应用 HiL 可以使得调试任务与硬件处理同时进行;

(2) 极限测试与破坏性试验:对于碰撞、过充/放、故障注入等工况实验,采用 HiL 不会产生实际的损失和风险,但达到验证控制器性能的目的;

(3) 可重复再现:HiL 可精准地模拟任意一次实车难以复现的测试实验;

(4) 全面、快捷:HiL 可在开发初期检测出软硬件的设计缺陷,大大降低开发周期和成本。

A.2.3　基于日志分析的可靠性优化

在 V 模式的第五步中,一般需要通过完善的日志记录和分析完成可靠性的优化。当测试过程中系统出现极端情况时,完善的日志记录可以协助开发人员完成对现场的还原,并进行有针对性的优化测试,以避免相同的问题再次发生。

在处理自动驾驶系统日志过程中,离不开对日志文件进行自动化分析。自动驾驶的数据量极大,这就要求日志分析的性能较为强大,尽可能地满足实时监控和统计,或在事后根据历史的日志文件进行快速的分析。对日志文件的分析过程需要考虑到执行效率,同时需要有效提取所有关键参数进行用户友好的显示。基于对自动驾驶系统日志的分析,开发人员可以:

(1) 判断硬件的失效原因;

(2) 收集硬件产品的现场使用数据并进行深入分析;

(3) 收集自动驾驶汽车的现场使用数据,总结出产品在系统使用中的关键点;

(4) 统一处理现场路试和实验室测试的数据;

(5) 建模并预测系统应对极端情况的相应能力。

自动驾驶日志分析系统的终极目标是基于日志分析获得整体系统可靠性水平,从而辅助后续的优化和提升。

A.3　Pioneer：自动驾驶的集成开发平台

Pioneer(先锋号)是由西安交通大学人工智能与机器人研究所团队自行研发的自动驾驶验证测试平台,在中国智能车未来挑战赛多次问鼎冠军。Pioneer 的成功与其适配于通用自动驾驶需求的软硬件环境密不可分。本节将着重分析 Pioneer 的软件环境,以其所使用的集成开发平台作为示例,向读者介绍自动驾驶集成开发平台的整体结构和各模块的具体功能。本节介绍有助于读者了解具体的自动驾驶软件平台开发过程中所面临的实际问题和对应的解决方案。

A.3.1　Pioneer 平台基础框架——ROS

Pioneer 的整体开发平台基于 ROS 搭建。因此，在正式介绍 Pioneer 的结构和模块之前，我们将先对 ROS 框架进行简单叙述，力图让读者了解 ROS 的基本特性，以及为什么 ROS 适合作为自动驾驶开发验证平台的基础环境。

1. ROS 概述

ROS 是当今常用的机器人开发开源操作系统。作为一个操作系统，ROS 适合多模块通信，允许多人同时进行开发，串接各个组件。可以说，ROS 是一种"机器人的框架"（robot frameworks），从底层设备控制到常用函数的实现都囊括其中，能够很好地服务于机器人开发。目前，绝大多数的传感器驱动、涉及自动驾驶和机器人领域的开源代码，在 ROS 中都有对应的程序实现；ROS 的分布式、模块化的架构也允许将新的算法便捷地整合至现有系统中。

2. ROS 的文件系统环境

本节主要介绍 ROS 的文件系统环境。ROS 中整理和组织软件的主要单元为不同的功能模块，被称为"包"。ROS 包中一般包含有模块运行时的可执行程序、依赖的类库和小型脚本。部分程序包中还可能包含数据集和配置文件等。ROS 包是 ROS 中建立和分享模块时的最小单元。当一些包之间的功能紧密相关时，也可以将这些包合并成元包（Metapackage）进行整体的分发和部署。

在 ROS 的每个包中，都包含一个名为 package.xml 的元数据文件。ROS 系统通过元数据文件对包进行识别和组织。

有两种特殊的 ROS 程序包，分别为消息包和服务包。这两种程序包决定了节点之间将以何种数据格式进行通信交互。消息定义一般存储为 .msg 文件，服务定义则一般存储为 .srv 文件。在消息文件中，每个消息字段占据一行，记录为消息类型和字段名的组合形式。每个字段的类型可以是 ROS 系统内置的基础类型，也可以是嵌套的其他消息。由多个消息元素构成的数组字段、用于表示枚举的常量字段也可以添加至消息文件的定义中。服务文件则由 Request 和 Response 两条消息构成，中间使用"---"分隔。与消息不同，服务定义不允许相互嵌套。

3. ROS 的运行时环境

ROS 程序包中的可执行程序和脚本在运行时，会以节点的形式接入 ROS 网络。整个机器人运行时软件系统节点之间可以通过不同的方式进行通信，包括基于异步流媒体数据的话题（Topics）机制、基于同步 RPC 样式通信的服务（Services）机制，以及用于数据存储的参数服务器（Parameter Server）等。

节点之间的数据传播通过话题来进行，这种发布形式类似广播。发出方发布数据，接收方通过指定的话题名（类似于广播频道）接收所需消息。发出方被称为发布者，接收方被称为订阅者。对于同一个话题，可以同时被多个节点接收或发出。通常情况下,发布者与订阅者无须直接耦合,因此有利于多模块的同时开发。

与消息的多对多和单向传输不同,服务则是多对一的请求-应答交互。在 ROS 框架的协助下,调用由其他节点提供的服务和调用本地的其他函数有着类似的操作方法。

ROS 系统中的 Master 节点负责协调每个子节点的消息接口,保证其消息的有序。每个子节点启动后都会在 Master 节点中注册并声明消息和服务接口。节点之间通过消息和服务的链路构建也由 Master 节点协助完成。

A.3.2   Pioneer 集成开发平台概述

在 ROS 平台的基础上,Pioneer 集成开发平台成功实现了自动驾驶系统所需的核心模块,包括感知、定位、规划和控制等功能,有力支撑了 L4 级别的 Pioneer 智能车应用。通过合理的消息系统,这些模块之间实现了高效的协作。当 Pioneer 集成开发平台在智能车上在线部署运行时,它可以被划分为 5 部分,如图 A-3 所示,分别为数据输入层、基础算法层、先验知识层、核心算法层和车辆接口层。

Pioneer 集成开发平台的数据输入层主要负责从传感器获取系统所需的数据与信号。来自相机、激光雷达、毫米波雷达等传感器的数据输入经过基于硬件触发下的时间同步以及基于空间一致性关系的位置变换与数据融合,可以提供良好的多模态数据源供后续算法开发和使用。底层的基础算法会对原始输入进行初步处理和建模计算,构建 Pioneer 的感知系统,感知系统基于多模态数据融合与深度学习网络建模,通过基于目标中心点预测与回归的方式得到障碍物 3D 包围框。同时,视觉特征可以识别与提取车道线、道路要素、信号灯等交通语义信息,结合提取的知觉物体与高精度地图,共同实现运动目标与静态场景的分离,进一步生成自动驾驶所需的交通语义地图,供车身定位与运动规划应用。这些基础算法将多种传感器的原始输入整合为统一的抽象数据表征,完成了原始场景和上层算法的解耦合。最后,环境感知得到的障碍物形状和位置会与人工提供的地图和任务序列等先验信息一并发送至核心算法层。

在 Pioneer 集成开发平台的核心算法层中,Pioneer 的定位系统首先通过多维空间二分编码、最近邻搜索索引、邻域遍历点云配准以及扩展卡尔曼滤波等步骤可以实现高精度无依托定位,确保 Pioneer 系统在极端或复杂场景中的定位精确性与稳定性,弥补 GPS 信号缺失带来的安全隐患。此外,通过对多传感器的感知数据进行时序建模,实现对动态障碍物的轨迹追踪与预测,为规划系统提供重要的障碍物运动状态信息。在环境感知与自主定位的基础上,Pioneer 的规划系统负责实现自动驾驶汽车的驾驶决策与路径规划目标,包含 4 个主要步骤。首先是全局导航与车道规划阶段,根据提供的原始路点,生成连续曲率变化的自然参数曲线,以定义局部规划所使用的坐标系。接着进行坐标转换,根据车辆在笛卡儿坐标系中的位姿,在转换后的坐标系中确定对应的点。在路径规划阶段,在曲线坐标系下确定自动驾驶汽车的位姿,并采样多个目

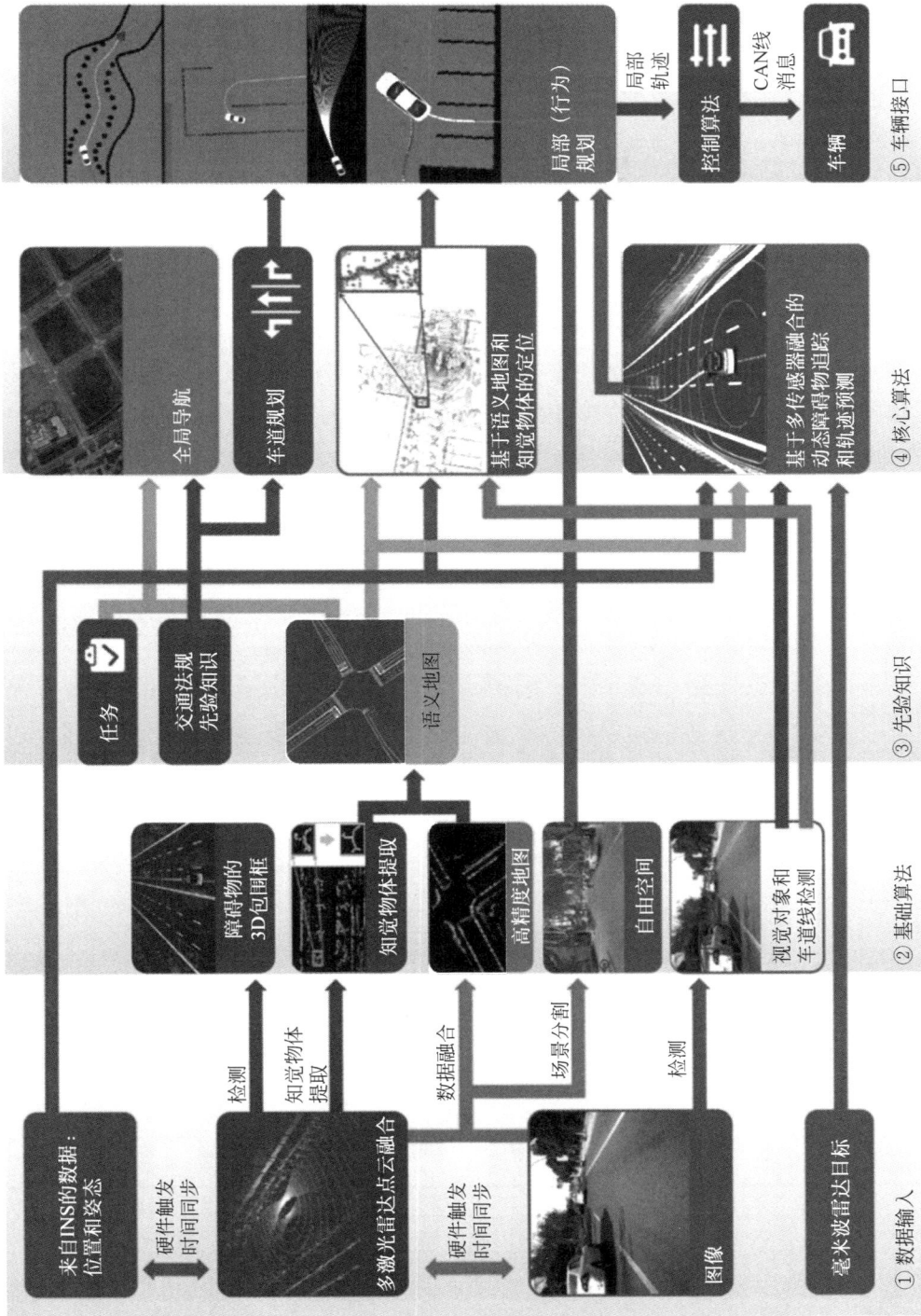

图 A-3　Pioneer 集成开发平台架构

标点，以求解路径的参数曲线。最后是路径评估，通过定义的优化函数评价所有路径，并选择损失最小的路径。通过全局与局部规划，系统能够在结构化和非结构化环境中找到符合车辆运动学约束且避免碰撞的平滑轨迹，并将其发送到车辆的控制系统。

Pioneer 集成开发平台的车辆接口层主要用于定义和贯通车辆的控制系统。Pioneer 的控制系统由横向控制器和纵向控制器组成，横向控制器用于控制车辆的方向盘转角，以实现路径跟踪。而纵向控制器则通过调节油门踏板比例和制动踏板比例，来控制车辆的行驶速度。控制器核心节点在这一过程中扮演关键角色，它接收规划模块发送的轨迹指令（包括车速指令），同时获取车辆的位置姿态信息、车速信息和方向盘转角信息。基于这些信息，控制器核心节点进行循迹计算，并整合安全逻辑，生成处理后的指令，供线控控制器执行。所有的控制指令通过 CAN 总线发送给 Pioneer 底盘。通过控制油门、制动器、方向盘等车辆结构，引导车辆沿着规划系统生成的平滑路径稳定行驶。完整的控制系统结合上述各模块的协同，共同保障了 Pioneer 智能车 L4 级别的自动驾驶能力，并提供安全舒适的行驶性能。

附录 B

自动驾驶的基本数学知识

B.1 贝叶斯滤波

卡尔曼滤波的数学基础是贝叶斯滤波框架，在此框架下，可以导出各种卡尔曼滤波的形式。因此，本节首先对贝叶斯滤波的数学知识进行介绍。在一个时变系统中，观测向量 z_k 是对状态向量 x_k 的观测，$p(x_k|x_{k-1})$ 称为状态转移模型，$p(z_k|x_k)$ 称为观测模型，满足如下两个假设：

马尔可夫性

$$p(x_k \mid x_{1:k-1}, z_{1:k-1}) = p(x_k \mid x_{k-1})$$

条件独立性

$$p(z_k \mid x_{1:k}, z_{1:k-1}) = p(z_k \mid x_k)$$

贝叶斯滤波的目的是实现第 $k-1$ 步的滤波 $p(x_{k-1}|z_{1:k-1})$ 到第 k 步的滤波 $p(x_k|z_{1:k})$，可分解为预测和更新两步。预测步是利用前 $k-1$ 个观测 $z_{1:k-1}$ 来估计第 k 个状态 x_k，为此，先计算 x_k、x_{k-1} 的联合概率密度：

$$p(x_k, x_{k-1} \mid z_{1:k-1}) = p(x_k \mid x_{k-1}, z_{1:k-1}) p(x_{k-1} \mid z_{1:k-1}) \tag{B-1}$$

由马尔可夫性，有

$$p(x_k, x_{k-1} \mid z_{1:k-1}) = p(x_k \mid x_{k-1}) p(x_{k-1} \mid z_{1:k-1}) \tag{B-2}$$

再对 x_{k-1} 进行积分得

$$p(x_k \mid z_{1:k-1}) = \int p(x_k \mid x_{k-1}) p(x_{k-1} \mid z_{1:k-1}) \, \mathrm{d}x_{k-1} \tag{B-3}$$

至此完成预测步骤,更新步骤是利用上述对第 k 步状态 x_k 的估计来更新第 k 步的滤波 $p(x_k|z_{1:k})$。为此,先求出 x_k、z_k 的联合概率密度:

$$p(x_k, z_k \mid z_{1:k-1}) = p(z_k \mid x_k, z_{1:k-1}) \, p(x_k \mid z_{1:k-1}) \tag{B-4}$$

由条件独立性,有

$$p(x_k, z_k \mid z_{1:k-1}) = p(z_k \mid x_k) \, p(x_k \mid z_{1:k-1}) \tag{B-5}$$

再对 x_k 进行积分得

$$p(z_k \mid z_{1:k-1}) = \int p(z_k \mid x_k) \, p(x_k \mid z_{1:k-1}) \, \mathrm{d}x_k \tag{B-6}$$

则有

$$p(x_k \mid z_k, z_{1:k-1}) = \frac{p(x_k, z_k \mid z_{1:k-1})}{p(z_k \mid z_{1:k-1})} = \frac{p(z_k \mid x_k) \, p(x_k \mid z_{1:k-1})}{\int p(z_k \mid x_k) \, p(x_k \mid z_{1:k-1}) \, \mathrm{d}x_k} \tag{B-7}$$

至此完成了贝叶斯滤波框架的第 $k-1$ 步 $p(x_{k-1}|z_{1:k-1})$ 到第 k 步 $p(x_k|z_{1:k})$ 的滤波过程。

B.2   卡尔曼滤波

B.2.1   基本卡尔曼滤波器

卡尔曼滤波是一种利用线性系统状态方程,通过系统输入输出观测数据,对系统状态进行最优估计的算法。卡尔曼滤波能够从一系列存在测量噪声的数据中,估计动态系统的状态。由于它便于计算机编程实现,并能够对现场采集的数据进行实时的更新和处理,因此在通信、导航、控制等多领域得到了较为广泛的应用。

卡尔曼滤波的状态方程:

$$x_{k+1} = F_k x_k + G_k w_k \tag{B-8}$$

其中,F_k 称为状态转移矩阵,w_k 是过程噪声向量,且 $w_k \sim \mathcal{N}(0, Q)$,$G_k$ 是噪声矩阵。

卡尔曼滤波的观测方程:

$$z_{k+1} = H_{k+1} x_{k+1} + v_{k+1} \tag{B-9}$$

其中,H_{k+1} 称为观测矩阵,v_{k+1} 是观测噪声向量,且 $v_{k+1} \sim \mathcal{N}(0, R)$。

状态预测 $x_{k+1|k}$ 可表示为

$$x_{k+1|k} = F_k x_{k|k} \tag{B-10}$$

状态预测 $x_{k+1|k}$ 与真实状态 x_{k+1} 之间估计误差的协方差矩阵 $P_{k+1|k}$ 可表示为

$$\begin{aligned}
P_{k+1|k} &= \mathrm{cov}(x_{k+1} - x_{k+1|k}) \\
&= \mathrm{cov}(F_k x_k + G_k w_k - F_k x_{k|k}) \\
&= \mathrm{cov}(F_k (x_k - x_{k|k}) + G_k w_k)
\end{aligned}$$

$$\begin{aligned}
&= \boldsymbol{F}_k \operatorname{cov}(\boldsymbol{x}_k - \boldsymbol{x}_{k|k}) \boldsymbol{F}_k^{\mathrm{T}} + \boldsymbol{G}_k \operatorname{cov}(\boldsymbol{w}_k) \boldsymbol{G}_k^{\mathrm{T}} \\
&= \boldsymbol{F}_k \boldsymbol{P}_{k|k} \boldsymbol{F}_k^{\mathrm{T}} + \boldsymbol{G}_k \boldsymbol{Q} \boldsymbol{G}_k^{\mathrm{T}}
\end{aligned} \tag{B-11}$$

对观测 $\hat{\boldsymbol{z}}_{k+1}$ 的预测可表示为

$$\hat{\boldsymbol{z}}_{k+1} = \boldsymbol{H}_{k+1} \boldsymbol{x}_{k+1|k} \tag{B-12}$$

对观测 $\hat{\boldsymbol{z}}_{k+1}$ 的预测与真实观测 $\boldsymbol{z}_{k+1}$ 之间估计误差的协方差矩阵 $\boldsymbol{S}_{k+1}$ 可表示为

$$\begin{aligned}
\boldsymbol{S}_{k+1} &= \operatorname{cov}(\boldsymbol{z}_{k+1} - \hat{\boldsymbol{z}}_{k+1|k}) \\
&= \operatorname{cov}(\boldsymbol{z}_{k+1} - \boldsymbol{H}_{k+1} \boldsymbol{x}_{k+1|k}) \\
&= \operatorname{cov}(\boldsymbol{H}_{k+1} \boldsymbol{x}_{k+1} + \boldsymbol{v}_{k+1} - \boldsymbol{H}_{k+1} \boldsymbol{x}_{k+1|k}) \\
&= \operatorname{cov}(\boldsymbol{H}_{k+1}(\boldsymbol{x}_{k+1} - \boldsymbol{x}_{k+1|k}) + \boldsymbol{v}_{k+1}) \\
&= \boldsymbol{H}_{k+1} \boldsymbol{P}_{k+1|k} \boldsymbol{H}_{k+1}^{\mathrm{T}} + \boldsymbol{R}
\end{aligned} \tag{B-13}$$

在知道 $k+1$ 时刻的预测值和实际值后,卡尔曼滤波的思想是分别给预测值和实际值一个权重,通过预测值和实际值的加权线性组合来得到估计值:

$$\boldsymbol{x}_{k+1|k+1} = \boldsymbol{x}_{k+1|k} + \boldsymbol{W}_{k+1} \boldsymbol{r}_{k+1} \tag{B-14}$$

式中,$\boldsymbol{W}_{k+1}$ 为权重矩阵,称为卡尔曼增益矩阵,$\boldsymbol{r}_{k+1} = \boldsymbol{z}_{k+1} - \hat{\boldsymbol{z}}_{k+1|k}$。将 $\boldsymbol{r}_{k+1}$ 和 $\hat{\boldsymbol{z}}_{k+1|k}$ 代入式(B-12),对式(B-14)进行化简可得

$$\boldsymbol{x}_{k+1|k+1} = (\boldsymbol{I} - \boldsymbol{W}_{k+1} \boldsymbol{H}_{k+1}) \boldsymbol{x}_{k+1|k} + \boldsymbol{W}_{k+1} \boldsymbol{z}_{k+1} \tag{B-15}$$

接下来需要确定权重矩阵 $\boldsymbol{W}_{k+1}$ 的表达式。目标是使得 $k+1$ 时刻加权后的估计值 $\boldsymbol{x}_{k+1|k+1}$ 和真实值之间的误差最小,即使得 $\boldsymbol{x}_{k+1|k+1}$ 和 $\boldsymbol{x}_{k+1}$ 之间的距离最小化:

$$\min_{\boldsymbol{W}_{k+1}} \| \boldsymbol{x}_{k+1|k+1} - \boldsymbol{x}_{k+1} \|^2 \tag{B-16}$$

式(B-16)等价于

$$\min_{\boldsymbol{W}_{k+1}} \operatorname{Tr}(\operatorname{cov}(\boldsymbol{x}_{k+1} - \boldsymbol{x}_{k+1|k+1})) = \min_{\boldsymbol{W}_{k+1}} \operatorname{Tr}(\boldsymbol{P}_{k+1|k+1}) \tag{B-17}$$

为此,先求出 $\boldsymbol{P}_{k+1|k+1}$

$$\begin{aligned}
\boldsymbol{P}_{k+1|k+1} &= \operatorname{cov}(\boldsymbol{x}_{k+1} - \boldsymbol{x}_{k+1|k+1}) \\
&= \operatorname{cov}(\boldsymbol{x}_{k+1} - \boldsymbol{x}_{k+1|k} + \boldsymbol{W}_{k+1} \boldsymbol{H}_{k+1} \boldsymbol{x}_{k+1|k} - \boldsymbol{W}_{k+1} \boldsymbol{z}_{k+1}) \\
&= \operatorname{cov}(\boldsymbol{x}_{k+1} - \boldsymbol{x}_{k+1|k} + \boldsymbol{W}_{k+1}(\boldsymbol{H}_{k+1} \boldsymbol{x}_{k+1|k} - \boldsymbol{z}_{k+1})) \\
&= \boldsymbol{P}_{k+1|k} + 2\operatorname{cov}(\boldsymbol{x}_{k+1} - \boldsymbol{x}_{k+1|k}, \boldsymbol{W}_{k+1}(\boldsymbol{H}_{k+1} \boldsymbol{x}_{k+1|k} - \boldsymbol{z}_{k+1})) + \boldsymbol{W}_{k+1} \boldsymbol{S}_{k+1} \boldsymbol{W}_{k+1}^{\mathrm{T}} \\
&= \boldsymbol{P}_{k+1|k} - 2\boldsymbol{W}_{k+1} \operatorname{cov}(\boldsymbol{x}_{k+1} - \boldsymbol{x}_{k+1|k}, \boldsymbol{H}_{k+1} \boldsymbol{x}_{k+1} + \boldsymbol{v}_{k+1} - \boldsymbol{H}_{k+1} \boldsymbol{x}_{k+1|k}) + \boldsymbol{W}_{k+1} \boldsymbol{S}_{k+1} \boldsymbol{W}_{k+1}^{\mathrm{T}} \\
&= \boldsymbol{P}_{k+1|k} - 2\boldsymbol{W}_{k+1} \boldsymbol{H}_{k+1} \boldsymbol{P}_{k+1|k} + \boldsymbol{W}_{k+1} \boldsymbol{S}_{k+1} \boldsymbol{W}_{k+1}^{\mathrm{T}}
\end{aligned} \tag{B-18}$$

将式(B-18)代入式(B-17),并对 $\boldsymbol{W}_{k+1}$ 求梯度有

$$\begin{aligned}
\frac{\partial \operatorname{Tr}(\boldsymbol{P}_{k+1|k+1})}{\partial \boldsymbol{W}_{k+1}} &= \frac{\partial \operatorname{Tr}(\boldsymbol{P}_{k+1|k} - 2\boldsymbol{W}_{k+1} \boldsymbol{H}_{k+1} \boldsymbol{P}_{k+1|k} + \boldsymbol{W}_{k+1} \boldsymbol{S}_{k+1} \boldsymbol{W}_{k+1}^{\mathrm{T}})}{\partial \boldsymbol{W}_{k+1}} \\
&= -2(\boldsymbol{H}_{k+1} \boldsymbol{P}_{k+1|k})^{\mathrm{T}} + 2\boldsymbol{W}_{k+1} \boldsymbol{S}_{k+1}
\end{aligned} \tag{B-19}$$

令梯度为零,即可得到卡尔曼增益

$$W_{k+1} = P_{k+1|k} H_{k+1}^T S_{k+1}^{-1} \tag{B-20}$$

将卡尔曼增益 W_{k+1} 代入 $P_{k+1|k+1}$，即可得到加权估计下的协方差矩阵：

$$P_{k+1|k+1} = (I - W_{k+1} H_{k+1}) P_{k+1|k} \tag{B-21}$$

上述过程可以归纳为预测和更新两步。

预测：

$$x_{k+1|k} = F_k x_{k|k} \tag{B-22}$$

$$P_{k+1|k} = F_k P_{k|k} F_k^T + G_k Q G_k^T \tag{B-23}$$

更新：

$$W_{k+1} = P_{k+1|k} H_{k+1}^T S_{k+1}^{-1} \tag{B-24}$$

$$x_{k+1|k+1} = (I - W_{k+1} H_{k+1}) x_{k+1|k} + W_{k+1} z_{k+1} \tag{B-25}$$

$$P_{k+1|k+1} = (I - W_{k+1} H_{k+1}) P_{k+1|k} \tag{B-26}$$

B.2.2　扩展卡尔曼滤波

卡尔曼滤波是一种高效率的递归滤波器（自回归滤波器），它能够从一系列包含噪声的观测中估计动态系统的状态。然而，简单的卡尔曼滤波只适用于符合高斯分布的系统，具有局限性。此外，卡尔曼滤波是一个线性系统，但在实际应用中，大多数系统属于非线性系统，因此扩展卡尔曼滤波算法应运而生，它是标准卡尔曼滤波在非线性情形下的一种扩展形式，主要想法是将非线性函数进行泰勒展开，省略高阶项，只保留展开的一阶项，以此来实现非线性函数线性化，最后，通过卡尔曼滤波算法近似计算系统的状态估计值和协方差估计值，对信号进行滤波。扩展卡尔曼滤波的状态方程：

$$x_{k+1} = f(x_k, w_k) \tag{B-27}$$

其中，$f(\cdot)$ 是从上一状态到下一状态的非线性可微映射函数，$w_k \sim \mathcal{N}(0, Q)$。

扩展卡尔曼滤波的观测方程：

$$z_{k+1} = h(x_{k+1}, v_{k+1}) \tag{B-28}$$

其中，$h(\cdot)$ 是从状态到观测的非线性可微映射函数，$v_{k+1} \sim \mathcal{N}(0, R)$。

状态预测 $x_{k+1|k}$ 可表示为

$$x_{k+1|k} = f(x_{k|k}) \tag{B-29}$$

观测预测 $\hat{z}_{k+1|k}$ 可表示为

$$\hat{z}_{k+1|k} = h(x_{k+1|k}) \tag{B-30}$$

对式（B-27）在 $(x_{k|k}, 0)$ 处进行泰勒展开且只保留一阶项：

$$x_{k+1} \approx f(x_{k|k}) + F_k(x_k - x_{k|k}) + G_k w_k \tag{B-31}$$

其中，F_k 是函数 $f(\cdot)$ 对 x_k 的偏导数的雅可比矩阵：$F_k = \dfrac{\partial f_{[i]}}{\partial x_{[j]}} \bigg|_{(x_{k|k}, 0)}$，$G_k$ 是函数 $f(\cdot)$ 对 w_k 的偏导数的雅可比矩阵 $G_k = \dfrac{\partial f_{[i]}}{\partial w_{[j]}} \bigg|_{(x_{k|k}, 0)}$。

同样,对式(B-28)在$(\boldsymbol{x}_{k+1|k},0)$处进行泰勒展开且只保留一阶项:

$$\boldsymbol{z}_{k+1} \approx h(\boldsymbol{x}_{k+1|k}) + \boldsymbol{H}_{k+1}(\boldsymbol{x}_{k+1} - \boldsymbol{x}_{k+1|k}) + \boldsymbol{C}_{k+1}\boldsymbol{v}_{k+1} \tag{B-32}$$

其中,$\boldsymbol{H}_{k+1}$ 是函数 $h(\cdot)$ 对 $\boldsymbol{x}_{k+1}$ 的偏导数的雅可比矩阵:$\boldsymbol{H}_{k+1} = \left. \dfrac{\partial h_{[i]}}{\partial x_{[j]}} \right|_{(\boldsymbol{x}_{k+1|k},0)}$,

$\boldsymbol{C}_{k+1}$ 是函数 $h(\cdot)$ 对 $\boldsymbol{v}_{k+1}$ 的偏导数的雅可比矩阵 $\boldsymbol{C}_{k+1} = \left. \dfrac{\partial h_{[i]}}{\partial v_{[j]}} \right|_{(\boldsymbol{x}_{k+1|k},0)}$。

状态预测 $\boldsymbol{x}_{k+1|k}$ 与真实状态 $\boldsymbol{x}_{k+1}$ 之间估计误差的协方差矩阵 $\boldsymbol{P}_{k+1|k}$ 可表示为

$$
\begin{aligned}
\boldsymbol{P}_{k+1|k} &= \mathrm{cov}(\boldsymbol{x}_{k+1} - \boldsymbol{x}_{k+1|k}) \\
&= \mathrm{cov}(f(\boldsymbol{x}_{k|k}) + \boldsymbol{F}_k(\boldsymbol{x}_k - \boldsymbol{x}_{k|k}) + \boldsymbol{G}_k\boldsymbol{w}_k - f(\boldsymbol{x}_{k|k})) \\
&= \mathrm{cov}(\boldsymbol{F}_k(\boldsymbol{x}_k - \boldsymbol{x}_{k|k}) + \boldsymbol{G}_k\boldsymbol{w}_k) \\
&= \boldsymbol{F}_k\mathrm{cov}(\boldsymbol{x}_k - \boldsymbol{x}_{k|k})\boldsymbol{F}_k^{\mathrm{T}} + \boldsymbol{G}_k\mathrm{cov}(\boldsymbol{w}_k)\boldsymbol{G}_k^{\mathrm{T}} \\
&= \boldsymbol{F}_k\boldsymbol{P}_{k|k}\boldsymbol{F}_k^{\mathrm{T}} + \boldsymbol{G}_k\boldsymbol{Q}\boldsymbol{G}_k^{\mathrm{T}}
\end{aligned} \tag{B-33}
$$

观测预测 $\hat{\boldsymbol{z}}_{k+1|k}$ 与真实观测 $\boldsymbol{z}_{k+1}$ 之间估计误差的协方差矩阵 $\boldsymbol{S}_{k+1}$ 可表示为

$$
\begin{aligned}
\boldsymbol{S}_{k+1} &= \mathrm{cov}(\boldsymbol{z}_{k+1} - \hat{\boldsymbol{z}}_{k+1|k}) \\
&= \mathrm{cov}(h(\boldsymbol{x}_{k+1|k}) + \boldsymbol{H}_{k+1}(\boldsymbol{x}_{k+1} - \boldsymbol{x}_{k+1|k}) + \boldsymbol{C}_{k+1}\boldsymbol{v}_{k+1} - h(\boldsymbol{x}_{k+1|k})) \\
&= \mathrm{cov}(\boldsymbol{H}_{k+1}(\boldsymbol{x}_{k+1} - \boldsymbol{x}_{k+1|k}) + \boldsymbol{C}_{k+1}\boldsymbol{v}_{k+1}) \\
&= \boldsymbol{H}_{k+1}\boldsymbol{P}_{k+1|k}\boldsymbol{H}_{k+1}^{\mathrm{T}} + \boldsymbol{C}_{k+1}\boldsymbol{R}\boldsymbol{C}_{k+1}^{\mathrm{T}}
\end{aligned}
$$

$$\tag{B-34}$$

与卡尔曼滤波同理,可求得扩展卡尔曼滤波的卡尔曼增益矩阵 $\boldsymbol{W}_{k+1}$:

$$\boldsymbol{W}_{k+1} = \boldsymbol{P}_{k+1|k}\boldsymbol{H}_{k+1}^{\mathrm{T}}\boldsymbol{S}_{k+1}^{-1} \tag{B-35}$$

状态估计值 $\boldsymbol{x}_{k+1|k+1}$:

$$\boldsymbol{x}_{k+1|k+1} = \boldsymbol{x}_{k+1|k} + \boldsymbol{W}_{k+1}(\boldsymbol{z}_{k+1} - \hat{\boldsymbol{z}}_{k+1|k}) \tag{B-36}$$

加权估计下的协方差矩阵

$$\boldsymbol{P}_{k+1|k+1} = (\boldsymbol{I} - \boldsymbol{W}_{k+1}\boldsymbol{H}_{k+1})\boldsymbol{P}_{k+1|k} \tag{B-37}$$

B.2.3 无迹卡尔曼滤波

前面所述的卡尔曼滤波和扩展卡尔曼滤波都是将问题转化为线性高斯模型,因此可以直接解出贝叶斯递推公式中的解析形式,以方便运算。但对于非线性问题,扩展卡尔曼滤波除了计算量大,还有线性化误差的影响,因此需要引入无迹卡尔曼滤波。对于非线性模型,直接用解析的方式来求解贝叶斯递推公式比较困难,主要在于很难解析得到各个概率分布的均值和方差,但无迹变换(一种计算非线性随机变量各阶矩的近似方法)可以较好地解决这个问题。通过设计满足一定规律形式的采样和权重,可以近似获得均值和方差。由于无迹变换对统计矩的近似精度较高,无迹卡尔曼滤波

的效果可以达到二阶扩展卡尔曼滤波的效果。给定初始系统状态 $\boldsymbol{x}_{k|k}$，无迹卡尔曼滤波首先获得 $2n+1$ 个采样点（称为 sigma 点集）及其权值（n 为待估计的参数数量）：

$$\boldsymbol{X}_{k|k} = \left[\boldsymbol{x}_{k|k}, \boldsymbol{x}_{k|k} + \sqrt{(\lambda+n)\boldsymbol{P}_{k|k_i}}, \boldsymbol{x}_{k|k} - \sqrt{(\lambda+n)\boldsymbol{P}_{k|k_i}}\right] \tag{B-38}$$

其中，$\boldsymbol{x}_{k|k} + \sqrt{(\lambda+n)\boldsymbol{P}_{k|k_i}}$ 表示取出 $\sqrt{(\lambda+n)\boldsymbol{P}_{k|k}}$ 的第 i 列和状态向量 $\boldsymbol{x}_{k|k}$ 相加得到构造的 sigma 点。将采样得到的 sigma 点代入状态方程：

$$\boldsymbol{X}_{k+1|k} = f(\boldsymbol{X}_{k|k}, \boldsymbol{w}_k) \tag{B-39}$$

状态预测为

$$\boldsymbol{x}_{k+1|k} = \sum_{i=1}^{2n+1} a_i \boldsymbol{X}_{k+1|k,i} \tag{B-40}$$

其中，a_i 表示第 i 个 sigma 点的权重，第一个点的权重 $a_1 = \dfrac{\lambda}{\lambda+n}$，剩下的 $2n$ 个 sigma 点的权重 $a_i = \dfrac{1}{2(\lambda+n)}, i = 2, 3, \cdots, 2n+1$，$\lambda$ 是无迹变换的超参数。

状态预测的协方差矩阵 $\boldsymbol{P}_{k+1|k}$ 可表示为

$$\boldsymbol{P}_{k+1|k} = \sum_{i=1}^{2n+1} a_i (\boldsymbol{X}_{k+1|k,i} - \boldsymbol{x}_{k+1|k})(\boldsymbol{X}_{k+1|k,i} - \boldsymbol{x}_{k+1|k})^{\mathrm{T}} \tag{B-41}$$

将式（B-39）代入观测方程：

$$\hat{\boldsymbol{Z}}_{k+1|k} = h(\boldsymbol{X}_{k+1|k}, \boldsymbol{v}_{k+1}) \tag{B-42}$$

观测均值可表示为

$$\boldsymbol{z}_{k+1|k} = \sum_{i=1}^{2n+1} a_i \hat{\boldsymbol{Z}}_{k+1|k,i} \tag{B-43}$$

观测预测值的协方差矩阵 $\boldsymbol{S}_{k+1}$ 可表示为

$$\boldsymbol{S}_{k+1} = \sum_{i=1}^{2n+1} a_i (\hat{\boldsymbol{Z}}_{k+1|k,i} - \boldsymbol{z}_{k+1|k})(\hat{\boldsymbol{Z}}_{k+1|k,i} - \boldsymbol{z}_{k+1|k})^{\mathrm{T}} \tag{B-44}$$

与卡尔曼滤波类似，可得卡尔曼增益矩阵 $\boldsymbol{W}_{k+1}$：

$$\boldsymbol{W}_{k+1} = \boldsymbol{T}_{k+1|k} \boldsymbol{S}_{k+1}^{-1} \tag{B-45}$$

其中，$\boldsymbol{T}_{k+1|k}$ 表示状态变量和观测变量之间的协方差矩阵，计算公式为

$$\boldsymbol{T}_{k+1|k} = \sum_{i=1}^{2n+1} a_i (\boldsymbol{X}_{k+1|k,i} - \boldsymbol{x}_{k+1|k})(\hat{\boldsymbol{Z}}_{k+1|k,i} - \boldsymbol{z}_{k+1|k})^{\mathrm{T}} \tag{B-46}$$

在获得新的观测数据 $\boldsymbol{z}_{k+1}$ 后，状态向量 $\boldsymbol{x}_{k+1|k+1}$ 的估计值为

$$\boldsymbol{x}_{k+1|k+1} = \boldsymbol{x}_{k+1|k} + \boldsymbol{W}_{k+1}(\boldsymbol{z}_{k+1} - \boldsymbol{z}_{k+1|k}) \tag{B-47}$$

协方差矩阵更新为

$$\boldsymbol{P}_{k+1|k+1} = \boldsymbol{P}_{k+1|k} - \boldsymbol{W}_{k+1} \boldsymbol{S}_{k+1} \boldsymbol{W}_{k+1}^{\mathrm{T}} \tag{B-48}$$

B.3 离散点曲线平滑数学原理

B.3.1 三次样条插值函数

设在区间 $[a,b]$ 上给定 $n+1$ 个节点 $x_i(a=x_0<x_1<\cdots<x_n=b)$，节点 x_i 处的函数值为 $y_i=f(x_i)$。若函数 $S(x)$ 满足：

(1) 在每个子区间上 $[x_{i-1},x_i](i=1,2,\cdots,n)$ 上 $S(x)$ 是三次多项式；

(2) $S(x_i)=y_i,i=0,1,\cdots,n$；

(3) 在区间 $[a,b]$ 上 $S(x)$ 的二阶导数 $S''(x)$ 连续。

则称 $S(x)$ 为函数 $f(x)$ 在区间 $[a,b]$ 上的三次样条插值函数。由上述定义可以看出，$S(x)$ 是分段三次多项式，在每个区间上 $S_i(x)=a_i+b_i(x-x_i)+c_i(x-x_i)^2+d_i(x-x_i)^3$，有 4 个待定参数，共有 $4n$ 个待定参数。根据定义有以下约束：

$$\begin{cases} S_i(x_i)=y_i, & i=0,1,\cdots,n-1 \\ S_i(x_{i+1})=y_{i+1}, & i=0,1,\cdots,n-1 \\ S_i'(x_{i+1})=S_{i+1}'(x_{i+1}), & i=0,1,\cdots,n-2 \\ S_i''(x_{i+1})=S_{i+1}''(x_{i+1}), & i=0,1,\cdots,n-2 \end{cases} \tag{B-49}$$

代入 $S_i(x)$、$S_i'(x)$、$S_i''(x)$ 得

$$\begin{cases} a_i=y_i, & i=0,1,\cdots,n-1 \\ a_i+b_ih_i+c_ih_i^2+d_ih_i^3=y_{i+1}, & i=0,1,\cdots,n-1 \\ b_i+2c_ih_i+3d_ih_i^2=b_{i+1}, & i=0,1,\cdots,n-2 \\ 2c_i+6d_ih_i=2c_{i+1}, & i=0,1,\cdots,n-2 \end{cases} \tag{B-50}$$

其中，$h_i=x_{i+1}-x_i$。设 $m_i=S_i''(x_i)=2c_i$，则由 $2c_i+6d_ih_i=2c_{i+1}$，有

$$d_i=\frac{m_{i+1}-m_i}{6h_i} \tag{B-51}$$

将 c_i、d_i 代入 $y_i+b_ih_i+c_ih_i^2+d_ih_i^3=y_{i+1}$ 得到

$$b_i=\frac{y_{i+1}-y_i}{h_i}-\frac{h_i}{2}m_i-\frac{h_i}{6}(m_{i+1}-m_i) \tag{B-52}$$

将 b_i、c_i、d_i 代入 $b_i+2c_ih_i+3d_ih_i^2=b_{i+1}$ 得到

$$h_im_i+2(h_i+h_{i+1})m_{i+1}+h_{i+1}m_{i+2}=6\left[\frac{y_{i+2}-y_{i+1}}{h_{i+1}}-\frac{y_{i+1}-y_i}{h_i}\right] \tag{B-53}$$

由上述过程可以得到 $4n-2$ 个约束，还需要增加两个条件才可以确定 $S(x)$。所增加的条件称为边界条件，常用的边界条件有：

(1) 自由边界。两端不受任何力，即 $S_0''(x_0)=0,S_{n-1}''(x_n)=0$，有 $m_0=0,m_n=0$。

此时待求解的方程组可写为

$$
\begin{bmatrix}
1 & 0 & 0 & 0 & \cdots & 0 \\
h_0 & 2(h_0+h_1) & h_1 & 0 & \cdots & 0 \\
0 & h_1 & 2(h_1+h_2) & h_2 & \cdots & 0 \\
0 & 0 & h_2 & 2(h_2+h_3) & h_3 & \cdots & 0 \\
\vdots & \vdots & \vdots & \vdots & \ddots & \vdots \\
0 & 0 & 0 & h_{n-2} & 2(h_{n-2}+h_{n-1}) & h_{n-1} \\
0 & 0 & 0 & \cdots & 0 & 1
\end{bmatrix}
\begin{bmatrix}
m_0 \\ m_1 \\ m_2 \\ m_3 \\ \vdots \\ m_n
\end{bmatrix}
$$

$$
=6
\begin{bmatrix}
0 \\
\dfrac{y_2-y_1}{h_1}-\dfrac{y_1-y_0}{h_0} \\
\dfrac{y_3-y_2}{h_2}-\dfrac{y_2-y_1}{h_1} \\
\dfrac{y_4-y_3}{h_3}-\dfrac{y_3-y_2}{h_2} \\
\vdots \\
\dfrac{y_n-y_{n-1}}{h_{n-1}}-\dfrac{y_{n-1}-y_{n-2}}{h_{n-2}} \\
0
\end{bmatrix}
\tag{B-54}
$$

（2）固定边界，$S_0'(x_0)=A$，$S_{n-1}'(x_n)=B$。由 $S_0'(x_0)=A$：

$$
2h_0 m_0+h_0 m_1=6\left[\frac{y_1-y_0}{h_0}-A\right]
\tag{B-55}
$$

由 $S_{n-1}'(x_n)=B$，有：

$$
h_{n-1}m_{n-1}+2h_{n-1}m_n=6\left[B-\frac{y_n-y_{n-1}}{h_{n-1}}\right]
\tag{B-56}
$$

将式（B-55）和式（B-56）代入方程组中，得到新的方程组为

$$
\begin{bmatrix}
2h_0 & h_0 & 0 & 0 & \cdots & 0 \\
h_0 & 2(h_0+h_1) & h_1 & 0 & \cdots & 0 \\
0 & h_1 & 2(h_1+h_2) & h_2 & \cdots & 0 \\
0 & 0 & h_2 & 2(h_2+h_3) & h_3 & \cdots & 0 \\
\vdots & \vdots & \vdots & \vdots & \ddots & \vdots \\
0 & 0 & 0 & h_{n-2} & 2(h_{n-2}+h_{n-1}) & h_{n-1} \\
0 & 0 & 0 & \cdots & h_{n-1} & 2h_{n-1}
\end{bmatrix}
\begin{bmatrix}
m_0 \\ m_1 \\ m_2 \\ m_3 \\ \vdots \\ m_n
\end{bmatrix}
$$

$$= 6 \begin{bmatrix} \dfrac{y_1 - y_0}{h_0} - A \\[2mm] \dfrac{y_2 - y_1}{h_1} - \dfrac{y_1 - y_0}{h_0} \\[2mm] \dfrac{y_3 - y_2}{h_2} - \dfrac{y_2 - y_1}{h_1} \\[2mm] \dfrac{y_4 - y_3}{h_3} - \dfrac{y_3 - y_2}{h_2} \\[1mm] \vdots \\[1mm] \dfrac{y_n - y_{n-1}}{h_{n-1}} - \dfrac{y_{n-1} - y_{n-2}}{h_{n-2}} \\[2mm] B - \dfrac{y_n - y_{n-1}}{h_{n-1}} \end{bmatrix} \tag{B-57}$$

（3）非节点边界。指定样条曲线的三次微分相等，即 $S_0'''(x_1) = S_1'''(x_1)$，$S_{n-2}'''(x_{n-1}) = S_{n-1}'''(x_{n-1})$。由 $S_0'''(x_1) = S_1'''(x_1)$，得

$$h_1(m_1 - m_0) = h_0(m_2 - m_1) \tag{B-58}$$

由 $S_{n-2}'''(x_{n-1}) = S_{n-1}'''(x_{n-1})$，得

$$h_{n-1}(m_{n-1} - m_{n-2}) = h_{n-2}(m_n - m_{n-1}) \tag{B-59}$$

将式（B-58）和式（B-59）代入方程组，得到新的方程组为

$$\begin{bmatrix} -h_1 & h_0 + h_1 & -h_0 & 0 & \cdots & & 0 \\ h_0 & 2(h_0 + h_1) & h_1 & 0 & \cdots & & 0 \\ 0 & h_1 & 2(h_1 + h_2) & h_2 & \cdots & & 0 \\ 0 & 0 & h_2 & 2(h_2 + h_3) & h_3 & \cdots & 0 \\ \vdots & \vdots & \vdots & \vdots & \ddots & & \vdots \\ 0 & 0 & 0 & h_{n-2} & 2(h_{n-2} + h_{n-1}) & & h_{n-1} \\ 0 & 0 & \cdots & -h_{n-1} & h_{n-2} + h_{n-1} & & -h_{n-2} \end{bmatrix} \begin{bmatrix} m_0 \\ m_1 \\ m_2 \\ m_3 \\ \vdots \\ m_n \end{bmatrix}$$

$$= 6 \begin{bmatrix} 0 \\[1mm] \dfrac{y_2 - y_1}{h_1} - \dfrac{y_1 - y_0}{h_0} \\[2mm] \dfrac{y_3 - y_2}{h_2} - \dfrac{y_2 - y_1}{h_1} \\[2mm] \dfrac{y_4 - y_3}{h_3} - \dfrac{y_3 - y_2}{h_2} \\[1mm] \vdots \\[1mm] \dfrac{y_n - y_{n-1}}{h_{n-1}} - \dfrac{y_{n-1} - y_{n-2}}{h_{n-2}} \\[2mm] 0 \end{bmatrix} \tag{B-60}$$

B.3.2 贝塞尔曲线

贝塞尔曲线广泛应用于图形设计和路径规划等领域,贝塞尔曲线完全由控制点决定其形状,n 个控制点对应着 $n-1$ 阶的贝塞尔曲线,n 阶的贝塞尔曲线表达式可以通过递归的方式来求解。

1. 一阶贝塞尔曲线

给定点 P_0,P_1,一阶贝塞尔曲线定义为

$$B(t)=(1-t)P_0+tP_1, \quad t\in[0,1] \tag{B-61}$$

不难看出,一阶贝塞尔曲线即为点 P_0 和 P_1 之间的线段。

2. 二阶贝塞尔曲线

给定点 P_0,P_1,P_2,引入参数 $t\in[0,1]$,在 P_0P_1 连线上取点 P_0^1,使得 $P_0P_0^1$：$P_0P_1=t:1$,在 P_1P_2 连线上取点 P_1^2,使得 $P_1P_1^2:P_1P_2=t:1$,再在 $P_0^1P_1^2$ 上取点 B,使得 $P_0^1B:P_0^1P_1^2=t:1$,则点 B 所在的曲线称为二阶贝塞尔曲线。可以看出,二阶贝塞尔曲线由两条一阶贝塞尔曲线确定。根据定义有

$$P_0^1=(1-t)P_0+tP_1 \tag{B-62}$$

$$P_1^2=(1-t)P_1+tP_2 \tag{B-63}$$

$$B(t)=(1-t)P_0^1+tP_1^2 \tag{B-64}$$

将式(B-62)和式(B-63)代入式(B-64)得

$$B(t)=(1-t)^2P_0+2t(1-t)P_1+t^2P_2, \quad t\in[0,1] \tag{B-65}$$

3. 三阶贝塞尔曲线

给定点 P_0,P_1,P_2,P_3,与二阶贝塞尔曲线推导过程类似,三阶贝塞尔曲线定义为：

$$B(t)=(1-t)^3P_0+3t(1-t)^2P_1+3t^2(1-t)P_2+t^3P_3, \quad t\in[0,1] \tag{B-66}$$

4. 一般的 n 阶贝塞尔曲线

对于一般的贝塞尔曲线,给定点 $P_0,P_1,\cdots,P_n$,n 阶贝塞尔曲线定义为

$$B(t)=\sum_{i=0}^{n}C_n^i(1-t)^{n-i}t^iP_i, \quad t\in[0,1] \tag{B-67}$$

其中,$C_n^i=\dfrac{n!}{i!(n-i)!}$。

B.4 无约束优化

几乎所有的工程问题都可以归结为求解一个最优化问题。按照有无约束函数，可将最优化问题分为无约束优化和有约束优化。无约束优化问题是最优化问题的基础，许多有约束优化方法都是通过将有约束优化问题转换成无约束优化问题后，再用适当的无约束优化方法求解。无约束优化问题数学模型的一般形式为

$$\min_{\boldsymbol{\theta}} f(\boldsymbol{\theta}) \tag{B-68}$$

其中，$\boldsymbol{\theta} \in \mathbb{R}^n$，称为决策变量，$f(\boldsymbol{\theta})$ 称为目标函数。下面给出两个重要的概念定义。

局部极小点：若存在 $\delta > 0$，使得对所有满足 $\|\boldsymbol{\theta} - \boldsymbol{\theta}^*\|_2 < \delta$ 的 $\boldsymbol{\theta}$，都有 $f(\boldsymbol{\theta}) \geqslant f(\boldsymbol{\theta}^*)$，则称 $\boldsymbol{\theta}^*$ 为 f 的局部极小点。若所有满足 $\|\boldsymbol{\theta} - \boldsymbol{\theta}^*\|_2 < \delta$ 的 $\boldsymbol{\theta}$，都有 $f(\boldsymbol{\theta}) > f(\boldsymbol{\theta}^*)$，则称 $\boldsymbol{\theta}^*$ 为 f 的严格局部极小点。

全局极小点：对所有 $\boldsymbol{\theta}$，都有 $f(\boldsymbol{\theta}) \geqslant f(\boldsymbol{\theta}^*)$，则称 $\boldsymbol{\theta}^*$ 为 f 的全局极小点。若对所有 $\boldsymbol{\theta}$，都有 $f(\boldsymbol{\theta}) > f(\boldsymbol{\theta}^*)$，则称 $\boldsymbol{\theta}^*$ 为 f 的严格全局极小点。

为方便后续讨论，记 $\boldsymbol{g}(\boldsymbol{\theta}) = \nabla f(\boldsymbol{\theta})$，$\boldsymbol{H}(\boldsymbol{\theta}) = \Delta f(\boldsymbol{\theta})$ 分别为 $f(\boldsymbol{\theta})$ 的梯度向量和海森矩阵

$$\boldsymbol{g}(\boldsymbol{\theta}) = \begin{bmatrix} \dfrac{\partial f}{\partial \theta_1} \\ \dfrac{\partial f}{\partial \theta_2} \\ \vdots \\ \dfrac{\partial f}{\partial \theta_n} \end{bmatrix}, \quad \boldsymbol{H}(\boldsymbol{\theta}) = \begin{bmatrix} \dfrac{\partial^2 f}{\partial \theta_1 \partial \theta_1} & \dfrac{\partial^2 f}{\partial \theta_1 \partial \theta_2} & \cdots & \dfrac{\partial^2 f}{\partial \theta_1 \partial \theta_n} \\ \dfrac{\partial^2 f}{\partial \theta_2 \partial \theta_1} & \dfrac{\partial^2 f}{\partial \theta_2 \partial \theta_2} & \cdots & \dfrac{\partial^2 f}{\partial \theta_2 \partial \theta_n} \\ \vdots & \vdots & \ddots & \vdots \\ \dfrac{\partial^2 f}{\partial \theta_n \partial \theta_1} & \dfrac{\partial^2 f}{\partial \theta_n \partial \theta_2} & \cdots & \dfrac{\partial^2 f}{\partial \theta_n \partial \theta_n} \end{bmatrix} \tag{B-69}$$

下面不加证明地给出最优性判别相关的一些定理。

最优性一阶必要条件：设 $f : D \subset \mathbb{R}^n \to \mathbb{R}$ 在开集 D 上连续可微，若 $\boldsymbol{\theta}^* \in D$ 是局部极小点，则 $\boldsymbol{g}(\boldsymbol{\theta}^*) = \boldsymbol{0}$。

最优性二阶必要条件：设 $f : D \subset \mathbb{R}^n \to \mathbb{R}$ 在开集 D 上二阶连续可微，若 $\boldsymbol{\theta}^* \in D$ 是局部极小点，则 $\boldsymbol{g}(\boldsymbol{\theta}^*) = \boldsymbol{0}$，且 $\boldsymbol{H}(\boldsymbol{\theta}^*) \geqslant 0$。

最优性二阶充分条件：设 $f : D \subset \mathbb{R}^n \to \mathbb{R}$ 在开集 D 上二阶连续可微，$\boldsymbol{\theta}^* \in D$ 是严格局部极小点的充分条件是，$\boldsymbol{g}(\boldsymbol{\theta}^*) = \boldsymbol{0}$，且 $\boldsymbol{H}(\boldsymbol{\theta}^*)$ 为正定矩阵。

凸函数最优性定理：设 $f : D \subset \mathbb{R}^n \to \mathbb{R}$ 是凸函数，且在开集 D 上连续可微，$\boldsymbol{\theta}^* \in D$ 是全局极小点的充分必要条件是 $\boldsymbol{g}(\boldsymbol{\theta}^*) = \boldsymbol{0}$。

有时可以直接运用上述定理求解实际问题，例如，求解坐标系转化方程中的线性最小二乘问题。假设观测到 M 个数据点 $\{(\boldsymbol{x}_1, y_1), (\boldsymbol{x}_2, y_2), \cdots, (\boldsymbol{x}_M, y_M)\}$，$\boldsymbol{x} \in \mathbb{R}^n$，

线性最小二乘的目的是希望找到一条直线 $y_i = \theta_0 + \theta_1 x_{i1} + \cdots + \theta_n x_{in}$ 拟合数据(x_i, y_i)，目标函数为

$$L(\boldsymbol{\theta}) = \sum_{i=1}^{M} (\theta_0 + \theta_1 x_{i1} + \cdots + \theta_n x_{in} - y_i)^2 \tag{B-70}$$

将式(B-70)转化为矩阵形式：

$$L(\boldsymbol{\theta}) = (\boldsymbol{X\theta} - \boldsymbol{y})^{\mathrm{T}}(\boldsymbol{X\theta} - \boldsymbol{y}) \tag{B-71}$$

其中，$\boldsymbol{\theta} \in \mathbb{R}^{n+1}$，$\boldsymbol{y} \in \mathbb{R}^M$，且：

$$\boldsymbol{X} = \begin{bmatrix} x_{11} & x_{12} & \cdots & x_{1n} & 1 \\ x_{21} & x_{22} & \cdots & x_{2n} & 1 \\ \vdots & \vdots & \ddots & \vdots & \vdots \\ x_{M1} & x_{M2} & \cdots & x_{Mn} & 1 \end{bmatrix} \in \mathbb{R}^{M \times (n+1)} \tag{B-72}$$

目标函数对$\boldsymbol{\theta}$求偏导：

$$\frac{\partial L(\boldsymbol{\theta})}{\partial \boldsymbol{\theta}} = 2\boldsymbol{X}^{\mathrm{T}}(\boldsymbol{X\theta} - \boldsymbol{y}) \tag{B-73}$$

根据凸函数最优性定理，由于 $L(\boldsymbol{\theta})$ 是连续可微的凸函数，当偏导数为零时，目标函数取全局极小值。令偏导数为零，则有：

$$\boldsymbol{\theta} = (\boldsymbol{X}^{\mathrm{T}}\boldsymbol{X})^{-1}\boldsymbol{X}^{\mathrm{T}}\boldsymbol{y} \tag{B-74}$$

式(B-74)即为线性最小二乘问题的解。当矩阵 $\boldsymbol{X}^{\mathrm{T}}\boldsymbol{X}$ 是奇异矩阵不可逆时，通常会将式(B-74)修改为如下形式以确保数值求解的稳定性：

$$\boldsymbol{\theta} = (\boldsymbol{X}^{\mathrm{T}}\boldsymbol{X} + \lambda\boldsymbol{I})^{-1}\boldsymbol{X}^{\mathrm{T}}\boldsymbol{y} \tag{B-75}$$

其中，λ 是一个正实数。

大部分情况下，由于目标函数的复杂性，很难直接给出局部极小点的解析表达式，通常采用数值迭代的方法对局部极小点进行逼近，其基本思想如下：

(1) 给定一个初始点$\boldsymbol{\theta}_0$；

(2) 对于第 k 次迭代，确定搜索方向 $\boldsymbol{d}_k$ 和步长 α（也称为学习率），按照$\boldsymbol{\theta}_{k+1} = \boldsymbol{\theta}_k + \alpha\boldsymbol{d}_k$ 产生下一步的迭代点$\boldsymbol{\theta}_{k+1}$，使得目标函数值下降；

(3) 若迭代点列 $\{\boldsymbol{\theta}_k\}$ 或者目标函数值 $f(\boldsymbol{\theta}_k)$ 满足某种终止条件，则停止迭代，否则重复步骤(2)。

下面介绍一些常用的无约束优化方法。

B.4.1　梯度下降法

设目标函数 $f(\boldsymbol{\theta})$ 在$\boldsymbol{\theta}_k$附近连续可微，将 $f(\boldsymbol{\theta})$ 在$\boldsymbol{\theta}_k$处做一阶泰勒展开：

$$f(\boldsymbol{\theta}) = f(\boldsymbol{\theta}_k) + \boldsymbol{g}_k^{\mathrm{T}}(\boldsymbol{\theta} - \boldsymbol{\theta}_k) + O(\|\boldsymbol{\theta} - \boldsymbol{\theta}_k\|) \tag{B-76}$$

其中，$\boldsymbol{g}_k$ 为 $f(\boldsymbol{\theta})$ 在$\boldsymbol{\theta}_k$处的梯度向量，记$\boldsymbol{\theta} - \boldsymbol{\theta}_k = \alpha\boldsymbol{d}_k$，则式(B-76)可改写为

$$f(\boldsymbol{\theta}_k + \alpha\boldsymbol{d}_k) = f(\boldsymbol{\theta}_k) + \alpha\boldsymbol{g}_k^{\mathrm{T}}\boldsymbol{d}_k + O(\|\alpha\boldsymbol{d}_k\|) \tag{B-77}$$

若 $\boldsymbol{d}_k$ 满足 $\boldsymbol{g}_k^{\mathrm{T}}\boldsymbol{d}_k < 0$，则 $\boldsymbol{d}_k$ 是下降方向，它使得 $f(\boldsymbol{\theta}_k + \alpha\boldsymbol{d}_k) < f(\boldsymbol{\theta}_k)$。当 α 取定后，$\boldsymbol{g}_k^{\mathrm{T}}\boldsymbol{d}_k$ 的值越小，函数 $f(\boldsymbol{\theta})$ 在 $\boldsymbol{\theta}_k$ 处下降越多，由 Cauchy-Schwartz 不等式：

$$|\boldsymbol{g}_k^{\mathrm{T}}\boldsymbol{d}_k| \leqslant \|\boldsymbol{g}_k\|\|\boldsymbol{d}_k\| \tag{B-78}$$

不失一般性，考虑 $\|\boldsymbol{d}_k\| = 1$，则当且仅当 $\boldsymbol{d}_k = -\boldsymbol{g}_k/\|\boldsymbol{g}_k\|$ 时，$\boldsymbol{g}_k^{\mathrm{T}}\boldsymbol{d}_k$ 最小，从而 $-\boldsymbol{g}_k$ 是最速下降方向，以 $-\boldsymbol{g}_k$ 为下降方向的方法称为梯度下降法。

B.4.2 牛顿法

设目标函数 $f(\boldsymbol{\theta})$ 在 $\boldsymbol{\theta}_k$ 附近二阶连续可微，海森矩阵 $\boldsymbol{H}_k$ 正定，将 $f(\boldsymbol{\theta})$ 在 $\boldsymbol{\theta}_k$ 处做二阶泰勒展开近似 f：

$$f(\boldsymbol{\theta}) \approx f(\boldsymbol{\theta}_k) + \boldsymbol{g}_k^{\mathrm{T}}\boldsymbol{s} + \frac{1}{2}\boldsymbol{s}^{\mathrm{T}}\boldsymbol{H}_k\boldsymbol{s} \tag{B-79}$$

其中，$\boldsymbol{s} = \boldsymbol{\theta} - \boldsymbol{\theta}_k$。将式(B-79)右边极小化，即令：

$$\boldsymbol{g}_k + \boldsymbol{H}_k\boldsymbol{s} = \boldsymbol{0} \tag{B-80}$$

得：

$$\boldsymbol{\theta}_{k+1} = \boldsymbol{\theta}_k - \boldsymbol{H}_k^{-1}\boldsymbol{g}_k \tag{B-81}$$

牛顿法需要首先计算出海森矩阵 $\boldsymbol{H}_k$ 并判断其正定性，当海森矩阵正定，最小值存在。当目标函数 $f(\boldsymbol{\theta})$ 本身就是二次函数并且存在最小值时，牛顿法可以一步解出最小值。但是，海森矩阵的计算复杂度非常高。在高维度空间中，通常不会计算海森矩阵，而使用其他变种，主要思想是采用其他矩阵近似海森矩阵，降低计算复杂度。

B.4.3 高斯牛顿法

高斯牛顿法是牛顿法的特例，用于解非线性最小二乘问题。假设观测到 M 个数据点 $\{(\boldsymbol{x}_1, y_1), (\boldsymbol{x}_2, y_2), \cdots, (\boldsymbol{x}_M, y_M)\}$，$\boldsymbol{x} \in \mathbb{R}^n$，非线性最小二乘的目的是希望找到 $\boldsymbol{\theta} \in \mathbb{R}^n$ 拟合数据，目标函数为

$$L(\boldsymbol{\theta}) = \sum_{i=1}^{M} \|f_i(\boldsymbol{\theta}) - y_i\|^2 \tag{B-82}$$

其中，$f_i(\boldsymbol{\theta}) = f(\boldsymbol{x}_i, \boldsymbol{\theta})$。目标函数对 θ_j 求偏导：

$$\frac{\partial L(\boldsymbol{\theta})}{\partial \theta_j} = \sum_{i=1}^{M} 2(f_i(\boldsymbol{\theta}) - y_i) \cdot \frac{\partial f_i(\boldsymbol{\theta})}{\partial \theta_j} \tag{B-83}$$

令：

$$\boldsymbol{J} = \begin{bmatrix} \dfrac{\partial f_1(\boldsymbol{\theta})}{\partial \theta_1} & \dfrac{\partial f_1(\boldsymbol{\theta})}{\partial \theta_2} & \cdots & \dfrac{\partial f_1(\boldsymbol{\theta})}{\partial \theta_n} \\[2mm] \dfrac{\partial f_2(\boldsymbol{\theta})}{\partial \theta_1} & \dfrac{\partial f_2(\boldsymbol{\theta})}{\partial \theta_2} & \cdots & \dfrac{\partial f_2(\boldsymbol{\theta})}{\partial \theta_n} \\[2mm] \vdots & \vdots & \ddots & \vdots \\[2mm] \dfrac{\partial f_M(\boldsymbol{\theta})}{\partial \theta_1} & \dfrac{\partial f_M(\boldsymbol{\theta})}{\partial \theta_2} & \cdots & \dfrac{\partial f_M(\boldsymbol{\theta})}{\partial \theta_n} \end{bmatrix}, \quad \boldsymbol{r} = \begin{bmatrix} f_1(\boldsymbol{\theta}) - y_1 \\ f_2(\boldsymbol{\theta}) - y_2 \\ \vdots \\ f_M(\boldsymbol{\theta}) - y_M \end{bmatrix} \tag{B-84}$$

将 $\dfrac{\partial L(\boldsymbol{\theta})}{\partial \theta_j} = \sum_{i=1}^{M} 2(f_i(\boldsymbol{\theta}) - y_i) \cdot \dfrac{\partial f_i(\boldsymbol{\theta})}{\partial \theta_j}$ 改写为矩阵形式：

$$\nabla L(\boldsymbol{\theta}) = 2\boldsymbol{J}^{\mathrm{T}}\boldsymbol{r} \tag{B-85}$$

接下来求出目标函数 $L(\boldsymbol{\theta})$ 海森矩阵第 k 行、第 j 列的元素：

$$\begin{aligned}
\frac{\partial^2 L(\boldsymbol{\theta})}{\partial \theta_k \partial \theta_j} &= \frac{\partial}{\partial \theta_k} \frac{\partial L(\boldsymbol{\theta})}{\partial \theta_j} \\
&= \frac{\partial}{\partial \theta_k} \left(\sum_{i=1}^{M} 2(f_i(\boldsymbol{\theta}) - y_i) \cdot \frac{\partial f_i(\boldsymbol{\theta})}{\partial \theta_j} \right) \\
&= 2\sum_{i=1}^{M} \left(\frac{\partial f_i(\boldsymbol{\theta})}{\partial \theta_k} \frac{\partial f_i(\boldsymbol{\theta})}{\partial \theta_j} + (f_i(\boldsymbol{\theta}) - y_i) \cdot \frac{\partial^2 f_i(\boldsymbol{\theta})}{\partial \theta_k \partial \theta_j} \right)
\end{aligned} \tag{B-86}$$

则目标函数 $L(\boldsymbol{\theta})$ 的海森矩阵 $\boldsymbol{H}$ 可表示为

$$\boldsymbol{H} = 2(\boldsymbol{J}^{\mathrm{T}}\boldsymbol{J} + \boldsymbol{S}) \tag{B-87}$$

其中，$\boldsymbol{S}$ 为 f 的海森矩阵，$S_{k,j} = \sum_{i=1}^{M} (f_i(\boldsymbol{\theta}) - y_i) \cdot \dfrac{\partial^2 f_i(\boldsymbol{\theta})}{\partial \theta_k \partial \theta_j}$。

则由牛顿法的迭代公式 $\boldsymbol{x}_{k+1} = \boldsymbol{x}_k - \boldsymbol{H}_k^{-1}\boldsymbol{g}_k$，有

$$\boldsymbol{\theta}_{k+1} = \boldsymbol{\theta}_k - (\boldsymbol{J}_k^{\mathrm{T}}\boldsymbol{J}_k + \boldsymbol{S}_k)^{-1}\boldsymbol{J}_k^{\mathrm{T}}\boldsymbol{r}_k \tag{B-88}$$

在很多时候，$\boldsymbol{S}_k$ 被忽略以简化计算，最终的高斯-牛顿法迭代公式为

$$\boldsymbol{\theta}_{k+1} = \boldsymbol{\theta}_k - (\boldsymbol{J}_k^{\mathrm{T}}\boldsymbol{J}_k)^{-1}\boldsymbol{J}_k^{\mathrm{T}}\boldsymbol{r}_k \tag{B-89}$$

由式（B-89）可以看出，高斯-牛顿法不需要求出目标函数 $L(\boldsymbol{\theta})$ 的海森矩阵 $\boldsymbol{H}$，只需要求出其一阶梯度向量即可，运算复杂度大大降低。但是，由于需要计算矩阵的逆，当 $\boldsymbol{J}_k^{\mathrm{T}}\boldsymbol{J}_k$ 是奇异矩阵时，高斯-牛顿法不能正确收敛，且当初始值距最优值较远时，高斯-牛顿法不能保证收敛。下面要介绍的 Levenberg-Marquart 法是对上述缺点的改进。

B.4.4　Levenberg-Marquart 法

Levenberg-Marquart 法将梯度下降法和高斯-牛顿法进行线性组合以充分利用二者的优势，具体表达式为

$$(\boldsymbol{H}_k + \lambda \boldsymbol{I})(\boldsymbol{\theta}_{k+1} - \boldsymbol{\theta}_k) = -\boldsymbol{J}_k^{\mathrm{T}}\boldsymbol{r}_k \tag{B-90}$$

其中，λ 称为阻尼系数，用来控制每步迭代的步长和方向。当 λ 较大时，$\lambda \boldsymbol{I}$ 占主导地位，此时给出的更新方向更加接近梯度下降给出的方向；当 λ 较小时，$\boldsymbol{H}_k$ 占主导地位，此时给出的更新方向更加接近高斯-牛顿法给出的方向。λ 可通过如下方式进行调节：

（1）初始化 θ_0、λ_0；

（2）计算当前点 $\boldsymbol{\theta}_k$ 处的残差向量 $\boldsymbol{r}_k$ 与雅可比矩阵 $\boldsymbol{J}_k$；

（3）通过求解 $(\boldsymbol{H}_k + \lambda \boldsymbol{I})(\boldsymbol{\theta}_{k+1} - \boldsymbol{\theta}_k) = -\boldsymbol{J}_k^{\mathrm{T}}\boldsymbol{r}_k$ 求出 $\boldsymbol{\theta}_{k+1}$；

（4）计算 $\boldsymbol{\theta}_{k+1}$ 处的残差向量 $\boldsymbol{r}_{k+1}$；

（5）如果 $\|\boldsymbol{r}_{k+1}\|^2 > \|\boldsymbol{r}_k\|^2$，说明残差没有减少，则更新 $\lambda = \beta\lambda$，增大 λ，转到步骤（6）；

（6）求解 $\boldsymbol{\theta}_{k+1}$；如果残差下降，则更新 $\boldsymbol{\theta}_{k+1}$，再转到步骤（2），并降低 λ，$\lambda = \alpha\lambda$。

在实践中，α 通常取 0.1，β 通常取 10。

B.5　有约束优化

有约束优化问题数学模型的一般形式为

$$
\begin{aligned}
\min \quad & f(\boldsymbol{\theta}) \\
\text{s.t.} \quad & h_i(\boldsymbol{\theta}) = 0, \quad i \in E = \{1, 2, \cdots, m\} \\
& l_j(\boldsymbol{\theta}) \leqslant 0, \quad j \in I = \{1, 2, \cdots, p\}
\end{aligned} \tag{B-91}
$$

其中，$\boldsymbol{\theta} \in \mathbb{R}^n$ 为决策变量，$h_i(i=1,2,\cdots,m)$，$l_j(j=1,2,\cdots,p)$ 是连续函数，通常还要求连续可微，分别称为等式约束函数和不等式约束函数，$f(\boldsymbol{\theta})$ 称为目标函数。

式（B-91）的拉格朗日函数为

$$
L(\boldsymbol{\theta}, \boldsymbol{\lambda}, \boldsymbol{\mu}) = f(\boldsymbol{\theta}) + \boldsymbol{\lambda}^{\mathrm{T}} h(\boldsymbol{\theta}) + \boldsymbol{\mu}^{\mathrm{T}} l(\boldsymbol{\theta}) \tag{B-92}
$$

其中，$\boldsymbol{\lambda} \in \mathbb{R}^m$，$\boldsymbol{\mu} \in \mathbb{R}_+^p$ 为拉格朗日乘子。

式（B-91）的最优解 $(\boldsymbol{\theta}^*, \boldsymbol{\lambda}^*, \boldsymbol{\mu}^*)$ 需要满足如下条件，也称为 KKT（Karush-Kuhn-Tucker）条件。

（1）最优性条件：$\nabla L(\boldsymbol{\theta}^*, \boldsymbol{\lambda}^*, \boldsymbol{\mu}^*) = 0$；

（2）互补松弛条件：$\boldsymbol{\mu}^{*\mathrm{T}} l(\boldsymbol{\theta}^*) = 0$；

（3）可行性条件：$h(\boldsymbol{\theta}^*) = \boldsymbol{0}$，$l(\boldsymbol{\theta}^*) \leqslant \boldsymbol{0}$；

（4）对偶条件：$\boldsymbol{\mu}^* \geqslant 0$。

满足以上 KKT 条件的点称为 KKT 点。KKT 条件只能用于最优解的判别，KKT 条件可以用来计算 KKT 点，即可能的最优解。有约束问题的局部极小点不一定是 KKT 点，但是最优解只能在 KKT 点里面取得。下面介绍一些在自动驾驶任务中经常遇到的有约束优化问题及其解决方法。

B.5.1　二次规划法

一个带有二次目标函数和线性约束的最优化问题称为二次规划。这类问题不仅自身有着重要作用，而且在通常的约束问题的求解中也有着重要的应用，例如，序列二次规划方法和增广拉格朗日方法等。考虑如下标准的等式约束的二次规划模型：

$$
\begin{aligned}
\min \quad & \boldsymbol{g}^{\mathrm{T}} \boldsymbol{\theta} + \frac{1}{2} \boldsymbol{\theta}^{\mathrm{T}} \boldsymbol{H} \boldsymbol{\theta} \\
\text{s.t.} \quad & \boldsymbol{A} \boldsymbol{\theta} = \boldsymbol{b}
\end{aligned} \tag{B-93}
$$

其中，$A \in \mathbb{R}^{m \times n}$，$b \in \mathbb{R}^m$，$H$ 为实对称矩阵。式(B-93)对应的拉格朗日函数为

$$L(\boldsymbol{\theta}, \boldsymbol{\lambda}) = \boldsymbol{g}^{\mathrm{T}} \boldsymbol{\theta} + \frac{1}{2} \boldsymbol{\theta}^{\mathrm{T}} \boldsymbol{H} \boldsymbol{\theta} + \boldsymbol{\lambda}^{\mathrm{T}} (\boldsymbol{A} \boldsymbol{\theta} - \boldsymbol{b}) \tag{B-94}$$

最优解需要满足 KKT 条件

$$\begin{cases} \dfrac{\partial L}{\partial \boldsymbol{\theta}} = \boldsymbol{H} \boldsymbol{\theta} + \boldsymbol{g} + \boldsymbol{A}^{\mathrm{T}} \boldsymbol{\lambda} = 0 \\[2mm] \dfrac{\partial L}{\partial \boldsymbol{\lambda}} = \boldsymbol{A} \boldsymbol{\theta} - \boldsymbol{b} = 0 \end{cases} \tag{B-95}$$

将式(B-95)改写为矩阵形式

$$\begin{bmatrix} \boldsymbol{H} & \boldsymbol{A}^{\mathrm{T}} \\ \boldsymbol{A} & 0 \end{bmatrix} \begin{bmatrix} \boldsymbol{\theta} \\ \boldsymbol{\lambda} \end{bmatrix} + \begin{bmatrix} \boldsymbol{g} \\ -\boldsymbol{b} \end{bmatrix} = 0 \tag{B-96}$$

其中，$\boldsymbol{\lambda} \in \mathbb{R}^m$ 为拉格朗日乘子向量，通过求解上述线性方程组(B-96)即可得到满足 KKT 条件的解。

B.5.2 序列二次规划法

序列二次规划(Sequential Quadratic Programming，SQP)被广泛用于求解约束非线性优化问题。SQP算法的基本思想是利用泰勒展开将目标函数在迭代点 $\boldsymbol{\theta}_k$ 处简化为二次函数，同时将约束函数简化为线性函数，即将待优化的问题转化为一系列的二次规划子问题。通过求解这个子问题来获得新的迭代点 $\boldsymbol{\theta}_{k+1}$，从而获得迭代点列 $\{\boldsymbol{\theta}_k\}$，使得这个点列收敛到式(B-91)的局部极小点。

首先将目标函数 $f(\boldsymbol{\theta})$ 在 $\boldsymbol{\theta}_k$ 做泰勒展开进行二阶逼近：

$$f(\boldsymbol{\theta}) \approx f(\boldsymbol{\theta}_k) + \nabla f(\boldsymbol{\theta}_k)^{\mathrm{T}} (\boldsymbol{\theta} - \boldsymbol{\theta}_k) + \frac{1}{2} (\boldsymbol{\theta} - \boldsymbol{\theta}_k)^{\mathrm{T}} \boldsymbol{H}_k (\boldsymbol{\theta} - \boldsymbol{\theta}_k) \tag{B-97}$$

其中，$\boldsymbol{H}_k$ 为 $f(\boldsymbol{\theta})$ 在 $\boldsymbol{\theta}_k$ 处的海森矩阵。

对约束函数 $h(\boldsymbol{\theta})$ 和 $l(\boldsymbol{\theta})$ 做一阶近似：

$$h_i(\boldsymbol{\theta}) \approx h_i(\boldsymbol{\theta}_k) + \nabla h_i(\boldsymbol{\theta}_k)^{\mathrm{T}} (\boldsymbol{\theta} - \boldsymbol{\theta}_k), \quad i \in E \tag{B-98}$$

$$l_j(\boldsymbol{\theta}) \approx l_j(\boldsymbol{\theta}_k) + \nabla l_j(\boldsymbol{\theta}_k)^{\mathrm{T}} (\boldsymbol{\theta} - \boldsymbol{\theta}_k), \quad j \in I \tag{B-99}$$

则原优化问题(B-91)可用如下二次规划问题进行近似：

$$\begin{aligned} \min \quad & \nabla f(\boldsymbol{\theta}_k)^{\mathrm{T}} \boldsymbol{d}(\boldsymbol{\theta}) + \frac{1}{2} \boldsymbol{d}(\boldsymbol{\theta})^{\mathrm{T}} \boldsymbol{H}_k \boldsymbol{d}(\boldsymbol{\theta}) \\ \text{s.t.} \quad & h_i(\boldsymbol{\theta}_k) + \nabla h_i(\boldsymbol{\theta}_k)^{\mathrm{T}} \boldsymbol{d}(\boldsymbol{\theta}) = 0, \quad i \in E \\ & l_j(\boldsymbol{\theta}_k) + \nabla l_j(\boldsymbol{\theta}_k)^{\mathrm{T}} \boldsymbol{d}(\boldsymbol{\theta}) \leqslant 0, \quad j \in I \end{aligned} \tag{B-100}$$

其中，$\boldsymbol{d}(\boldsymbol{\theta}) = \boldsymbol{\theta} - \boldsymbol{\theta}_k$。式(B-100)即为关于变量 $\boldsymbol{d}(\boldsymbol{\theta})$ 的一个标准的 QP 问题，有很多成熟的工具可以求解。下面给出 SQP 问题的大致迭代步骤。

(1) 选取初始点 $\boldsymbol{\theta}_0$ 和 n 阶正定矩阵 $\boldsymbol{H}_0$，令 $k=0$；

(2) 求解二次规划子问题(B-100)，求得的解记为 $\boldsymbol{d}_k$，相应的拉格朗日乘子记为 $\boldsymbol{\mu}_k$；

（3）从 $\boldsymbol{\theta}_k$ 出发，沿方向 $\boldsymbol{d}_k$，对罚函数 $\varphi(\alpha)=\omega(\boldsymbol{\theta}_k+\alpha\boldsymbol{d}_k,\boldsymbol{\lambda}_k)=f(\boldsymbol{\theta})+\sum\limits_{i\in E}\lambda_i\,|\,h_i(\boldsymbol{\theta})\,|+\sum\limits_{j\in I}\lambda_j\max\{0,l_j(\boldsymbol{\theta})\}$ 进行一维搜索，确定步长 α_k；

（4）令 $\boldsymbol{\theta}_{k+1}=\boldsymbol{\theta}_k+\alpha_k\boldsymbol{d}_k$；

（5）利用 $\boldsymbol{\mu}_k$ 等信息，按 BFGS 公式对矩阵 $\boldsymbol{H}_k$ 进行修正得到 $\boldsymbol{H}_{k+1}$，令 $k=k+1$，转到步骤（2）。

B.6　李群和李代数

在同时定位和建图即 SLAM 任务中，需要通过相机观测数据对相机位姿进行估计和优化，以决定机器人下一步的行动。一种典型的方式是把它构建成一个优化问题，求解最优的旋转矩阵 $\boldsymbol{R}$ 和平移向量 $\boldsymbol{T}$ 使得观测数据 $\boldsymbol{z}$ 和物体位置 $\boldsymbol{p}$ 之间的估计误差最小化：

$$\min_{\boldsymbol{R},\boldsymbol{t}}L=\sum_{i=1}^{N}\|\boldsymbol{z}_i-\boldsymbol{G}\boldsymbol{p}_i\|_2^2 \tag{B-101}$$

其中，$\boldsymbol{G}$ 是齐次变换矩阵：

$$\boldsymbol{G}=\begin{bmatrix}\boldsymbol{R} & \boldsymbol{T}\\ \boldsymbol{0}^{\mathrm{T}} & 1\end{bmatrix} \tag{B-102}$$

求解式（B-101）需要计算 $\dfrac{\partial L}{\partial \boldsymbol{G}}$，但偏导数的计算涉及矩阵加法运算，而旋转矩阵对加法运算并不封闭，使得求导运算失去意义。通过李群和李代数间的转换关系，可以把位姿估计变成无约束的优化问题，简化求解方式。

B.6.1　李代数

旋转矩阵自身带有约束，即满足正交性和行列式为 1，构成特殊正交群 SO(3)：

$$\mathrm{SO}(3)=\{\boldsymbol{R}\in\mathbb{R}^{3\times3}\mid\boldsymbol{R}\boldsymbol{R}^{\mathrm{T}}=\boldsymbol{I},\det(\boldsymbol{R})=1\} \tag{B-103}$$

相机的旋转矩阵可以视为时间 t 的连续函数，即

$$\boldsymbol{R}(t)\boldsymbol{R}(t)^{\mathrm{T}}=\boldsymbol{I} \tag{B-104}$$

对时间 t 求导可得

$$\dot{\boldsymbol{R}}(t)\boldsymbol{R}(t)^{\mathrm{T}}+\boldsymbol{R}(t)\dot{\boldsymbol{R}}(t)^{\mathrm{T}}=0\Rightarrow\dot{\boldsymbol{R}}(t)\boldsymbol{R}(t)^{\mathrm{T}}=-(\dot{\boldsymbol{R}}(t)\boldsymbol{R}(t)^{\mathrm{T}})^{\mathrm{T}} \tag{B-105}$$

式（B-105）说明 $\dot{\boldsymbol{R}}(t)\boldsymbol{R}(t)^{\mathrm{T}}$ 是一个反对称矩阵，因此存在一个三维向量 $\boldsymbol{\omega}(t)$，使得

$$\boldsymbol{\omega}(t)^{\wedge}=\dot{\boldsymbol{R}}(t)\boldsymbol{R}(t)^{\mathrm{T}} \tag{B-106}$$

其中，

$$\boldsymbol{\omega}(t)^{\wedge} = \begin{bmatrix} 0 & -\omega_3 & \omega_2 \\ \omega_3 & 0 & -\omega_1 \\ -\omega_2 & \omega_1 & 0 \end{bmatrix} \in \mathbb{R}^{3\times3} \tag{B-107}$$

对式(B-106)两边同时右乘 $\boldsymbol{R}(t)$：

$$\dot{\boldsymbol{R}}(t) = \boldsymbol{\omega}(t)^{\wedge}\boldsymbol{R}(t) \tag{B-108}$$

假设初始时刻旋转矩阵 $\boldsymbol{R}(0)=\boldsymbol{I}$，$\boldsymbol{\omega}$ 在初始时刻附近保持为常数 $\boldsymbol{\omega}_0\in\mathbb{R}^3$，则有

$$\boldsymbol{R}(t) = \exp(\boldsymbol{\omega}_0^{\wedge}t) \tag{B-109}$$

由于做了一些假设，故式(B-109)只在初始时刻附近有效。当某个时刻旋转矩阵 $\boldsymbol{R}$ 已知时，仍然存在一个向量 $\boldsymbol{\omega}\in\mathbb{R}^3$，使得二者满足上述指数形式的关系。这种 $\boldsymbol{\omega}$ 称为定义在 $\mathbb{R}^3$ 上的李代数 so(3)：

$$\text{so}(3) = \{\boldsymbol{\omega}\in\mathbb{R}^3, \boldsymbol{\omega}^{\wedge}\in\mathbb{R}^{3\times3}\} \tag{B-110}$$

即 so(3) 是一个由三维向量构成的集合，每个向量对应到一个反对称矩阵，可以用来表达旋转矩阵的导数，和 SO(3) 的关系由指数映射给定：

$$\boldsymbol{R} = \exp(\boldsymbol{\omega}^{\wedge}) \tag{B-111}$$

和只有旋转矩阵构成的李群 SO(3) 一样，可以定义齐次变换矩阵 $\boldsymbol{G}$ 构成的特殊欧氏群 SE(3)：

$$\text{SE}(3) = \{\boldsymbol{G}\in\mathbb{R}^{4\times4} \mid \boldsymbol{R}\in\text{SO}(3), \boldsymbol{T}\in\mathbb{R}^3\} \tag{B-112}$$

齐次变换矩阵 $\boldsymbol{G}$ 对时间 t 求导：

$$\dot{\boldsymbol{G}}(t)\boldsymbol{G}^{-1}(t) = \begin{bmatrix} \dot{\boldsymbol{R}}(t)\boldsymbol{R}(t)^{\mathrm{T}} & \dot{\boldsymbol{T}}(t) - \dot{\boldsymbol{R}}(t)\boldsymbol{R}(t)^{\mathrm{T}}\boldsymbol{T}(t) \\ \boldsymbol{0}^{\mathrm{T}} & 0 \end{bmatrix} \tag{B-113}$$

其中，

$$\boldsymbol{G}^{-1}(t) = \begin{bmatrix} \boldsymbol{R}(t) & \boldsymbol{T}(t) \\ \boldsymbol{0}^{\mathrm{T}} & 1 \end{bmatrix}^{-1} = \begin{bmatrix} \boldsymbol{R}(t)^{\mathrm{T}} & -\boldsymbol{R}(t)^{\mathrm{T}}\boldsymbol{T}(t) \\ \boldsymbol{0}^{\mathrm{T}} & 1 \end{bmatrix} \tag{B-114}$$

对式(B-113)的每一项进行分析可知，存在一个反对称矩阵 $\boldsymbol{\omega}(t)^{\wedge}$ 和一个三维向量 $\boldsymbol{v}(t)$，使得：

$$\boldsymbol{\omega}(t)^{\wedge} = \dot{\boldsymbol{R}}(t)\boldsymbol{R}(t)^{\mathrm{T}}, \quad \boldsymbol{v}(t) = \dot{\boldsymbol{T}}(t) - \dot{\boldsymbol{R}}(t)\boldsymbol{R}(t)^{\mathrm{T}}\boldsymbol{T}(t) = \dot{\boldsymbol{T}}(t) - \boldsymbol{\omega}(t)^{\wedge}\boldsymbol{T}(t) \tag{B-115}$$

即有

$$\dot{\boldsymbol{G}}(t)\boldsymbol{G}^{-1}(t) = \begin{bmatrix} \boldsymbol{\omega}(t)^{\wedge} & \boldsymbol{v}(t) \\ \boldsymbol{0}^{\mathrm{T}} & 0 \end{bmatrix} \tag{B-116}$$

因此

$$\dot{\boldsymbol{G}}(t) = \dot{\boldsymbol{G}}(t)\boldsymbol{G}^{-1}(t)\boldsymbol{G}(t) = \boldsymbol{\varphi}(t)^{\wedge}\boldsymbol{G}(t) \tag{B-117}$$

其中，$\boldsymbol{\varphi}(t)^{\wedge}\in\mathbb{R}^{4\times4}$。这里，沿用 $\wedge$ 表示从向量到矩阵的映射关系，而不再是表示向量对应的反对称矩阵。和定义 so(3) 类似，可以同样定义齐次变换矩阵的李代数 se(3)：

$$\mathrm{se}(3) = \left\{ \boldsymbol{\varphi} = \begin{bmatrix} \boldsymbol{\rho} \\ \boldsymbol{\omega} \end{bmatrix} \in \mathbb{R}^6, \boldsymbol{\rho} \in \mathbb{R}^3, \boldsymbol{\omega}^{\wedge} \in \mathrm{so}(3), \boldsymbol{\varphi}^{\wedge} = \begin{bmatrix} \boldsymbol{\omega}^{\wedge} & \boldsymbol{\rho} \\ \boldsymbol{0}^{\mathrm{T}} & 0 \end{bmatrix} \right\} \tag{B-118}$$

B.6.2　指数与对数映射

由 B.6.1 节的介绍可以看出,给定向量 $\boldsymbol{\omega}$ 时,可以通过指数运算即式(B-111)实现 so(3)到 SO(3)的映射,同样可以通过对数运算实现 SO(3)到 so(3)的映射。首先介绍矩阵的指数运算。任意方阵 $\boldsymbol{A}$ 的指数映射可以写成泰勒展开的形式:

$$\exp(\boldsymbol{A}) = \sum_{n=0}^{\infty} \frac{1}{n!} \boldsymbol{A}^n \tag{B-119}$$

对 $\forall \boldsymbol{\omega}^{\wedge} \in \mathrm{so}(3)$,其指数映射为

$$\exp(\boldsymbol{\omega}^{\wedge}) = \sum_{n=0}^{\infty} \frac{1}{n!} (\boldsymbol{\omega}^{\wedge})^n \tag{B-120}$$

将 $\boldsymbol{\omega}$ 记为 $\theta \boldsymbol{a}$,θ 表示模长,$\boldsymbol{a}$ 是单位方向向量。利用式(B-107)和 $\boldsymbol{a}$ 模长为 1 的性质,不难证明,$\boldsymbol{a}^{\wedge}$ 满足

$$\boldsymbol{a}^{\wedge} \boldsymbol{a}^{\wedge} = \boldsymbol{a} \boldsymbol{a}^{\mathrm{T}} - \boldsymbol{I} \tag{B-121}$$

$$\boldsymbol{a}^{\wedge} \boldsymbol{a}^{\wedge} \boldsymbol{a}^{\wedge} = -\boldsymbol{a}^{\wedge} \tag{B-122}$$

代入 $\boldsymbol{\omega} = \theta \boldsymbol{a}$,式(B-120)可写为

$$\begin{aligned}
\exp(\theta \boldsymbol{a}^{\wedge}) &= \sum_{n=0}^{\infty} \frac{1}{n!} (\theta \boldsymbol{a}^{\wedge})^n \\
&= \boldsymbol{I} + \theta \boldsymbol{a}^{\wedge} + \frac{1}{2!} (\theta \boldsymbol{a}^{\wedge})^2 + \frac{1}{3!} (\theta \boldsymbol{a}^{\wedge})^3 + \frac{1}{4!} (\theta \boldsymbol{a}^{\wedge})^4 + \cdots \\
&= \boldsymbol{a} \boldsymbol{a}^{\mathrm{T}} - \boldsymbol{a}^{\wedge} \boldsymbol{a}^{\wedge} + \theta \boldsymbol{a}^{\wedge} + \frac{1}{2!} \theta^2 \boldsymbol{a}^{\wedge} \boldsymbol{a}^{\wedge} - \frac{1}{3!} \theta^3 \boldsymbol{a}^{\wedge} - \frac{1}{4!} \theta^4 \boldsymbol{a}^{\wedge} \boldsymbol{a}^{\wedge} + \cdots \\
&= \boldsymbol{a} \boldsymbol{a}^{\mathrm{T}} + \left(\theta - \frac{1}{3!} \theta^3 + \cdots \right) \boldsymbol{a}^{\wedge} - \left(1 - \frac{1}{2!} \theta^2 + \frac{1}{4!} \theta^4 - \cdots \right) \boldsymbol{a}^{\wedge} \boldsymbol{a}^{\wedge} \\
&= \boldsymbol{I} + \sin\theta \boldsymbol{a}^{\wedge} + (1 - \cos\theta) \boldsymbol{a}^{\wedge} \boldsymbol{a}^{\wedge}
\end{aligned} \tag{B-123}$$

如果定义对数映射,可以把 SO(3)中的元素映射到 so(3)中:

$$\boldsymbol{\omega} = \ln(\boldsymbol{R})^{\vee} = \left(\sum_{n=0}^{\infty} \frac{(-1)^n}{n+1} (\boldsymbol{R} - \boldsymbol{I})^{n+1} \right)^{\vee} \tag{B-124}$$

直接按照式(B-124)计算矩阵的对数运算会过于麻烦,这里采用求迹的方式进行计算,由式(B-123)可得

$$\boldsymbol{R} = \boldsymbol{I} + \sin\theta \boldsymbol{a}^{\wedge} + (1 - \cos\theta) \boldsymbol{a}^{\wedge} \boldsymbol{a}^{\wedge} \tag{B-125}$$

等式两边同时求迹:

$$\mathrm{Tr}(\boldsymbol{R}) = \mathrm{Tr}(\boldsymbol{I}) + \sin\theta \mathrm{Tr}(\boldsymbol{a}^{\wedge}) + (1 - \cos\theta) \mathrm{Tr}(\boldsymbol{a} \boldsymbol{a}^{\mathrm{T}} - \boldsymbol{I}) = 1 + 2\cos\theta \tag{B-126}$$

故

$$\theta = \arccos \frac{\mathrm{Tr}(\boldsymbol{R}) - 1}{2} \tag{B-127}$$

在式(B-125)等式两边同时右乘 $\boldsymbol{a}$：

$$\boldsymbol{R}\boldsymbol{a} = \boldsymbol{a} + \sin\theta \boldsymbol{a}^{\wedge}\boldsymbol{a} + (1 - \cos\theta)\boldsymbol{a}^{\wedge}\boldsymbol{a}^{\wedge}\boldsymbol{a}$$

$$= \boldsymbol{a} + \sin\theta \boldsymbol{a}^{\wedge}\boldsymbol{a} + (1 - \cos\theta)(\boldsymbol{a}\boldsymbol{a}^{\mathrm{T}}\boldsymbol{a} - \boldsymbol{a}) = \boldsymbol{a} \tag{B-128}$$

在计算 se(3)上的指数映射时，可按照泰勒展开进行类似的计算。不难证明，对于 $\forall n \in \mathbb{R}^{+}$，有

$$(\boldsymbol{\varphi}^{\wedge})^{n} = \begin{bmatrix} (\boldsymbol{\omega}^{\wedge})^{n} & (\boldsymbol{\omega}^{\wedge})^{n-1}\boldsymbol{\rho} \\ \boldsymbol{0}^{\mathrm{T}} & 0 \end{bmatrix} \tag{B-129}$$

故

$$\exp(\boldsymbol{\varphi}^{\wedge}) = \sum_{n=0}^{\infty} \frac{1}{n!}(\boldsymbol{\varphi}^{\wedge})^{n} = \begin{bmatrix} \displaystyle\sum_{n=0}^{\infty} \frac{1}{n!}(\boldsymbol{\omega}^{\wedge})^{n} & \displaystyle\sum_{n=0}^{\infty} \frac{1}{(n+1)!}(\boldsymbol{\omega}^{\wedge})^{n}\boldsymbol{\rho} \\ \boldsymbol{0}^{\mathrm{T}} & 1 \end{bmatrix}$$

$$\triangleq \begin{bmatrix} \boldsymbol{R} & \boldsymbol{J}\boldsymbol{\rho} \\ \boldsymbol{0}^{\mathrm{T}} & 1 \end{bmatrix} = \boldsymbol{G} \tag{B-130}$$

其中，

$$\boldsymbol{J} = \sum_{n=0}^{\infty} \frac{1}{(n+1)!}(\boldsymbol{\omega}^{\wedge})^{n}$$

$$= \boldsymbol{I} + \frac{1}{2!}\theta \boldsymbol{a}^{\wedge} + \frac{1}{3!}(\theta \boldsymbol{a}^{\wedge})^{2} + \frac{1}{4!}(\theta \boldsymbol{a}^{\wedge})^{3} + \frac{1}{5!}(\theta \boldsymbol{a}^{\wedge})^{4} + \cdots$$

$$= \boldsymbol{I} + \frac{1}{\theta}\left(\frac{1}{2!}\theta^{2} - \frac{1}{4!}\theta^{4} + \cdots\right)\boldsymbol{a}^{\wedge} + \frac{1}{\theta}\left(\frac{1}{3!}\theta^{3} - \frac{1}{5!}\theta^{5} + \cdots\right)(\boldsymbol{a}^{\wedge})^{2}$$

$$= \boldsymbol{I} + \frac{1 - \cos\theta}{\theta}\boldsymbol{a}^{\wedge} + \frac{\theta - \sin\theta}{\theta}(\boldsymbol{a}^{\wedge})^{2} \tag{B-131}$$

在计算 SE(3)到 se(3)的对数映射时，可从式(B-130)中的 $\boldsymbol{R}$ 按照式(B-127)和式(B-128)计算旋转向量 $\boldsymbol{\omega}$，而平移向量 $\boldsymbol{T}$ 满足

$$\boldsymbol{T} = \boldsymbol{J}\boldsymbol{\rho} \tag{B-132}$$

通过求解该线性方程组即可求出 $\boldsymbol{\rho}$。

B.6.3 李代数求导与扰动模型

引入李代数的一大目的是进行优化，由于李群对加法运算并不封闭，故并不能直接在李群上进行求导运算。解决方法分为两种：一是根据李代数对加法的封闭性对李代数进行求导；二是对李群做左乘的微小扰动，然后对该微小扰动求导，称为左扰动模型。首先考虑李代数 so(3)上的求导运算。对空间一点 $\boldsymbol{p}$，计算旋转后的点对李代数 $\boldsymbol{\omega}$

的导数：

$$\frac{\partial(\exp(\boldsymbol{\omega}^\wedge)\boldsymbol{p})}{\partial\boldsymbol{\omega}} = \lim_{\delta\boldsymbol{\omega}\to0}\frac{\exp((\boldsymbol{\omega}+\delta\boldsymbol{\omega})^\wedge)\boldsymbol{p} - \exp(\boldsymbol{\omega}^\wedge)\boldsymbol{p}}{\delta\boldsymbol{\omega}}$$

$$= \lim_{\delta\boldsymbol{\omega}\to0}\frac{\exp((\boldsymbol{J}_l\delta\boldsymbol{\omega})^\wedge)\exp(\boldsymbol{\omega}^\wedge)\boldsymbol{p} - \exp(\boldsymbol{\omega}^\wedge)\boldsymbol{p}}{\delta\boldsymbol{\omega}}$$

$$= \lim_{\delta\boldsymbol{\omega}\to0}\frac{(\boldsymbol{I}+(\boldsymbol{J}_l\delta\boldsymbol{\omega})^\wedge)\exp(\boldsymbol{\omega}^\wedge)\boldsymbol{p} - \exp(\boldsymbol{\omega}^\wedge)\boldsymbol{p}}{\delta\boldsymbol{\omega}} \quad\text{(B-133)}$$

$$= \lim_{\delta\boldsymbol{\omega}\to0}\frac{(\boldsymbol{J}_l\delta\boldsymbol{\omega})^\wedge\exp(\boldsymbol{\omega}^\wedge)\boldsymbol{p}}{\delta\boldsymbol{\omega}}$$

$$= \lim_{\delta\boldsymbol{\omega}\to0}\frac{-(\exp(\boldsymbol{\omega}^\wedge)\boldsymbol{p})^\wedge\boldsymbol{J}_l\delta\boldsymbol{\omega}}{\delta\boldsymbol{\omega}} = -(\boldsymbol{R}\boldsymbol{p})^\wedge\boldsymbol{J}_l$$

其中，第二行是 Baker-Campbell-Hausdorff 公式（BCH 公式）的线性近似 $\exp((\boldsymbol{\omega}+\delta\boldsymbol{\omega})^\wedge) \approx \exp((\boldsymbol{J}_l\delta\boldsymbol{\omega})^\wedge)\exp(\boldsymbol{\omega}^\wedge)$，$\boldsymbol{J}_l$ 为式(B-131)中的 $\boldsymbol{J}$，第三行是对矩阵函数 $\exp((\boldsymbol{J}_l\delta\boldsymbol{\omega})^\wedge)$ 做泰勒展开后的一阶近似。

第二种求导方式是对旋转矩阵 $\boldsymbol{R}$ 进行微小扰动 $\Delta\boldsymbol{R}$，计算扰动结果对扰动的变化率，设左扰动 $\Delta\boldsymbol{R}$ 对应的李代数为 $\boldsymbol{\xi}$，有

$$\frac{\partial(\boldsymbol{R}\boldsymbol{p})}{\partial\boldsymbol{\xi}} = \lim_{\boldsymbol{\xi}\to0}\frac{\exp(\boldsymbol{\xi}^\wedge)\exp(\boldsymbol{\omega}^\wedge)\boldsymbol{p} - \exp(\boldsymbol{\omega}^\wedge)\boldsymbol{p}}{\boldsymbol{\xi}}$$

$$= \lim_{\boldsymbol{\xi}\to0}\frac{(\boldsymbol{I}+\boldsymbol{\xi}^\wedge)\exp(\boldsymbol{\omega}^\wedge)\boldsymbol{p} - \exp(\boldsymbol{\omega}^\wedge)\boldsymbol{p}}{\boldsymbol{\xi}} \quad\text{(B-134)}$$

$$= \lim_{\boldsymbol{\xi}\to0}\frac{\boldsymbol{\xi}^\wedge\boldsymbol{R}\boldsymbol{p}}{\boldsymbol{\xi}} = \lim_{\boldsymbol{\xi}\to0}\frac{-(\boldsymbol{R}\boldsymbol{p})^\wedge\boldsymbol{\xi}}{\boldsymbol{\xi}} = -(\boldsymbol{R}\boldsymbol{p})^\wedge$$

最后，考虑李代数 se(3) 上的求导运算。给齐次变换矩阵 $\boldsymbol{G}$ 左乘一个扰动 $\Delta\boldsymbol{G}=\exp(\delta\boldsymbol{\varphi}^\wedge)$，设扰动项的李代数为 $\delta\boldsymbol{\varphi}=[\delta\boldsymbol{\rho},\delta\boldsymbol{\omega}]^\mathrm{T}$，有

$$\frac{\partial(\boldsymbol{G}\boldsymbol{p})}{\partial\delta\boldsymbol{\varphi}} = \lim_{\delta\boldsymbol{\varphi}\to0}\frac{\exp(\delta\boldsymbol{\varphi}^\wedge)\exp(\boldsymbol{\varphi}^\wedge)\boldsymbol{p} - \exp(\boldsymbol{\varphi}^\wedge)\boldsymbol{p}}{\delta\boldsymbol{\varphi}}$$

$$= \lim_{\delta\boldsymbol{\varphi}\to0}\frac{(\boldsymbol{I}+\delta\boldsymbol{\varphi}^\wedge)\exp(\boldsymbol{\varphi}^\wedge)\boldsymbol{p} - \exp(\boldsymbol{\varphi}^\wedge)\boldsymbol{p}}{\delta\boldsymbol{\varphi}}$$

$$= \lim_{\delta\boldsymbol{\varphi}\to0}\frac{\delta\boldsymbol{\varphi}^\wedge\exp(\boldsymbol{\varphi}^\wedge)\boldsymbol{p}}{\delta\boldsymbol{\varphi}}$$

$$= \lim_{\delta\boldsymbol{\varphi}\to0}\frac{\begin{bmatrix}\delta\boldsymbol{\omega}^\wedge & \delta\boldsymbol{\rho}\\ \boldsymbol{0}^\mathrm{T} & 0\end{bmatrix}\begin{bmatrix}\boldsymbol{R}\boldsymbol{p}+\boldsymbol{T}\\ 1\end{bmatrix}}{\delta\boldsymbol{\varphi}}$$

$$= \lim_{\delta\boldsymbol{\varphi}\to0}\frac{\begin{bmatrix}\delta\boldsymbol{\omega}^\wedge(\boldsymbol{R}\boldsymbol{p}+\boldsymbol{T})+\delta\boldsymbol{\rho}\\ \boldsymbol{0}^\mathrm{T}\end{bmatrix}}{[\delta\boldsymbol{\rho},\delta\boldsymbol{\omega}]^\mathrm{T}}$$

$$= \begin{bmatrix} \boldsymbol{I} & -(\boldsymbol{Rp} + \boldsymbol{T})^{\wedge} \\ \boldsymbol{0}^{\mathrm{T}} & \boldsymbol{0}^{\mathrm{T}} \end{bmatrix} \tag{B-135}$$

B.7 支持向量机

支持向量机(SVM)是一种用于数据分类的监督学习算法,被广泛应用于自动驾驶的多个子任务中。给定一个 d 维特征空间中的数据集 $D = \{(\boldsymbol{x}_1, y_1), (\boldsymbol{x}_2, y_2), \cdots, (\boldsymbol{x}_n, y_n)\}$,其中,$\boldsymbol{x}_i \in \mathbb{R}^d, y_i \in \{+1, -1\}$。SVM 的基本思想是寻找一个 d 维的超平面,使得正负两类样本被分割在该超平面两侧,并且每类距离超平面最近的样本点到超平面的距离最大化,即寻找最大间隔超平面,样本中距离超平面最近的点被称为支持向量。

在 d 维空间中,点 $\boldsymbol{x} = (x_1, x_2, \cdots, x_d)^{\mathrm{T}}$ 到超平面 $\boldsymbol{w}^{\mathrm{T}} \boldsymbol{x} + b = 0$ 的距离为

$$\frac{|\boldsymbol{w}^{\mathrm{T}} \boldsymbol{x} + b|}{\|\boldsymbol{w}\|_2} \tag{B-136}$$

式中,$\|\boldsymbol{w}\|_2 = \sqrt{w_1^2 + w_2^2 + \cdots + w_d^2}$。由此可以得到两个平行超平面 $\boldsymbol{w}^{\mathrm{T}} \boldsymbol{x} + b = 1$ 和 $\boldsymbol{w}^{\mathrm{T}} \boldsymbol{x} + b = -1$ 之间的间隔:

$$\rho = \frac{2}{\|\boldsymbol{w}\|_2} \tag{B-137}$$

当训练样本数据线性可分时,SVM 的优化目标是最大化间隔 ρ,即

$$\max_{\boldsymbol{w}, b} \rho \Leftrightarrow \max_{\boldsymbol{w}, b} \rho^2 \Leftrightarrow \min_{\boldsymbol{w}, b} \frac{1}{2} \|\boldsymbol{w}\|_2^2 \tag{B-138}$$

而约束条件可表达为

$$\begin{cases} \boldsymbol{w}^{\mathrm{T}} \boldsymbol{x}_i + b \geqslant +1, & y_i = +1 \\ \boldsymbol{w}^{\mathrm{T}} \boldsymbol{x}_i + b \leqslant -1, & y_i = -1 \end{cases} \tag{B-139}$$

式(B-139)可进一步表达为

$$y_i(\boldsymbol{w}^{\mathrm{T}} \boldsymbol{x}_i + b) \geqslant 1, \quad i = 1, 2, \cdots, n \tag{B-140}$$

因此,SVM 的最优化问题可表示为

$$\min_{\boldsymbol{w}, b} \frac{1}{2} \|\boldsymbol{w}\|_2^2$$
$$\text{s.t.} \quad y_i(\boldsymbol{w}^{\mathrm{T}} \boldsymbol{x}_i + b) \geqslant 1, \quad i = 1, 2, \cdots, n \tag{B-141}$$

上述问题的拉格朗日函数为

$$L(\boldsymbol{w}, b, \boldsymbol{\alpha}) = \frac{1}{2} \|\boldsymbol{w}\|_2^2 - \sum_{i=1}^{n} \alpha_i (y_i(\boldsymbol{w}^{\mathrm{T}} \boldsymbol{x}_i + b) - 1) \tag{B-142}$$

其中,$\alpha_i \geqslant 0, i = 1, 2, \cdots, n$ 是拉格朗日乘子。

当给定 $\boldsymbol{w}$ 和 b 时,若不满足式(B-140)的约束条件,则有

$$\max_{\alpha} L(\boldsymbol{w}, b, \alpha) = +\infty \tag{B-143}$$

若满足式(B-140)的约束条件,则有

$$\max_{\alpha} L(\boldsymbol{w}, b, \alpha) = \frac{1}{2} \| \boldsymbol{w} \|_2^2 \tag{B-144}$$

结合式(B-143)和式(B-144)可知,优化问题

$$\min_{\boldsymbol{w}, b} \max_{\alpha} L(\boldsymbol{w}, b, \alpha) \tag{B-145}$$

与式(B-141)是等价的。根据拉格朗日函数对偶性,式(B-145)的对偶问题是

$$\max_{\alpha} \min_{\boldsymbol{w}, b} L(\boldsymbol{w}, b, \alpha) \tag{B-146}$$

为求得对偶问题的解,先令 $L(\boldsymbol{w}, b, \alpha)$ 对 $\boldsymbol{w}, b$ 的偏导数为零:

$$\boldsymbol{w} = \sum_{i=1}^{n} \alpha_i y_i \boldsymbol{x}_i \tag{B-147}$$

$$\sum_{i=1}^{n} \alpha_i y_i = 0 \tag{B-148}$$

将上述两式代入式(B-142):

$$L(\boldsymbol{w}, b, \alpha) = \sum_{i=1}^{n} \alpha_i - \frac{1}{2} \sum_{i,j=1}^{n} \alpha_i \alpha_j y_i y_j \boldsymbol{x}_i^{\mathrm{T}} \boldsymbol{x}_j \tag{B-149}$$

即有

$$\min_{\boldsymbol{w}, b} L(\boldsymbol{w}, b, \alpha) = \sum_{i=1}^{n} \alpha_i - \frac{1}{2} \sum_{i,j=1}^{n} \alpha_i \alpha_j y_i y_j \boldsymbol{x}_i^{\mathrm{T}} \boldsymbol{x}_j \tag{B-150}$$

然后求解式(B-150)关于 α 的极大值解:

$$\max_{\alpha} \sum_{i=1}^{n} \alpha_i - \frac{1}{2} \sum_{i,j=1}^{n} \alpha_i \alpha_j y_i y_j \boldsymbol{x}_i^{\mathrm{T}} \boldsymbol{x}_j \tag{B-151}$$

$$\text{s.t.} \quad \sum_{i=1}^{n} \alpha_i y_i = 0, \quad \alpha_i \geqslant 0, \quad i = 1, 2, \cdots, n$$

式(B-151)是一个二次规划问题,具体求解方法请参照 B.5 节的相关介绍。这里假设已经求解出 α 的最优解 $\hat{\alpha}$,则根据式(B-147)可得 $\boldsymbol{w}$ 的最优解:

$$\hat{\boldsymbol{w}} = \sum_{i=1}^{n} \hat{\alpha}_i y_i \boldsymbol{x}_i \tag{B-152}$$

当 $\boldsymbol{x}_j$ 是支持向量时,则有 $y_j (\boldsymbol{w}^{\mathrm{T}} \boldsymbol{x}_j + b) - 1 = 0$,则可求得 b 的最优解:

$$\hat{b} = y_j - \sum_{i=1}^{n} \hat{\alpha}_i y_i \boldsymbol{x}_j^{\mathrm{T}} \boldsymbol{x}_i \tag{B-153}$$

上面所述的结论对于数据线性可分的情况是成立的。但是在现实任务中,由于问题的复杂性,通常很难找到一个 d 维超平面使得数据线性可分。这时,可将样本点从原始特征空间映射到一个更高维的特征空间,使得样本在这个空间线性可分。令 $\phi(\cdot)$ 表示该映射函数,则在更高维空间中的线性模型可表示为

$$f(\boldsymbol{x}) = \boldsymbol{w}^{\mathrm{T}} \phi(\boldsymbol{x}) + b \tag{B-154}$$

类似地，有如下目标函数：

$$\min_{\boldsymbol{w},b} \frac{1}{2} \|\boldsymbol{w}\|_2^2 \tag{B-155}$$

$$\text{s.t.} \quad y_i(\boldsymbol{w}^{\mathrm{T}} \phi(\boldsymbol{x}_i) + b) \geqslant 1, \quad i = 1, 2, \cdots, n$$

该问题的对偶问题是：

$$\max_{\alpha} \sum_{i=1}^{n} \alpha_i - \frac{1}{2} \sum_{i,j=1}^{n} \alpha_i \alpha_j y_i y_j \phi(\boldsymbol{x}_i)^{\mathrm{T}} \phi(\boldsymbol{x}_j) \tag{B-156}$$

$$\text{s.t.} \quad \sum_{i=1}^{n} \alpha_i y_i = 0, \quad \alpha_i \geqslant 0, \quad i = 1, 2, \cdots, n$$

求解式(B-156)涉及计算内积 $\phi(\boldsymbol{x}_i)^{\mathrm{T}} \phi(\boldsymbol{x}_j)$，通常情况下，映射函数 $\phi(\cdot)$ 的具体表达式是未知的，因此很难直接计算内积。普遍的做法是引入核函数 $K(\cdot,\cdot)$：

$$K(\boldsymbol{x},\boldsymbol{y}) = \langle \phi(\boldsymbol{x}), \phi(\boldsymbol{x}) \rangle = \phi(\boldsymbol{x})^{\mathrm{T}} \phi(\boldsymbol{y}) \tag{B-157}$$

则式(B-156)可表示为

$$\max_{\alpha} \sum_{i=1}^{n} \alpha_i - \frac{1}{2} \sum_{i,j=1}^{n} \alpha_i \alpha_j y_i y_j K(\boldsymbol{x}_i, \boldsymbol{x}_j) \tag{B-158}$$

$$\text{s.t.} \quad \sum_{i=1}^{n} \alpha_i y_i = 0, \quad \alpha_i \geqslant 0, \quad i = 1, 2, \cdots, n$$

因此，只需要设计好核函数的表达式，就可以用于计算内积。问题的重点此时转化为如何选择一个合适的核函数。下面介绍几种目前常用的核函数。

多项式核函数：

$$K(\boldsymbol{x},\boldsymbol{y}) = (\boldsymbol{x}^{\mathrm{T}} \boldsymbol{y})^p \tag{B-159}$$

高斯核函数：

$$K(\boldsymbol{x},\boldsymbol{y}) = \exp\left(-\frac{\|\boldsymbol{x} - \boldsymbol{y}\|_2^2}{2\sigma^2}\right) \tag{B-160}$$

参 考 文 献

[1]   https://en. wikipedia. org/wiki/Eureka_Prometheus_Project.

[2]   Geiger A,Lenz P,Urtasun R. Are we ready for autonomous driving? the kitti vision benchmark suite[C]//2012 IEEE conference on computer vision and pattern recognition. IEEE,2012: 3354-3361.

[3]   郑南宁. 计算机视觉与模式识别[M]. 北京:国防工业出版社,1998.

[4]   Kannala J,Brandt S S. A generic camera model and calibration method for conventional,wide-angle,and fish-eye lenses[J]. IEEE Transactions on Pattern Analysis & Machine Intelligence, 2006,28(8): 1335.

[5]   Forsyth D A,Ponce J. Computer vision: A modern approach[M]. Upper Saddle River,NJ, USA: Prentice Hall Professional Technical Reference,2002.

[6]   Zhang Z. A flexible new technique for camera calibration[J]. IEEE Transactions on Pattern Analysis and Machine Intelligence,2000,22(11): 1330-1334.

[7]   Lowe D G. Distinctive image features from scale-invariant keypoints[J]. International Journal of Computer Vision,2004,60: 91-110.

[8]   Fischler M A,Bolles R C. A paradigm for model fitting with applications to image analysis and automated cartography[J]. Comm. ACM,1981,24(6): 381-395.

[9]   郑涛. 辅助驾驶系统中的环视全景图像处理算法研究[D]. 西安:西安电子科技大学,2020.

[10]   Zhou Y,Gallego G,Shen S. Event-based stereo visual odometry[J]. IEEE Transactions on Robotics,2021,37(5): 1433-1450.

[11]   Deng Y,Chen H,Liu H,et al. A voxel graph CNN for object classification with event cameras [C]//Proceedings of the IEEE/CVF Conference on Computer Vision and Pattern Recognition. 2022: 1172-1181.

[12]   Henri,Rebecq,Timo,et al. EVO: A Geometric approach to event-based 6-DOF parallel tracking and mapping in real time[J]. IEEE Robotics & Automation Letters,2017.

[13]   Zhang X,Zhu S,Guo S,et al. Line-based automatic extrinsic calibration of lidar and camera [C]//2021 IEEE International Conference on Robotics and Automation. IEEE, 2021: 9347-9353.

[14]   Pandey G,McBride J,Savarese S,et al. Automatic targetless extrinsic calibration of a 3D lidar and camera by maximizing mutual information[C]//Proceedings of the AAAI Conference on Artificial Intelligence. 2012,26(1): 2053-2059.

[15]   Zhu Y,Li C,Zhang Y. Online camera-lidar calibration with sensor semantic information[C]// 2020 IEEE International Conference on Robotics and Automation. IEEE,2020: 4970-4976.

[16]   Lv X,Wang B,Dou Z,et al. LCCNet: LiDAR and camera self-calibration using cost volume network[C]//Proceedings of the IEEE/CVF Conference on Computer Vision and Pattern Recognition. 2021: 2894-2901.

[17]   Kirillov A,Mintun E,Ravi N,et al. Segment anything[J]. arXiv preprint arXiv: 2304. 02643,2023.

[18] Luo Z, Yan G, Li Y. Calib-Anything: Zero-training LiDAR-camera extrinsic calibration method using segment anything[J]. arXiv preprint arXiv: 2306. 02656, 2023.

[19] Magnusson M. The three-dimensional normal-distributions transform: An efficient representation for registration, surface analysis, and loop detection [J]. Renewable Energy, 2009.

[20] Zhang X, Yang J, Zhang S, et al. 3D registration with maximal cliques[C]//Proceedings of the IEEE/CVF Conference on Computer Vision and Pattern Recognition. 2023: 17745-17754.

[21] Della Corte B, Andreasson H, Stoyanov T, et al. Unified motion-based calibration of mobile multi-sensor platforms with time delay estimation[J]. IEEE Robotics and Automation Letters, 2019, 4(2): 902-909.

[22] Huang X, Zhang J, Fan L, et al. A systematic approach for cross-source point cloud registration by preserving macro and micro structures[J]. IEEE Transactions on Image Processing, 2017, 26(7): 3261-3276.

[23] Huang X, Mei G, Zhang J. Feature-metric registration: A fast semi-supervised approach for robust point cloud registration without correspondences[C]//Proceedings of the IEEE/CVF Conference on Computer Vision and Pattern Recognition. 2020: 11366-11374.

[24] Peršić, Juraj, Marković, Ivan, Petrović, et al. Extrinsic 6DoF calibration of a radar-LiDAR-camera system enhanced by radar cross section estimates evaluation [J]. Robotics and Autonomous Systems, 2018.

[25] Schller C, Schnettler M, Krmmer A, et al. Targetless Rotational auto-calibration of radar and camera for intelligent transportation systems [C]//2019 IEEE Intelligent Transportation Systems Conference. IEEE, 2019.

[26] Wise E, Peršić J, Grebe C, et al. A continuous-time approach for 3D radar-to-camera extrinsic calibration[C]//2021 IEEE International Conference on Robotics and Automation. IEEE, 2021: 13164-13170.

[27] Li Q, Zheng N, Cheng H. An adaptive approach to lane markings detection[C]//Proceedings of the 2003 IEEE International Conference on Intelligent Transportation Systems. IEEE, 2003, 1: 510-514.

[28] Wang Z, Ren W, Qiu Q. Lanenet: Real-time lane detection networks for autonomous driving [J]. arXiv preprint arXiv: 1807. 01726, 2018.

[29] Pan X, Shi J, Luo P, et al. Spatial as deep: Spatial cnn for traffic scene understanding[C]// Proceedings of the AAAI Conference on Artificial Intelligence. 2018, 32(1).

[30] Zhu D, Huang Y, Wang S, et al. MPR-Net: Multi-scale key points regression for lane detection [C]//2021 IEEE Intelligent Vehicles Symposium. IEEE, 2021: 1457-1463.

[31] Qin Z, Zhang P, Li X. Ultra fast deep lane detection with hybrid anchor driven ordinal classification[J]. IEEE Transactions on Pattern Analysis and Machine Intelligence, 2022. doi: 10. 1109/TPAMI. 2022. 3182097.

[32] Tabelini L, Berriel R, Paixao T M, et al. Keep your eyes on the lane: Real-time attention-guided lane detection[C]//Proceedings of the IEEE/CVF Conference on Computer Vision and Pattern Recognition. 2021: 294-302.

[33] Van Gansbeke W, De Brabandere B, Neven D, et al. End-to-end lane detection through differentiable least-squares fitting[C]//Proceedings of the IEEE/CVF International Conference

on Computer Vision Workshops. 2019.

[34] Tabelini L,Berriel R,Paixao T M,et al. Polylanenet：Lane estimation via deep polynomial regression[C]//2020 25th International Conference on Pattern Recognition. IEEE,2021：6150-6156.

[35] Feng Z,Guo S,Tan X,et al. Rethinking efficient lane detection via curve modeling[C]// Proceedings of the IEEE/CVF Conference on Computer Vision and Pattern Recognition. 2022：17062-17070.

[36] Uijlings J R R,Van De Sande K E A,Gevers T,et al. Selective search for object recognition [J]. International Journal of Computer Vision,2013,104(2)：154-171.

[37] Zitnick C L,Dollár P. Edge boxes：Locating object proposals from edges[C]//European Conference on Computer Vision. Springer,Cham,2014：391-405.

[38] Lowe D G. Distinctive image features from scale-invariant keypoints[J]. International Journal of Computer Vision,2004,60：91-110.

[39] Lienhart R,Maydt J. An extended set of Haar-like features for rapid object detection[C]// Proceedings. International Conference on Image Processing. IEEE,2002,1：I-I.

[40] Dalal N,Triggs B. Histograms of oriented gradients for human detection[C]//2005 IEEE Computer Society Conference on Computer Vision and Pattern Recognition. IEEE,2005,1：886-893.

[41] Ren S,He K,Girshick R,et al. Faster R-CNN：towards real-time object detection with region proposal networks[J]. IEEE Transactions on Pattern Analysis & Machine Intelligence,2017,39(06)：1137-1149.

[42] Cai Z,Vasconcelos N. Cascade r-cnn：Delving into high quality object detection[C]// Proceedings of the IEEE Conference on Computer Vision and Pattern Recognition. 2018：6154-6162.

[43] Lin T Y,Dollár P,Girshick R,et al. Feature pyramid networks for object detection[C]// Proceedings of the IEEE Conference on Computer Vision and Pattern Recognition. 2017：2117-2125.

[44] Redmon J,Divvala S,Girshick R,et al. You only look once：Unified,real-time object detection [C]//Proceedings of the IEEE Conference on Computer Vision and Pattern Recognition. 2016：779-788.

[45] Liu W,Anguelov D,Erhan D,et al. Ssd：Single shot multibox detector[C]//European Conference on Computer Vision. Springer,Cham,2016：21-37.

[46] Lin T Y,Goyal P,Girshick R,et al. Focal loss for dense object detection[C]//Proceedings of the IEEE International Conference on Computer Vision. 2017：2980-2988.

[47] Law H,Deng J. Cornernet：Detecting objects as paired keypoints[C]//Proceedings of the European Conference on Computer Vision. 2018：734-750.

[48] Zhou X,Wang D,Krähenbühl P. Objects as points[EB/OL]. (2019-04-16)[2023-12-29]. https：//arxiv. org/abs/1904. 07850.

[49] Tian Z,Shen C,Chen H,et al. Fcos：Fully convolutional one-stage object detection[C]// Proceedings of the IEEE/CVF International Conference on Computer Vision. 2019：9627-9636.

[50] Carion N,Massa F,Synnaeve G,et al. End-to-end object detection with transformers[C]//

European Conference on Computer Vision. Cham：Springer International Publishing，2020：213-229.

[51] Li J，Liang X，Wei Y，et al. Perceptual generative adversarial networks for small object detection[C]//Proceedings of the IEEE Conference on Computer Vision and Pattern Recognition. 2017：1222-1230.

[52] Yuan Y，Xiong Z，Wang Q. VSSA-NET：Vertical spatial sequence attention network for traffic sign detection[J]. IEEE Transactions on Image Processing，2019，28(7)：3423-3434.

[53] Huang J，Huang G，Zhu Z，et al. Bevdet：High-performance multi-camera 3D object detection in bird-eye-view[EB/OL]. (2021-12-22)[2023-12-29]. https://arxiv. org/abs/2112. 11790.

[54] Li Z，Wang W，Li H，et al. Bevformer：Learning bird's-eye-view representation from multi-camera images via spatiotemporal transformers[C]//European Conference on Computer Vision. Cham：Springer Nature Switzerland，2022：1-18.

[55] Liu Y，Wang T，Zhang X，et al. Petr：Position embedding transformation for multi-view 3D object detection[C]//European Conference on Computer Vision. Cham：Springer Nature Switzerland，2022：531-548.

[56] Wang T，Zhu X，Pang J，et al. FCOS3D：Fully convolutional one-stage monocular 3D object detection[C]//Proceedings of the IEEE/CVF International Conference on Computer Vision. 2021：913-922.

[57] Brazil G，Liu X. M3D-RPN：Monocular 3D region proposal network for object detection[C]//Proceedings of the IEEE/CVF International Conference on Computer Vision. 2019：9287-9296.

[58] Ma X，Zhang Y，Xu D，et al. Delving into localization errors for monocular 3D object detection[C]//Proceedings of the IEEE/CVF Conference on Computer Vision and Pattern Recognition. 2021：4721-4730.

[59] Qi C R，Su H，Mo K，et al. Pointnet：Deep learning on point sets for 3D classification and segmentation[C]//Proceedings of the IEEE Conference on Computer Vision and Pattern Recognition. 2017：652-660.

[60] Qi C R，Yi L，Su H，et al. Pointnet++：Deep hierarchical feature learning on point sets in a metric space[C]//Advances in Neural Information Processing Systems. 2017.

[61] Shi W，Rajkumar R. Point-GNN：Graph neural network for 3D object detection in a point cloud[C]//Proceedings of the IEEE/CVF Conference on Computer Vision and Pattern Recognition. 2020：1711-1719.

[62] Pan X，Xia Z，Song S，et al. 3D object detection with pointformer[C]//Proceedings of the IEEE/CVF Conference on Computer Vision and Pattern Recognition. 2021：7463-7472.

[63] Yan Y，Mao Y，Li B. Second：Sparsely embedded convolutional detection[J]. Sensors，2018，18(10)：3337.

[64] Shi S，Wang X，Li H P. 3D object proposal generation and detection from point cloud[C]//Proceedings of the IEEE Conference on Computer Vision and Pattern Recognition，Long Beach，CA，USA. 2019：15-20.

[65] Yang Z，Huang Y，Yan X，et al. MuRF-net：Multi-receptive field pillars for 3D object detection from point cloud[C]//2020 IEEE Intelligent Vehicles Symposium. IEEE，2020：1072-1079.

[66] Lang A H，Vora S，Caesar H，et al. Pointpillars：Fast encoders for object detection from point

clouds［C］//Proceedings of the IEEE/CVF Conference on Computer Vision and Pattern Recognition. 2019：12697-12705.

［67］ Hu J，Shen L，Sun G. Squeeze-and-excitation networks［C］//Proceedings of the IEEE Conference on Computer Vision and Pattern Recognition. 2018：7132-7141.

［68］ Yan X，Huang Y，Chen S，et al. DSP-net：Dense-to-sparse proposal generation approach for 3D object detection on point cloud［C］//2021 International Joint Conference on Neural Networks. IEEE，2021：1-8.

［69］ Zhang W，Wang Z，Loy C C. Exploring data augmentation for multi-modality 3D object detection［EB/OL］. (2020-12-23)［2023-12-29］. https://arxiv. org/abs/2012. 12741.

［70］ Vora S，Lang A H，Helou B，et al. Pointpainting：Sequential fusion for 3D object detection ［C］//Proceedings of the IEEE/CVF Conference on Computer Vision and Pattern Recognition. 2020：4604-4612.

［71］ Chen X，Ma H，Wan J，et al. Multi-view 3D object detection network for autonomous driving ［C］//Proceedings of the IEEE Conference on Computer Vision and Pattern Recognition. 2017：1907-1915.

［72］ Pang S，Morris D，Radha H. CLOCs：Camera-LiDAR object candidates fusion for 3D object detection［C］//2020 IEEE/RSJ International Conference on Intelligent Robots and Systems. IEEE，2020：10386-10393.

［73］ Nabati R，Qi H. Centerfusion：Center-based radar and camera fusion for 3D object detection ［C］//Proceedings of the IEEE/CVF Winter Conference on Applications of Computer Vision. 2021：1527-1536.

［74］ Chen X，Zhang T，Wang Y，et al. FUTR3D：A unified sensor fusion framework for 3D detection［C］//Proceedings of the IEEE/CVF Conference on Computer Vision and Pattern Recognition. 2023：172-181.

［75］ Long J，Shelhamer E，Darrell T. Fully convolutional networks for semantic segmentation［C］//Proceedings of the IEEE Conference on Computer Vision and Pattern Recognition. 2015：3431-3440.

［76］ Chen L C，Papandreou G，Kokkinos I，et al. Semantic image segmentation with deep convolutional nets and fully connected CRFS［EB/OL］. (2016-06-07)［2023-12-29］. https://arxiv. org/abs/1412. 7062.

［77］ Chen L C，Papandreou G，Kokkinos I，et al. Deeplab：Semantic image segmentation with deep convolutional nets，atrous convolution，and fully connected CRFS［J］. IEEE Transactions on Pattern Analysis and Machine Intelligence，2017，40(4)：834-848.

［78］ Chen L C，Papandreou G，Schroff F，et al. Rethinking atrous convolution for semantic image segmentation［J］. arXiv preprint arXiv：1706. 05587，2017.

［79］ Chen L C，Zhu Y，Papandreou G，et al. Encoder-decoder with atrous separable convolution for semantic image segmentation［C］//Proceedings of the European Conference on Computer Vision. 2018：801-818.

［80］ He K，Gkioxari G，Dollár P，et al. Mask R-CNN［C］//Proceedings of the IEEE International Conference on Computer Vision. 2017：2961-2969.

［81］ Teichmann M，Weber M，Zoellner M，et al. Multinet：Real-time joint semantic reasoning for autonomous driving［C］//2018 IEEE Intelligent Vehicles Symposium（Ⅳ）. IEEE，2018：1013-

1020.

[82] Dvornik N, Shmelkov K, Mairal J, et al. Blitznet: A real-time deep network for scene understanding[C]//Proceedings of the IEEE International Conference on Computer Vision. 2017: 4154-4162.

[83] Cao J, Pang Y, Li X. Triply supervised decoder networks for joint detection and segmentation [C]//Proceedings of the IEEE/CVF Conference on Computer Vision and Pattern Recognition. 2019: 7392-7401.

[84] Peng J, Nan Z, Xu L, et al. A deep model for joint object detection and semantic segmentation in traffic scenes[C]//2020 International Joint Conference on Neural Networks (IJCNN). IEEE, 2020: 1-8.

[85] Nan Z, Peng J, Jiang J, et al. A joint object detection and semantic segmentation model with cross-attention and inner-attention mechanisms[J]. Neurocomputing, 2021, 463: 212-225.

[86] Zhang Y, Zhou Z, David P, et al. PolarNet: An improved grid representation for online LiDAR point clouds semantic segmentation [C]//Proceedings of the IEEE/CVF Conference on Computer Vision and Pattern Recognition. 2020: 9601-9610.

[87] Wu B, Wan A, Yue X, et al. Squeezeseg: Convolutional neural nets with recurrent crf for real-time road-object segmentation from 3D lidar point cloud[C]//2018 IEEE International Conference on Robotics and Automation. IEEE, 2018: 1887-1893.

[88] Wu B, Zhou X, Zhao S, et al. Squeezesegv2: Improved model structure and unsupervised domain adaptation for road-object segmentation from a lidar point cloud [C]//2019 International Conference on Robotics and Automation. IEEE, 2019: 4376-4382.

[89] Iandola F N, Han S, Moskewicz M W, et al. SqueezeNet: AlexNet-level accuracy with 50x fewer parameters and< 0.5MB model size[EB/OL]. (2016-11-04)[2023-12-29]. https://arxiv.org/abs/1602.07360.

[90] Zheng S, Jayasumana S, Romera-Paredes B, et al. Conditional random fields as recurrent neural networks[C]//Proceedings of the IEEE International Conference on Computer Vision. 2015: 1529-1537.

[91] Zhou H, Zhu X, Song X, et al. Cylinder3D: An effective 3D framework for driving-scene lidar semantic segmentation [EB/OL]. (2020-08-04) [2023-12-29]. https://arxiv.org/abs/2008.01550.

[92] 刘子熠, 余思雨, 郑南宁. 一种基于共点映射的无人车可行驶区域检测方法[J]. Engineering, 2018, 4(04): 109-133.

[93] Liu N, Han J. DHSNet: Deep hierarchical saliency network for salient object detection[C]// Proceedings of the IEEE Conference on Computer Vision and Pattern Recognition. 2016: 678-686.

[94] Zhang P, Wang D, Lu H, et al. Amulet: Aggregating multi-level convolutional features for salient object detection[C]//Proceedings of the IEEE International Conference on Computer Vision. 2017: 202-211.

[95] Zhou S, Wang J, Zhang J, et al. Hierarchical U-shape attention network for salient object detection[J]. IEEE Transactions on Image Processing, 2020, 29: 8417-8428.

[96] Zhou S, Wang J, Wang L, et al. Hierarchical and interactive refinement network for edge-preserving salient object detection[J]. IEEE Transactions on Image Processing, 2020, 30: 1-14.

[97]　Sivic J，Zisserman A. Video Google：A text retrieval approach to object matching in videos [C]//Computer Vision，IEEE International Conference on. IEEE Computer Society，2003，3：1470-1470.

[98]　Bosch A，Zisserman A，Munoz X. Scene classification via pLSA[C]//European Conference on Computer Vision. Springer，Berlin，Heidelberg，2006：517-530.

[99]　Lowe D G. Object recognition from local scale-invariant features[C]//Proceedings of the Seventh IEEE International Conference on Computer Vision. IEEE，1999，2：1150-1157.

[100]　Bay H，Tuytelaars T，Gool L V. Surf：Speeded up robust features[C]//European conference on computer vision. Springer，Berlin，Heidelberg，2006：404-417.

[101]　Rublee E，Rabaud V，Konolige K，et al. ORB：An efficient alternative to SIFT or SURF[C]// 2011 International Conference on Computer Vision. IEEE，2011：2564-2571.

[102]　Cummins M，Newman P. FAB-MAP：Probabilistic localization and mapping in the space of appearance[J]. The International Journal of Robotics Research，2008，27(6)：647-665.

[103]　Košecká J，Li F，Yang X. Global localization and relative positioning based on scale-invariant keypoints[J]. Robotics and Autonomous Systems，2005，52(1)：27-38.

[104]　Schuster R，Wasenmuller O，Unger C，et al. SDC-stacked dilated convolution：A unified descriptor network for dense matching tasks[C]//Proceedings of the IEEE/CVF Conference on Computer Vision and Pattern Recognition. 2019：2556-2565.

[105]　Yi K M，Trulls E，Lepetit V，et al. Lift：Learned invariant feature transform[C]//European Conference on Computer Vision. Springer，Cham，2016：467-483.

[106]　DeTone D，Malisiewicz T，Rabinovich A. Superpoint：Self-supervised interest point detection and Mdescription[C]//Proceedings of the IEEE Conference on Computer Vision and Pattern Recognition Workshops. 2018：224-236.

[107]　Dusmanu M，Rocco I，Pajdla T，et al. D2-NET：A trainable CNN for joint description and detection of local features[C]//Proceedings of the IEEE/CVF Conference on Computer Vision and Pattern Recognition. 2019：8092-8101.

[108]　Jégou H，Douze M，Schmid C，et al. Aggregating local descriptors into a compact image representation[C]//2010 IEEE Computer Society Conference on Computer Vision and Pattern Recognition. IEEE，2010：3304-3311.

[109]　Tolias G，Avrithis Y，Jégou H. Image search with selective match kernels：aggregation across single and multiple images[J]. International Journal of Computer Vision，2016，116(3)：247-261.

[110]　Perronnin F，Liu Y，Sánchez J，et al. Large-scale image retrieval with compressed fisher vectors[C]//2010 IEEE Computer Society Conference on Computer Vision and Pattern Recognition. IEEE，2010：3384-3391.

[111]　Torii A，Arandjelovic R，Sivic J，et al. 24/7 place recognition by view synthesis[C]// Proceedings of the IEEE Conference on Computer Vision and Pattern Recognition. 2015：1808-1817.

[112]　Ong E J，Husain S S，Bober-Irizar M，et al. Deep architectures and ensembles for semantic video classification[J]. IEEE Transactions on Circuits and Systems for Video Technology，2018，29(12)：3568-3582.

[113]　Arandjelovic R，Gronat P，Torii A，et al. NetVLAD：CNN architecture for weakly supervised

place recognition[C]//Proceedings of the IEEE Conference on Computer Vision and Pattern Recognition. 2016: 5297-5307.

[114] Ge Y,Wang H,Zhu F,et al. Self-supervising fine-grained region similarities for large-scale image localization[C]//European Conference on Computer Vision. Springer,Cham,2020: 369-386.

[115] Siméoni O,Avrithis Y,Chum O. Local features and visual words emerge in activations[C]// Proceedings of the IEEE/CVF Conference on Computer Vision and Pattern Recognition. 2019: 11651-11660.

[116] Sarlin P E,Cadena C,Siegwart R,et al. From coarse to fine: Robust hierarchical localization at large scale[C]//Proceedings of the IEEE/CVF Conference on Computer Vision and Pattern Recognition. 2019: 12716-12725.

[117] Hausler S,Garg S,Xu M,et al. Patch-netvlad: Multi-scale fusion of locally-global descriptors for place recognition[C]//Proceedings of the IEEE/CVF Conference on Computer Vision and Pattern Recognition. 2021: 14141-14152.

[118] Sarlin P E,DeTone D,Malisiewicz T,et al. Superglue: Learning feature matching with graph neural networks[C]//Proceedings of the IEEE/CVF Conference on Computer Vision and Pattern Recognition. 2020: 4938-4947.

[119] Shen Y,Wang R,Zuo W,et al. TCL: Tightly coupled learning strategy for weakly supervised hierarchical place recognition[J]. IEEE Robotics and Automation Letters,2022.

[120] Milford M J,Wyeth G F. SeqSLAM: Visual route-based navigation for sunny summer days and stormy winter nights[C]//2012 IEEE International Conference on Robotics and Automation. IEEE,2012: 1643-1649.

[121] Pepperell E,Corke P I,Milford M J. All-environment visual place recognition with SMART [C]//2014 IEEE International Conference on Robotics and Automation. IEEE,2014: 1612-1618.

[122] Naseer T,Spinello L,Burgard W,et al. Robust visual robot localization across seasons using network flows[C]//Proceedings of the AAAI Conference on Artificial Intelligence. 2014,28 (1).

[123] Garg S,Milford M. Seqnet: Learning descriptors for sequence-based hierarchical place recognition[J]. IEEE Robotics and Automation Letters,2021,6(3): 4305-4312.

[124] Kalantidis Y, Mellina C, Osindero S. Cross-dimensional weighting for aggregated deep convolutional features[C]//Computer Vision-ECCV 2016 Workshops: Amsterdam, The Netherlands,October 8-10 and 15-16,2016,Proceedings,Part Ⅰ 14. Springer International Publishing,2016: 685-701.

[125] Gordo A,Almazán J,Revaud J,et al. Deep image retrieval: Learning global representations for image search [C]//Computer Vision-ECCV 2016: 14th European Conference, Amsterdam, The Netherlands, October 11-14, 2016, Proceedings, Part Ⅵ 14. Springer International Publishing,2016: 241-257.

[126] Chen Z,Liu L,Sa I,et al. Learning context flexible attention model for long-term visual place recognition[J]. IEEE Robotics and Automation Letters,2018,3(4): 4015-4022.

[127] Lou Y,Bai Y,Wang S,et al. Multi-scale context attention network for image retrieval[C]// Proceedings of the 26th ACM International Conference on Multimedia. 2018: 1128-1136.

[128]　Wang R, Shen Y, Zuo W, et al. TransVPR: Transformer-based place recognition with multi-level attention aggregation[C]//Proceedings of the IEEE/CVF Conference on Computer Vision and Pattern Recognition. 2022: 13648-13657.

[129]　Said Y, Atri M, Tourki R. Human detection based on integral histograms of oriented gradients and SVM[C]//2011 International Conference on Communications, Computing and Control Applications. IEEE, 2011: 1-5.

[130]　Dollar P, Tu Z, Perona P, et al. Integral channel features[C]//British Machine Vision Conference. 2009.

[131]　Liang G, Lan X, Wang J, et al. A limb-based graphical model for human pose estimation[J]. IEEE Transactions on Systems, Man, and Cybernetics: Systems, 2017, 48(7): 1080-1092.

[132]　Zhang P, Lan C, Zeng W, et al. Semantics-guided neural networks for efficient skeleton-based human action recognition[C]//Proceedings of the IEEE/CVF Conference on Computer Vision and Pattern Recognition. 2020: 1112-1121.

[133]　Schneider N, Gavrila D M. Pedestrian path prediction with recursive Bayesian filters: A comparative study[C]//German Conference on Pattern Recognition. Springer, Berlin, Heidelberg, 2013: 174-183.

[134]　Singh A, Suddamalla U. Multi-input fusion for practical pedestrian intention prediction[C]//Proceedings of the IEEE/CVF International Conference on Computer Vision. 2021: 2304-2311.

[135]　Wang Z, Papanikolopoulos N. Estimating pedestrian crossing states based on single 2D body pose[C]//2020 IEEE/RSJ International Conference on Intelligent Robots and Systems. IEEE, 2020: 2205-2210.

[136]　Ranga A, Giruzzi F, Bhanushali J, et al. VRUNet: Multi-task learning model for intent prediction of vulnerable road users[J]. Electronic Imaging, 2020, 32: 1-10.

[137]　Kim U H, Ka D, Yeo H, et al. A real-time predictive pedestrian collision warning service for cooperative intelligent transportation systems using 3D pose estimation[C]//British Machine Vision Conference. 2019.

[138]　Rasouli A, Rohani M, Luo J. Bifold and semantic reasoning for pedestrian behavior prediction[C]//Proceedings of the IEEE/CVF International Conference on Computer Vision. 2021: 15600-15610.

[139]　Kotseruba I, Rasouli A, Tsotsos J K. Benchmark for evaluating pedestrian action prediction[C]//Proceedings of the IEEE/CVF Winter Conference on Applications of Computer Vision. 2021: 1258-1268.

[140]　Rasouli A, Kotseruba I, Tsotsos J K. Pedestrian action anticipation using contextual feature fusion in stacked RNNS[C]//British Machine Vision Conference. 2019.

[141]　Rasouli A, Yau T, Rohani M, et al. Multi-Modal Hybrid Architecture for Pedestrian Action Prediction[C]//2022 IEEE Intelligent Vehicles Symposium (Ⅳ). IEEE, 2022: 91-97.

[142]　Yang D, Zhang H, Yurtsever E, et al. Predicting pedestrian crossing intention with feature fusion and spatio-temporal attention[J]. IEEE Transactions on Intelligent Vehicles, 2022, 7 (2): 221-230.

[143]　Gulzar M, Muhammad Y, Muhammad N. A survey on motion prediction of pedestrians and vehicles for autonomous driving[J]. IEEE Access, 2021, 9: 137957-137969.

[144] Zhu Y, Qian D, Ren D, et al. Starnet: Pedestrian trajectory prediction using deep neural network in star topology[C]//2019 IEEE/RSJ International Conference on Intelligent Robots and Systems. IEEE, 2019: 8075-8080.

[145] Tubbs M E, Ekeberg S E. The role of intentions in work motivation: Implications for goal-setting theory and research[J]. Academy of Management Review, 1991, 16(1): 180-199.

[146] Daniel N, Larey A, Aknin E, et al. PECNet: A deep multi-label segmentation network for eosinophilic esophagitis biopsy diagnostics[J]. arXiv preprint arXiv: 2103.02015, 2021.

[147] Zhao H, Wildes R P. Where are you heading? dynamic trajectory prediction with expert goal examples[C]//Proceedings of the IEEE/CVF International Conference on Computer Vision. 2021: 7629-7638.

[148] Ye M, Cao T, Chen Q. Tpcn: Temporal point cloud networks for motion forecasting[C]// Proceedings of the IEEE/CVF Conference on Computer Vision and Pattern Recognition. 2021: 11318-11327.

[149] Wang C, Wang Y, Xu M, et al. Stepwise goal-driven networks for trajectory prediction[J]. IEEE Robotics and Automation Letters, 2022, 7(2): 2716-2723.

[150] Rasouli A, Kotseruba I, Kunic T, et al. Pie: A large-scale dataset and models for pedestrian intention estimation and trajectory prediction[C]//Proceedings of the IEEE/CVF International Conference on Computer Vision. 2019: 6262-6271.

[151] Girase H, Gang H, Malla S, et al. Loki: Long term and key intentions for trajectory prediction [C]//Proceedings of the IEEE/CVF International Conference on Computer Vision. 2021: 9803-9812.

[152] Malla S, Dariush B, Choi C. Titan: Future forecast using action priors[C]//Proceedings of the IEEE/CVF Conference on Computer Vision and Pattern Recognition. 2020: 11186-11196.

[153] Minguez R Q, Alonso I P, Fernández-Llorca D, et al. Pedestrian path, pose, and intention prediction through Gaussian process dynamical models and pedestrian activity recognition[J]. IEEE Transactions on Intelligent Transportation Systems, 2018, 20(5): 1803-1814.

[154] Kang M, Fu J, Zhou S, et al. Learning to predict diverse trajectory from human motion patterns[J]. Neurocomputing, 2022, 504: 123-131.

[155] Helbing D, Molnar P. Social force model for pedestrian dynamics[J]. Physical Review E, 1995, 51(5): 4282.

[156] Antonini G, Bierlaire M, Weber M. Discrete choice models of pedestrian walking behavior[J]. Transportation Research Part B: Methodological, 2006, 40(8): 667-687.

[157] Zhang P, Ouyang W, Zhang P, et al. SR-LSTM: State refinement for LSTM towards pedestrian trajectory prediction[C]//Proceedings of the IEEE/CVF Conference on Computer Vision and Pattern Recognition. 2019: 12085-12094.

[158] Zheng F, Wang L, Zhou S, et al. Unlimited neighborhood interaction for heterogeneous trajectory prediction[C]//Proceedings of the IEEE/CVF International Conference on Computer Vision. 2021: 13168-13177.

[159] Xue H, Huynh D Q, Reynolds M. SS-LSTM: A hierarchical LSTM model for pedestrian trajectory prediction[C]//2018 IEEE Winter Conference on Applications of Computer Vision. IEEE, 2018: 1186-1194.

[160] Sadeghian A, Kosaraju V, Sadeghian A, et al. Sophie: An attentive gan for predicting paths

compliant to social and physical constraints[C]//Proceedings of the IEEE/CVF Conference on Computer Vision and Pattern Recognition. 2019：1349-1358.

[161] Manh H，Alaghband G. Scene-lstm：A model for human trajectory prediction[EB/OL]. (2019-04-15)[2023-12-29]. https：//arxiv. org/abs/1808. 04018.

[162] Gao J，Sun C，Zhao H，et al. Vectornet：Encoding HD maps and agent dynamics from vectorized representation[C]//Proceedings of the IEEE/CVF Conference on Computer Vision and Pattern Recognition. 2020：11525-11533.

[163] Liang M，Yang B，Hu R，et al. Learning lane graph representations for motion forecasting [C]//European Conference on Computer Vision. Springer，Cham，2020：541-556.

[164] Mohamed A，Qian K，Elhoseiny M，et al. Social-STGCNN：A social spatio-temporal graph convolutional neural network for human trajectory prediction[C]//Proceedings of the IEEE/ CVF Conference on Computer Vision and Pattern Recognition. 2020：14424-14432.

[165] Ballan L，Castaldo F，Alahi A，et al. Knowledge transfer for scene-specific motion prediction [C]//Computer Vision—ECCV 2016：14th European Conference，Amsterdam，The Netherlands，October 11-14，2016，Proceedings，Part Ⅰ 14. Springer International Publishing，2016：697-713.

[166] Graves A. Generating sequences with recurrent neural networks[EB/OL]. (2014-06-05) [2023-12-29]. https://arxiv. org/abs/1308. 0850.

[167] Li Y，Hao Z，Lei H. Survey of convolutional neural network[J]. Journal of Computer Applications，2016，36(9)：2508.

[168] Vaswani A，Shazeer N，Parmar N，et al. Attention is all you need[J]. Advances in Neural Information Processing Systems，2017，30.

[169] Huang Y，Du J，Yang Z，et al. A survey on trajectory-prediction methods for autonomous driving[J]. IEEE Transactions on Intelligent Vehicles，2022，7(3)：652-674.

[170] Ding W，Chen J，Shen S. Predicting vehicle behaviors over an extended horizon using behavior interaction network[C]//2019 International Conference on Robotics and Automation. IEEE，2019：8634-8640.

[171] Ngiam J，Khosla A，Kim M，et al. Multimodal deep learning[C]//ICML. 2011.

[172] Deo N，Trivedi M M. Convolutional social pooling for vehicle trajectory prediction[C]// Proceedings of the IEEE/CVF Conference on Computer Vision and Pattern Recognition Workshops. 2018：1468-1476.

[173] Li X，Ying X，Chuah M C. Grip：Graph-based interaction-aware trajectory prediction[C]// 2019 IEEE Intelligent Transportation Systems Conference (ITSC). IEEE，2019：3960-3966.

[174] Deo N，Trivedi M M. Multi-modal trajectory prediction of surrounding vehicles with maneuver based LSTMS[C]//2018 IEEE Intelligent Vehicles Symposium. IEEE，2018：1179-1184.

[175] Cui H，Radosavljevic V，Chou F C，et al. Multimodal trajectory predictions for autonomous driving using deep convolutional networks[C]//2019 International Conference on Robotics and Automation. IEEE，2019：2090-2096.

[176] Chai Y，Sapp B，Bansal M，et al. MultiPath：Multiple Probabilistic Anchor Trajectory Hypotheses for Behavior Prediction [C]//Conference on Robot Learning. PMLR，2020：86-99.

[177] Gilles T, Sabatini S, Tsishkou D, et al. Home: Heatmap output for future motion estimation [C]//2021 IEEE International Intelligent Transportation Systems Conference. IEEE, 2021: 500-507.

[178] Gao J, Sun C, Zhao H, et al. Vectornet: Encoding hd maps and agent dynamics from vectorized representation[C]//Proceedings of the IEEE/CVF Conference on Computer Vision and Pattern Recognition. 2020: 11525-11533.

[179] Liang M, Yang B, Hu R, et al. Learning lane graph representations for motion forecasting [C]//European Conference on Computer Vision. Springer, Cham, 2020: 541-556.

[180] Ye M, Cao T, Chen Q. Tpcn: Temporal point cloud networks for motion forecasting[C]// Proceedings of the IEEE/CVF Conference on Computer Vision and Pattern Recognition. 2021: 11318-11327.

[181] Kim J, Kim T, Kim S, et al. Edge-labeling graph neural network for few-shot learning[C]// Proceedings of the IEEE/CVF Conference on Computer Vision and Pattern Recognition. 2019: 11-20.

[182] Deng C, Litany O, Duan Y, et al. Vector neurons: A general framework for so (3)-equivariant networks[C]//Proceedings of the IEEE/CVF International Conference on Computer Vision. 2021: 12200-12209.

[183] Zeng W, Liang M, Liao R, et al. Lanercnn: Distributed representations for graph-centric motion forecasting[C]//2021 IEEE/RSJ International Conference on Intelligent Robots and Systems. IEEE, 2021: 532-539.

[184] Zhao H, Gao J, Lan T, et al. Tnt: Target-driven trajectory prediction[C]//Conference on Robot Learning. PMLR, 2021: 895-904.

[185] Gu J, Sun C, Zhao H. Densetnt: End-to-end trajectory prediction from dense goal sets[C]// Proceedings of the IEEE/CVF International Conference on Computer Vision. 2021: 15303-15312.

[186] Gilles T, Sabatini S, Tsishkou D, et al. Gohome: Graph-oriented heatmap output for future motion estimation[C]//2022 international conference on robotics and automation (ICRA). IEEE, 2022: 9107-9114.

[187] Sun Q, Huang X, Gu J, et al. M2I: From factored marginal trajectory prediction to interactive prediction[C]//Proceedings of the IEEE/CVF Conference on Computer Vision and Pattern Recognition. 2022: 6543-6552.

[188] Ngiam J, Caine B, Vasudevan V, et al. Scene transformer: A unified multi-task model for behavior prediction and planning[J]. arXiv e-prints, 2021: arXiv: 2106.08417.

[189] Sagberg F, Selpi, Bianchi Piccinini G F, et al. A review of research on driving styles and road safety[J]. Human Factors, 2015, 57(7): 1248-1275.

[190] Chen Z, Zhu B, Zhao J, et al. Variable servo characteristic brake system matching and implementing method based on driving style identification [J]. IEEE Transactions on Transportation Electrification, 2022, 9(1): 45-59.

[191] Ding N, Ma H, Zhao C, et al. Data anomaly detection for internet of vehicles based on traffic cellular automata and driving style[J]. Sensors, 2019, 19(22): 4926.

[192] Zheng X, Yang P, Duan D, et al. Real-time driving style classification based on short-term observations[J]. IET Communications, 2022, 16(12): 1393-1402.

[193] Cai Y，Zhao R，Wang H，et al. CNN-LSTM driving style classification model based on driver operation time series data[J]. IEEE Access，2023，11：16203-16212.

[194] Smith S O. The Universal Grids：Universal Transverse Mercator（UTM）and Universal Polar Sterographic（UPS）. 1989.

[195] https：//en. wikipedia. org/wiki/Universal_Transverse_Mercator_coordinate_system.

[196] Dupuis M，Strobl M，Grezlikowski H. Opendrive 2010 and beyond-status and future of the de facto standard for the description of road networks[C]//Proc. of the Driving Simulation Conference Europe. 2010：231-242.

[197] Meek D S，Walton D J. Clothoid spline transition spirals[J]. Mathematics of computation，1992，59(199)：117-133.

[198] Aurenhammer F. Voronoi diagrams：A survey of a fundamental geometric data structure[J]. ACM Computing Surveys，1991，23(3)：345-405.

[199] Huber S. The topology of skeletons and offsets[C]//Proc. 34th Europ. Workshop on Comp. Geom. 2018.

[200] Strutz T. The distance transform and its computation[EB/OL].（2023-02-24）[2023-12-29]. https：//arxiv. org/abs/2106. 03503.

[201] Marie R，Labbani-Igbida O，Mouaddib E M. The delta medial axis：a fast and robust algorithm for filtered skeleton extraction[J]. Pattern Recognition，2016，56：26-39.

[202] Saalfeld A. Topologically Consistent line simplification with the Douglas-Peucker algorithm [J]. Cartography and Geographic Information Science，1999，26.

[203] SLATER J A. WGS84-Past，Present and Future，" Advances in Positioning and Reference Frames"[C]//IAG Symposia. Springer Verlag，1998，118：1-7.

[204] https：//www. asam. net/standards/detail/opendrive/.

[205] Bender P，Ziegler J，Stiller C. Lanelets：Efficient map representation for autonomous driving [C]//2014 IEEE Intelligent Vehicles Symposium Proceedings. IEEE，2014：420-425.

[206] Poggenhans F，Pauls J H，Janosovits J，et al. Lanelet2：A high-definition map framework for the future of automated driving[C]//2018 IEEE International Conference on Intelligent Transportation Systems. IEEE，2018.

[207] Forster C，Carlone L，Dellaert F，et al. IMU preintegration on manifold for efficient visual-inertial maximum-a-posteriori estimation[C]. Georgia Institute of Technology，2015.

[208] Matthies L，Shafer S. Error modeling in stereo navigation[J]. IEEE Journal on Robotics and Automation，1987，3(3)：239-248.

[209] Besl P J，McKay N D. Method for registration of 3-D shapes[C]//Sensor fusion Ⅳ：Control Paradigms and Data Structures. Spie，1992，1611：586-606.

[210] Biber P，Straßer W. The normal distributions transform：A new approach to laser scan matching[C]//Proceedings 2003 IEEE/RSJ International Conference on Intelligent Robots and Systems（Cat. No. 03CH37453）. IEEE，2003，3：2743-2748.

[211] Davison A J，Reid I D，Molton N D，et al. MonoSLAM：Real-time single camera SLAM[J]. IEEE Transactions on Pattern Analysis and Machine Intelligence，2007，29(6)：1052-1067.

[212] Mourikis A I，Roumeliotis S I. A multi-state constraint Kalman filter for vision-aided inertial navigation[C]//Proceedings 2007 IEEE International Conference on Robotics and Automation. IEEE，2007：3565-3572.

[213] Klein G,Murray D. Parallel tracking and mapping for small AR workspaces[C]//2007 6th IEEE and ACM International Symposium on Mixed and Augmented Reality. IEEE,2007： 225-234.

[214] Mur-Artal R,Montiel J M M,Tardos J D. ORB-SLAM：A versatile and accurate monocular SLAM system[J]. IEEE Transactions on Robotics,2015,31(5)：1147-1163.

[215] Campos C,Elvira R,Rodríguez J J G,et al. ORB-slam3：An accurate open-source library for visual,visual-inertial,and multimap slam[J]. IEEE Transactions on Robotics,2021,37(6)： 1874-1890.

[216] Mur-Artal R,Tardós J D. ORB-slam2：An open-source slam system for monocular,stereo, and rgb-d cameras[J]. IEEE Transactions on Robotics,2017,33(5)：1255-1262.

[217] Engel J,Schöps T,Cremers D. LSD-SLAM：Large-scale direct monocular SLAM[C]// Computer Vision—ECCV 2014：13th European Conference,Zurich,Switzerland,September 6- 12,2014,Proceedings,Part II 13. Springer International Publishing,2014：834-849.

[218] Zhang J,Singh S. LOAM：LiDAR odometry and mapping in real-time[C]//Robotics：Science and Systems. 2014,2(9)：1-9.

[219] Shan T,Englot B. LeGO-LOAM：Lightweight and ground-optimized LiDAR odometry and mapping on variable terrain[C]//2018 IEEE/RSJ International Conference on Intelligent Robots and Systems. IEEE,2018：4758-4765.

[220] Yang Y,Xia C,Deng X,et al. HeLPS：Heterogeneous LiDAR-based positioning system for autonomous vehicle[C]//IECON 2020 The 46th Annual Conference of the IEEE Industrial Electronics Society. IEEE,2020：618-625.

[221] Brahmbhatt S,Hays J. DeepNav：Learning to navigate large cities[C]//Proceedings of the IEEE Conference on Computer Vision and Pattern Recognition. 2017：5193-5202.

[222] Matterport[EB/OL]. https://matterport.com/.

[223] Kurjanowicz R. Foreword for journal of field robotics—Special issue on the DARPA grand challenge[J]. Journal of Field Robotics,2006,23(9)：657-658.

[224] Cunningham A G,Galceran E,Eustice R M,et al. MPDM：Multipolicy decision-making in dynamic,uncertain environments for autonomous driving[C]//IEEE International Conference on Robotics & Automation. IEEE,2015：1670-1677.

[225] Wang M,Wang Z,Talbot J,et al. Game-theoretic planning for self-driving cars in multivehicle competitive scenarios[J]. IEEE Transactions on Robotics,2021,37(4)：1313-1325.

[226] Ziebart B D,Maas A L,Bagnell J A,et al. Maximum entropy inverse reinforcement learning [C]//Proceedings of the Twenty-Third AAAI Conference on Artificial Intelligence. 2008.

[227] Lenz D,Kessler T,Knoll A. Tactical cooperative planning for autonomous highway driving using Monte-Carlo Tree Search[C]//Intelligent Vehicles Symposium. IEEE,2016.

[228] Browne C B,Powley E,Whitehouse D,et al. A survey of Monte Carlo tree search methods [J]. IEEE Transactions on Computational Intelligence & AI in Games,2012,4(1)：1-43.

[229] Soemers D. Tactical planning using MCTS in the game of StarCraft[D]. Maastricht University,2014.

[230] Cowling P I. Information set Monte Carlo tree search[J]. IEEE Transactions on Computational Intelligence and AI in Games,2012,4(2)：120-143.

[231] M Düring,Pascheka P. Cooperative decentralized decision making for conflict resolution

among autonomous agents［C］//2014 IEEE International Symposium on Innovations in Intelligent Systems and Applications Proceedings. IEEE,2014.

［232］ Bansal M,Krizhevsky A,Ogale A S. ChauffeurNet：Learning to Drive by Imitating the Best and Synthesizing the Worst［C］//Robotics：Science and Systems. 2019.

［233］ Wang J,Wang Y,Zhang D,et al. Learning hierarchical behavior and motion planning for autonomous driving［C］//2020.

［234］ Ross S,Gordon G J,Bagnell J A. A reduction of imitation learning and structured prediction to no-regret online learning［C］//2011.

［235］ Schulman J,Wolski F,Dhariwal P,et al. Proximal policy optimization algorithms［J］. 2017.

［236］ Ziegler J,Bender P,Dang T,et al. Trajectory planning for Bertha-A local,continuous method ［C］//Intelligent Vehicles Symposium. IEEE,2014.

［237］ Dolgov D,Thrun S,Montemerlo M,et al. Path planning for autonomous vehicles in unknown semi-structured environments［J］. The International Journal of Robotics Research,2010,29 (5)：485-501.

［238］ Kunz F,Dietmayer K. Hybrid discrete-parametric optimization for trajectory planning in on-road driving scenarios［C］//IEEE International Conference on Intelligent Transportation Systems. IEEE,2016：802-807.

［239］ Artunedo A,Godoy J,Villagra J. Smooth path planning for urban autonomous driving using OpenStreetMaps［C］//2017 IEEE Intelligent Vehicles Symposium. IEEE,2017.

［240］ Chu K,Lee M,Sunwoo M. Local path planning for off-road autonomous driving with avoidance of static obstacles［J］. IEEE Transactions on Intelligent Transportation Systems, 2012,13(4)：1599-1616.

［241］ Li X,Sun Z,Cao D,et al. Real-time trajectory planning for autonomous urban driving： Framework,algorithms,and verifications［J］. IEEE/ASME Transactions on Mechatronics, 2015,21(2)：740-753.

［242］ Werling M,Ziegler J,Kammel S,et al. Optimal trajectory generation for dynamic street scenarios in a frenet frame［C］//Robotics and Automation,2010 IEEE International Conference on. IEEE,2010.

［243］ D González,J Pérez,V Milanés,et al. A review of motion planning techniques for automated vehicles［J］. IEEE Transactions on Intelligent Transportation Systems,2016,17(4)： 1135-1145.

［244］ Zhang S,Jian Z,Deng X,et al. Hierarchical motion planning for autonomous driving in large-scale complex scenarios［J］. IEEE Transactions on Intelligent Transportation Systems,2021, 23(8)：13291-13305.

［245］ Jian Z,Chen S,Zhang S,et al. Multi-model-based local path planning methodology for autonomous driving：An integrated framework［J］. IEEE Transactions on Intelligent Transportation Systems,2020,23(5)：4187-4200.

［246］ Jian Z,Zhang S,Chen S,et al. Obstacle-centered trajectory planning for autonomous mobile robot［C］//2021 IEEE International Intelligent Transportation Systems Conference (ITSC). IEEE,2021：486-492.

［247］ 龚建伟,姜岩,徐威. 自动驾驶车辆模型预测控制［M］.北京：北京理工大学出版社,2014.

［248］ Huang Q,Wang H. Fundamental study of jerk：Evaluation of shift quality and ride comfort

[R]. SAE Technical Paper,2004.

[249] Zhang T,Zhang S,Chen Y,et al. Mixture modules based intelligent control system for autonomous driving[C]//IFIP International Conference on Artificial Intelligence Applications and Innovations. Springer,Cham,2019：92-104.

[250] Xu S,Peng H,Song Z,et al. Accurate and smooth speed control for an autonomous vehicle [C]//2018 IEEE Intelligent Vehicles Symposium. IEEE,2018：1976-1982.

[251] Zhan J,Zhang T,Shi J,et al. A dual closed-loop longitudinal speed controller using smooth feedforward and fuzzy logic for autonomous driving vehicles[C]//2021 IEEE International Intelligent Transportation Systems Conference. IEEE,2021：545-552

[252] Bertoluzzo M,Buja G,Menis R. Control schemes for steer-by-wire systems[J]. IEEE Industrial Electronics Magazine,2007,1（1）：20-27.

[253] Fahami S M H,Zamzuri H,Mazlan S A. Development of estimation force feedback torque control algorithm for driver steering feel in vehicle steer by wire system：Hardware in the loop[J]. International Journal of Vehicular Technology,2015,2015：21-37.

[254] Coulter R C. Implementation of the pure pursuit path tracking algorithm[R]. Carnegie-Mellon UNIV Pittsburgh PA Robotics INST,1992.

[255] Thrun S,Montemerlo M,Dahlkamp H,et al. Stanley：The robot that won the DARPA grand challenge[J]. Journal of Field Robotics,2006,23（9）：661-692.

[256] Anderson B D,Moore J B. Optimal control：Linear quadratic Methods[M]. Dover Books on Engineering（paperback）,2007.

[257] 谢澜涛,谢磊,苏宏业.不确定系统的鲁棒与随机模型预测控制算法比较研究[J].自动化学报,2017,43（6）：969-992.

[258] Qiu W,Ting Q,Hong C. Steering control of autonomous vehicles based on stochastic model predictive control[J]. Information and Control,2015,4：499-506.

[259] 杨昱.网联车辆队列生态式协同自适应巡航控制策略研究[D].长春：吉林大学,2021.

[260] Wang Z,Wu G,Barth M J. A review on cooperative adaptive cruise control（CACC）systems：Architectures,controls,and applications[C]. 2018 21st International Conference on Intelligent Transportation Systems,2018：2884-2891.

[261] 秦晓辉,谢伯元.协同式自适应巡航技术发展现状及趋势[J].现代电信科技,2014（3）：1-7.

[262] 王文飒,梁军,陈龙,等.基于深度强化学习的协同式自适应巡航控制[J].交通信息与安全,2019,37（3）：8.

[263] Xu H,Gao Y,Yu F,et al. End-to-end learning of driving models from large-scale video datasets[C]//Proceedings of the IEEE Conference on Computer Vision and Pattern Recognition. 2017：2174-2182.

[264] Bojarski M,Del Testa D,Dworakowski D,et al. End to end learning for self-driving cars[EB/OL]. (2016-04-25)[2023-12-29]. https://arxiv. org/abs/1604. 07316.

[265] Codevilla F,Müller M,López A,et al. End-to-end driving via conditional imitation learning [C]//2018 IEEE International Conference on Robotics and Automation. IEEE, 2018：4693-4700.

[266] Le Mero L,Yi D,Dianati M,et al. A survey on imitation learning techniques for end-to-end autonomous vehicles[J]. IEEE Transactions on Intelligent Transportation Systems,2022,23（9）：14128-14147.

[267] Zhang Z，Liniger A，Dai D，et al. End-to-end urban driving by imitating a reinforcement learning coach［C］//Proceedings of the IEEE/CVF International Conference on Computer Vision. 2021：15222-15232.

[268] Gao J，Sun C，Zhao H，et al. Vectornet：Encoding HD maps and agent dynamics from vectorized representation［C］//Proceedings of the IEEE/CVF Conference on Computer Vision and Pattern Recognition. 2020：11525-11533.

[269] Kalra N，Paddock S M. Driving to safety：How many miles of driving would it take to demonstrate autonomous vehicle reliability？［J］. Transportation Research Part A Policy & Practice，2016，94(dec.)：182-193.

[270] NHTSA. National Statistics［R］. America：NHTSA，2019.

[271] 汽车百科全书编纂委员会. 汽车百科全书［M］. 北京：中国大百科全书出版社，2010.

[272] Navarro F，Serón F J，Gutierrez D. Motion blur rendering：State of the Art. Computer Graphics Forum，2011，30.

[273] http://osm2world. org/.

[274] Mildenhall B，Srinivasan P P，Tancik M，et al. NERF：Representing scenes as neural radiance fields for view synthesis［J］. Communications of the ACM，2021，65(1)：99-106.

[275] Barron J T，Mildenhall B，Tancik M，et al. Mip-NERF：A multiscale representation for anti-aliasing neural radiance fields［C］//Proceedings of the IEEE/CVF International Conference on Computer Vision. 2021：5855-5864.

[276] Rematas K，Liu A，Srinivasan P P，et al. Urban radiance fields［C］//Proceedings of the IEEE/CVF Conference on Computer Vision and Pattern Recognition. 2022：12932-12942.

[277] Aliev K A，Sevastopolsky A，Kolos M，et al. Neural point-based graphics［C］//Computer Vision-ECCV 2020：16th European Conference，Glasgow，UK，August 23-28，2020，Proceedings，Part XXII 16. Springer International Publishing，2020：696-712.

[278] Dai P，Zhang Y，Li Z，et al. Neural point cloud rendering via multi-plane projection［C］//Proceedings of the IEEE/CVF Conference on Computer Vision and Pattern Recognition. 2020：7830-7839.

[279] Kolos M，Sevastopolsky A，Lempitsky V. TRANSPR：Transparency ray-accumulating neural 3D scene point renderer［C］//2020 International Conference on 3D Vision. IEEE，2020：1167-1175.

[280] Rückert D，Franke L，Stamminger M. Adop：Approximate differentiable one-pixel point rendering［J］. ACM Transactions on Graphics，2022，41(4)：1-14.

[281] Yang Z，Chen Y，Wang J，et al. UniSim：A Neural Closed-Loop Sensor Simulator［C］//Proceedings of the IEEE/CVF Conference on Computer Vision and Pattern Recognition. 2023：1389-1399.

[282] Wu Z，Liu T，Luo L，et al. Mars：An instance-aware，modular and realistic simulator for autonomous driving［EB/OL］.（2023-07-27）［2023-12-29］. https://arxiv. org/abs/2307. 15058.

[283] Tang Y，da Costa A A B，Zhang J，et al. Domain knowledge distillation from large language model：An empirical study in the autonomous driving domain［EB/OL］.（2023-07-17）［2023-12-29］. https://arxiv. org/abs/2307. 11769.

[284] Zhong Z，Rempe D，Chen Y，et al. Language-guided traffic simulation via scene-level diffusion

[EB/OL]. (2023-06-10)[2023-12-29]. https://arxiv. org/abs/2306. 06344.

[285] Tan S, Ivanovic B, Weng X, et al. Language conditioned traffic generation[EB/OL]. (2023-07-16)[2023-12-29]. https://arxiv. org/abs/2307. 07947.

[286] Xue J, Fang J, Li T, et al. BLVD: Building a large-scale 5D semantics benchmark for autonomous driving[C]//2019 International Conference on Robotics and Automation. IEEE, 2019: 6685-6691.

[287] Knospe W, Santen L, Schadschneider A, et al. Empirical test for cellular automaton models of traffic flow[J]. Physical Review E, 2004, 70(1): 016115.

[288] Reuschel A. Vehicle movements in a platoon with uniform acceleration or deceleration of the lead vehicle[J]. Zeitschrift des Oesterreichischen Ingenieur-und Architekten-Vereines, 1950, 95: 50-62.

[289] Van Wageningen-Kessels F, Van Lint H, Vuik K, et al. Genealogy of traffic flow models[J]. EURO Journal on Transportation and Logistics, 2015, 4(4): 445-473.

[290] Doniec A, Mandiau R, Piechowiak S, et al. A behavioral multi-agent model for road traffic simulation[J]. Engineering Applications of Artificial Intelligence, 2008, 21(8): 1443-1454.

[291] Qianwen, Chao, Zhigang, et al. Vehicle-pedestrian interaction for mixed traffic simulation[J]. Computer Animation and Virtual Worlds, 2015, 26(3-4): 405-412.

[292] Milkovits M, Huang E, Antoniou C, et al. DynaMIT 2. 0: The next generation realtime dynamic traffic assignment system[C]//2010 Second International Conference on Advances in System Simulation. 2010: 4551.

[293] Mahmassani H S. Dynamic network traffic assignment and simulation methodology for advanced system management applications[J]. Networks and spatial economics, 2001, 1: 267-292.

[294] Sewall J, Wilkie D, Lin M C. Interactive hybrid simulation of large-scale traffic[C]//Proceedings of the 2011 SIGGRAPH Asia Conference. 2011: 1-12.

[295] Xiao T, Chen S, Zhu K, et al. Injection simulation: An efficient validation framework for autonomous driving system[C]//2022 IEEE 25th International Conference on Intelligent Transportation Systems (ITSC). IEEE, 2022: 472-478.

[296] Wang F Y. Shadow systems: A new concept for nested and embedded co-simulation for intelligent systems[D]. Tucson, Arizona State, USA: University of Arizona, 1994.

[297] Souza V, Cruz R, Silva W, et al. A digital twin architecture based on the industrial internet of things technologies[C]//2019 IEEE International Conference on Consumer Electronics. IEEE, 2019: 1-2.

[298] Li L, Wang X, Wang K, et al. Parallel testing of vehicle intelligence via virtual-real interaction[J]. Science robotics, 2019, 4(28): eaaw4106.

[299] Hess W, Kohler D, Rapp H, et al. Real-time loop closure in 2D LIDAR SLAM[C]//2016 IEEE International Conference on Robotics and Automation. IEEE, 2016.

[300] Olson E B. Real-time correlative scan matching[C]//IEEE International Conference on Robotics & Automation. IEEE, 2009.

[301] Konolige K, Grisetti G, R Kümmerle, et al. Efficient sparse pose adjustment for 2D mapping[C]//2010 IEEE/RSJ International Conference on Intelligent Robots and Systems, October 18-22, 2010, Taipei, Taiwan. IEEE, 2010.

[302] Katsumata Y，Taniguchi A，Hagiwara Y，et al. Semantic mapping based on spatial concepts for grounding words related to places in daily environments[J]. Frontiers in Robotics and AI，2019,6(31).

[303] Liu Z，Wichert G V. Extracting semantic indoor maps from occupancy grids[J]. Robotics & Autonomous Systems,2014,62(5)：663-674.

[304] Nash A，Koenig S，Tovey C. Lazy theta*：Any-angle path planning and path length analysis in 3D[C]//National Conference on Artificial Intelligence. AAAI Press,2010.

[305] Douglas D H，Peucker T K. Algorithms for the reduction of the number of points required to represent a digitized line or its caricature[J]. Canadian Cartographer,2006,10(2)：112-122.

[306] Seder M，Petrovic I. Dynamic window based approach to mobile robot motion control in the presence of moving obstacles[C]//Proceedings 2007 IEEE International Conference on Robotics and Automation. IEEE,2007：1986-1991.

[307] Fulgenzi C，Spalanzani A，Laugier C. Dynamic obstacle avoidance in uncertain environment combining PVOs and occupancy grid[C]//Proceedings 2007 IEEE International Conference on Robotics and Automation. IEEE,2007：1610-1616.

[308] Rösmann C，Feiten W，Wösch T，et al. Trajectory modification considering dynamic constraints of autonomous robots[C]//ROBOTIK 2012：7th German Conference on Robotics. VDE,2012：1-6.

[309] Rösmann C，Feiten W，Wösch T，et al. Efficient trajectory optimization using a sparse model [C]//2013 European Conference on Mobile Robots. IEEE,2013：138-143.

[310] Brito B，Floor B，Ferranti L，et al. Model predictive contouring control for collision avoidance in unstructured dynamic environments[J]. IEEE Robotics and Automation Letters,2019,4 (4)：4459-4466.

[311] Fox D，Burgard W，Thrun S. The dynamic window approach to collision avoidance[J]. IEEE Robotics & Automation Magazine,1997,4(1)：23-33.

[312] Kümmerle R，Grisetti G，Strasdat H，et al. G 2 O：A general framework for graph optimization[C]//2011 IEEE International Conference on Robotics and Automation. IEEE,2011：3607-3613.

[313] Chen H，Tan H，Kuntz A，et al. Enabling robots to understand incomplete natural language instructions using commonsense reasoning[C]//2020 IEEE International Conference on Robotics and Automation (ICRA). IEEE,2020：1963-1969.

[314] Honig S，Oron-Gilad T. Understanding and resolving failures in human-robot interaction：Literature review and model development[J]. Frontiers in Psychology,2018,9：861-861.

[315] Kidd C D，Breazeal C. Robots at home：Understanding long-term human-robot interaction [C]//IEEE/RSJ International Conference on Intelligent Robots & Systems. IEEE,2008.

[316] Sciutti A，Mara M，Tagliasco V，et al. Humanizing human-robot interaction：On the importance of mutual understanding[J]. IEEE Technology and Society Magazine,2018,37 (1)：22-29.

[317] Waibel M，Beetz M，Civera J，et al. RoboEarth：A World Wide Web for Robots[J]. IEEE Robot. autom. mag,2011,18(2)：69-82.

[318] Mohanarajah，Gajamohan，Hunziker，et al. Rapyuta：A cloud robotics platform. [J]. IEEE Transactions on Automation Science & Engineering,2015.

[319] Arumugam R,Enti V R,Liu B,et al. DAvinCi：A cloud computing framework for service robots[C]//IEEE International Conference on Robotics & Automation. IEEE,2010.

[320] Kamei K,Nishio S,Hagita N,et al. Cloud networked robotics[J]. IEEE Network,2012,26 (3)：28-34.

[321] Ren F. Robotics cloud and robotics school[C]//International Conference on Natural Language Processing Andknowledge Engineering. IEEE,2012.

[322] Tolman E C. Cognitive maps in rats and men[J]. Psychological review,1948,55(4)：189.

[323] Hawkins J,Blakeslee S. On intelligence[M]. Macmillan,2004.

[324] Mountcastle V B. Modality and topographic properties of single neurons of cat's somatic sensory cortex[J]. Journal of neurophysiology,1957,20(4)：408-434.

[325] Lechner M,Hasani R,Amini A,et al. Neural circuit policies enabling auditable autonomy[J]. Nature Machine Intelligence,2020,2(10)：642-652.

[326] Hasani R,Lechner M,Amini A,et al. Liquid time-constant networks[C]//Proceedings of the AAAI Conference on Artificial Intelligence. 2021,35(9)：7657-7666.

[327] Pomerleau D A. Alvinn：An autonomous land vehicle in a neural network[J]. Advances in Neural Information Processing Systems,1988.

[328] Lecun Y,Muller U,Ben J,et al. Off-road obstacle avoidance through end-to-end learning [C]//International Conference on Neural Information Processing Systems. MIT Press,2005.

[329] Chen C,Seff A,Kornhauser A,et al. DeepDriving：Learning affordance for direct perception in autonomous driving [J]. IEEE International Conference on Computer Vision，2015：2722-2730.

[330] Zeng W,Luo W,Suo S,et al. End-to-end interpretable neural motion planner [C]// Proceedings of the IEEE/CVF Conference on Computer Vision and Pattern Recognition. 2019：8660-8669.

[331] Bojarski M,Del Testa D,Dworakowski D,et al. End to end learning for self-driving cars[EB/ OL]. (2016-04-25)[2023-12-29]. https://arxiv. org/abs/1604. 07316.

[332] Eraqi H M,Moustafa M N,Honer J. End-to-end deep learning for steering autonomous vehicles considering temporal dependencies[C]//Advances in neural information processing systems workshop. 2017.

[333] Casas S,Sadat A,Urtasun R. MP3：A unified model to map,perceive,predict and plan[C]// Proceedings of the IEEE/CVF Conference on Computer Vision and Pattern Recognition. 2021：14403-14412.

[334] Hecker S, Dai D, Gool L V. End-to-End Learning of Driving Models with Surround-View Cameras and Route Planners[C]//European Conference on Computer Vision. Springer, Cham,2018.

[335] Kim J,Misu T,Chen Y T,et al. Grounding human-to-vehicle advice for self-driving vehicles [C]//Proceedings of the IEEE/CVF conference on computer vision and pattern recognition. 2019：10591-10599.

[336] Xiao Y,Codevilla F,Gurram A,et al. Multimodal end-to-end autonomous driving[J]. IEEE Transactions on Intelligent Transportation Systems,2020,23(1)：537-547.

[337] Sobh I,Amin L,Abdelkarim S,et al. End-to-end multi-modal sensors fusion system for urban automated driving[C]//Advances in neural information processing systems workshop. 2018.

[338] Prakash A，Chitta K，Geiger A. Multi-modal fusiontransformer for end-to-end autonomous driving[C]//Proceedings of the IEEE/CVF Conference on Computer Vision and Pattern Recognition. 2021：7077-7087.

[339] Fu D，Li X，Wen L，et al. Drivelike a human：Rethinking autonomous driving with large language models[C]//Proceedings of the IEEE/CVF Winter Conference on Applications of Computer Vision. 2024：910-919.

[340] Tian Y，Li X，Zhang H，et al. VistaGPT：Generative Parallel Transformers for Vehicles With Intelligent Systems for Transport Automation[J]. IEEE Transactions on Intelligent Vehicles，2023，8(9)：4198-4207.

[341] Hawke J，Shen R，Gurau C，et al. Urban driving with conditional imitation learning[C]//2020 IEEE International Conference on Robotics and Automation (ICRA). IEEE，2020：251-257.

[342] Zhang J，Cho K. Query-efficient imitation learning for end-to-end autonomous driving[EB/OL]. (2016-05-20)[2023-12-29]. https：//arxiv. org/abs/1605. 06450.

[343] Bansal M，Krizhevsky A，Ogale A. Chauffeurnet：Learning to drive by imitating the best and synthesizing the worst[EB/OL]. (2018-12-07)[2023-12-29]. https://arxiv. org/abs/1812. 03079.

[344] Sharifzadeh S，Chiotellis I，Triebel R，et al. Learning to drive using inverse reinforcement learning and deep q-networks[C]//Advances in neural information processing systems workshop. 2016.

[345] Liang X，Wang T，Yang L，et al. Cirl：Controllable imitative reinforcement learning for vision-based self-driving[C]//Proceedings of the European conference on computer vision (ECCV). 2018：584-599.

[346] Chitta K，Prakash A，Geiger A. Neat：Neural attention fields for end-to-end autonomous driving[C]//Proceedings of the IEEE/CVF International Conference on Computer Vision. 2021：15793-15803.

[347] Bojarski M，Chen C，Daw J，et al. The NVIDIA pilotnet experiments[EB/OL]. (2020-10-17)[2023-12-29]. https://arxiv. org/abs/2010. 08776.

[348] Bewley A，RigleyJ，Liu Y，et al. Learning to drive from simulation without real world labels[C]//2019 International Conference on Robotics and Automation. 2019.

[349] O'Kelly M，Sinha A，Namkoong H，et al. Scalable end-to-end autonomous vehicle testing via rare event simulation[C]//Advances in Neural Information Processing Systems. 2018.

[350] Parnas D L. On the criteria To be used in decomposing systems into modules[J]. Communications of the ACM，1972，15(12)：1053-1058.

[351] Wirfs-Brock R. Wiener L R，Wilkerson B. Designing object-oriented software[M]. Lake St：Prentice-Hall，1990.

术　语　表